KB240918

중소기업의 이론과 정책

책 이 름 / 중소기업의 이론과 정책

지 은 이 / 이 경 의
펴 낸 이 / 김 경 희
펴 낸 곳 / (주)지식산업사
등록번호 / 1-363
등록날짜 / 1969. 5. 8
초판 제 1 쇄 발행 / 1996. 4. 20
초판 제 2 쇄 발행 / 1997. 9. 12
주   소 / 서울시 종로구 통의동 35 -18
전   화 / (734)1978·1958 (735)1216 팩스 (720)7900
책   값 / **18,000원**

ⓒ 이경의, 1996

ISBN 89 -423 -3025 -8   93320

* 이 책을 읽고 지은이에게 문의하고자 하는 이는
  지식산업사 편집부로 연락바랍니다.

머리말

우리는 中小企業問題를 자본주의 발전과정에서 형성되는 構造問題라고 규정하고, 이것의 分離理解보다는 綜合的 理解를 주장하여 왔다. 그리고 이에 대한 접근방향을 다음과 같이 제시한 바 있다.

첫째로, 자본축적의 논리에 비추어 중소기업을 이해해야 한다. 일반적으로 자본의 集積·集中과 分散·分裂의 과정에서 대자본과 소자본의 관계, 그리고 오늘날 독점자본주의하에서는 독점자본과 중소자본의 관계에서 중소기업을 이해할 수 있다.

둘째로, 그 나라 국민경제의 역사적 배경 속에서 중소기업이 이해되어야 한다. 특히 대부분의 후진·저개발국은 그들이 경험하였던 선진국의 植民地支配와 전후 자본주의의 범세계화 과정에서 형성된 국민경제의 특수성 속에서 중소기업을 이해할 필요가 있다.

셋째로, 국민경제의 발전방향에 관한 歷史的 合目的性에 비추어 중소기업이 이해되어야 한다. 후진·저개발국의 경우는 이것을 국민경제의 自立·自主의 실현, 즉 自立經濟의 확립이라고 볼 때 이 과제를 실현하기 위한 중소기업의 능동적 역할이 고찰되어야 한다.

이 세 가지 접근방향 가운데 첫째와 둘째는 사회과학 전체의 문제이기도 한 '一般性과 特殊性'의 관점인 동시에 중소기업 이해의 기본시각이며, 셋째는 중소기업정책의 기본방향에 대한 시사이다.

크게 보아 중소기업에 대한 理論의 형성과 政策의 전개라는 두 부분으로 구성된 이 책은, 위에 제시한 세 가지 접근방향을 그 바탕으로 하여 저술되었다. 중소기업의 이론과 정책에는 다 같이 중소기업에 대한 問題意識이 반영된 것인데, 이론은 바로 문제의식의 論理構造이며, 정책은 중소기업문제를 해소하고 완화하기 위한 구체적 방안이기 때문이다.

특히 이 책은 중소기업 이론의 형성과 정책의 전개과정을 규명하되, 그것은 우리나라 중소기업정책의 새로운 방향을 모색하려는 政策意識을 바탕으로 하고 있다. 이러한 정책의식은 한국경제의 역사적 합목적성에 맞도록 중소기업의 역할을 높이는 것을 의미한다. 결국 한국경제가 自立經濟의 기반을 더 굳게 다질 수 있도록 하는 중소기업정책 방향을 모색하는 것이다.

우리는 한국경제의 정책기조로서 均衡化·高度化·開放化를 통한 자립적 산업구조의 실현을 주장한 바 있다. 자립경제는 국민경제 안에 있는 경제의 여러 부문이 서로 有機的 관련과 分業體制를 심화시키면서 광범한 生産力 基盤이 확충되고, 그것을 바탕으로 하여 대외적인 경제관계가 自主性을 지닐 때 이루어진다. 따라서 자립경제의 실현은 '균형 있는 國民經濟의 구축'을 그 선결요건으로 한다. 경제의 균형화와 광범한 생산력 기반은 바로 중소기업의 건전한 발전을 통하여 형성될 수 있으며, 이때 중소기업은 자립경제의 바탕이 된다.

생산력 기반의 확충과 '국민경제'의 실현을 통한 자립경제의 구축은 대외분업의 거부를 뜻하는 것이 아니며, 相對的 自給體制를 의미할 뿐이다. 다시 말하면 상대적으로 높은 國內分業과 낮은 國際分業의 산업구조가 형성되는 것을 말한다. 이때 산업구조의 중심이 되는 것은 대내적 분업체계이며, 대외적 분업은 산업구조의 보완적 역할을 한다. 이것은 자립경제하에서 경제 개방화의 의미를 규정해 주는 것이다. 오늘날 선진경제의 外壓과 높은 개방화·국제화의 물결 속에서 우리 경제의 자주성을 지키고, 국민경제의 안정적 성장과 경제개발을 촉진하기 위해서는 국내생산의 가공도를 높이고 중소기업을 더 적극적으로 활성화하여야 하는 정책과제를 우리는 안게 된다.

우리는 중소기업문제를 자본주의 발전과정에서 일어나는 '産業構造

상의 矛盾'으로 규정한다. 이때 산업구조는 자본이 그 속에서 움직이는 구조이고, 사회적 분업관계를 형성하는 생산력들의 결합이라고 볼 때 분업체계는 자본이 그것을 따라 움직이는 길(통로)이다. 경제에 대한 構造論的 시각을 도외시한 채 機能論的 시각에 편향된 量的 고도성장의 추구는 산업구조상의 모순인 중소기업문제를 심각하게 만든다. 경기의 兩極化는 경제의 부문간 不均衡成長을 반영하는 것이고, 이것은 경제부문간 격차를 확대하여 이중구조를 심화시킨다.

일본에서는 일찍이 1950년대 후반의 고도성장과정에서 중소기업문제가 이중구조문제로 인식된 바 있으며, 우리나라에서도 1970년대 후반에 경제의 불균형적 성장과 부문간 격차의 심화 및 이중구조문제가 정책당국에 의하여 지적되었고, 최근에도 유사한 경제문제가 논의되고 있다. 이러한 구조문제의 주된 원인은 결국 자원과 기술이 특정 전략부문에 편중되는 데 있으며, 정책이 특정경제부문에 편중된 불균형성장전략을 추구하는 데서 오는 결과이다. 따라서 경기의 양극화와 대외적 불균형을 극복하면서 건전한 경제성장을 실현하기 위해서는 자원이 균형 있게 배분되어야 하고, 자원이 흐르는 통로인 分業體系의 단층을 해소하여 대내적 분업을 심화시키는 산업구조를 형성해야 한다. 즉 중소기업의 발전을 바탕으로 하여 균형화와 고도화를 수반하면서 개방화·국제화·세계화가 이루어져야 한다.

우리는, 이와 같은 정책인식이 중소기업을 포함한 경제현상에 대한 균형 있는 시각을 바탕으로 할 때 가능하다고 보고, 특히 구조문제를 포함하고 있는 개발도상경제의 중소기업에 대한 몇 가지 시각을 정리해보고자 한다.

첫째는, 근대경제학적 접근과 정치경제학적 접근이다. 경제학의 흐름이 그러하듯이 중소기업에 대한 학문적 접근도 그렇고, 중소기업문제에 대한 시각도 크게는 두 갈래로 나누어진다. 마셜(A. Marshall) 이후 근대경제학적 중소기업이론의 전개와 마르크스 입장에서의 중소기업이론의 전개가 그것이다. 중소기업문제가 구조문제로서의 성격을 지니고 있기 때문에 그 본질을 파악하는 데는 정치경제학적 접근이 필요하다. 특히 정치경제학적 분석을 토대로 한 중소기업문제의 분석은 그에 대한 근대경제학적 처방을 도출하는 데 큰 도움을 준다.

둘째는, 구조론적 인식과 기능론적 인식이다. 중소기업문제가 자본주의 발전과정에서 이루어지는 구조문제, 또는 산업구조상의 모순의 성격을 지니는 한 이에 대한 구조론적 인식은 불가피하다. 그러나 자본주의 구조가 점차 선진경제로 변화하면서 기능론적 인식의 방향으로 전개된다. 예컨대 일본의 경우에서는 중소기업문제가 초기의 이중구조론적 인식에서 최근에는 중소기업을 '活力 있는 多數'로 규정하는 것을 볼 수 있다.

셋째는, 거시적 시각과 미시적 시각이다. 국민경제적 입장의 중소기업에 대한 이해와 개별기업 기준의 중소기업 이해가 그것인데, 分離理解보다 綜合的 이해를 주장하는 시각은 전자의 인식을 취하는 것으로 볼 수 있다. 산업구조를 한덩어리로 본 경쟁력 또는 산업구조의 質的 均衡性을 의미하는 巨視的 競爭力은 전자의 시각이며, 개별기업 단위의 微視的 競爭力은 후자의 시각이다. 국민경제의 대외적 경쟁력을 강화시키고 자립경제의 실현을 위한 중소기업의 역할을 제고시키는 데는 특히 거시적 시각의 중요성이 강조된다.

넷째는, 정치경제학에서 논의하는 生産力的 시각과 生産關係的 시각이다. 이것은 자본 대 자본, 또는 자본 대 노동의 관계가 지니는 양면성을 의미하는 것으로서, 전자는 相互依存・協同관계로 보는 데 대하여 후자는 相互對立・支配從屬 관계로 보는 것이다. 이 두 가지 시각은 특히 대기업과 중소기업의 관계를 이해하는 데 도움이 된다.

끝으로, 앞에서 논의한 '一般性과 特殊性의 문제'가 중소기업 인식의 중요한 시각이 되고 있으며, 학문적으로는 중소기업에 대한 경제학적 접근과 경영학적 접근의 방법이 제시될 수 있다.

중소기업 이론의 형성과 정책의 전개과정이라는 두 가지 측면을 이 책은 경제학적 접근방법에 의하여 서술하였다. 우리나라 중소기업정책의 새로운 방향의 모색이라는 정책인식에 입각하되, 위에 제시한 여러 시각 가운데 서로 대립되는 것은 統一性을 기하고 가급적 균형 있는 시각을 견지하려고 노력하였다.

먼저 이론의 형성과정은 學說史的 접근방법에 따라 다루었다. 중소기업에 대한 정책인식을 바탕으로 하되, 근대경제학적 중소기업이론과 정치경제학적 중소기업이론 등 두 부문으로 나누어 전개하였다. 후자는 마르크스의 자본주의적 축적의 법칙이 제시된 이후 베른슈타인과 카우츠키의 修正主義論爭을 거쳐 레닌에 이르는 사회주의 경제학의 체계 속에 담긴 중소기업이론을 서술하였다. 그리고 일본에서의 下請論爭과, 資本의 集積·集中과 分散·分裂의 法則, 그리고 二重構造論에 대한 마르크스 경제학적 입장 등이 이 부분에 포함되었다.

　歐美 여러 나라에서 마셜과 홉슨(J. Hobson)의 중소기업이론 이후, 로빈슨(E. A. G. Robinson)의 適正規模論, 로빈슨(J. Robinson)의 不完全競爭理論, 챔벌린의 獨占的 競爭의 이론, 플로렌스, 슈타인들의 중소기업이론을 거쳐, 일본에서의 二重構造論과 벤처 비즈니스론 등의 형성과 전개과정을 근대경제학적 중소기업이론으로 다루었다. 학설사적 접근으로 이들 이론의 수직적 전개과정을 분석하면서 수평적으로는 그것이 형성하게 된 국민경제의 경제사적 배경을 검토함으로써 '一般性과 特殊性'의 관점에 충실하려고 노력하였다. 그리고 중소기업문제를 '경제이론상의 문제'로 다룬 경우에나 또는 '국민경제의 구조문제'로 규정한 중소기업이론 가운데서 다 같이 소극적으로 시사되고(전자) 적극적 정책인식(후자) 속에 담긴 중소기업정책 내용을 검토한 후 중소기업정책과제를 제시하였다.

　정책의 전개과정은 比較政策史的 방법에 의하여 다루었다. 중소기업정책에 대한 이론체계를 정리한 후 중소기업문제와 정책을 국제적으로 비교 분석하였다. 미국·영국·독일·일본 등 선진경제에서 중소기업정책의 형성과 전개과정을 자본주의 경제의 발전단계와 국민경제의 특수성에 비추어 연구 검토하였다. 그리고 해방 이후 援助經濟와 1960년대 이후 오늘날에 이르기까지 경제개발과정에서 형성되고 시행된 우리나라 중소기업정책의 전개과정을 경제개발의 단계와 특성에 따라 연구 정리하였다. 이들 연구결과를 토대로 하여 우리나라 중소기업정책의 과제를 다시 제시하였다.

　이론의 형성과 정책의 전개과정에 대한 검토라는 두 가지 측면의 결론이 중소기업정책의 과제에 귀착된 것은 이 연구의 목적이 우리나라 중소기업정책의 새로운 방향을 모색하려는 정책인식에 있었기 때문이다. 그러나 두 가지 측면의 연구는 서로 다른 계기에 의하여 이루어졌음을 밝혀두고자 한다. 따라서 연구대상이나 참고·인용문헌 등이 더러 중복되는 부분도 있지만, 그 접근의 대상은 이론의 형성과 정책의 전개라는 다른 측면임을 유의할 필요가 있다. 예컨대 일본 중소기업문제에서 중요한 비중을 점하는 二重構造 현상이 중복되어 다루어지고 있지만, 접근의 대상은 그에 대한 이론과 정책이라는 상이한 측면이다. 즉 같은 현상에 대한 서로 다른 측면에서의 고찰인 것이다.

중소기업문제의 현실적 중요성은 항상 지적되어 왔고, 이에 대한 정책적 대응이 다각적으로 이루어지고 있지만, 중소기업에 대한 체계적이고 깊이 있는 이론적 연구는 상대적으로 뒤떨어져 있는 것이 우리 학계의 현실임을 솔직히 인정하지 않을 수 없다. 이 책에서 다루고 있는 중소기업의 이론과 정책은 그 범위가 매우 넓어서 포괄적 연구에 그치고 있다. 이 책이 중소기업이론의 발전에 조금이나마 도움이 되기를 기대하며, 아울러 미진한 부분은 앞으로 이 분야에 관심 있는 분들에 의하여 더 깊이 있는 개별적 연구가 활기 있게 진행되기를 바란다.

끝으로 어려운 여건에서도 이 책의 출판을 흔쾌히 맡아 수고해주신 지식산업사 金京熙 사장과 직원 여러분에게 감사한 마음을 전한다.

1996년 3월
靑坡洞 硏究室에서
李 敬 儀 識

차   례

제 2 부 中小企業의 政策

제 1 장 中小企業問題·經濟政策·中小企業政策

제 2 장 中小企業問題와 政策의 國際比較

제 3 장 韓國 中小企業政策의 展開와 課題(Ⅰ)

제 4 장 韓國 中小企業政策의 展開와 課題(Ⅱ)

제1부 中小企業의 理論

제 1 장　中小企業理論의 展開（Ⅰ）
—마셜(A. Marshall)에서 로빈슨(E. A. G. Robinson)까지—

Ⅰ. 中小企業理論의 展開와 政策意識

1. 중소기업이론의 여러 가지 유형

경제학의 흐름이 그러하듯이 중소기업에 대한 학문적 시각도 크게는
두 갈래로 나누어진다. 마르크스(K. Marx)적 입장의 중소기업이론과
마르크스 이외의 입장, 즉 近代經濟學的 중소기업이론의 전개가 그것
이다.

마르크스 경제학에서는 중소기업이 獨占에 의히여 지배되고 收奪되
는 대상으로 규정하기 때문에 중소기업이 존속하는 이유를 독점의 의
도에서 구하고 있다. 독점의 지배가 행하여지는 독점자본주의 단계에
서는 중소기업이 직·간접으로 독점의 이익에 기여하는 경우에만 그 존속
이 허용되는 것으로 보고 있다. 즉 자본주의 독점단계의 문제로 중소
기업에 대한 학문적 시각을 집중하고 있다. 이러한 시각은 일찍이 베
른슈타인(E. Bernstein)[1]에서 시작하여 도브(M. Dobb)에 이르고 있다.

---

1) 베른슈타인은 카우츠키(K. J. Kautsky)와의 논쟁에서 자본의 집중에 대한

마셜(A. Marshall) 이후 '小企業'(Small Business)의 殘存理論에 대한 규명에서 비롯된 근대경제학적 중소기업이론도 자본주의 경제의 발전 변화에 수반하여 다양하게 전개되었다. 근대경제학의 입장에서 소기업의 잔존을 설명하는 견해로는

① 마셜의 生物學的 설명

② 스라파(P. Sraffa), 해러드(R. F. Harrod), 로빈슨(J. Robinson), 챔벌린(E. H. Chamberlin) 등에 의한 不完全競爭的 설명

③ 로빈슨(E. A. G. Robinson)과 존스(J. H. Jones)의 適正規模論的 설명

④ 플로렌스(P. S. Florence), 슈타인들(J. Steindl) 등에 의한 小企業 非合理性理論

등이 나와 있다.[2]

마르크스의 지적에 대하여, 소자본가의 구축·소멸이 경제사의 흐름 속에서 증명되지 않는다는 점을 통계적 분석을 통하여 지적하였다. 즉 소경영(Klein Betrieb)이 존속하는 조건으로서

① 일정의 업종에서는 대경영(Grössere Betrieb)에도 소경영에도 적합하다. 여기서는 대경영이 소경영보다 앞서는 이익이 일정의 소경영이 지녔던 본래의 이익에 의하여 상쇄된다.

② 생산물을 소비자에게 쉽게 전달하는 데는 소경영이 더욱 유리할 수 있다.

③ 대량생산에 의하여 原料의 低廉化가 소경영의 발생을 용이하게 한다

는 등 세 가지를 들고 있다.

'통계상으로 본 소경영의 잔존·증가의 사실과 대자본에 의한 소자본의 구축을 설명한 마르크스 이론과의 모순'을 지적한 베른슈타인의 주장에 대하여 카우츠키는 반론을 제시한다. 자본의 집중에 따라 발생한 '새로운 小經營'(가정노동자·행상인·소농민 등)은 자본의 집중에 따라 멸망한 '낡은 소경영'과 그 성질이 다르다는 것이다. 후자는 경영자 자신이 생산수단을 소유하는 것을 기초로 한 독립된 생산자로서, 자본가와 동일한 계급의 일원이며 개개의 자본가와 대항관계를 지니고 있었다. 이에 대하여 전자는 중요한 생산수단을 자본으로부터 先貸받고 있으며, 이러한 소경영은 자본에 대하여 봉사의무를 지고 있다. 이들 '새로운 소경영'은 자본가의 착취의 대상이며, 대기업 노동력의 예비군으로서 노동자를 제조하고 과잉노동자를 저장하는 새로운 기능을 한다. 자본의 집중에 수반하여 발생하는 이들 '새로운 소경영'은 대자본에 구축되는 '낡은 소경영'과는 구분되어야 한다고 보았다.

즉 '새로운 소경영'은 '노동자적 소경영'임에 비하여 '낡은 소경영'은 '자본으로서의 소경영'인 것이다.

2) E. A. G. Robinson, "The Problem of Management and the Size of Firms",

그 밖에도 많은 이론이 제시되고 있지만 하나의 공통점은 經營規模論으로서 중소기업을 다루고 있다는 점이다. 즉 大規模經濟의 法則에도 왜 중소기업이 잔존하는가에 집중되고 있다. 이를 분석하기 위하여 대규모경제의 한계와 그것이 실현되는 조건, 나아가서 중소기업의 獨自的 有利性이 강조되고 있는데, 대체로 소기업문제를 경제이론상의 문제로 다루고 있는 것이 그 특징이다. 그런데 소기업문제 또는 중소기업문제를 정책을 필요로 하는 國民經濟的 모순의 문제로 파악하고 전개되는 이론체계도 넓게는 이 범주에 포함된다.

다양하게 전개된 중소기업이론 가운데 주요한 것들을 그 특성에 따라 정리하면 다음과 같다.[3]

⑴ 中小企業消滅論

대표적인 것으로는 제 2 차세계대전까지의 마르크스 경제학과 新歷史學派의 견해 두 가지를 들 수 있는데, 이들은 다 같이 산업자본주의단계에서 형성된 것들이다.[4] 독점의 문제를 염두에 두고서 형성된 이론이 아니고 大企業에 대한 小企業(中小企業이 아님)의 문제로서 설정된 특징을 지니고 있어서 '小企業消滅論'이라고도 할 수 있다. 두 가지 견해는 그 내용에 차이가 있다.

마르크스 경제학에서는 資本蓄積의 일반적 법칙에 의하여 자본축적과 생산규모가 확대되고 자본의 집중이 진전되면서, 대자본에 의하여 소자본은 압도된다고 주장한다. 대규모 생산의 전개와 함께 자본의 분열과 분산도 지저되고 있지만 이것도 대자본에 의한 소자본의 구축에 따른 자본집적과 집중경향의 부수적 현상으로 파악되고 있다.

신역사학파의 경제학은 경제발전단계설의 입장에서 수공업의 단계가 대공업의 단계로 이행된다는 점을 주장하여 수공업 내지 小工業沒落論

The Economic Journal, June, 1934, pp. 244~248. 로빈슨의 분류 속에는 슈타인들이 포함되어 있지 않다.

3) 清成忠南,《日本中小企業の構造變動》, 新評論社, 1972, pp. 15~25.

4) 여기에는 마셜(A. Marshall)의 《經濟學原理》(*Principles of Economics*) 초판의 견해도 포함되어야 한다.

을 전개한다. 여기서는 수공업의 운명을 다섯 가지로 들고 있는데, ①
같은 종류의 공장생산에 의한 수공업의 구축, ② 공장제공업 또는 先
貸制 家內工業에 의한 수공업 생산분야의 잠식축소, ③ 수공업의 대기
업에의 흡수, ④ 需要의 추이에 의한 수공업의 쇠퇴, ⑤ 家內勞動 및
苦汗制度(Sweating System)[5]하의 노동으로의 몰락 등이다.[6]

　소공업소멸론은 산업혁명 후 신흥 대공업에 의한 수공업 또는 소공
업의 구축이라는 현실을 배경으로 형성된 것이지만, 오늘날에도 규모
의 이익이 작용하여 대자본에 의하여 중소자본이 구축되는 경향이 있
다. 현대경제를 '大企業體制'(Big Business System)로 규정하면서 대기
업체제가 오늘날 산업국가의 주요한 특징이라고 보는 견해[7]는 여기에
속한다고 볼 수 있다.

⑵ 中小企業殘存論

　현실적으로 중소기업이 소멸하지 않고 오히려 증가경향을 보임에 따
라 중소기업소멸론이 수정될 필요가 있게 되면서 등장한 것이 '중소기
업잔존론'이다. 중소기업은 원래 소멸토록 되어 있는데 왜 잔존하게
되는가를 설명하는 것이 이 이론의 핵심인데, 여기에는 다음과 같은
견해가 포함된다.

　첫째는 마셜과 플로렌스에 의하여 대표되는 것을 들 수 있다. 마셜
은 소기업의 잔존이유로서 ① 生物學的 小企業의 성장, ② 대규모경제

---

5) 저임금·장시간 노동 및 비위생적 환경하의 노동 등 육체적 정신적으로 과도한
　고통을 수반하는 열악한 노동조건의 통칭이다. 역사적으로는 자본주의 초기에
　원시적 자본축적을 위하여 상업자본이 노동자의 膏血을 짜냈던 노동조건을 지
　배하고 있었으므로 이를 통칭한 것이며, 흔히 가내공업과 수공업의 존재형태
　속에서 일어나는 현상이었다. 오늘날에도 下請零細企業이나 家內工業에 존속되
　고 있으며, 潛在失業의 요인이 되기도 한다.

6) K. Bücher, *Die Entstehung der Volkswirtschaft*, Tübingen, 1893(1st ed.),
　1922, p. 210 ; *Industrial Evolution*, S. Morley Wickett·Henry Holt trans.
　New York, 1901, Chap. V, p. 185.

7) J. K. Galbraith, *The New Industrial State*, Boston, 1967[都留重人 監譯, 石
　川通達·鈴木哲太郎·宮崎勇 共譯, 《新しい産業國家》(제 2 판), 河出書房新社,
　1972, pp. 35～36].

이익의 한계, 그 실현을 제약하는 조건의 존재를 들고 있다. 플로렌스
는 소기업의 잔존조건으로서 ① 원재료 및 시장이 분산하여 수송비가
높다는 점, ② 소기업이 수요에 대해 적응력이 큰 점, ③ 외부경제의
이용에 의하여 설립이 쉬운 점, ④ 대기업이 소기업을 압도하는 데 상
당한 시간이 필요하다는 것과 독점적 대기업의 소기업 존립허용, ⑤
企業心과 期待를 바탕으로 한 新規參人 등을 들고 있다.

마셜의 소기업잔존론은 로빈슨의 '適正規模論的 소기업잔존론' 내지
'小企業定着論'으로 전개되었으나 플로렌스는 소기업의 잔존은 비합리
적인 것이며 불가피한 것은 아니라고 주장하였다.[8]

둘째는 슈타인들과 실로스-라비니(Sylos-Labini)의 견해를 들 수 있
다. 첫번째의 잔존론이 독점의 문제를 의식하지 않고 전개되었음에 대
하여 이들은 獨寡占과 관련하여 중소기업의 잔존을 설명하고 있다. 슈
타인들은 어느 산업의 寡占的 상태가 그 산업에서 일정한 수의 소기업
의 존속을 보증하는 경향이 있다고 지적하였다. 즉 價格先導者(price
leader)인 대기입이 시장구성이 극히 낮은 소기업을 배제하는 것이 결
코 이익이 되지 않기 때문이라는 것이다. 그러면서 소기업의 잔존조건
으로서 ① 대기업의 성장속도가 느린 점, ② 生産物市場과 勞動市場의
不完全性, ③ 소기업가의 賭博的 태도를 지적하였다.[9]

실로스-라비니도 대기업이 중소기업을 존속하도록 하는 경우를 지
적하였다. 즉 시장에서 대기업의 구성이 큰 경우 중소기업을 배제하기
위하여는 투쟁비용이 필요하고, 중소기업의 可變費用 이하로 제품가격
을 결정해야 하는 공격적 가격정책(aggressive price policy)이 대기업
에 이익을 주지 않기 때문에 소규모의 시장구성을 지닌 중소기업이 존
속할 수 있다는 것이다.[10]

---

8) P. S. Florence, *The Logic of British and American Industry*, London, 1958,
   Chap. 2.

9) J. Steindl, *Small and Big Business*, Oxford, 1947, p. 60(米田淸貴·加藤誠一
   譯,《小企業と大企業 ― 企業規模の經濟的諸問題》, 巖松堂出版株式會社, 1969,
   pp. 123~130).

10) P. Sylos-Labini, *Oligopoly and Technical Progress*, Cambridge, Massachu-
    setts : Havard Univ. Press, 1962, pp. 44~45(安部一城·山本英太郎·小林

이처럼 寡占的 核을 형성하는 소수의 지배적 기업은 가격선도자로서
자기 기업의 평균비용을 넘어서 비효율적인 周邊企業의 평균비용과 거
의 같은 평균비용을 설정하는 경우가 적지 않다. 이때 지배적 기업은
비효율적인 경쟁적 주변기업을 온존시킴으로써 초과이윤을 얻을 수 있
고 소규모기업에 이윤을 허용하지 않는 범위에서 조정하는 가격정책을
택함으로써 비효율적인 기업의 규모확대를 막을 수 있다. 여기에 비효
율적인 소기업이 과점적 대기업과 병존하는 근거가 있다는 것이다.[11]

셋째는 흔히 마르크스 경제학에서 보이는 견해이다. 독점자본단계에
서 중소기업은 독점자본에 의하여 수탈되기 때문에 자본축적이 진행되
지 못하지만, 독점자본의 수탈 대상으로서 유지·온존된다는 것이다.
그 결과 중소기업의 분해가 저지되고, 자본의 유기적 구성이 고도화되
면서 형성된 상대적 過剩人口가 중소기업에 흡수되도록 하여, 이를 독
점자본이 간접적으로 수탈하는 가운데 중소기업이 존속한다는 것이다.

(3) 中小企業定着論

대기업이 점차 거대화된 현대자본주의 속에서 중소기업도 일정의 존
립조건을 갖고 존속한다는 견해가 중소기업정착론인데, 이는 세 가지
견해로 나누어진다.

첫째는 不完全競爭 이론이다. 대규모경제의 법칙에 대해서는 예외적
인 것이지만 지역적인 이유로 또는 제품의 차별화에 의하여 시장의 불
완전성이 항상 형성되고, 이것이 중소기업의 존립조건을 제시한다는
것이다. 중소기업잔존론에서 전개되어 온 이론으로서 슈타인들이 시장
의 불완전성을 중소기업의 존립조건으로 제시한 것에서 알 수 있다.

둘째는 適正規模論이다. 대규모경제성은 한계가 있고 오히려 중소기
업이 경영상 유리성을 발휘하면서 존립한다는 견해이다. 규모의 경제
성에 대하여는 사업장의 경영규모와 기업의 경영규모를 구분할 필요가

好宏 譯,《寡占と技術進步(增訂版)》, 東洋經濟新報社, 1971, pp. 55~56).
11) 越後和典, 〈規模の經濟性について〉, 越後和典 編,《規模の經濟性》, 新評論
社, 1969, p. 14.

있고 자본규모를 고려해야 한다는 견해도 있다. 또한 적정규모의 경우에도 최대이익(최저생산비) 규모와 최대능률 규모를 구분하기로 한다.[12]

셋째는 社會的 分業論이다. 단순히 미시적 적정규모라는 수준에 그치지 않고, 산업구조의 고도화에 따라 한편에는 대기업이 점차 거대화되지만, 다른 한편에서는 적정규모가 소규모인 분야가 다양하게 전개되면서 중소기업에 적합한 경제부문이 확대되고 여러 가지 규모의 중소기업이 이들 부문에 정착하게 된다는 견해이다. 특히 지식의 經濟資源化와 人的經濟資源의 중요성이 증대하면서 새로운 중소기업 분야가 창출된다는 것이다. 物的生産第一主義의 중화학공업시대로부터 脫工業化時代로 산업구조가 변화하고, 需要創造時代로 이행하면서 점차 새로운 중소기업 분야가 등장한다.

이들 분야에서 중소기업은 대기업과 상호보완적 관계를 가지면서 현대경제 속에 정착하게 된다. 그리하여 산업화가 전개되면 될수록 사회적 분업이 더욱 심화되고 중소기업의 수도 증가한다는 것이 이 견해의 중요한 내용이다.

이처럼 현대의 국민경제 가운데 특히 공업생산 분야에서 집중화 경향이 나타나고 있지만, 이것은 분산화 경향에 의하여 에워싸인다고 보는 現代經濟의 構造的 多樣性(die structurelle Vielgestalt moderner Volkswirtschaften)이라는 독일경제의 특성에 대한 지적[13]이나, 대기업이 점차 성장하면서 중소기업은 더욱 증가한다는 미국경제의 경향분석 결과[14]는 다 같이 사회적 분업론을 뒷받침하는 견해이다.

그러나 중소기업의 입장을 소극적으로 평가하는 견해도 있다. 이 견해는 현대자본주의를 이중경제로 규정하고 中核企業(center firm)과 周邊企業(periphery firm)이라는 두 개의 기업체제로 구성된 것으로 본다. 이때 주변기업은 소규모이며 가능성이 제한된 특성을 지닌 반면,

---

12) 末松玄六, 《獨立企業論》, ダイヤモンド社, 1962, p. 57. 이것은 홉슨(J. A. Hobson)의 논의에 근거를 두고 있다.

13) W. Wernet, *Handwerks und Industrie-geschichte*, Stuttgart, 1963, S. 82.

14) Edward D. Hollander and Others, *The Future of Small Business*, Frederick A. Praeger, New York, 1967, p. xviii.

중핵기업은 대규모이면서 무한의 가능성을 지닌 기업으로 구성되어 있다. 주변기업은 긴 역사를 가지고 있지만, 이제 그 중요성은 더욱 엷어지고 있다는 규정[15]은 대기업체제의 우위성을 강조하는 견해라고 보아야 할 것이다.

2. 中小企業理論과 産業組織論

이처럼 중소기업이론이 다양한 유형을 지니는 것은 다음과 같은 이유에서 비롯된다.

첫째로 자본주의 경제에 대한 다양한 시각이 중소기업이론의 형성에 반영되기 때문이다. 중소기업이론이 대기업에 대한 중소기업, 또는 독점적 대기업에 대한 비독점적 중소기업으로의 여러 문제를 취급하는 한 중소기업문제의 이해를 경제적 여러 현상으로부터 따로 떼어서 논의하는 分離理解로서는 충분하지 못하고, 이를 위해서는 오직 綜合理解의 필요성이 요구된다.[16] 중소기업문제에 대한 종합적 이해에는 필연적으로 자본주의 경제관의 제시가 전제로 된다. 근대경제학과 마르크스 경제학에서의 중소기업론의 차이는 물론이고, 근대경제학에서도 그 이론체계에 따라 서로 다른 중소기업론이 제시되고, 또 마르크스 경제학에서도 이와 같은 것은 마찬가지이다.

둘째는 중소기업이론이 연구의 대상으로 삼는 중소기업 자체가 역사적으로 변동하는 존재일 뿐만 아니라, 선후진 경제 사이, 또는 국민경제의 구조적 특성의 차이에 따라 다르게 이해되기 때문이다. 중소기업이 자본주의의 발전과정에서 변화되고 낡은 중소기업도 완전히 소멸되지 않는 가운데 새로운 중소기업이 탄생·누적되는 특징을 지니기 때문에, 중소기업에 대한 새로운 이론을 개발하면서 낡은 이론도 부분적으로 이어받지 않을 수 없다. 이에 따라 경제가 발전하면서 중소기업이

---

15) R. T. Averitt, *The Dual Economy*, New York, 1968, p. 87(外山廣司 譯, 《中核企業―經濟發展の新しい主體》, ダイヤモンド社, 1969, p. 121).
16) 山中篤太郎, 《中小企業の本質と展開》, 有斐閣, 1958.

론도 다양화되는 것이다.

셋째는 현실의 중소기업이 異質多元的이라는 데 있다. 중소기업은 규모·업종·지역에 따라 여러 가지 특성을 지닌다. 이처럼 다양한 중소기업을 포괄적으로 다룰 수 있는 보편적 법칙성을 제시하기는 무척 어렵다. 따라서 일부를 대상으로 연구 분석하고 그 결과를 일반화하는 경향이 강하다. 이때 어느 부문을 대상으로 하느냐에 따라 중소기업이론의 방향이 다르게 나타날 수 있다.[17]

이와 같은 이유로 중소기업이론은 여러 가지 유형으로 전개되지만 경제발전과 관련하여 중소기업 존속의 논리를 밝히려는 연구가 주된 흐름이라고 볼 수 있다.

이 장에서는 자본주의 경제의 변화 발전과정에서 다양하게 전개된 중소기업이론을 학설사적으로 정리 분석한다. 다양한 중소기업이론 가운데서도 근대경제학적 중소기업이론의 흐름을 대상으로 한 것이다.

근대경제학은 학설사에서 널리 알려진 바와 같이 1870년에 限界革命(Marginal Revolution)을 기점으로 하여 전개된 경제학 이론이다. 그 가운데 마셜은 경제학 이론의 실제적 적용성을 중요시하여 산업현상에 대한 분석을 시도하였다. 그의 特殊均衡理論은 개개의 산업이나 개개 기업의 실제적 문제를 해명하고자 노력하면서 經營經濟學의 과학적 기초를 마련한 것이라고 평가되고 있다.[18] 즉 마셜은 특수균형분석(particular equilibrium analysis)을 통하여 근대경제학 이론을 산업현상의 분석에 적용한 것이다.

마셜의 산업현상에 대한 분석의 중심적 개념은 산업조직에 있다. 산업조직은 대규모경제의 법칙을 전개하면서 마련된 개념이었다. 대규모경제의 법칙에도 불구하고 중소기업이 왜 잔존하는가를 설명하는 것이 마셜의 중소기업이론(엄밀하게는 Small Business論)이고, 그것은 오늘날 근대경제학적 중소기업이론의 기원이 되고 있다.

---

17) 淸成忠南, 앞의 책, pp. 13～15.
18) J. Schumpeter, *Ten Great Economist — From Marx to Keynes*, New York : Oxford Univ. Press, 1969, p. 100(鄭道永 譯,《10大經濟學者 — 마르크스로부터 케인스까지》, 한길사, 1982, p. 123).

대규모경제의 법칙은 마셜이 최초로 논한 것도 아니고[19] 또 '소기업'도 마셜 이전에 이미 논의된 바가 있다.[20] 그러나 마셜을 중소기업이론의 창시자로 삼는 것은 '기업 규모의 중요성'을 분석하는 경우에 그 문제에 대해서 마셜의 견해를 제시하는 데서부터 출발하는 것이 편리하다는 이유 때문이다.[21] 뿐만 아니라 오늘날 중소기업론에서 문제로 삼는 대상은 산업혁명 과정에서 도태된 수공업과 가내공업만이 아니라 자본제적 기계공업을 포함하고 있는데, 마셜은 '소기업'에 이를 포함시켜 다룬 선구적 경제학자였다. 여기서 마셜은 이러한 소기업이 대규모경제의 법칙에도 불구하고 왜 잔존하는가에 대한 문제를 스스로 제시하고 이에 대한 해답을 구하면서 이론을 전개하였다.

근대경제학적 중소기업이론의 기원을 마셜에서 구하고 그 産業組織理論의 틀 속에서 학설사적 전개를 정리 분석해보자.

마셜은 조직의 형태로서 다음과 같은 네 가지를 들고 있다.[22]

① 개별 기업의 조직.

② 동일 산업내에서 기업간의 조직.

③ 각종 산업부문간의 조직.

④ 모든 사람의 안전과 많은 사람에게 도움을 주는 국가조직.

이 개념에는 기업의 조직과 분업 및 협업 등의 조직·독점·과점·완전경쟁 등에 의한 산업내 기업간의 관계, 오늘날의 産業構造, 산업에 대한 국가의 조직적인 관계, 즉 시장경제질서를 기본으로 하는 獨禁政策의 형태라든가 기업의 국유화정책 등이 포괄되어 있다고 볼 수 있다. 즉 마셜의 산업조직은 오늘날의 산업조직과 산업구조를 포괄하는 이상의 넓은 의미를 가진 개념이라고 볼 수 있다.

마셜의 산업분석과 산업조직에 대한 개념은 오늘날의 산업이론에 비

---

19) 예를 들면 애덤 스미스의 《국부론》(*The Wealth of Nations*)에서 '分業의 이익'이나 마르크스 《자본론》(*Das Kapital*)에서의 논의 등을 들 수 있다.

20) 마셜과 동시대 경제학자로서 뒤에 설명되는 홉슨이 스몰 비즈니스와 대규모경제의 법칙을 논의한 것을 들 수 있다.

21) J. Steindl, *op. cit.*, p. iii(米田淸貴·加藤誠一 譯, 앞의 책, p.1).

22) A. Marshall, *Principles of Economics,* 8th ed. 1920, Reprinted 1959, Macmillan, p. 113.(이하 *principles*로 약칭함)

하여 서술적이고 포괄적이기는 하지만 산업이론과 산업조직이론의 원형을 제시한 것이었다. 그것은 오늘날 산업이론의 세 가지 큰 줄기를 포괄하고 있는 것이다.

① 기업의 규모를 강조하면서 기업의 효율성에 대한 분석에 치중하는 산업조직이론으로서 영국형의 산업조직이론

② 기업의 활동이 현실적 구체적으로 이루어지는 시장형태를 분석하고 각 시장형태에서 가격기구가 작동하는 것을 이론적으로 규명하는 산업조직이론으로서, 주로 독과점적 시장구조와 이에 대한 정책을 다루는 미국형 이론

③ 산업간의 관계, 즉 산업구조의 변동과 산업구조의 후진성 및 불균형성의 문제를 다루는 산업구조이론 등이다.

우리는 이와 같은 산업이론의 흐름에 따라 마셜 이후 전개된 중소기업이론을 학설사적 시각에서 고찰하려고 한다.

마셜이 다룬 오늘날 중소기업의 원형은 소기업이었다. 대규모기업에 대하여 소규모기업을 분석의 대상으로 했던 소기업론에서 소기업의 내용과 범위가 경제의 성장 발전에 따라 변화하면서 소기업은 중소규모기업(small and medium sized business)으로 그 상한범위가 확대, '중소기업'이라는 개념이 등장하게 되었다. 이것은 '소기업'의 개념이 지닌 상대적 성격에 기인하는 것이다.

즉 대기업이 거대화되면서 중기업 개념이 발생하고 소규모기업과 중규모기업을 결합한 중소규모기업인 '중소기업'의 개념이 형성되고, 이것을 대상으로 한 이론이 중소기업이론으로 발전한 것이다. 영국과 미국에서는 아직도 소기업이 지배적으로 사용되고 있으며, 중소기업은 예외적으로 쓰일 뿐이다. 그러나 일본이나 우리나라에서는 중소기업이라는 개념이 일반화되고 있다. 여기서는 소기업에 대한 이론을 중소기업론으로 포괄해서 다루기로 한다. 다만 '中小企業과 스몰 비즈니스'에 대해서는 뒤에 상세히 설명할 것이다.

3. 중소기업이론의 전개와 정책의식

초기의 마셜(《經濟學原理》제 1 판)이나 마르크스가 제시한 '小企業消滅論'은 18세기 후반에서 19세기 후반까지의 영국 경제의 현실을 배경으로 한 것이었다. 이 시기의 산업화과정에서 대기업에 의하여 소기업이 도태 구축되는 과정에서 발생하는 過渡的 摩擦的인 모순인 '소기업문제'에 대한 해명을 목적으로 형성된 것이 '소기업소멸론'이었다.

이에 대하여 '소기업잔존론'은 19세기 후반에서 20세기 초에 걸쳐 아직도 소기업이 끈질기게 존속하고 있는 현실을 역사적 배경으로 하여 형성된 것이었다. 경제의 성장발전에 수반하여 수공업·가내공업의 도태 구축은 물론, 자본제적 소기업까지도 대기업에 의하여 점차 구축 도태되었지만, 새로 발생하는 소기업을 포함하여 현실적으로는 소기업이 계속해서 남아 있는 소기업잔존의 이유를 규명하고자, 마셜에 의하여 제시된(《경제학원리》제2판 이후) 것이 '소기업잔존론'이었다.

'소기업잔존론'에서 인식된 소기업문제는 소기업의 잔존이라고 하는 경제이론과 현실의 괴리를 설명하기 위한 것이었기 때문에 정책을 필요로 하는 국민경제적 모순으로서의 문제라기보다는 경제이론상의 문제였다. 물론 이 시기의 영국에서도 가내공업이나 수공업의 존재형태가 주로 열악한 노동조건의 문제로 의식되어 1909년에 '最低賃金法'이라는 정책이 탄생된 것은 소기업문제를 경제정책을 필요로 하는 국민경제적 모순으로 본 사례이다. 그러나 이 시기의 소기업문제는 국민경제적 모순으로보다는 경제이론상의 문제로 흔히 논의되었다.

이 가운데 어떤 성격을 갖든간에 '소기업소멸론'이나 '소기업잔존론'은 그 시기의 역사적 배경을 반영하는 소기업문제를 바탕으로 하여 형성되었다. 즉 중소기업이론은 중소기업문제에 대한 인식을 통하여 전개되는 것이다. 그리고 중소기업에 대한 문제성의 인식은 반드시 중소기업에 대한 정책의 필요성을 수반하였다. 중소기업문제가 단순히 경제이론상의 문제를 떠나 국민경제적 모순으로 파악되면서 중소기업문제와 정책의 관련성은 더욱 긴밀하게 되었다.

이 과정에서 중소기업이론의 전개 속에는 정책적 의식이 필연적으로 담겨지게 되었다. 특히 1930년대 이후 영국이나 미국에서의 중소기업이론이나 일본 및 후진경제에서의 중소기업이론에서는 더욱 그러하였다. 이제 중소기업문제는 이론적 과제로서보다는 정책적 과제로 되었고 정책적으로 해결하지 않을 수 없는 국민경제적 모순으로 되었기 때문이다.

우리가 중소기업이론의 전개를 학설사적으로 고찰하면서 그 속에서 새로운 중소기업정책 인식의 틀을 검출해보고자 하는 이유도 바로 여기에 있다.

중소기업이론은 중소기업문제에 대한 해명을 주된 내용으로 한다. 따라서 중소기업에 대한 문제의식의 차이는 그대로 이론적 체계에 반영될 수밖에 없다. 즉 중소기업이론은 중소기업문제에 대한 분석 연구의 결과이기 때문에 중소기업문제의식의 이론적 체계를 나타낸다.

중소기업정책의 대상은 중소기업문제이다. 중소기업정책은 자본주의 발전과정에서 발생하는 구조적 모순인 중소기업문제를 해결하기 위하여 제시되는 방안이다. 중소기업정책이 경제구조의 한 모순으로 의식되는 중소기업문제의 완화·해소와 중소기업의 역할을 높이는 방안이기 때문에 중소기업정책은 중소기업문제에 대한 분석 결과인 중소기업이론과 깊은 관련을 갖는다.

중소기업문제가 자본주의 발전과정에서 발생하는 구조적 모순인 한, 중소기업문제에 대한 분석과 연구방향은 '일반성과 특수성의 관계'[23] 에 의하여 영향을 받게 되고, 이것은 중소기업이론 전개의 연구에 대한 시각에도 반영될 수밖에 없다.

중소기업문제는 자본주의 발전과정에서 형성되는 일반적인 문제이면서 동시에 한 나라 자본주의의 구조적 모순의 결과로 볼 수 있다. 따라서 중소기업문제의 연구결과인 중소기업이론의 전개에서도 자본주의 경제의 질적 변화에 따른 연구가 우선 필요하다. 자본주의가 산업자본 단계에서 독점자본단계로, 나아가서 국가독점자본주의로 변화되면서

---

23) 末岡俊二,《中小企業の理論的分析》, 文眞堂, 1974, p.1.

경제의 구조적 모순은 더욱 심화되고 그 일환인 중소기업문제의 성격
도 달라진다. 그에 따라 상응한 중소기업이론이 전개되고 중소기업문
제는 국민경제적 모순으로서의 성격이 짙어지면서 경제에 대한 정책개
입이 적극화된다.

한편 중소기업문제는 한 나라 자본주의의 특수한 국민경제적 모순을
반영하는 것이기도 하다. 따라서 그것을 연구하는 중소기업이론의 전
개는 각 국민경제의 구조 또는 선진경제와 후진경제의 구조적 특성의
차이에 따라 다른 내용을 지니게 되며, 그 연구에는 이런 시각의 반영
이 필요하다.

경제학을 포함한 사회과학에서의 이론적 요구는 그 사회가 안고 있
는 모순관계의 해명에서 비롯된다. 사회적 모순관계를 보편적인 발전
법칙에 따라 해명하려는 시각이 있는가 하면 그것의 구체성에 집착하
여 분석하려는 시각도 있다. 이것이 역사인식에서 일반성과 특수성의
문제이다.

중소기업문제도 그것이 과도적 마찰적 모순이건 또는 국민경제적 모
순이건 경제구조의 한 모순으로 파악되고, 그것의 해명이 중소기업이
론으로 실현되는 한, 거기에 일반성과 특수성의 문제에 따른 시각은
내재되기 마련이다. 그러므로 자본주의 경제의 보편적 발전단계에 따
라 구조적 모순인 중소기업문제의 성격이 어떻게 변화되었으며, 그것
을 해명하는 논리구조가 어떻게 달라졌는가를 연구할 필요가 있다. 한
편 국민경제적 모순의 특수성에 따른 중소기업문제 해명의 분석논리가
다를 수 있기 때문에 그에 상응한 연구도 필요하다. 이것이 중소기업
이론의 학설사적 전개에 관한 연구에서 일반성과 특수성을 반영하는
시각이다.

이론이 문제성과 모순관계의 해명을 위한 논리구조라면, 정책은 문
제성과 모순관계의 해결·완화를 위하여 제시되는 방안이다. 따라서 이
론에는 정책의식과 정책의 기본방향에 대한 시사가 내재되어 있다. 즉
그동안 전개된 중소기업이론 속에는 자본주의 경제의 변천과정에서,
그리고 각 국민경제의 특수성을 반영하는 경제구조의 한 모순인 중소
기업문제를 해결 완화시키려는 정책방향이 담겨 있고, 이것을 바탕으

로 하여 중소기업정책이 구체화 현실화된 것이다.

지금까지 설명된 내용을 정리하면 다음과 같다.

첫째, 중소기업이론은 크게 마르크스 경제학과 근대경제학적 중소기업이론의 두 줄기로 나누어질 수 있고, 근대경제학적 시각에서도 다양한 중소기업이론이 전개되었다.

둘째, 마셜을 기원으로 하는 근대경제학적 중소기업이론은 중소기업도 산업현상의 한 부문으로 보고, 우선 산업이론의 계보에 따라서 전개된 중소기업이론을

① 기업의 규모를 강조하는 산업조직론의 시각

② 기업이 구체적 현실적으로 활동하는 공간인 시장의 형태를 다루는 산업조직론의 시각

③ 산업구조의 변화, 산업구조의 균형문제와 후진성을 다루는 산업구조론적 시각으로 정리한다.

셋째, 중소기업문제의 일반성과 특수성의 관계에 따라 자본주의 경제의 발전단계와 국민경제의 구조적 특성, 그리고 선진경제와 후진경제 구조의 차이점을 반영하는 시각으로 중소기업이론의 전개를 분석할 수 있다.

넷째, 중소기업이론의 전개과정 속에 담겨 있는 정책의식을 검출하여 새로운 정책방향을 모색한다. 지금까지의 정책이 주로 구체적으로 형성된 것의 국제적인 비교 속에서 제시된 것이었으나 여기서는 그것을 벗어나 중소기업이론 속에 내재한 것을 추적하는 가운데 정책과제를 검출하는 방안을 택하려고 한다.

Ⅱ.　마셜의　中小企業理論(1)

1. 小企業消滅論에서　小企業殘存論으로

마셜의 중소기업이론은 소기업에 관한 이론이었고, 그것은 초기의

소멸론적 경향에서 소기업의 잔존에 관한 설명으로 변화되었다.

그의 《경제학원리》 초판(1890)에서는 대규모경제의 有利性이라는 경제이론상의 설명에 따라 수공업과 가내공업 등의 소기업은 공장제 대공업과의 경쟁에 의하여 도태·소멸되는 것이 지배적이라고 보았다.[24] 이것은 18세기 후반에서 19세기 후반에 걸쳐 국민경제가 성장하고 발전하면서, 수공업과 가내공업 등 소기업의 일부는 대기업으로 성장하고 상당한 소기업이 끈질기게 잔존하고 있었지만, 대부분은 기계제 공장 공업에 의하여 구축·소멸되는 현실성을 배경으로 하여 형성된 견해였다.

그러나 이 시기 소기업소멸론에서 제기하는 소기업문제는 후에 영국이나 미국에서처럼 경제의 성장 발전에 수반하여 소기업이 대기업으로 성장하지 못하고 저지되는 것을 중요시하거나 그와 같은 것을 국민경제적 모순의 문제로 파악하는 것과는 성격이 달랐다. 즉 소기업이 대기업에 의하여 도태 구축되는 자체, 또는 도태 구축과정에서 발생하는 소기업문제를 다만 과도적 마찰적 모순으로 보았던 것이다.[25]

대규모경제의 유리성에 따라 소기업의 도태 구축은 경제적으로는 합리적이라고 보고 소기업소멸론에 믿음을 표시했던 마셜은 그의 《경제학원리》 제 2 판(1891)에서는 소기업잔존이라는 새로운 소기업문제를 제기하면서 이른바 '소기업잔존론'을 전개하였다.

'우리는 단기간에 大工場이 많은 산업부문에서 경쟁자를 완전히 驅逐하여 버리는 것으로 기대할지 모르나, 여전히 사실에서는 그렇지 않은데, 이는 무엇 때문인가'라는 것이 마셜의 문제제기의 요점이었다. 영국에서는 19세기말에서 20세기초에 들어서도 수공업, 가내공업과

---

24) 이것은 홉슨(J. A. Hobson)이 《產業制度論》에서 치밀하지 못한 통속적 견해 (a loose popular notion)라고 본 것, 즉 보편적은 아니지만 성공적인 기업은 정해진 제한 없이 점점 대규모화되며 소기업은 소멸되는 것이 자본주의적 산업의 최근의 조건(*The Industrial System, An Inquiry into Earned and Unearned Income*, 1909, Reprinted of Economic Classics, Augustus M. Kelly, New York, 1969, p.183;이하 *Industrial*로 약칭함)이라는 것이나, 마르크스가 《자본론》에서 밝힌 '資本主義的 蓄積의 一般的 法則'의 내용과 같은 경향이다.

25) 이것은 영국에서의 경우이고 19세기 후반에서 20세기초의 독일에서는 이러한 현상이 국민경제적 중요문제로 논의되었다.

자본제소공업을 포함하는 소기업이 대기업에 의하여 도태·구축되어
국민경제에서 차지하는 비중은 크게 낮아졌다. 그러나 결코 이들이 소
멸되어 없어지는 것은 아니었으며, 새롭게 발생하는 소기업을 포함하
여 낮은 비중이지만 국민경제의 성장발전과정에서 남아 있다고 하는
성격이 강하게 나타났다.

　이와 같은 소기업의 잔존문제를 해명하기 위하여 마셜은 그의《경제
학원리》제 2 판(제 4 편　제 8 장) 이후 증보 개정을 거듭하였고,《産業
과　貿易》(*Trade and Industry,* 1919)에서도 이 문제의 해명에 노력을
기울였다.[26) 그 가운데 마셜은 소기업의 잔존이유를 다음에서 구했다.

　① 생물학적 소기업의 성장.

　② 대규모 경제 이익의 한계 및 그 실현조건의 不備.

　③ 소기업의 獨自의 有利性.

　유명한 '숲[森]의 비유'[27)에서 보여주는 小企業成長論에서는 노동
자→소기업→대기업이라는 上昇運動이 일반적인 것으로 규정되었고,
대기업은 조만간 노쇠하고 소기업에 의하여 대체된다고 보면서 소기업
이 항상 존속하는 것으로 설명하였다.[28)

　마셜이 제기한 소기업잔존이라는 소기업문제는 경제이론과 현실의
괴리를 설명하기 위한 경제이론상의 문제였으며, 정책을 필요로 하는
국민경제적 모순으로서의 문제로 의식된 것은 아니었다.[29) 따라서 '소

---

26) 마셜은 '소기업'이 단기적으로는 '소멸하여 없어진다'는 생각에 반대하였지만,
　　경제의 성장 발전에 따라 전체적으로는 '소기업'이 도태 구축되는 경향에 있음
　　을 부인하지는 않았다는 지적이 있다.(H. Levy, *Shops of Britain,* London,
　　1948)

27) 이것은《경제학원리》제 2 판 이후부터 추가되었다.

28) 마셜은《경제학원리》의 판을 거듭하면서 上昇運動의 범위를 좁혔고,《산업과
　　무역》에서는 그것이 한정된 범위에서만 행해진다고 지적하였다. 특히 小企業成
　　長論은 뒤에 슈타인들(J. Steindl)에 의하여 크게 비판된다. 그리고 마셜의 이
　　러한 설명은 뒤에 로빈슨(E. A. G. Robinson)에 의하여 生物學的 說明(the
　　biological solution)이라고 규정된다.

29) 영국에서 19세기말에서 1930년경까지 경제정책을 필요로 하는 국민경제적
　　모순으로서 '小企業問題'가 없었던 것은 아니다. 가내공업의 존재형태인
　　Sweating System이 열악한 노동조건의 문제로 의식되어 1909년에〈最低賃金
　　法〉을 기점으로 하는 정책을 탄생시킨 것이 그것이다.

기업잔존론'에서는 경제적 합리성이 결여된 소기업의 도태·구축을 당
연한 것으로 보면서, 잔존하는 소기업에 대하여 경제이론적으로 설명
하였다. 즉 합리성을 결여한 소기업은 도태·구축되고, 합리성이 있는
소기업이 존속하는 것은 경제이론상 당연한 것으로 보았기 때문에 소
기업잔존이라는 소기업문제에 대하여 요구되는 경제정책이 국민경제상
의 모순으로 규정될 수가 없었다.

비합리적인 소기업은 도태되고 합리성을 지닌 소기업은 존속된다는
소기업잔존론은 소기업잔존이라는 소기업문제를 경제이론으로 해명하
려는 것이었으며, 소기업잔존을 適正規模論的으로 설명하는 등 근대경
제학적 중소기업이론 전개의 기점이 되었다.[30]

우리는 여기서 마셜이 논의의 대상으로 삼았던 소기업의 내용을 규
정할 필요가 있다. 그는 '기업'(business)을 다음과 같이 정의하였다.
"기업(경영)이란 넓은 의미로 이익을 받은 사람으로부터 직접 또는 간
접으로 대가를 기대하면서 이루어지는, 다른 사람의 욕망을 충족시키
기 위한 생활자료의 공급을 포함하는 것으로 본다. 그것은 각자가 스
스로를 위하여 행하는, 자신의 욕망에 대한 생활자료의 공급과는 대조
적이다. 그리고 우정이나 가족적인 애정으로 이루어지는 온정적 봉사
(kindly service)와도 대조된다"[31]는 것이다.

이 정의에서 알 수 있듯이 마셜의 소기업에는 수공업과 가내공업이
포함되고 있으며, 제조업뿐만 아니라 상업 분야에서의 소매상도 포괄
되고 있다. 그리고 자영업자는 물론이고 자본제적 공업까지를 소기업
의 범위에 포함시키고 있다. 이 점은 일본에서 제1차세계대전 후 중

---

30) 마르크스 경제학에서는 소기업의 잔존이유를 다르게 해명한다. 카우츠키는 자
   본의 집중과정에서 발생하는 '새로운 소기업'은 자본의 착취대상이며 대기업의
   노동예비군이라고 규정하였다. 레닌(V. I. Lenin)은 《제국주의론》에서 소기업
   은 독점에 종속되어 봉사하는 경우에 그 존속이 가능하다고 하여 독점의 의도
   에 따른 '소기업잔존'을 설명하였고, 이것은 그 후 獨占意圖殘存論의 출발점이
   되었다. 독점의 의도에 따른 '소기업잔존론'에서는 소기업잔존 자체가 국민경
   제적 모순일 뿐만 아니라 이것은 자본과 노동의 기본적 모순·대립관계를 기반
   으로 한 독점의 착취가 구체화된 것이라고 본다.
31) A. Marshall, *principles* p. 243.

소기업에 자본제 기업만이 아니라 생업적인 것과 가족경영적인 것까지
포함시킨 것과 유사하다. 이와 같은 소기업의 범위는 오늘날의 중소기
업의 그것과 질적으로 상응되는 바가 있어서 마셜의 소기업이론이 더
욱 중요성을 지닌다.

  그러나 마셜에게는 소기업문제가 주요 관심의 대상은 아니었으며,
소기업이론이 그의 이론체계에서 중심부분을 점한 것도 아니었다.《경
제학원리》에서는 제 4 편 생산요소 가운데 제 8 장에서 제 12 장까지의
산업조직에서 소기업이 논의되고 있다. 수확체감의 법칙과 대규모경제
의 법칙이라는 큰 원칙을 설명하면서 그에 역행하는 소기업의 잔존이
라는 문제를 해명하고 있다.《산업과 무역》에서도 독점의 지배가 행해
지고 있는 시장에서 소기업을 논의하고 있다.

  이처럼 소기업문제가 마셜의 경제이론체계에서는 부차적 지위를 점
하는 데 불과하지만 그렇다고 마셜이 소기업을 경시한 것은 아니다.
그는 경제활동의 원천으로서 소기업의 중요성을 지적하였고, 특히 영
국사회에서는 소기업의 활동이 그 번영에 근본적인 중요성을 갖고 있
는 것으로 보았다.

  결국 마셜의 소기업문제에 대한 해명은 '많은 것 가운데 하나이며,
하나 가운데 많은 것'(the many in the one, the one in the many)이라는
그의 좌우명[32]의 반영이었다. 그리고 소기업문제는 경제이론상의 문제
라 보고 이를 이론적으로 해명하는 것을 과제로 삼았기 때문에 그 속
에 적극적인 정책인식이나 정책의지가 개재되어 있는 것이 아니었다.
그러나 오늘의 중소기업문제를 다루는 시각에서 보면 마셜의 이론으로

---

32) 많은 경향이 각 산업과 경제제도의 형성에 작용하고 있다. 그러므로 경제사회
   의 어느 분야에 대한 실제적 연구는 많은 다양한 경향의 상호작용에 관한 고려
   를 필요로 하고 또한 그 경향의 분석에 상당한 주의를 기울여야 한다. 반대로
   거의 모든 중요한 경향은 그것이 작용하는 조건에 따라 크게 영향을 받게 된
   다. 따라서 그 경향에 대한 철저한 연구가 다방면에 걸친 범위에서 이루어져야
   한다고 보았다.(A. Marshall, *Industry and Trade, A Study of Industrial Tech-
   nique and Business Organization, and of Their Influence on the Conditions of
   Various Classes and Nations*, 1st ed. 1919, 4th ed. 1923, London : Macmil-
   lan p. v)

부터 우리는 적지 않은 정책적 시사를 얻을 수 있다.

2. 산업이론과 有機的 成長

경제사회의 어느 분야에 대한 실제적 연구는 다양한 경향의 상호작용에 주의를 기울일 필요가 있고 그 가운데 하나가 소기업 분야라고 마셜은 생각하였다. 경제사회에 대한 실제적 연구의 주된 대상은 개별 기업과 산업의 실제문제였고 소기업도 그 일환으로 포함되었다. 마셜은 심지어는 저술하는 데도 실업가를 생각하였으며, 비실제적이거나 실업가를 어렵게 하는 일은 하지 않으려고 노력하였다. 그 결과 당연히 산업현상을 깊이 취급하게 되었고, 따라서 소기업문제를 이해하는 데는 먼저 마셜의 산업이론에 대한 해명이 중요성을 지니게 된다.

"경제학은 첫째로 스스로를 위한 지식을 얻는 것을 목적으로 하고, 둘째는 실제적 문제에 빛을 투영하는 것을 목적으로 한다.……경제학자는 경제학 연구의 실제적 이용을 잠시도 잊어서는 안 된다. 그러나 경제학자의 독특한 임무는 事實을 연구하고 해석하며, 개별적으로 또는 결합해서 작용하는 서로 다른 요인의 결과가 무엇인가를 발견하려는 것"[33]이라고 마셜은 지적하였다. 이처럼 그는 경제이론이 경제생활의 해명을 위하여 작용하는 것을 무엇보다도 중요하게 생각하였고, 그러기 위해서는 산업과 상업의 실제적 사실에 대하여 깊은 지식이 필요하다고 생각하였다.[34] 그래서 그는 개개의 산업이나 개개의 실제적 문제들을 밝혀내기 위하여 일반균형이론이 아닌 특수균형이론의 방법을 택하였다.

그리고 마셜은 이러한 여러 사실과 개인들의 관계는 끊임없이 변화하고 있다고 보았다. 즉 인간성의 변화와 향상에 대한 관찰이 그의 산업이론의 바탕을 이루었다.

---

33) A. Marshall, *Principles*, p. 33.

34) J. M. Keynes, *Essays in Biography, The Collected Writings of J. M. Keynes*, Vol. 10, Macmillan, 1972(丁炳烋 譯,《經濟學者의 生涯》, 삼성문화문고 56, 삼성문화재단, 1974, p. 153).

① 현세대에 경제학의 관점에서 이루어진 변화는 인간 스스로가 상당한 정도로 환경의 산물이며 환경과 더불어 변화한다는 것을 발견한데 근거하고 있다. 그리고 이 발견으로 인간성에 심각하고 빠른 변화가 발생하고 있다는 사실을 강조하기에 이른 것이다.

② 금세기초의 영국 경제학자의 주된 결함은 리카도(D. Ricardo)와 그의 학도가 오늘날 가장 중요하다고 생각되는, 사실을 연구하는 방법을 등한히 한 것이다. 그들은 인간을 不變量으로 생각하고 그 변화의 연구에 대하여 노력하지 않았다.

③ 그들의 치명적인 결함은 산업의 관행이나 제도가 얼마나 변화하기 쉬운가를 파악하지 못했다는 것이다.

④ 우리는 경제학적 추론의 중심 구조가 고도로 선험적 보편성을 가지는 것을 인정하기는 하지만 경제학설이 보편성을 가진다고는 생각하지 않는다. 그것은 구체적 진리의 실체가 아니라 진리를 발견하는 엔진이며, 말하자면 力學 이론과 유사한 것이다.

위 내용은 마셜의 유명한 開講辭 가운데 일부[35]이다. 여기서 마셜은 당시에 등한히 했던 인간성의 변화와 경제에 대한 인간 역할의 중요성을 강조하고 있다. 이것은 그의 생산조직이나 대규모 경제법칙의 기초사상으로 작용하였음을 알 수 있다. 경제학은 한편에서는 富의 연구이면서 다른 한편에서는 일상의 사업활동에서 인간의 연구라고 한 마셜의 규정[36]은 이를 반영한다.

인간 스스로가 상당한 정도로 환경의 산물이며 환경과 더불어 변화하다고 본 마셜은, 경제활동의 전개와 더불이 인간성이 점차 합리성을 지니도록 발전 향상되는 것을 자유산업 및 기업의 발달과 결부시켜 생각하였다.[37] 그리고 인간의 성격과 활동이 경제활동 및 환경과 함께

---

35) A. Marshall, "The Present Position of Economics"(1885), A. C. Pigou ed., *Memorials of Alfred Marshall,* London:Macmillan, 1925, pp.153~156, p.159.

36) A. Marshall, *Principles,* p.1.

37) *Ibid.,* Appendix A, "The Growth of Free Industry and Enterpise", p.602·623.

꾸준히 진보하고 있다는 진보사상이 마셜 이론체계의 바탕이 되었다.

이러한 진보사상은 당시 영국에서 크게 발전되었던 생물학적 사상에 영향 받은 바가 컸다.[38] 경제학자의 발상지는 경제적 動態學(Economic Dynamics)보다는 경제적 생물학(Economic Biology)에 있다고 지적하였다.[39] 그리고 생물학적 개념은 역학의 개념보다 복잡한데, 경제학에 관한 기초서적에서는 역학적 접근법을 많이 사용한다. 균형(equilibrium)이라는 용어는 그 중심개념이 動態的이라기보다는 오히려 靜態的이지만, 그것은 움직임의 원인이 되는 여러 가지 힘과 시종 관계가 있기 때문에 그 기조는 정태학이라기보다는 동태학의 그것이라고 쓰고 있다.[40]

여기서 우리는 마셜이 움직이고 진보하는 경제현상을 분석하는 데는 정태적 균형의 개념보다는 생물학적이면서도 동태적인 개념을 중요시하고 있음을 알 수 있다. 사실 마셜은 인간의 생활을 올바로 나타내는 것은 산업적 사회적 진보 또는 진화인데 이것은 단순한 증가와 감소가 아니며,[41] 따라서 그 분석방법은 역학적 방법보다는 생물학적 방법을 쓰는 것이 중요하다고 보았다.

여기서 말하는 생물학적 또는 생물적의 의미는 다음과 같다.

첫째로 사회는 생물체와 같은 유기적 체계이며, 역학적 체계가 아니다. 그리고 생존경쟁 및 적자생존에 관한 생물학적 견해가 자본주의 경제에서 산업 및 기업의 변동에 응용된다. 생존경쟁, 자연도태, 수명 등 생물체의 성쇠과정이 마셜의 산업이론에서 유추되어 전개되고 있다.

둘째로 적자생존, 자연도태는 기업행동의 분석에 대하여 큰 시사를 주고 있으며, 경제성장이 내적 여러 가지 힘, 특히 구성단위인 기업 행동의 변화를 내포하는 과정이라고 보는 데 생물학적 특징이 있다.

---

38) '경제학자는 生物學의 최근의 경험으로부터 많은 것을 배웠으며 이 문제에 대한 다윈(C. Darwin)의 깊은 논의는 우리 앞의 難題에 대하여 강한 빛을 던져 주고 있다'는 등 다윈의 영향을 들고 있다.(*Ibid.*, p. 42·200·210 등)

39) *Ibid.*, "Preface to the Eighth Edition", p. xii.

40) *Ibid.*, "Preface to the Eighth Edition", pp. xii~xiii

41) A. Marshall, "Mechanical and Biological Analogies in Economics" (1898), A. C. Pigou ed. *op. cit.*, p. 317.

셋째로 산업현상을 생물적 유기체로 유추하는 데서 우리는 산업현상 간의 유기적 성격이 강조되고 있음을 알 수 있다. 유기적 성격은 경제를 구성하는 부분이 상호의존관계를 형성하고 있음을 뜻한다. 이때 구성부문 또는 단위는 그것이 소속하는 모체로부터 멀리 떨어져도 그 성질이 본질적으로 변화하지 않는다고 보는 기계적 성격과는 다르다. 유기적 성격을 갖는 경제는 그것을 구성하는 여러 부분의 단순한 집계가 아니며, 구성부분은 모체로부터 분리될 때 그 본질적 성격을 손상하게 됨을 뜻한다.

이러한 생물적 유기체의 개념은 생물적 진화론에서 나오는 사회진보의 사상과 결합하여 유기적 성장(organic growth)의 개념에 이르게 된다. 유기적으로 성장하는 경제는 단순히 양적 증가가 아니고 질적 변화 또는 성격의 변화를 내포하는 경제이며, 이것을 분석하는 방법은 결국 역학적 접근법보다는 생물학적 접근법에 의존해야 한다는 점을 마셜은 지적하였다. 산업적 진보 또는 진화는 단순한 증가와 감소가 아닌 유기적 성장인데, 이것은 무수한 요인의 衰微에 의하여 규제되고 제한되며 역전된다. 그리고 각 요소는 영향을 미치고 또 그것을 둘러싼 사실들에 의하여 영향을 받는다. 그런데 이러한 모든 상호간의 영향은 각 요소가 다다른 단계에 따라 다르다[42]고 마셜은 유기적 성장에 대하여 지적하였다.

산업현상을 좀더 현실성 있게 분석하기 위하여 제시된 마셜의 생물학적 방법론과 유기적 성장론은 단기적이 아닌 장기적 관점에서 제시된 것이다. 장기간에 걸쳐 유기적으로 성장하는 경제를 다루는 방법론은 일시적 정태적 균형이 아닌 장기적 동태적 균형이론이어야 함을 시사하였다. 장기적으로 이루는 산업현상의 균형은 산업을 구성하는 진보력과 쇠미력간의 유기적 균형점이며 생물학적 설명의 귀결이기도 하다.

산업 안에서 대기업에 의한 소기업의 도태·구축, 소기업의 대기업으로의 성장, 대기업과 소기업간의 상호관계, 대기업의 생물적 수명의

---

42) *Ibid.*, p. 317.

한계에 의한 쇠망 등 여러 요인이 유기적으로 작용하면서 장기적으로 산업은 성장하고 동태적 균형을 이룬다고 마셜은 보았던 것이다.

산업이 이러한 유기적 성장을 하는 데서 마셜은 소기업이 경제활동의 원천으로서 중요한 역할을 한다는 점을 지적하였다. 즉 영국 산업력의 대부분이 성장하는 소기업(small growing business)에 의존하고 있으며, 그들이 산업에 제공하는 힘과 탄력성(energy and elasticity)은 전 국가에 걸쳐 발생되고 있다고 규정하였다.[43]

소기업이 경제발전에 활력을 주고 산업발전의 원동력이라고 보는 마셜의 견해는 그의 '소기업성장론'에도 그대로 반영된다.

첫째로 마셜은 이것을 그의 생물학적 類推로 설명하고 있다. 삼림(forest) 가운데 젊은 수목(young tree)이 年長의 경쟁자가 억압하는 그늘을 뚫고 고투하면서 성장하는 교훈에 비유하여 소기업성장론을 시사하고 있다. 많은 수목이 도중에 쇠잔하고 소수만이 존속 성장한다. 이들은 성장하고 키가 커지면서 넓은 영역의 빛과 공기를 얻게 된다. 그래서 마침내 이번에는 그들이 인근의 수목 위로 솟아나게 된다고 기업의 성장을 비유하였다. 마셜은 이 성장의 법칙이 보편적이지는 않지만 많은 산업분야에서 유지되고 있다고 보았다.[44]

둘째로 이러한 소기업성장을 이루는 上向運動의 출발점을 노동자로 보고 다음과 같이 말하였다.

① 노동자가 그의 경영능력을 충분히 발휘할 수 있는 지위로 성장하는 데 따르는 주된 어려움은 所要資金의 획득인 것처럼 보인다. 그러나 자금은 큰 어려움이 아니며, 실질적인 어려움은 많은 주위 사람들에게 그가 경영에 대한 자질을 가진 사람이라는 사실을 확신시키는 것이다.

② 노동자가 기업가로 상향 성장하는 데 더 큰 장애는 경영의 복잡성이 점차 증대하고 있다는 점인데, 이것도 교육의 급속한 개선이 있으면 해소될 수 있다고 보았다.

---

43) A. Marshall, *Industry*, p. 581.
44) A. Marshall, *Principles*, p. 263.

이처럼 마셜은 노동자가 기업가로 성장하는 데 중요한 것은 자금이 아니라 기업가로서의 능력이라고 보았다. 그래서 보통의 노동자는 그가 능력을 지니면 職工長·支配人으로 上昇, 고용주가 될 수 있다고 보았으며, 그 결과 아래로부터의 광범한 상향운동이 있게 된다고 하였다.

셋째로 이러한 상향운동에 따라 독립기업의 長이 된 사람은 그 능력에 따라 기업을 성장시킬 수 있다고 하였다. 榮枯盛衰에도 불구하고 유능한 기업가는 장기적으로 능력에 따라 그의 자본이 성장하게 되고 경영능력이 클수록 기업의 성장은 더욱 신속하게 이루어진다는 것이다.[45]

즉 유능한 기업가는 그의 자본을 신속히 성장시키고 더 많은 자본을 차입하도록 신용을 높인다. 그리고 더 많은 종업원을 채용하여 그들 상호간에 신뢰성을 높일 뿐만 아니라 적재적소에 배치하여 작업능률을 높인다. 이러한 숙련의 경제 외에 기업의 성장과 함께 이루어지는 기계의 경제와 大量去來의 경제로 인하여 기업은 계속해서 성장한다. 성공은 신용을, 그리고 신용은 다시 성공을 가져오면서 기업은 계속 성장한다는 것이다. 이러한 성장과정은 기업가의 정력과 기업심, 창의력과 조직력이 최대로 그리고 새롭게 유지되고, 경영에 불가피한 모험이 이례적 손실을 가져오지 않는 한 계속된다고 보았다.[46]

경영능력을 가진 노동자는 자본을 조달·결합하여 소기업가로 되고 소기업가는 다시 대기업가로, 동시에 소기업은 대기업으로 계속 상향석 성장을 할 수 있다는 것이 마셜의 견해였다. 이때 기본이 되는 것은 기업가가 자금을 지휘하는 경영능력인데, 이것은 과밀한 산업에서 양호한 기회를 제공하는 산업으로 쉽게 수평이동하고, 또 산업내에서도 유능한 사람은 상위 직책으로 성장하는 등 쉽게 수직이동도 하기 때문에 근대 영국에서 경영능력은 수요에 순응하는 것이 일반적 법칙이라고 보았다.[47] 이처럼 마셜은 경영능력, 즉 기업가의 공급이 탄력적

---

45) *Ibid.*, p. 260.
46) *Ibid.*, p. 262·263.
47) *Ibid.*, p. 261.

임을 시사하고 있다.[48]

 그런데 내부경제와 외부경제를 통하여 기업은 영원히 성장할 것처럼 보이지만 사실은 그렇지 못하다는 것 또한 마셜의 생각이었다. 그는 그것을 수목에 비유하여 다음과 같이 설명하고 있다. 하나의 수목은 활력 있게 장기간 성장을 계속하여 다른 수목보다 더 큰 규모로 성장할 것이지만 조만간 나이(age)가 그들에게 모든 것을 말해줄 것이다. 더 큰 수목은 경쟁자보다 빛과 공기에 쉽게 접근할 것이지만 점차로 활력을 잃게 된다. 그래서 그 지위를 젊음과 활력을 지닌 다른 수목에게 넘겨주게 된다고 하였다. 이와 같이 자연은 그 창설자의 수명(the length of the life)과 그들의 재능이 활력을 유지하는 분야를 제한함으로써 私企業에 압력을 준다. 그리고 이런 법칙은 巨大株式會社(더러는 침체하지만 쉽게 쇠멸하지 않는)가 발전된 이후에도 일반적은 아니지만 많은 산업분야에서 아직도 유지되고 있다고 마셜은 말하고 있다.[49]

 이처럼 거의 모든 산업에서 한순간에 상승국면에 있는 여러 기업은 소기업에서 대기업으로 상향하고 하강국면에 있는 다른 기업은 쇠잔하면서, 즉 한 방향에서의 쇠잔이 다른 방향의 성장에 의하여 균형을 이루면서 평균적으로는 번영의 시기가 계속된다고 본 것[50]이 마셜의 생물학적 유기적 성장론의 귀결이다.

3. 産業組織과 大規模經濟의 法則

 마셜의 산업이론과 소기업문제에 대한 논의에서 기본이 되는 것은

---

48) 기업의 상향적 성장과 기업가의 공급을 탄력적이라고 본 마셜의 견해에 대하여는 슈타인들의 비판이 있고, 일본산업을 대상으로 한 실증적 연구도 일부 비판적 견해를 담고 있다. 즉 성장률이 급속한 산업에서는 중소기업이 대기업까지 성장한 예가 많지만 성장률이 낮은 분야에서는 중소기업이 대기업까지 성장한 예가 적다는 것이다.(瀧澤菊太郎, 《高度成長と企業成長》, 東洋經濟新報社, 1973) 이것은 마셜이 그의 후기에 상향운동이 행해지는 분야가 한정되어 있다고 본 것에 어느 정도 접근하고 있다.(A. Marshall, *Industry*, p.247)

49) A. Marshall, *Principles*, p.263.

50) *Ibid.*, p.264.

산업조직이라는 개념이었다. 산업조직의 개선이 가져오는 대규모경제의 有利性은 '소기업소멸론'으로 이어졌고, 뒤에 이론과 현실의 괴리를 설명하는 '소기업잔존론'의 대상이 되었다.

19세기에서 20세기에 걸쳐 영국 자본주의의 동요에 대하여 당시 제시된 세 가지 정책 가운데 마셜은 국내의 생산력을 증대시켜 경쟁력을 강화시키자는 견해에 동조하는 입장을 취했다. 즉 영국 산업의 생산성을 향상시키기 위하여 우수한 기계를 발명하고 그 도입을 가능하게 하기 위하여는 자본가와 노동자의 능력을 향상시키는 것이 필요하다는 주장이 그것이다. 세계시장의 힘에 의한 확대에도 반대하고, 低資金政策에 의하여 수출신장을 기하자는 맨체스터 학파의 입장에도 반대하면서, 마셜은 당시 영국 자본주의의 시대적 요청에 해답을 주기 위하여 收穫遞減의 法則(the law of diminishing returns)에 대한 투쟁을 선언하였다.[51]

런던의 빈민가를 거닐면서 그 慘景과 타락상을 보고 마셜이 느낀 것은 빈민문제의 해결이었고, 그것이야말로 당시 영국 자본주의가 당면한 과제라고 생각하였다. 빈곤이라는 그 시대의 사회적 고뇌를 따뜻한 心情으로 느끼고, 그러나 냉철한 理性으로 그것을 과학적으로 밝힘으로써 부의 증대와 분배의 개선이라는 시대적 과제에 해답을 주려는 것이 마셜의 문제의식이었다.[52]

분배 측면에서는 여러 생산요소간에 國民分配分의 분배 개선을 해결해야 할 중심과제로 삼고, 생산 측면에서는 토지에 대한 수확체감의 법칙을 일시적으로 중지시키는 것이 현세대에서 사회개혁을 위한 특별한 기회를 제공하는 것[53]이라고 영국경제의 방향을 진단한 마셜은, 경제진보를 위한 그의 경제학을 전개하는 데 산업조직이라는 개념을 도

---

51) 姜命圭, 〈캠브리지學派 經濟學의 生成過程 — '마셜'經濟學의 問題意識을 중심으로〉, 《經濟論集》 第XIII卷 第1號, 1974. 3, p. 21·22.

52) A. Marshall, "The Present Position", A. C. Pigou ed., *op. cit.*, pp. 172~174 참조.

53) A. Marshall, "Social Possibilities of Economic Chivalry"(1907), A. C. Pigou ed., *ibid.*, p. 326.

입한다. 즉 고전학파 경제학을 관류하고 있던 수확체감법칙의 압력을 극복하는 급선무를, 산업조직의 개념을 도입하여 생산을 더욱 개선시킴으로써 해결할 수 있다고 보고 그것에 대한 이론을 전개하였으며, 그것이 대규모경제의 유리성의 바탕이 되었다.

수확체감의 법칙을 극복하기 위한 산업조직이론은 인간에 대한 연구에서 출발한다. 《경제학원리》에서 마셜은 경제학은 한편에서 富의 연구이지만, 다른 한편에서는 인간 연구의 일부라고 규정하고 있다. 특히 마셜은 상당한 정도로 환경의 산물이며 환경과 더불어 변화하는 인간성에 합리성이 발전됨으로써 자유산업 및 기업이 출현하게 되었다고 봄과 동시에, 경제활동의 주체인 인간이 경제활동에 제공하는 역할을 중요하게 생각하였다.

고전학파 경제학에서 필연적 자연법칙으로 받아들여졌던 수확체감의 법칙은 인간의 증가된 노동과 자본에 대하여 자연이 제공하는 土地生産物(raw produce)이 장기적으로 체감하는 경향이 있음을 말한다.[54] 즉 자연이 생산에서 작용하는 역할은 수확체감의 경향을 나타낸다는 것이다.

이에 대하여 인간이 작용하는 역할은 收穫遞增의 경향을 나타낸다. 즉 노동과 자본의 증가가 일반적으로 개선된 조직을 가져오고, 그로 인하여 노동과 자본의 작업능률이 증진된다는 것이다. 토지생산물의 산출에 종사하지 않는 산업에서는 노동과 자본의 증가가 일반적으로 그 비율 이상의 수확체증을 낳고, 다시 그 개선된 조직은 자연이 토지생산물의 양적 증가에 대하여 주는 저항의 증가를 감소시키거나 압도시키는 경향을 갖게 한다.[55]

이러한 조직을 마셜은 知識(knowledge)과 관련하여 결정적으로 중요하게 생각한다. 지식은 생산의 가장 강력한 엔진인데, 그것은 자연을 극복하여 우리의 욕망을 충족시키도록 하여준다. 그런데 조직은 지

---

54) A. Marshall, *Principles*, p. 262.
55) 만일 수확체증의 법칙과 수확체감의 법칙 작용이 균형을 이루게 되면 收穫不變의 법칙(the law of constant returns)이 나타나며, 증가된 노동과 희생에 같은 비율로 생산물이 증가된다.(*Ibid.*, p. 265·266)

식을 돕는다고 하였다.[56] 즉 인간이 자연에 대한 지배력을 발휘하는
데 가장 강력한 힘은 지식인데, 이 지식이라는 기동력을 최대한으로
높여주고 구체화시켜 주는 것이 조직이라고 본 것이다.

인간의 지식과 조직의 작용으로 인한 수확체증과 자연의 생산작용으
로 인한 수확체감이라는 두 가지 경향은 계속해서 상호간에 반대방향
으로 압력을 가하는데, 전자가 후자를 압도할 때 수확체증의 법칙이
나타난다는 것이다. 小麥이나 羊毛와 같은 非加工 原材料를 생산하는
산업에서는 후자가 주된 경향임에 비하여, 대다수의 정교한 방법으로
생산하는 大工業이나 近代運輸業에서는 전자가 주된 경향으로 되어 있
다고 마셜은 분석하였다.[57]

토지생산물에 종사하지 않는 기업, 운수업에서 나타나는 수확체증이
라는 법칙적 경향은 조직의 개선으로부터 오는 것인데, 대규모생산의
경제성은 이러한 수확체증의 법칙에 의하여 뒷받침되는 것이라고 보았
다.

인간의 양적 증가와 부의 증가는 인간의 지적인 향상을 수반하고,
이것은 고도로 발전된 산업조직을 위한 편의를 제공하며, 자본과 노동
의 능률 향상에 다 같이 도움을 주어 수확체증과 대규모경제의 법칙을
실현하도록 한다. 이처럼 어떤 종류의 재화의 생산증가로부터 오는 경
제성을 마셜은 두 가지 개념으로 설명하고 있는데, 內部經濟와 外部經
濟가 그것이다.

내부경제는 그 산업에 종사하는 개개 기업의 物的 資産, 組織 그리
고 경영능률에 의존하는 경제이며, 외부경제는 산업의 일반적인 발전
에 의존하는 경제로서 흔히 유사한 성질을 갖는 많은 소기업이 특정지
역에의 집중에 의하여 확보하는 경제[58]라고 말하였다.

수확체증과 대규모생산의 이익을 가져오는 내부경제와 외부경제는
조직의 작용에 의하여 발생된다는 것이 마셜의 생각이다. 그런데 내부

---

56) *Ibid.*, p. 115.
57) *Ibid.*, p. 266.
58) *Ibid.*, p. 221.

경제와 외부경제의 착상이 그의 生物學的 類推(biological analogies)에
기초를 두고 있음은 물론이다. 치열한 생존경쟁 속에서 자연도태와 적
자생존의 과정을 거치면서 발달한 고등동물의 육체조직에서 내부경제
와 외부경제의 원리를 발견한 것이다. 사회유기체와 자연유기체의 유
사성에 착상한 마셜은 그 발달은, 한편에서 각 부문간의 기능 세분화
가 이루어지면서, 다른 한편에서는 각 부문간에 밀접한 관계가 증진된
다는 것을 간과하였다.

즉, 각 부분의 自給度 감소와 각 부분의 상호의존도 증가를 유기체
의 조직 발달로 보고, 그 결과로서 조직의 이익이 실현된다는 것을 알
게 된 것이다. 전자는 分化(differentiation)라고 하고 후자는 統合化
(integration)라고 불렀다.

마셜은 이것을 다음과 같이 경제계에 비유하였다. 기능이 더욱 세분
화된 것을 뜻하는 전자는 분업·전문기능·지식 및 기계의 발달이라는
형태로 산업에 나타난다. 반면에 산업유기체의 각 부문간에 관련성이
더욱 밀접해지고 견고해지는 것을 뜻하는 후자는 商業信用에서 安全性
의 증진, 해상과 육상의 교통·철도 및 전신·우편 및 인쇄기의 발달에
의한 運輸, 通信手段과 그 이용의 발달이라고 하였다.[59] 마셜의 이러한
설명에서 우리는 분화에서 오는 이익이 내부경제를, 그리고 통합화에
서 오는 이익이 외부경제를 뜻하고 있음을 알게 된다.

내부경제는 ① 機械의 경제(economy of machinery), ② 大量去來
(구매 및 판매)의 경제(economy of buying and selling), ③ 熟練(技能)
의 경제(economy of skill), ④ 原材料의 경제(economy of material)가
주된 내용으로 설명된다. 이 네 가지 경제성이 기업내에서 실현되는
경우에는 내부경제로 되는 데 대하여, 企業外의 어느 경제사회내에서
실현될 때는 외부경제로 된다.

마셜은 현실적으로 외부경제는 산업의 지역집중에서 이루어지는 경
우가 많다고 보았다.[60] 특정한 지역에 특수한 산업이 집중함으로써 확

---

59) *Ibid.*, p. 201.
60) *Ibid.*, Book Ⅳ, chap. Ⅹ.

보될 수 있는 외부경제의 중요성을 마셜은 강조하였다.

제조업이 일정한 범위의 지역에 집중됨으로써 ① 새로운 착상의 개발, ② 補助産業의 성장, ③ 高價機械의 경제적 사용, ④ 지속적인 技能市場의 제공, ⑤ 다양한 산업의 인접한 입지로 인한 불경기 완화 등 여러 가지 이익을 들고 있다. 특히 소기업이 특정지역에 집중, 즉 산업의 지역집중(localization of industry)에서 오는 외부경제의 중요성이 제기되었는데, 이것은 오늘날 중소기업이론에서 地域經濟論의 근거로 되고 있다.[61]

《경제학원리》에서 마셜은 산업조직의 형태를 네 가지로 구분하고 있는데, 이것은 조직의 작용에 따라 그 경제성을 기업 내부조직의 작용과 企業外의 조직, 즉 산업조직의 작용으로 구분하는 논점을 제공하기도 한다. 이때 전자가 내부경제이고 후자가 외부경제이다. 결국 수확체증에 대한 대규모경제의 경향은 개별기업이 조직을 개선하여 이익을 얻고 비용을 체감하여 경제가 성장하는 측면과, 산업이 그 조직의 발달을 통하여 장기적으로 성장하는 두 가지 측면으로 나누어 볼 수 있다.

이 두 가지 경향이 장기적으로 수확체증과 경제진보를 가져오는 작용은 서로 다르다고 보는 것이 마셜의 생각이었다. 개별기업은 여러 가지 경제성 가운데 특히 내부경제에 의하여 성장하지만, 그것은 동시에 衰微(decay)를 병행하기 때문에 장기적으로 보아 기업성장의 불안정성이 수반된다. 이에 대하여 장기적 성장의 원천이 되는 것은 외부경제라고 하여 마셜은 외부경제의 중요성을 강조하였다. 즉 총생산규모의 증가가 여러 경제성을 증대시키지만 이것은 개별회사의 경영규모에 직접 의존하는 것은 아니다. 이들 가운데 가장 중요한 것은 相互協調關係에 있는 관련된 산업분야의 성장으로서 이것이 지속적 성장의 원천이라고 보았다.[62]

이것은 한 수목은 성쇠를 거듭해도 삼림은 번성을 계속한다는 생물

---

61) 杉岡碩夫 編,《中小企業と地域主義》, 日本評論社, 1973, p.11·12.
62) A. Marshall, *Principles*, p.264.

적 유추에서 비롯된 생각이었다. 경제진보를 의미하는 장기적인 수확체증이라는 동태분석은 흥망하는 개별기업을 대상으로 하는 것은 적당하지 않고, 산업이 장기적으로 존속 발전하는 사실에 주목하여 그것에 대한 분석이 필요하다. 따라서 장기적인 경제진보는 기업규모의 확대로부터 생기는 내부경제보다 산업규모의 확대에서 오는 외부경제에서 주로 비롯되는 것이고 또한 그것이 더욱 중요하다고 마셜은 생각하였다.

이처럼 장기적으로 유기적 성장을 가져오도록 하는 조직의 작용에 의한 경제성의 실현은 기업조직보다는 산업조직의 이익 또는 외부경제에 더욱 의존하는 것이라고 보았다. 내부경제보다 오히려 외부경제의 중요성을 강조한 마셜의 생각은 오늘날 산업정책과 중소기업에 대한 정책인식에 시사하는 면이 크다.

Ⅲ. 마셜의 中小企業理論(2)

1. 마셜의 小企業存續理論

내부경제와 외부경제에 의한 수확체증과 대규모생산의 법칙을 나타내는 것이 산업경제의 지배적 경향이라고 마셜은 생각하였다. 이러한 일반적 경향에 따른다면 대기업은 그들과 경쟁적인 소기업을 많은 산업분야에서 완전히 구축하는 것으로 보일지 모르나, 사실은 그렇게 되지 않는다는 것이[63] 또한 《경제학원리》 제 2 판 이후 마셜의 생각이었다.

즉 대규모경제의 법칙이라는 이론과 소기업의 끈질긴 殘存이라는 경제현실간의 괴리를 설명해야 하는 경제이론상의 문제가 마셜의 소기업문제로 제기된 것이다. 그래서 소기업의 잔존이유를 설명하는 것이 마

---

63) *Ibid.*, p. 243.

셜의 소기업이론의 주요 골격이 되었고, 이것은 오늘날 산업구조 가운
데 중요한 위치를 점하고 있는 중소기업에 대한 이론의 초점이 되었
다.

　기계의 다양성과 高價性은 제조업의 모든 분야에서 小工業者에게 무
거운 압박이 되어 어느 산업분야에서는 이미 소공업자를 완전히 몰아
내었고, 또 다른 분야에서는 급속히 몰아내고 있으며,[64] 대공업이 소공
업을 몰아내는 것은 많은 산업분야에서 강한 경향으로 나타나고 있다.
또한 小賣商(retail trade)은 변화되고 있으며, 小商店(small shopkeep-
er)은 매일 그 기반을 잃어가고 있다[65]는 등 공업과 상업분야에서 다
같이 대규모경제에 의하여 소기업이 도태되고 있는 현상을 마셜은 지
적하였다.

　그럼에도 불구하고 다른 한편에서는 현실적으로 소기업이 잔존하고
있는 사실에 대하여 이것은 대규모경제의 한계, 그 실현을 위한 조건
의 不備, 그리고 소기업의 독자적 유리성이라는 내용으로 포괄되고 있
다.

　① 대규모생산의 주된 요인인 기계의 경제성에 대한 한계가 지적되
었다.

　a. 어느 산업에서는 대공장이 기계의 경제로부터 얻은 이익이 적정
한 규모에 이르자마자 거의 소멸한다. 綿糸 방적업종에서는 비교적 소
공장도 자기의 입장을 지키면서 유리성을 지닐 수 있다.[66]

　b. 기계의 경제가 家內工業(house industry)을 유리하게 만드는 경우
도 있다. 工場制度와 家內手工業制度간에는 계속적인 경쟁이 있어서
어느 경우에는 한쪽이 유리하고 다른 경우에는 다른 쪽이 확실한 기반
을 지닌다. 양말·메리야스 산업은 手編織械의 개선으로 家內工業(the
dwelling house)으로 돌아가는 경향이 있다.[67]

　c. 거의 모든 산업에서 자본에 비례하여 능률을 극대화하기 위해서

---

64) *Ibid.*, p. 234.
65) *Ibid.*, p. 239.
66) *Ibid.*, p. 234·235.
67) *Ibid.*, p. 247.

는 생산량의 확대가 필요하다고 말하지만, 주어진 일정의 시점 및 일정의 산업기술에서는 기업규모의 증가가 그 이상의 경제성과 능률향상을 가져오지 않는 한계점에 이르는 경우가 있다. 왜냐하면 소기업은 대체로 산업진보의 주요 원천인 독창력과 융통성이 최선의 지표이기 때문이다. 물론 이러한 결론이 시장거래의 면까지 확대되는 것은 아니다.[68]

이러한 지적들은 산업분야에 따라서는 생산면에서 기계의 경제성의 한계, 즉 適正規模가 있어서 그 분야에서 소기업이 존속할 수 있음을 말한다.

② 생산규모의 증대만큼 판매의 규모확대가 수반되지 않는 사실이 소기업을 존속하도록 한다.

a. 대규모생산이 가장 큰 중요성을 지니는 산업의 대부분에서 市場去來(marketing)의 어려움이 있다. 단순하고 균등한 상품의 경우는 예외이지만……수확체증의 경향이 작용하는 많은 상품은 다소간 특수품으로서의 성격을 갖는다. 새로운 수요를 창출하고 새로운 방법으로 오래된 수요에 대응하면서 특수한 취향을 지향하는 이들 상품들은 거대시장을 가질 수 없다. ……이러한 경우에 각 기업의 판매는 환경에 따라 다소 제한되고 서서히 그리고 높은 비용을 지불해야만 확보되는 특정시장에 한정된다. 그래서 생산이 경제적으로 급속히 확대되어도 판매는 그렇지 못하다.[69] 이 지적은 시장의 불안정성에 대한 중요한 시사라고 볼 수 있다.

b. 고객이 소량의 구매를 위해서는 가까운 상점에 가지만 중대한 구매를 위해서는 번거로움에도 불구하고 도시의 어느 지역을 방문하여 그의 구매목적에 특별히 합당한 상품이 있다는 것을 알게 된다는 것이다.[70] 이것은 생산의 경제 관점에서가 아니라 고객의 편의(conve-

---

68) A. Marshall, *Industry*, p. 249. 《경제학원리》에서 이미 마셜은 '適正規模'를 논의한 바 있거니와(p. 234·235) 여기서의 지적은 뒤에서 논의되는 最適經營規模論(optimum size)를 상기시킨다. 그러나 이것은 로빈슨(E. A. G. Robinson)의 그것에 비하면 극히 유치한 수준의 내용이라고 하겠다.

69) A. Marshall, *Principles*, p. 238·239.

70) *Ibid.*, p. 227.

nience of the customer), 즉 소비 및 수요의 요인에 따라 산업의 지역 집중을 설명한 것이며 지역적 시장에서 소기업의 존속 가능성을 시사하고 있다.

③ 관리면에서 소기업의 능률성이 지적되고 있다.

a. 소기업자(the small employer)는 독특한 이익을 지닌다. 그의 통찰력은 종업원의 태만을 막고 기업내의 한 조직에서 다른 조직으로 원활한 의사전달이 되도록 한다. 대기업이 택하는 簿記와 번잡한 수표제도를 거의 생략한다.[71]

b. 상세한 사항에 대한 개인적인 통찰과 즉각적인 판단이 소기업자의 통찰력이 미치는 도처에서 이루어지고, 이것은 소기업 강점의 주요 원천이 된다. 이로써 소기업자들은 적은 노력과 비용으로 노동자들의 나태와 원재료의 낭비를 효과적으로 억제할 수 있는데, 이는 전통적인 방법으로 경영하는 대기업이 큰 비용으로도 달성할 수 없는 것들이다.[72]

④ 소기업이 先貸制度 및 低賃金을 바탕으로 존속한다는 점을 지적하였다.

a. 大商店(a large trading house)이 소공업자 및 家族勞動者에게 작업을 분할해주어 많은 구입 및 판매상의 경제성을 높이고 있다고 하였다.[73] 이것은 상인에 의한 선대제도에 의하여 소기업이 존속할 수 있음을 지적한 것이다.

b. 이것이 마셜의 《경제학원리》 제8판에서는 다음과 같이 묘사되고 있다. "오래전에 섬유산업에서 보급되었던 가내공업은 대기업가가 작업을 小屋(cottage)이나 小作業場(very small workshop)에서 행하여지도록 분할하여 주는 제도이다. 거의 모든 영국 각지의 원격지 마을에

---

71) *Ibid*, p. 237.
72) A. Marshall, *Industry*, p. 366. 한편 마셜은 테일러(F. W. Taylor)에 의하여 科學的 管理法(scientific management)이 창안되고 그것이 발전되면서 20세기초 이후 관리면에서 대기업의 불리점이 감소되고 있다고 그의 《산업과 무역》에서 쓰고 있다.(제 XI 장 및 제 XII 장)
73) A. Marshall, *Principles*, 1st ed. 1890, p. 343.

서 대기업의 대리점은 원재료를 소옥에 분할, 제공하여 주고 완성품을 되돌려받는다. 이 제도는 신체조건과 士氣가 뒤떨어지고 미숙련, 미조직화된 노동이 대량으로 존재하는 오래된 대도시지역에서 발달하였으며, 특히 의류산업과 저가의 가구산업에서 발달되었다."[74]

c. 그런데 여기에 유입되는 사람들은 노동자 가운데서도 가장 약한 계층이었기 때문에, 이 제도가 탄력성을 지니고 있다는 장점과 함께, 기업가가 이 작업을 하는 노동자에게 바람직한 압력을 넣을 수 있는 수단이어서 많이 택하게 되었다. 즉 자본가는 자택의 노동자에게 작업을 분할하여 주고 서로 경쟁하면서 작업을 하도록 하며, 작업하는 사람들이 서로 알지 못하기 때문에 일치된 행동을 할 수 없다는 점을 이용한다는 것이다.[75]

이러한 선대제도가 그 작업상의 경제성과 함께 노무관리의 능률성도 제고시킬 수 있다는 것을 의미하는 것이어서 오늘날의 下請問題를 논의하는 데 중요한 점을 시사하여 준다.

d. 소기업가는 그의 목적에 합당한 인원을 모이게 한다. ……그러나 有用性이 없는 재능에 대하여는 대가를 지불하지 않는데, 低賃金勞動으로 충분히 행해질 수 있는 작업에 대하여 숙련노동이 많은 시간을 낭비하도록 하지 않는다[76]고 하며 저임금노동이 소기업의 존속기반임을 시사하고 있다.

⑤ 기계의 발달과 분업의 발전에 의하여 이루어지는 생산에서 전문화와 표준화가 소기업을 존속시켜 준다고 보았다.

a. 표준화 생산의 발달은 생산공정을 세분화시켜 전문화 생산을 촉진시키지만, 반대로 전문화의 발달은 점점 표준화를 다시 촉진시키는

---

74) A. Marshall, *Principles*, 8th ed., p. 246·247.

75) *Ibid.*, p. 247·248.

76) A. Marshall, *Industry*, p. 247. 초기에 마셜이 大商社에 의하여 先貸制度로 소기업이 존속한다고 지적했을 때는 가내공업이나 수공업 등의 형태로서 Sweating System이 19세기에서 20세기초에 문제로 되었을 때였다. 이러한 선대제도에 대한 논의는 후에도 지속되었는데, 특히 열악한 노동조건과 저임금을 小企業殘存의 조건으로 제기한 것은 오늘날에도 대기업과 중소기업간의 대금격차와 관련하여 중소기업문제를 논의하는 기점이 되고 있다.

작용을 한다는 것이 마셜의 지적[77]이고, 이것이 소기업에 유리하게 작용한다는 것이다. 모든 공업국에서는 중간 정도의 자력을 가진 사람이 유리하게 생산할 수 있는 특수품에 대한 충분한 시장이 있다. 소기업자는 그의 재능을 어느 단일상품, 단일규모의 생산에 집중시킴으로써 가장 잘 활용할 수 있다. 소기업자는 세분화된 작업에 필요한 기계를 구입하여 한 가지 작업에 전념하여 저가의 생산을 할 수 있기 때문이다.[78]

b. 기계의 발달에 의한 轉換部品制度(system of interchangeable part)[79]가 발단된다는 것은 加工工業보다는 組立工業의 분야에서 소기업이 존속할 수 있다는 것을 시사한다.

c. 섬유공업에서도 방직업에서 기술이 진보하여 어느 기준과 조건에 맞는 정확성과 확실성을 갖는 糸(yarn)를 제조하기 때문에 직물업자는 공개된 시장에서 그것을 구입할 수 있게 된다. 따라서 직물업자는 방직업을 겸할 필요가 없고 직물업에 전문적으로 종사, 소공업으로 존속할 수 있게 된다.[80]

⑥ 협동화에 의한 대량거래의 실현에 의하여 소기업이 존속한다고 보았다. 소규모의 직물업자는 흔히 비용이 많이 드는 市場去來方法(wasteful methods of marketing)을 택하고 있지만, 협동화를 행하거나 共同販賣方法에 의하여 판매 및 구매에서 유리해질 수도 있다.[81]

⑦ 사회의 일반적 진보가 정보 획득과 실험을 행하는 데서 소기업자에게 유리하게 작용한다는 것이다.[82]

a. 외부경세는 산업시식(trade knowledge)을 제공한다는 섬에서 내부경제에 비하여 끊임없는 그 상태적 중요성이 증가하고 있다. 신문과 모든 산업기술 관계 출판물은 필요로 하는 지식을 전달해 주고 있는

---

77) A. Marshall, *Principles*, pp. 213~218.
78) A. Marshall, *Industry*, p. 246.
79) A. Marshall, *Principles*, p. 213.
80) A. Marshall, *Industry*, p. 230.
81) *Ibid.*, p, 602.
82) A. Marshall, *Principles*, p. 237.

데, 얼마전만 해도 이 지식은 원격지에 적절한 대리점을 가지고 있지
못한 사람은 얻을 수 없는 것이었다.

b. 대체로 경영비밀이 감소하고 중요한 생산방법의 개선이 실험단계
를 벗어난 뒤에는 장기간 비밀로 남아 있지 않다는 사실이 소기업자에
게 이익이 된다. 소기업자가 지식획득을 위한 근대시설을 이용할 능력
과 시간이 있다면 진보나 대기업과의 경쟁에서 뒤떨어질 이유가 없다.

⑧ 생산의 전문화와 표준화에 대한 생각으로부터 마셜은 대기업과
소기업의 적절한 산업분야에 대하여 말하고 있다.

a. 기술적 변화가 기업규모를 확대시켜 소기업이 구축되는 경향이
있는 전형적인 산업으로 철강공업을 들고 있는 반면에, 소기업에 유리
한 경향이 있는 것으로는 직물공업을 들고 있다.[83]

b. 생산의 전단계(early stage of production)공업은 기계 역할의 범
위가 크고 대자본을 필요로 하지만 많은 노동과 개인적 처리를 필요로
하지 않는다. 반면에 생산의 후단계(later stage of production)공업에는
수작업 부문이 많고 기능공이나 소기업가에 의하여 잘 행해지도록 세
심한 주의가 요구된다. 대철강회사는 항상 스스로 刃物을 제조하지 않
고 小刃物業者에게 원재료를 공급하며, 婦人帽子·의류·제화업자도 기
계에 의해서 대량생산된 원재료를 구입한다. 이것은 소건축업자와 사
진틀 제조업자도 마찬가지다. 반면 이들은 지역적 수요와 고객의 특수
한 취향, 그리고 소규모 시설로 이루어지는 수작업을 관리하는 데 주
의를 집중한다.[84]

c. 상업분야에서 소매상은 소규모의 수리업에서 그 지위를 확보하고

---

83) A. Marshall, *Industry,* pp. 218~233.

84) *Ibid.,* p. 246. '소기업'의 존립분야 구분에서 마셜이 前段階工業과 後段階工業
이라는 구분으로 이론적 근거를 제시한 것은 오늘날 중소기업의 사업분야를 정
하는 데 주목을 끈다. 이에 대하여 기술적 최소단위(minimum technical unit)
가 그 기준으로 제시되기도 한다.(A. Beachham, *Economics of Industrial Or-
ganization,* London, 1948, p. 46) 즉 기술적 최소단위가 큰 업종에서는 '소기
업'의 존립 여지가 없지만 그것이 작은 업종에서는 그 여지가 있다는 것이
다. 이 기준에 따르면 마셜의 구분과 다른 업종의 구분이 생길 수도 있을 것이
다.

또 변질성 식품의 판매에 상당한 지위를 유지한다고 하였다.[85]

그래서 마셜은 소기업의 잔존문제에 대하여 다음과 같이 말하고 있다. 소생산자는 끊임없이 소멸의 위협을 받고 있으며 사실 많은 산업분야에서 구축되고 있었고, 또한 대기업에 의하여 구축되는 과정도 있지만, 그러나 소기업은 존속한다. 기계가 대부분의 생산공정에서 사용되지만, 기타의 부분이 舊來의 수공업적 방법으로 이루어지고 있다는 사실에 의하여 소기업은 존속한다. 기계로 생산되는 부분의 비용이 축소하고 가격이 하락하여 생산물의 시장이 크게 증가하고 있음에도 불구하고 노동의 총수요는 감소하는 경향이 있다. 그러나 세심한 주의력의 집중을 필요로 하는 상품의 수요는 생산량의 증가와 더불어 증대할 것이다. 그리고 소생산자들이 우수성을 발휘하는 창의성과 세부사항에 대한 세심한 주의력의 필요성 때문에 소생산자가 적응할 수 있는 분야는 한쪽에서 축소한 만큼 다른 방향으로 확대될 것이다. 더구나 기계가 진보됨에 따라 이전에는 각 가정에서 스스로 행하던 의복제조, 식료품 및 세탁 같은 작업이 계속해서 소기업의 분야에 추가되고 있다. 그래서 기업심과 창의력이 상향작용(their climb upward)을 시작하는 새로운 단계를 형성하고 있다는 것이다.[86]

《경제학원리》 초판에서 지녔던 대규모경제에 의하여 소기업이 구축될 것이라는 마셜의 생각은 현실적으로 소기업이 끈질기게 잔존한다는 사실 때문에 소기업잔존의 문제를 해명해야 할 과제를 안게 되었다. 즉 적어도 공업에서는 기업의 규모가 클수록 경영이 양호하고, 따라서 大工場이 많은 산업부문에서 소경쟁자를 완전히 구축하는 것이 기대됨에도 불구하고 아직도 실제로 그렇지 않는 이유가 무엇인가 하는 것이 《경제학원리》 제2판 이후 마셜의 문제제기였다.

소기업이 대기업에 의하여 구축·소멸되는 것은 대규모경제의 유리성 때문이고 그것은 내부경제와 외부경제의 작용을 바탕으로 한다. 소

---

85) A. Marshall, *Principles,* p. 241. 소기업의 존립 대상업종으로 상업을 포함시킨 것은 우리의 주목을 끈다.
86) A. Marshall, *Industry,* p. 247·248.

기업잔존이라는 이론과 현실의 괴리 문제를 해명하는 것은 결국 이 두 가지 경제의 내용에 대한 검토에서 비롯된다. 지금까지 제시한 소기업의 존립조건에 대한 논의를 포괄해서 보면 그 내용은 내부경제와 외부경제상의 대규모경제의 한계로 구분되어 정리될 수 있을 것이다. 그런데 마셜은 내부경제는 기본적으로 대기업에 유리하게 하고 소기업에는 불리하게 하지만, 외부경제는 소기업을 유리하게 하는 측면이 많다는 점을 설명하고 있다. 외부경제를 설명하면서 그가 이 경제는 유사한 성질을 지닌 다수의 소기업이 특정지방에 집중하는 것에 의하여 자주 얻어지는 경제라고 한 지적[87]이 이를 말해주고 있다.

여기에 대한 검토를 바탕으로 소기업의 잔존이유가 해명되었고 《경제학원리》 제8판(1920)과 《산업과 무역》 초판(1910)에서는 이를 더욱 상세히 전개하였다. 그러나 그 내용은 소기업의 잔존이유를 해명하는 소극적인 存立條件論이 주된 것이어서 오늘날 중소기업의 적극적 존립조건론과 대조되고 있다. 후자는 산업구조상의 중요한 부문으로 인식되면서 그 존립의의와 적극적인 役割을 설명하고 있기 때문이다. 그리고 전자가 경제이론상의 문제로서 소기업문제를 대상으로 하였음에 대하여 후자는 주로 국민경제상의 모순으로서 소기업 또는 중소기업문제를 분석하면서 정책인식에 이르고 있다. 이때의 정책인식은 전자로부터 큰 시사를 받은 것이었다.

2. 代表的 企業과 소기업문제

마셜은 당시 빈곤이라는 시대적 과제를 해결하기 위하여 고전학파적 長期停滯를 극복하는 것을 목표로 하였다. 고전학파적 장기정체성은 수확체감의 경향이라는 변할 수 없는 자연법칙을 바탕으로 한 것으로 수확체감의 법칙에서 수확체증의 법칙으로 탈출하는 것이 마셜의 연구 과제가 되었다. 이것은 대규모경제의 유리성을 의미하는 것이었고 그 내용이 되는 내부경제와 외부경제는 생물학적 유추로부터 이론적 토대

---

87) A. Marshall, *Principles*, p. 221.

를 발견한 것이다. 그로부터 마셜은 경제적 진보의 길을 모색하였다.

경제진보의 길을 탐구하기 위하여 도입한 생물학적 개념은 정태적이기보다는 동태적이며, 인간의 생활을 올바로 나타내는 것은 산업적이며 사회적인 진보, 또는 진화라고 보면서 '森林의 비유'를 제시한 것이다. 마셜은 일반균형의 이념을 충분히 파악하고 있었으며, 경제적 세계 전체의 모든 요소들이 서로 대립하고 서로 작용함으로써 각기 제자리를 유지하는 코페르니쿠스적 전체계를 발견하였지만 그것과는 다른 모형을 만들어 사용하였다.[88] 그것이 부분균형 또는 특수균형의 개념이었다.

숲(삼림)과 나무(수목)의 비유에서 볼 수 있듯이 마셜은 경제현실의 영역적 넓이를 시간적 요소와 조합시키고 있다. 여기서 숲은 산업을, 나무는 기업을 뜻하고 있으며, 개개의 수목(기업)은 삼림(산업)의 성쇠와 별도로, 그리고 숲(산업)도 개개의 나무(기업)와는 별개의 성쇠 과정을 갖는 것으로 보았다.[89]

왈라스(L. Walras)의 일반균형이론이 정태적, 추상적 연역법에 의한 기계적 균형이론으로 되어 있음에 대하여, 마셜의 部分均衡理論은 動學的이며 장소적 기술적으로 이질적 경제구조를 대상으로 하고 있다. 영국의 경험론에 입각, 이질적이며 현실적 경제구조에 맞는 경제이론을 전개시키려는 것이 마셜의 체계[90]였다. 이런 체계 속에서 마셜은 개별기업과 산업의 실제문제를 해명하려고 노력하면서 경영경제학의 과학적 기초를 마련한 것이다.

이런 이론체계 속에서 마셜은 상기적인 경제진보의 방향을 모색하였고, 그것을 개별기업의 분석에서보다는 산업분석 속에서 찾았다. 榮枯盛衰를 거듭하는 개별기업보다는 이것을 포함하여 무수한 요인의 성쇠에 의하여 규제되고 제한되면서 유기적으로 성장하는 산업을 경제진보의 더 중요한 대상으로 삼았던 것이다. 즉 모든 산업에서 한순간에 상

---

88) J. Schumpeter, *op. cit.*(정도역 譯, 앞의 책, p. 121·122).
89) A. Marshall, *Principles*, p. 263.
90) 姜命圭, 앞의 글, p. 12·13.

승국면에 있는 여러 기업은 상향하고, 하강국면에 있는 다른 기업은 쇠잔하면서, 즉 한 방향으로의 쇠잔이 다른 방향에서의 성장에 의하여 균형을 이루면서 평균적으로 번영의 시기가 계속된다고 보았다.[91]

개별 수목은 영고성쇠를 계속하는 가운데서도 삼림은 균형을 이루면서 성장하듯이, 개별기업은 성장·성숙·쇠퇴라는 생존과정(life cycle)을 계속하지만, 그것에 의하여 구성되고 있는 산업은 균형을 이루면서 성장한다고 보는 것이 마셜의 長期均衡理論이다. 수목의 盛과 衰의 과정 속에서 삼림이 장기적으로 이루는 균형은 진보력과 쇠미력간의 유기적 균형점이며, 마셜이 생물학적 유추로부터 얻은 결과이기도 하다. 그리고 대기업과 소기업간의 유기적 관계, 개별기업의 성장·성숙·쇠퇴라는 불균형 속에서 이루어지는 산업의 균형을 설명하고 유기적 균형에 대한 분석, 즉 장기균형이론은 산업경제의 현실감을 높여줄 수 있다는 것이 마셜의 생각이었다.

마셜은 개별기업의 불균형 속에서 유기적으로 성장을 지속하는 산업의 분석을 위하여 대표적 기업(a representative firm, representative business)의 개념을 도입하였다.

균형이란 일반적으로 수요와 공급의 균형을 뜻한다. 산업이 균형상태에 있다는 것은 산업의 수요에 맞는 공급이 성립되어 있다는 것을 말한다. 따라서 이 균형을 설명하기 위하여는 산업으로서의 공급행동이 당연히 분석되어야 하는데, 마셜은 산업이 마치 하나의 기업과 같이 행동하는 것으로 상정하였다. 즉 마셜은 산업을 대표하는 이상적 기업을 상정하여 이를 대표적 기업이라고 한 것이다. 그래서 마셜이 주어진 총생산량에 대하여 한 상품을 생산하는 정상비용을 분석하기 위하여 개념상으로 구축한 대표적 기업은 다음과 같이 규정되었다.[92]

① 총생산량에 대한 대표적 생산자의 비용을 분석하기 위하여는 먼저, 이제 막 산업계에 진입하기 위하여 투쟁하는 새로운 생산자는 택하지 않는 것이 좋겠다. 이들은 여러 불이익 아래에서 작업을 하여 낮

---

91) A. Marshall, *Principles*, p. 264.
92) *Ibid.*, p. 264·265.

은 또는 무이익의 상태에도 만족해야 하고 또 성공적인 기업을 만들기 위해서 거래를 형성하는 등 초보적 단계의 사실에 만족하는 생산자이기 때문이다.

② 반면에 장기에 걸쳐 예외적으로 지속된 능력과 행운을 지니면서 광범한 기업경영을 집중하고, 또 거의 모든 경쟁자를 압도하는 거대하고 질서 정연한 공장을 가진 기업도 택하지 않는다.

③ 그래서 대표적 기업은 상당한 정도의 긴 수명과 상당한 성공을 한 기업인데, 이들은 정상적인 능력에 의하여 경영되고, 그의 총생산규모에 속하는 외부경제와 내부경제를 정상적으로 이용할 수 있는 기업이다.

④ 즉 생산된 여러 상품의 부류와 그것들을 시장거래하는 조건, 그리고 경제적 환경이 일반적으로 고려된 기업이다.

⑤ 이와 같이 어느 의미에서 대표적 기업은 평균기업(a average firm)이다. 그러나 평균이라는 용어는 기업과 관련되어 여러 가지로 해석되는데, 대표적 기업은 특수한 종류의 평균기업인 것이다. 이것은 대규모생산의 내부 및 외부경제가 당해 산업 및 국가에서 일반적으로 어느 정도 보급되고 있는가를 알기 위하여 필요한 기업이다. 그래서 개인기업이나 주식회사 가운데 광범한 조사를 한 뒤 최선의 판단에 따라 특수한 평균을 나타내는 기업을 선택할 수 있다.

⑥ 어느 상품의 총생산규모의 증가에 따라 일반적으로 대표적 기업의 크기도 증대될 것이며, 그래서 대표기업이 누리는 내부경제와 그것이 이용할 수 있는 외부경제를 항상 증가시킬 것이다. 그 결과도 이전보다 비례적으로 낮은 노동비용과 희생으로 생산을 할 수 있을 것이다.[93]

---

93) 마셜은 《산업과 무역》에서 대표적 기업을 다음과 같이 정의하고 있다. 즉 대표적 기업단위(the representative business unit)는 그 생산비가 주어진 시장수요를 충족시키는 데 필요한 生産量에 큰 영향을 주고, 그래서 경쟁적 조건하에서 가격을 규제하는 데 중요한 작용을 하는 기업이라고 하였다.(*Industry*, p. 509) 《경제학원리》에서는 대표적 기업을 내적으로 규정하여 정상적이라고 표현한 데 대하여 여기서는 외적으로, 즉 대표적 기업이 외부에 대하여 주는 영향을 규정한 것이 특징일 뿐 그 실체는 동일하다.

마셜이 상정한 것처럼 대표적 기업은 정상적으로 경제를 이용할 수 있으면서도 생산제품의 종류와 판매문제, 그리고 경제적 환경이 고려된 기업을 말한다. 즉 정상적인 대규모생산의 경제와 시장확장의 곤란이라는 두 가지 힘의 균형과 조화 속에서 성립하는 기업이라고 말할 수 있다. 따라서 대표적 기업은 산업의 규모가 확장되고 새로운 시장의 개척과 특별한 판매노력에 따라서 그 규모가 확대될 수 있으며, 산업에 따라 다를 수 있는 성질을 갖는다고 볼 수 있다.

그런데 마셜이 대표적 기업의 개념을 도입하여 분석을 시도하였던 산업의 균형은 진보력과 쇠미력간의 균형을 뜻하는 유기적 균형이었다. 따라서 대표적 기업도 산업내 개별기업(대기업과 소기업을 포함)의 성쇠뿐만 아니라 무수한 다른 요인이 반영된 유기적 균형상태 속의 기업임을 알 수 있다.

이러한 대표적 기업의 개념은 산업의 구성요소인 기업의 規模區分과 관련하여 중요한 기준을 제시해주고 있다. 마셜은 기업(business)을 포괄적으로 규정하였거니와, 이에 따르면 소기업에는 수공업과 가내공업 및 자본제적 기업도 포함된다. 이에 따라 소기업의 下限(수공업과 가내공업)은 알 수 있으나 대기업과 소기업의 구분기준이 마셜의 경우는 불명확한데, 우리는 대표적 기업의 개념에서 이것을 유추할 수도 있다.[94]

첫째로 총체적 생산규모에 속하는 외부경제와 내부경제를 정상적으로 이용할 수 있는 기업이라는 규정 속에서 '정상적'이라는 의미를 해석하는 문제이다. 슈타인들은 이 의미를 최대로 해석하여 대표적 기업을 最低費用規模企業에 가깝게 해석하고 있다. 대표적 기업은 곧 판매곤란에 의하여 주어진 한계 범위 안에서 할 수 있는 한의 대규모경제를 이용하는 기업이다. 대표적 규모에 도달할 때까지는 대규모의 경제성은 판매를 확대하는 비용보다 크다. 이 규모를 넘어서면 반대로 된

---

94) 이것은 '소기업'의 殘存문제가 《경제학원리》 제1판에서는 다루어지지 않다가 제2판 이후에 취급되었다는 점과, 대표적 기업의 개념도 제2판 이후에 도입되었다는 점이 밀접한 관련이 있을 것이라는 추정에서도 비롯된다.

다고 지적하였다.[95]

  그러나 마셜이 대표적 기업은 어느 의미에서 평균적 기업이라고 한 규정에서 볼 때, 대표적 기업의 설명에서 '정상적'은 최대보다는 '통상적'이 타당한 의미라고 보고 있다. 또한 마셜의 소기업을 대표적 기업보다 소규모의 것으로 해석할 때, '정상적'을 최대로 보면 경제를 최대로 이용하는 기업이 바로 대표적 기업이 되기 때문에 현실적으로 존재하는 거의 모든 기업이 소기업이 된다. 최대로 경제를 이용하는 기업은 극소수이기 때문이다. 이에 대하여 '통상적'으로 해석하면, 대표적 기업은 현실적으로 다수 존재하는 것이 되고 소기업을 대표적 규모보다 작은 규모의 기업이라고 보아도 그 논의와 모순되지 않는다.

  둘째로 대표적 기업의 규모가 업종별로 다르다는 지적으로부터 소기업의 기준도 업종별로 달라질 수 있다는 결론을 얻을 수 있다. 생산된 여러 상품 부류의 고려에 대한 지적은 업종별로 대표적 기업의 규모가 다르다는 것으로 해석되고, 이것은 바로 대표적 규모보다 소규모인 소기업의 업종별 범위도 다르다는 것을 반영한다.[96] 또한 대기업과 소기업에 적합한 업종 분야의 구분은 소기업이 적합한 업종에서 대표적 기업의 규모는 상대적으로 소규모임을 말하여 준다.[97]

  셋째로 대표적 기업의 규모가 어떤 상품의 총생산량의 증가, 즉 경제발전에 따라 커진다는 마셜의 규정은 소기업의 범위도 경제규모의 확대에 따라 상향 조정될 수 있음을 나타내준다. 동시에 경제발전에 따라 대표적 기업의 규모가 증대한다는 것은 시장이 완전독점이 아닌 한 대표적 기업보다 소규모의 기업이 항상 존재할 수 있다는 것을 의미하기도 한다.

  결국 마셜의 대표적 기업으로부터 추론할 수 있는 기업규모의 구분,

---

95) J. Steindl, *op. cit.*(米田淸貴·加藤誠一 譯, 앞의 책, p.6). 슈타인들은 판매면에서의 대규모경제의 한계만을 지적하고 생산과 관리면의 한계를 보려 하지 않았다는 점에서 불충분하다는 평가를 받고 있다.
96) A. Marshall, *Industry,* p.508·509.
97) '특수한 취향(special tastes)에 적합한 제조업들의 기업은 대개 소규모'라는 지적도 있다.(A. Marshall, *Principles,* p.379)

즉 대기업과 소기업의 구분은 절대적이 아니라 상대적인 것이며 소기업의 범위도 상대적이라는 것이다. 즉 대기업과 소기업의 기준이 업종별로 다를 수 있고 시간의 경과와 경제상황에 따라 변화될 수 있다는 생각이다. 이것은 오늘날 중소기업의 범위를 규정하는 데 중요한 시사를 주고 있다.

위의 검토 결과에서 얻은 결론은, 소기업은 대표적 기업의 규모보다는 소규모의 기업이고 총체적 생산규모에 속하는 외부경제와 내부경제를 통상적으로 이용하지 못하는 기업이라는 점이다.

마셜의 산업이론의 전개에 대한 검토로부터 소기업을 대표적 기업의 개념과 관련하여 이와 같이 규정하고, 특히 소기업의 上限을 대표적 기업의 규모에서 구한다면, 우리는 대표적 기업에 대한 좀더 구체적이고 현실적인 해석을 해볼 필요가 있다. 마셜이 산업에 대한 장기균형이론을 전개하기 위하여 정한 개념상의 규정이며, 이상적 개념의 성격을 지닌 것이 대표적 기업이라고 하더라도 소기업의 범위를 정하는 기준으로 그것이 논의되고 있기 때문에 당연히 대표적 기업에 대한 좀더 구체성 있고 현실성 있는 해석이 수반되어야 한다. 더구나 마셜의 산업이론의 출발점이 현실성 있는 경제분석임을 감안할 때 대표적 기업에 대한 현실적 규정을 추론할 필요성이 더욱 제기된다.

이를 위하여 지적되어야 할 사항은 다음과 같은 것들이다.

첫째로 대표적 기업은 有機的 均衡點의 규모라는 점이다. 산업을 구성하고 있는 새로운 기업과 오래된 기업, 그리고 대기업과 소기업 등 다양한 규모의 개별기업 사이에 進步力과 衰微力의 작용과 이들간에 맺는 상호의존관계, 즉 서로 규제하고 제한하면서 형성된 균형점의 규모가 대표적 기업의 규모이다.

둘째로는 마셜의 생물학적 유추로부터 얻은 결론이 대표적 기업의 개념에 포함되어 있다는 점이다. '삼림과 수목의 비유'에서 볼 수 있듯이 한 수목(개별기업)이 다른 수목보다 계속해서 더욱 큰 규모로 성장하는 것은 한계가 있다는 것이 마셜의 생각이었다. 즉 기업의 성장은 기업가 또는 상속자의 능력과 체력이 일정한 시기 후에는 쇠퇴하기 때문에 무한히 성장할 수 없다는 것이다. 그리고 신생기업이나 예외적인 능력과 행운을 지닌 기업을 마셜은 대표적 기업에서 제외시키고 있다.

셋째는 '평균적 기업'이라고 하였다. 여기서 평균은 전체의 중간을 의미하는 것이 아니라 전체 가운데 다수라는 의미에 가깝다고 볼 수 있다. 우리는 이와 관련하여 '정상적'의 의미를 '통상적'이라는 뜻으로 해석하였다.

넷째는 市場去來의 조건과 경제적 환경이 고려된 기업이라고 하였다. 판매의 곤란에 의하여 주어진 한계의 범위에서 대규모경제를 최대한 이용하는 기업(스타인들)이라거나 대규모생산의 경제성과 시장확장의 곤란 사이에 균형 내지 조화를 이룬 기업[98]이라는 규정이 있다. 오늘날의 獨寡占的 市場構造 아래에서 판로의 제한을 받지 않고 규모를 확대한 대기업은 여기에 해당될 수 없다.

이들 여러 검토로부터 대표적 기업은 대기업일 수는 없고 그렇다고 소기업도 아님을 알 수 있다. 오늘날의 기준으로 본다면 중소기업의 최상위규모인 中堅規模 내지 中規模의 기업에 해당되는 것으로 추론할 수 있다.

대표적 기업의 존립조건에 대하여 마셜은 다음과 같이 지적하였다. 그는 대규모생산 경제에 의존하는 많은 산업에서 첫째로 어려운 것은 市場去來(販賣)이며, 수확체증 경향이 작용하는 다수의 상품은 特殊品 (specialities)에 시장을 의존하고 있다. 따라서 각 기업의 판매는 환경과 특수시장에 의하여 제한된다고 하였다. 그리고 이들 시장은 서서히 그리고 비싼 代價를 지불하고서 얻어질 수 있다고 보았다.[99]

특수한 취향에 저합한 많은 공업은 데게 소규모이다. 그리고 이들 산업은 이미 다른 산업에서 발전된 기계와 조직형태를 쉽게 채용하여 생산규모의 증가가 큰 경제성을 가져오게 할 수 있다. 그러나 이들 산업은 각 기업이 다소간에 그들의 특수시장에 제한되고 있는 산업이다. 그래서 그런 제한 때문에 성급한 생산증가는 그로부터 얻은 경제성의 증가에 비교되지 않을 만큼 그 시장에서 수요가격을 더욱 크게 인하시

---

98) 末松玄六 編,《海外の中小企業》, 中小企業叢書 Ⅲ, 有斐閣, 1960, p.114.
99) A. Marshall, Principles, p.238·239.

키는 경향이 있다[100]고 보았다.

결국 대표적 기업의 분석에서 마셜은 시장의 제한에 따른 판매의 곤란과 판매 확대를 위한 비용, 그리고 급격한 생산증가에 수반될 수 있는 수요가격의 인하 가능성 등 이런 요인들이 경쟁적 조건하에서 산업의 수요량의 한계를 정하고 기업규모의 확대를 억제한다고 보았다.[101] 이렇게 볼 때 마셜의 대표적 기업은 판매가 제한을 받는 不完全競爭的 성격의 시장구조에서 존속하는 기업이라고 하겠다.

그리고 대규모경제의 有利性이 시장거래의 곤란에 의하여 그 규모가 제한을 받는 기업이 대표적 기업이라고 볼 때, 이 속에는 적정규모적 요인이 포함되어 있다고 보아야 한다. 생산면이나 관리상의 대규모 경제의 한계까지를 포함하여 전개된 적정규모이론은 소기업 존립의 조건과 독자적 유리성을 설명한 이론적 근거가 되고 있다. 따라서 대표적 기업에는 적정규모적 존립을 하는 중소기업이 포함될 수도 있는 것이다.

3. 獨占과 소기업문제

收穫遞增 조건하에서도 競爭的 均衡이 성립한다고 생각한 마셜은 독점의 출현에 대하여 이론적으로는 부정적 소극적 견해를 지녔다. 각종 산업에서 대규모생산의 경제성을 인정하면서도 대규모생산의 추구에 따른 기업이익의 누적이 필연적으로 생산의 집중과 독점적 지위를 확립하도록 하는 문제에 대하여 그는 두 개의 해답을 던져주었다.

첫째는 대표적 기업에 대한 분석에서 본 것과 같이, 많은 산업에서 대규모생산의 경제성은 시장을 확대하는 어려움에 의하여 상쇄되고, 이것이 경영규모의 지속적 증대를 억제한다는 것이다. 이때 개개의 기업이 판매를 증가하려면 가격을 인하하지 않고서는 불가능하게 된다. 이것은 결국 시장의 불완전성을 설명하는 것으로 슈타인들은 보고 있

---

100) *Ibid.*, p.379.
101) 그 결과 경쟁적 조건하에서도 산업은 독점에 이르지 않는다고 본 마셜의 견해
  는 뒤에 '수확체증과 균형'이라는 '마셜의 문제'를 제기토록 하였다.

다.[102]

둘째는 기업의 성장은 기업가 또는 그 상속자의 능력과 체력이 일정한 시기 이후에는 쇠퇴한다는 사실에 의하여 제한받기 때문에, 극단적인 생산집중은 초래되지 않는다는 것이다. 기업가 능력의 쇠퇴에 대한 마셜의 이러한 견해는 '삼림의 비유'에서 알 수 있듯이 생물학적 유추의 결과였다. 그리고 이러한 기업가 능력의 쇠퇴는 원칙적으로 株式會社에도 적용된다고 보았다.[103]

독점의 형성에 대하여 이처럼 소극적 또는 부정적 견해를 지녔음에도 불구하고, 마셜은 현실적으로 19세기말 이후 현저하게 발전한 巨大株式會社, 트러스트(Trust), 카르텔(Cartel) 등 독점적 대기업에 대하여 설명하지 않을 수 없었다. 그래서 그는《경제학원리》의 제 4 편 제 5 장 독점이론과《산업과 무역》의 제 3 편〈독점적 경향과 사회복지와의 관계〉에서 이 문제를 다루고 있다. 독점이론으로는 충분한 것은 아니지만 여기서는 소기업문제와 관련될 수 있는 범위내에서 다루어보기로 한다.

먼저 독점의 내용에 대한 마셜의 설명을 검토해보자.

첫째, 制限的 獨占(limited monopoly)에 대하여 언급하고 있다. 대규모경제의 이익이 거대기업과 기업합동을 촉진해도 그것은 어느 기업가를 독점에 이르게 하지는 못한다는 것이다. 기업가의 능력 쇠퇴나 판매 곤란이라는 독점화의 억제조건 외에 경쟁자의 그 분야에 대한 진입을 들고 있다. 만약, 그의 기업 규모가 확대되면서 그의 재능이 이전에 그가 소기업의 범위에서 발휘하였던 것처럼 대기업의 영역에도 적응한다면, 즉 그가 독창성·다양성·진취력·인내력·사업수완과 행운을 꽤 장기간(very many years) 지닌다면, 그는 그가 사업하는 지역의 그의 생산부문에서 全生産量을 장악할지도 모른다. 그리고 그의 상품이 수송 및 판매상 심한 어려움이 없다면 그는 그 사업지역을 매우 광범위하게 확대를 해서, 제한적 독점에 가까운 어떤 것을 달성할는지도 모

---

102) I. Steindl, *op. cit.*(米田淸貴·加藤誠一 譯, 앞의 책, p. 4).
103) 末松玄六 編, 앞의 책; p. 113·114.

른다.

그런데 이 제한적 독점은 매우 높은 상품가격이 경쟁적 생산자가 그 사업분야에 진입하도록 함으로써 제한받은 독점이다.[104]

둘째, 그는 絶對的 獨占이 아니라 條件附 獨占(conditional or provisional monopoly)을 말하고 있다. 즉 판매가격을 생산비와 보통이윤의 합계 이상으로 인상하지 않는다는 조건하에서 지배권을 지니는 독점을 지적하고 있다.[105] 만약 판매가격에서 생산비와 보통이윤을 차감할 잔액인 獨占純收入(monopoly net revenue)이 있는 경우에는 다수의 경쟁자가 출현하여 독점적 지배권이 상실된다고 보았다.[106] 이것은 제한적 독점의 개념과 그 바탕이 같은데, 마셜은 이처럼 독점이윤을 수반하지 않는 조건부 독점을 생각한 것이다.

셋째, 다만 경쟁자의 출현을 막는 두 가지 조건이 있기 때문에 조건부 독점이 장기간 지속된다고 보았다. 하나는 독점자에 대항하기 위하여는 많은 자본과 노력이 필요하다는 것이고, 다른 하나는 변화를 싫어하는 인간의 타성(*vis inertiae*)이라고 하였다.[107]

넷째, 마셜은 독점의 획득을 위한 경쟁을 깊이 주목하였다. 가장 격렬한 경쟁은 전혀 독점이 존재하지 않는 경우보다도, 오히려 어느 정도 독점적 지배가 행해지는 시장에서 이루어진다.……巨大企業(giant business)이 독점을 누리기 위해서 경쟁자를 구축할 때는 잔인하고 무법한 수단을 취한다고 하여[108] 독점자간의 경쟁(monopolistic competition) 상태, 즉 寡占(oligopoly) 상태를 설명하고 있다.

이러한 독점의 상태에서 소기업의 지위에 대하여 마셜은 다음과 같이 지적하였다.

첫째, 독점적 대기업과 소기업의 경쟁은 단순한 우열경쟁이 아니고 독점이 소기업을 압박한다고 보았는데, 그 하나의 예가 價格差別化의

---

104) A. Marshall, *Principles*, p. 238.
105) A. Marshall, *Industry*, p. 397.
106) *Ibid.*, p. 404.
107) *Ibid.*, p. 398.
108) *Ibid.*, p. 396.

채택이라는 것이다. 어느 넓은 지역의 原油(mineral oil) 대부분이 독점화를 원하는 한 회사의 수중에 들어가 있는 경우를 생각해보자. 이 회사는 경쟁적인 小會社(competitors with small means)의 상태를 주시하고, 만약 가격차별화가 허용될 때는 경쟁회사의 이웃에서 매우 낮은 가격으로 판매함으로써 경쟁회사를 구축한다[109]는 것이다.

둘째, 독점이 지배하는 시장에서 소기업의 上昇運動은 극히 제한적인 분야에 한정된다고 보았다. 소기업의 上向的 성장에 대한 마셜의 생각은 경제사회의 변화 속에서 조금씩 그 내용이 달라졌다.

① 마셜은 상승운동의 출발점을 노동자로 보고 이들이 고용주로 성장하는 데 필요한 조건으로 기업자금의 증가에 따르는 원활한 개업자금의 공급과 개인적 능력이라는 두 가지를 들었다. 그런데 창설된 소기업은 '삼림의 비유'에서 보듯이 점차 대기업으로 성장한다고 보았다.

② 마셜은《경제학원리》초판(1890) 이후 상승운동의 제약조건으로서 기업의 번잡성(complexity)을 들었다.

③《경제학원리》의 제5판 이후에는 상승운동에 대하여 巨大株式會社(vast joint-stock companies ; 더러 침체하지만 쉽게 死滅하지 않는)의 최근의 발달 전에서[110]라는 조건이 부가되었다. 그래서 오늘날에는 이 원칙은 결코 보편적은 아니지만, 많은 産業(industries and trades)에서 여전히 지속되고 있다고 말하였다.[111]

④《산업과 무역》(1919)에서는 이 상승운동이 행해지는 분야가 한정되었다. 즉 소기업에 적합한 산업분야로서 기계가 완비되고 조직도 완전하여 더 이상의 개선의 여지가 없다고 생각될 때 새롭게 얻은 힘을 좀더 넓은 분야로 돌리게 된다. 그래서 소기업자는 대생산자의 대열에 참여할 수 있게 된다고 하였다.[112] 즉 소기업이 적합한 분야에서만 업종범위를 확대하고 대기업으로 될 수 있다고 보았다.

⑤ 독점이 지배하는 시장에서는 소기업의 상승운동은 그것이 적합한

---

109) A. Marshall, *Industry*, p. 418.
110) A. Marshall, *Principles*, p. 263.
111) *Ibid.*
112) A. Marshall, *Industry*, p. 247.

산업분야에서 표준화 생산이 특히 이것을 지지하는 경우에만 가능하다
고 하여 극히 그 범위를 한정하고 있다. 즉 적합한 산업분야에서 소기
업이 활동할 수 있는 여지(open field)가 남아 있다면 그러한 경향(상
승운동을 저해하는 경향)은 상대적으로 적을 수 있다. 이러한 목적(소기
업이 남아 있도록 하는)을 위하여 중요한 수단은 모든 組立業務(fitting
matter)에서 組立上의 협동인데, 특히 표준화는 小企業家(small men)
가 시장에서 활동할 수 있도록 해준다고 지적하였다.[113]

이처럼 소기업의 상승운동에 대하여도 마셜은 그것을 완전히 부정하
는 것은 아니지만, 19세기말 이후 거대주식회사 등 독점적 대기업이
발달하면서 그 내용을 점차 수정하고 그 범위를 제한하였다.

셋째, 마셜이 현실적으로 존재하는 많은 독점은 독점이윤을 수반하
지 않는 조건부 독점으로 보았다는 것은 독점적 대기업이 소기업을 수
탈하지 않는다는 것을 전제로 하고 있다. 독점이 가격차별화 등 부당
한 방법으로 소기업을 압박하는 점을 설명하고 있지만 독점적 대기업
이 소기업으로부터 이윤을 수탈한다고 보지는 않았다. 심지어 先貸制
度 아래서 종속되고 있는 가내공업과의 관계에서도 그것을 경쟁적 관
계에 의하여 이윤을 대기업이 얻는 것으로 보았다.

결국 마셜은 소기업이 독점의 의도하에 잔존한다고 하는 마르크스
경제학의 입장과는 달리, 독점이 지배하는 경제에서도 대규모경제의
한계와 소기업 자체의 유리성이 그 존립을 가능케 한다고 생각하였다.

Ⅳ. 홉슨의 中小企業理論

1. 마셜 이론의 정리와 能率的 生産單位

산업의 유기적 성장 속에서 收穫遞增의 법칙에 따라 대규모생산의

---

113) *Ibid.*, p.594.

유리성에도 불구하고 소기업이 잔존하는 이유를 해명하는 것이 마셜의 중소기업이론의 출발점이었다. 여기에 대하여 마셜은 대규모생산이 가져오는 경제적 이익의 한계, 그것의 실현을 위한 조건의 不備, 그리고 그 독자적 유리성 등을 들어 그것을 설명하였다.

19세기말에서 20세기초에 걸친 중소기업이론은 내용면에서 보면 마셜의 이러한 이론보다 크게 진전된 것은 아니었으나, 그의《경제학원리》등에 단편적으로 설명되어 있던 것을 정리했다는 점에서 의미가 있었다. 그리고 소기업의 잔존이유에 대하여 마셜은 대규모 경제의 한계를 지적하는 등 소극적인 수준의 해명에 그쳤으나 이 시기에는 능률적 생산단위 등 대규모경제의 한계점을 적극적으로 밝힘으로써 후에 적정규모론이 전개될 수 있는 단서를 마련하였다.

첫째로 대규모생산의 이익과 불이익을 초래하는 요인이 정리되었다.[114]

먼저 대규모생산의 경제성을 가져오는 요인으로는

① 固定資本에서 생기는 경제적 이익

② 流動資本에서 온 경제적 이익

③ 새로운 발명과 실험을 행하는 데서 생기는 이익

④ 노동의 숙련에 기초한 경제적 이익

⑤ 원재료의 절약과 이용에서 오는 경제적 이익

⑥ 관련공정과 보조공정을 스스로 행하는 데서 생기는 경제적 이익

등 여섯 가지를 들고 있다.

그리고 각각에 대하여 설명을 하고 있지만 이 내용은 마셜의 기계의 경제, 숙련의 경제, 원재료의 경제 등 대규모경제의 설명에 미치지 못하고 있다.

그러나 대규모생산을 불리하게 하는 요인에 대하여는 더 정리되었다.

① 고정자본으로부터 생기는 경제적 이익의 한계인데, 많은 경우 中規模(moderate size)의 공장이 건물 및 기계에서 최대의 능률을 획득

---

114) C. J. Bullock, *Introduction to the Study of Economics*, Boston, 1897.

한다. 이 점을 넘어선 규모증대는 고정자본의 경제성이 이루어지지 않는다.[115]

② 전력의 보급에 따라 동력은 중심이 되는 동력의 생산지에서 각 공장에 배정 공급되는데, 전기가 일반적으로 널리 사용되면서 動力費에 관한 한, 소공장도 대공장에 비해 더 많이 들어가는 것이 아니다.[116]

③ 통신기관의 발달에 따라 새로운 공정이나 개선된 기계가 공개되고 보도된다. 가장 개선된 기계는 대공장과 같이 소공장에서도 구입될 수 있다.[117]

④ 협동화에 의하여 같은 종류의 小工場(small establishment)이 동일한 장소나 가까운 장소에 立地하는 경우가 많다. 이때 소공장은 협동함으로써 대공장과 같은 경제성을 획득할 수 있다.[118]

⑤ 관리면에서의 유리성 등.

대규모 생산을 불리하게 하는 이러한 원인이 독점의 출현을 방해하고 소기업을 잔존하게 한다고 미국 공업에 대한 센서스를 이용하여 불록(C. J. Bullock)은 지적하였다. 그러나 그것은 마셜에 의하여 단편적으로 고찰된 대규모생산의 불리점을 하나의 문제로서 취급했을 뿐, 마셜의 해답을 좀더 진전시킨 것은 아니었다. 오히려 판매면이나 외부경제의 측면에서 오는 요인은 마셜이 더 상세히 추구하였던 것이다.

둘째는 소기업의 적정분야에 대한 지적이다. 마셜은 대공업과 소공업의 생산분야를 고찰하면서, 전자는 前段階工業, 후자는 後段階工業으로 크게 나누었다. 이에 대하여 소공업 분야에 보조산업(subsidiary industry)을 추가하고 다시 후단계공업 가운데에도 특히 사치품 생산을 소공장에 적정한 분야로 정하였다.[119]

셋째는 마셜이 지적한 기계 경제의 한계점이 크누프(D. Knoop)에 의하여 '능률적 생산단위'(a unit of efficient production)라는 개념의

---

115) *Ibid.*, p. 182.
116) *Ibid.*, p. 182.
117) *Ibid.*, p. 182.
118) *Ibid.*, p. 118.
119) J. S. Nicholson, *Principles of Political Economy*, London, 1903, p. 130.

도입으로 설명되었다. 즉 산업에는 많은 대소의 기업이 존재하는데,
그 규모를 결정하는 점은 각 산업에서 생산능률이 높은 企業單位이다.
…… 어느 특정의 공장을 대규모로 행하는 데서 오는 경제적 이익은
실제로는 어느 점에서 그치게 된다. 이 점이 능률적 생산이 행해지는
단위이며, 이 점을 넘어서면 무리가 생긴다. 능률적 생산단위의 규모
는 산업에 따라 다르다고 지적되었다.[120]

여기서는 능률적이 어떤 기준에 따른 것인지가 확실하게 밝혀지지
않고 있다. 그러나 대규모생산의 한계라고 하는 소극적인 이해에서 벗
어나 적극적으로 그 한계점을 다루어, 이것을 능률적 생산단위라고 규
정한 점은 주목될 만한 것이다. 특히 능률적 생산단위는 생산의 측면
에서 적정규모이론 형성에 단서를 제공하였다.

2. 企業의 大規模化와 中小規模企業

마셜을 기원으로 하여 단편적으로 설명되었고, 그 후 좀더 정리된
중소기업이론은 마셜과 같은 시대의 경제학자였던 홉슨(J. A. Hobson)
에 의하여 진전되었다.[121] 그는 마셜이 단편적으로 논의하였던 대규모
경제의 이익에 대하여 정리하였고, '중소규모기업'(small and middling
business)이라는 용어를 처음으로 사용한 이외에, 다음과 같은 세 가지
점에서 중소기업이론을 좀더 진전시킨 것으로 평가된다. 즉, 마셜 이
후 정체된 상태를 면치 못했던 중소기업이론의 전개는 1910년에 홉슨

---

120) D. Knoop, *American Business Enterprise, A Study in Industrial Organiza-
tion,* Manchester, 1907, p. 37·38.

121) 홉슨은 당시 영국의 경제학계에서 白眼視되었던 경제학자였지만 같은 시대의
마셜에게 영향을 주었던 것으로 평가된다. 마셜은 《경제학원리》의 地方化産業
에 대한 註 가운데 홉슨을 참조하고 있는데(*Principles*, p. 227), 이것은 《경제
학원리》 제 3 판(1895년)에 추가된 것이다. 그리고 홉슨이 그의 《産業制度論》
(*Industrial System*, 1st ed., 1909)에서 제시한 最適經營規模論에 가까운 개념,
즉 '低廉한 生産單位'(cheap unit of production)나 '最大能率의 經營單位'
(maximum unit of business effciency) 등의 논의(*Ibid.*, p. 195)도 마셜의 관
심을 끌었던 것으로 추측되고 있다.

의 《産業制度論》이 발표됨으로써 진전의 싹을 보였다.

첫째로, 홉슨은 크누프가 '능률적 생산단위'라고 말한 것을 '최저생산비규모'라고 하여 한층 명확히 파악하였다. 그는 다시 생산단위와 기업단위를 구분하여 생산단위의 최저생산비규모와 기업단위의 그것을 구분하였다. 기업의 최저생산비규모에 최대의 利潤率을 실현하는 '최대능률규모'를 너무 간단히 결부시킨 것은 그 분석이 불충분하다는 평가를 받고 있지만, 自由競爭의 경제에서는 모든 기업규모가 이 점으로 수렴된다고 보았고, 업종별로 최대능률규모가 다르다는 관점에서 소기업의 잔존을 설명한 것은 그 진전의 주된 내용이다. 그 결과 대기업에 대비되는 의미에서 소기업의 잔존이유를 설명하는 기준으로 능률적 규모의 개념이 홉슨 이후에 보급되기에 이르렀다.

둘째는, 능률적 규모와 일치하는 소기업의 잔존을 완전경쟁의 '場'에서 생각하고, 일치하지 않는 소기업의 잔존을 불완전경쟁의 '장'에서 고찰하였다. 그리고 불완전경쟁의 '장'에서 잔존하는 소기업을 포함하여 경제적 합리성에 바탕을 둔 소기업의 잔존을 진정한 잔존이라고 칭하고, 이에 대하여 종속적 성격을 갖는 기타의 소기업의 잔존을 명확히 구분하였다. 즉 불완전경쟁적 중소기업이론의 싹을 제기하였던 것이다.

셋째는, 기업규모 확대의 動因으로서 이윤의 '率'과 총이윤의 '量'의 두 가지가 있다는 점을 지적하였다. 이것은 능률적 규모 이상으로 규모가 확대되는 현상, 특히 독점의 문제와 관련시켜 규모확대를 고찰한 점에서 중요한 의미를 지닌다.

이와 같은 진전을 담고 있는 《産業制度論》의 발표에 앞서 홉슨은 대규모경제의 이익에 대하여 논의하였다.[122] 그는 대규모경제를 '生産力의 經濟'와 '競爭力의 經濟'로 나누고 전자를 다음과 같이 정리하였다.

① 原材料의 대량구입과 대량의 제품판매 및 수송에 따른 경비절약

---

122) J. A. Hobson, *The Evolution of Modern Capitalism, A Study of Machine Production*, London, 1894.

② 우수한 기계의 사용

③ 보조적 생산공정을 주요 생산공정과 같은 장소에서 유기적으로 결합하는 것의 이익(수리공장 및 창고 등)

④ 관리·감독·사무비용의 절약

⑤ 장소에 대한 地代의 절약

⑥ 폐품의 이용

⑦ 기계 및 산업조직에 관한 실험을 할 수 있는 이익 등.

후자의 내용으로는

① 광고·여행·지방대리점 등의 경비 절약

② 생산기술 및 특허의 독점적 이용

③ 노동력·원료에 대한 구입 독점과 소비자에 대한 판매 독점에 의한 이익

등이 있다.

생산력의 경제와 경쟁력의 경제로 대규모경제를 나누고, 특히 독점을 중요시한 것이 특징이라고 할 수 있다. 마셜의 단편적인 것을 두 가지로 나누어 정리하고 있지만, 이 두 가지 경제가 마셜의 내부경제와 외부경제에 대응되는 개념은 아니다. 오히려 홉슨의 두 가지 경제는 기업을 단위로 한 경제라는 의미에서 마셜의 내부경제에 포함된다고 볼 수 있다. 따라서 기업단위가 아닌, 외부경제를 포함하여 하나의 경제사회 단위의 대규모경제를 고찰한 점에서 마셜의 대규모경제가 더욱 포괄적이라고 할 것이다.

《近代資本主義發達論》에서 위와 같이 기업의 대규모에 대히여 논의한 데 이어서 홉슨은 《產業制度論》[123]에서 소기업문제에 대하여 상세히 고찰하였다. 그는 먼저 기업의 대규모화 경향이 소기업을 소멸시킨다는 통속적 견해에 대하여 문제를 제기함으로써 그의 중소기업에 대한 입장을 밝혔다.

---

123) J. A. Hobson, *The Industrial System, An Inquiry to Earned and Unearned Income*, London : Longmans, Green & Co., 1910(Reprint of Economic Classics, Augustus M. Kelley, New York, 1969).

서로 다른 종류의 기업이 성장경향을 보이는 가운데 그 규모의 문제는 생산과 부의 분야에 대한 고찰에서 매우 중요하다. 자본주의적 산업의 최근 상태는 많은 주요 업종에서 성공적인 기업의 규모가 끊임없이 증대되고 있어서, 보편적은 아니지만 성공적 기업이 명확한 한계 없이 점차 대규모화하고, 소기업은 소멸하는 것이 일반적 경향이라는 치밀하지 못한 통속적 견해(a loose popular notion)를 생기게 한다. 오늘날의 경향에 관한 한, 산업제도에 관한 우리의 간단한 예비적 조사에 의하면 많은 산업분야에서 中小規模企業이 그 지위를 유지하고 있으며, 巨大企業이 지배적 지위를 차지하고 있는 산업에서도, 중소규모기업(businesses of moderate or small size)이 때때로 잔존하고 있는 것이다.

사실에 대한 일반적 조사의 결과는 소기업을 점차적으로 배제함으로써 경제가 자본을 집중시키고, 트러스트나 독점을 향하여 일반적인 움직임을 보인다는 어떤 포괄적인 법칙성을 지지하지 않는다. 유리한 상태나 또는 보통의 상태하에서 기업규모가 어디까지 성장경향을 보일 것인가의 문제는, 각 산업을 개별적으로 고찰함으로써만 해답을 얻을 수 있다[124]고 홉슨은 지적하였다.

이러한 지적에서 홉슨은 당시 통속적 견해로 되어 있던 '小企業消滅論'을 부정하고 있다. 그러면서 중소규모기업이 많은 업종에서 그 지위를 유지하고 있다고 보았다. 즉 홉슨은 중소규모기업이라는 용어를 1910년경에 처음으로 사용하면서 중소규모기업의 존속을 지적하였던 것이다. 물론 그의 논의의 주된 대상은 소기업이었고, 소기업잔존론에는 중기업이 포함되지 않았기 때문에 여기서의 '중소규모론'은 예외적 용어사용으로 보인다.

그러나 19세기말 이후 소기업은 대규모에 대하여 그 규모가 작다고 하는 상대적 개념으로 사용되었듯이 여기서 중소규모기업은 거대기업에 대치되는 상대적 개념으로 사용되었다. 경제의 성장 발전에 따라 대기업이 거대화되고 경제력의 집중화가 촉진되어, 대기업의 上限이

---

124) *Ibid.*, p. 183.

확대되면서 중기업의 개념이 발생할 수 있는 이론 전개의 배경을 홉슨
은 일찍이 반영한 것으로 보인다. 이 점은 그가 트러스트나 독점에 대
한 일반적 경향을 지적한 것에서도 알 수 있다. 오늘날에 중기업과 소
기업을 결합한 중소기업이라는 용어는 바로 경제력의 집중화와 대기업
의 거대화가 촉진되면서 소기업만의 문제가 중기업에까지 확대됨으로
써 사용이 일반화된 것으로 볼 수 있는데, 홉슨은 이 점을 이미 인식
했던 것으로 추측된다.

3. 眞正한 殘存과 從屬的 殘存

중소규모기업이라는 개념을 사용, 그 잔존을 지적하였음에도 홉슨은
각 산업에 대한 고찰에서는 소기업에 대한 논의에 집중하고 있다. 農
業·鑛業·漁業·運送業·工業·商業 및 小賣業·藝術과 專門職業·金融
業에 대하여 순차적으로 고찰[125]한 뒤 다음과 같은 결론을 제시하였
다.

요컨대 대기업과 소기업에 대하여 각각 이루어지는 몇 가지 경향의
작용범위와 힘에 대하여 살펴보면, 금융·운수·광업·공업의 주요 부
문(특히 섬유·금속과 조선에 관련된 부문), 그리고 대도시에서 필수품과
서비스를 분배하는 것에서는, 대기업의 경제성이 일반화되고, 규모경
제의 경향이 일반적 흐름이 되고 있다. 반면에 농업·공업 가운데 더욱
불규칙적 업종과 보조적 업종, 소매업의 대부분, 특히 예술 및 전문적
직업과 기타 개인적 시비스업에서는 소기업의 형태가 잔존하는 경향이
있다. 그들의 독립성의 정도는 여러 가지인데, 그 이유는 원재료와 생
산공정의 성격에 관련되는 개인적 숙련·주의력·판단·품성이라는 개성
에서 오는 요인(personal factors) 때문이다.

그러나 잔존하고 있는 소기업 가운데 많은 부분, 특히 필요한 원재
료를 위하여, 혹은 제품의 수송과 판매를 위하여, 또 혹은 금융적 지원
때문에 대기업이나 더러는 비경쟁기업에 종속하고 있는 원재료의 제조

---

125) *Ibid.*, pp. 183~189.

와 판매에 종사하고 있는 소기업은 소생산자 혹은 小雇用主(small pro-
ducer or employer)의 진정한 自主獨立性(real autonomy)이 침식되는
경향에 있다[126]는 것이다.

홉슨은 이처럼 소기업의 독립성이 침식될 가능성을 지적하고 있거니
와, 특히 공업부문에 대한 고찰에서 이런 점은 더욱 확실하게 나타난
다고 보았는데, 그 내용을 좀더 상세히 보기로 한다.

철도·기계의 경제, 그리고 분업의 경제는 기업규모를 성장시키는
주된 원인이 된다. 그리고 최대규모의 기업은 일반적으로 이런 경제성
에 가장 큰 도움을 받는 생산과정에 있는 것이다. 원재료가 균질적이
어서 위험과 낭비가 없이 기계적 처리를 충분히 행할 수 있게 되는 경
우, 그리고 이런 처리가 몇 개의 분리된 공정으로 분할되고, 다시 생산
물에 대하여 광범하면서도 규칙적이고, 접근하기 쉬운 시장이 존재하
는 경우에는 자본주의적 대기업 형태가 보급된다. …… 그런데 다수의
주요한 산업은 이러한 집중력의 압력 속에서 여러 규모의 대기업에 의
하여 점유되지만, 다른 업종에서는 소기업이 남아 있는 경향이 있다.
소규모이면서 변동하는 불안정한 시장은 高價의 공장이나 대규모 기업
조직의 이용을 허용하지 않는다. 그러므로 다수의 사치품과 유행품 생
산업종에서는 소기업이 남아 있게 된다. 섬유와 금속공업의 주요 업종
에서도 소공장과 소작업장은 특수한 주문을 대상으로 잔존한다. 모든
주요 산업은 근소한 필요품(minor needs)을 공급하거나, 공장에서 행
하기에는 편리하지 않은 특수한 공정 또는 수리작업을 행하는 보조산
업을 약간씩 지니고 있다. 버밍엄(Birmingham) 같은 소도시에는 아직
도 금속공업분야에서 이러한 소규모의 보조산업이 충만해 있다.

대공장이나 大商社에 다소간 밀접히 부속되어 있는 소작업장이나 가
내공업도 다수 있다. 이들은 대기업으로부터 원재료를 받아서 자신의
名義로 작업을 하며, 때로는 자신의 기계와 동력을 가지고 작업을 행
하지만, 다양한 準獨立的 상태(conditions of semi-independence)에 있다.

세필드(Sheffield)의   研磨업자·보석절단업자·성냥갑제조업자 등이

---

126) *Ibid.*, p. 189·190.

어느 정도 진정한 기업단위로 간주될 수 있는가는 어려운 문제이다. 근대 산업에는 여러 정도의 종속성(any number of dependence)이 존재한다. 진정으로 독립성을 지닌 匠人이나 다른 제조업자가 그가 선호하는 곳에서 원재료를 구입해서 그가 바라는 제품을 만들어 직접 소비자에게 또는 경쟁이 되는 기업에 판매하는 工業企業의 수는 생각보다는 적다. 그러나 지방과 소도시에는 아직도 건축업, 대장장이, 製靴業에서 독점성을 지닌 匠人이나 소건축업자가 다수 잔존하고 있다. 그리고 다른 小賣者(trades-men)는 지방의 거래자를 위하여 특수한 업무를 행하고 있다. 그러나 특히 의류·가구와 식료품과 관련된 업무의 대부분은 대기업에 인계되고 있다.

잔존하는 소기업은 대부분 두 계층에 속한다. 하나는 소비자 또는 대기업의 소규모적이고 불규칙적 주문을 행하는 것과 관련된다. 이들은 빵·과자 등의 식품을 지방시장에 공급하는 기업 또는 드문 경우에, 드레스업, 캐비닛 제조와 기타 工藝的 특성의 업종에서와 같이, 부유한 사람의 기호나 취향을 대상으로 하는 숙련을 요하는 고급상품을 제조하는 소기업이다. 여기서는 대규모의 규칙적인 시장에 공급하도록 편의의 계층분류표준(class standards of comfort)이 아직은 도입되지 않는 새로운 상품의 공급에 종사하는 다수의 소기업이 추가되어야 한다.

이들 모두는 소기업의 진정한 잔존(genuine survivals)이라고 생각된다. 우리는 이들을 다음의 것들과 구분할 수 있다. 즉 소규모의 수공업 및 가내공업(sweating business), 중간상인에 종속되어 있는 작업장(servile workshop), 또는 저임금, 장시간 노동, 기업임대료의 절약, 그리고 잘 알려진 착취제도에 의존하여 잔존하는 '종속적 소작업장'(small tied workshop)이 그것이다.[127]

이상에서와 같은 공업에 대한 고찰을 포함하여 산업별 기업규모와 특히 산업별 소기업의 잔존이유에 대한 홉슨의 설명은 마셜이 단편적으로 논의했던 것을 더욱 정리했다는 점에서 높이 평가된다. 그러나

---

127) *Ibid.*, pp. 185~187.

더욱 중요한 점은 그가 소기업의 종속적 성격에 대하여 지적했다는 점
이다. 홉슨이 소기업을 잔존하는 것으로 본 점에서는 다른 논자의 견
해와 같지만, 그는 그 잔존을 '眞正한 殘存'과 그렇지 않는 것, 즉 '從
屬的 殘存'으로 구분하였던 것이다.

'진정한 잔존'을 하는 소기업은 그것이 경제적 합리성에 바탕을 둔
것으로서 대규모경제의 한계, 그 실현조건의 不備 및 소기업의 독자적
유리성에 기초한 잔존인 것이다. 이에 대하여 대상사나 중간상인에 종
속되어 있는 등 타기업에 종속되어 있는 소기업은 '진정한 잔존'이 아
니라는 것이 홉슨의 생각이었다.

왜냐하면 이들은 경제주체로서 진정한 자주독립성(real autonomy)
을 갖지 못하고 저임금·장시간노동 등 이른바 경제적으로 불합리한
이유를 바탕으로 하여 잔존하기 때문이다. 홉슨이 소기업의 장래에 대
한 생각, 즉 진정한 잔존을 하는 소기업은 장래에도 잔존을 지속하는
데 대하여 그렇지 않은 것은 소멸한다는 생각의 결과로서 이처럼 구분
했는가에 대하여는 분명하지 않다.

그러나 홉슨이 종속적 성격의 유무에 따라 '진정한 잔존'과 그렇지
않은 것을 구분한 것 자체가 중요성을 지닌다고 하겠다. 동시에 경제
적 합리성에 기초를 둔 것은 종속적 성격을 지니지 않은 것으로 이해
하면서도 종속적 성격을 지닌 소기업의 지배자를 大商社나 중간상인
및 대기업으로 보고, 독점을 이해하면서도 독점자본을 종속적 소기업
의 지배자로 보지 않는 점 등은 제 1 차세계대전 이전 소기업이론의 바
탕이 되는 영국과 미국의 경제사회를 반영하는 것으로 보인다.

4. 最低生産費規模와 最大能率企業規模

소기업의 잔존을 경제적 합리성에 바탕을 둔 진정한 잔존과 그렇지
않은 종속적 잔존으로 구분한 홉슨은, 각 산업에 보급되는 경향이 있
는 정상적인 기업규모를 결정하는 요인[128]을 고찰하면서 그것으로 最

---

128) *Ibid.*, p.192.

低生産費規模(the cheapest unit of production)를 제기하였다.

우리는 먼저 보통의 공업기업, 즉 단일공장을 갖고 다른 기업과 자유롭게 경쟁하면서 일상적인 용도의 상품을 생산하는 기업의 생산비용으로부터 이 문제에 접근하여 보자. 생산비의 요소는 다음의 세 가지로 구성되어 있다.

① 原材料費

② 生産賃金, 즉 원재료의 가공을 행하기 위하여 기업에 의하여 직접 고용되는 노동자의 임금

③ 固定費, 사실상 제조·구입·판매에 따르는 다른 모든 비용을 포함한다.[129]

이어서 홉슨은 원재료비에서는 중규모기업(a medium sized business)도 대기입과 같이 저비용일 수 있다는 등 각 항목의 기입규모에 대한 작용을 분석하였다.[130] 그 결과 다음과 같은 점을 지적하였다. 어느 한 공장(factory)이나 다른 공장(plant)에서 생산의 경제에 관하여, 비용의 세 요소는 각각 서로 다른 최대규모를 지니고 있는 것으로 보인다. 20단위의 산출량을 갖는 기업은 원재료의 가격에서 사실상 충분한 경제성을 얻고 있다. 그러나 생산이 분업의 경제에 충분히 이르기 위해서는 30단위의 산출량이 필요하다. 관리상의 경제를 최선으로 얻기 위해서는 40단위의 산출량, 광고와 판매의 최저비용을 위해서는 50단위의 산출량이 필요하다.

만일 그러하다면, 각각의 특별한 기업종류에서 그들에게 부여되는 상대적 중요성에 맞추어 몇 개의 경제성을 주합 통일하는 것이 가장 경제적인 기업규모(the most economical size of business), 즉 '低生産費單位'(the unit of cheap production)를 결정하는 것이라고 보았다.[131]

홉슨은 가장 경제적인 기업규모를 '최저생산비규모'로 본 것이다. 크누프(D. Knoop)는 대규모경제의 한계점을 적극적으로 능률적 생산단

---

129) *Ibid.*, p. 192.
130) *Ibid.*, pp. 193~195.
131) *Ibid.*, p. 194·195.

위로 파악한 바 있지만, 능률적이 무엇을 기준으로 하는지는 밝히지
않았다. 홉슨은 최저생산비규모에 의하여 크누프보다 더욱 명확하게
대규모경제의 한계점을 지적하였을 뿐만 아니라, 그것을 결정하는 요
인도 제시하였다. 즉 원재료비·임금·고정비의 세 가지 생산요소에 대
하여 각각의 최저생산비규모를, 그리고 이 세 가지의 중요성에 따른
조합 통일에 의하여 종합적인 최저생산비규모를 결정할 수 있다고 보
았다.

그 내용 자체는 불충분하고 낮은 수준에 머물렀다. 그러나 착상은
20년 뒤 로빈슨(E. A. G. Robinson)이 생산면·관리면·금융면·시장거
래면 등의 각 측면에서 적정규모를 고찰한 후 이것을 종합하여 기업의
적정규모를 결정한 것을 상기하도록 한다.

홉슨은 이어서 최저생산비규모를 전개하는 가운데 생산단위와 기업
단위의 차이점을 설명하면서 '最大能率企業規模'(the maximum unit of
business efficiency)의 개념을 도출, 다음과 같이 지적하였다.

그러나 최저생산비규모의 이와 같은 경제성에 대한 자연적 한계를
파악하는 것으로서는 우리는 성장하는 경향에 있는 기업의 최대규모를
발견할 수 없다. 왜냐하면 단일의 공장(plant or establishment)은 반드
시 하나의 기업(a business)과 같은 범위의 것은 아니기 때문이다.
3만 파운드의 자본과 300명의 종업원이 섬유산업에서 최저생산비규모
일 수도 있다. 이것은 단일공장의 규모를 제한하지만, 다수의 이러한
공장을 갖고 가동하는 주식회사의 성장은 어떤 특별한 경제성을 조성
하여 준다. 기업규모(business unit)는 공장규모(establishment unit)보
다는 크게 된다.

기업정책의 대폭적인 변동이 그 성공에 필요한 업종, 급격한 대량의
주문을 신속히 이행하고 서로 다른 공정에 의하여 생산되는 매우 다양
한 상품을 공급하고, 큰 신용과 광고와 판매에서 그에 비례하는 다액
의 비용을 필요로 하는 업종에서는 가장 경제적 기업규모는 단일생산
공장의 그것을 크게 초과할 수 있다. ……자본의 집중(concentration
of capital)이 일반적 경향으로 되어 근대적인 거대기업이 형성되는 것
은 금융면의 경제성과 금융과 밀접한 관련을 맺는 산업정책의 경제성

에 의한 것이다.

그러나 자본집중의 경향을 더욱 충분히 고찰하기에 앞서서 최대능률 규모에 대하여 더욱 분석해야만 한다. 한 업종에서 한 공장의 규모에 대한 상당히 고정된 한계가 있는 것처럼(예컨대 3만 파운드), 이러한 공장을 몇 개 가동하고 있는 기업의 규모에도 어떤 한계가 있다고 볼 수 있다. 어느 점, 예컨대 10개의 공장을 초과하면 신용·광고·판매 등에서 더 이상의 대규모경제는 작용하지 않는 반면에, 중앙의 통제는 약화되고 수요의 필수적 불규칙성은 고용의 遊休(slackness of employment)에서 오는 막대한 낭비를 일으키게 한다. 이런 경우에는 30만 파운드가 최대능률기업규모를 형성하는 것으로 보인다. 이것은 그 투하자본에 대하여 최대의 마진과 이윤율(rate of profit)을 산출하는 규모라고 홉슨은 지적하였다.[132]

홉슨은 이처럼 우선 생산단위(공장)와 기업단위는 동일하지 않다는 점을 지적하고, 최저생산비규모는 공장에 대해서뿐만 아니라 기업에 대하여도 존재한다고 보았다. 마셜도 생산단위인 공장과 기업단위가 동일하지 않다는 것을 의식하였지만, 홉슨과 같이 두 가지를 명확히 구분하여 지적하지는 않았다. 만약 두 가지를 구분하였을 경우에 마셜은 대규모생산의 경제성이 공장단위의 대규모이익만이 아니라 기업단위의 대규모이익에 대해서까지 논급해야 되는 등 큰 혼동을 겪어야 했을 것이다.

단일공장이 거의 전부인 경제사회에서는 공장과 기업이 동일한 범주인 것으로 논의해도 이론적으로나 실제직으로 불합리싱이 없지만, 複數工場을 갖는 기업이 점차 증가하면 대규모경제의 이익에 대하여 공장단위와 기업단위를 구분하는 것은 이론적으로나 실제적으로 매우 중요하다. 소기업에 관한 논의에서도 생산단위인 공장은 소규모이지만, 기업단위로서는 이러한 소공장을 다수 소유할 때 이를 소기업이라고 볼 수 없는 경우가 생기게 된다. 따라서 홉슨이 생산단위와 기업단위를 명확히 구분하여 지적한 것은 소기업문제의 논의에서도 매우 중요

---

132) *Ibid.*, p.195.

한 의미를 지닌다.

그리고 홉슨은 기업단위의 최저생산비규모를 투하자본에 대하여 최대의 이윤율을 가져오는 최대능률기업규모라고 규정하였는데, 이것을 계기로 하여 능률적 규모의 개념이 보급되기에 이른다. 그 이후 소기업의 잔존이유가 능률적 규모의 개념에 의하여 대표되기 시작한 것이다.

5. 不完全競爭과 소기업의 잔존

홉슨은 기업단위의 최저생산비규모는 투하자본에 대하여 최대의 이윤율과 마진을 가져오는 기업규모라고 보고 이를 최대능률기업규모라고 하였다. 그리고 완전자유경쟁의 세계에서는 모든 기업규모는 이 점에 귀착한다고 하였다. 이론적으로는 그렇지만 현실적으로는 최대능률기업규모보다 작은 규모의 기업과 큰 규모의 기업이 존속하게 되는데, 이에 대한 이유를 설명하면서 홉슨은 소기업이 불완전경쟁적 조건하에 잔존한다는 점을 밝히고 있다. 이에 관련한 그의 논의를 보면 다음과 같다.

그러나 이 규모(최대능률기업규모를 말함)까지 성장한 기업은 더 이상 성장하지 않는 경향을 갖게 되며, 또한 이 산업에서는 기업의 전개가 30만 파운드의 기업이 서로 경쟁하면서 이루어진다는 것인가? 완전한 자유경쟁이 주어지면, 이 규모보다도 크거나 작은 기업은 잔존할 수 없을 것이다. 그리고 그 산업의 모든 생산력은 30만 파운드의 기업규모로 분류 통합되어야 할 것이다.

그러나 이러한 자유경쟁이 어느 곳에서나 적용되는 것은 아니며, 따라서 (30만 파운드)보다 큰 기업단위와 작은 기업단위가 잔존할 수 있다. (최대능률기업규모)보다 작은 기업의 잔존 경우가 우리를 오래 붙들어 놓을 필요는 없다. 그것은 그들이 대기업과 철저한 경쟁을 하는 것이 아니고, 다소간 우연한 성격을 지닌 특수한 이익을 활용한다는 사실에 기인한다. 대기업에 의하여 주로 점유되는 업종에서, 고급품을 생산하는 소기업(small high-grade business)은 그 특수성에 의하여,

또는 근소한 이익이 있는 업무를 추구하고 (대기업이 주도하는) 시장의 틈을 분류 포착함으로써 그 지위를 유지한다. 어떤 구매자는 그들이 특수한 영향을 행사할 수 있는 소기업과의 거래를 선호한다. 즉 특별히 신속한 배달, 디자인이나 포장의 특이한 변화, 기타 대기업으로부터 얻을 가능성이 없어 보이는 어떤 것을 획득하기 위하여 소기업과 거래를 택한다. 이런 방법으로 매우 고급의, 그리고 가장 이익이 되는 일이 유능하게 경영하는 소기업의 수중에 남게 된다.

그래서 상당히 보수적인 산업(conservative industry)에서는 소기업이 잔존할 수 있는데, 그 소유자는 비용과 판매가격의 사이에서 소폭적인 마진을 얻는 데 바탕을 두고, 한층 큰 총이윤을 갖는 좀더 투기적인 대기업보다도, 높은 이윤율을 얻는 안전하고 건실한 중소규모기업(business of moderate size)을 택한다.[133]

이러한 지적 가운데 (최대능률규모)보다 작은 기업의 잔존 경우가 우리를 오래 붙들어 놓을 필요는 없다. 즉 최대능률기업보다 작은 기업에 대하여는 더 말할 필요가 없다고 한 홉슨의 말은, 이에 대하여는 앞서의 산업별 분석부문에서 그 잔존이유를 이미 설명했다는 의미로 해석된다. 그렇다면 홉슨이 잔존이유를 설명한 대상이 된 소기업은 최대능률규모보다 작은 기업을 의미하는 것이 된다. 그런데 이 소기업의 개념은 그가 앞서 처음으로 논의한[134] 대규모·중규모에 대치하는 소규모기업의 개념과는 상치되는 것이다.

왜냐하면 최대능률규모는 업종에 따라 다르고 그것이 소규모인 업종도 당연히 있을 것이며, 그러한 업송에서는 최대능률규모의 기업은 소규모기업이 되지만, 그것이 최대능률규모보다 작은 기업이라는 의미에시 소기업은 아니기 때문이다. 이러한 점은 마치 마셜이 소기업을 대표적 기업과 관련하여 해석할 때 생기는 문제와 동일한 것이다.

그리고 위의 논의에서 홉슨은 최대능률규모보다 작은 규모의 기업이

---

133) *Ibid.*, p. 195·196.
134) *Ibid.*, p. 183에서 그가 최초로 사용한 '중소규모기업'(small and middling businesses, 또는 businesses of moderate or small size)에 대한 논의임.

잔존하는 이유를 '완전자유경쟁이 존재하지 않는다는 점'과 '기업자의 보수적 정신'에 의하여 설명하고 있음을 알 수 있다. 그런데 홉슨의 산업별 고찰에서 소기업의 잔존이유, 특히 진정한 잔존에 대하여 보여주는 내용은 완전자유경쟁이 통용되는 것과 함께 불완전경쟁(완전자유경쟁이 존재하지 않는 경우)을 포함하고 있다고 할 수 있다. 즉 진정한 잔존(경제적 합리성에 바탕을 둔 잔존)의 대상이 되는 소기업에는 완전자유경쟁의 세계뿐만 아니라 불완전경쟁의 세계에서 잔존하는 것까지를 포괄하고 있다. 결국 홉슨은 불완전경쟁시장에서의 소기업 잔존문제를 제기한 것이다.

이러한 결과에 따라 홉슨의 소기업에 대한 논의를 집약해보기로 한다.

첫째로 홉슨은 앞의 논의에서 대규모·중규모와 대치하는 의미에서 소규모기업을 소기업으로 고찰했는데, 이 소규모기업은 업종에 따라서도 다르지 않은 양적 기준에서의 소규모기업이다. 그런데 완전자유경쟁의 세계에서 소규모기업의 잔존은 '최대능률규모'라고 하는 '능률적 규모'에 의하여 설명하였다. 즉, 홉슨은 완전자유경쟁의 세계에서는 모든 기업규모가 최대능률규모에 귀착된다고 보았기 때문에 이 경우 소기업의 잔존은 능률적 규모가 소규모인 업종에서 가능한 것으로 생각한 것이다.

둘째로 능률적 규모보다 작은 소기업(능률적 규모가 대규모 또는 중규모인 소규모기업을 포함)의 잔존이유는 완전자유경쟁이 존재하지 않는다는 조건과 기업가의 보수적 정신이라는 두 가지에 의하여 설명되었다.

여기서 생기는 문제는 다음과 같다. 산업별 고찰의 부문에서 홉슨이 지적한 진정한 잔존의 대상이 되는 소기업과 그렇지 않은 소기업의 구분이 능률적 규모(최대능률규모)를 기준으로 한 구분, 즉 능률적 규모와 일치하는 소기업과 그렇지 않은 소기업으로의 구분과 어떤 관계를 갖느냐의 문제이다.

진정한 잔존을 하는 소기업은 경제적 합리성을 바탕으로 하고 있으므로, 당연히 능률적 규모에 일치하는 소기업은 진정한 잔존에 포함된다. 그런데 능률적 규모에 일치하지 않는 소기업도 그 잔존이유가 불완전경쟁적 조건인 경우에는 경제적 합리성에 기초하지 않는 잔존은 아니다. 즉 불완전경쟁을 원인으로 잔존하는 소기업도 경제적 합리성에 바탕을 둔 것으로 볼 수 있다.

또한 기업가의 보수적 정신에 바탕을 둔 경우에는 그 정신의 내용이 큰 총이윤을 추구하는 投機的 대기업보다도 높은 이윤율을 갖고 안전하며 건전한 경영내용의 중소규모기업을 선호하는 한, 그것은 경제적 합리성이 아닌 것으로 보기는 어렵다.

결국 홉슨이 산업별 고찰에서 밝힌 경제적 합리성을 기준으로 한 소기업의 진정한 잔존에는

① 완전자유경쟁 세계에서 최대능률규모(능률적 규모)와 일치하는 것

② 불완전경쟁을 원인으로 하는 것

③ 기업가의 보수적 정신으로 하는 것

등이 포함된다고 볼 수 있다.

그런데 ①, ②, ③ 의 구분은 능률적 규모를 기준으로 한 것인데, 그 가운데 ①항은 능률적 규모와 일치하는 잔존이지만, ②, ③항은 능률적 규모보다 작은 기업의 잔존인 것이다. 즉 홉슨이 산업별 고찰에서 행한 소기업의 잔존이유에 대한 구분과 능률적 규모에 의한 구분은 서로 다른 기준에 의해서 이루어진 것임을 알 수 있다.

산업별 고찰에서 홉슨은 소기업의 잔존을 경제적 합리성을 바탕으로 한 진정한 잔존과 경제적 비합리성을 원인으로 하는 종속적 성격의 잔존으로 구분하였다. 이에 대하여 능률적 규모에 의한 구분에서는 완전자유경쟁의 세계에서 능률적 규모와 일치하는 소기업의 잔존과 일치하지 않는 잔존(불완전경쟁과 기업가의 보수적 정신을 원인으로 하는 것)으로 구분하였다. 여기서 우리는 세 가지의 소기업문제에 대한 논의 줄거리를 확인할 수 있다.

첫째, 완전자유경쟁하에서 능률적 규모에 일치하는 소기업잔존론인데, 이것은 적정규모론의 기원이 된다.

둘째, 불완전경쟁을 원인으로 하는 소기업의 잔존론인데, 이것은 불완전경쟁적 시장구조하의 소기업잔존론에 시사를 준다.

셋째, 종속적 성격의 소기업잔존론인데, 이것은 독점 의도에 의한 소기업잔존론의 근거를 던져준다.

한편 홉슨의 논의에서 소기업의 개념 규정이 이원적으로 되어 있음을 알 수 있다.

첫째는 대규모·중규모에 대치하는 소규모기업으로서의 소기업이다. 이것은 양적 기준의 개념인데, 소기업 범주의 양적 규정에 대한 시사를 읽을 수 있다.

둘째는 능률적 규모보다 작은 기업이라는 의미에서의 소기업인데, 이것은 소기업의 범주규정에서 질적 측면의 기준을 시사하는 것이다.

6. 企業規模의 확대와 독점

홉슨이 기업에서 투하자본에 대하여 최대의 이윤율을 가져오는 규모를 최대능률기업규모라고 하고, 완전자유경쟁의 세계에서는 모든 기업규모가 이 점에 귀착된다고 본 것에 대하여는 앞서 본 바와 같다. 그러나 이론적으로 그러함에도 불구하고 현실적으로는 최대능률기업규모보다 작은 기업과 큰 기업이 존재하게 되는데, 전자의 잔존이유는 소기업의 문제로서 앞에서 논의한 것이다. 여기서는 후자, 즉 최대능률기업규모보다 큰 기업이 현실적으로 존재하는 것에 대한 홉슨의 견해를 고찰하기로 한다. 그의 지적을 보면 다음과 같다.

그러나 실제로는 전진하는 산업(progressive industry)에서, 건전한 기업이 주문을 거절하면서 확장과 확대의 유혹을 억제하는 것은 드문 일이며 또 어려운 일이다. 그것은 기업의 규모 증대가 대기업에서 더 큰 모험을 가져오고 평균이윤율을 저하시키는 것을 의미하는 경우에도 그러하다.

엄밀한 경제이론에서는 최저생산비규모, 즉 우리가 예로 든 공업회사의 30만 파운드를 넘어서 기업규모를 확대하는 것은 의심의 여지 없이 불가능하다. 왜냐하면 이 규모에 달한 다수의 기업은 경쟁에 의하여 가격을 인하하고, 그래서 이윤을 최소로 하기 때문이다. 그러나 실제로는 이러한 이론적인 상태는 전진하는 산업에는 거의 일어나지 않는다. 근대적인 기계의 개량과 기업경영의 개선이 지속해서 일어나고 있는 경우에는, 최저생산비규모에 달한 최신 장비를 갖춘 기업은 단순히 최소의 이윤을 얻도록 가격을 인하하지는 않는다. 이들 각 기업은 당분간 특별이윤율을 취득하면서, 규모를 확대하고 주문을 증대시키려고 노력할 것이다. 비록 그 과정이 최저생산비규모를 넘어서 규모를 확대하는 것이라도 그러하다.

실제로는 이러한 규모 확대는 이윤획득의 견지에서 보아 반드시 우매한 것은 아니다. 왜냐하면 최고의 이윤율이 얻어지는 최저생산비규모와 낮은 이윤율이면서, 한층 큰 총이윤을 산출하는 규모를 우리는 구분해야만 하기 때문이다. 30만 파운드의 자본을 투자해서 12퍼센트를 얻은 기업은 50만 파운드의 투하자본에 대하여 9퍼센트의 이윤을 얻는다면, 여기까지 규모를 증대할 것이다.

기업가에게 경영동기를 부여하는 것은 최고이윤율(highest rate of profit)에 있다기보다는 오히려, 적어도 최소수준의 이윤율 이상에서는 총이윤(aggregate profit)에 있기 때문에, 경제력이 최저생산비규모보다 더 큰 규모로 기업을 확대시키는 것은 당연하다.

이와 같은 비경제적 대기업(uneconmically large businesses)의 성장은 이러한 성장이 경쟁을 억제하고, 그래서 그것이 이윤을 최소로 인하시킬 가격인하를 방지하는 장치로 되는 산업에서는 보편적으로 일어난다. 다시 말하면 30만 파운드의 최저생산비규모에 있는 공업기업이 격렬한 경쟁 속에 있을 때(왜냐하면 이 규모에서는 그 규모가 시장을 지배할 수 없기 때문에) 그 기업이 규모를 倍增하고 같은 규모의 경쟁자와 결합해서 절대적 또는 부분적으로 시장을 통제할 수 있다는 것을 발견한다면, 규모의 확대는 기업에 유익하게 될 것이다. 왜냐하면 가격을 인상함으로써, 최저생산비규모에 머무르는 것보다 한층 더 많은 총이윤을 얻을 수 있기 때문이다.

만일 기업이 손실을 입는 일 없이 최저생산비규모를 넘어서 규모를 확대하는 것이 불가능하다면, 적어도 많은 나라의 대부분의 산업에서 산업제도는 독점에 대한 자동적 억제장치를 갖게 될 것이다. 왜냐하면 이러한 최저생산비규모가 하나의 기업이 전체 시장에 공급이 가능할 만큼 크지 않다면, 경쟁은 일어나야만 하기 때문이다. 예를 들면, 만약 모든 섬유산업에서 최저생산비규모가 30만 파운드 또는 금속산업

에서 50만 파운드를 넘지 않는다면 이러한 최대능률을 부여하는 기업
의 경쟁은 이들 산업시장을 독점하려는 어떠한 트러스트(trust)나 통
합기업(unified business)의 성장을 억제할 것이다.[135]

  홉슨의 이러한 논의에서 알 수 있듯이 그는 이윤율과 총이윤이 다르
다는 점에 착안하여 기업가가 규모확대의 동기를 부여받는 것은 전자
가 아니고 후자라고 해석하였고, 이것에 따라 최대능률기업규모 이상
의 기업규모 확대를 설명하였다. 이윤의 '率'과 총이윤의 '量'의 차이
점을 지적하고 규모 확대가 시장지배력에 영향을 준다고 홉슨이 본 것
은 주요한 점이라고 하겠다. 그러나 이 점은 홉슨의 소기업에 대한 논
의에서보다는 오히려 독점집중론의 시각에서 더욱 중요성을 지닌다.[136]

  홉슨이 독점적 대기업으로 기업규모를 확대하는 이유를 확장의 유
혹, 경쟁의 배제와 동시에 기업가의 총이윤의 '양'의 증대 의도에서 보
면서 이런 규모 확대현상을 독점과 관련하여 고찰한 것, 특히 이윤의
'율'과 총이윤의 '양'의 차이점에서 그것을 분석한 것은 마셜이 대규모
경제의 한계에 대하여 고찰한 것보다 앞선 것으로 볼 수 있다.

  그러나 그는 이것을 소기업문제와 관련시켜 구체적으로 전개하지는
않았다. 특히 기업규모의 확대가 자본축적의 부족이나 자금차입의 어
려움 때문에 억제될 수 있다는 점을 홉슨은 간과하고 있다. 소기업문
제에서 보면 이윤율보다 총이윤양의 증대를 바라는 소기업이 있다고
하더라도 그들은 자본부족이나 자금차입의 곤란, 나아가서 독점적 대
기업의 억압 등 성장을 저해하는 조건이 허다한데, 이런 점을 홉슨은
지적하지 못했다. 이 점은 마셜이 '삼림의 비유'에서 설명한 '소기업성
장론'과 유사한 바 있다. 이것은 제 1 차세계대전 이전의 영국과 미국
의 경제사회가 소기업의 성장을 방해하는 조건에 중요한 의미를 두지
않았음을 반영하는 것이라 하겠다.

---

135) *Ibid.*, p. 196·197.
136) 홉슨은 근대제국주의이론의 초석을 다진 《帝國主義論》(*Imperialism, A Study,*
    1902 ; 愼洪範·金鍾澈 共譯, 《帝國主義論》, 창작과비평사, 1982))의 저자임을
    상기할 필요가 있다.

Ⅴ.　能率的　規模·適正規模論

1. 대규모의 경제성과 소기업의 잔존에 대한 새로운 논의

마셜과 홉슨 이후 1931년 로빈슨(E. A. G. Robinson)의 적정규모
론이 발표되기 이전까지는 대규모경제의 한계, 조건 및 소기업의 독자
적 유리성에 대한 논의가 커다란 진전을 이루지 못하였다는 평가가 있
지만, 이 기간에도 대규모의 경제성이나 소기업의 잔존문제에 대한 논
의는 지속되었다. 여기서는 먼저 대규모경제의 유리성에 대한 좀더 정
리된 논의를 살펴보기로 한다.

홉슨이 대규모경제의 유리성을 생산단위와 기업단위로 구분하여 고
찰한 것이 더욱 확실하게 전개되었다는 점이다.

두 가지의 서로 다른 문제를 혼동하지 않도록 주의해야 한다. 하나는
대규모생산의 문제이고, 다른 하나는 기업결합(combination)의 문제이
다. 전자는 단일공장의 규모에 관한 것이고, 후자는 하나의 기업 아래
에 결합된 工場群의 크기에 관한 것이다. 어느 것도 기업조직의 문제
이지만, 대규모생산의 문제는 산업기술과 한층 밀접하게 관련되어 있
는 데 대하여, 결합은 경영관리 및 금융의 문제와 밀접하게 관련되어
있다고 하네이(I. H. Haney)는 규정하였다.[137] 그러면서 그는 單一工場
企業과 複數工場企業으로 구분하여 대규모경제의 유리성을 고찰하였다.

단일공장에 대하여는 인간적 조건과 인간외적 조건으로 나누고, 인
간적 조건에 대하여는 기업가의 능력문제를 들었는데, 일정한 시점에
서는 평균적 공장규모는 기업가의 평균적 능력에 의하여 제한된다고
하였다. 즉 인간적 조건은 대규모경제의 유리성을 제한하는[138] 것으로
보았다. 이에 대하여 인간외적 조건으로는 원재료의 성격, 생산공정의

---

137) I. H. Haney, *Business Organization and Combination*, New York, 1913,
　　　p. 20·21.
138) *Ibid.*, p. 21.

성격, 제품의 성격, 시장의 규격을 들어 기업의 대규모 경제성을 설명하였다.

복수공장기업이 얻는 이익으로는 경쟁의 배제, 독점력의 획득, 대규모생산의 이익 등 세 가지를 들었는데, 앞의 두 가지가 복수공장기업 고유의 유리성을 형성한다고 볼 수 있다.

이런 설명의 주된 대상은 대규모경제의 단위가 무엇이냐에 따라 구분한 것이었다. 홉슨 이후 생산단위(공장)와 기업단위간의 구분된 고찰이 보급되었지만, 후자는 기업집중이 일반화되면서 기업결합의 경제성이라는 형태로 전개되었다. 기업결합은 대규모생산의 새로운 국면으로 규정되었고, 그것은 대규모생산이라기보다는 오히려 大規模管理(large scale management)로 부를 수 있다는 것이었다.[139] 타우식(F. W. Taussig)은 기업결합이 가져오는 이익에 대하여 경영관리면에서 경제적 이익을 얻는 것과 경쟁을 억제하여 다소간 유효한 독점을 가져오는 것의 두 가지를 들고 있다.[140]

이에 대하여 킴볼(D. S. Kimball)은 ① 量的으로 집중된 구매에서 오는 이익, ② 연구·실험 등을 행하는 데서의 이익, ③ 광고를 합동으로 행하는 이익, ④ 각 공장에 가장 적합한 제품의 생산에 전념하게 하는 이익, ⑤ 광범하게 시장가격을 지배하는 데서 오는 이익 등 다섯 가지를 들고 있다.[141]

그는 다시 기업규모 확대의 방법으로 다음의 세 가지를 들고 있다.

① Aggregation : 단독공장의 자연적 규모 확대

② Consolidation : 하나의 지배 아래 同種의 기업이 결합하는 평균적 규모 확대

③ Integration : 하나의 지배 아래 생산의 단계를 달리하는 기업이 결합하는 수직적 규모 확대 등[142]이 그것이다.

---

139) F. W. Taussig, *Principles of Economics*, Vol. 1, 1919(1st ed. 1911), New York, p. 59.

140) *Ibid.*, p. 60.

141) D. S. Kimball, *Industrial Economics*, New York, 1929, p. 177.

142) *Ibid.*, p. 156.

이 가운데 ②③을 기업결합(combination)이라고 보면, ③이 가져오는 이익으로는 세 가지(① 바라는 품질의 원재료 조달, ② 필요한 원재료의 입수, ③ 副産物의 이용)를 얻을 수 있다[143]는 것이다.

한편 대규모경제를 실현하는 단위를 기술적 생산단위와 기업적 관리단위로 구분하고, 기업적 관리단위의 확대를 수평적 확대와 수직적 확대로 나누면서, 이러한 기업결합의 이익을 생산·구매·판매·금융면으로 나누어 고찰하기도 하였다. 이 가운데 앞의 세 가지는 다른 논의와 큰 차이가 없었지만, 금융면에 대한 고찰은 특색이 있는데, 이것은 기업결합이 금융력을 강화한다는 것을 지적하는 것이기 때문이다.[144]

결국 생산단위는 기술생산면, 그리고 기업단위는 구매·판매·관리·금융에서 대규모 경제성을 가져오는 단위인바, 전자보다는 후자가 점차 중요시되는 경향에 있다는 것이다. 즉 근대적 기업의 크기를 결정하는 것은 대규모기술(large-scale technique)의 경제적 이익보다는 오히려 대규모지배(large-scale government)의 경제적 이익이라는 것이라[145]고 하여 기업단위의 대규모 경제성이 점차 중요시되는 경향이었다.

이것은 그 내용이 경쟁의 제한과 독점력의 획득 가운데 대규모적 지배력의 행사에 근거를 두고 있음을 감안할 때, 점차 기업집중과 독점에 의한 경제성 실현에 대한 고찰의 방향이 뚜렷하게 제시되고 있음을 알 수 있다. 그런데 생산단위나 기업단위의 대규모경제는 모두 마셜의 이른바 내부경제에 속하는 것이어서, 마셜 이후 대규모경제에 대한 논의가 주로 내부경제에 치중되어 있음을 알 수 있다. 외부경제에 대한 본격적 분석은 1933년의 존스(G. T. Jones)의 '수확체증론'[146]을 기다려야 했다.

---

143) *Ibid.,* p. 181.
144) P. Ford, *Economics of Modern Industry, An Introduction for Business Studies,* London, 1930, pp. 35~38.
145) D. H. Robertson, *The Control of Industry,* London, 1954(lst ed. 1923), p. 108.
146) G. T. Jones, *Increasing Returns,* Cambridge, 1933.

대규모경제에 대한 이와 같은 논의와 더불어 소기업문제에 대하여는 좀더 정리된 견해가 이 시기에 제기되었다. 마셜이 그의 《경제학원리》에서, 그리고 홉슨이 《산업제도론》에서 밝힌 대로 소기업문제는 결국 대규모경제의 한계, 조건 및 소기업의 독자적 유리성에 따른 잔존문제에 집약되지만, 최대능률기업규모 또는 능률적 규모의 개념이 홉슨에 의하여 도입된 것이 큰 진전이었고, 이것이 1930년 이전에 주목받을 만한 점이었다.

그러나 홉슨 이후 1920년에는 소기업문제, 특히 그 잔존문제에 대하여 많은 논의가 있었는데 여기서는 그것을 소개하기로 한다.

먼저 原材料率의 대소와 관련하여 工場規模를 설명한 견해가 있는데, 그것은 하네이(L. H. Haney)의 주장이었다. 그는 대규모경제를 결정하는 조건으로서 단일공장의 경우 인간적 조건과 인간외적 조건을 제기하였는데, 후자를 설명하는 가운데 원재료의 성격에 따라 원재료율이 높은 것은 大工場化하고, 낮은 것은 小工場化한다고 말하였다.[147] 이어서 그는 제품의 성질에서 ① 손상이 쉽게 되는 것, ② 운반이 불편한 것, ③ 유행이 심한 상품, ④ 지방적 수요와 결부되고 서비스를 필요로 하는 것, 그리고 시장의 측면에서는 수요 규모가 작고 불안정한 것 등 소기업이 잔존하는 조건을 제시하여[148] 조건론적 설명을 하였다.

이러한 조건론적 설명과는 달리, 소규모 생산의 중요한 장점은 기업주가 구석구석까지 주의를 기울이는 점에 있다. 그것은 특히 농업 및 세심한 주의를 필요로 하는 공예적 작업과 전문적 직업에서 필요하다[149]고 하여 소기업의 잔존 이유를 독자의 유리성에서 설명하는 견해도 있었다.

---

147) L. H. Haney, *op. cit.*, p. 22·23. 그러나 原材料가 높은 것이 왜 大工場化하고 낮은 것이 小工場化하여 소기업을 잔존토록 하는가를 적극적으로 설명하지는 않았다.

148) *Ibid.*, pp. 24~26.

149) H. R. Seager, *Principles of Economics*, New York, 1917(lst ed. 1913), p. 165.

다음에는 '대규모생산의 한계'에 대한 논의인데, 페터(F. A. Fetter)
는 전력의 값싼 공급과 함께 관리면의 유리성을 소기업잔존의 이유로
들면서[150] 대량구매와 판매의 불이익에 대하여 설명하여 대규모경제의
한계를 지적하였다.

많은 경우 규모의 증대는 구매와 판매의 두 측면에서 불이익이 된
다. 지방시장에 대한 공급에서 소기업은 대기업이 얻지 못하는 이점,
즉 운임을 절약하는 이익이 있다. 가장 가까운 시장은 부분적으로 보
호된 분야이며, 여기서는 원거리의 경쟁자는 거액의 운임을 지불해야
진출할 수 있다. 이 시장의 한계를 극복하기 위한 경비는 결국 대기업
이 얻은 모든 이점을 상쇄한다[151]고 하여 운임이 지방시장에서 소기업
의 잔존조건임을 설명하였다.

특히 지방으로 분산되어 있는 소공장을 갖는 대기업이 지방의 소기
업을 붕괴시킨다는 지적을 하면서도 반대로 독점적 대기업의 가격정책
이 소기업을 잔존하도록 한다고 한 점은 주목을 끈다.

하나의 공장은 그것이 시장으로 하는 지역이 넓을수록 그 지역내에
서의 독점력은 더욱 강하다. 그래서 자기의 생산비를 가격결정의 기초
로 하는 대신에 소규모 경쟁상대의 생산비를 표준으로 하는 경우도 있
다. 소공장의 가격 A(FOB 가격에 운임을 더한 것)를 그림에서 ab선으
로 나타낼 때, 만약 대공장 B가 자기의 가격을 A의 가격과 완전히 동
일하게 정한다면, B는 시장의 중심지에서 bc의 이윤이 가능하고 d의
지점에서 이윤은 零이 된다. 이 경우에는 대규모생산을 행하는 공장의
시장가격은 소공장의 가격보다는 높게 된다. 이로 인하여 대공장이 얻
는 큰 이윤이 단위당 비용이 한층 높은 소공장에 개업의 동기를 부여
하게 된다고 설명하였다.[152]

소기업의 잔존이유를 독점자본의 의도에서 구한 마르크스 경제학에
는 물론 미치지 못하고 있지만 페터가 마르크스류의 입장이 아니라는

---

150) F. A. Fetter, *Economic Principles,* New York, 1918(lst ed. 1915), p. 391·392.
151) *Ibid.,* p. 262.
152) *Ibid.,* p. 395.

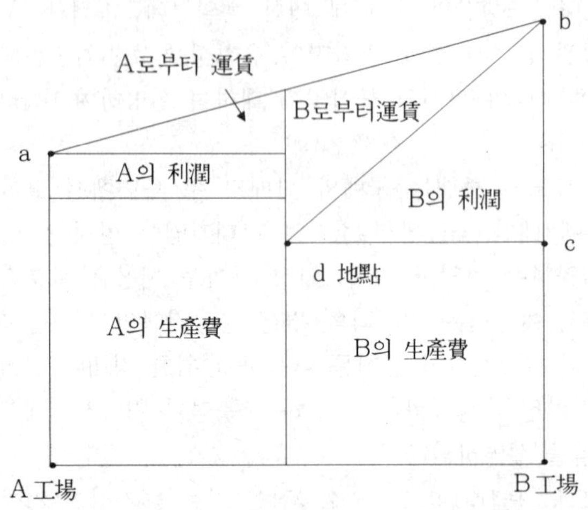

점을 감안하면, 이 시기에 독점가격과 소기업 잔존의 관계를 고찰한 점에서 주목을 받는다.

소기업의 잔존이유를 이처럼 어느 부분에 중점을 두고 지적한 것이 아니고 이를 망라해서 나열한 경우도 있다.[153]

① 소기업은 대규모생산의 명백한 경제적 이익에 대하여 '固有의 有利性'을 지닌다. 우선 대기업과 소기업은 일정한 크기의 시장을 대상으로 경쟁하는 것이 아니고, '增大하는 시장'을 대상으로 경쟁하는 것이다. 따라서 대기업의 거래량 증대는 반드시 소기업의 희생에 의한 것이 아니다.

② 대공업의 조직에 어려움이 있다. 기업규모의 확대에 따라 경영관리면의 곤란과 낭비가 있다. 대기업에서 비능률적 사무(red-tape)는 주체성과 기민성을 잃게 한다.

③ 대기업은 통상 표준화된 상품을 생산하기 때문에 소기업과는 달리, 소비자의 욕망과 기호의 변화에 따라 조직에 적응하기가 어렵다. 대기업은 소기업보다 값싼 제품을 공급하지만 그것이 소비자가 바로 바라는 물품(exactly the thing be wants)은 아니다.

---

153) H. Clay, *Economics,* 1920(lst ed. 1916), pp. 34~39.

④ 어느 업종에서는 대규모기업이 기술적으로 어려움이 있다. 원재료가 均質的이 아닌 경우 또는 등급에 따라 소량밖에 생산하지 않는 경우는 공정을 전문적으로 分化하여 대량생산을 하는 대규모생산방식이 적합하지 않다.

⑤ 산업에서 전문화가 진전되면서 대기업만이 얻었던 편의(부산물·운수·통신·보험·신용·특수시장·숙련·보조산업 등의 이용)를 소기업도 얻을 수 있다. 대기업은 전문화를 좀더 많이 행함으로써 이익을 얻지만, 소기업은 전문화의 한계를 통해서 그 장점을 구한다. 전문화의 진전 정도는 스미스(A. Smith)가 분업이 시장의 크기에 따라 제한된다고 한 점에서 해답을 얻을 수 있다. 수요가 많고 확실하고 균일한 시장, 즉 대시장이 없으면 전문화는 이루어지지 않는다. 전문화는 표준화가 행해지는 업종에서 경제적이며, 수요가 적고 불확실하며 균일하지 않은 상품 및 서비스 분야는 소기업의 존립분야가 된다.

⑥ 동력의 발달은 小匠人에게 전기를 사용하게 함으로써 작업에 동력을 공급한다.

⑦ 새로운 산업의 경우, 또는 생산방법과 공정이 실험적인 경우 소기업의 적응성은 대기업보다 큰 이익을 가져오고 이때 소기업은 개척자(pioneer) 역할을 한다.

⑧ 노동착취(sweating)적 업종에서는 기계보다도 노동을 사용하는 것이 저렴한 경우가 있다.

이상의 여러 가지 가운데서도 클레이(H. Clay)는 특히 전문화를 중요시한 것으로 볼 수 있다.[154)]

소기업문제에서 그 잔존이유를 특수한 요인에 중점을 둔 설명 또는 이를 망라한 것을 고찰해보았다. 그런데 이 시기에 논의된 것 가운데

---

154) 전문화를 중요시한 점에서는 로버트슨(D. H. Robertson)도 마찬가지다. 그는 소기업의 잔존에 대하여 부정적 견해를 지녔음에도 불구하고, '만약 하나의 작은 공정만으로 전문화하고(예컨대 시계와 자동차의 특정 부분품만을 생산하는 것), 상업활동과 시장획득을 위한 선전활동을 대기업에 위임하거나, 대기업과 협정을 맺어서 행하는 경우에는 소기업은 자기를 존속시킬 수 있다'고 하여, 전문화를 소기업 잔존의 유일한 길로 보았다.(*op. cit.,* p.21·22)

홉슨 이후 능률적 규모라는 개념이 보급됨에 따라 이것을 소기업의 잔존이유와 관련시킨 내용이 가장 주목을 끈다. 업종별로 능률적 규모를 고찰하여 이것이 소규모인 경우에 소기업이 잔존한다는 설명이 전개되기도 하였다. 문제는 능률적 규모보다 작은 기업의 잔존을 어떻게 설명해야 하는가이다.

1910년에 홉슨은 《산업제도론》에서 '완전자유경쟁이 존재하지 않는 경우'와 '기업가의 보수적 정신'에서 그 해답을 구하고 있었지만, 그에게 이 문제는 2차적 중요성을 갖는 데 그쳤다. 그러나 이 문제는 홉슨 이후에 그 중요성이 더욱 증가하였다.

이에 대한 존스(J. H. Jones)의 설명은 다음과 같다. 첫째로 많은 경우에 실제로 경쟁은 표면적이다. 많은 기업은 각각 특색을 지니면서 다른 시장에 대하여 공급을 하고 있다. 소기업은 특수한 품질과 특별한 크기의 것을 공급하고 있다. 그래서 대기업에 의하여 무시된 소량의 주문과 급한 주문, 특수한 디자인의 물품 주문 등을 받음으로써 시장을 획득한다. 요컨대 그들은 각각의 품종에 대하여 능률적인 규모를 지니고 있다.

둘째로 지금까지 설명한 각종의 경제성은 각각 다른 규모에서 달성된다. 소기업은 기술적 경제성을 결여해도 관리면의 경제성을 갖고 있으며, 대기업은 관리면의 경제성은 없어도, 판매면의 경제성을 지닌다는 것이다.[155]

여기서는 능률적 규모를 어떻게 규정하는지의 문제가 제기된 것이다. 즉 능률적 규모를 업종별에서 다시 품목별까지 상세히 함으로써, 또는 생산·관리·판매의 각 측면으로부터 본 능률적 규모를 결합하는 방법을 논의하였다. 이것은 능률적 규모에 대한 고찰의 연장선상에 있으면서도 홉슨이 완전자유경쟁이 아닌 것이라고 한 조건을 좀더 구체화하여 설명한 것이다.

또한 능률적 규모보다 작은 규모인 기업의 잔존이 경기변동과 관련하여 설명되었다. 대기업의 우수한 생산방법이 다른 경쟁자를 압박하

---

155) J. H. Jones, *The Economics of Private Enterprise*, London, 1926, p. 125·126.

는 것은 서서히 이루어진다. 그 압박은 호황시에는 약하지만, 불황시에는 심하다. 소기업은 하나의 불황을 극복해도 그 생산방법을 바꾸지 않는 한 다음의 불황 때에는 파산된다.…… 생산비의 차이는 부분적으로는 자연적 은혜의 차이에도 기인한다. 능률이 낮은 기업도 입지조건이 나쁜 능률적 기업과 같은 조건에서 경쟁한다[156]고 하였다. 즉 경기변동과 자연적 은혜의 차이가 능률적 규모보다 작은 기업의 잔존을 가능하게 한다는 것이다.

경기변동과 능률적 규모 이하의 소기업의 잔존을 관련시킨 견해는 또 있다. 붐(boom)과 불황을 반복하면 능률이 낮은 소기업은 호황시에 업계 전체로서 막대한 수요에 응하기 위하여 잔존이 계속된다는 것이다.[157] 즉 호황시의 예비적 존재로서 능률적 규모보다 작은 소기업을 파악하고 있다.[158]

능률적 규모를 품목별 또는 기업의 각 측면을 결합하여 고려해야 한다거나, 호황시의 예비적 존재로 능률적 규모보다 작은 기업을 설명하는 견해 등이 새로운 논의임에는 틀림없으나, 이들 견해도 결국은 능률적 규모에 일치하지 않는 소기업은 소멸한다는 것을 전제로 하고 있다. 그래서 이런 잔존의 규정은 완전자유경쟁이나 경제적 합리성이라는 기준에는 맞지 않는 설명인 것이다.

---

156) *Ibid.*, p. 127·128.

157) P. Ford, *op. cit.*, p. 42.

158) 존스와 포드는 다 같이 '최저생산비규모'보다 작은 규모의 기업의 존재에 대한 분제를 제기한 바 있다. 손스(J. H. Jones)는 기업규보에 관한 두 가시의 문제로서, 하나는 무엇이 가장 능률적 기업규모(the size of the most efficient firm)를 결정하는가의 문제를 제기한 후, 둘째로는 가장 능률적인 기업이 대기업 또는 성장을 계속하고 있는 기업인 경우, 대기업과 소기업·중기업이 동시에 병존하면서, 서로 당당하게 경쟁하고 있는 사실을 어떻게 설명할 것인가를 문제로 제기하였다.(*op. cit.*, p. 106) 그리고 포드(P. Ford)도 최소의 불이익으로 최대의 이익을 얻는 이상적 기업규모(ideal size of business)를 문제로 한 후, 많은 산업에 여러 규모의 기업이 많이 존재하고 있지만 이상적인 기업규모보다 크기도 하고 작기도 한 기업이 이들과 경쟁하고 있는 이유는 무엇인가라고 하여(*ibid.*, p. 35) 역시 같은 문제를 제기하였다. 단순히 대규모화의 경향에 대하여 소기업의 잔존을 문제로 하면서 능률적 기업규모보다 작은 기업의 존재를 문제로 한 것이다.

결국 홉슨이 지적한 소기업 잔존에서 '場'의 문제, 즉 완전자유경쟁이 행해지는 경제사회의 '장'과 그렇지 않는 '장'의 문제는 앞서 존스의 품목별 능률적 규모에 대한 고찰을 거쳐 뒤에 불완전경쟁의 장에서 소기업의 잔존문제로 전개된다. 한편 기업의 경제적 비합리성에 바탕을 둔 소기업의 잔존문제는 홉슨의 지적에도 불구하고 1930년대 이후, 특히 본격적으로는 제 2 차세계대전 이후에 전개된다. 그러나 홉슨이 지적한 완전자유경쟁하에서 능률적 규모와 일치하는 소기업의 잔존, 즉 경제적 합리성을 바탕으로 한 능률적 규모론은 '적정규모론'으로 이어진다.

2. 능률적 규모와 적정규모론의 형성

마셜이 제기한 대규모경제의 한계점을 크누프(D. Knoop)는 '능률적 생산단위'로 파악하였고, 홉슨은 이것을 '최저생산비규모'로써 고찰한 후, 완전자유경쟁이 행해진다는 조건하에서 모든 기업이 최저생산비규모＝최대능률규모를 향하고 이것이 일치한다고 보았다.

그런데 하네이(L. H. Haney)는 완전자유경쟁의 이행 여부에 관계 없이 이 최대생산능률규모는 전 공정이 지향하는 하나의 목표로 된다고 보았다.[159] 결국 전기업의 규모가 이 능률적 규모를 지향한다면 능률적 규모는 가장 많이 보급된 규모이며, 마셜이 말하는 평균적 규모, 즉 대표적 기업과 유사한 것으로 된다. 하네이는 수공업적 생산분야에서는 소규모의 것이 많다고 설명하면서, 대표적 기업은 극히 소규모적인데 여기서의 업주는 우수한 職人, 유능한 판매원, 개인적 숙련을 지닌 사람이라고 하였다. 즉 이 제도하에서 능률적 규모와 대표적 규모는 동일한 것으로 간주하였다.

능률적 규모와 대표적 규모가 동일하다는 것을 더욱 명확하게 밝힌 견해도 있다. 즉 각 산업에서는 그 시기에 평균적 경영관리 아래 가장 경제적으로 생산하는 공장규모가 있다. 이것을 대표적 기업이라고 규

---

159) L. H. Haney, *op. cit.*, p. 20.

정한[160] 시거(H. R. Seager) 이후, 마셜은 '삼림의 비유'를 인용하면서 완전히 성장한 나무가 그 대표적 기업이며, 또한 가장 경제적인 규모라고 설명하였다. 존스도 능률적 규모와 대표적 규모를 동일하게 본 것은 마찬가지이다.[161]

이와는 달리 능률적 규모와 대표적 기업은 다르다고 본 주장도 있다. 즉 대표적 기업은 가장 앞선 기업은 아니고 최신식의, 최상의 기계설비를 갖춘 기업도 아니다. 대표적 기업과 접속해서 예외적으로 큰 지도적 대기업도 있고, 또한 약소기업(weak and struggle firm)도 대표적 기업에 접촉해서 있다. …… 대표적 기업보다 우수한 기업은 더욱 많은 이윤을 얻고 뒤떨어진 기업은 적은 이윤을 얻는다고 하였다. 이것은 타우식(F. W. Taussig)의 견해인데, 여기서는 대표적 기업과 능률적 기업을 동일시하지 않고 있음을 알 수 있나.

능률적 규모에 의하여 소기업의 잔존을 설명하는 입장에서 보면, 어느 업종에서 소기업이 다수 존재하고 그것이 가장 일반적 규모인 것은 그 업종에서 능률적 규모가 소규모여서 모든 기업이 그 규모를 지향한 결과로 설명하는 것이 논리적인 것처럼 생각된다. 따라서 능률적 기업=보편적 기업=대표적 기업이라는 등식을 생각할 수 있고 능률적 규모는 마셜의 대표적 기업과 같다는 생각에 이른다.

그런데 마셜의 대표적 기업이 보편적 기업을 의미하는 것은 사실이다. 따라서 위 등식의 뒷부분은 성립한다. 그리고 만약 모든 기업이 능률적 기업을 지향한다면 당연히 능률적 기업=보편적 기업이 됨으로써 등식 진체가 성립하는 것으로 보인다. 그러나 다른 면에서 마셜의 대표적 기업은 결코 최저생산비규모기업도, 그리고 최대능률규모기업도 아니기 때문에 위의 등식이 모두 성립될 수는 없다. 이렇게 보면 타우식의 견해에 타당성이 있다.

그런데 만약 능률적 규모=보편적 기업이라는 등식이 성립하지 않는다면, 즉 이 의미가 능률적 규모는 현실의 기업이 지향하는 목표가

---

160) H. R. Seager, *op. cit.*, p. 168.
161) J. H. Jones, *op. cit.*, p. 124·125.

아니고 또한 현실의 많은 기업이 능률적 기업이 아니라고 한다면, 능
률적 규모는 소기업의 잔존을 설명하는 의미를 거의 상실하게 된다.
이와 같은 점에 대한 해석과 대표적 기업이나 능률적 기업과의 관계에
서 생기는 문제점을 해소시켜 주려는 것이 로빈슨의 이론이다.

여기서 그러면 능률적 규모에서 능률적이 무엇을 의미하는가를 살펴
보기로 한다. 그것에 따라서 그 규모의 내용이 다르기 때문이다.

① 생산능률이 높은 기업단위를 능률적 생산단위라고 한 견해(Kno-
op)가 있지만 생산능률의 지표는 제시하지 않았다.

② 완전자유경쟁의 세계에서는 최대능률기업규모란 최저생산비규모
이고, 동시에 투하자본에 대하여 최대의 이윤율을 주는 기업규모라는
설명(Hobson)이 있는데, 여기서는 왜 최저생산비규모가 최대이윤율규
모와 일치하는가에 대한 해명을 제공한다.

③ 최대의 생산능률을 가져오는 규모라는 규정(Haney)이 있는데,
여기서는 생산능률이 무엇을 기준으로 하는가를 설명하지 않고 있다.
그리고 능률적은 최대이윤규모를 의미하는 것처럼 설명하고 있으나 명
확하지 않다.

④ 가장 경제적으로 생산을 행하는 규모(Seager) 또는 가장 경제적
인 규모(Fetter)라는 규정도 그것이 무엇을 지표로 하는가 불명확하다.

⑤ 최저생산비규모를 능률적 규모로 생각하는 견해(Jones)가 있지
만, 홉슨과는 달리 최저생산비규모가 동시에 최대마진규모 또는 최대
이윤율규모를 보증하는 것은 아니라고 보았다.

⑥ 능률이란 생산요소가 충분히 모든 능력을 발휘할 때의 최대가능
생산량에 대한 실제 생산량의 비율을 의미한다고 정의(Kimball)[162]하
여 操業度의 문제가 제기되었는데 이는 색다른 견해라고 하겠다.

⑦ 조업도의 경우를 제외하면, 능률적 규모의 의미에서 대체로 생산
비와 이윤을 그 기준으로 제시하고 있는데, 이것을 절충한 견해가 있
다(Ford). 여기서는 생산단위규모와 기업단위규모를 엄격히 구분하여,
생산단위규모에서는 한 제품의 단위평균생산비가 최저인 규모를 적정

---

162) D. S. Kimball, *op. cit.*, p. 167.

규모(an optimum size)라고 칭하였고,[163] 기업단위규모에 대하여는 최소의 불이익으로 최대의 이윤을 얻는 규모, 다시 말하면 최대이윤율규모를 이상적 규모라고 하여[164] 두 가지를 구분하였다.

이러한 구분은 생산단위에는 생산비가 최소라는 것이 가장 중요하고, 기업단위에는 이윤율이 가장 중요하다고 생각하기 때문이다. 따라서 복수공장기업에서는 최저생산비규모의 공장이 결합하여 최대이윤율규모로 되는 기업이 이상적 기업규모인 것이다. 그러나 단일공장의 경우에는 양자가 일치하지 않는 일도 생긴다. 즉 기술적 고려가 어느 특정 규모를 능률적이라고 한다 해도 상업적 고려는 다른 규모를 가장 능률적이라고 할 수도 있는 것이다. 이 경우 어느 기업은 기술적 고려를, 다른 기업은 상업적 능률을 부여하기 때문이다.[165]

결국 마셜이 대규모경제의 한계·조건, 소기업의 독자적 유리성으로 제시한 견해가 점차 능률적 규모라는 개념으로 되고, 다시 생산단위의 그것과 기업단위의 그것으로 구분되면서, 전자는 최저생산비규모, 후자는 최대이윤율규모로 명확히 구분되기에 이른다. 이러한 능률적 규모에 대한 견해의 전개가 로빈슨의 '적정규모론'으로 통합되었고 적정규모론은 소기업의 잔존이유를 설명하는 이론으로 형성된다.[166]

3. 로빈슨의 적정규모론

(1) 能率的 規模, 適正規模, 代表的 企業

마셜이 제기한 소기업문제는 대규모경제의 한계·조건 및 소기업의 독자적 유리성이라는 개념들을 통해 그 잔존이유를 규명하는 데 집약되고 있었다. 이것이 홉슨 이후 점차 능률적 규모라는 개념으로 적극

---

163) P. Ford, *op. cit.*, p. 39.
164) *Ibid.*, p. 35.
165) *Ibid.*, p. 42.
166) 특히 참고문헌의 인용 등에서 瀧澤菊太郎의 〈スモル·ビズネスに關する一研究(その二)〉를 참조하였다.

적으로 해명되고 대체되기에 이르렀다. 즉 능률적 규모가 소기업의 잔존문제를 해명하는 이론으로 점차 깊이 있고 다양하게 다루어진 과정은 우리가 앞에서 살펴본 바와 같다.

그러나 단편적인 수준에 그쳤던 능률적 규모론을 하나의 정리된 것으로 형성한 계기는 1931년 로빈슨에 의해 이루어졌다. 여기서는 능률적 규모가 아닌 적정규모라는 개념을 사용하였다. 그는 소기업의 잔존이유를 해명하면서 산업능률을 실현하기 위한 최선의 생산단위 규모로서 능률적 규모에 대체하는 적정규모 개념을 적극적으로 도입하였다. 그 이후 적정규모라는 개념이 일반적으로 사용되었다.

《경쟁적 산업의 구조》에서 로빈슨은 기업의 규모와 구조를 결정하는 여러 요인과 나아가서 한 산업의 최소의 능률적 규모(the efficient scale of an industry)를 결정하는 요인을 검토하는 것을 그 목표로 삼고 있다.[167] 즉 기업 규모와 소기업의 잔존이유에 대한 논의가 이 책의 주요 목표임을 시사하고 있으며, 그것이 동시에 최소의 비용으로 최대의 성과를 얻는 産業能率에 대한 연구를 목표로 하고 있음을 밝히고 있다.[168]

이러한 목표 아래 로빈슨이 주요한 분석의 대상으로 삼은 것이 바로 기업의 적정규모였다. 산업효율을 높이기 위하여는 기업이 그 능률을 크게 실현시키도록 하는 규모, 즉 적정규모를 연구하는 것이 무엇보다도 중요하다고 보았다. 따라서 로빈슨은 産業組職의 효율성을 제고하는 방향을 추구하되, 산업조직 가운데 기업 내적인 측면인 개별기업의 능률성에 중점을 두었다. 이것은 영국형 산업조직이론의 계보이며 또 특징인 것이다.

먼저 그는 적정규모기업의 개념을 다음과 같이 규정하였다. 적정규모기업에 의하여 우리는, 현존의 기술과 조직능력의 조건하에서, 장기

---

167) E. A. G. Robinson, *The Structure of Competitive Industry*, James Nisbet, London, lst ed. 1931(Reprinted 1964), p. 3(高炳佑 譯, 《産業構造論 — 企業의 最適規模策定方法》, 진명문화사, 1961, p. 17; 黑松巖 譯, 《産業の規模と能率》, 有斐閣, 1969, p. 5).
168) *Ibid.*, p. 1(高炳佑 譯, 위의 책, p. 14 ; 黑松巖 譯, 위의 책, p. 2).

적으로 지불되어야 할 모든 비용이 포함된 경우, 단위당 평균생산비가 최저로 되는 규모로 稼動되는 기업을 의미해야 한다는 것이다.[169] 이 개념은 흡슨의 최저생산비규모와 유사하지만 장기적으로 본 점에 특징이 있다.

또한 로빈슨은 이 개념에서 생산비의 측면에서 적정규모를 고찰하였는데, 만일 총이윤이나 이윤율을 고려하는 경우에는 판매가격에 이것이 관련되고, 판매가격은 자유경쟁의 경우와 독점의 요소가 있는 경우가 다르다고 하는 이유가 있었던 것으로 보인다. 그래서 그는 적정규모기업은 시장이 완전하고, 또한 많은 수의 적정규모기업을 유지할 만큼 충분한 경우에 경제력의 정상적 움직임(the ordinary play of economic forces)으로부터 결과된다고 보았다. 그러므로 그것은 시장이 제한되고 불완전한 경우에는 결코 나타나지 않는다고 하였다.[170]

그리고 경제력의 정상적 움직임에 대하여 그는 다음과 같이 생각하였다. 적정규모의 성립은, 일부는 여하히 그들의 자원을 가장 이익이 되게 투자할 수 있는가를 생각하는 기업가의 의식적 결정의 결과에 의하여 이루어지며, 다른 일부는, 대체로 비능률적인 것을 제거하고 능률적인 것을 장려하는 경향이 있는경쟁력의 산물이라고 설명하였다.[171]

결국 로빈슨은 장기적으로 고찰해야 하고, 동시에 시장의 완전성과 자유경쟁이 보장되는 것을 적정규모기업의 성립조건으로 하고 있음을 알 수 있다. 이것은 흡슨이 완전자유경쟁의 '장'에서 능률적 규모에 일치하는 기업이 잔존한다고 한 견해와 상응하는 측면이라고 하겠다.

한편 적정규모기업과 대표적 기업간의 관계에 대하여 로빈슨은 다음과 같이 지적하고 있다. 어떤 사업에서 어떤 기업이 실제로 성장하려고 하는 규모는 하나일 수도 있고 때로는 그 이상일 수도 있는 것이 보통이다. 알프레드 마셜이 대표적 기업(representative firm)이라고 한 규모는 현시점에서 바로 적정규모일 수는 없다. 환경은 변화해서, 오

---

169) *Ibid.*, p.11(高炳佑 譯, 위의 책, p.26 ; 黑松巖 譯, 위의 책, p.17).
170) *Ibid.*, p.12(黑松巖 譯, 위의 책, p.18).
171) *Ibid.*, p.11(위의 책, p.17).

래전의 대표기업과 조금 다른 어떤 규모나, 오늘날 섬유산업에서 일어
나고 있는 것처럼, 오래전의 대표기업과 전혀 다른 어떤 기업규모도
이제는 새로운 대표기업으로 선정된다. 오늘날의 대표적 기업은, 산업
의 환경을 고려할 때, 최근의 과거(in recent past) 어느 시점에서 아마
최선의 生產規模(the best scale of production)로 간주되었던 생산규모
를 나타낸다고 하였다.[172]

즉 로빈슨은 시간이라는 요소를 도입하여 적정규모기업과 대표적 기
업의 관련을 설명하고 있으며, 이 점에서 이전의 견해와 다른 좀더 앞
선 면을 보인다. 여기서 그는 이론적으로 규정되는 적정규모기업과 추
상적이고 개념적이기는 하지만 다분히 현실성을 지닌 대표적 기업을
합리적으로 연결시키려는 노력을 보이고 있다.

(2) 適正規模의 決定要因

로빈슨은 최선의 기업단위, 즉 적정규모를 결정하는 요인에 대하여
다음과 같이 지적하고 있다. 시장이 적어도 하나의 적정규모기업의 모
든 생산을 충분히 흡수할 수 있다고 가정할 때, 최선의 기업단위를 결
정하는 요인은 다섯 가지의 주요한 범주로 나누어질 수 있다. 즉, 기술
적 적정규모에 기여하는 기술적 여러 요인, 적정관리단위에 기여하는
관리적 여러 요인, 적정재무단위에 기여하는 재무적 여러 요인, 적정
판매단위에 기여하는 마케팅의 영향, 그리고 산업의 호황·불황(indus-
trial vicissitudes)에 직면하여 최대의 존속력(power of survival)을 지
니는 단위에 기여하는 위험 및 景氣變動의 여러 요인들을 들고 있다.[173]

첫째로 로빈슨은 기술적 적정규모(the optimum technical unit)를 설
명하는데, 그것이 큰 업종으로 전혀 다른 두 가지 유형을 들고 있다.

① 생산물과 생산기계가 물리적으로 매우 큰 업종으로서, 제강·철판
및 제품의 압연 및 造船과 같은 것이다.

② 최종생산물이 고도로 복잡하고 그것이 다수의 작은 製品으로 조

---

172) *Ibid.*, p. 10(위의 책, p. 10).
173) *Ibid.*, p. 12(위의 책, p. 18).

립되는데, 그 부품은 하나의 工場(a single roof)에서 생산되기에는 불편한 업종으로서, 타이프라이터·시계·금전등록기·자동차 등의 재료와 같은 것이다.

다음에 기술적 적정규모가 작은 업종을 들고 있는데, 그것은 생산물이 소규모이면서 단순한 경우, 즉 刃物의 제조, 표준적 織物, 빵제조 등과 같은 것이라고 하였다. 그러면서 그는 어느 정도까지, 그리고 일정한 기술개발의 범위 안에서 한 산업의 기술적 적정규모의 있을 수 있는 상한(the probable upper limit)을 예측할 수 있다고 하였다. 그리고 그는 기술적 적정규모는 능률적 생산의 최소규모를 설정해주지만, 그 이상으로 성장하면 단위당 비용이 遞增的으로 증대하게 되는 최대규모의 결정에는 거의 또는 전혀 기여하지 못한다고 하였다. 그리고 만약 다른 필요가 기술적 적정규모보다 더 큰 규모를 요구한다면, 다른 필요가 요구하는 규모와 일치할 때까지 기술적 생산규모는 단순히 倍增될 것이라[174]고 보았다.

로빈슨은 이처럼 기술적 적정규모는 능률적 생산을 행하는 최소규모를 결정하는 기준이며 그 이상의 규모확대는 다른 측면에서 필요에 따라 이루어지는 것으로 보았다.

둘째로 관리적 적정규모(the optimum management unit)는 경영관리의 방법이 적정규모에 미치는 효과를 고찰한 것이다. 分業과 생산공정의 통합, 두 가지를 다루면서 그 경제성이 대기업의 경영관리에서 주로 나타난다고 보았다. 그런데 기술적 적정규모의 경우에 어느 점을 넘어서면 그 이상의 분업이 서의 또는 전혀 경제성을 가저오지 못하는 것과 같이, 바로 經營管理와 事務要員(office staff)의 경우에도 동일하다고 하였다. 그것을 넘어서면 그 이상의 분업이 불가능하거나 그렇지 않으면 불이익이 되는 어느 단계에 이른다고 지적하였다.[175] 이것은 관리적 적정규모가 하한의 규모만이 아니고 상한의 규모를 선정해주는 것임을 나타낸 것이다.

---

174) *Ibid.*, p. 32·33(위의 책, p. 46·47).
175) *Ibid.*, p. 34·39(위의 책, p. 48·55).

셋째는 재무적 적정규모(the optimum financial unit)에 대해서 논의하였다.

기업의 생산비와 규모는 생산기술과 경영관리 및 판매의 능률에 의존할 뿐만 아니라, 기업활동에 필요한 자금을 차입하는 기업의 능력에도 의존한다. 만일 자금차입의 기회가 어느 의미에서 기업규모에 의존한다면 財務 문제는 생산의 적정규모에 영향을 미칠 것이다. …… 그것은 두 가지 방법으로 이루어진다. 첫째는 기업이 차입하는 자금의 이자율을 통해서이고, 둘째는 서로 다른 조직을 지닌 기업이 주어진 이자율로 차입할 수 있는 자금량을 통해서라는 것이다.[176)]

그런데 기업규모는 바로 이 두 가지 방법과 관련을 맺고 있다. 대기업과 소기업이 차입할 수 있는 이자율의 차이에 대하여 고찰하면, 일반적으로는, 대기업이 물론 이점을 지닌다. 대기업은 그 이름이 투자대중(investing public)에게 잘 알려져 있고, 그 지위는 더욱 쉽게 확인될 수 있다. 대기업은 현재의 조건이 보증하는 것 이상으로 차입할 수 있는 데 대하여, 소기업은 좀더 양호한 실력을 지니고 있어도 자금차입이 부족하게 된다[177)]고 하여 자금차입에서 소기업의 불리함을 지적하였다.

이것은 소기업의 성장에 대한 낙관론에 문제를 제기했다는 점에서 주목된다. 로빈슨은 소기업성장에서 금융면이 주는 저해조건을 제시한 후, 마셜의 '삼림의 비유'를 인용하면서 다음과 같은 견해를 밝히고 있다.

19세기에는 기업들이 성장·성숙·쇠퇴하였다. 마셜의 유명한 비유(Marshall's famous simile)에서 한 산업 속의 기업들은 숲속의 나무(trees of the forest)와 유사하다. 어느 나무는 최대한으로 높게 되었고, 다른 나무은 그것을 향하여 성장하였고, 또 다른 나무는 쇠미하였다. 금세기에는 기업의 생명의 순환이 그렇게 뚜렷한 것은 아니다. 대체로 개인기업으로 설립된 기업은 성숙하고 쇠퇴하였지만, 그러나 폐업되지는 않았다. 기업은 재조직되고 새로운 혈액이 주입되었으며, 그

---

176) *Ibid.*, p.50(위의 책, p.70).
177) *Ibid.*, p.56(위의 책, p.79).

래서 성숙기의 힘으로 곧 회복되었다.

어느 산업, 즉 대부분 라디오·전축·전기제품과 전자공업 등 젊은 산업에서는 새로운 기업이 자주 발생하고 있다. 많은 기업이 幼兒期의 질병에서 벗어나 잔존하여 최대의 규모로 성장한다. 그러나 오래된 산업에서는 새로운 기업은 극히 적다. 기술적으로 능률적인 최소규모가 처음의 단계에서부터 너무 크다. 기업의 성장은 불가능하거나 너무 느리지만 자본은 현존기업의 재설비에 잘 이용될 수 있다고 보았다.[178]

결국 로빈슨은 자금차입 등 재무적 요인이 대기업보다 소기업에 상대적으로 불리하다는 점을 인정하면서도 성장의 일반적인 저해조건은 아니고, 오래된 산업에서만 부분적으로 이루어지는 것으로 보았다. 이것은 그 당시까지는 영국과 미국에서 자금차입이 심각한 소기업문제로 제기되지 않았다는 점을 반영한다.

넷째는 시장거래적 적정규모(the optimum marketing unit)이다. 구매와 판매에 대한 문제가 기업의 적정규모와 산업구조에 주는 영향을 검토하면서, 로빈슨은 대규모구입과 판매의 경제성 및 공동으로 하는 시장거래의 경제성을 지적하였다. 특히 그는 시장거래적 적정규모와 기술적 적정규모의 관련을 다음과 같이 설명하였다. 제품의 성질 때문에 한 기업이 판매조직을 통하여 그 생산물을 판매해야만 하는 많은 산업은, 모든 기술적 경제성이 획득되고, 능률적 관리의 한계에 도달된 후에도 더 이상의 확장으로 경제성을 계속해서 얻게 된다고 생각할 충분한 이유가 있다. 이런 경우에는 판매적 적정규모는 적정기업규모의 하한을 설정하는 경향일 것이다. 그러니 대기업이 최대의 생산규모에 도달했을 때, 제품생산과 시장규모에서 최저비용을 실현할 수 있지만, 불완전시장(imperfect market)이라는 일상적 조건하에서 이와 같은 대규모까지 기업이 즉각 또는 자동적으로 확장될 것 같지는 않다. 왜냐하면 성장의 비용은 대규모로부터 얻을 것으로 기대되는 이익과 대립되는 것이고, 이익이 비용을 초과하는 경우에만 성장은 일어날 것이다.[179]

---

178) *Ibid.*, p.56·57(위의 책, p.80).

　　결국 대량의 생산물을 판매하는 데서 오는 경제적 이익과 대기업을
관리하는 데서 오는 경제적 불이익간의 비교에 의하여 적정기업규모가
결정된다고 볼 수 있다는 것이다. 특히 불완전시장이 규모확대의 제약
요인이 되어 시장거래의 적정규모기업을 정하는 데 작용함을 지적하고
있다.

　　그리고 소기업간의 공동판매 공동구입이 대기업과 마찬가지로 경제
적 이익을 가져올 뿐만 아니라, 어느 경우에는 소생산자가 판매나 구
매의 업무를 대조직에 위양함으로써 소규모에서 오는 불이익을 벗어날
수 있지만, 이러한 불이익에서 벗어남은 생산물의 표준화 정도에 달려
있다고 보았다.[180]

　　다섯째는 기업규모에 영향을 주는 위험과 경기변동의 여러 요인(the
forces of risk and fluctuation)이다. 로빈슨은 수요의 변화에는 항구적
변천, 주기적 변천, 계절적 변천, 불규칙적인 것 등 네 가지가 있다고
분류하고 있다. 특히 이전의 논자와는 달리 그는 위험과 경기변동이
기업규모에 미치는 영향을 별개의 항목으로 정하여 적극적으로 다루고
있다. 그러면서 그는 소기업이 결코 그렇게 잘 적응하는 것은 아니지
만 그렇다고 잘못 적응하는 것도 아니라고 했다. 그래서 생산물을 자
주 변화시킬 필요가 있고, 또한 생산물의 변화를 위한 조직에 큰 비용
이 드는 경우에는 소기업이 어느 정도 이점을 누릴 수 있다고 하여[181]
이 항목에서 소기업규모의 適正性을 지적하고 있다.

　　더 나아가서 로빈슨은 수요의 변동에 대한 기업측의 대응 방안을 다
음과 같이 설명하고 있다.

　　수요가 계절적인 경우 생산의 흐름을 균등화시키는 가장 단순하고
널리 채택되는 방법은 소비가 낮은 계절에는 재고를 축적하고, 소비가
높은 계절에는 재고를 줄여서 평균소비율로, 또는 그에 근접한 비율로
재화를 생산하는 것이다. …… 수요가 계절적이고 관련 상품이 축적될
수 없는 경우에는 생산의 변동을 완화시키는 두 가지 방법을 이용할

---

179) *Ibid.*, p.72·73(위의 책, p.102).
180) *Ibid.*, p.66(위의 책, p.94).
181) *Ibid.*, p.76(위의 책, p.106).

수 있다.

첫째는 계절적인 상품이 다른 계절적 상품, 즉 다 같이 계절적이지만 극대와 극소의 활동기간이 먼저 생산된 상품의 극소와 극대기간과 상응하는 상품과 배합을 이루도록 생산하는 것이다.

둘째로는 계절적 상품이 다른 상품, 즉 그 자체는 계절적이 아니지만, 계속적인 활동에 대비하여, 계절적으로 생산되는 상품과 배합을 이루어 생산하는 것[182]이라고 하였다.

또한 로빈슨은 경기변동과 적정규모 및 기업의 잔존 관계에 대하여 다음과 같이 지적하였다.

첫째로 산출량이 불변하는 조건하에서 적정규모기업은, 산출량이 변동하는 조건하에서 적정규모기업은 아니다. 왜냐하면 그러한 기업규모는 필요한 적응능력을 지니기에는 너무 크고 경직적일 수 있기 때문이다.

둘째로 이것은 극히 중요한데, 만약 우리가 기업이 완전능력으로(at full capacity) 계속 가동하는 경우에 평균생산비가 최저인 기업을 가장 능률적 기업이라고 한다면, 불황시에 경쟁에 의한 자연도태로 선별되어 잔존하는 기업은 반드시 가장 능률적인 기업은 아니다.

우리가 필요로 하는 기업은 완전능력으로 조업할 때 가장 능률적인 기업도 아니고, 절반의 능력으로 조업할 때 가장 능률적인 기업도 아니며, 호황과 불황의 경기변동 전과정을 통하여 최저의 평균생산비를 지니는 기업이라고 주장할 수 있다. 불황시에 기업의 비용이 경쟁기업의 비용보다 약간 높다 할지라도, 호황시 전능력으로 가동할 때 기업이윤이 더욱 크면, 호황시의 적절한 준비금이 불황시에 그 기업을 잔존시킬 수 있는 것이다. 그러나 이렇게 말할 때 우리는 완전히 주장의 기반을 변화시키는 것이다. 우리는 이미 장래에 가장 능률적인 기업이 살아남을 것이라고 주장하는 것이 아니다. 즉 우리는 그 기업의 생존기간, 그리고 과거에서 배당을 공표하는 기업의 정책이 주위의 사정에 가장 잘 적응할 때 그 기업이 살아남을 것이라고 주장하는 것이다. 더구나 가장 근래적 설비를 가진 기업과 이전 호황의 피크에 설립된 기

---

182) *Ibid.*, p. 85·86(위의 책, p. 118·119).

업은 필요한 재무상의 준비금을 적립할 시간을 갖지 못하였다. 그래서 불황시에 아마 파산이 될 첫번째의 기업이며 살아남을 최후의 기업은 아닐 것이다. 이러한 도태의 과정은 은행의 행위에 의하여 더욱 복잡하게 된다.[183]

이어서 로빈슨은 기업통합과 위험(combination and risk)에 대하여 다음과 같이 지적하고 있다.

위험과 경기변동의 존재는 일반적으로 생산이 계속적이고 규칙적으로 행해진 경우에 그것이 경제적이라고 생각되었던 것보다는 소규모이지만 좀더 신축적인 기업규모로 유도하며, 특히 기술적 단위에서는 더욱 소규모로 된다고 결론지을 수 있다. …… 그러나 그 이상 말할 만한 일이 있다. 수요의 주기적 그리고 항구적 감퇴의 효과는, 만약 개개의 생산자들이 협조하여 행동하는 데 동의한다면, 그것이 개개의 생산자에게는 그만큼 적게 손해를 줄 것이다. 그러므로 로빈슨은 어느 경우에는 위험의 존재가 기업을 소규모화시키는 것이 아니라 좀더 큰 생산단위로 이끌는지 모른다[184]고 하였다. 즉 그는 위험과 경기변동이 기업규모와 기업간 결합에 주는 영향을 이와 같이 설명한 것이다.

그리고 독점과 위험에 따른 경기변동의 관계에 대하여 로빈슨은 다음과 같이 설명하고 있다.

첫째로 기업들이 그들의 개별산업에서 독점적 지위를 누릴 만큼 큰 경우에는 거기에 하나의 이익이 있을 것이다. 거의 모든 기업이 확실히 그렇게 하는 것처럼, 만약 기업이 과도한 규모에 의한 손실을 상쇄하는 독점적 이익을 성장에 의하여 확보할 수 있다면, 최대한의 능률을 확보할 규모 이상의 대규모까지 성장하는 것이 기업에 이익이 된다.

둘째로 개개의 기업이 독점적 조직(monopolistic association)을 형성하여 제휴하는 것은 이해를 조화해야 하는 기업의 수가 적은 경우에 더욱 쉽고 성공할 가능성이 있다. …… 더구나 기업의 독점적 조직이 일단 형성되면, 그 조직내 기업의 참여율을 좀더 크게 하고, 조직정책

---

183) *Ibid.*, pp. 82~84(위의 책, pp. 114~117).
184) *Ibid.*, p. 88(위의 책, p. 122·123).

의 영향력을 그에 상응해서 증가시키기 위해서 조업 규모를 더욱 증가
시키는 것은, 어떤 사정하에서는 개개의 기업 또는 기업의 결합체에
유리할 것이다.[185]

즉 위험과 경기변동은 기업의 적응력 제고를 위하여 그 규모를 소규
모화시키기도 하지만 동시에 이를 극복하기 위하여 기업들이 독점을
형성하는 경향이 있음을 로빈슨은 지적한 것이다.

이상에서 우리는 로빈슨이 적정규모의 결정요인으로 제시한 다섯 가
지의 내용 가운데 주목할 만한 점을 살펴보았다. 기술·관리·재무와 시
장거래의 여러 요인에서 로빈슨은 생산비의 측면에서 분석을 했지만,
맨 마지막의 위험과 경기변동에 대한 고찰에서는 생산비만이 아니고
이윤을 또한 문제로 제기했다.

로빈슨 이전에도 포드(P. Ford)가 석성규보의 의미를 생산단위에서
는 '최저생산비', 그리고 기업단위에서는 '최대이윤율규모'로 구분한
바 있었다. 이에 대하여 로빈슨은 처음에는 장기적인 최저평균생산비
규모를 기준으로 하여 일관되게 적정규모를 고찰하였다. 그러나 현실
의 규모동향과 관련하여 이윤을 기준으로 한 고찰을 추가하지 않을 수
없게 되었다.

특히 로빈슨은 완전자유경쟁의 세계에서는 생산비를 기준으로 한 적
정규모로 기업규모의 문제를 다루었지만, 완전자유경쟁이 없는 세계에
서는 이윤을 기준으로 한 적정규모로 기업규모의 문제를 다루면서 독
점의 현상까지 논급하였다. 결국 로빈슨은 적정규모론에서 생산비기준
과 이윤기준의 혼란을 명확하게 해소하지 못하고 그 이후의 해결과제
로 남겨 두었다.

⑶ 適正規模의 調整과 成長의 문제

홉슨은 원재료비·임금·고정비의 세 가지 측면에서 최대능률규모를
고찰할 때, 이들의 경제성을 중요성에 따라 배합하고 통일하는 것이
가장 경제적인 규모를 결정하는 것이라고 단편적이면서도 간단히 규명

---

185) *Ibid.*, p.90·91(위의 책, p.126).

하였지만, 로빈슨은 그가 제시한 다섯 가지 측면의 적정규모를 결정하는 요인간의 관련성을 상세히 설명하였다.

먼저 기술적 적정규모, 재무·시장거래 측면의 적정규모는 그 하한을 설정하는 것이며 상한을 규정하는 것은 아닌 데 대하여, 관리적 적정규모는 하한뿐만 아니라 상한도 규정하는 것이므로 조정의 문제에서 문제가 되는 것은 관리적 적정규모라고 생각하였다. 이에 대한 로빈슨의 지적을 보면 다음과 같다.

① 때때로 일어나듯이 기술적 적정규모가 관리적 적정규모보다 크게 되는 위험이 있는 경우에는 관리능률을 증대하고, 그것을 더욱 인간적으로 하여 여러 가지 방안에 의하여 노동자와의 접촉을 긴밀하게 하는 노력을 경주할 것이다. …… 이 문제에 접근하는 더욱 보편적인 방법은 산업조직에 대한 여러 방안에 의하여 생산과 관리의 서로 다른 기능을 그 적정규모에 놓고, 그래서 채택된 형태가 요구하는 경우에는 그들 기능을 공통의 통제에 의하여 함께하는 것이다.[186]

② 기술적인 면에서 대체로 채용되는 해결책은 기업을 여러 가지의 완전 분리된 부문으로 분해하는 것이다. …… 그래서 기술적 단위의 전문화를 추진함으로써 기술적 단위의 적정규모를 감소시키려고 노력하는 것이다. …… 이것을 수직적 분화(vertical disintegration)의 방법이라고 한다.[187]

③ 반대로 관리적 적정규모가 기술적 적정규모보다 큰 경우에는 가장 단순한 해결책은 보통 거대기업이 행하는 것, 즉 기술적 적정규모를 몇 배 이상으로 증가하여 생산하는 것이다.[188]

④ 기술적 적정규모가 소규모인 경우에는 소규모의 기술적 단위를 같은 장소가 아닌, 서로 다른 장소에 둠으로써 이익을 얻을 수 있다. 이 방법에 의하여 수송비를 최소로 감소시킬 수 있다.[189]

⑤ 계절적 또는 주기적인 수요에 의하여 변동되는 생산물에 대해서

---

186) *Ibid.*, p.94·95(위의 책, p.132).
187) *Ibid.*, p.95·96(위의 책, p.133·134).
188) *Ibid.*, p.99(위의 책, p.138).
189) *Ibid.*, p.100(위의 책, p.139).

는 소규모의 기술적 단위가 최대 가능의 기술적 단위보다 더욱 적응력이 있고 경제적인 가능성이 있다고 본다.[190]

⑥ 비교적 소규모 제조상의 적정규모와 비교적 대규모 판매상의 적정규모를 조정하는 문제는 시장거래의 여러 문제를 취급하는 章에서 상세히 검토하였다. 우리는 거기서 대규모를 요구하는 여러 공정의 횡포로부터 소생산자를 벗어나게 하는 수직적 분화와 같은 방안이 대규모 시장거래의 어려움에도 역시 적용될 수 있다는 것을 알았다. 이 업무를 분리시켜 적절한 규모로 행할 수 있는 전문기업에게 위양하는 것이다.[191]

우리는 지금까지 로빈슨이 제시하는 서로 다른 적정규모의 조정 문제에 대한 설명 가운데 몇 가지 중요한 것을 간추려 보았거니와, 이 조정 문제는 기업규모의 확대문제와 깊은 관련이 있으며, 따라서 이것은 바로 기업의 성장에 관한 문제이기도 하다. 어느 한 측면에서 본 소규모의 적정규모에서 다른 측면을 같이 고려할 때 한층 대규모의 적정규모로 되기도 하는 것은 조정의 문제이면서도 바로 성장의 문제이다. 이런 점에서 로빈슨은 성장의 문제(the problem of growth)를 다루었다. 그 내용을 보기로 한다.

그런데 기업의 규모 확대와 성장의 문제에서 고려되어야 할 중요한 점은 무엇보다도 성장에 따른 비용이다. 개개의 기업은 성장에 의하여 획득되는 이익뿐만 아니라, 성장에 필요한 비용도 고려해야 한다. 그래서 만일 실제로 성장에 필요한 비용이 성장에 의한 이익을 상회하면, 생산의 적정규모는 어떤 사정에서는 일상적인 경쟁의 과정에 의하여 달성될 수 없다. 당분간 우리는 경쟁이 어떤 방법으로 적정규모 이외의 기업을 설립하는 경향이 있는가를 고찰해야 한다.

첫째로 시장이 완전하지 않은 경우에 하나의 기업으로부터 다른 기업으로 고객을 이동시키는 데는 자본비용(a capital cost)이 든다는 것을 알 수 있다. 고객의 이전은 고객이 구입하려는 물품의 품질에 대하

---

190) *Ibid.*, p.100(위의 책, p.140).
191) *Ibid.*, p.101(위의 책, p.141).

여 올바른 판단을 하는 경우에는 가장 용이하지만, 고객의 판단이 유행이나 광고에 의하여 뒤틀리는 경우에는 고객의 이전은 가장 비용이 많이 들 가능성이 있다.

둘째로는 기술상 가장 능률적인 규모의 성장은, 오래된 기업과 완전 능력 이하에서 능률적으로 조업할 수 있는 공장을 가진 기업에도 부당한 일시적인 이익을 주는 우발적인 불경기에 의하여 지연되거나 불가능하게 되기도 한다[192]는 것이다.

기업의 성장 문제에서 다음으로 고려해야 할 사항은 능률 증대의 비연속성(the discontinuity of increases of efficiency)에 대한 것이다. 즉 규모의 증대와 함께 능률도 순조롭게 증대되는 것이 아니며 이런 경우에는 적정규모가 소규모와 대규모의 양쪽에 있는 것도 있다.

이에 대하여 로빈슨은 먼저 '최악기업'(pessimum firm)이라는 개념을 도입하였다. 이것은 소규모성에서 오는 기술적 불이익과 개인적으로 통제하기에는 너무 대규모인 데서 오는 관리상의 불이익이 결합된 기업규모를 말한다. 이런 최악기업이 介在的 規模(intervening size)[193]로 존재하는 산업에서 성장의 문제는 바로 이 최악기업을 뛰어넘어 돌파하는 문제이다. 그래서 생산의 적정규모에 도달하느냐는 것은 성장을 계속하는 소기업이 臨界點을 통과할 수 있는 충분한 힘과 勢(strength and momentum)를 지녔는가에 달려 있다고 보았다.[194]

그런데 小適正規模(minor optima)와 大適正規模(major optima)의 격차가 큰 경우에는 소적정규모에서 대적정규모로 성장하는 것은 불가능하다. 이런 경우에는 대적정규모보다 현격하게 작지 않은 생산규모에서 시작하며 그것까지 성장시키는 것이 가능할 것이다.[195]

로빈슨은 이처럼 기업의 성장에는 규모 확대에 따른 비용이 필요하고, 또한 능률 증대의 비연속성이 있기 때문에 규모 확대에 의한 성장

---

192) *Ibid.*, p.104·105(위의 책, p.144·145).
193) 소규모의 적정규모와 대규모의 적정규모 두 가지 적정규모보다 능률적으로 뒤떨어지는 기업규모를 말한다.[*Ibid.*, p.105(위의 책, p.146)]
194) *Ibid.*, p.105·106(위의 책, p.146·147).
195) *Ibid.*, p.107(위의 책, p.148).

이 불가능한 경우가 발생할 수 있다고 보았다.[196]

이때 기업은 결합에 의한 성장의 방법을 택할 수 있다고 보고, 로빈슨은 수평적 결합(horizontal combination)과 수직적 결합(vertical combination)에 대하여 설명하고 있다.[197]

또한 로빈슨은 적정규모는 산업의 일반적 발전 정도 및 국민경제의 발전 정도와 관련성이 있다는 점을 지적하였다. 부유한 나라, 특히 미국에서는 대공장의 경제성을 높은 수준까지 달성할 수 있지만, 영국을 포함한 가난한 나라는 오히려 소규모단위의 능률적 조직을 확보하려고 노력하여 왔다는 것이다.[198] 사실 국민경제구조와 소기업문제는 매우 중요하고도 깊은 관련성이 있는 문제이지만 로빈슨은 이 문제에 대하여 더 이상의 논의는 전개하지 않고 있다.

이상에서 우리는 능률적 규모와 적정규모에 대하여 고찰하였다. 이들 개념은 원래 대규모경제의 한계점을 적극적으로 파악하려는 데서 형성된 것이었고, 바로 소기업의 잔존이유를 설명하려는 의도에서 시작된 것이었다. 그러나 1930년 전후에 전개된 능률적 규모론이나 적정규모론은 소기업론에서 떠나 독자적인 방향으로 나아갔다. 그때까지 논의되었던 방향, 즉 대규모경제의 이익을 설명하고 다음에 그것의 한계와 그 실현을 위한 조건을 고찰한 후 대규모경제의 한계점을 적극적으로 능률적 규모로 파악하고, 그것에 의하여 소기업문제를 논의하던 이전의 방법에서 벗어났다.

1930년대 전후에는 우선 현실의 기업규모를 결정하는 요인이 무엇인가를 고찰하고 그 요인을 분석하기 위한 도구나 수단으로 능률적 규모 내지 적정규모를 논의하게 된 것이다. 존스와 포드에 이어 로빈슨의 견해는 대표적인 것이다. 이들은 능률적 규모와 적정규모론을 단순

---

196) 이것은 소기업이 대규모의 적정규모기업으로 성장하는 데서 斷層의 가능성을 시사하는 것으로서 이런 점은 뒤에 슈타인들(J. Steindl)에 의하여 본격적으로 분석된다.

197) *Ibid.*, pp. 107~109(위의 책, pp. 148~151). 특히 수직적 통합을 로빈슨은 前方統合(forward integration)과 後方統合(backward integration)의 두 가지로 나누어 설명하고 있다.[*Ibid.*, p. 110(위의 책, p. 152)]

198) *Ibid.*, p. 88(위의 책, p. 123).

히 소기업문제를 다루는 범위를 넘어서 대기업과 소기업을 포함한 현
실적으로 존재하는 모든 기업규모를 설명하려는 이론으로 발전시킨 것
이다. 그렇다고 이들 이론이 소기업문제를 다루는 것과 관계가 없다는
것은 아니며, 그것이 소기업문제를 설명하는 역할은 오늘날에도 지속
되고 있다.

Ⅳ. 소기업문제와 能率的 企業規模의 모색

  19세기말(정확하게는 1891년 마셜의 《경제학원리》 제 2 판 간행) 이후
1930년대초(정확하게는 1931년 로빈슨의 《競爭的 産業의 構造》 간행)에
걸친 중소기업이론, 즉 소기업문제에 대한 논의를 정리한 것이 지금까
지 살펴본 내용이다. 근대경제학에서 중소기업이론은 마셜이 소기업문
제에 대한 해명을 한 것이 그 기원으로 간주되고 있다. 그 이후 이에
대한 많은 논자의 견해가 개진되었지만, 마셜 이후 홉슨과 로빈슨으로
이어지는 이론의 흐름이 이 기간에 뚜렷한 줄기라고 할 수 있다.
  소기업문제에 대한 포괄적이고 다양한 주장이 그 흐름 속에서 전개
되었다. 그러나 특징적으로 파악될 수 있는 것은 소기업의 잔존이유를
해명하기 위하여 능률적 기업규모에 대한 이론적 규정을 모색하였다는
점에 있다. 이것은 소기업문제의 논의에서 이 기간에는 經濟的 合理性
이 그 바탕이 되었다는 것을 의미한다.
  소기업문제를 처음으로 해명하기 시작한 마셜의 경제이론의 기본목
표는 빈곤의 극복이었다. 고전학파 경제학이론에 내재되어 있던 자연
법칙으로서 收穫遞減의 법칙을 극복함으로써 빈곤으로부터 벗어날 수
있는 길을 제시하는 것이 마셜이 당면한 시대적 과제였다. 이 과제에
대응하기 위하여 그는 生物學的 類推를 경제현상의 설명에 도입하였
고, 이에 유기적 성장과 산업조직의 개념에 바탕을 두고 수확체감의
법칙을 수확체증의 법칙으로 전환할 수 있는 방안을 제시하였다. 그것
은 결국 대규모생산의 경제성을 지향하는 것이었다.

　대규모경제의 법칙이 작용하는 경제에서 소기업은 소멸의 대상으로 규정될 수밖에 없었다. 이것이 초기(마셜의《경제학원리》초판)에 '소기업소멸론'으로 나타났다. 그러나 이러한 소기업 소멸의 이론적 귀결에도 불구하고 소기업은 여전히 잔존한 것이 당시의 경제현상이었고, 마셜에게는 이에 대한 해명이 요구되었다. 그의《경제학원리》의 제 2 판 이후에 전개되는 소기업에 대한 논의는 바로 대규모경제의 유리성에도 소기업이 잔존하는 경제현상에 대한 해명, 즉 '소기업 잔존이유'의 해명에 집중된다.

　소극적으로 소기업의 잔존이유를 해명하는 것에서 더 나아가 마셜은 소기업을 經濟發展의 原動力으로 규정하는 등 새롭게 인식하면서 '소기업성장론'을 주장하기에 이른다. 빈곤을 극복하기 위하여 현실감 있고 실재적인 경제이론을 수립하는 데 그가 도입한 생물학적 유추, 유기적 성장, 산업조직 등의 이념은 그대로 소기업문제의 논의에 반영된다. 그럼으로써 마셜은 중소기업이론 전개의 기원이 되었다.

　마셜의 소기업 논의는 다분히 단편적이고 포괄적인 성격을 지니고 있다. 내부경제와 외부경제 측면에서의 고찰, 시장의 불완전성에 대한 지적, 독점과의 관계 등 다양하게 소기업의 잔존이유가 설명된다. 그러나 소기업의 잔존이유에 대한 ① 생물학적 설명(소기업성장론)과, ② 대규모경제의 한계, 그것을 실현하기 위한 조건의 不備 및 소기업 잔존의 독자적 유리성으로 집약된다.

　내부경제와 외부경제의 두 측면에서 대규모경제가 실현되지만, 반대로 두 측면에서 소기업이 잔존할 수 있는 대규모생산의 불경제성이 제시됨으로써 소기업의 잔존이유가 해명된다. 여기에는 산업조직론의 두 가지 흐름, 즉 기업규모의 능률성을 강조하는 내부경제적 측면과 기업간 관계에서 산업조직의 효율성을 고찰하는 외부경제적 측면이 다 같이 담겨 있다.

　그런데 마셜의 소기업문제는 경제이론과 현실간에 괴리되는 것을 경제이론상의 문제로 다루고 있을 뿐, 정책을 요구하는 국민경제적 모순의 문제로 취급하는 것은 아니었다. 따라서 경제적 합리성의 기준이 그 바탕이 되고 있음을 확인할 수 있다.

마셜이 제시한 대규모경제의 한계, 그 실현조건의 불비 및 소기업의 독자적 유리성이라는 소기업의 잔존이유는 능률적 생산단위－능률적 규모－적정규모론으로 이어지면서 소기업문제를 설명하고, 나아가서 기업규모문제를 해명하게 된다. 마셜 이후 대규모생산의 유리성에 대한 것이 정리되는 가운데 그것의 한계점으로서 능률적 생산단위(D. Knoop)의 개념이 소기업의 잔존이유 설명의 도구로 도입된 바 있다. 그러나 홉슨의 최저생산비규모와 최대능률규모의 개념과 그 요인분석이 이루어지면서 더욱 본격적으로 기업규모의 능률성 측면에서 본 소기업의 잔존문제가 다루어진 것이다.

정통적 경제학자로서는 크게 인정받지는 못하였지만 홉슨은 중소기업 이론의 전개에서 중요한 위치를 지닌다.

홉슨은 중소규모기업의 잔존을 지적하지만 소기업문제의 분석에 집중하면서 소기업의 잔존을 크게 두 가지로 나누었다. 진정한 잔존과 종속적 성격의 잔존이 그것이다. 전자는 경제적 합리성을 지닌 소기업의 잔존이며, 후자는 경제적 비합리성을 가진 기업의 잔존이라고 보았다.

진정한 잔존은 능률적 규모로 소기업이 잔존하는 경우와 능률적 규모보다 작은 소기업이 잔존하는 경우로 나누어졌는데, 이것은 시장에서 완전자유경쟁의 '장'이 형성되어 있느냐에 따른 구분이었다. 즉 완전자유경쟁의 세계에서는 능률적 규모에 일치하는 소기업만이 잔존할 수 있다. 그런데 현실적으로 능률적 규모보다 작은 규모의 소기업이 잔존하는 것은 불완전경쟁이 이루어지고 있거나 소기업가의 보수적 정신 때문이라고 홉슨은 규정하였다.

이런 소기업 잔존에 대한 구분 가운데 홉슨은 불완전경쟁과 보수적 정신에 기인하여 잔존하는 능률적 규모보다 작은 소기업문제나 종속적 성격의 소기업문제에 대하여는 큰 관심을 기울이지 않았다. 완전자유경쟁의 세계에서 능률적 규모와 일치하면서 잔존하는 소기업문제를 주된 대상으로 해명하였다. 그러면서 그는 능률적 규모를 결정하는 요인으로 최저생산비규모(생산단위의 생산비 기준)와 최대능률기업규모(기업단위의 이윤율 기준)를 제시하였던 것이다. 그리고 기업단위가 이윤 '율'보다 총이윤'액'을 추구하면서 확장의 유혹에 따라 최대능률규모보다 큰 비경제적 대기업을 형성할 가능성도 홉슨은 제시하였다. 이것은 독점집중론의 시각에서 중요성을 지니는 것이지만 소기업 문제에 이것을 관련시켜 다루지는 않았다. 즉 홉슨은 경제적 합리성 기준에 따른 소기업의 잔존 가운데서도 완전자유경쟁 세계에서의 소기업의 잔존문제를 주로 해명하되 그 기준으로 능률적 규모를 제시하고 그 결정요인을 규명하려고 노력하였다.

홉슨 이후 로빈슨에 이르기까지 소기업문제에 대한 많은 논의가 있었지만 그것은 소기업의 잔존이유와 그 기준으로서 능률적 규모에 대한 것이었다.

이와 같은 논의를 총괄적으로 고찰 정리하여 체계화한 것이 로빈슨의 적정규모론이다. 로빈슨은 시장의 완전성을 전제로 하여 경제적 諸力이 작용한 결과, 산업능률을 실현하는 적정기업규모가 이루어진다고 보고 그것을 결정하는 요인을 다섯 가지로 분류하였다. 기술적 요인, 관리적 요인, 재무적 요인, 시장적 요인, 위험부담과 경기변동적 요인 등이 그것이다. 그는 각 측면에서 적정규모간의 조정문제를 다루었을 뿐만 아니라 이것을 기업의 성장문제와 관련하여 분석하고 있다. 그렇게 함으로써 홉슨 이후 능률적 규모의 방향에서 전개된 기업규모의 능률성에 대한 논의를 종합하고 매듭지으려고 한 것이다.

여기서 로빈슨은 적정규모의 여러 측면을 고려하면서 홉슨 이후 생산단위와 기업단위의 두 가지 단위로 능률적 규모를 고찰하던 것을 기업의 각 측면으로 분해하고 재구성하여 한층 분석적 방향을 제시한다. 그러나 장기적인 경쟁으로 최저생산비규모가 실현되는 것을 적정규모로 규정하면서도 경기변동의 요인이나 각 측면의 조정문제를 다룰 때는 생산비뿐만 아니라 이윤을 동시에 고려하였다. 즉 적정규모의 기준에서 생산비기준과 이윤기준의 문제를 남겨 놓았다.

그리고 마셜의 '삼림의 비유' 이후 소기업의 대기업에의 성장에 대한 낙관론에 금융면에서의 불리점을 제시하였다. 그러나 이것은 후에 슈타인들(J. Steindl)이 지적한 것처럼 독점적 대기업과 소기업의 단층이나 소기업성장론에 대한 비관론을 의미하는 것은 아니었다.

결국 마셜 이후 대규모경제의 한계, 그 실현조건의 불비, 소기업의 독자적 유리성을 주된 흐름으로 했던 소기업 잔존에 대한 논의는 능률적 규모를 거쳐 적정규모론에 일단 귀착된다. 마셜과 홉슨에 의해서 단편적이지만 포괄적이고 다양하게 전개되었던 소기업문제에 대한 해명은 기업규모의 능률성을 모색하는 방향으로 귀결되기에 이른다. 그런데 원래 소기업의 잔존을 해명하는 데서 비롯된 여러 논의가 로빈슨에 이르면 일반적인 기업규모의 문제에 대한 논의로 변화되는 가운데 그 속에서 소기업문제가 해명되는 것으로 변화된 것이다.

그런 가운데 소기업문제에 대한 다른 측면은 논의에서 소외된다. 불완전경쟁적 소기업의 잔존이나 종속적 성격의 소기업 또는 독점과 관련된 소기업문제 등은 예외적으로 취급될 뿐이었다. 이들에 대한 해명은 남겨진 연구과제로서 1930년대 이후로 미루어진다.

이 시대의 중소기업이론의 전개가 산업효율의 제고를 위한 기업규모문제의 분석으로 귀결되고 중소기업이론 전개에서 산업조직론의 한 가지 줄거리, 즉 기업규모의 능률성 분석(영국형 산업조직이론)으로 편향된 것은 학설사적으로 보면 限界革命 이후 경제학계를 지배하던 가격이론과 균형이론에 대한 믿음 및 이것을 가능하게 하는 완전경쟁적 시장구조의 전제 때문인 것으로 보인다. 완전자유경쟁에 대한 믿음을 바탕으로 하는 사회경제적 배경 속에서 경제문제에 대한 적극적 정책인식이 싹틀 가능성은 매우 희박할 수밖에 없다.

마셜 이후 로빈슨에 이르기까지 소기업문제는 經濟理論上의 問題로 다루어졌을 뿐 國民經濟的 矛盾의 問題로 인식된 것은 아니었다. 1867년 이후 이미 마르크스의 《자본론》이 간행된 바 있고, 독점자본주의 단계에 진입한 지 오래된 영국이나 미국 경제였지만 아직도 경제문제가 정책이 개입할 만큼 심각한 국민경제적 구조 문제로 인식되지는 않는 단계였다. 이때 소기업문제가 이론상의 문제 수준에 그치는 것은 당연하였고, 또 그것은 영·미 경제사회의 구조적 특성을 반영하는 것이기도 하다. 적극적인 정책의식이 결여된 이 시기 중소기업이론의 전개 속에서 우리는 오늘날 간접적으로 소기업문제에 대한 정책적 관련성을 시사받을 뿐이다.

제 2 장　中小企業理論의　展開(Ⅱ)
― 不完全競爭理論에서 벤처 비즈니스論까지 ―

Ⅰ. 시장의 不完全性과 중소기업

1. 市場의 不完全性에 대한 先行的 論議

마셜 이후 홉슨의 능률적 규모론과 로빈슨(E. A. G. Robinson)의 적정규모론 등 소기업문제 또는 기업규모의 문제에 대한 논의의 주된 흐름은 시장의 完全自由競爭을 전제로 한 것이었다. 소기업문제를 시장의 불완전성과 관련하여 다룬 것이 없었던 것은 아니지만 그것은 어디까지나 예외적인 범위에 그칠 뿐이었다.

그것은 우선 학설사적으로 볼 때, 限界革命 이후 근대경제학이론의 흐름을 주도한 가격이론과 균형이론이 완전자유경쟁을 전제로 전개되었다는 소기업문제 논의의 주변적 사정에 기인한 것으로 볼 수 있다. 다음으로는 경제사적 측면을 들 수 있다. 1870년대 이후 자본주의는 이미 독점자본주의 단계에 진입했지만, 영국이나 미국의 경제에서는 아직 소기업문제가 시장의 불완전성이나 독점과 관련하여 構造的 問題로 인식되기에 이르지는 못하였던 것이다. 따라서 중소기업문제가 독점이나 시장의 불완전성과 관련하여 논의되더라도 그것은 소극적 예외적인 수준에 그쳤다.

시장의 불완전성에 대한 체계적 이론, 즉 '不完全競爭理論'이나 '獨占的 競爭의 理論' 형성은 1933년 로빈슨(J. V. Robinson)과 챔벌린(E. H. Chamberlin)에 의해서였다. 케인스(J. H. Keynes)의 《일반이론》(*The General Theory of Employment, Interest and Money,* 1936)과 더불어 경제이론의 혁명이라고 일컫는 불완전(독점적)경쟁이론이 제시되면서 시장의 불완전성과 관련한 중소기업문제의 논의도 近代中小企業理論 전개과정의 본 궤도 속에 들어오게 되었다.

미시경제학에서 시장의 불완전성에 관한 이론, 즉 불완전경쟁(imperfect competition)과 독점적 경쟁(monopolistic competition)의 이론이 체계적으로 형성되기까지는 오랜 학설사적 논쟁의 배경이 있었고, 또 시장의 불완전성과 관련하여 소기업문제를 본격적으로 해명하게 된 데에도 그 선행적 논의가 있었다. 따라서 이에 대한 규명이 먼저 있어야 할 것이다.

우선 마셜의 지적을 살펴보기로 한다. 마셜은 일반적으로 기업에서 균형은 완전경쟁를 전제로 하고 있으며, 제조업의 경우 收穫遞增의 法則이 작용하고[1] 그 결과 생산에서 대규모의 경제성이 지배적이라고 보았다.

대규모의 경제성이 존재하는 경우 규모의 확대를 계속하는 기업은 우선적으로 이익을 얻고, 결국에는 생산량의 집중과 독점적 지위를 확보하게 되지 않을까 하는 점에 대하여 마셜은 두 가지의 해답을 제시하였다. 하나는 그가 가정한 일종의 사회학적 법칙으로서 '企業家 能力의 衰退'이며, 다른 하나는 대규모생산의 경제성에 의존하는 많은 산업에서 그에 상응한 '시장확대의 곤란'을 지적하였다.

즉 대규모생산의 경제성이 첫째로 중요시되는 대부분의 업종에서 판매(marketing)의 곤란이 있다. …… 수확체증의 경향이 강하게 작용하는 다수의 상품은 다소간 특수한 商品(specialities)이다. 어느 것은 새

---

1) A. Marshall, *Principles of Economics,* London:Macmillan, 8th ed. 1920, Reprinted 1959, p. 266.(이하 *Principles*로 약칭함)

로운 수요의 창조를 목적으로 하고 혹은 새로운 방법으로 오래된 수요를 충족시키려 한다. 어느 것은 특수한 嗜好(special tastes)에 적응되는 것이기 때문에 결코 광범한 시장을 지닐 수 없다. 이 경우 각 기업의 판매는 다소 환경에 따라 완만하게 확대되는 특수한 시장에 제한받게 된다. 그래서 생산은 경제성 있게 매우 급속히 증가되지만 판매는 그렇지 못하다[2]는 것이다.

그런데 특수한 기호에 적합한 많은 제조업은 대개 소규모이다. 그리고 그들은 이미 다른 산업에서 개발한 기계와 조직 형태를 쉽게 채용하여, 생산규모의 큰 증가로 일시적으로 큰 경제성을 얻을 수도 있다. 그러나 이들 산업은 각 기업이 다소 그들의 특수한 시장에 제한받고 있는 바로 그 산업이다. 그래서 성급한 생산의 증가는 그로부터 오는 경제성의 증가에는 비례되지 않을 만큼 시장에서 需要價格(demand price)을 하락시키는 경향이 있다[3]고 보았다.

이러한 이유로 마셜은 완전경쟁 조건하에서도 산업은 독점에 이르지 않는다고 보았으며, 그런 가운데 그는 시장의 불완전성에 적합한 기업의 규모는 소규모임을 제시하고 있다.

또한 마셜은 독점 및 독점적 대기업에 대하여도 논의하고 있다. 그는《경제학원리》,《산업과 무역》에서 이 문제에 대하여 상당히 논의하였는데, 그것은 당시 독점적 대기업이 현저히 발전하고 있는 역사적 배경에 바탕을 둔 것으로 보인다. 그러나 마셜은 독점적 대기업과 소기업을 직접 관련시켜 적극적으로 분석하지 않았으며, 다만 독점적 조직에 대한 역사적 현실적 분석에 그쳤을 뿐이다.

첫째, 마셜은 독점에 대하여 '制限的 獨占'(limited monopoly)의 개념을 제시하였다. 대규모의 경제성으로 거대기업과 기업활동이 촉진되지만 이것이 기업가를 독점에 이르게 하지는 못한다는 것이다.

만약 기업이 확대되면서 재능이 소규모기업에 순응했던 것처럼 대규모기업의 범위에도 순응하고, 그리고 그 기업가가 독창성·다양성·주

---

2) *Ibid.*, p. 238·239.
3) *Ibid.*, p.379.

도력(power of initiation)·인내력·수완과 행운을 장기간 함께 지닐 수 있다면, 그는 그 지역에 있는 그의 생산부분의 전체 생산량을 장악할 수 있을는지 모른다. 그리고 재화수송과 판매에 심한 어려움이 없으면, 그는 활동영역을 매우 넓혀서 제한적 독점에 가까운 것에 이를 수도 있을 것이다. 이 제한적 독점은 그 높은 가격이 경쟁 생산자를 그 분야에 진입시키도록 한다[4]고 보았다.

이처럼 마셜은 독점에 이르는 데는 많은 어려운 조건이 충족되어야 하고, 또 경쟁자의 진입 때문에 독점의 지속에는 한계가 있다고 생각한 것이다.

둘째, 절대적 독점(absolute monopoly)이 아닌 條件的 獨占(conditional or provisional monopolies)의 개념을 제시하였다. 즉 판매가격을 생산비와 정상이윤(outlays with normal profit)의 보상에 필요한 것 이상으로 인정하지 않는 조건하에서 지배권을 지닌 독점을 말하는 것이다.[5] 즉 독점이윤을 수반하지 않는 조건부 독점만이 현실적이라고 마셜은 생각하였다.

그런데 그는 독점자에 대항하기 위하여는 많은 자본과 노력이 있어야 하고, 또 변화를 싫어하는 인간의 타성(*vis inertiae*) 때문에 조건부 독점이 상당히 장기간 지속된다고 보았다. 경쟁자의 출현을 막는 이런 조건 때문에 지속된 것이 19세기말의 독점이었고, 1920년대에는 이것이 경쟁의 힘에 의하여 제어할 수 없을 만큼 세력을 증대하였기 때문에 법률의 힘으로 이것을 규제하게 된 것으로 마셜은 보았다.[6] 그러나 그는 이런 독점은 예외적인 것이며 현실적으로 중요한 것은 경쟁의 힘으로 제어할 수 있는 조건부 독점이라고 보았다.

셋째, 이런 독점이 差別價格 등에 의해 압박을 가하는 가운데서도 소기업은 여전히 잔존하지만, 독점적 대기업이 지배하는 경제에서 소기업의 대기업으로의 성장운동은 제한된 범위 내에서 이루어진다고 보

---

4) *Ibid.*, p. 238.

5) A. Marshall, *Industry and Trade,* London:Macmillan, 1919, 4th ed. 1923, p. 397.(이하 *Industry*로 약칭함)

6) *Ibid.*, p. 398.

았다. 즉 소기업의 성장운동이 적합한 산업분야는 표준화 생산이 발달한 분야라는 조건을 마셜은 제시하였다.[7] 그러나 독점적 대기업이 소기업의 이윤을 수탈하지 않는다는 것이 그의 생각이었다.

한편 홉슨(J. A. Hobson)도 '소기업문제'를 다루면서 시장의 불완전성에 대하여 논의하였다. 그는 소기업의 잔존을 '진정한 殘存'(genuine survival)과 '종속적 영세공업'(small tied workshop)의 형태, 즉 종속적 성격을 갖는 잔존으로 구분하였다.[8] 이 가운데 진정한 잔존으로 보이는 소기업은 잔존할 만한 경제적 합리성을 지니고 있다는 것이다.

홉슨은 가장 경제적인 기업규모를 최저생산비규모(the cheapest unit of production)라고 지적하고 기업에서 최저생산비규모는 투하자본에 대하여 최대의 이윤율을 가져오는 '최대능률규모'라고 하였다. 그런데 완전자유경쟁의 세계에서 모든 기업규모는 이 점에 귀착된다고 보았다. 즉 경제적 합리성에 기초하여 진정한 잔존을 하는 모든 기업은 완전자유경쟁의 조건하에서는 능률적 규모에 수렴된다는 것이 홉슨의 생각이었다.

그러나 현실적으로는 최대능률기업규모보다 작은 기업과 큰 기업이 존재하는데 완전자유경쟁하에서는 이런 기업은 존재할 수 없다. 특히 최대능률규모보다 작은 기업의 잔존은 대기업과 심한 경쟁관계가 아니고, 우연한 성격을 지니고 특수한 이익을 이용하면서 잔존한다. 대기업에 의하여 대부분이 점유되는 업종에서 고급품을 생산하는 소기업(a small high-grade business)이 특수성에 의존하여 혹은 소규모의 이익을 얻는 업부(small profitabel jobs)와 대기업시상의 틈새(picking its market)를 추적하면서 존립한다고 홉슨은 지적하였다.[9] 즉 불완전경쟁을 전제로 하여 능률적 규모보다 작은 기업이 잔존할 수 있다고 하여 시장의 불완전성의 문제를 제기하였던 것이다.

---

7) *Ibid.*, p. 593.

8) J. A. Hobson, *Industrial System, An Inquiry into Earned and Unearned Income*, 1909, Reprint of Economic Classics, Augustus M. Kelley, New York, 1969, pp. 185~187.

9) *Ibid.*, p. 196.

다음에 최대능률규모보다 큰 기업, 즉 非經濟的 대기업(unecono-
mically large business)의 성장에 대하여도 홉슨은 논의하였다. 그는
최고의 이윤율을 올리는 ‘최저생산비규모’와 이윤율은 낮지만 한층 큰
총이윤을 실현하는 규모를 구분하여, 기업가에게는 이윤율의 최고보다
는 총이윤의 확대가 기업규모 확장의 유혹(temptation to expand)이
되고, 이것이 비경제적 대기업을 성장시킨다고 생각하였다. 이러한 비
경제적 대기업의 성장은 경쟁을 억압하고 이윤을 최소화시키도록 하는
가격저하의 수단이 방지되는 사업에서 행하여지는 것이 일반적이라고
지적하였다.[10]

이처럼 이윤율과 총이윤량의 차이를 지적하면서 비경제적인 기업규
모 확대가 市場支配力에 영향을 준다는 시각은 독점의 형성원인을 분
석했다는 점에서 중요성을 지닌다. 앞서 홉슨은 종속적 성격의 소기업
이 先貸商人이나 대기업에 지배되면서 잔존한다는 것을 지적한 바 있
거니와, 여기에서 독점의 형성원인과 그 작용을 해명하면서도 이것을
독점자본과 소기업의 관계분석으로까지는 전개하지 않고 있다.

이렇게 홉슨이 시장의 불완전성(불완전경쟁)과 독점을 관련시킨 소
기업문제 논의는 마셜에 비하면 한층 진전된 면이 있다. 그러나 그는
완전자유경쟁 조건하의 능률적 규모 해명에 치중한 나머지 불완전경쟁
과 관련된 소기업 논의는 예외적인 범주에 그치고 말았다. 그리고 독
점에 대한 논의도 독점론과 자본집중론에 집약되어 이를 소기업문제와
관련시켜 적극적으로 논의하지는 않았다.

2. ‘빈 상자 논쟁’과 ‘費用 論爭’

⑴ ‘빈 상자(empty box) 논쟁’

마셜과 홉슨 등이 소기업문제와 관련하여 시장의 불완전성에 대하여
일찍이 지적하였지만, 이것이 체계적 이론으로 형성되기까지에는 두
단계의 논쟁을 거쳐야 했다.

---

10) *Ibid.*, p. 197.

먼저 논의될 수 있는 것이 이른바 ‘빈 상자 논쟁’(empty box contro-versy)[11]이다. 마셜은 자연의 생산에 대한 역할은 수확체감의 경향을 보이지만, 인간이 역할을 하는 부분은 수확체증의 경향을 나타낸다고 넓게 말하며[12] 두 가지 경향에 주목하였다. 그리고 산업을 이 가운데 어느 한 경향이 주도적인 것과 두 가지 경향이 상쇄하는 것으로 구분하였다. 결국 수확체감의 산업, 수확불변의 산업, 그리고 수확체증의 산업으로 분류하였다.

이러한 산업의 분류는 피구(A. C. Pigou)의 《厚生經濟學》[13]에 그대로 계승되었다. 클래팜(J. H. Clapham)은 피구가 마셜에 의한 산업의 분류를 아무런 실증적 검증도 없이 그대로 승계한 것에 대하여 비판을 가하였다. 산업을 수확체감의 경향을 따르는가, 수확체증의 경향을 따르는가로 분류하였지만, 이 분류는 무리가 있으며, 이처럼 분류한 상자는 ‘빈 상자’로 볼 수밖에 없다는 것이다. 그리고 이러한 분류는 해가 될 뿐 이로울 것이 없다고 하였다.

거의 1천 페이지에 달하는 《후생경제학》에는 마치 모든 사람이 그것을 알고 있는 것처럼, 수확체감의 조건이 행해지고 있을 때 또는 수확체증의 조건이 행해지고 있는 경우로 시작하는 많은 주장이 있지만, 어느 산업들이 어떤 상자에 속하는가(what industries are in which boxes)에 대한 단 하나의 사례도 있지 않다는 것을 발견하게 된다고 클래팜은 지적하였다.[14]

또한 그는 收穫의 法則(the law of returns)이 어떤 특유의 산업에는 결코 부여될 수 없다는 것을 분명히 밝히지 않고 삭제함으로써 큰 해악이 초래된다고 생각하였다. 따라서 그러한 상자는 속이 빈 것이라고 하였다.[15]

---

11) 포괄적으로는 1920년대에 전개된 이 논쟁을 ‘費用論爭’에 포함시키지만 여기서는 구분하기로 한다.
12) A. Marshall, *Principles,* p. 265.
13) A. C. Pigou, *The Economics of Welfare,* London：Macmillan, 1st ed. 1920, 4th ed. 1932, Reprinted 1952.
14) John Harold Clapham, “Of Empty Boxes”, *The Economic Journal,* Vol. XXXII, Sept. 1922, p. 305.
15) *Ibid.,* p. 312.

이러한 클래팜의 비판에 대하여 피구는 다음과 같이 응수하였다. 우선 클래팜의 논문 내용을 네 가지로 정리하였다.

① 산업에서 수확의 율(a rate of returns), 특히 수확체증의 율의 개념 규정상의 어려움.

② 어느 특수한 산업이 현재 수확체증의 조건 아래서 움직이는가 혹은 수확체감의 조건하에서 움직이고 있는가를 결정하는 어려움 — 그래서 이러한 어려움이 이들 경제학상의 상자(these economic boxes)를 빈 것으로 지속시킨다.

③ 우리가 이들 상자를 채우는 경우에 그것은 극히 적은 실제적 이익만을 가져올 뿐이다.

④ 그러므로 논의된 상자는 무용하고 해로운 것이며, 그래서 철폐되어야 한다.[16]

이처럼 클래팜의 비판을 집약한 피구는, 수확체증·수확체감의 산업 등으로 분류된 경제학상의 상자는 단순한 상자가 아니라고 응수했다. 그것들은 근대경제사상의 주요 부분이 기능하는 지적인 기계(intellectual machinery)의 여러 요소로 이루어져 있으며, 그 기계에서 이들 특수한 요소들은 다른 나머지 부분에서 뽑아낼 수도 없고, 무용한 것으로 규정될 수도 없는 것이다. 그들은 하나의 유기체이며, 그 기계의 분리될 수 없는 한 부분이라고 피구는 주장하였다.[17] 즉 수확의 법칙에 의한 산업의 분류상자는 다른 지적인 요소와 유기적으로 결합되어 있는 것이라는 의미에서 결코 '빈 상자'가 될 수 없다는 것이다.

그 후 이러한 피구의 응수에 대한 클래팜의 응답[18]을 통해 '빈 상자'를 중심으로 한 클래팜과 피구간의 논쟁은 매듭을 짓게 된다.

그러나 1924년에 로버트슨(D. H. Robertson)이 이 논쟁에 참가하게 된다. 그는 분석적 경제학(analytical economics)의 어떤 정의의 실제

---

16) A. C. Pigou, "Empty Economic Boxes : A Reply", *The Economic Journal*, Vol. XXXII, Dec. 1922, p. 458.

17) *Ibid.*, p. 461·462.

18) J. H. Clapham, "The Economic Boxes : A Rejoinder", *The Economic Journal*, Vol. XXXII, Dec. 1922, pp. 560~563.

적 유용성에 관한 논쟁, 특히 산업을 수확체감과 수확체증이라는 이름
의 상자로, 즉 이론적으로 분류하는 것이 실제적 이득이 있게 전환될
수 있는가의 논쟁[19]에 대하여, 이 상자를 (수확체증 산업을) '비용체감'
산업으로, 그리고 (수확체감 산업을) '비용체증' 산업으로 분류하기를
제안한다.[20] 즉 '수확'(return)의 문제를 '비용'(cost)의 문제로 바꾸어
분석할 필요가 있음을 시사하였다.

그러면서 로버트슨은 비용의 분석에서 마셜을 인용, 외부경제 및 내
부경제와 관련하여 검토하고,[21] 특히 비용체감의 경향(수확체증의 경
향)이 내부경제와 갖는 관련을 주목하였다.

⑵ 비용(cost) 논쟁과 마셜 비판

'빈 상자 논쟁'에서 로버트슨은 '수확의 법칙'에 대하여 비용의 관점
을 제기하였거니와 1926년에는 스라파(P. Sraffa)가 여기에 참여하였
다. 그는 〈경쟁적 조건하의 수확의 법칙〉(The law of returns under
competitive conditions)이란 논문에서 마셜 이론의 핵심을 언급함으로
써 역사적 의의를 지니게 되었다. 스라파의 이 논문은 그 당시 마셜
이론에 대한 본격적인 비판을 담고 있어서 그 이후 불완전경쟁(독점적
경쟁)이론이 전개되는 전기를 마련하였다.

스라파의 마셜에 대한 비판은 두 가지 논점으로 집약될 수 있다.

첫째, 산업의 비용은 몇 개 산업간의 관련 속에서 파악될 수 있다.
어느 산업의 투입물은 주로 다른 산업의 산출물이기 때문에, 그 산업
에만 고유한 비용의 경향법칙이 있는 것은 아니라는 것이다.

어떤 상품의 생산과 수요의 조건은 그 변동이 미세한 경우, 한 상품
의 수요와 공급뿐만 아니라 다른 모든 상품의 수요와 공급도 실질적으
로 서로 독립적이라고 가정한다. 그와 같은 獨立性(independence)은
전체적으로 완벽하지 않을지도 모른다는 이유만으로 ― 사실 결코 완벽

---

19) D. H. Robertson, "Those Empty Boxes", *The Economic Journal,* Vol. XXXIV,
　　 March 1924, p. 16.
20) *Ibid.,* p. 145.
21) *Ibid.,* p. 23.

할 수가 없다 — 이러한 가정이 부적합하다고 할 수는 없을 것이다. 그러나 물론 우리가 고찰하고 있는 산업의 생산량 변동이 그 산업의 생산비뿐만 아니라 다른 산업의 생산비에도 직접적인 영향을 미칠 수 있는 힘을 가질 경우 사태는 매우 달라지고 이 가정은 부적합한 것이 된다. 이 경우 다른 것과 분리를 도모하던 '特殊均衡'(particular equilibrium)의 조건은 뒤집어지고 부차적 효과(collateral effect)를 모순 없이 무시하는 것은 불가능하다. 불행히도 수확의 법칙이 적용되는 경우는 대부분 후자의 범주에 들어가는 것 같다[22]고 스라파는 지적하였다.

즉, 산업의 생산비를 규제하는 경향법칙의 파악은 마셜류의 부분균형의 방법만으로는 이루어질 수 없다는 것이 스라파의 생각이었다. 그래서 그는 다음과 같이 지적하였다.

우리가 자유경쟁의 길(path of free competition)을 견지하면서 좀더 고차의 접근으로 나아갈 때, 여러 가지 복잡한 문제들이 점진적으로 일어나는 것은 아니다. 그것들은 대체로 동시에 나타나는 것이다. '不變生産要素'(constant factor)로부터 일어나는 수확체감을 고찰할 때에는, 우리는 다수 산업의 동시적 균형(simultaneous equilibrium)의 여러 조건을 검토할 수 있도록 고찰의 범위를 확대시킬 필요가 있다. 잘 알려진 개념이지만, 동시적 균형은 그 복잡성 때문에 적어도 현재의 우리의 지식 상태로써는 현실의 여러 조건을 연구하는 데 극히 간단한 도식(simpler schemata)이 될 수 있는 여지조차 없으며, 효과를 가져오지 못하는 존재이다.[23]

둘째, 산업의 비용은 산출량이 다소 변동하여도 불변하는 것이 보통이라고 스라파는 보고 있다. 可變費用(variable cost)을 가진 공급표(supply schedule)는 제한된 범위에만 타당한 것이기 때문에 정상적인 산업에 적용될 수 있는 일반적 개념이라고 주장될 수는 없다. 즉 이러한 종류의 공급표(가변비용을 가진 공급표)는 그 조건을 충족시킬 수

---

22) Piero Sraffa, "The Law of Returns under Competitive Conditions", *The Economic Journal*, Vol. XXXVI, Dec. 1926, p. 538·539(朴贊一 譯, 〈競爭的 條件下의 收穫의 法則〉, 《商品에 의한 商品生産》, 비봉출판사, 1986, p. 126).
23) P. Sraffa, *ibid.*, p. 541(朴贊一 譯, 위의 책, p. 129·130).

있는 예외적인 산업에 관해서만 유용한 분석도구가 될 수 있다. 정상
적인 경우에는 경쟁적 조건하에서 생산된 상품의 생산비용은 생산량의
미세한 변동에서는 불변이라고 간주할 수밖에 없다[24]고 스라파는 지적
하였다. 즉 산업에서 정상적인 경우는 수확불변의 법칙이 작용한다는
것이다.

  수확체증의 법칙이 작용하는 것은 산업이 아니고 오히려 개별기업이
라는 것이다. 즉 많은 기업 그리고 소비재 공업제품을 생산하는 대부
분의 기업은 개별적으로 비용체감의 조건(conditions of individual di-
minishing costs)하에서 영위되고 있다는 것을 일상적인 경험이 제시하
고 있다[25]고 지적하였다.

  그런데 수확체증의 법칙에 따르는 기업에 주목하게 되면 자유경쟁의
실을 버리고 반내의 방향, 즉 독점(monopoly)으로 전환할 필요가 있
다[26]고 보았다. 이처럼 수확체증을 추구하면 기업은 필연적으로 독점
의 길을 가게 되는데, 스라파는 이러한 기업과 수확불변이 지배적인
산업을 규정하고, 산업과 기업간의 관계에 대하여 새로운 문제를 제기
하였다. 이러한 스라파의 문제제기를 마셜의 代表的 企業(representa-
tive firm)으로는 해명하기가 충분하지 못했다

  스라파의 논문이 나온 후 1928년에는 로빈스(L. Robbins)가 그의 논
문《대표적 기업》에서 마셜의 균형이론의 중심적 개념에 비판을 가하
였다. 이로써 1920년대 비용논쟁은 수확체증과 대표적 기업의 문제로
그 초점이 이행되었다. 로빈스의 비판논문의 내용은 다음과 같이 집약
될 수 있다.

  첫째, 개별 기업이 고용하는 생산요소, 특히 經營能力에서 기본적인
이질성을 덮어두는 것은 일반적으로 비판받아야 한다. 정상적인 경영
능력을 갖고 운영되고 있는 대표적 기업 등을 들어 각 기업의 異質性
을 감추려고 하는 것은 부적합하다.[27]

---

24) *Ibid.*, p.540·541(朴贊一 譯, 위의 책, p.128·129).
25) *Ibid.*, p.543(朴贊一 譯, 위의 책, p.131).
26) *Ibid.*, p.542(朴贊一 譯, 위의 책, p.130).
27) Lionel Robbins, "The Representative Firm", *The Economic Journal,*

둘째, 경영능력 등 생산요소가 이질적이라도 각각 기업에서 균형이 고찰될 수 없는 것은 아니다. 기업의 균형 성립에 요구되는 조건은 각각의 기업이 다른 生産工程을 택하는 것고 비교하여 그 생산공정에서 적어도 여기에 뒤지지 않는 수익을 올리고 있는가에 있다. 기업이 균형상태에서 얻고 있는 正常利潤에는 경영능력 등의 차이에 따라 높고 낮은 격차가 있으나 이것은 결코 균형과 모순되는 것은 아니다.

그럼에도 불구하고 정상적인 능력을 갖고 운영되고 있는 대표적 기업을 상정하고, 그 기업이 취득하는 정상이윤이 산업에서 무엇인가를 결정하는 하나의 수준을 나타내는 것으로 설명하면서, 이것과 다른 이윤을 올리는 기업은 균형에서 벗어나는 것이라고 보는 것은 올바르지 않다.[28]

셋째, 마셜은 산업은 균형에서 定常的 상태(stationariness)에 있기 때문에 서로 다른 산업의 평균적 기업규모도 불변이라고 보는데 이것은 잘못된 것이다.[29]

넷째, 마셜이 대표적 기업이라는 개념을 제시하게 된 주요한 이유의 하나는 그 균형이론을 실제의 자료에 적용하는 편리함을 생각해서였다. 만약 대표적 기업이 통계적으로 평균인 기업이라면 확실히 실용성이 높다. 그런데 마셜은 균형에 대한 경향이 형성되는 최종 상황에서는 대표적 기업은 평균적 기업에 일치하는 것으로 보았다. 그러나 결국 실제로는 그대로 실현되는 것은 아니다. 그렇다면 통계적 자료로부터 평균을 구하여 이것을 가지고 대표적 기업이라고 볼 수는 없는 것이다.

결국 대표적 기업의 개념을 도입하였지만 마셜의 균형이론의 적용성은 높아지지 않았다. 그것은 오히려 무용한 것에 불과하다고 로빈스는 주장하였다.[30]

'빈 상자 논쟁'에서 비롯되어, 그 뒤 이어진 '費用論爭'(cost contro-

Vol. XXXVIII, Sep. 1928, p. 399.
28) *Ibid.*, p. 392·393.
29) *Ibid.*, p. 396.
30) L. Robbins, *ibid.*, p. 390·391.

versy)에서 경제적 균형에서 수확체증의 문제와 대표적 기업이라는 마
셜적 고안물(marshallian device)의 문제가 한 논점으로 부각되자[31] 이
논쟁을 주로 게재하였던 〈이코노믹 저널〉(*The Economic Journal*)은
1930년에 '수확체증과 대표적 기업'(Increasing Returns and the Repre-
sentative Firm)을 주제로 심포지엄을 개최하였다. 여기에는 로버트슨
(D. H. Robertson), 스라파(P. Sraffa), 그리고 쇼브(G. F. Shove) 등이
참여하였다.[32]

　이 가운데 그 논지가 비교적 잘 정리되고 마셜의 이론을 어느 정도
는 옹호하면서 이를 해명하였다고 보는 쇼브의 주장을, 스라파와 로빈
스의 마셜 비판에 대한 反批判의 내용으로 정리해보고자 한다.

　첫째, 수확체증은 독점을 향한 길(the path towards monopoly)과 결
부되어 있으므로 수확체증과 경쟁적 균형이 서로 논리적으로 모순이라
고 하는 스라파의 비판에 대하여 쇼브는 다음과 같이 주장하였다. 만
일 기업이 내부경제의 개발에 의하여 즉시에(instantneously) 생산규모
를 확대하고 비용절감을 실현했다면 그 비판은 정당하다. 그러나 실제
로 생산규모를 확대하려면 다른 기업의 판로를 잠식하지 않으면 안 되
기 때문에 그것이 쉽게 실현된다고 생각할 수 없다는 점에 유의해야

---

31) '費用論爭'에 참여하였던 주장은 앞에서 소개되었던 스라파와 로빈스의 논문
　　외에 다음과 같은 것들이 있었다.
　　① A. C. Pigou, "The Law of Diminishing and Increasing Cost", *The Eco-
　　nomic Journal,* Vol. XXXVII, June 1927, p. 128.
　　② A. C. Pigou, "An Analysis of Supply", *The Economic Journal,*
　　Vol. XXXVIII, June 1928, p. 238.
　　③ G. F. Shove, "Varying Costs and Marginal Net Products", *The Eco-
　　nomic Journal,* Vol. XXXVIII, June 1928, p. 258.
　　④ Allyn Young, "Increasing Returns and Economic Progress", *The Eco-
　　nomic Journal,* Vol. XXXVIII, Dec. 1928, p. 527.
32) 이 심포지엄에서는 로버트슨의 〈森林 속의 樹木〉("The Trees of the For-
　　est", March 1930, Vol. XL, pp. 80~89)이 발표되었고, 스라파의 이에 대한
　　〈비판〉("A Criticism", *ibid.,* pp. 89~92)이 있었으며, 또한 쇼브의 〈代表的
　　企業과 收穫遞增〉("The Representative Firm and Increasing Returns",
　　ibid., pp. 94~116 ; 이하 "The Representative Firm"으로 약칭함)이란 논문
　　이 발표되었다.

한다.

사실 마셜은 비용체감이 용이한 업종에서는 판로 확대가 곤란하고, 또한 판로 확대가 용이한 업종에서는 비용체감이 곤란하다는 점을 강조하였다. 두 가지 이익이 동시에 실현되는 경우는 흔하지 않다고 보았다. 기업이 어떤 필요한 규모까지 그 산출량을 즉시에 확대(추가적인 설비를 소화)할 수 있다면, 내부경제의 우위성과 경쟁적 균형은 정말, 현재의 우리의 가정하에서는 양립할 수 없을 것이다. 그러나 즉시에 그것은 불가능하기 때문에 두 가지 조건은 조화될 수 있다[33]고 쇼브는 지적하였다.

둘째, 대표적 기업에 대하여, 쇼브는 그 개념의 도입이 불가결한 것이라고는 보지 않지만, 다음과 같은 점에 유의할 필요가 있다고 지적하였다.

① 로빈스가 지적한 바와 같이 균형에서도 특수한 재능이나 기회를 얻어 地代나 생산자 잉여를 가질 수 있어서, 기업간에 이윤율의 상당한 격차가 있는 것은 사실이다. 그러나 이 사실은 마셜도 분명하게 인정하고 있는 것이므로 이것을 지적하는 것이 특별히 마셜을 비판하는 것이 되지 못한다.

② 기업의 균형에 대하여 서로 다른 용도에서 현실적으로 균등한 가득액을 얻는다는 것이 그 성립의 조건이 되는 것은 아니다. 이 가득액의 수학적 期待值가 균등하다는 것이 그 조건이 된다.

③ 경영능력이 같고 기업에 닥치는 행운과 불운이 차이가 없다고 해도 기업이 동일한 이윤율을 얻는다고 말할 수는 없다. 기업이 각각의 成長階段(life cycle)에서 어느 단계에 있는가 하는 것이 이윤율의 고저를 좌우하는 주요한 조건이 되기 때문이다. 이윤율의 고저는 여러 가지 조건에 관련되기 때문에 현실적으로 이윤율에 차이가 생기는 것은 당연하다. 그렇다고 해서 산업에서 정상적인 이윤율이라는 개념이 불필요한 것은 아니다. 그 업종에 參入할 것인가를 판단하는 데는 정상적인 이윤율을 획득할 수 있다고 기대되는 것이 주요한 조건이 된

---

33) G. F. Shove, "The Representative Firm", p. 110.

다.

④ 산업의 균형에서 필요한 것은 기업이 모두 그 경영규모를 확대하는가 축소하는가를 보는 것이 아니고, 초기 조건에서 자원의 배분과 비교하여 그 이상 개선의 여지가 있는가의 여부를 보는 것이다. 그런 의미에서 균형에 대응하는 기업의 규모별 분포 모습을 고찰할 필요가 있다. 마셜은 이 분포를 대표적 기업에 집약하여 나타내었다. 이런 점에서 대표적 기업은 유용한 개념이다. 그러나 유용한 것이기는 하지만 불가결한 것이라고 볼 수는 없다. 더구나 주식회사 조직에 의한 거대회사가 대두하면서 이들은 19세기에서와 같은 개인기업의 성장·쇠퇴과정과는 다르고, 장기간 우월한 지위를 지니기 때문에 대표적 기업의 유용성은 점차 감소하고 있다는 것이 또한 쇼브의 지적이었다.[34]

3. 스라파의 시사와 해러드 등의 선구적 업적

마셜 이론의 애매한 측면에 대한 규명에서 야기된 '빈 상자 논쟁'과 '비용 논쟁'은 경제학자들의 노력을 가치 없이 낭비시켰다는 일부 비판에도 불구하고 균형이론의 그 후의 방향, 즉 不完全競爭(독점적 경쟁)에의 길을 시사했다는 점에서 큰 의미를 지닌다. 특히 스라파의 논문은 이러한 독점적 경쟁 혁명(monopolistic competition revolution)의 길을 여는 데 중요한 공헌을 하였는데, 이에 대하여 사무엘슨(P. A. Samuelson)은 다음과 같이 지적하였다.

기본적으로 경쟁적 산업간에 단순한 상호의존관계를 맺고 있다는 사실이 스라파로 하여금 마셜류의 부분균형이론을 포기하고, 왈라스류의 一般均衡模型을 선호하는 구실이 되었다. 다행히도 스라파가 왈라스류의 모형이 마셜류의 부분균형이 지니는 많은 결점을 보완할 수 있다는 점을 이해하지 못한 것이 그로 하여금 챔벌린류의 독점적 경쟁이론의 길(the road toward Chamberlin monopolistic competition theory)로 나

---

34) G. F. Shove, "The Representative Firm", p. 114.

아가도록 한 유용한 기능으로 작용하였다[35]는 것이다.

즉 스라파는 일반균형이론으로 전환하기가 매우 곤란하였기 때문에 '독점을 향한 길'을 전개할 수밖에 없었다는 것이다. 사무엘슨은 이어서 다음과 같이 지적하였다. 스라파의 독점의 세계에서는 각각의 기업이 독자적인 시장을 갖고 있지만, 중복되는 代替品에 의해서 억제되고 있는 것인데, 여기에 분명히 독점적 경쟁의 길이 준비되고 있었다는 것이다.[36]

사무엘슨이 지적한 '스라파의 독점의 세계'에 대하여 스라파 자신은 다음과 같이 묘사한 바 있다.

하나의 상품을 생산하는 기업들이 이와 같은 위치에 놓여 있을 때, 그 상품에 대한 일반 시장은 일련의 뚜렷한 몇 개의 시장으로 세분화된다. 그 경쟁기업의 시장 점유 몫을 잠식함으로써 자기의 시장점유를 확장하려는 기업은 어느 기업을 막론하고 그들을 둘러싸고 있는 장벽(barriers)들을 극복하기 위하여 막대한 販賣費用을 부담하지 않으면 안 된다. 그러나 다른 한편에서 각 기업은 자기가 확보한 시장의 범위 안에서, 그리고 자기가 세워놓은 장벽의 보호 속에서 특권적 위치를 누린다. 그럼으로써 그 범위 안에서가 아니라 적어도 본질적으로(in their nature), 보통의 독점적 기업이 누리는 우위와 같은 것을 획득하고 있다[37]는 것이다.

또한 다음과 같은 지적도 있다. 그들이 생산을 점차적으로 증대하려고 할 때 넘어야 할 주요 장애요인은 생산비에 있는 것이 아니라 — 생산비는 사실 생산증대에 따라 기업인들에게 일방적으로 유리한 방향으로 움직인다 — 가격을 인하하지 않은 채, 또는 판매 비용의 증대에 직면함이 없이 재화의 판매량을 대량으로 증대시키기가 어렵다는 데에

35) P. A. Samuelson, "The Monopolistic Competition Revolution", *Monopolistic Competition Theory : Studies in Impact, Essay in Honor of Edward H. Chamberlin*, Robert E. Kuenne, John Wiley & Sons, ed. 1967, p.116.

36) *Ibid.*, p.117.

37) P. Sraffa, "The Laws of Returens", *op. cit.*, p.545(朴贊一 譯, 앞의 책, p.134).

있다.[38]

위에 인용한 내용 가운데 경쟁자의 시장 잠식 문제에서 쇼브는 마셜의 경쟁과정을 옹호하는 대상으로 파악했으나, 스라파는 '스라파의 독점의 세계'를 나타내는 내용으로 기술했다. 여기서 마셜에 대한 옹호와 비판이라는 두 사람의 입장 차이를 알 수 있다. 이러한 현상이 생기는 이유는 마셜 이론 속에 순수경쟁의 이론과 독점의 이론을 연결하는 명확한 이론이 없었기 때문이다.

'스라파의 독점의 세계'에서 시사된 바는 바로 이 명확한 이론을 형성하는 계기를 마련하였고, 이것이 '독점적 경쟁의 이론' 또는 '불완전 경쟁의 이론'으로 전개된 것이다. 스리파가 시사하는 내용을 좀더 자세히 보기로 한다.

자유경쟁의 길을 포기하고 반대의 방향, 즉 독점의 방향으로 전환할 필요성을 강조한 스라파는 개별 기업의 활동영역에서 변화와 관련하여 비용의 변화가 중요한 역할을 하는 명확한 이론을 시사하였는데,[39] 그 내용을 보면 다음과 같다.

우리가 서로 다른 산업에서 실제적인 상태를 연구하기 위하여 요구되는 분석용구의 일부로서 독점과 경쟁의 양극단의 경우에 관한 두 개의 이론이 주어졌을 때, 실제의 상태는 이 가운데 어떤 범주에 정확히 일치하는 것이 아니고, 그 중간 영역에 분산되어 있으며, 또한 특정 산업의 성질은 그 산업의 특유한 사정에 따라서, 즉 그 산업내의 독립적인 기업 수의 다소라든가, 그들 기업이 서로 부분적인 협정을 체결하고 있는가 어떤가에 따라서 독점의 체제나 또는 경쟁적 체제에 가깝게 된다는 것을 유의하게 된다.

그래서 우리는 통제라고 하는 면에서, 생산이 서로 완전히 독립적인 다수의 기업에 의하여 행하여지는 경우에는, 설령 재화가 거래되는 시장이 절대적으로 완전하지는 않다고 하더라도, 경쟁적 체제에 적합한 결론이 적용되는 것으로 믿게끔 유도된다. 이것은 시장의 불완전성

---

38) *Ibid.*, p. 543(朴贊一 譯, 위의 책, p. 131·132).
39) *Ibid.*, p. 542(朴贊一 譯, 위의 책, p. 130).

(imperfections)이라는 것이 일반적으로 경쟁의 작용력의 영향을 단순히 저지하고 약간 수정하는 마찰에 의하여 형성되는 것이지만, 결국 경쟁력이 마찰을 실제적으로 극복하게 되기 때문이라는 것이다.

이러한 견해는 근본적으로 받아들여질 수가 없는 것 같다. 경쟁의 기본적인 조건인 시장의 단일성(unity of market)을 파괴하는 대개의 장애는 마찰이라는 성질이 아니고, 그 자체가 영속적이고 누적적인 영향력을 미치는 능동적인 힘(active forces)이다. 더구나 이 능동적인 힘에는 흔히 그것이 정태적 가정에 기초를 둔 분석의 주제가 될 수 있을 만큼 충분한 안정성(sufficient stability)이 부여되는 것이다.[40]

이상의 기술 속에서 스라파가 의도하였던 '독점의 세계' 또는 '독점을 향한 길'에 대한 분석은, 사실은 시장을 불완전하게 하는 힘에 대한 명확한 이론을 제시하는 데 있음을 우리는 알 수 있다. 그는 그것을 정태적 가정에서 분석의 주제로 삼을 수 있는 충분한 안정성을 지닌 것으로 보았다. 이와 같은 스라파의 연구주제 제시는 로빈슨(J. Robinson)의 《불완전경쟁의 경제학》(*The Economics of Imperfect Competition*)의 원천이 되었다. 이에 대하여 로빈슨은 그의 저서 제 1 판 원문에서 다음과 같이 쓰고 있다.

"스라파의 논문은 나의 연구가 흐른 근원(fount)으로 간주되어야 한다. 왜냐하면 이 책의 주된 목적은 가치에 대한 포괄적 이론(the whole theory of value)이 獨占分析(monopoly analysis)이라는 말로 취급된바, 그의 풍부한 시사를 더욱 전개하려고 노력하는 것이기 때문이다."[41]

로빈슨은 이처럼 스라파가 '독점분석'이라는 용어에서 시사한 것을 더욱 전개함으로써 가치에 대한 포괄적 이론, 즉 가치의 일반이론을 추구할 수 있다고 생각한 것이다. 이것은 마셜에서 논의되었던 순수경쟁의 이론과 독점의 이론을 포함하면서도 이 양자를 연결하는 '가치의

---

40) *Ibid.*, p. 542(朴贊一 譯, 위의 책, p. 130·131).

41) Joan Robinson, *The Economics of Imperfect Competition*, Macmillan, 1st ed. 1933, 2nd ed. 1969, p. xiii.

일반이론'인 것이다. 물론 이것을 스라파는 독점분석이라는 말로 시사하였지만 로빈슨이 생각한 것은 독점의 이론이 아니고, 시장의 불완전성에 대한 힘을 분석하는 명확한 이론이었다. 즉 개별 기업의 활동영역에서 변화와 관련하여 비용의 변화가 중요한 역할을 하는 명확한 이론을 추구하는 것이었고 이것을 로빈슨은 '不完全競爭의 이론'으로 전개하였다.

챔벌린의 경우에는 반드시 스라파의 시사로부터 얻은 것은 아니지만, 그와 독립적으로 유사한 내용을 구상하여 '複占의 이론'(the theory of duopoly)을 전개하였다. 그 당시에 순수경쟁과 독점의 중간영역을 취급하는 이론은 바로 복점의 이론이었다. 챔벌린은 이 복점의 이론을 일반화하여 경쟁과 독점을 포함하는 이론을 형성하였던 것이다. 즉 복점의 이론을 제외하고서는 경쟁과 녹점 사이의 중산 영역은 실질적으로 미연구로 남아 있으며, 그러한 이론의 적용 가능성은 비교적 조금밖에 평가되지 않았다고 보고,[42] 이에 대한 적극적 논의를 전개하였다.

그런데 가치의 일반이론으로서 로빈슨의 '불완전경쟁의 이론'이나 챔벌린의 '독점적 경쟁의 이론'이 체계적으로 전개되기에 앞서, 선구적 역할을 한 두 사람의 연구업적이 있었다. 그들은 해러드(R. Harrod)와 바이너(J. Viner)였다.

바이너는 대규모생산의 순내부경제(net internal economies)와 長期 安定均衡(long-run stable equibrium)이 경쟁적 조건과 모순된다는 점을 지적하면서, 기업의 規모가 키서 그 작용이 가격에 대하여 중대한 영향을 줄 정도가 되면, 우리는 原子的 競爭의 영역으로부터 부분적

---

42) E. H. Chamberlin, *The Theory of Monopolistic Competition, A Reorientation of the Theory of Value*, Havard Univ. Press, 1st ed. 1933, 8th ed. 1962, p.5(青山秀夫 譯,《獨占的競爭の理論 — 價値論の新しい方向》, 至誠堂, 1966, p.5). 註釋에서 챔벌린은 다음과 같이 쓰고 있다. 이 本文이 씌어진 이후, 세 사람의 새로운 학자가 中間的 理論(an intermediate theory)의 주장을 옹호하였는데, 그들은 ① Sraffa 교수(1926), ② Hostelling 교수("Stability in Competition", *The Economic Journal*, Vol. XXXIX, 1929), ③ Zeuthen 박사 (*Problems of Monopoly and Economic Warfare*, London, 1930)라는 것이다.

독점의 영역에 접근해간다고 기술하였다. 그리고 균형은 장기한계비용
(long-run marginal cost)과 장기한계수입(long-run marginal revenue)
이 균등한 점에서 성립한다고 지적하였다.[43] 여기서 부분적 독점이라
는 것은 불완전경쟁을 의미하는 것이지만 불완전경쟁의 이론에 대하여
는 약간 암시하는 데 그쳤다.

해러드의 두 개의 논문은 분명히 불완전경쟁의 이론을 의도한 것으
로 볼 수 있다.

첫째, 해러드는 보통 체감비용과 체증비용(decreasing and increasing
costs)이라는 표현은 수요의 변화에 대한 共給價格의 반응과 관련하여
사용된다고 지적[44]하면서, 비용은 산출량뿐만 아니라 수요의 상태에도
의존한다는 것을 강조하였다. 즉 비용함수는 산출량과 수요의 상태라
는 두 개의 설명변수를 포함하고 있다는 것이다. 이때 수요의 상태가
비용곡선에 어떤 영향을 주는 경우에 그 수요의 상태와 관련되는 것은
바로 市場의 組織인 것이다.

둘째, 시장의 조직이 수요곡선에 영향을 주는 것을 다루기 위하여
해러드는 '需要增分曲線'(the increment of aggregate demand curve)을
새로 도입하였다.[45] 로빈슨은 이것을 '한계수입곡선'(marginal revenue
curve)이라고 지칭하였다.[46]

이 수요증분에 의하여 해러드는 오늘날에도 유명한 다음과 같은 공
식을 이끌어냈다.

---

43) J. Viner, "Cost Curve and Supply Curve", *Zeitschrift für National
Ökonomie*, Vol. Ⅲ (1931), *Readings in Price Theory*, G. J. Stiglear and K. E.
Boulding ed., London : George Allen and Unwin, 1953(1st published),
1970(6th Impression), p. 215.

44) R. F. Harrod, "The Law of Decreasing Costs", *The Economic Journal*,
1931; *Economic Essays*, London：Macmillan, 1952(1st ed.), 1972(2nd ed.)
p. 91·92.

45) R. F. Harrod, "Note on Supply", *The Economic Journal*, June 1930 : *Eco-
nomic Essays*, p. 84.

46) J. Robinson, *op. cit.*, p. xiv.

$$\frac{d(xy)}{dx} = y + \frac{x \cdot dy}{dx} = y - \frac{y}{Y}$$

여기서 x는 수요량, y는 가격, Y는 수요의 가격탄력성을 말한다.[47]

시장이 완전히 조직화되어 있는 순수경쟁의 경우에는 Y는 무한대이며 한계수입은 가격(평균수입)과 같다. 그렇지 않은 경우에는 Y가 무한대가 아니기 때문에 개별기업에 대한 특수수요곡선은 시장의 수요곡선보다 매우 큰 탄력성을 갖는다. 경쟁자의 제품이 대체품으로 될 수 있기 때문이다. 이 경우 한계수입은 가격(평균수입)보다도 ($\frac{y}{Y}$ 만큼) 작다. 더구나 독점의 경우에는 기업의 곡선은 시장의 수요곡선과 합치하기 때문에 순수경쟁과 독점, 다시 그 중간의 경우 등을 수요곡선에서 가격단력성 계수의 대소를 사용, 일반화하여 실명할 수 있게 된다. 이로써 해러드는 마셜이나 스라파보다 더욱 이론의 일반화에 기여한 것이다.

셋째, 기업의 균형이 한계수입곡선과 한계비용곡선의 교차점에서 성립한다는 주장인데 이것은 바이너의 지적과 같다. 그러나 해러드는 이 관계를 수식으로 전개함으로써 특수수요곡선이 평균 주요비용곡선보다도 기울기가 크면 이윤이 성립할 수 있다는 것을 분명히 하였다.[48]

4. 로빈슨의 불완전경쟁의 이론

스라파는 기업이 산출량을 증대하려고 한 때, 즉 기업이 확대균형을 추구할 때 주요한 장애는 생산비에 있는 것이 아니라, 판매비용을 증대함이 없이 財貨의 판매를 크게 증대시키는 어려움이라고 말하여 기업균형에서 수요요인의 중요성을 지적한 바 있다. 그리고 그는 독점과 경쟁의 중간영역, 즉 시장을 불완전하게 하는 힘을 분석하는 명확한 이론 전개를 시사하였다.

헤러드는 비용은 단순히 生産量에만 의존하는 것이 아니라 수요의

---

47) R. F. Harrod, "The Law of Decreasing Costs", *op. cit.*, p. 94, footnote.
48) *Ibid.*, p. 95, footnote.

상태에도 의존한다는 점을 강조하고 비용을 생산비와 판매비로 구분하여 고찰하였는데, 이것은 판매비가 수요의 상태에 의존한다고 보았기 때문이다. 기업이 산출량을 증대하려면 다른 기업의 시장을 잠식해야 하고 이를 위해서는 판매비의 증대를 각오해야 하기 때문이다. 즉 수요의 상태는 비용곡선의 방향을 결정하고 이것은 市場의 組織과 관련이 있다. 시장의 상태는 또한 수요곡선에 영향을 준다고 보고 수요곡선에서 도출되는 수요증분곡선, 즉 한계수입곡선을 새로이 도입하여 기업의 균형에 대하여 분석하였다. 그래서 그는 쇼브의 지적과 같이 한계수입곡선과 한계비용곡선이 교차하는 점에서 기업의 균형이 성립한다고 보았다.

마셜의 경쟁적 조건 아래서 産業均衡은 개별기업 차원의 비용 변동 분석 이론(스라파)의 필요성이 주장된 이후 한계주의(marginalism)개념에 기업의 균형 조건이 도출되기에 이르렀다. 여기에 로빈슨은 산업으로서의 균형을 추가함으로써 그의 '불완전경쟁의 이론'을 완성하였다.

그는 시장의 조직에 대하여 분석하고 시장의 불완전성을 다음과 같이 규정하였다.

完全競爭은 두 가지 전제를 충족하는 경우에 성립한다.

첫째, 수많은 생산자가 존재하여 한 기업의 산출량 변화가 그 상품의 전체적인 산출량을 무시할 수 있을 정도의 영향밖에 주지 못한다.

둘째, 완전한 시장(a perfect market)이 존재해야 한다는 것이다.

이 가운데 첫째 조건은 흔히 충족될 수 있지만 완전한 시장의 존재는 현실세계에서 극히 그 가능성이 희박하다는 것이다. 완전한 시장에서는 개별 생산자에 대한 需要曲線은 완전탄력적(perfectly elastic)이어서 그가 가격을 조금만 인하하여도 무한대의 고객을 얻을 수 있고, 반면에 미세한 가격의 인상에도 그의 모든 판매량을 상실하게 된다. 그런데 이러한 완전한 시장의 개념은 시장을 구성하는 고객이 서로 다른 판매자에 의하여 매겨지는 가격의 차이에 모두 같은 방법으로 반응을 보인다는 가정에 바탕을 두고 있다.

그러나 실제로 고객은 서로 경쟁하는 생산자들이 그에게 제공하는

비가격적 요인(besides the prices) 및 여러 가지 다른 요인을 고려한
다. 상품 가격의 차이에도 고객이 판매자의 이동을 억제하는 타성이나
무지(inertia or ignorance) 이외에도 특정한 판매자를 선호하는 수많은
이유가 있다. 이러한 이유는 각 개인에게 서로 다르게 영향을 주는데
그것은 다음과 같은 것들이다.

  ① 수송비인데, 이것은 기업의 立地 차이에서 오는 기업과 고객간의
거리 차이.

  ② 유명한 이름이 주는 품질의 보증.

  ③ 편의의 차이인데 신속한 서비스, 판매원의 친절한 태도, 신용제
공의 기간, 고객의 개별적 욕구에 대한 배려 등.

  ④ 광고의 영향.

  경쟁관계에 있는 생산자들은 소비자의 선백에 영향을 주는 이러한
요인을 개척하고 있기 때문에 경쟁의 존재, 바로 그것이 시장을 완전
하지 않게 만든다. 경쟁적인 생산자들은 가격은 물론 품질·편의 그리
고 광고를 통하여 경쟁을 하게 되기 때문에 그 경쟁의 격렬함이 시장
을 분열시키고, 모든 고객에게 경쟁기업이 근소한 가격 차이로 비슷한
財貨를 제공하여도 그들과 밀착되어 있는 거래관계를 즉각 단절할 수
는 없게 된다[49]는 것이다. 이것이 로빈슨이 지적한 불완전경쟁의 주요
내용이다.

  이로 인하여 각 생산자는 서로 경쟁을 하면서도 어느 정도 독점의
영역을 지니게 된다. 그 결과 생산자의 생산물에 대한 수요의 탄력성
은 완전경쟁의 경우와 같이 무한대(완전탄력적)로 되는 것은 아니다.
그리고 판매량의 증가는 오직 가격인하를 통하여 가능하지만 근소한
가격인상을 하더라도 모든 고객을 상실하는 일은 발생하지 않는 것이
불완전경쟁의 특징이다. 즉, 한편에서는 완전독점적 요소를 가지고 있
으면서도 다른 한편에서는 완전경쟁적인 요소도 가지고 있는 것이 로
빈슨의 불완전경쟁의 개념이다.

  로빈슨은 이러한 불완전경쟁의 개념을 바탕으로 하여 시장의 조직면

---

49) J. Robinson, *op. cit.*, p. 80·90.

에서 완전경쟁, 독점 그리고 불완전경쟁에서 균형, 다시 '개별 기업의 균형'과 '산업에서 균형'의 조건을 규정하여 포괄적인 가치이론을 정리하였다.

'개별 기업의 균형'은 앞서 해러드에 의해서도 제시된 바와 같이 한계생산비와 한계수입이 같은 점에서 이루어진다. 그러나 '산업에서 균형'은 기업의 수가 변화하는 경향이 없을 때 완전균형(full equilibrium)이 된다. 이때 기업이 얻는 이윤이 정상(normal)이 된다[50]는 것이다.

기업 수의 변화는 어느 기업의 수요곡선을 변화시키고 그 비용도 변화시킨다. 한 산업에서 이윤의 수준은 새로운 기업의 參入을 통제하는 것이 일반적이다. 정상이윤은 새로운 기업이 어떤 산업에 참입하거나 오래된 기업이 그 산업에서 이탈하는 경향을 갖지 않는 수준의 이윤이다. 현존 기업이 비정상적으로 높은 이윤을 얻으면 새로운 기업이 그 상품을 새로 생산하도록 유인할 것이며, 반대로 이윤이 비정상적으로 낮으면 새로운 투자를 중지시키고 그 산업에서 기업의 수를 점차 감소시키게 할 것이다.[51]

즉 산업의 균형을 성립시키는 주요한 요인은 산업에의 기업의 참입과 離脫이다. 평균수입이 평균비용을 상회하면 기업의 참입이 일어나 평균수입곡선을 좌하로 이동시키고 반대의 경우, 즉 평균수입이 평균비용보다 낮으면 그 산업에서 기업이 이탈하여 평균수입곡선은 우상으로 이동한다. 이처럼 이윤의 수준에 따라 기업의 참입과 이탈이 자유롭게 일어나고, 그 결과로 산업의 균형이 성립된다는 것이 로빈슨의 불완전경쟁이론의 또 하나의 특징이다.

이렇게 볼 때 산업의 균형이 성립하면 평균수입과 평균비용이 균등하게 되고 이윤은 소멸하게 된다. 그러나 이윤의 소멸은 기업의 존속을 불가능하게 하는 不合理性이 초래되므로 평균비용 안에 정상이윤, 즉 새로운 기업의 참입도, 기존 기업의 이탈도 유도하지 않는 수준의

---

50) *Ibid.*, p. 93.
51) *Ibid.*, p. 92.

이윤을 포함하는 것으로 로빈슨은 상정한 것이다.

이렇게 하여 로빈슨은 '기업의 균형'과 '산업의 균형'을 동시에 달성하는 이중의 조건(double conditions)을 제시하였다. 즉 완전한 균형을 위한 이중의 조건은 한계수입과 한계비용이 균등하고, 평균수입(또는 가격)이 평균비용과 균등한 것이다. 완전한 균형을 위한 이중의 조건은 오직 그 기업의 개별수요곡선이 평균비용곡선에 접선(a tangent)일 때 이루어진다[52]고 하였다. 그래서 로빈슨의 이론을 '接線解法'이라고도 한다. 이 접선해법을 로빈슨은 완전경쟁과 불완전경쟁(독점의 경우 포함)으로 나누어 설명하였다.

완전경쟁의 경우는 그림 2-1과 2-2[53]에서 설명된다. 먼저 그림 2-1에서는 한계수입곡선(MR)과 평균수입곡선(AR)은 일치하고 있으며 횡축에 평행한 직선이다. 이것은 평균비용곡선(AC)의 최저점(P)에서 평균비용곡선과 접한다. 한계비용곡선(MC)도 P점에서 평균비용곡선과 만난다. 이들 그림에서 MP는 산출량이 OM일 때 가격이고 MH는 이때 평균비용이다. 그런데 그림 2-1에서는 산업의 완전한 균형이 형성되어 있지 않으며 FPHG의 비정상적 이윤이 이루어지고 있음을 나타낸다. 그 결과 기업의 자유로운 참입에 의하여 수입곡선이 하향이동

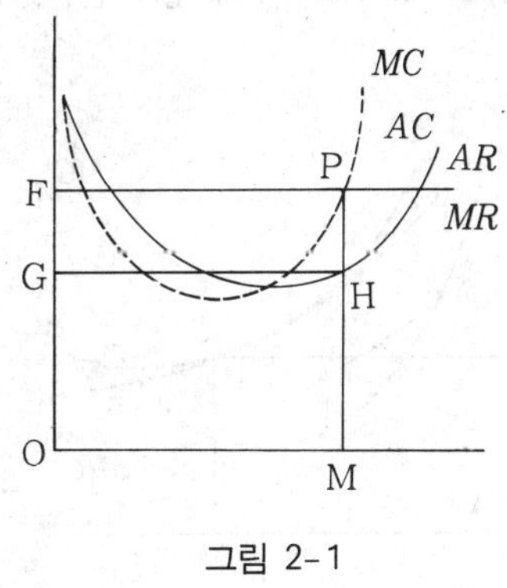

그림 2-1

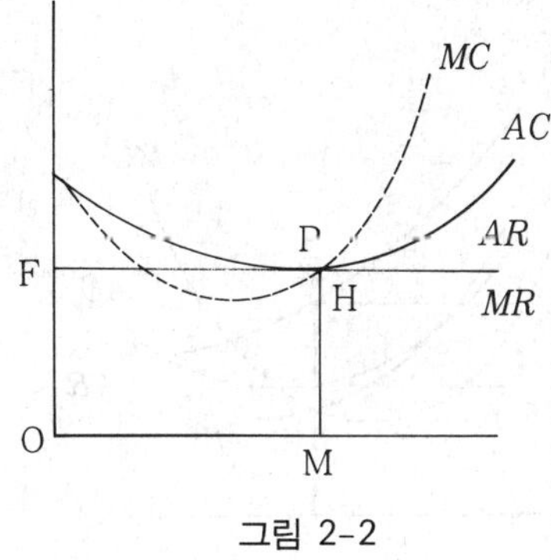

그림 2-2

---

52) *Ibid.*, p. 94.
53) *Ibid.*, p. 96.

하여 평균비용곡선의 최저점에 접하면서 산업 균형의 이중적 조건(①
MC=MR, ② AR=AC)이 형성된다.

　불완전경쟁(독점 포함)의 경우는 그림 2-3과 2-4[54]에서 설명된다.
완전경쟁의 경우와 달리 AR선과 MR선은 右下의 형태를 갖는다.
MR=MC의 교차점에서 산출량 OM이 결정된다. OM은 기업이 개별
적 균형(individual equilibrium)에 있을 때의 생산량이다. MH는 산출
량 OM의 평균비용이며 MP는 가격이다. 이때 개별기업은 균형이지만
산업의 경우는 그렇지 못하다. FPHG만큼의 비정상이윤(독점이윤)이
발생하고 있는 것이다. 이에 따라 기업의 참입이 발생하여 AR선이 이
동, AC선과 접하게 된다. 즉 FPHG라는 초과이윤이 사라지고 균형의
이중적 조건이 성취되는데, 이때 개별수요곡선은 평균비용곡선에 접선
이 되고 있다.

　그런데 완전경쟁의 경우에 균형의 이중적 조건은 비용이 최저인
점에서 달성되고 기업은 적정규모(optimum size)의 산출을 하게 된
다. 그러나 경쟁이 불완전한 경우에는 개별 기업의 산출량에 대한
수요곡선이 右下의 기울기를 갖기 때문에 균형의 이중적 조건은 평균
비용이 감소하고 있는 어느 산출량에서 이루어진다. 따라서 기업은 이
윤이 정상적일 때의 적정규모보다 소규모(of less)이게 된다는 것이

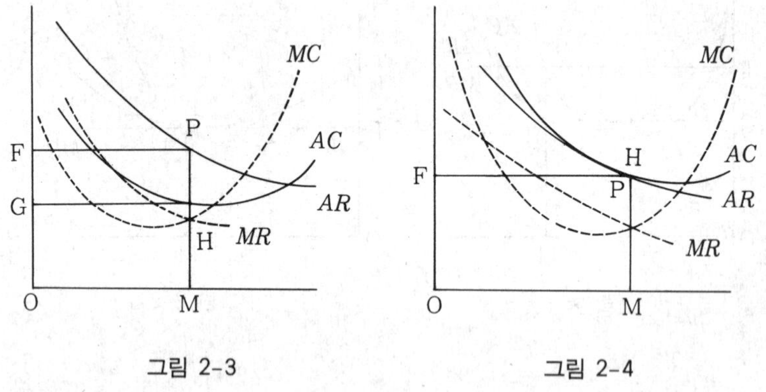

그림 2-3　　　　　　　　　그림 2-4

─────────────

54) *Ibid.*, p. 95.

다.[55] 즉 불완전경쟁 아래서는 적정규모보다 작은 산출량에서 균형이 이루어지고 기업은 완전경쟁하의 정상이윤보다 큰 이윤을 얻게 된다. 이것은 가격과 평균비용 최저점과의 차이 때문에 발생하는 것이고 바로 불완전경쟁이라는 시장의 조직, 즉 수요의 상태에서 오는 결과인 것이다.

5. 챔벌린의 獨占的 競爭 이론

챔벌린은 현실의 여러 사실에 적합한 가치 이론을 구성하는 것이 '가치론의 새로운 방향'(a reorientation of the theory of value)이라고 보았는데, 그것은 다름 아닌 동질적이 아닌 상품에 관한 이론이라고 규정하였다.[56] 이런 관점에서 그의 '독점적 경쟁의 이론'은 생산물의 분화라는 특징적 개념을 전개하고 있다.

독점력과 경쟁력의 상호작용에 대한 고찰은 기존의 이론과는 다른데, 그것은 생산물의 분화(the differentiation of the product)에 기인하는 것이라고 보고 생산물의 분화에 대하여 다음과 같이 설명하였다.

생산물의 일반적 부류는 어떤 판매자의 재화(혹은 용역)가 다른 판매자의 그것과 구별되는 어떤 중요한 기초가 있는 경우에 분화된다. 이러한 기초는 객관적 사실일 수도 있으며 주관적 가상일 수도 있지만 (real or fancied) 어쨌든 그것은 구매자에 대하여 어떤 중요성을 가지면서 한 종류의 生產物을 다른 것보다 선호하도록 한다. 이런 분화가 조금만 있어도 구매자가 판매자와 결합되는 것은(순수경쟁 아래시와 같이) 우연히 그리고 무작위적이 아니라 구매자의 선호에 의하여 정해진다.

(생산물의) 분화는 생산물의 어떤 특징에 의존하는 경우가 있다. 예컨대 배타적인 특허권의 특징·상품·상품명, 포장이나 용기의 특이성이 이용되기도 하고, 품질·디자인·색·스타일 등이 이용되기도 한다.

생산물의 판매를 둘러싼 조건과 관련하여 분화가 존재하는 경우도

---

55) *Ibid.*, p.95.
56) E. H. Chamberlin, *op. cit.*, p.10(靑山秀夫 譯, 앞의 책, p.12).

있다. 소매업에서는, 단지 하나의 사례를 들면, 이러한 조건은 판매자의 입지의 편리함, 그의 점포시설의 분위기나 특징, 영업하는 방법, 그의 공정한 거래에 대한 평가·예절·능률성, 고객과 경영주 및 사용인 사이의 개인적 관계 등의 요인을 포함한다.

이러한 것과 눈에 보이지 않는 제요소가 판매자마다 다른 경우, 생산물은 각각 다르다. 왜냐하면 구매자가 이러한 요인을 다소간 고려하고, 그래서 상품과 함께 이러한 요인을 구매하는 것으로 생각하기 때문이다. 생산물의 (질적) 분화의 이같은 두 가지 측면을 고려할 때 모든 생산물이 실제로는 적어도 경미한 정도에서는 분화되어 있고, 또한 경제활동의 광범한 영역에서 분화는 분명히 상당한 중요성을 갖고 있는 것이다.[57]

이처럼 생산물이 질적으로 분화된(gualitatively differentiated) 경우, 사실상 실제로는 동일한 생산물인 여러 생산물의 경우 대체재(substitutes)가 존재하여 독점적 요소는 절대적이거나 완전한 대신 거의 존재하지 않는 것처럼 보인다. 따라서 이 분야에 대한 경제력의 조정을 설명하는 이론으로서 경쟁의 이론(a theory of competition)과 독점의 이론(a theory of monopoly)이 제시되어 있지만, 두 가지 가운데 어느 이론도 그대로 적용되기는 어렵다고 챔벌린은 보았다.[58]

결국 생산물이 분화되어 있는 경우에 독점이론은 그 가격을 기술하는 데 적정한 '것처럼 보인다.' 경쟁은 그것을 설명하는 것에서 제외되지 않는데, 그것은 대체재가 각 독점자의 생산물에 대하여 수요의 탄력성에 영향을 준다는 인식을 충분히 고려하기 때문이라는 것이다.[59]

생산물의 질적인 분화와 대체성이 높은 상품의 공급자가 다수 존재하는 시장형태가 독점적 경쟁(monopolistic competition)이라고 볼 수 있는데, 이러한 독점적 경쟁은 분명히 '순수'독점이나 '순수'경쟁과는 다르다. 따라서 독점적 경쟁은 '개별적' 균형 — 보통 독점의 이론 —

---

57) *Ibid.*, p.56·57(靑山秀夫 譯, 위의 책, p.72·73).
58) *Ibid.*, p.65(靑山秀夫 譯, 위의 책, p.83).
59) *Ibid.*, p.68(靑山秀夫 譯, 위의 책, p.87).

뿐만 아니라 '집단'균형 — 다시 말하면 경쟁하고 있는 독점자의 집단 (a group of competing monopolist), (보통 단순히 경쟁자의 집단, a group of competitors으로 간주되는) — 안에서 경제력의 조정을 다루고 있는 것이다. 이런 점에서 경쟁이론과도 그리고 독점이론과도 차이가 있다는 것이 그의 지적이다.[60]

그러면서 챔벌린은 독점적 경쟁 아래 균형이론, 즉 생산물의 분화와 가치의 이론을 전개하였다. 순수경쟁 아래서는 개개의 판매자 시장은 완전히 일반시장에 합병되어 각 판매자는 현행가격(going price)으로 그가 바라는 분량을 판매할 수 있다. 그러나 독점적 경쟁 아래서는 판매자의 시장이 경쟁자의 시장으로부터 어느 정도 분리되어 있기 때문에 그의 판매는 ① 그의 가격, ② 생산물의 성질, ③ 광고비 지출이라는 세 가지 요인에 의하여 한정된다고 규정하였다.[61]

챔벌린은 이런 규정 아래서 먼저 개별적 균형에 대하여 설명하면서 두 개의 경우를 그림으로 나타내었다.[62] 이 두 개의 그림 2-5와 2-6은 앞서 로빈슨(J. Robinson)이 균형조건의 규정에서 제시한 내용과 크게 다르지 않다. 이들 그림에서 DD′는 수요곡선이고 PP′는 생산비곡선, 그리고 dd′와 pp′는 이로부터 도출되는 한계비용곡선과 한계수입곡선(curves of marginal cost and marginal revenue)이다. 순수경쟁의 경우와 달리 독점적 요소(monopoly element)가 작용하기 때문에 수요곡선은 負의 경사를 가진다.

極大利潤點이 한계비용곡선과 한계수입곡선의 교차점 Q에서 결정된다는 설명은 로빈슨의 경우와 같다.[63] 그림 2-5에서 균형생산량은 OA이며 이윤액은 EHRF로 된다. 그런데 그림 2-6에서와 같이 pp′

---

60) *Ibid.*, p.68·69(青山秀夫 譯, 위의 책, p.87·88).

61) *Ibid.*, p.71(青山秀夫 譯, 위의 책, p.91).

62) *Ibid.*, p.75·76(青山秀夫 譯, 위의 책, p.96·97).

63) 챔벌린은 위의 책[p.14·24 ; 역서는 p.17·29(여기서는 限界費用曲線을 mm′로 표시하였다)]에서 이와 관련하여 설명하였다. 특히 p.14에서는 로빈슨(J. Robinson)이 그의 *The Economics of Imperfect Competition*의 p.ⅵ와 p.300 이하에서 限界收入曲線을 발견한 사람 등에 대하여 설명하고 있음을 註解하고 있다.

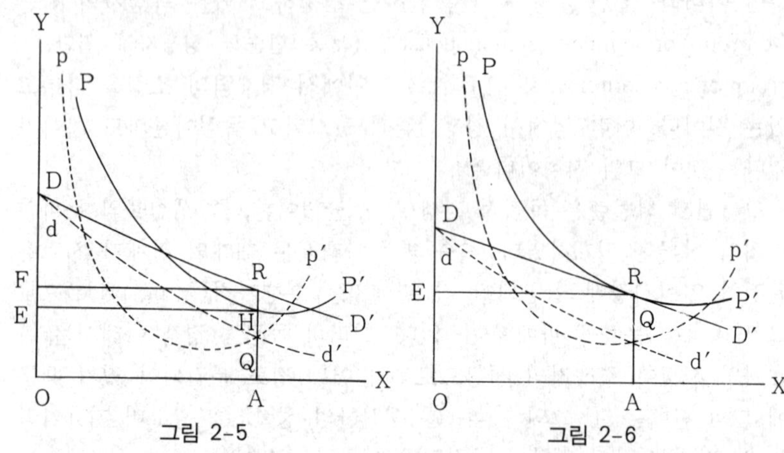

와 pp′가 교차하면서 수요곡선(DD′)이 생산비곡선(PP′)에 접하는 경우에는 실제의 손실을 발생하지 않는 가격은 단 하나밖에 존재하지 않는다. 여기에서 균형은 필요극소액(necessary minimum) 이상의 이윤은 커버되지 않는다. 그러나 필요극소액의 이윤이 커버되기 때문에 조정은 완전히 안정적이 된다는 것이다.[64]

이때의 균형점은 생산비곡선의 최저점 부근에서 右下의 경사를 가진 수요곡선이 접하는 점이기 때문에 순수경쟁(이때의 수요곡선은 수평임)의 경우와 비교하여 필요극소액의 이윤이 보장되는 것이다.

즉 독점적 경쟁 아래 개별 기업의 균형조건은 ① 한계수입과 한계비용이 일치할 것, ② 수요곡선과 생산비곡선이 생산비곡선의 최저점보다 높은 점에서 접할 것 등이다. 이때 개별 기업에 대한 수요곡선(평균수입곡선)은 右下이기 때문에 한계수입은 가격보다 작다.

개별 기업의 균형에서 볼 수 있듯이 챔벌린은 로빈슨과 동일한 접선 해법을 사용하는 등 분석의 구조는 크게 다르지 않지만, 균형의 조건을 추구하면서 다른 접근방법을 취하고 있는데, 이것은 집단균형의 경우에서 볼 수 있는 바와 같다. 로빈슨은 기업의 자유로운 참입을 전제

---

64) *Ibid.*, p.77(靑山秀夫 譯, 위의 책, p.98).

로 하여 '산업의 균형'을 설명한 데 대하여, 챔벌린은 대체재를 생산하
는 기업간의 관계를 분석하는 '집단균형'을 분석도구로 하여 균형의
조건을 해명하였다. 이것이 바로 경쟁관계에 있는 독점자의 집단, 또
는 경쟁자 집단 안에서의 經濟力 調整인 것이다.

　챔벌린은 먼저 집단의 문제(the group problem)에 대하여 규정하였
다. 다수의 생산자(로 구성되는 집단)이 있고, 이들이 (생산하는) 상품
이 서로 상당히 밀접한 대체재(close substitutes)일 때, 그 가격과 생산
물의 조정은 집단의 문제라는 것이다. 이때 집단은 하나의 불완전한
경쟁적 시장을 구성하는 것으로 보통 간주되는 집단이다. …… 집단내
의 각 생산자는 독점자이지만, 그러나 그의 시장은 그의 경쟁자의 시
장과 서로 얽혀 있다. 그래서 그는 이미 경쟁자로부터 격리되어 있지
않다. 여기서 제기되는 문제는 집단 내부에서 상호간에 영향을 미치는
결과로써 맺어지는 여러 관계의 제도가 어떠한 특징을 지니게 되는가
에 있다고 챔벌린은 분석의 과제를 제기하였다.[65]

　그는 이 과제를 해명하기 위하여 우선 그림 2-7[66]에서 볼 수 있듯
이 두 개의 수요곡선을 제시하고 DD′와 dd′를 구분하였다. DD′곡선

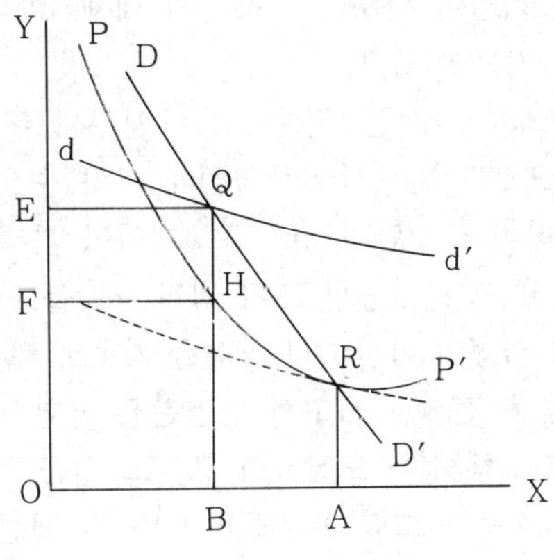

그림 2-7

---

65) *Ibid.*, p.81(青山秀夫 譯, 위의 책, p.103).
66) *Ibid.*, p.91(青山秀夫 譯, 위의 책, p.114).

은 어느 한 판매자가 경쟁자의 가격이 항상 그의 가격과 동일하다고 가
정하는 경우에, 어느 판매자의 제품에 대한 여러 가지 가격에 대응하
여 생기는 수요량을 나타낸다. 이에 대하여 dd′곡선은 다른 모든 가격
이 불변이라는 가정하에서, 어느 판매자의 제품에 대한 수요를 나타낸
다. 따라서 dd′곡선은 DD′곡선보다 완만한 기울기를 가진다. 즉 dd′
곡선이 DD′곡선보다 더욱 탄력적이며, 전자의 수요탄력성이 크다.[67]

　여기서 어느 기업이 주관적으로는 dd′곡선에 해당하는 수요를 생각
하고서 가격인하를 일으킬 수 있다. 그러나 만일 다른 기업이 이어서
가격인하를 하게 된다면 수요는 객관적으로 DD′곡선에 따라 변화될
것이다.

　또한 챔벌린은 이와 관련하여 대집단과 소집단의 개념을 구분하여
도입하였다. 대집단은 대체관계를 지닌 제품을 생산하는 기업이 다수
존재하는 경우를 말하며, 소집단은 대체관계에 있는 제품을 생산하는
기업이 소수밖에 없는 경우를 말한다. 대집단의 경우 a기업은 b기업
의 제품가격이 움직이지 않으며, 따라서 이것을 주어진 것으로 보고
행동하게 된다. a기업이 지금 제품가격을 인하하려고 하더라도 그것과
대체관계에 있는 기업이 다수이기 때문에 대체관계에 있는 기업의 행
동을 모두 예측하기는 어렵다.

　이때 a기업은 dd′ 곡선을 주관적으로 염두에 두고서 행동하기 쉽
다. 물론 객관적으로도 반드시 dd′곡선에 따라 수요가 변화되는 것은
아니다. 이에 반하여 소집단의 경우는 a기업이 가격인하를 하는 경우
에 b기업도 당연히 그에 상응한 조치(가격인하)를 한다고 생각하기 때
문에 a기업은 dd′곡선이 아닌 DD′곡선을 기초로 해서 행동하게 된다.

　이와 같은 구분을 전제로 하고서 챔벌린은 균형의 조건을 추구하여
로빈슨과 같은 '접선해법'에 도달하였지만 그 접근방법은 다르다.

　먼저 대집단의 경우를 그림 2-7에서 보면 전 생산자가 요구하고 있
는 가격은 우선 BQ가 된다. 이 때 각 생산자의 판매량은 OB이며 이
윤은 FHQE이다. a기업은 b기업이 그 제품가격을 BQ로부터 변화시

---

67) *Ibid.*, p. 90(青山秀夫 譯, 위의 책, p. 115).

키지 않는다고 생각하여 그의 제품가격을 인하시킬 때 dd′곡선에 따라 수요량이 증대할 것으로 주관적으로 보고 가격인하를 시행한다. 그러나 현실적(객관적)으로는 b기업의 조정운동이 일어나서 결국은 ab기업의 제품가격이 다 같이 인하되기에 이른다. 수요량은 DD′곡선에 따라 움직여서 가격인하가 상당히 크게 이루어져도 수요량은 그에 상응한 증가를 하지 않는다.

가격인하가 AR의 수준까지 이어지게 된다. 여기서 DD′곡선은 비용곡선 PP′와 교차하게 된다. AR보다 가격을 더욱 인하하면 기업은 생산비를 회수할 수 없게 되고 결국 손실을 입게 된다. 즉 이 수준에서 가격인하는 정지되고 균형이 성립한다. 현실적으로는 DD′곡선에 따라 가격이 하락하고, 주관적인 수요곡선 dd′도 아래로 이동하게 된다. 그래서 R점에서 PP′선과 접하게 된다.

챔벌린은 R점에서 이루어지는 균형의 두 가지 조건을 제시하였다.[68]

① dd′는 PP′와 접하여야 한다.

② DD′는 이 접점에서 dd′ 및 PP′의 두 곡선과 교차하여야 한다.

이 두 가지 조건은 로빈슨의 완전한 균형을 위한 이중의 조건을 충족시키는 것이다.

다음에 소집단의 경우를 보자. 확실히 어떤 개별기업은 그의 가격을 이 점(BQ)으로부터 인하시킴으로써, 다른 기업이 그 가격인하를 따르지 않는다면, 수요곡선 dd′에 의하여 표시되는 큰 이윤을 얻을 수 있을 것이다. 그러나 이 조건이 충족되지 않는다면 그의 가격인하가 가져오는 손실이 상당히 클 것이다. 그러므로 각 기업은 BQ에서 그의 가격을 유지할 것인데, 왜냐하면 그것 이외의 행동이 가져오는 궁극적인 결과가 불리하게 될 것이기 때문이다. 소집단의 경우는 결국 이 조건이 충족되지 않기 때문에 가격이 BQ에서 유지된다[69]고 보았다.

---

68) *Ibid.*, p. 93(靑山秀夫 譯, 위의 책, p. 119).

69) *Ibid.*, p. 100·101(靑山秀夫 譯, 위의 책, p. 127·128). 챔벌린이 소집단으로 규정한 것은 供給者의 數가 비교적 소수이며, 그러면서도 생산물의 분화가 이루어지고 있는 조건을 지닌 상태, 즉 과점에 생산물 분화(oligopoly plus product differentiation)가 이루어진 경우를 말한다.

이와 같은 분석에서 결국 AR(대집단의 경우)과 BQ(소집단의 경우)라는 두 개의 균형가격을 제시하였다. 실제의 가격은 기업의 행동에 따라 이 두 가격의 폭 안에서 결정될 것이다. 기업이 자기 회사가 價格引下를 행할 경우 다른 회사도 이에 대항한다고 생각하여 가격경쟁을 회피하면 가격은 BQ에서 유지될 것이다. 여기에서는 독점기업과 같은 행동을 보일 것이고, 기업은 독점에서와 같은 해법에서 가격을 결정할 것이다. 반면에 다른 기업이 가격을 움직이지 않는다고 보면, 가격경쟁을 유발하여 가격은 AR까지 저하될 것이다. 이것은 독점이 아닌 경쟁적 요소를 반영하는 것이다. 즉 독점적 경쟁의 특성을 나타내는 것이다.

이상에서 살펴본 바와 같이 챔벌린과 로빈슨은 시장의 여러 가지 형태를 수요곡선의 위치와 형태에 반영시켜, 그것과 기업의 공급행동을 관련시킴으로써 일반적인 가치이론을 전개하였다. 그 결과 형성된 로빈슨의 불완전경쟁이론과 챔벌린의 독점적 경쟁이론은 중소기업문제를 설명하는 이론적 기초를 제공하였다. 특히 로빈슨의 불완전한 시장과 챔벌린이 제시한 생산물의 분화를 규정하는 요인은 중소기업의 존립을 현실적으로 가능하게 하는 기반이 되는 것으로 설명된다.

이를 바탕으로 하여 불완전경쟁과 독점적 경쟁 속에서 존립하는 중소기업은 그 균형점에서 얻어지는 이윤을 실현할 수 있게 된다. 이들 경우에 균형점은 순수경쟁시장의 가격보다 높은 수준에서 결정된다. 즉 평균생산비곡선의 최저점보다 右上의 점에서 수요곡선이 접하고 이것이 균형점이 되기 때문에 순수경쟁의 균형점보다는 높은 수준에서 생산물의 가격이 결정되는 것이다. 따라서 이런 조건 아래서 존립하는 중소기업은 최저평균생산비와 균형점에서의 가격 차이에 상응하는 만큼 필요극소액 이상의 이윤을 얻게 된다.

Ⅱ. 중소기업 非合理性論과 保護·育成論

1. 産業組織의 不合理性과 플로렌스의 주장

마셜이 대규모경제의 유리성에도 불구하고 현실적으로 소기업이 지속적으로 잔존하는 소기업문제를 해명하기 위하여 소기업 잔존론을 경제이론상의 문제로서 제기한 이후 1930년대초에 이르는 중소기업이론의 전개는 경제적 합리성을 기준으로 한 것이 그 주된 흐름이었다. 대규모경제법칙의 한계, 그 실현조건의 불비와 소기업의 독자적 유리성의 지적(Marshall)과 함께 능률적 규모론(Hobson), 적정규모론(E. A. G. Robinson), 불완전경쟁(J. Robinson)과 독점적 경쟁(E. H. Chamberlin)에 대한 이론의 흐름은 모두 경제적 합리성을 추구하면서 이루어진 것이었다.

그러한 과정에서 경제적 비합리성을 지닌 소기업의 잔존문제가 제기되었지만 적극적인 논의 대상으로 된 것은 아니었다. 홉슨은 그의《산업제도론》에서 잔존하는 다수의 소기업은 최대능률규모기업인 합리적 소기업이지만, 이것과 구분되는 소기업도 잔존한다는 점을 분명히 하였다. 즉 소규모의 수공업과 가내공업(sweating business), 중간상인에 종속되어 있는 작업장 또는 저임금, 장시간노동 등 착취제도에 의존하는 종속적 영세공업(small tied workshop) 등 능률적 규모 이하의 소기업이 잔존한다는 점을 지적하였다.[70]

또한 그 후 홉슨 이외에 존스(J. H. Jones)[71]와 포드(P. Ford)[72]도

---

70) J. A. Hobson, *Industrial System*, 1909, Reprints of Economic Classics, New York, 1969, p. 187.

71) J. A. Jones, *The Economics of Private Enterprise*, London, 1926, pp. 108~128.

72) P. Ford, *Economics of Modern Industry, An Introduction for Business Studies*, London, 1930, pp. 35~40.

비능률적 소기업의 잔존을 지적한 바 있다.

그러나 이러한 논의는 경제적 합리성에 기초한 소기업 잔존론에 가려서 뚜렷한 모습을 나타내지 못하였다. 그러다가 1933년에 플로렌스(P. S. Florence)에 의하여 비합리적 존재로서 소기업문제가 적극적으로 제기되었다. 그는 조직의 논리는 최대규모단위로 생산이 집중되는 것을 요구함에도 불구하고, 현실적으로는 다수의 공장이 대부분의 산업에서 소규모인 것은 현실적 작업의 불합리성(the illogic of actual operation)이라고 규정하였다. 즉 대부분의 산업에서 다수를 점하는 소기업이야말로 비합리적 존재라고 규정함으로써[73] '소기업 비합리성론'을 구체화시킨 것이다.

영국에서는 1909년의 〈最低賃金法〉을 기점으로 한 여러 정책에 의하여 수공업과 가내공업 등 비합리적인 착취제도가 대부분 소멸하였지만 제 1 차세계대전 후 세계경제적 시야에서 보면 아직도 섬유공업 등에서 낡은 기계설비를 지닌 후진성이 많은 경제적 어려움을 가져오게 하였다. 이 어려움은 구체적으로 소기업과 대기업간의 생산성 및 이윤의 규모별 격차 등 구조적 문제로 나타났고, 바로 이것이 소기업문제로 반영되었던 것이다. 즉 이와 같은 역사적 배경 아래서 당시 적정규모론적 소기업 잔존론에 대립하는 '소기업 비합리성론'이 제기되기에 이른 것이다. 소기업이 비합리적 존재라고 하는 견해는 일찍이 소기업 소멸론 속에서 그 싹이 움트고 있었다. 그러나 경제적 합리성을 추구하는 소기업 잔존론의 그늘에 가려 있다가 플로렌스에 의하여 현재화된 것이다.

플로렌스는 소기업의 잔존이 대규모경제의 한계 및 그 실현조건의 불비에 있다는 것을 인정한다. 그는 여기서 좀더 나아가 대규모경제의 한계와 대규모경제의 이익을 저해하는 원인을 규명하면서, 소기업의 잔존을 경제적 비합리성을 지닌 것으로 보고 이것을 국민경제적 모순과 관련시키고 있다.

---

73) P. Sargant Florence, *The Logic of Industrial Organization*, London : Kegan Paul, 1933, Chap. Ⅱ, p. 30.

플로렌스는 먼저 産業組織의 論理는 대규모생산의 능률성 실현에 있다고 보고 그것은 결국 최대규모의 단위로 생산이 집중되는 것을 요구한다고 하였다.[74]

① 기업과 공장을 포함하고 있는 산업의 구조를 분석하고 생산의 규모에 관한 여러 고찰의 결과 다음과 같은 대담한 전제를 제시할 수 있다. 기계적 및 인간적인 전문화의 이익을 전제로 할 때, 대규모생산은 특히 대규모기업과 공장에서 행하여질 때, 극대능률(maximum efficiency)을 가져온다고 생각할 만한 논리적 이유가 있다.[75]

② 공급되는 어떤 상품의 수량이 많을수록 능률은 더욱 크다.[76]

③ 의심할 여지 없이 거의 모든 규모의 산업조직을 이끌 만한 능력을 지닌 사람도 소수는 있을 것이다. 그러나 우리가 타고난 능력의 정상적 분포를 믿는다면, 이러한 재능은 드물고, 그래서 평균적인 기업의 長(average head of business)은 일정한 점을 넘어선 규모에서는 도움 없이 경영할 능력을 지니지 못한다. 그래서 조직의 규모가 성장하면 최고층의 긴장과 책임을 완화시킬 수 있도록 권한의 위임이 있어야 한다.[77]

④ 논리적으로 근대적 조건 아래에서 대조직은 즉시 가능한 低能率 小組織(less efficient smaller organization)을 잠식해야 한다. 그러나 실제로는 그것이 지체된다.[78]

이러한 플로렌스의 지적은 대규모생산의 능률성을 강조한 주요 내용들이다. 그는 능률은 수확(또는 생산성)과 비용의 관계를 말한다고 보

---

74) E. A. G. Robinson, "The Problem of Management and the Size of Firms", *The Economic Journal*, Vol. XLIV, June 1934, p. 242.

75) P. S. Florence, *op. cit.*, p. 11. 여기서 플로렌스는 대규모생산을 '하나의 조직 안에서 행하여질 때' 어떤 물품이나 서비스의 대규모생산을 의미한다는 점에서 '大規模作業(生產活動)'(large-scale operation)이라고 표현한다. 그래서 그는 '대규모작업(생산활동)의 능률성'(the efficiency of large-scale operation)에 대한 믿음을 표시하고 있다.(p. 11·12)

76) *Ibid.*, p. 12.

77) *Ibid.*, p. 117.

78) *Ibid.*, p. 47.

고 능률성과 경제성의 두 가지 관점은 산업의 합리적인 조직을 최소의
비용으로 최대의 수확을 산출한 것으로 규정할 때 조화될 수 있다고
보았다. 이어서 플로렌스는 능률성과 경제성에서 수확과 비용요인은
화폐적, 물질적 그리고 심리적 및 인간적 조건 등 세 가지 가운데 하
나로 표현된다고 보았다.[79] 그러면서 그는 수확체증의 법칙에 대한 민
음을 가져오는 능률성에 관한 다음과 같은 세 가지 원리를 제시하고
있다.

① 대량거래의 원리 (the principles of bulk transaction)

② 집약적 준비의 원리 (the principles of massed reserves)

③ 배수의 원리 (the principles of multiples)

이들 세 가지 원리는 사람과 설비의 전문화를 통한 경제적 이득을
가정하고 있으며, 생산요소의 조정과 재조직이 실현되는 과정에서 장
기적 조건을 추구하고 있는 것이다.[80]

그런데 능률에 관한 이와 같은 논리적 이론과 산업 현실은 불일치되
고 있다고 플로렌스는 지적하였다. 대규모생산 대신에 소규모생산이
도처에서 이루어지고 있으며, 공장 규모의 실제적 분포는 가능한 전체
규모의 범위에 걸쳐 광범하게 분산되어 있고 비대칭적 모양을 보이고
있다는 것이 그가 실증적 분석에서 얻은 결론이다.[81]

소규모생산과 조직이 광범하게 존속하는 이유는 대규모생산과 조직
이 물리적으로는 가능하지만 실제로는 작용하지 않는 광범한 분야가
있기 때문이라는 것이다. 그것은 역사적, 심리학적 그리고 사회학적
요인 때문인데, 이것들이 소비자와 생산자로서 인간의 행동에 영향을
주고, 이런 의미에서 현실은 비합리적이라고 플로렌스는 보았다. 물리
적 또는 기술적 고려에서는 인간의 본성이 생산의 조건에 완전히 적응
한다는 것을 전제로 하고 있으며, 그 결과 생산은 능률적으로 이루어
질 수 있다고 본다. 그러나 역사적, 심리학적, 사회학적, 즉 사회과학

---

79) *Ibid.*, p. 12·13.
80) *Ibid.*, pp. 16~18. 대규모경제가 의존하는 세 가지 원리의 내용이 마셜의 그것
  과 무척 대조된다.
81) *Ibid.*, p. 25·42·43.

만이 완전히 파악할 수 있는 일련의 새로운 조건이 부수됨으로써 그것
은 일어나지 않고 현실은 비합리적으로 된다는 것이다.[82]

　오늘날의 산업구조는 역사에 근원을 두고 있다. 어느 시점에 존속하
는 많은 소규모공장은 수송·통신과 일반적으로는 기술의 비능률적 조
건 때문에 일어나는 시장의 제약과 공급원의 제약에 의하여 필요로 하
게 되는 시기부터 존립해 왔다. 논리적으로는 근대적 조직 아래에서
대규모 조직은 비능률적인 소규모조직을 즉시 파멸시켜야 한다. 그러
나 현실적으로는 지체(a lag)가 일어나는데, 그것은 시장의 고수
(stickness)나 마찰에 기인하는 것이며, 예컨대 소비자의 늦은 적응성
같은 것이다. 그리고 생산 측면에서는 조직의 급속한 성장에서 오는
어려움이 현실적 지체의 원인으로 된다.[83]

　이것은 플로렌스가 능률적인 대규모 조직 아래서도 비능률석인 소규
모 조직이 존립하게 되는 원인을 밝힌 내용이다. 이러한 현상에 대하
여 플로렌스는 소비자와 생산자의 태도와 행동, 그리고 자극에 대한
그들의 반응에 대하여 철저한 연구가 있어야 한다고 지적하였다.

　산업조직은 인간으로서의 생산자로 구성되며 그 목적은 인간으로서
소비자에게 재화와 서비스를 공급하는 데 있다. 대규모하에서도 최소
비용으로 재화와 서비스를 공급하는 것이 합리적이라고 하더라도, 생
산자 그리고 소비자인 인간이 이것을 받아들이지 않을 수도 있다. 생
산자로서 그들은 필요한 전문화, 조정과 재조직에 저항할 수도 있다.
소비자로서 그들은 수요의 변화성에 의하여 불확실하고, 소규모의 구
매를 택할 수도 있다는 것이다.[84] 이와 같은 소비자와 생산자로서 인
간의 불합리한 태도와 행동이 불합리한 산업조직의 원인이라고 본 것
이다. 그래서 플로렌스는 인간의 본능·감정·심리·관습 등 인간적 요
소를 가미한, 단순한 대수방정식 이상의 것을 연구해야 한다고 주장하
면서 불합리하고 비논리적이며 비능률적 조직을 만드는 것은 바로 인

---

82) *Ibid.*, p. 45·46.
83) *Ibid.*, p. 47.
84) *Ibid.*, p. 47.

간적 요인이라고 규정하고 있다.[85]

결국 조직의 논리에 따른다면 최대규모의 단위로 생산이 집중되어야 함에도 불구하고, 소규모공장과 소규모기업이 존립하게 되는 것은 피할 수 있는 인간의 결점 때문이라고 보았다. 그리고 불합리한 현실의 세계에서 소규모기업이 존속하는 것은 피할 수 있는 인간의 무능력에 기인한다고 본 것이다.[86] 그래서 이러한 현실의 산업조직을 현실적 작용의 불합리성이라고 규정하였던 것이다.

현실적으로 비능률적인 소규모기업이 광범하게 잔존하는 산업조직을 불합리한 것으로 보고, 그것은 생산자·소비자·노동자·경영자·투자자로서 인간이 지닌 본성에 그 원인이 있다고 지적하였다. 그래서 그는 능률적 산업조직을 공급하는 데서는 현행 영국의 교육제도의 급격한 변화가 요구된다고 하면서 교육의 중요성을 강조하였다.[87]

플로렌스가 소규모기업이 광범하게 잔존하는 현실의 산업조직을 불합리하고 비능률적 산업조직으로 규정한 것은 소기업문제와 관련하여 국민경제적 모순의 시각이 그에게서 형성되고 있음을 알 수 있게 한다. 그러나 그는 이를 개선하기 위한 방안으로는 경제정책이 아닌 교육제도의 급격한 변화를 요구하는 데 그쳤다. 이것은 플로렌스가 불합리한 산업조직, 즉 국민경제적 모순의 원인을 경제제도적 측면에서가 아닌 역사적, 심리학적, 사회학적 측면에서 고찰한 인간의 본성에서 찾은데 따른 것이다.

2. '小企業 成長斷層論'과 슈타인들의 '小企業論'

소기업이 광범하게 잔존하는 현실적 산업조직의 불합리성을 국민경제적 모순의 시각에 접근시킨 플로렌스의 견해는 세계경제가 1929년의 대공황을 거치면서 소기업의 도산이 이어지자 더욱 분명하게 부각

---

85) *Ibid.*, p. 47·48.

86) E. A. G. Robinson, "The Problem of Management and Size of Firm", *op. cit.*, p. 242·247.

87) P. S. Florence, *op. cit.*, Chap. Ⅷ, p. 267.

되었다. 특히 미국에서는 공황으로 인한 소기업의 도산을 배경으로 하여 적정규모론적 소기업 잔존론에 의문을 제기하는 분석이 적극적으로 전개되었다. 서머스(H. B. Summers) 등은 소기업의 잔존에 대한 적정규모론적 설명을 통계적 실증적으로 재음미하게 되었다.[88] 그리고 크럼(W. L. Crum),[89] 블레어(J. M. Blair),[90] 카플란(A. D. H. Kaplan)[91] 등의 소기업에 대한 통계적 실증적 분석이 이어졌다.

그리고 소기업의 잔존을 비합리적인 것으로 규정하는 플로렌스의 주장은 비치햄(A. Beachham)[92]과 슈타인들(J. Steindl)[93] 등에 의하여 지지를 받았는데, 이 가운데 슈타인들의 소기업에 대한 논의는 중요한 내용을 지니고 있다. 슈타인들의 소기업론의 특징은 우선 '소기업 성장단층론'에서 알 수 있는데, 이것은 마셜의 소기업 성장론에 대한 비판을 주된 내용으로 하고 있다. 플로렌스는 대규모생산의 능률성에도 불구하고 현실에서는, 소기업이 광범하게 잔존하는 것은 불합리하다고 보고 이를 포함하는 현실의 산업조직의 불합리성(illogic)을 규정한 바 있다.

이러한 플로렌스의 주장을 기본적으로 지지한 슈타인들은 마셜의 주장 이후 이어져 내려오던 소기업 성장론에 대한 비판을 통하여 이를 구체적으로 전개한 것이다. 앞서 마셜에 대한 논의에서 분석한 것처럼, 마셜은 우선 영국에서 성장하는 산업력의 원천은 소기업에 있다고

---

88) H. B. Summers, "A Comparison of the Rates of Earning of Large-Scale and Small-Scale Industry", *Quaterly Journal of Economics*, May 1932, pp. 465~479.

89) W. L. Crum, "Earning Power with Respect to the Size of Corporation", *Harvard Business Review*, Autumn 1938, Vol. XVII, No. 1, pp. 15~30.

90) J. M. Blair, "The Relation between Size and Efficiency of Business", *The Review of Economic Statistics*, Vol. XXIV, 1942, pp. 125~135.

91) A. D. H. Kaplan, *Small Business : It's Place and Problems*, Committee for Economic Development, New York : McGraw-Hill, 1948.

92) A. Beachham, *Economics of Industrial Organization*, 1948.

93) J. Steindl, *Small and Big Business, Economic Problems of the Size of Firms*, Oxford : Basil Blackwell, 1947[米田淸貴·加藤誠一 譯, 《小企業と大企業—企業規模の經濟的諸問題》, 巖松堂出版株式會社, 1956(初版), 1969(6版)]

보고[94] 소기업 성장론을 전개하였다. 그는 소기업의 상향운동(the movement upwards)의 출발점을 노동자로 보고, 노동자가 고용주로 성장하는 데 애로요인으로서 원활한 개업자금의 공급, 개인의 경영에 대한 자질, 기업경영의 번잡성 등 세 가지를 들었다. 이 가운데서 가장 주요한 것은 개인적인 능력이라고 보고, 이것을 구비하는 경우에는 소기업은 '삼림의 비유'에서 보듯이 대기업으로 성장할 수 있다는 것이다.

마셜은 《경제학원리》 제 5 판 이후 거대주식회사(vast joint-stock companies)의 최근의 발달 전에서라는 조건을 부가하면서도 오늘날에는 이 원칙이 결코 보편적인 것은 아니지만 많은 산업에서 아직도 지속되고 있다고 하여[95] 소기업 성장을 여전히 주장하였다. 한편《산업과 무역》에서는 소기업의 상승운동을 소기업이 적합한 분야에서만 대기업으로 성장할 수 있다고 하여 소기업 성장의 업종 범위를 한정하였다.[96] 이어서 독점이 지배하는 시장에서는 표준화 생산이 소기업의 상승운동을 지지하는 경우에만 가능하다고 그 범위를 더욱 한정하고 있다.[97]

이처럼 19세기말 이후 거대주식회사가 발달하고 독점적 대기업이 발달되면서 마셜은 소기업 성장론의 내용을 점차 수정하고 그 범위를 제한하였다. 그러나 소기업의 상승운동 자체를 완전히 부정하는 것은 결코 아니었다.

그 후 로빈슨(E. A. G. Robinson)은 자금차입 등 재무적 요인이 대기업보다 소기업에 상대적으로 불리하게 작용함을 지적하여 자금조달의 측면에서 소기업 성장의 어려움을 설명하였다. 그러나 이것도 성장의 일반적 저해조건은 아니고 오래된 산업에서만 부분적으로 이루어지는 것으로 보았다.[98] 또한 그는 능률 증대의 비연속성을 설명하면서 '最惡企業'(pessimum firm)의 개념을 도입하였다. 즉 소규모성에서 오

---

94) A. Marshall, *Principles*, p. 581.
95) *Ibid.*, p. 263.
96) A. Marshall, *Industry*, 1919, p. 247.
97) *Ibid.*, p. 594.
98) E. A. G. Robinson, *The Structure of Competitive Industry*, 1931, p. 56·57.

는 기술적 불이익과 개인적으로 통제하기에는 너무 대규모인 데서 오는 관리상의 불이익이 결합된 기업규모가 介在的 규모로서 존재하는 산업에서 기업의 성장문제는, 성장을 계속하는 소기업이 임계점을 통과할 수 있는 힘과 세를 지녔는가에 달려 있다고 로빈슨은 지적하였다.[99]

이처럼 기업의 성장에는 자금차입의 어려움과 규모 확대에 따른 비용이 필요하고, 또한 능률 확대의 불연속성이 있기 때문에 기업 성장과 규모 확대가 불가능한 경우가 발생할 수 있다고 보았다.[100] 이러한 기업 성장의 저해요인에 대한 분석에도 불구하고 로빈슨은 소기업 성장론을 전면적으로 부인한 것은 아니었다.

그 내용의 수정과 저해요인의 제시 등이 있었지만, 마셜 이후 로빈슨에 이르기까지 긍정적으로 이어져온 소기업 성장론은 슈타인들에 의하여 전면적으로 부정된다. 즉 오늘날의 대기업은 소기업이 따를 수 없는 독점적 대기업이므로 소기업과 대기업간에는 그 성장이 연속될 수 없는 단층이 있다고 하여 슈타인들은 '소기업 성장단층론'을 주장하였다. 그는 마셜의 주장이 완전히 비현실적이라고 하면서 다음과 같이 지적하였다.

첫째, 오늘날 존재하는 기업간의 규모격차는 대단히 크다. 미국의 주식회사를 보면 회사수로 볼 때 전체 회사수의 약 반을 차지하는 자산액 5만 달러 이하의 회사집단으로부터 자산액 5천만 달러 이상의 유명한 600개 회사에 이르기까지 규모는 큰 차이가 있다. 따라서 주식회사가 소규모층으로부터 빌진하여 대규모의 회사에 이르기끼지는 그 자산액이 수천 배가 되지 않으면 안 된다. 더구나 소기업의 사망률이 높은 것을 감안하면 소기업이 성장하여 대기업이 된다는 것은 거의 불가능하다.[101]

둘째, 마셜의 가정과는 반대로 소기업가의 자금차입에는 엄격한 제

---

99) *Ibid.*, pp. 105~107.
100) 이것은 소기업이 대규모의 기업으로 성장하는 데 단층의 가능성을 나타낸 것으로서 후에 슈타인들의 본격적 분석대상이 된다.
101) J. Steindl, *op. cit.*(米田淸貴·加藤誠一 譯, 앞의 책, p. 11·12).

한이 있다. 기업의 부채부담을 제한하는 것은 채권자이다. 미국의 경험에 의하면, 은행이 융자를 거절하는 이유를 들고 있는 것은 자기자금에 대한 차입자금의 비중이 높다는 것인데, 이것이 거절 이유의 40퍼센트에 이르고 있다. 또한 미국 상무부 조사에 의하면 차입 곤란을 보고하는 기업의 비중은 자기자본에 대한 부채의 비율이 증가할수록 커진다는 것이다. 그리고 채권자의 태도는 별도로 하더라도 차입금이 증가하면 기업 위험이 증가하므로 차입금의 비율을 일정한 한도에 그치도록 해야 한다는 것이 근대경제이론의 '위험증대의 원리'이다. 그런데 상무부의 보고에 따르면 차입의 곤란은 기업의 규모가 증대할수록 감소하여 소기업가는 그만큼 차입의 어려움에 처해 있음을 알 수 있다.[102]

셋째, 소기업은 대기업보다도 손실이 빈번하고 많으며 사실상 그 사망률이 대기업보다 높다는 증거가 있다. 이윤을 얻지 못하는 회사의 비율은 회사규모의 증대에 따라 감소하며, 또한 미국 제조회사에 대한 통계에 의하여 입증된 바에 의하면 기업규모의 증대에 따라 사망률은 감소하고 있다.[103]

넷째, 기업규모의 상향운동은 시인될 수 없다. 오히려 대부분의 소기업은 성장할 수 있는 충분한 시간을 얻기 전에 쇠퇴한다는 것이 현실적인 가정인 것 같다. 이러한 다수의 쇠퇴는 새로운 기업의 출생에 의하여 보완되고 대체된다. 동시에 소기업가의 공급도 탄력적이다. 이에 대하여 대기업가의 공급은 비탄력적이다. 만약 대기업이 소기업의 성장에 의하여 이루어진다고 하더라도 그것은 매우 완만한 것이다. 대기업은 새 주식회사를 설립하거나 합병에 의하여 공급될 수 있는데, 주식회사의 설립은 富의 집중을 전제로 하여야 하고 합병은 그 관련회사가 그 산업에서 과점적 상태에 있는 기업에 속할 때 이루어질 수 있는 것이므로 대기업의 공급은 비탄력적일 수밖에 없다.[104]

다섯째, 마셜의 문제, 즉 마셜은 대규모의 경제가 개인적인 능력의

---

102) *Ibid.*(米田淸貴·加藤誠一 譯, 위의 책, p.13·14).
103) *Ibid.*(米田淸貴·加藤誠一 譯, 위의 책, pp.14~18).
104) *Ibid.*(米田淸貴·加藤誠一 譯, 위의 책, pp.19~21).

쇠퇴 때문에 독점적인 지배를 일으키지 않는다고 보았지만, 사실 현재의 경제제도 아래서 독점적 지배를 받고 있는 부분은 매우 크다. 즉 독점적 지배를 달성하는 데에는 시장에 출하되는 전 생산물을 한손에 넣는 정도의 집중이 필요한 것은 아니며, 소수의 기업이 생산고의 상당한 부분을 집중·점유하는 것만으로도 가능하다. 시장에서 과점적 상태가 이것이며, 가격에 미치는 영향을 보아도 과점과 독점은 거의 같은 의미를 갖고 있다. 따라서 이런 상태 아래서는 價格指導力(price leadership)이 있는 대기업이 가격을 결정하면 다른 기업은 여기에 순응할 수밖에 없다. 이로써 독점적 지배가 형성되고 대규모경제는 이 점에 이를 때까지 효과적이다.[105]

슈타인들이 이상과 같은 논거에 의하여 마셜의 소기업 성장론을 비판하고 소기업 성장단층론을 주장한 배경에는, 대규모경제의 능률성과 소기업 또는 소규모생산의 비능률성을 전제로 하고 있음을 알 수 있다. 즉 소기업의 잔존이 불합리하다는 플로렌스의 주장과 상통하고 있는 것이며, 슈타인들은 대규모경제의 유리성을 주장하고 있는 것이다. 기업의 관리와 기구의 확대에서 일정의 비경제 가능성[106]이나 시장 불완전성에 의한 소기업의 유리성이 일부 학자들에 의하여 주장되지만[107] 이것이 대규모경제의 일반적 이익을 부정할 수는 없다는 것이 슈타인들의 생각이었다. 특히 소기업이 이용할 수 있는 여러 가지 기술적 이익은 대기업도 소기업에의 투자 등으로 얻을 수 있지만, 소기업은 대기업이 이용할 수 있는 유리점을 이용할 수 없으므로, 장기적으로 보면 소기업이 대기업보다 높은 이윤율을 얻는다는 것은 어려운 일이라고 그는 보았다.[108]

그러면서 슈타인들은 플로렌스가 제시한 바 있는, 대규모경제가

---

105) *Ibid.*(米田淸貴·加藤誠一 譯, 위의 책, pp. 21~23).

106) E. A. G. Robinson, *The Structure of Competitive Industry*, p. 39·40, pp. 43~45. 여기서 대기업은 관료주의적 성격을 지님에 대하여 소기업은 창의성과 적응성을 지니는 유리한 점이 있다고 지적되고 있다.

107) J. Steindl, *op. cit.*(米田淸貴·加藤誠一 譯, 앞의 책, p. 25·26).

108) *Ibid.*(米田淸貴·加藤誠一 譯, 위의 책, pp. 24~27).

존재하기 위하여 필요한 세 가지 원리를 인용하고 있다. 즉 ① 대량
거래의 원리, ② 집약적 준비의 원리, ③ 배수의 원리 등이 그것이
다.[109]

　플로렌스의 대규모생산의 능률성을 뒷받침하는 세 가지 원리 이외에
슈타인들은 '차입비용의 원리'를 제시하고 있다. 이것은 소기업이 장기
자본시장을 이용하는 경우 금지적 비용(a prohibitive cost)을 지불하지
않으면 안 된다는 것이다. 즉 장기자본시장에서 소기업이 증권을 발행
하는 경우 대기업보다 상대적으로 많은 비용을 부담해야 한다는 것을
설명한 것이다.[110] 슈타인들은 여기서 특히 자본차입에서 소기업의 불
리한 점을 지적하고 있는데, 이는 앞서 로빈슨(E. A. G. Robinson)이
자금조달 등 재무적 요인에서 소기업의 불리성을 지적한 것을 좀더 적
극화시킨 것으로 보인다.[111]

　한편 대규모경제의 이와 같은 유리성에도 불구하고 소기업이 존립하
는 이유에 대하여 슈타인들은 다음과 같이 지적하고 있다.[112]

　첫째, 소기업이 왜 그 기반을 완만하게 잃어가고 있는가 하는 이유
가운데 기본적 요인은 소기업은 대기업이 발전하는 정도에 응해서만
기반을 상실하기 때문이다. 대규모경제를 실현하는 대규모기업이 처음
부터 있는 것은 아니며, 이를 위하여 필요한 자본을 축적하는 데는 상
당한 시간이 필요하고 따라서 소자본을 희생하여 대자본이 발전하는

---

109) *Ibid.*(米田淸貴・加藤誠一 譯, 위의 책, pp. 31～33).

110) *Ibid.*(米田淸貴・加藤誠一 譯, 위의 책, pp. 44～46).

111) 슈타인들은 대규모경제에 대한 마셜의 이론을 소개하면서 내부경제와 외부경
　　제를 구분하였지만, 여기서는 주로 내부적인 경제만을 취급한다고 설명하여
　　(앞의 번역서, p. 1), 외부경제에 대한 마셜의 설명은 소개하지 않고 있다. 그
　　러나 마셜이 기업의 성장과 대규모경제의 이론에서 외부경제를 매우 중요하게
　　생각하고 있음은 그의 《경제학원리》 곳곳에서 지적되고 있다(예컨대 p. 220·
　　221·263·264 등). 따라서 마셜의 소기업론을 설명하는 데는 그의 외부경제론
　　이 빼놓을 수 없는 중요한 부분이 되고 있다. 마셜의 소기업에 대한 논의가 오
　　늘날의 중소기업문제에 대하여 시사하는 바도 그의 외부경제에 대한 부분에서
　　오는 것이 많다. 슈타인들이 마셜에 대한 비판에서 이처럼 중요한 부분을 그
　　대상에서 제외시킨 것은 큰 결함이 아닐 수 없다.

112) J. Steindl, *op. cit.*(米田淸貴・加藤誠一 譯, 앞의 책, pp. 123～129).

과정은 점진적이다.

둘째, 불완전경쟁은 소기업의 시장을 보호함으로써 소기업의 존립능력을 제공하는 중요한 요인이 된다. 이 시장의 불완전성은 수송비와 같이 그것 없이는 기업활동을 거의 할 수 없는 합리적 요인에 의한 경우도 있다. 또한 생산물이 특성을 달리하여, 소비자가 갖는 특정의 생산물에 대한 기호, 특정의 기업에 대한 애착과 습관 등 불합리한 요인에 의하기도 한다.

특히 노동시장의 불완전성은 생산물시장보다 더욱 중요하다. 대부분의 소기업은 조직되지 않은 저임금 노동이 공급되고 있는 산업에 속해 있다. 여기서는 가격에 대한 압박이 임금에 전환되고, 따라서 노동절약적인 수단에 의하여 기술적 진보를 택하려는 움직임이 거의 없다. 또한 어떤 산업에서는 대기업과 경쟁하고 있는 소기업이 내기업보나 낮은 임금의 노동 공급을 기반으로 하여 존립하는 때도 있다.

셋째, 어느 산업에서는 그 산업의 독점적 상태가 일정 수의 소기업 존속을 보증하는 경향이 있다. 즉 가격지도자가 된 대기업은 대개의 경우에 전량 공급 가운데 극히 적은 부분밖에 점하지 않는 소기업을 배제하여도 그것에 의하여 이익을 얻는 것은 거의 없다. 따라서 소기업이 존속하여도 대기업은 그의 지배력을 행사하는 데 저해받지 않는다. 한편 산업에 독점이 존재하지 않는다는 결정적 증거를 소기업의 존속이 제공하기도 한다. 따라서 대기업은 소수의 과점기업이 실질적인 지위를 강화하면서도 이를 숨기기 위한 정치적 이유에서 소기업을 존속히도록 한다.

넷째, 소기업의 존속은 소기업가의 도박적 태도에 의하여 설명된다. 소기업가는 대단히 낮은 보수로서 비정상적으로 위험을 높게 부담한다는 점에서 확실히 도박자라는 것이다.

끝으로 소기업은 대기업의 관용에 의하여 존속한다. 소기업이 대기업과 하청업자의 관계에서 거래하는 경우에는 대기업이 외관상 독립성을 부여한 데 불과하다.

슈타인들은 이상에서와 같이 다각적으로 소기업의 존립조건을 제시하고 있지만, 그것은 역시 '소기업 소멸론'과 '소기업 비합리론'을 바탕으로 하고 있다. 그는 대규모경제의 유리성을 적극적으로 인정하는 가운데 불완전경쟁에 의한 소기업의 존속 가능성을 제시하였다. 그런데 종래 로빈슨(J. Robinson)이나 챔벌린에 의하여 전개된 불완전경쟁이나 독점적 경쟁의 이론 등 시장의 불완전성에 관한 이론을 소기업의 존립조건을 설명하는 데 체계적으로 접속시키고 있다. 즉 생산물의 특성이나 입지조건 등을 소기업의 존속이유와 관련시켜 설명하고 있는 것이다.

특히 슈타인들은 소기업의 존립을 종래의 추상적 독점에서가 아니고 그 독점적 지배력과의 관계에서 고찰하고 있다. 독과점적 대기업이 그들의 실질적인 독점을 숨기려는 정치적 이유에서 소기업을 존속하도록 하고 대기업의 관용에 의하여 소기업이 존속한다고 지적한 점 등은 도브(M. Dobb)[113]나 아로노비치(S. Aaronovitch)[114]의 독점지배론적 중소기업론과 상통하는 일면이라고 하겠다.

또한 그는 소기업의 존립이유를 시장의 불완전성에서 찾되 이를 노동시장의 불완전성에까지 발전시켜 해석하고 있다. 여기서 그는 특히 저임금노동에서 소기업의 존립근거를 찾고 있어서 소기업문제를 저임금노동의 문제로까지 연장시키고 있는 것이다.[115]

소기업 존속에 대한 슈타인들의 이러한 시각은 20세기초(1909) 홉슨이 소기업의 잔존을 진정한 잔존과 종속적 영세공업으로 나누면서 소기업 잔존에 대한 경제적 비합리성 기준을 제시한 후, 소기업에 대한 논의에서 소외되어 왔던 것이 본격적으로 전개되기에 이른 것으로 보인다. 즉 홉슨의 소기업 잔존에 대한 비합리성론은 플로렌스를 거쳐

---

113) M. Dobb, *Studies in the Development of Capitalism*, London : Routledge & Kegam Paul, 1st published 1946, 2nd ed. 1963, pp. 342~347.

114) S. Aaronovitch, *Monopoly — A Study of British Monopoly Capitalism*, London : Lawrence & Wishart, 1955.

115) 플로렌스는 저임금에 의존하는 소기업의 잔존을 무시하였다. 그도 임금격차의 문제를 제기하였지만, 그것은 대기업의 높은 이윤이 저임금에 기초한 것이 아니라는 점을 실증하기 위한 것이었을 뿐, 소기업에서 저임금을 주장하기 위한 것은 아니었다.(P. S. Florence, *The Logic of Brithish and American Industry*, 1953, p. 67·68)

슈타인들에 이르러 경제제도적 측면에서 적극적으로 규정되기에 이른 것이다.

대기업으로 성장 가능성도 없고, 생산성이 낮으며 이윤량도 적은 소기업 그리고 장기적으로 이윤율도 낮아서 경영이 불안정, 사멸의 위기에 있는 소기업이 잔존하는 것은 경제제도에서 바람직하지 못한 일련의 요인 때문이라고 슈타인들은 진단한 것이다. 이들 요인에 대하여는 위에서 설명한 바 있거니와 이러한 소기업의 잔존을 플로렌스와 같이, 슈타인들도 경제적으로 비합리적인 것으로 규정하였다. 그러나 슈타인들은 이를 경제제도적 측면에서 고찰함으로써 소기업 잔존을 국민경제적 모순이라는 인식에 접근시키고 있는 것이다. 특히 슈타인들의 이러한 소기업론은 자본주의 독과점상태의 구조를 전제로 하고 있다는 점에서 주목을 끈다.

3. 小企業 非合理性論의 정책인식과 小企業 保護·育成論의 전개

앞서 살펴본 바와 같이 소기업 비합리성론의 역사적 배경은 경제의 성장 발전에 수반하여 대기업이 거대기업으로 성장하고, 규모면에서 소기업과의 격차가 매우 커지면서 생산성·이윤·경영안정성에서도 규모간 격차가 현격하게 되면서도, 소기업이 소멸하지 않고 끈질기게 잔존하고 있다는 사실에 있는 것이다.[116] 이에 근거를 두고 특히 영국에서는 적정규모론적 소기업 잔존론에 대립되는 '소기업 비합리성론'이 제기되었던 것이다.

소기업의 잔존을 적정규모론적으로 설명하는 데서는 소기업의 잔존을 경제의 법칙에 적합하다는 의미에서 경제적 합리성을 지닌 것으로

---

116) '소기업 비합리성론'은 소기업을 경제적 비합리성을 지닌 것으로 보는 '소기업 평가론'이라는 점에서는 '소기업 도태·소멸론'과 공통점을 지니고 있지만, 장래에 소기업은 도태·소멸하는 것이 아니고 그 잔존을 예측한다는 점에서는 차이가 있다. 그런 의미에서 소기업의 잔존을 국민경제적 모순의 문제로 보는 시각에 접근해 있다. 왜냐하면 국민경제적 모순의 문제는 지속적이며 구조적 성격을 지닌 것이기 때문이다.

본다. 이에 대하여 소기업의 잔존을 경제적으로 비합리적인 것으로 규정하는 주장은 플로렌스 이후 슈타인들에 와서 본격적으로 전개되었음을 알 수 있었다. 이러한 소기업 잔존 평가문제는 다 같이 마셜이 제시한 경제이론적 문제를 근원으로 하여 발생한 것이지만 경제정책과의 관련에서 보면 다른 의미를 지닌다.

소기업의 잔존을 경제적으로 합리성을 지닌 것으로 보면, 소기업이 존립위기에 빠질 때는 이에 대한 적극적인 경제정책을 취할 필요가 있게 된다. 이것은 미국의 '소기업 보호·육성책'에서 보는 바와 같다. 반대로 소기업의 잔존을 경제적으로 비합리적인 것으로 보면 경제정책으로서는 소기업의 잔존을 적극적으로 지지할 이유가 없게 되며, 오히려 소기업을 도태·구축시키는 정책을 택할 가능성마저 생길 수 있다. 다만 사회정책에 의하여 소기업의 잔존을 과도적으로 지지할 뿐이다.

소기업 비합리성론을 근거로 하는 소기업문제 의식과 정책인식은 영국에서 비교적 잘 나타나고 있었는데, 슈타인들의 정책의식이 대표적인 것이다. 그는 기술적 진보와 노동생산성의 증대를 바라는 목적이 당연하다면, 현재의 상태에서 소기업을 보존하고 보호하는 것과 같은 탄력성 없는 정책을 수행하는 것은 불이익을 초래하지 않을 수 없다[117]고 하여 소기업 보호·육성론을 반대하였다. 경제정책으로서는 소기업을 도태시키는 방향을 시사하고 있는 것이다. 다만 소기업가에는 여러 가지 계급이 존속하고 있어서 사회적 정치적 중요성을 지니고 있다[118]고 하여, 사회정책적으로는 소기업의 존속을 어느 정도 시도하는 정책이 필요하다는 점을 부인하지 않았을 뿐이다.

또한 슈타인들의 지적과 같이 대생산단위가 소생산단위를 대체하는 것이 제 2 차세계대전 이전의 영국 산업정책의 영구적 목표였다.[119] 다만 제 2 차세계대전 이전에 영국에도 소기업의 지원정책이 있었는데, 그것은 금융면에서의 지원정책이었다. 이 시기에 대기업과 소기업간의

---

117) J. Steindl, *op. cit.*(米田淸貴·加藤誠一 譯, 앞의 책, p.131).
118) *Ibid.*(米田淸貴·加藤誠一 譯, 위의 책, p.113).
119) *Ibid.*(米田淸貴·加藤誠一 譯, 위의 책, p.132).

규모격차를 반영하여, 1931년에 〈맥밀런위원회보고서〉는 금융면에서 규모격차(Macmillan Gap)를 지적하였다.[120] 이 대기업과 소기업간의 금융상 규모격차를 해소하기 위하여 1930~1945년간에 새로운 금융기관이 점차 설립되었다.

결국 소기업이 광범하게 존재하여 불합리한 산업조직을 형성하고 있는 경제현실을 국민경제적 모순으로 고찰하는 시각에는 상당히 접근해 있으면서도, 영국에서는 이것이 미국에서보다는 뚜렷하게 인식되지 않았음을 알 수 있다. 이에 대하여 플로렌스는 다음과 같이 지적하였다. 영국에서도 자유경쟁 경제제도를 지지하는 사고가 강했지만, 개개의 경제주체간에 자유경쟁을 유지하는 것으로부터, 개개의 경제주체가 모인 집단과 집단간의 자유경쟁을 유지하는 방향으로 변화된 점이 특징이라는 것이다.[121]

그 결과 소기업에 대해서 개별적으로는 능률이 낮고 이윤이 적어서 경영이 불안정하며 대기업으로 성장하는 것도 불가능할 뿐만 아니라 대기업에 의하여 도태·구축되는 경향이 있다는 사실을 인정하였던 것이다. 이런 소기업문제를 자유경쟁제도의 위기라는 국민경제적 모순의 문제로 강하게 인식하지 않은 것이 영국의 경우였다. 이것은 영국에서는 소기업의 잔존을 플로렌스 이후의 경제적 비합리성에 바탕을 두고 규정하는 것이 일반적이었던 데 기인한다.

따라서 당시 영국에서 소기업문제 의식은 소기업이 도태·구축되는 과정에서 마찰을 가급적 감소시키려고 하는 것, 즉 마찰적 모순은 심각한 국민경제적 문제는 아니라는 생각이었다. 또한 경제주체의 집단으로서 소기업집단이 다른 경제주체의 집단과 공정한 자유경쟁을 가능하도록 하되, 주로 금융면에서의 지원정책을 강구하는 것 등이 주된 내용이었다.

소기업 비합리성론을 바탕으로 하는 이와 같은 영국의 소기업문제

---

120) Macmillan Committee, *Report of the Committee on Finance and Industry*, Cmd 3897, Pars. 375~404.

121) P. S. Florence, *Industry and State*, London, 1957.

및 정책의식에 대하여 미국에서는 소기업 보호·육성론이 주장되었는
데, 이는 소기업문제 의식이 영국과는 달랐기 때문이다. 미국에서는
소기업이 대기업으로 성장하는 것이 저해되고 낮은 생산성, 낮은 이윤
그리고 경영의 불안정성을 지니고 있지만, 모든 소기업이 경제적으로
불완전한 것은 아니며, 오히려 소기업이 경제발전의 원동력이라는 의
미에서 그 잔존이 경제적 합리성을 갖고 있다고 생각하였다. 그 결과
소기업에 대한 보호·육성을 적극적으로 추진하도록 하였다.

이러한 주장은 19세기말 이후 미국의 경제가 성장·발전하면서 경제
력이 집중되고, 그로 인한 독점의 폐해가 발생한 것을 역사적 배경으
로 하지만, 직접적으로는 1929년의 공황을 계기로 형성된 것이다. 19
세기말 이후 독점금지정책은 독점을 해악으로 생각하였고, 공황의 원
인을 경제력의 과도한 집중에서 구하기도 하였는데, 1938년에는 미국
정부가 경제력 집중에 대한 조사위원회(임시국가경제위원회, T. N. E. C.)
를 구성하였다.[122]

TNEC 보고서는 과도한 경제의 집중이 가져오는 폐해를 지적하고
자유경쟁제도가 경제의 발전을 가져온다고 주장하면서, 자유경쟁제도
를 유지하기 위하여는 소기업을 보호·육성해야 한다는 소기업 보호·
육성론을 형성하도록 하였다. 이것은 1942년에 구성된 경제발전위원
회(Committee for Economic Development)의 소기업특수문제위원회로
이어지고, 1950년 루스벨트(F. D. Roosevelt) 대통령의 소기업 대책에
대한 특별 메시지로 나타났다. 이어서 1953년의 '소기업법'에 다음과
같이 명시된 것이다.[123]

---

122) Temporary National Economic Committee(TNEC)는 많은 경제조사 보고
  서를 발표하였는데, 그 가운데 특히 소기업과 깊은 관계를 갖는 것은 다음과
  같은 것들이다.
    ① Monograph 13: *Relative Efficiency of Large, Medium Sized and Small
  Business*, 1941.
    ② Monograph 15: *Financial Characteristics of American Manufacturing
  Corporation*, 1941.
    ③ Monograph 17: *Problems of Small Business*, 1941.
    ④ Monograph 27: *The Structure of Industry*, 1941.
123) 法制處, 《各國의 中小企業關係法》(法制資料 第142輯, 1987, p.3) ; 〈美國中

미국의 민간기업 경제체제의 본질은 자유경쟁이다. 자유시장, 자유로운 기업 참여 및 개인의 창의성과 개인적 판단의 표현 및 성장을 위한 기회는 충분하고 자유로운 경쟁을 통해서만 보장될 수 있다. 이러한 경쟁의 보호와 확대는 미국의 경제적 복지뿐만 아니라 안정을 위해서도 초석으로서의 역할을 담당한다. 이러한 안정과 복지는 중소기업의 현재적, 잠재적 능력이 배양·육성되지 아니하는 한 실현될 수 없다. 정부는 자유경쟁기업을 보호하고 정부가 사용하는 물자와 서비스의 조달과 정부계약 및 하도급계약 전체에서 공정한 부분이 중소기업에 배당되도록 보장하고, 정부재산이 공정한 비율로 중소기업에 매각될 수 있도록 보장하며, 나아가서 국가경제 전체를 유지·강화하기 위하여 가능한 한 중소기업의 이익을 지원하고 조언하며 보호해야 한다는 것이 의회의 정책임을 선언한다.

이것이 미국의 소기업 보호·육성론의 근거이다.[124] 마셜은 일찍이 소기업을 경제발전의 원동력으로 보았다. 그는 소기업이 대기업으로 성장하는 소기업 성장론을 주장하였는데, 이것은 경제력 집중이 극단적으로 이루어지지 않은 역사적 배경 속에서였다. 그러나 1930년 이후에는 소기업 성장의 경향이 부정되면서, 오히려 소기업의 도태·구축이 촉진되는 가운데 소기업 보호·육성론이 제기된 것이라는 점에서 주목된다.

이러한 소기업 보호·육성론은 미국 정부 및 의회의 공식적 견해일 뿐만 아니라 카플란(A. D. H. Kaplan)[125] 등 많은 소기업론자에 의하여 주장되고 있다. 그런데 이런 소기업 보호·육성론 가운데서도 모든 소기업을 보호·육성하는 것이 아니고, 능률이 낮고 경영내용이 부실한 소기업을 보호하는 것은 경제발전과 국민의 복지에 도움이 되지 않

小企業法〉(Small Business Act), 1974년 8월 23일 개정, 第631條(政策의 宣言).

124) 제2차세계대전 및 한국전쟁을 계기로 하여 방위산업적 견지에서 소기업의 중요성이 제기되고 전후에 고용을 유지하기 위한 견지에서도 소기업의 중요성이 인식되었다.

125) A. D. H. Kaplan, *Small Business : Its Place and Problems,* New York : Mc-Graw-Hill, 1948.

는다는 견해도 있다. 소기업의 보호·육성이 소기업에 특권을 주는 것이 아니라 대기업과 평등한 조건에서 대등한 경쟁을 할 수 있도록 하는 범위에서 보호·육성정책을 취해야 한다는 주장도 있다.[126] 이런 점은 소기업 비합리성론의 주장을 부분적으로 반영하는 것이라고 볼 수 있다. 그리고 소기업 보호·육성론과 관련하여 독점적 대기업과 소기업의 관계를 실증적으로 분석한 연구,[127] 그리고 소기업정책이 주로 소기업의 상층부를 대상으로 하고 하층의 영세기업(Little Business)을 도외시한다고 문제를 제기한 연구[128] 등도 이루어졌다.

결국 1930년대 이후 미국의 소기업문제는 소기업 잔존론에서 보여주는 경제이론적 문제로서의 성격을 넘어서 경제정책을 필요로 하는 국민경제적 모순으로서의 문제로 인식되기에 이른 것이다. 이것은 소기업 도태·육성론이 지배적이었던 때의 과도적 마찰적 모순으로서의 문제가 아니라 근본적인 경제제도에 관련되는 문제로 의식된 것이다. 즉 소기업이 도태·구축되고 소기업이 대기업으로 성장하는 것이 저해되며, 그것이 저이윤성, 저생산성과 경영 불안정이 가져오는 현재의 소기업문제를 의식한 데서 그친 것이 아니다. 경제력 집중화가 촉진되어 자유경쟁제도가 위기에 봉착되면 그것이 경제의 성장 발전과 국민의 복지를 저해시킨다는 문제의식을 매개로 하여 국민경제적 모순으로서 소기업문제가 다루어진 것이다.

미국과 영국은 다 같이 소기업의 비중이 높은 편이 아니었다. 그런 가운데 영국에서는 소기업 비합리성론이 유력하고 미국에서는 소기업 보호·육성론이 지배적으로 되는 상반된 경향을 보였다. 이것은 미국에서는 경제의 성장·발전에 수반하여 경제력 집중과 기업의 대규모화

---

126) ① Paul Donham, "Whither Small Business?", *Havard Business Review*, Vol. 35, No. 2, March~April 1957, pp. 73~81.
　② W. Arnold Hosmer, "Small Manufacturing Enterprises", *Havard Business Review*, Vol. 35, No. 6, Nov~Dec. 1957, p. 111·122.
127) Harold G. Vatter, *Small Business and Oligopoly — A Study of the Butter, Flour, Automobile and Glass Container Industry*, Oregon, 1955.
128) Joseph D. Phillips, *Little Business in the American Economy*, Urbana, 1958.

가 강화되어 독점의 폐해가 뚜렷하였음에 대하여, 영국에서는 제 1 차 세계대전까지는 독점의 형성과 독점의 폐해가 그렇게 심하게 의식되지 않은 데 기인한다. 동일한 대규모화의 측면 속에서도 미국에서는 독점의 폐해를 강력히 의식한 데 대하여, 영국에서는 대규모화의 능률성과 경제적 합리성이 강력히 주장되는 가운데, 각각 소기업 보호·육성론과 소기업 비합리성론이라는 서로 다른 주장이 형성된 것이다.

영국에서는 플로렌스 이후 소기업의 잔존을 불합리한 것으로 보고 소기업이 광범하게 존속하는 현실적 산업조직을 비능률적인 것으로 규정하였다. 이와 같은 시각은 소기업이 현시점에서, 대규모생산에 비하여 소규모생산의 비능률성을 지닌다는 데 중점을 둔 데서 비롯된다. 이는 플로렌스 이후 슈타인들에 이르는 소기업 비합리성론자들이 개별기업의 내부경제 분석에 치중한 데서 오는 결과이기도 하다. 그리고 이것은 영국산업조직론의 흐름이 기업규모의 능률성을 주로 분석한 것을 반영하는 것이다. 따라서 여기서는 소기업이 산업조직에 주는 동태적 역할이나 외부경제적 작용은 제외시키고 정태적 분석에 그치고 있다.

이에 대하여 미국에서는 소기업의 외부경제적 작용과 동태적 역할을 중요시하여 그것의 보호·육성론이 강조되기에 이른다. 경제력 집중에 따라 독과점구조가 정착되면서 그 폐해가 심각한 국민경제적 문제로 제기되고 그에 따른 산업조직의 비능률성이 의식되었다. 여기서는 개별적인 기업규모의 문제를 떠나서 국민경제의 시각에서 산업조직의 문제를 의식하게 된 것이다. 즉 미국형 산업조직론의 흐름 속에서 소기업문제가 제기된 것이다. 저생산성, 저이윤, 경영 불안정성을 지닌 것이 현재 소기업의 상태이지만, 그것을 보호·육성하는 것이 산업조직의 능률성을 높일 수 있다고 파악한 것이다. 비합리적인 소기업을 광범하게 포괄하는 현재의 산업조직이 비능률적이지만, 독과점구조의 경직성을 완화·개선하기 위한 미래지향적 방향은 소기업의 보호·육성에 있다고 본 것이다. 이것은 일찍이 마셜이 소기업을 경제발전의 원동력으로 보고 영국 산업력의 대부분이 성장하는 소기업의 에너지와 탄력성에 의존하고 있다[129]고 했던 견해의 재조명이라고 볼 수 있다.[130]

---

129) A. Marshall, *Industry,* lst ed. 1919, 4th ed. 1923, p. 581.
130) 미국에서 소기업문제가 경제력 집중과 독점의 폐해 속에서 국민경제적 모순으

4. 小企業에서 中小規模企業으로

지금까지 영국과 미국 등 선진국을 대상으로 경제의 성장·발전 과
정에서 소기업에 대한 문제의식의 흐름과 그에 관련된 경제이론, 사상
및 정책인식에 대하여 고찰하였다. 그러나 소기업(small business,
small firms, small unit, small concern, small enterprise etc.)은 영문표기
의 내용이 다양함은 물론, 그 내용과 범위도 경제의 성장·발전에 수반
하여 변화되었고, 또 중소규모기업으로까지 문제의식의 범위가 확대되
었다. 여기서는 이를 정리하고자 한다.

초기의 소기업 도태·소멸론에서 소기업은 주로 수공업과 가내공업
이었고, 부분적으로 소규모 매뉴팩처를 포함하였지만, 원칙적으로는
자본제적 소공업이 아닌 것을 주된 대상으로 하였다.[131]

이것이 19세기말 이후 소기업 잔존론에서 소기업에는 분명히 '자본
제적 소기업'도 상당히 포함됨으로써 소기업의 上限이 점차 확대되었
음을 알 수 있다. 마셜이 생각하는 소기업에는 자본제적 소기업이 포
함되어 있었고, 20세기초에 셀리그먼(E. R. A. Seligman)은 소규모와
대규모의 차이는 정확하게는 수공업과 공장공업의 차이와 같은 것은
아니[132]라고 지적하였다. 이것은 자본제적 소기업을 소기업에 포함시
켜 고찰할 수 있음을 지적한 것이다. 결국 19세기말 이후에는 수공업
과 가내공업이라는 의미의 소기업이 아니고 자본제적 소기업을 포함하

로 인식되었지만 그것은 일본이나 후진경제에서 인식된 중소기업문제와 그 성
격이 동일한 것은 아니다. 일본이나 후진경제에서는 미국이나 영국에 비하여
국민경제에서 중소기업(또는 소기업)이 차지하는 비중이 높다. 여기에 중소기
업이 지닌 저생산성, 저이윤, 저임금, 열악한 노동조건과 경영불안정이, 경제적
집중과 독과점구조하에서 자유경쟁경제제도가 위기에 봉착하고 있다는 경제제
도상의 문제와 관련되어, 그것이 국민경제적 모순으로서 의식된 것이 일본이나
후진경제에서 중소기업문제에 대한 근대경제학적 시각이다.

131) 이것은 카우츠키(K. Kautsky)의 베른슈타인(E. Bernstein)에 대한 반론에
서도 알 수 있다.

132) E. R. A. Seligman, *Principles of Economics*, New York, 1905, p. 336.

여, 대규모에 대한 소규모라는 의미에서 소기업이 문제의 대상으로 된 것이다.[133]

1910년경 미국에서는 연간 생산액 5천 달러가 소기업의 상한으로 제시되기도 하였고,[134] 1920년경 영국에서는 종업원 100인을 소기업의 상한으로 보는 등[135] 대규모에 비교하여 규모가 소규모라는 의미의 소기업의 상한이 점차 확대되었다.

1930년 이후 미국에서 소기업의 상한이 종업원수 250인까지 확대되는 과정은 카플란(A. D. H. Kaplan)과 필립스(J. D. Phillips)에 의하여 설명된 바 있다.[136] 그런데 그 후 소기업문제에 관한 논의에서 '중소규모기업(small and medium sized business)이라는 용어가 사용됨으로써 소기업문제의 대상 범위가 중기업까지 확대되는 경향을 나타내었다.

이와 같은 경향은 19세기말 이후 소기업이 대기업에 비하여 규모가 작다고 하는 상대적 개념으로 사용된 데서 비롯된다. 즉 경제의 성장 발전에 수반하여 대기업이 거대화되기 때문에 소기업과 상대적으로 대치되는 대기업의 상한이 점차 확대되고, 여기에 맞추어 소기업의 상한도 점차 확대된 것이다. 그런데 경제력이 집중되면서 대기업의 상한 확대가 빠르게 진행되었지만, 소기업의 상한 확대가 이를 따라가지 못하면서 중기업의 개념이 형성된 것이다. 이처럼 경제력 집중과 대기업의 거대화가 촉진된 결과 소기업에 대한 문제의식이 중기업에까지 확대되면서 小와 中을 결합한 '중소규모기업'이라는 개념이 사용된 것으로 볼 수 있다.

---

133) 일본에서는 大正 말기에서 昭和 초기(1925~1926)에 걸쳐 수공업 및 가내공업만이 아니고 공장제 기계공업을 포함, 자본제적 성장에 뒤떨어진 기업이 문제의 대상으로 되고 이것이 中小商工業으로 지칭되었다. 이것은 19세기말 이후 영국과 미국에서 소기업문제가 규모의 범위에서는 중소기업문제에 해당된다고 볼 수 있다.

134) J. H. Haney, *Business Organization and Combination*, New York, 1913, pp. 17~19.

135) A. L. Bowley, "The Survival of Small Firms", *Economica*, No. 2, 1922, pp. 113~115.

136) ① A. D. H. Kaplam, *Small Business: Its Place and Problems,* 1948, Chap. 2.
　② J. D. Phillips, *Little Business in the American Economy,* 1958, Chap. 2.

‘중소규모기업’이라는 용어는 1910년경에 이미 홉슨(J. A. Hobson)에 의하여 사용되었고, 그는 소기업의 잔존만이 아닌 중소규모기업(small and middling business 또는 business of moderate or small size)의 잔존을 지적한 바 있다.[137] 그러나 홉슨의 소기업 잔존론은 어디까지나 소기업을 대상으로 하여 전개되었고, 중기업을 포함하지 않았으며, 중소규모기업은 오히려 예외적으로 쓰였던 것이다.

1941년에 TNEC 보고서는 〈대·중·소기업의 능률 비교〉(Relative Efficiency of Large, Medium-sized and Small Business)를 제목으로 하여 분석을 행하는 가운데 이미 소기업의 상한을 종업원수 250인까지 확대하고 있었으나 소와 중을 결합한 중소규모기업에 대한 의식과 분석은 명확히 하고 있지 않다.[138] 이런 점은 플로렌스에서도 마찬가지였고,[139] 스타인들은 오히려 중기업을 대기업과 결합, 소기업에 대치시키고 있었다.[140]

그 후 리돌(H. F. Lydall)에 와서 중기업과 소기업을 결합한 중소규모기업(small and medium-sized manufacturing firms)으로서의 문제가 의식되었다.[141] 이러한 경향은 경제력이 집중되면서 미국이나 영국에서도 점차 강하게 나타나고 있다. 즉 경제성장과 경제력의 집중화에 수반하여 문제의 대상범위가 확대되고 있는 것이다.[142]

---

137) J. A. Hobson, *Industrial System*, lst ed. 1909, Reprints of Economic Classics, New York, 1969, p.183. 여기서 그는 巨大企業(monster businesses)이 지배적 위치를 차지하는 산업에서도 中小規模企業이 잔존한다는 것을 지적하였다.

138) TNEC Monograph 13.

139) P. S. Florence, *The Logic of British and American Industry*, Chap. 1과 Chap. 4 참조.

140) J. Steindl, *op. cit.*(米田淸貴·加藤誠一 譯, 앞의 책, pp. 69~74).

141) H. F. Lydall, "The Impact of the Credit Squeeze on Small and Medium-sized Manufacturing Firms", *The Economic Journal*, Sep. 1957.

142) 일본이나 우리나라의 경우에도 중소기업의 上限은 점차 확대되는 추세이다. 그리고 TNEC Monograph 13에는 중규모의 상한을 종업원 500명까지로 정하였지만, 1957년에 개정한 〈미국소기업법〉의 기준에 따르면 소기업의 상한을 업종에 따라 500명 및 1천 명까지 확대시키고 있다.(瀧澤菊太郎, 〈中小企業問題の見の方の發展—中小企業問題の國際的·歷史的分析〉, 山中篤太郎, 《經濟成長と中小企業》, 春秋社, 1963, pp. 39~68 참조)

III. 중소기업문제에 대한 構造論的 論議 : 二重構造論

1. 日本의 중소기업문제

지금까지 우리는 영국과 미국 등 선진경제에서 전개된 소기업 또는
중소규모기업에 대한 논의를 고찰하였다. 이들 경제, 특히 영국에서는
경제이론상의 문제로서 소기업문제가 의식되었고, 그것을 해명하기 위
한 소기업이론이 형성되었던 것이다. 다만 1930년 이후 미국에서는 자
본주의 발전과정에서 獨寡占構造가 정착되고 그 구조적 모순이 인식됨
에 따라 소기업문제가 국민경제적 모순의 문제로서 제기되었다. 이것
은 독과점구조의 폐해와 경직성을 완화·해소하는 데서 소기업의 역할
이 중요하게 인식된 데 따른 것이었다.

영국에서는 산업조직 안에 소기업이 그 비중은 높지 않지만, 광범하
게 잔존하는 것을 비합리적인 것으로 보았고, 이것은 대규모생산의 능
률성에 대한 믿음을 반영하는 것이었다. 즉 기업규모 단위의 능률성을
추구하는 영국형 산업조직론을 기초로 한 것이었다. 그러나 미국에서
는 기업간 관계(시장조직)의 능률성 제고를 추구하는 산업조직론이 주
된 흐름이었으며, 소기업문제의 인식도 이 기초 위에서 이루어졌다.
즉 독과점구조가 심화되면서 소기업의 도태와 구축이 적극화되자 그것
을 국민경제적 모순의 문제로서 인식하게 된 것이다. 1930년에 세계공
황 과정에서 자본주의의 구조적 모순으로서 독과점문제가 제기되었고
그 속에서 소기업문제가 의식된 것이다. 소기업의 보호와 육성이 독과
점의 폐해를 시정·완화하는 역할을 할 수 있다는 정책적 인식이 대두
된 것이다. 독과점문제를 해소하기 위한 소기업의 역할이 강조되면서
소기업의 도태·구축에 대해 그것의 보호와 육성으로 대응하면서, 독
과점구조에서 오는 국민경제의 구조적 모순도 같이 해소하려는 것이
미국의 소기업문제 인식의 기초였다.

경제이론상의 문제이든, 또는 국민경제적 모순의 문제이든 영국과

미국에서 소기업문제는 경제의 성장·발전과 경제력의 집중화가 촉진
된 결과로서 나타난 경제현상을 대상으로 이루어진 것이었다. 이에 대
하여 일본에서 중소기업문제는 1868년 메이지유신(明治維新) 이후 위
로부터의 정책에 의하여 급속한 근대화정책을 수행하는 과정에서 형성
된 것이라는 점에서 영국과 미국의 그것과는 차이가 있다. 즉 일본에
서 중소기업문제는 처음부터 구조적 국민경제적 모순의 문제로서의 성
격을 강하게 지녔고, 그에 대한 정책인식이 수반되었으며, 그리고 중
소기업에 대한 이론도 전개되었다.

　일본에서 이와 같은 '중소공업문제'의 원천에 대하여는 다음과 같은
지적이 있다.[143]

　중소기업문제 또는 중소(상)공업문제가 일본 특유의 산업정책 대상
인가에 대하여는 일단 논외로 하고, 본격적인 의미에서 중소공업문제
나 중소공업대책이 산업계에서 대기업의 지배와 우월이 전면적으로 확
립되면서 등장했다는 것은 다시 말할 것도 없다. 일본에서 중소공업대
책이 산업정책상의 주요 문제의 하나로 본격적으로 대두하고, 그에 대
한 정부의 시책이 체계적으로 강구된 것은 대기업의 산업지배체제가
형성된 제 1 차세계대전이 끝난 후 특히 昭和 2년(1927)의 금융공황
이후쯤이고, 중소(상)공업이라는 용어가 일반적으로 분류된 것도 이
무렵부터이다. 상공행정기구의 측면에서 보면 農商務省이 분리하여 商
工省이 발족(大正 14년, 1925)한 이후라고 하겠다.

　그러나 중소기업정책이 본격화된 것은 大正 말기(1925년경) 이후라
고 하지만, 그 이전 시대에서도 중소공업문제의 선구와 맹아가 없었던
것은 아니다. 明治 말년(1911)부터 '중소공업'이라는 용어는 이미 정
부당국에서 사용하기 시작하였고, 그에 대한 대책도 고려되었으며, 더
구나 이 문제의 역사적 원류는 明治 중기의 재래공업문제와 소공업문
제까지 거슬러올라간다.

　다시 말하면 일본에서는 明治 초년(1868)부터 선진자본주의국가의

---

143) 日本通商産業省　編, 《商工政策史》 第12卷, '中小企業', 商工政策史刊行會,
　　1963, p. 3·4.

근대적 대공업이 적극적으로 이식되었고, 정부의 두터운 보호조성하에 있었으며, 단기간내에 생성·발전하고 있었다. 그러나 이러한 근대적 대공업의 급속한 형성은 대조적으로 江戶時代에 국내에 생성 존립하여 온 일본 고유의 재래공업을 중심으로 한 소공업의 정체와 피폐라는 문제를 발생시켰는데, 明治時代를 통하여 자주 이것이 정부당국이나 관계자간에 인식되어 왔다. 그리하여 明治 말년에는 근대적 대공업의 전반적 성립에 수반하여, 농상무성 당국에서 중소공업의 진흥대책이 점차 검토되었고, 大正 초년(1912)에 걸쳐 약간의 시책도 행해지기에 이르렀다.

이상의 지적에서 우리는 일본에서 중소공업문제가 본격적으로 정책인식의 대상으로 된 것은 1920년대 중반 이후이며, 중소(상)공업이라는 용어도 이 무렵부터 일반적으로 보급되었다는 것을 알 수 있다. 그러나 이 문제의 역사적 원천은 明治 중기(1890년대초)의 재래공업문제와 소공업문제에까지 소급되고 있다.

메이지유신 정부에 의한 殖産興業政策으로 근대적 산업 내지 기계제공업이 확립되는 과정에서 幕藩시대 이후 이른바 재래공업 내지 재래산업이 파괴적 압박을 받게 되었다. 또한 종래 봉건적 보호통제가 철폐되면서 격렬한 자유경쟁에 직면한 재래공업은 도산되고 궁핍을 면치 못하게 되었다. 근대적 移植工業과 재래공업은 기본적으로 역사적 성격을 달리하기 때문에 양자가 같은 산업부문에서 대항관계를 갖게 되는 경우, 재래공업이 압도되는 것은 당연하였다. 더구나 이식공업에 의히여 재래공업이 압도되면서도 재래공업의 분해과정은 간단한 것만은 아니었으며, 업종에 따라 서로 다른 대항관계와 분해과정을 나타내었다.

원래 식산흥업정책은 근대적 산업의 이식·진흥과 동시에 재래산업의 보호·육성도 추구하여 국가의 독립성 유지를 목적으로 하는 것이었지만, 제 1 차적 요청은 자본주의적 생산의 확립이었다. 따라서 수공업적 기술을 기반으로 하는 재래공업이 기계제공업에 의하여 압도되는 것은 부득이한 것이었다. 여기에 메이지 10년대 후반부터 이러한 대항관계가 인식되고 재래공업의 보호·진흥이 문제로 제기되었는데 이것이 재래공업문제이다.

재래공업문제 내지 재래산업문제가 후에 중소공업문제 내지 중소기업문제의 원류로 되는 것은 부정할 수 없지만, 전자는 재래공업의 궁핍·분해를 인식하고, 이것의 진흥·조장 등의 필요에서 형성되었다는 점에서 후자와는 본질적으로 문제의식에 차이가 있으며, 극히 정책적 문제인 것이다.

이와 같은 재래공업문제를 뒷받침하여 주는 문제의식이 在來工業觀이다. 이것은 이식공업과 재래공업간의 대항관계를 인식하고 재래공업의 중요성을 지적하면서 그 어려움에 대처한 보호·육성책의 필요성을 강조한 것이다. 이것은 당시 농상무성 관료(《興業意見》의 편찬주임)였던 마에다 쇼메이(前田正名)에 의하여 통일적으로 제시되었다.[144]

여기서는 재래산업이 수출상 중요한 비중을 점하고 일본경제의 성장발전에 중요한 역할을 함에도 불구하고 이를 경시하는 것을 문제로 제기하였다. 따라서 그것은 대기업에 의하여 소기업이 도태·구축되는 과정에서 발생하는 과도적 모순으로서 소기업문제와는 다르다. 또한 문제에 대한 대책에서도 소기업의 도태·구축을 당연하게 본다거나, 또는 그 마찰 및 모순을 될 수 있는 대로 극소화하려는 것보다는 오히려 반대로 경제성장과 발전에 수반하여 소기업(재래산업 가운데서 수공업·가내공업)의 진흥을 제언하고 있다. 그런 의미에서 소기업 도태·소멸론이나 소기업 비합리성론과는 다르고, 미국의 소기업 보호·육성론과도 다르다.

또한 메이지 말기 일본에서 소기업(수공업·가내공업)의 도태·구축이 행하여지지만, 그것은 대기업에 의한 도태·구축보다는 오히려 재래산업 내부의 소기업 상호간 경쟁·구축에 의한 것이 많았다. 그리고 소기업의 도태도 영국에서처럼 대량으로 광범하게 이루어지지는 않았다. 그 결과로 인하여 일본에서는 산업혁명이 끝난 후에도 대량의 소

---

144) 農商務省 編, 《興業意見》 全30卷, 明治 17년(1884)刊(明治財政經濟史料集成 第18·19·20卷, 특히 第18卷 參照) 및 前田正名, 《所見》, 明治 25년(1892)刊.

기업이 존속하게 되었다.

이와 같은 재래산업론은 메이지 30년(1897) 전후 일본 산업자본의 확립기에 小工業論으로 새롭게 전개되었다. 소공업론은 일본자본주의가 경공업을 중심으로 대공업시대에 들어서는 시기에 소규모생산이 고정화되고, 재래산업 내부에서 수공업과 가내공업이 도태·구축되는 것에 대응하는 문제의식이었다. 이러한 소공업론은 일본의 특수한 산업혁명에 의하여 재래산업의 자생적 발전이 규정되고 제약되었다고 하는 일본 수공업문제의 특질을 나타내는 현실관계를 기초로 하여 형성되었다기보다는, 직접적으로는 독일 역사학파·사회정책학파의 소공업론을 이론적 배경으로 성립하였다는 견해[145]도 있다. 따라서 당시의 소공업론은 輸入小工業論이며 차입해온 문제의식이라는 것이다.

그러나 메이지 30년초에 이르러 일본의 소공업에 내한 현실인식 내지 실태조사를 실시한 주목할 만한 실적이 있었다.[146] 그리고 메이지말부터 大正시대에 걸쳐 재래산업 부분에서도 공장화·기계화·동력화가 시작되고, 이와 동시에 재래산업 내부에서 수공업·가내공업의 도태·구축이 진행되었다. 이런 것을 배경으로 하여 소기업 도태·소멸론이 표면으로 등장한 것이 '소공업론'이다. 이것이 大正 6년(1917)의 日本社會政策學會가 소기업문제를 대회의 공통논제로 택하면서 구체화된 것이다. 그런데 이 대회에서의 소공업문제는 대공업에 의하여 소공업이 도태·구축되는 것이 과정상의 마찰적 모순으로 의식되었고, 소공업의 존속성·장래성, 그 존립조건이 논의된 것이었다.

이러한 소공입론은 독일의 사회정책학회(Verein fur Sozialpolitik, 1874년 창립)를 모방하여 설립된 일본사회정책학회(1901년 4월 설립)를 중심으로 개시된 사회정책연구의 일환이며, 그 내용은 주로 뷔허(K. Bücher)의 經濟發展段階說에 의거하고 있다. 그것은 대공업의 발전이 기업집중을 수반한다는 일반적 경향을 인정하면서도, 독일과 영

---

145) 尾城太郎丸, 〈日本中小企業論史〉, 楫西光速·小林義雄·岩尾裕純·伊東岱吉 編, 《講座 中小企業 Ⅰ(歷史と本質)》, 有斐閣, 1960, p.198.

146) 예컨대 橫山原之助의 《日本の下層社會》(明治 31년, 1898)와 農商務省 商工局 調査의 《職業事情》(明治 34~36년) 등이 그러하다.

국 등의 통계적 자료에 근거하여 대공업에 의한 소공업의 전면적 도태·
배제는 이루어지지 않는다는 점을 주장한다. 그리고 대공업시대에서도
아직 수공업 및 가내공업이 존속할 수 있는 산업분야(공예적 생산, 수
선작업 등)와 그 조건(주문생산형태, 수요의 비획일성, 시장변동에의 대응
성 등)을 열거하고 소공업의 보호정책을 강조한다. 또한 소공업의 몰
락과 존속의 문제를 중산계급의 장래라는 관점에서 취급하고 있다.[147]

   그런데 제 1 차세계대전(1914~1918)을 거쳐, 大正期(1912~1925)
이후 세계대공황(이를 일본에서는 昭和恐慌이라고 부른다)에 이르는 과
정에서 일본에는 종래의 소공업 개념 이외에 새롭게 '중소공업'이라는
개념이 등장하여 일반화되었고[148] 문제의식에서도 소공업론이 아닌
'중소공업론'이 성립·발전하였다. 이것은 새로운 단계로 전개된 일본
자본주의가 역사적 배경을 기반으로 이루어진 것임을 나타낸다.

   러일전쟁(1904~1905)부터 제 1 차세계대전 기간에 걸쳐 일본에서는
재래의 소공업에서도 자기 자본의 축적을 기반으로 하여 기계화와 동
력화가 진행되면서 영세한 공장제공업으로서 中工業의 경영적 실체가
형성되었다. 그러나 이 시기에 이식된 근대공업이 경공업에서 중공업
에 이르기까지 국내의 주요 공업부문에 전면적으로 확대되면서 자본의
집적과 집중을 통한 경제력의 집중이 행해졌다. 일본자본주의의 독점
단계로의 이행이 급속히 계속되었다. 이 과정에서 발전에 뒤떨어진 中
小工業은 농업을 기반으로 한 종속적 기구에 편입되었고 구조적 경영
난에 직면하게 되었다.

   다시 말하면 중소공업은 그 경영적 실체가 형성됨과 동시에 전반적
으로 金融難의 격화와 小工場 이하의 경영으로 고정화되는 경향을 나
타내게 되었다. 이것이 정부로서 방임할 수 없는 산업상의 과제로 인

---

147) 尾城太郎丸, 앞의 글, p.198·199.
148) 제1차세계대전 이전에도 중소공업이라는 개념이 전혀 없었던 것은 아니지만
   [예컨대 農商務省,《主要工業槪覽》, 昭和 45년(1912)], 이것이 일반화된 것은
   日本勸業銀行이 제1차세계대전 중 金融事情을 조사한 資料인《東京府下 中小
   工業の狀況》(大正 6年, 1917)이라고 지적되고 있다.(由井常彦,〈中小企業問
   題の歷史的一考察〉,《經營セミナ》1958년 10월호;楫西光速·小林義雄·岩尾
   裕純·伊東垈吉 編, 앞의 책, p.202에서 재인용)

식되면서 중소공업문제가 발생되었다.

그런데 원래 중소공업문제는 독점자본의 확립에 따라 형성되는 문제이고, 또한 중소공업문제가 독점자본에 의한 지배 수탈을 기본적인 내용으로 한다고 볼 때, 이 시기의 중소공업문제는 아직 맹아적 형태에 지나지 않는다.[149] 따라서 이 시기의 문제의식은 대공업 대 중소공업이라는 양적 문제에 치중된 것이며, 독점자본의 지배 수탈에 의한 중소공업의 정체·궁핍이라는 문제의식은 극히 희박하였다. 이처럼 중소공업문제가 대기업과의 관련에서 형성된 양적 문제로 인식되는 한, 그것은 소공업론을 이론적 바탕으로 한 소공업문제[150]의 의식에서 크게 벗어나는 것은 아니었다.

따라서 당시의 中小工業觀은 대공업에 대한 중소공업이라는 문제의식에 바탕을 둔 것이었으며 독점자본과 관련된 문제의식은 극히 희박하였다. 이것은 당시의 정책방향이나 금융에 관한 조사자료에도 나타나 있다.[151]

제 1 차세계대전 후 大正 말기(1925)부터 昭和 초기(1926)에 걸쳐, 일본의 독점자본주의가 확립되는 과정에서 중소공업문제가 본격적으로 형성되었다. 독점자본에 의한 원료·무역·시장 등의 지배체제가 확립되고, 또한 금융과두체제에 의한 자금의 독점집중체제가 확립되면서 중소자본은 독점자본에 지배 종속되었다. 특히 이 시기에는 下請制度

---

149) 平田喜久雄,《現代中小企業論》, 中央經濟社, 1968(初版), 1981, p.191.

150) 소공업문제의 의식은 독일 歷史學派와 社會政策學派의 소공업론을 이론적 배경으로 한 것이었다. 독일에서 소공업문제의 연구는 1860년대 이후 독일 산업혁명과 함께 몰락 경향을 현저하게 보인 수공업·가내공업을 대상으로 하여 이것과 대공업과의 경쟁관계, 그것의 存續性·將來性의 검토를 과제로 하였다. 여기서는 수공업이 사회계급으로서 주요한 지위를 점하는 中産階級이라는 점이 부각되고, 소공업의 몰락은 바로 중산계급의 위기라는 점이 지적되었다.

151) 明治 44년(1911)에 農商務省 工務局의《工務局の事務及其の方針》은 대공업과 中 이하의 공업을 구분하고, 특히 中 이하의 공업에 대하여 규정하였다. 또한 日本銀行調査局 編,《工業者の金融に關する調査》(大正 4년, 1915)에서도 공업을 대공업·중공업·소공업의 세 가지로 분류하고, 각 분야에 속하는 업종을 나열하였을 뿐이다.(通商産業省 編,《商工政策史》第12卷,《中小企業》 p.17·21)

가 본격화되면서 독점자본에 의한 중소공업의 직접적 지배체제가 성립
되었다. 결국 직·간접적으로 독점자본에 의한 중소공업의 지배·수탈
체제가 확립되면서 그것이 중소공업의 궁핍, 경영난 등의 원인이 된다
고 하는 문제가 바로 중소공업문제인 것이다.

이와 같은 배경 속에서 종래의 소공업론적 관점을 비판하고 극복하
려는 경향이 점차 나타났다. 특히 사회정책학파 내부로부터도 그러한
움직임이 발생하였다. 즉 종래 소공업론의 대상은 소공업자의 금융문
제 또는 先貸商人과 가내노동자의 관계에 불과한 것이었다. 이에 대하
여 이 시기에 일본 소공업의 조직구조가 발달하면서 그것이 중소공업
의 존립형태와 구조를 그 내용으로 지니게 되고, 이에 대한 정책문제
의 해명이 필요하다는 관점이 형성되었다. 또한 정책대상인 중소공업
의 범위에 대하여도 종래의 소공업 개념에 포함되지 않던 중소자본가
층을 다 같이 대공업자본가의 피압박계급으로 포함시켜야 한다는 생각
이 형성된 것이다.

이처럼 소공업론적 관점의 비판 극복 속에 중소공업문제가 제기되었
지만, 이것도 아직 독점자본과의 관계에서 본질적으로 분석·인식된
것은 아니었고, 중소공업에 관한 각종의 문제를 어떻게 완화·해소시
킬 것인가 하는 정책론적 인식이 주류가 되었다. 이와 같은 정책론적
인식의 주된 내용은 다음과 같은 것이었다.

1920년대 중반(大正 말기로부터 昭和 초기)에 일본경제는 만성적 불
황에 빠졌는데, 이 시기에 종래 수공업·가내공업만이 아니고 공장화된
것으로서 중소공업의 경영형태까지 포함하여 자본주의적 성장에 뒤진
것들의 경영난이 중소(상)공업문제로 의식되었다. 이들 중소(상)공업
은 일본경제 가운데 생산면·고용면 특히 수출면에서 큰 비중을 점하
고 있어서 일본경제의 성장 발전에 매우 중요한 역할을 하는 것으로
인식되었다. 또한 중소(상)공업은 중산계급의 건전한 존재를 나타낸다
는 정치적 중요성이 인식되면서 중소(상)공업의 경영난을 계기로 하여
중소(상)공업문제가 인식되었고, 이것이 중소(상)공업 육성론이라는
정책적 인식으로 전개되었다.

따라서 여기서의 중소(상)공업문제는 소기업 비합리성론을 배경으

로 한 문제의식에 기초를 둔 것이 아니다. 중소공업이 비록 비합리적 존재이지만, 일본에서는 그것이 대량으로 존재하고 국민경제 가운데 큰 비중을 점하고 있으며, 그것이 전면적으로 도태·구축되면 그 마찰적 모순은 매우 크기 때문에 그것을 방지해야 한다는 정책적 인식이 기초가 되고 있다. 이와 같은 중소공업 육성론은, 소기업은 경제발전의 원동력이라는 마셜적 인식과도 다르며, 미국적인 소기업 보호·육성론과도 차이가 있다. 미국에서는 소기업이 국민경제에서 차지하는 비중이 작은 데서 생기는 소기업 보호·육성론임에 비하여, 일본에서는 중소공업이 차지하는 국민경제상의 비중이 큰 데서 생기는 중소(상)공업 육성론인 것이다.

다만 미국에서의 소기업 보호·육성론이나 일본에서의 중소(상)공업 육성론이 다 같이 독과점구조의 진전을 계기로 하여 제기된 정책적 인식이라는 점에서는 공통적이다. 그리고 비록 소기업(미국)과 중소(상)공업(일본)이 국민경제에서 차지하는 비중은 다르지만(전자에서는 낮고, 후자에서는 높음), 그것의 국민경제에 대한 역할이 크다는 인식에서 소기업 보호·육성론과 중소(상)공업 육성론이 제기된 것도 같다.

그러나 미국의 소기업문제와 일본의 중소(상)공업문제는 전자가 독점구조의 진전에 따른 독점의 폐해, 즉 산업조직의 경직성을 인식하고 그것의 완화를 위한 소기업의 역할에서 형성된 것임에 대하여, 후자는 독점자본과 중소공업의 대항관계에서 발생하는 중소공업의 경영난에서 형성된 것이라는 점에 차이가 있다. 그리고 후자의 정책적 인식을 형성하는 중소(상)공업의 역할은 그 높은 양적 비중 때문에 국민 경제 발전과정에서 중요한 의미를 지닌다.

2. 二重構造論의 발단 :《經濟白書》의 내용

경제력의 집중과 독점구조의 정착과정에서 본격적으로 형성된 일본의 중소공업문제와 거기에 대한 정책적 인식으로서 중소(상)공업 육성론은 제 2 차세계대전 이후 새로운 시각에서 전개되었다. 제 2 차세계대전 이전의 중소기업론도 중소기업의 非合理性과 그 높은 양적 비중 및

경제발전에서 큰 역할을 결합시키는, 국민경제구조론적 이해의 시각을
지니고 있었다. 그렇지만 그것은 중소공업을 분리하여 그것만을 개별
적으로 이해하려는 경향이 강했고, 대기업과 함께 통합적 통일적으로
이해하려는 시각은 부족하였다.

이에 비하여 제 2 차세계대전 이후에는 중소(상)공업만이 아니고 기
타의 다른 산업에까지 범위를 확대하여 중소기업문제를 국민경제적 모
순으로서 통합적 통일적으로 파악하였다.[152] 중소기업이 대량이면서도
큰 비중으로 존재하는 원인을 단순히 중소기업의 존립조건으로만 이해
하지 않고, 이러한 존립조건을 그것이 여러 가지 형태로 그 속에 존속
하는 국민경제구조의 역사적 전개 가운데서 이해하려는 견해가 강하게
대두되었다.[153] 이에 따라 중소기업의 지위·기능과 규모별 격차 등의
문제를 국민경제구조의 메커니즘 속에서 통합적 통일적으로 이해하고,
중소기업문제를 국민경제구조적으로 파악하고 이해하려는 견해가 제시
되었는데, 그것이 '二重構造論'[154]이다.

일본경제에서 이중구조가 본격적인 문제로 제기된 것은 1959년 이
후 고도성장기부터였지만, 《1957년도(昭和 32) 經濟白書》[155]가 그것을
구체적으로 지적하였던 것이다. 《經濟白書》에서 이중구조에 대한 지적

---

152) 分離 理解方式과 綜合的 理解方式에 대하여는 山中篤太郎, 《中小工業の本質
　　と展開—國民經濟構造矛盾の一研究》, 有斐閣, 1948, p. 266 및 山中篤太郎,
　　〈中小企業本質論の展開〉, 藤田敬三·伊東垈吉 編, 《中小工業の本質》, 中小企
　　業叢書 Ⅴ, 有斐閣, 1954(初版), 1960, pp. 10~13 참조.

153) 政治經濟學의 입장에서는 중소기업문제의 본질을 ① 중소기업이 국민경제 가
　　운데서 갖는 종속적 성격에서 구하는 견해, ② 자본주의의 독점단계에서 독점
　　자본의 수탈에서 구하는 견해, ③ 외국 독점자본의 수탈에 대한 民族資本의 문
　　제로서 파악하는 견해 등이 제시되었다.[伊東垈吉, 《日本産業構造と中小工業》
　　(1950) ; 牛尾眞造, 《中小企業論》(1951) ; 藤田敬三·金持一朗 編, 《日本の
　　中小企業》(1955) 등 참조]

154) 일본에서 이중구조라는 말은 有澤廣己가 사용한 이후(1957년 3월, 生産性本
　　部創立2周年記念講演) 《1957년 經濟白書》에서 그것의 起草者 後藤譽之助가
　　이중구조의 분석을 행하면서 널리 쓰였다는 것이다.[篠原三代平, 《産業構造
　　論》, 筑摩書房, 1966(初版), 1970, p. 61]

155) 日本經濟企劃廳 編, 《昭和32年度 經濟白書—速すぎに擴大とその反省》, 至
　　誠堂, 1957.

은 그 후 이중구조적 분석과 그에 대한 논쟁의 출발점이 되었고, 이중구조의 존재에 대한 지적과 그 해소문제를 제기한 것은 구조정책으로서 중소기업정책, 즉 중소기업문제에 대한 구조론적 정책인식의 원천을 제공하였다.

《경제백서》는 경제의 이중구조 가운데서 먼저 雇傭構造의 특수성을 다음과 같이 지적하였다.

昭和 31년(1956)에 일본의 완전실업자는 60만이었고 취업자는 4,300만이었으므로 취업자에 대한 완전실업자의 비율은 2퍼센트밖에 되지 않는다. 선진국에서도 실업자의 비율이 3퍼센트 정도이면 완전고용으로 본다. 그럼에도 일본의 고용은 만족스런 상태가 아니다. 일본과 같이 농업과 중소기업이 광범하게 존재하는 나라에서는 저생산성과 저소득의 불완전취업의 존재가 문제로 되는 것이며, 선진국에서와 같이 완전실업자의 多寡로 고용상태를 측정하지 못한다. 이러한 후진성은 다음과 같은 여러 현상에서 나타난다.

첫째, 가족노동의 비중이 크다. 취업자는 그 고용의 성격에 따라, ① 봉급과 임금을 받고 일하는 고용자, ② 농업 및 중소(상)공업주와 같은 자가영업자, ③ 농촌의 부녀자와 같은 가족노동자 등 세 가지로 분류된다. 이 가운데 일본경제에서는 근대적 노사관계에 기초하여 취업하는 고용자의 비율이 43퍼센트에 지나지 않는데, 그것은 영국의 90퍼센트, 미국의 80퍼센트에 현격히 미치지 못한다. 자가영업자의 비율도 24퍼센트로 높으며, 가족노동자의 비율은 30퍼센트로서 영국의 0.2퍼센트에 비하면 매우 높다.

둘째, 기업규모별 임금격차가 매우 크다는 것이 일본경제 특유의 현상이다. 대기업과 10~30인의 소기업간의 임금은 전자의 임금을 100으로 할 때 후자는 50의 수준에 그치고 있으며, 極小企業이나 영세기업들은 대기업의 100에 대하여 40으로, 그 격차가 더욱 벌어져 있다.

셋째, 농업과 중소기업의 취업인구가 차지하는 비중도 특유의 현상을 보인다. 취업인구 가운데 농업인구가 점하는 비율은 38퍼센트로서 미국의 10퍼센트, 영국의 4퍼센트에 비하여 압도적으로 높다. 또한 기업규모별 종업원 구성을 보면, 일본에서 1천 인 이상의 대규모기업의

고용은 영국·미국·독일에 비하여 상당히 큰 비중을 점하지만, 100~
199인의 중규모의 비중은 극히 낮고, 10~99인의 소규모 및 10인 이
하의 극소·영세규모의 비중이 높다.

 이처럼 일본경제는 고용구조에서 한편에는 근대적 대기업, 다른 한
편에서는 전근대적 노사관계에 입각한 소기업 및 가내경영에 의한 영
세기업과 농업이 양극에 대립하고 중간의 비중이 현저히 낮다. ……
대기업을 정점으로 하는 근대적 부문에는 세계의 어떠한 선진국에도
뒤지지 않는 선진적 설비가 설치되어 있다. 이러한 근대부문은 자본에
대한 노동의 필요량이 한정되어 있고 노동조합의 작용도 강하다. 여기
에 고용되지 못하는 노동력은 자본이 부족한 농업과 소기업에 흡수되
지 않으면 안 된다. 노동력이 낮은 임금으로 낮은 생산력을 지닌 용도
로 흡수된다. 극히 생산력이 낮고 노동집약적인 생산방법을 갖는 부문
이 근대부문과 공존하게 되는 것이다. 말하자면 한 나라 안에 선진국
과 후진국의 이중구조가 존재하는 것과 같다.

 넷째, 노동시장도 이중구조적 봉쇄성을 지니고 있다. 대기업이 새로
이 노동력을 구할 때는 신규 졸업자 가운데 우선적으로 택하고, 급히
고용을 증가할 필요가 있는 경우에는 임시공이나 社外工을 채용한다.
대기업의 노동자가 해고되어 중소기업에 흘러들어가기는 하지만, 중소
기업의 노동자가 대기업에 취업할 때는 임시공의 형태를 취할 뿐이다.

 다섯째, 이중구조는 무역에서도 나타난다. 일본의 공업제품 가운데
일반적으로 후진국으로부터 선진국으로 수출되는 품목(합판·섬유 등)
은 세계의 선진국으로 가고, 선진국이 후진국에 수출하는 품목(선박·
철강 등)은 후진국을 향하고 있다. 대기업의 자본집약성은 노동집약적
인 후진국에 대한 수출에 유리하고, 노동집약적인 중소기업의 유리성
은 자본집약적이면서 노임이 높은 선진국에 대한 수출의 증대를 촉진
한다.

 이와 같은 경제의 불균형적 발전은 소득수준의 격차를 확대시키고,
나아가서 사회적 긴장을 증대시킨다는 것이다.[156]

---

156) 위의 책, pp. 33~36.

이상이 1957년도 일본 《경제백서》가 일본경제의 이중구조에 대해 파악하여 지적한 주요 내용이다. 그 파악의 기법은 통일적 이론적 체계를 구비한 것이 아니었고, 일본경제의 표면에 나타난 이중구조적 현상을 병렬적으로 나열한 데 불과하다. 그러나 경제의 이중구조 내용으로 고용구조의 이중성, 생산성 격차, 임금 격차, 노동시장의 이중성, 무역구조의 이중성, 그리고 이중구조에 의한 사회적 긴장의 격화 등을 제기함에 따라 후에 이중구조에 대한 논의에 중요한 계기를 마련하였다.

특히 《경제백서》가 이중구조 형성요인의 하나로 저임금 노동력의 존재를 들고 있는 것은 정확한 인식이었다고 할 수 있다. 원래 경제발전이론에서 '이중구조론'은 루이스(A. Lewis)에 의해서 전개된 바 있다.[157] 루이스는 농업과 공업(전근대 부문과 근대 부문)간의 문제를 이중구조로 파악하였고, 이때 자본 축적과 근대화의 계기를 마련하는 것은 잠재실업(disguised unemployment)이었다. 즉 생존수준의 낮은 임금으로 무제한하게 공업부문에 공급될 수 있는 농업부문의 노동력이었다. 진근대적 구조의 기반이 되는 농업부문의 잠재실업이 자본축적과 근대 부문 발전의 원동력이 되는 것이었다.

이와 같은 루이스의 이론적 착상이 일본의 이중구조론과 관련을 맺고 있다는 실증적 자료를 발견할 수는 없다. 그런데 일본경제의 이중구조가 일본 자본주의 형성의 특수성에서 비롯된 것이기는 하지만, 근대화 부문(독점·대기업)이 전근대 부문(중소영세기업과 농업)을 資本蓄積의 기반으로 하여 형성되었다고 본다면, 그리고 그것이 저임금 노동력을 원천으로 하고 있다면, 그 착상의 연관성을 추론할 수 있을 뿐이다.

다음에 《경제백서》에 제시된 이중구조의 해결방안을 고찰할 필요가 있는데, 이것은 중소기업문제를 경제의 이중구조와 관련시켜 통합적으로 인식하고 그에 따른 정책적 인식의 내용을 살펴보는 데 중요성을 지니기 때문이다.

---

157) W. A. Lewis, "Economic Development with Unlimited Supply of Labor", *The Manchester School*, May 1954.

《경제백서》는 일본경제의 최종목표를 완전고용의 달성에 두었는데,
그것은 단순히 완전실업자의 수를 감소시키는 것만이 아니고 경제의
근대화와 성장을 도모하면서 이중구조를 해소시키도록 하는 것이었다.
그러나 그것은 그렇게 용이한 일이 아닌데, 왜냐하면 그간에도 노동인
구는 빠른 속도로 증가하는데, 이것을 적당한 일자리에 흡수하기 위해
서는 상당한 경제의 신장이 필요하며, 급속히 이중구조의 해소를 도모
할 여유를 갖기 곤란하기 때문이라는 것이다.[158] 결국 이중구조의 해소
를 위해서는 증가하는 노동인구를 흡수할 만한 경제성장의 템포를 이
루어가야 한다는 주장이다.

이것은 이중구조라고 하는 구조적·질적 문제의 해결을 양적 경제규
모의 확대에 의하여 해소시키려고 하는 자연인구론적 해소방안이며,
소박하고 피상적 처방이라고 하겠다. 그럼에도 이중구조를 해소하고
완전고용정책을 추구하는 데 중요한 과제는 높은 경제성장률을 장기간
지속하면서 안정된 번영을 누리는 것이며, 이것이야말로 일본의 고용
문제(고용의 이중구조)를 선진국과 공동의 기반 위에 올려놓는 것이라
고 보았다. 그런데 경제의 어느 부문을 근대화시켜 높은 성장률과 고
용흡수를 달성할 것인가 하는 데는 두 가지 방향이 제시되었다.

하나는 오로지 대기업을 정점으로 하여 근대부문의 급속한 성장을
도모하고, 그것을 기관차로 하여 전근대 부문을 견인하는 방향이다.
그리고 다른 하나는 전근대 부문 자체를 근대화하여 생산성을 향상시
키는 방법이다. 그런데 일본의 경우처럼 농업과 중소기업의 비중이 높
은 나라에서는 첫째 방법만으로는 오히려 이중구조의 격차를 크게 하
고 고용의 흡수도 충분히 행해질 수 없다고 보았다. 특히 이중구조의
하층내에 있는 농업부문으로부터 소영세기업으로 노동인구가 이전함으
로써 상층과 하층의 비중이 변화하지 않는 당시 일본 경제구조 속에서
는 동일한 경제성장정책 안에서도 전근대 부문에 대한 특별한 고려를
하지 않으면 이중구조는 해소될 수 없는 것으로 보았다.[159]

---

158) 日本經濟企劃廳 編, 앞의 책, p.36·37.
159) 위의 책, p.38·39.

　이와 같은 주장은 일본의 경우 所得倍增計劃과 中小企業基本法에서 구체적 정책의 기본방향으로 실현되었다. 이것이 구조정책으로서 중소기업정책, 그리고 이중구조의 시정정책으로 근대화정책의 원천을 이룬 것이다. 따라서 중소기업정책은 고도성장정책의 보완책으로서 의미를 지니는 것이다.

　전근대부문에 대한 특별한 배려를 강구하는 구조적 중소기업정책을 제시하면서 《경제백서》가 제시한 제 2 의 기본방향이 中規模經營의 근대화이다.[160] 이후 10년간 영세규모의 경영까지를 대상으로 포함하여 이중구조를 해소시키기에는 어려움이 있다. 따라서 이 기간에 전근대부문의 근대화 방안으로서는 일본에서 특히 비중이 낮은 중규모경영의 채산을 높이는 방향으로 이를 육성 강화하는 데 중점을 두도록 한다는 것이다. 농업에 대하여는 경영규모를 확대, 취업인구의 적정화를 도모하고 適地適作, 有畜經營을 추진하면서 기계화를 추진함과 동시에, 중소기업, 특히 중규모 제조업의 생산력을 높이는 방안을 강구한다는 것이다. 그러면서 그 이유를 다음과 같이 제시하였다.

　① 수출면에서의 역할이다. 중소기업의 제품은 수출원재료에 대한 의존도가 낮고 외화가득률이 높다. 또한 그 수출은 선진국을 향하는 부분이 많고 외화획득에 중요한 역할을 한다.

　② 중소기업이 대기업과 갖는 상호보완관계이다. 하청의존도를 높여 하청부품공업을 육성 강화하는 것은 대기업 자체의 근대화를 추진하는 것이 된다.

　③ 중소기입은 자본효율이 높다. 대기입에 비하여 중소기업은 생산성, 임금수준, 이윤율 등의 여러 측면에서 劣位에 있지만 자본생산성 및 자본회전율은 대기업보다 높다.

　④ 고용의 흡수력이 높다. 단위당 투자에 대하여 고용의 흡수력은 중소기업이 높아서 취업인구 증가의 반 이상을 중소기업이 흡수하지만 대기업은 생산성이 높은 근대설비를 설치하기 때문에 고용흡수력을 기대하기가 어렵다.

---

160) 위의 책, pp. 39～41.

이와 같은 역할을 중요시하여 중규모 경영의 육성을 시도하였는데,
이것은 후에 '중견기업육성론'으로 발전되었다.[161]

3. 二重構造論의 전개 : 학계의 논의

이와 같은 《경제백서》의 이중구조에 대한 분석은 그 뒤 일본학계의
많은 논의를 거쳤다. 먼저 이중구조의 정의에 대하여 《경제백서》는 한
편에는 근대적 대기업이, 다른 한편에는 전근대적인 노사관계에 입각
한 소기업 및 가족경영에 의한 영세기업과 농업이 존립하고, 중간의
비중이 현저히 낮다고 하면서 한 나라 안에 선진국과 후진국의 이중구
조가 존재한다고 지적한 바 있다. 이를 이어서 이중구조란 선진국적
경제구조와 후진국적 경제구조가 병존하여 국민경제를 형성하고 있는
것이라는 규정이 있었는데[162] 이것은 《경제백서》의 규정과 큰 차이가
없다.

이 정의에서와 같은 이질적 부문의 단순한 병존 규정만으로는 구조
로 파악하기에 불충분하다는 구조관의 문제가 제기되었다. 즉 《경제백
서》가 지적한 이중구조라는 사실은 자본주의 발전의 불균형성의 문제
이며, 일본의 특수한 역사적 조건하에서 형성된 것이다. 반노예적인,
반봉건적인 농촌을 기반으로 하여 자본제공업이 시작 발전된 것이어서
양자는 결코 이중이 아니고 표리일체, 따라서 一重의 구조를 형성하고
있다고 하는, 이른바 '一重構造論'이 제기되었다.[163]

이것은 근대적 조직은 전근대적 영역을 기반으로 하여 처음부터
존립할 수 있을 뿐만 아니라, 그 발전과정에서 끊임없이 전근대적
영역을 재생산한다는, 즉 양자가 상호의존적이고 밀접한 관계가 있

---

161) 開放體制와 산업력의 고도의 발전, 산업구조의 고도화에 대응하여 형성되는
    기업단위로서 '中堅企業論'이 제시되었으나 그것도 이중구조의 해소를 위한 근
    대화정책의 일환이라는 의미에서 같은 흐름 속에 있다고 하겠다.[중견기업에
    대하여는 中村秀一郎, 《中堅企業論》(增補版), 東洋經濟新報社, 1968 참조]
162) 大來佐武郎, 《所得倍增計劃の解說》, 日本經濟新聞社, 1960, p.93.
163) 小林良正, 〈日本經濟の二重構造について〉, 《經濟セミナ》 1960년 2월호,
    pp.3~5.

다는 점에서 구조라고 할 수 있음을 지적한 것이며, 하나의 有機體를 구성한다는 의미에서 일중구조라고 주장한 것으로 볼 수 있다는 것이다.[164]

이런 현상이 전후 《경제백서》와 근대경제학자에 의하여 논의되기 시작한 것은 당시 일본경제의 역사적 배경을 반영하는 것이었다. 한편에는 전근대적 영역 가운데서도 基底的 부문인 농촌이 있고, 정점부분에는 농촌에서의 약간의 발전은 문제도 되지 않을 만큼 대기업의 발전이 진행되고 있어서, 두 영역의 대조가 戰前보다 더욱 뚜렷하게 나타났던 것이다.

그뿐만 아니라 근대적 영역이 전근대적 영역의 희생 위에 존립하고 발전한다고 하는 기본적 관계를 지니고 있으면서도, 후자의 전근대성과 발전의 정체가 부분적으로 근대적 영역 자체의 그 이상의 발전에 제약이 되고 있다는 모순이 생기게 된 것이다. 이러한 모순은 한편에서 소득격차를 확대시켜 사회적 긴장을 격화시킬 가능성이 있고, 다른 한편에서는 대기업에 대한 기술혁신의 진행에 중소기업 기술의 적응이 뒤진다고 하는 문제를 만들었다. 이와 같은 상호의존적 관련성이 있는 두 영역의 이질성에 대한 인식에서 이중구조론이 전개된 것이다.

그런데 이중구조의 사실에 대한 분석에도 서로 다른 견해가 제기되었는데 먼저 '傾斜構造論'이 그것이다. 즉 일본경제는 서로 격리된 두 개의 이질부문이 겹쳐 있는 것이 아니고, 기업규모의 대소 순서에 따라 연속적 경사적 임금격차가 성립되어 있고, 농촌부문에도 경지면적의 대소 순서에 따라 동일하게 연속적 경사적 소득격차가 있다. 그 위에 공업부문의 임금격차 경사는 그대로 농업부문의 소득격차와 중복된다는 의미에서, 이중구조가 아니고 경사구조라고 부를 수 있는 구조를 지니고 있다는 것이다.[165]

이에 대하여 현실적으로 임금격차와 소득격차가 경사적 모습을 갖는

---

164) 이러한 점은 제2차세계대전 이전에 이미 마르크스 학파의 강좌파에 의하여
　　강력히 지적된 바 있다.

165) 大川一司, 〈過剩就業と傾斜構造〉, 《經濟の進步と安定》, 中山伊知郎氏還曆記
　　念論文集, 1958. 9 참조.

다고 해서 하나의 理念型인 '이중구조'의 개념을 배제시킬 수는 없다
는 비판이 있었다. 즉 표면적으로는 생산성격차 및 임금격차가 연속적
경사의 형태를 지녔어도 유형적으로는 근대적 산업의 발달과 전근대적
생산양식의 잔존이 이루어지고 있으며, 최근에는 미국의 경제학 문헌
에도 이중구조라는 용어가 사용되고 있다(예컨대 A. O. Hirschman)고
하였다.[166]

　근대경제학의 입장에서 이중구조에 대하여 포괄적으로 분석한 시
노하라 미요헤이(篠原三代平)는 이중구조를 한 나라 경제 안에 근대
적 산업과 전근대적 산업이 병존하고, 양자간에 커다란 임금격차 또
는 소득격차가 존재하는 상태라고 규정하였다. 그리고 그는 하나의 이
념형(ideal types)으로서 현실이 경사구조이며, 이중적 구조가 아니더
라도 이중구조라는 말을 배제시킬 필연성은 존재하지 않는다고 하였
다.[167]

　한편 그는 일본경제의 이중구조적 특성은 후진국 일반의 그것과 차
이가 있음을 강조하였다. 일반적으로 이중구조란 근대적 산업과 전근
대적 산업이 하나의 경제 안에 병존하고, 대기업·중소기업간에 큰 임
금격차가 있을 뿐만 아니라, 農工간에도 큰 소득격차가 있고, 그러면
서도 중소·영세규모에 노동력이 현저하게 집중된 경제를 말한다는 것
이다. 이런 의미에서 일본의 이중구조는 후진국 일반의 이중구조와 다
른데, 근대산업의 발전과 전근대적 산업의 잔존이 극단적 모습으로 대
치하면서, 양자간에 경사적 연속적인 임금격차가 성립되어 있는 것이
특징이다. 후진국에도 최근에는 근대적 대공장이 들어서면서 이전보다
는 임금격차가 크게 되었다. 그렇지만 대기업부문은 전 경제의 小部分
에 그친다. 대기업·중기업·소기업이 각각 경제에서 큰 비중을 나타내
면서, 그들간에 연속적 소득 경사를 보이고 있는 일본경제와 대기업
부문이 아직도 소부분을 점하고, 중소기업 부문이 압도적인 부분이 되

---

166) 篠原三代平, 〈日本經濟の二重構造〉, 篠原三代平 責任編集, 《産業構造(新訂)》
　　日本經濟の分析 6, 春秋社, 1961(初版), 1966, p. 81.
167) 篠原三代平, 《日本經濟の成長と循環》, 創文社, 1961(初版), 1963, p. 96.

면서 연속적이라기보다는 오히려 '二元的 構造'를 보이는 후진국 일반의 이중구조는 본질적으로 차이가 있다고 하였다.[168]

이처럼 시노하라의 이중구조 개념은 《경제백서》의 그것과 큰 차이가 없다. 그러나 그 특징으로 연속적 경사적 임금격차와 소득격차를 들고 있는 것은, 그가 이중구조를 일본 경제성장에서의 역할이라는 성장과정에 대한 관점에서 파악하려는 의도 때문이다. 근대적 부문, 즉 대기업이 개발되지 않은 후진국 일반과는 달리 일본경제는 이미 근대화과정이 진행되어 그 결과로서 나타나는 구조적 특징이 이중구조라고 보았기 때문에 임금격차와 소득격차는 이원적이기보다는 연속적 경사적으로 나타난다고 본 것이다. 즉 정체상태에 있는 후진경제의 이중구조가 아니라 근대화과정에 진입하여 고도성장을 추구하는 경제의 이중구조를 대상으로 한 것이 일본경제의 이중구조이며, 시노하라가 규정한 이중구조인 것이다.[169]

한편 이중구조의 규정에서는 근대성과 전근대성의 차이가 임금격차와 소득격차의 형태로 나타나는 것으로 보았는데, 이것은 임금격차와 소득격차가 성립하는 근거가 근대적 영역과 전근대적 영역의 질적 차이에 있다는 것을 의미한다. 이것도 이중구조의 역할을 일본경제의 성장과 관련하여 동태적 메커니즘에서 파악하려는 의도를 반영한 것이다. 이런 관점에서 시노하라가 일본경제의 이중구조 현상에 대하여 규정한 주요 내용을 보면 다음과 같다.[170]

첫째, 규모별 임금격차이다. ① 이것은 생산성격차에 대응한다. ② 커다란 임금격차는 일본 특유의 것이나. ③ 임금격차의 특징은 규모별로 대소의 순서로 현저하게 연속적 급경사를 나타낸다. ④ 이 점은 소수자의 고소득 수준과 다수자의 저소득 수준과의 중간이 비연속적인 후진국형과 다르다.

둘째, 就業構造에서 소규모 집중이다. ① 영국·미국·독일에서는 대

---

168) 위의 책, p. 20.
169) 이런 점에서 루이스(A. Lewis)가 규정한 이중구조와는 차이가 있다.
170) 篠原三代平, 〈日本經濟の二重構造〉, pp. 82~99 참조.

규모·중규모·소규모의 순으로 취업의 집중도가 낮아지지만 일본에서는 소규모의 집중이 압도적으로 높고 중규모의 비중이 가장 낮다. ② 전근대적 취업형태(농업을 포함하여 자영업주 및 가족종업원)의 비중이 매우 높다.

셋째, 방대한 潛在失業者의 존재이다. ① 완전실업자가 아닌, 일반임금수준보다도 낮은 임금으로 취업하고 있는 노동자군, 즉 잠재실업자(J. 로빈슨의 '僞裝失業' 또는 大川一司의 '過剩就業')가 대량으로 존재한다. ② 생산성이 상대적으로 낮은 농업과 중소·영세기업에 대량의 구조적 실업자가 포함되어 있다. ③ 불황기에 잠재실업화하는 순환적 실업자의 흡수원천이 농업보다 도시 영세상업에 포함되어 있다. ④ 대공장의 특징은 그 확대가 고용흡수라기보다는 생산성 증대적이며 저규모기업에서는 고용흡수적이다. ⑤ 과잉인구의 압력이 소규모공장의 임금수준을 압박하며, 그것은 생산성이 낮은 노동집약적 생산방법이 중심이 되도록 한다.

넷째, 寡占과 자본집중이다. ① 이중구조는 노동력만의 현상이 아니고 고도의 자본집중과도 관련된다. ② 자본집중은 재정투융자와 稅制에 의하여 자극되지만, 은행의 계열투자에 의한 대기업에의 융자집중의 작용에도 의존한다. ③ 자본집중은 규모별 생산성격차의 확대를 촉진한다. ④ 戰前에는 先貸制 상인과 상업자본이 개입된 중소기업의 하청적 종속이 행하여졌지만, 전후에는 생산자가 직접 중소기업을 하청계열에 편입시켜 자금과 기술면에서 지도를 행하는 수직적 계열화와 수평적 계열화가 형성되어 과점적 집중이 강화되었다.

이처럼 이중구조의 현상형태에 대하여 밝힌 시노하라는 이중구조의 형성요인에 대하여 세 가지 가설을 제시하였다. 즉 대기업과 중소기업간의 이중구조, 또는 기업규모별 여러 격차 현상에 대하여 노동시장·생산물시장·자본시장에서 근대적 부문과 전근대적 부문의 관계를 분석하고 그 형성요인을 설명하고 있다.

이중구조는 대체로 뒤늦게 경제개발을 시작한 나라에서, 한편에는 재래의 전근대적 산업에서 뒤떨어진 생산기술을 가진 기업이 존속되고, 다른 한편에서는 선진국의 고도의 기술을 수입한 근대적 기업이 발달함으로써 형성되는 것이라고 보았다. 이때 전근대적 기업과 근대적 기업이 병존한다는 사실은 형식적 의미를 지닐 뿐이며, 그것이 발생할 가능성은 뒤늦게 경제개발을 시작한 경제에서 이루어질 수 있다고 본다. 즉 이중구조는 그것이 형성되는 역사적 배경을 지니고 있다는 것이다.

영국과 같은 선진국의 경제발전과정에서는 기술진보와 근대화가 장기적이고 점진적이며 자생적이었기 때문에 전근대적 산업과 근대적 산업간에 二極集中이 일어나지 않았다. 그러나 뒤늦게 경제개발을 하는 나라에서는 선진국이 장기간에 개발한 기술을 일거에 수입하여 모방하게 됨에 따라 재래산업과 신기술을 채용한 기업간에 생산성과 임금의 격차가 발생한다는 것이다. 물론 점진적인 발전을 한 선진국의 공업화 초기(산업혁명기)에도 숙련공과 미숙련공간에 임금격차가 있었지만, 그 정도는 오늘날 후발경제에서의 그것과 비교될 만큼 크지는 않았다는 점에서 오늘날 이중구조론을 전개하고 그 형성요인을 분석하는 의의가 있다고 보았다.[171]

이중구조 형성의 역사적 배경에 대한 이와 같은 이해와 함께 그 형성요인을 설명하는 세 가지 측면을 제시하였다.

첫째, 노동시장의 측면이다. 일본 노동시장의 경우 대기업의 노동시장은 '終身雇傭制度'와 '年功序列賃金制度'의 두 가지 특징을 지니고 있다. 그래서 대기업의 영역에서는 이러한 제도에 기초를 두고 임금이 초임으로부터 연공이 지속되면서 급격히 상승하게 된다. 이에 대하여 중소기업의 초임은 대기업에 비하여 큰 차이가 없기는 하지만 중소기업의 임금 상승의 경사는 대기업만큼 크지 못하다. 그 결과 초임은 대기업과 중소기업이 비슷하지만, 근속 연수가 지나면서 양자의 임금격

---

171) 篠原三代平,《産業構造論》, 經濟學全集 13, 筑摩書房, 1969(初版), 1970,
  pp. 58~60. 이중구조의 형성을 이와 같이 후발경제에서의 不可缺한 조건으로
  보는 견해에 대하여 특히 위로부터의 자본주의 형성에서 오는 결과로 보기도
  한다. 일본의 경우 정부가 明治維新 이래 殖産興業政策을 추진하면서 在來産業
  과 국가의 지원을 받는 대기업간에 이중구조가 발생하였다는 점을 특히 지적하
  고 있다.(坂本二郎,〈日本經濟의 中進的 特質〉, 中山伊知郎 編,《日本經濟의 構
  造分析》上卷, 東洋經濟新聞社, 1954)

차는 커지게 된다.

더구나 대기업은 중소기업 노동자에 대하여 노동시장이 봉쇄적이다. 중소기업의 저임금노동자의 유입에 의한 임금인하 압박을 방지하기 위하여, 대기업에는 기업별 노동조합의 장벽이 높게 쌓여 있다. 따라서 과잉 저임금 노동자가 중소기업의 영역에는 풍부하게 있지만 이것이 대기업의 임금에 영향을 주지 못한다. 반면에 중소기업 영역에는 일반적으로 노동력이 과잉상태에 있고, 또한 도산되는 중소영세기업으로부터 방출된 노동력이 중소기업 임금의 압박요인으로 작용한다. 그렇다고 중소기업에 강력한 노동조합이 있는 것도 아니기 때문에 대기업과 중소기업간의 임금격차는 수평적이 될 수밖에 없다.

둘째, 이중구조 형성에 대한 生産物市場의 역할이다. 일반적으로 독과점적 기업군간에는 독점가격이나 과점가격이 형성되어 있고 그것은 경직적, 특히 하방경직적 성격을 지니게 마련이다. 이론적으로는 스위지(P. M. Sweezy)나 홀–히치(R. L. Hall & C. J. Hitch)의 분석에서 주장된 바와 같은 과점적 대기업에서의 가격의 경직성도 그러한 것을 증명하여 주고 이를 管理價格이라고 부르기도 한다. 소수의 과점적 대기업이 시장을 독점하고 있는 산업에서 가격은 경직적이기 쉽다. 한 기업이 가격을 인하하여도 다른 기업이 동시에 가격을 인하하면 그 기업의 판매가 증가되지 않는다. 반면에 한 기업이 가격을 인상할 때 다른 기업이 가격을 인상하지 않으면 그 기업의 판매는 급격히 감소하고, 오히려 고객을 다른 기업에 빼앗기는 결과를 가져온다는 것이다. 이것은 가격이 경직적일 수밖에 없는 이유를 이론적으로 설명한 것이다.[172]

이에 대하여 경쟁적 산업에서 가격은 상하 신축적이다. 대기업의 제품가격은 경직적(특히 하방경직적)이지만 중소기업의 영역에서는 과당경쟁상태에서 경쟁상대가 많다. 따라서 중소기업 영역내에서는 생산성

---

172) P. M. Sweezy, "Demand under Conditions of Oligopoly", *Journal of Political Economy* 47, Aug. 1939 ; R. L. Hall and C. J. Hitch, "Price Theory and Business Behavior", *Oxford Economic Papers*, May 1939.

향상의 몫이 가격인하로 연결될 수 있지만, 대기업의 경우는 생산성이 향상되어도 이것이 제품가격의 인하로 이어질 가능성은 적다. 더구나 노동조합의 강력한 압박을 받는 대기업은 생산성 향상이 오히려 임금인상을 가져올 가능성이 크다. 그래서 독과점적 대기업군과 경쟁적 중소기업이 공존하는 경우 고임금과 저임금이라는 양자간의 임금격차 발생이 불가피하다.

여기에 더하여 대기업이 중소기업을 하청공장으로 사용하는 경우 대기업이 그들의 모순을 중소기업(하청기업)에 전가시키게 되면, 임금격차는 더욱 확대될 수밖에 없다.

셋째, 자본집중과 융자집중에 의한 이중구조의 형성이다. 임금격차는 그 지불능력의 원천인 노동생산성의 격차에 의존하고 노동생산성은 다시 자본·노동비율(자본집약도)의 격차에 의존한다. 그런데 대기업과 중소기업간 자본집약도의 격차는 대기업에 융자가 집중됨으로써 이루어진다. 은행의 설비자금 융자가 대기업에 우선적으로 행하여지고, 그것으로 대기업은 새로운 설비를 도입하게 되어 대기업과 중소기업간에는 資本集約度의 격차가 발생한다.

물론 자본(융자)의 집중은 일본만의 특유의 현상은 아니고 영국이나 독일의 경우에도 일어나는 일이기는 하다. 그러나 先發 선진경제국인 영국이나 미국에서는 기업의 설비투자가 사내유보나 감가상각비 등 자기자본에 크게 의존하고, 기업이 주식시장이나 사채시장에서 직접 설비자금을 조달하였다. 그러나 일본에서는 일반상업은행도 거액의 설비자금을 대기업에 제약 없이 대출함으로써 자본집중과 융자집중을 초래하고, 그것이 자본집약도의 기업규모별 격차를 형성하여 결국은 이중구조의 원인이 되었다는 주장이다.

대기업에 대한 자본집중은 뒤늦게 경제개발을 시작한 나라가 기술도입을 통하여 선진경제가 되려는 역사적 배경에서 발생한 것이다. 이 측면을 무시하고서는 노동시장이나 생산물시장 등 불완전경쟁시장에 대한 일반적 분석이 있다 해도 이중구조를 분석하기는 어렵다. 따라서 비록 자본집중이 이루어져도 생산물시장이나 노동시장이 완전하면 이중구조가 형성되지 않을 것이라는 견해는 이중구조 형성이 지니는 역사적 단계와 그 관련성을 상실한 형식적 분석이 되지 않을 수 없다. 이러한 이중구조 형성에 대한 역사적 관점을 잃지 않으면서 노동시장, 생산물시장과 자본시장 등 세 시장에 대한 세 국면분석을 결합하여 이중구조에 대한 종합적 이해에 도달하는 것이 필요하다고 시노하라는 보았다.[173]

이중구조의 형성요인 분석에서 시노하라가 역사적 배경과 역사적 관점을 강조하면서 자본(융자)집중을 중요시한 것은 그 이중구조를 일본경제의 성장과 순환과정에서의 역할이라는 관점에서 파악하였기 때문이다. 이중구조를 근대적 산업과 전근대적 산업이 병존하면서, 양자간에 임금격차와 소득격차가 성립되어 있는 상태라고 정의하면서도 임금격차와 소득격차의 연속적 경사적 구조가 일본의 이중구조의 특징이라고 본 것도 경제의 성장과정에서 이중구조를 파악한 측면이다.

또한 대공업이 생산성 증대적인 반면 저규모기업은 고용흡수적 특징을 지닌다는 지적은 대기업 중심의 고도성장과정에서 파생될 수 있는 상대적 과잉인구현상인 잠재실업문제를 중소기업이 완화시켜줌으로써 사회적 긴장의 완화 가능성을 이중구조의 저변층이 담당한다는 것을 말해준다. 과점과 자본집중은 생산성과 임금격차를 형성하는 요인이 되면서도 대기업과 중소기업의 상호의존적 하청관계를 반영하는 것이기 때문에 근대적 영역과 전근대적 영역, 즉 이중구조의 일체성을 나타내준다.

그리고 대기업 중심의 성장과정에서 끊임없이 전근대적 영역에 재생산의 기초(상대적 과잉인구의 창출에 의한 저임금 노동력의 공급으로 중소기업 존립 조건의 형성)가 제공되고, 이것이 또한 대기업의 성장 기초가 된다는 의미에서 이중구조의 構造觀이 형성된다고 볼 때, 이것도 바로 성장과정에서 이중구조의 역할을 표현하여 주는 것이다.[174]

---

173) 篠原三代平, 《産業構造論》, pp. 65～73. 여기서 '綜合理解方式'은 山中篤太郎의 分離理解方式으로부터 綜合理解方式으로라는 중소기업 분석의 방법론을 篠原三代平이 원용하였다는 것이다.(p. 63)
174) 마르크스 경제학에서는 이중구조라는 현상은 독점자본을 정점으로 하여 이것이 주도력을 행사하는 국민경제의 피라미드형의 계층 구성이라고 말한다. 이것

　그러나 이중구조에서 임금격차와 소득격차의 근거가 바로 근대적 영역과 전근대적 영역의 질적 차이에 있다는 생각은 바로 이중구조의 해소를 위하여는 전근대적 영역에 대한 적극적 정책의 필요성을 제시하여 준다. 특히 소득격차와 임금격차의 확대가 사회적 긴장을 확대시킬 수 있고, 또 대기업에서 기술혁신의 진행과 고도성장을 위하여 중소기업 기술이 적응하지 못한다는 이중구조에 대한 이해는, 성장과정에서의 역할이라는 관점에서도 전근대적 부문인 중소영세기업에 대한 적극적 정책의식을 높인다.

　결국 이중구조의 저변인 중소영세기업은 저생산성·저임금·경영난과 열악한 노동조건 등 자본주의 전개과정에서 형성된 국민경제적 모순과 문제점을 지니고 있다. 그러나 이중구조와 중소기업은 일본경제의 성장·순환과정에서 중요한 요인이 되어 큰 역할을 하고 있는 것이다. 여기에 국민경제적 모순으로서 중소기업에 대한 적극적인 정책적 인식의 당위성이 있다.

　그러나 국민경제적 모순을 지닌 중소기업을 전면적으로 제거하여 이중구조를 단기간에 해소하는 것은 일본경제의 성장과 발전에 어려움이 되고 경제적 혼란뿐만 아니라 사회적 불안을 야기할 수 있다고 본다. 또한 대기업 중심의 일본경제의 성장을 강화하면 이른바 이중구조는 오히려 강화되고 중소기업문제는 더욱 심각하게 된다는 모순이 또한 있다.

　말하자면 소기업 비합리성론적 견해와 중소기업의 경제성장·발전과정에서의 역할론, 즉 중소기업이 중요하고 불가결한 요인이라는 견해가 모순적으로 결합되어 있는 것이 일본에서 전개되고 있는 이중구조

　은 대기업을 정점으로 하는 계층구성이 中小資本과 零細經營을 위로부터 아래로 일관되게 지배·수탈하는 관계, 그리고 이러한 메커니즘을 통하여 기본적으로 자본이 노동을 포함하여 剩餘價値를 수탈하는 구조일 뿐만 아니라, 바로 독점자본을 정점으로 하는 자본의 운동법칙을 再生産하는 것이기도 하다. 따라서 이중구조는 내면적으로 들어가 통일적으로 보면 본질적으로 '一重構造'라고 할 수도 있다는 것이다.(伊東垈吉, 〈日本の中小企業構造と勞動問題の特質—歐米との比較〉, 楫西光速·小林義雄·岩尾裕純·伊東垈吉 編, 《講座 中小企業(勞動問題)》第1卷, 有斐閣, 1960, p.302)

론이며 중소기업문제의 특징이다.

Ⅳ. 중소기업의 역할과 知識集約化論

1. 중소기업문제와 중소기업의 역할(Ⅰ)

우리는 구조론적 인식의 기초 위에서 중소기업문제를, 일본경제의 성장과 순환과정에서 형성된 이중구조의 특성 속에서 논의하였고, 특히 근대화와 고도성장과정에서 중소기업의 역할이라는 관점에서 분석하였다. 결국 각 국민경제에서 중소기업문제의 인식은 바로 중소기업의 역할을 논의하는 전제가 되는 것이다. 이런 의미에서 우리는 국민경제 속에서 전개될 중소기업문제의 유형과 특성을 역할론에 앞서 고찰할 필요가 있다고 생각한다.

첫째, 영국과 미국에서 중소기업문제는 경제력의 집중화가 진행된 나라의 특성을 반영한다.[175] 기업의 거대화, 경제력의 집중화, 경제의 과점화와 독점화가 경제의 발전과 국민의 복지에 악영향을 미친다는 인식을 배경으로 하여, 중소기업이 自由競爭企業體制의 中樞가 된다는 생각이다. 그래서 경제의 과점화와 경직화를 개선하여 경제에 활력을 넣는 역할을 한다는 관점에서 중소기업문제를 인식하는 것이다.

둘째, 서구대륙 여러 나라에서는 수공업적 전통이 강한 경제의 중소기업문제라는 특성을 지닌다. 고도로 발달한 국민경제가 二極性, 즉 한편에는 주문에 의한 개별생산 및 소량생산과 융통성이 풍부한 서비스, 다른 한편에는 획일적인 대량생산과 제품의 대량판매가 형성되고 있다는 관점에서, 대기업에 대한 중소기업이라는 문제보다는 오히려

---

175) 역사적으로 영국에서는 '小企業 非合理性論'이, 그리고 미국에서는 '小企業保護·育成論'이 전개된 바와 같이, 서로 다른 중소기업문제를 의식하였다. 그러나 오늘날에 와서는 그것이 獨寡占構造의 심화에 따라 문제의식이 類似하게 전개되었다.

價格을 중요시하는 대량생산과 대량판매에 대하여 품질을 중요시하는 개별 또는 소량생산과 서비스가 대비되는 문제의식에 중소기업문제의 초점이 놓인다.

셋째, 일본의 경우인데 여기서는 후진적 조건 아래에서 급속한 성장을 이룬 나라의 중소기업문제라는 특색을 지닌다. 자본 부족과 노동력 과잉의 국민경제가 후진적 조건 아래에서 정부주도의 산업화, 즉 위로부터의 근대화를 행하여 급격한 고도성장을 실현하는 가운데 형성된 중소기업문제로 인식되는 것이다. 여기서는 국민경제 가운데 큰 비중을 차지하는 방대한 수의 중소기업이 존재하지만, 그들은 대기업에 비하여 매우 낮은 생산성과 노동조건을 지니고 경영난과 경영 불안정성을 겪고 있어서 대기업과 중소기업간에 형성되고 있는 이중구조문제가 중소기업문제의 핵심이 된다. 이때 이중구조와 중소영세기업은 다 같이 국민경제적 모순으로 인식되면서도 그것이 지니는 경제의 성장과 순환과정에서의 불가결한 역할이 관심의 대상이 된다.

넷째, 중소기업문제의 발진도상국형인데, 이것은 빈곤과 실업이 심각한 경제 속에서 중소기업문제를 반영한다. 빈곤과 실업을 해결하는 방안으로서 대기업 중심의 경제개발방식은 부의 불공평한 배분과 개발의 지역적 불균형을 발생시키고, 같은 투자에 의해서도 고용창출은 크지 못하다고 하는 반성에서 출발한다. 그래서 중소기업에 중점을 두는 경제개발방법을 탐구하여 중소기업을 육성하려는 것이 문제의식의 중심이 된다. 따라서 근대적 중소기업의 육성을 지향하면서도, 광범하게 존재하는 가내공업과 농촌공업의 역할을 숭요시하여 그것이 직면하는 문제와 육성책을 논의하는 것이 중소기업문제의 특징이다.[176)]

네 가지 중소기업문제의 유형 가운데 일본과 영국 및 미국의 그것을 비교해보면, 다 같이 대기업에 대비한 중소기업을 문제로 하고 있다는 점에서는 유사한 성격을 지닌다. 그러나 영국과 미국에서는 경제의 과

---

176) 瀧澤菊太郎, 〈中小企業問題と政策の國際比較〉, 加藤誠一・水野武・小林靖雄 編, 《經濟政策と中小企業》, 現代中小企業基礎講座 2, 同友館, 1977, p.265·266.

점화와 경직화를 문제로 하고 '자유경쟁기업제도'를 유지 확대시켜 경제에 活力을 주는 역할을 중소기업에 기대하였음에 비하여, 일본에서는 중소기업이 지니고 있는 문제를 국민경제적 모순의 문제로 파악하면서도, 경쟁의 결여나 부족에 대한 문제인식보다는 오히려 중소기업에서의 過當競爭이 큰 문제로 되었던 것이다.

이것은 일본에서는 중소규모, 특히 소규모의 비중이 크고 생산성, 임금 등 노동조건, 수익성, 자금조달력 등에서 규모간 격차가 매우 큼에 대하여, 영국과 미국에서는 소규모의 비중이 낮고 규모간 격차도 크지 않다고 하는 차이에서 비롯된 것이다. 그 결과 영국과 미국에서는 산업조직론적 중소기업문제가 강하게 인식되었음에 대하여 일본에서는 이중구조론 등 구조론적 중소기업문제가 전개되었다.

이처럼 일본과 영국 및 미국은 다 같이 독점적 대기업에 대비한 중소기업을 대상으로 하면서도 서로 다른 중소기업문제를 인식하였고, 중소기업의 역할도 다르게 생각하였다. 이것은 일본에서는 중소기업의 비중이 높기 때문에 중소기업문제가 국민경제적 중요문제로 되었음에 대하여, 영국과 미국에서는 오히려 중소기업의 비중이 낮기 때문에 중요시된다고 하는 대조적 배경에서 비롯되었고, 결국은 중소기업문제와 역할의 대조적 성격을 초래하였다.

그런데 일본의 경우에도 한편에서 경제력의 집중화가 진행되면서 과점화와 경제의 경직화 문제가 점차 크게 대두되고, 다른 한편에서는 생산성·임금 등의 규모간 격차 같은 구조적 문제가 축소 완화되면서 중소기업문제도 점차 성격이 변화되기에 이르렀다. 즉 구조론적 인식에서 산업조직론적으로 중소기업문제의 인식이 전환되었고, 동시에 중소기업의 역할에 대한 이해도 달라졌다. 경제의 성장과 순환과정의 역할에서 과점화와 경직화된 경제에 활력을 넣어 주는 중소기업의 역할로 변화되었다. 이와 병행하여 중소기업에 대한 정책인식도 전환되었다.

근대화와 고도성장과정의 중소기업문제와 역할로부터 전환하여 선진화된 경제의 중소기업 문제와 역할을 파악하기 위하여 미국의 중소기업의 역할을 논의하여 보고자 한다.

자본주의 발전에서 내부성장형의 자본주의가 급속히 발전된 미국에
서는 독일이나 일본 등에서처럼 대외경쟁의 수단으로서가 아니라 자본
주의의 내부적 요구에 따라 일찍이 독점이 형성되었고, 다른 나라에서
볼 수 없는 거대한 독점이 조직되었다. 따라서 미국의 중소기업문제는
순수한 자본주의적 내용을 지니는 것이었고, 경쟁원리에 바탕을 두고
독점자본이 중소기업을 지배하고 구축 도태시키거나 흡수 합병하는 것
이 문제의 전면에 등장하였다.

다시 말하면 미국의 중소기업 문제의식은 공업화 과정에서 형성된
경제력의 집중화와 그에 따른 독점자본의 형성이라는 장기적 구조적
원인에서 발달되었으며, 그러한 문제의식에 바탕을 두고 중소기업의
역할이 논의되었다. 특히 1930년대의 세계대공항과 제 2 차세계대전을
거치면서 軍需産業 중심의 자본집중과 국가에 의한 경제의 간섭정책으
로 독과점체제가 심화되면서, 자유기업제도와 중산층의 소멸방지를 위
한 문제의식으로 중소기업문제가 제기되었다.

1938년부터 1941년에 걸쳐 경제력집중조사위원회(임시국가경제위원
회, Temporary National Economic Committee ; TNEC)가 조사 분석한
보고서는 미국 중소기업문제에 대한 최초의 문헌이었다. 여기서 이미
자유경쟁기업제도의 중요성을 확인하고 중소기업문제를 자유경쟁기업
제도와 관련시켜 국민경제적 체제의 문제, 즉 국민경제적 모순의 문제
로 규정하면서 그에 대한 정책인식을 제기하였다.

그 후 1942년에 조직된 경제개발위원회(The Committee for Econom-
ic Development ; CED)는 중소기업은 미국 생활의 기초가 되는 자유의
표시이며, 경제적 민주주의의 기초로서, 이것이 없으면 정치적 민주주
의도 없다고 지적한 바 있다.[177] 이러한 기조는 1945년 미 상원 중소
기업문제 특별위원회의 〈자유경쟁기업의 유지〉라는 보고서에 이어졌
고, 1950년의 트루먼(Harry S. Truman) 대통령에 의한 중소기업대책
을 위한 특별 메시지[178]를 거쳐, 1953년의 中小企業法(Small Business

---

177) 末松玄六 編,《海外の中小企業》, 有斐閣, 1953(初版), 1960, p. 64.
178) 〈アメリカ大統領 メッセージ〉(中小企業政策), 위의 책, pp. 244～255.

Act)에서 명시되었다.

1970년대초 미국의 중소영세기업(small and little business)은 '활력 있는 다수'(the vital majority)로서 규정되었다. 미국 중소기업청 창립 20주년 기념논문집인 이 책의 머리에서 닉슨(R. Nixon) 대통령은 다음과 같이 쓰고 있다.

> 소기업(small business)은 우리나라의 국민적 교의(national creed)인 기회의 자유(the freedom of opportunity)의 자랑스러운 상징이다. 그것은 모든 미국 사람이 스스로의 방법으로 어느 것이나 취득할 수 있는 자유를 나타내는 것이다. 우리 나라의 초기부터 소기업은 우리에게 가장 좋은 아이디어와 발상(our best ideas and inventions)을 공급하였고, 산업과 과학의 성장을 크게 가속화시켜 주었다. 오늘날 소기업은 이 나라에서 가장 강한 힘의 하나로 성장하였다. 그것은 우리 인구 절반의 생계의 기초이다. 나는 항상 소기업의 중요성에 대하여 강한 개인적 신념을 지니고 있다. 소기업은 생활의 안정과 만족의 큰 원천이다. 소기업은 미국의 활력의 근거(the lifeblood of America)이다.[179]

이처럼 중소기업은 안정성과 만족, 기회의 자유 보장, 그리고 아이디어와 창의의 원천이며 국민의 생계 기반일 뿐만 아니라 미국의 활력의 근원으로 규정되었다. 중소기업의 이러한 기능은 독과점 시장구조에서 오는 산업조직의 비능률성과 독과점의 폐해를 막고 시장능률을 높이도록 해준다. 그리하여 자본주의의 체제적 장점을 높이는 산업조직을 실현시켜주기 때문에, 중소영세기업의 존립조건을 형성하여 주고 그 존립분야를 광범하게 확충시켜주어야 한다는 것이 소기업 보호·육성론이 제기된 이후 지속된 미국의 중소기업문제 의식이었다.

이러한 중소기업의 역할은 그것이 原子狀的 산업(atomistic industry)이고, 이들이 다수 존재하는 것이 산업구조의 집중도를 낮출 뿐만 아니라 원자상적 시장구조(atomistic market structure)를 형성하여 주

---

179) U. S. Small Business Administration, *The Vital Majority : Small Business in the American Economy*(Essays Marking the Twentieth Anniversary of the U. S. Small Business Administration), Deane Carson ed. 1973, p. xi.

는 데서 오는 것이다.[180] 즉 원자상적 시장구조를 형성하는 중소영세기업이야말로 독과점의 폐해를 막고 경직화되어 가는 시장구조와 자본주의체제에 활력을 넣어 주는 다수가 되어, 자본주의에 대한 체제유지적 역할을 한다고 보는 것이다. 동시에 중소기업이 경제에 공급하는 활력은 거대기업체제와 금융과두체제 등 독과점 구조하에서 산업의 경쟁력을 상실해가는 경제에 경제 재활성화와 경제 재건을 실현하여 국민경제의 경쟁력을 높여준다고 보았다.

미국에서 중소기업문제와 그 역할을 이처럼 보는 것은 산업조직의 측면에서 독과점문제가 중심적 과제로 된 이론과 정책의 흐름을 반영하는 것이다. 그러나 또 다른 중소기업문제 의식이 없었던 것은 아니다. 원자상적 시장구조를 형성하는 중소영세기업은 경쟁을 촉진하는 역할을 한다. 즉 경쟁을 촉진하는 역할을 함으로써 독과점의 폐해를 시정하고 경제의 경직성을 제거하여 경제에 활력을 넣어 주는 역할을 한다.

그러나 원자상적으로 존립하는 중소기업은 과도하고 파멸적 경쟁을 초래하여 산업조직의 非效率性을 가져오기도 한다. 그리고 대기업에 의한 소기업의 구축과 같은 산업내의 구조적 변화와 소기업의 높은 사멸률(big rate of small business mortality)도 좋지 못한 市場成果를 가져오게 한다는 것이다.[181] 따라서 이러한 특성을 지닌 중소기업 영역에는 경쟁제한적 정책(policies to restrict competition)이 필요하다는 정책인식이 제기되었다.[182] 이것은 앞의 독과점적 시장구조에 대하여 경쟁촉진적 정책이 강구되어야 한나는 정책인식과는 대조적인 것이다. 그러나 이러한 정책인식이 미국에서 주된 중소기업정책으로 구체화된 것은 아니다.

---

180) J. S. Bain, *Industrial Organization,* John Wiley & Sons, New York, 1959 (lst ed.), 1967(2nd ed.), p. 469.

181) *Ibid.,* p. 469·470.

182) Richard Caves, *American Industry : Structure, Conduct, Performance,* Prentice-Hall, 1964(lst ed.), 1972(3rd ed.), p. 75.

2. 중소기업문제와 중소기업의 역할(Ⅱ)

다음에는 영국의 중소기업문제와 그 역할에 대한 논의를 고찰하여
보기로 한다. 영국에서는 마셜 이후 경제이론상의 문제로서 소기업문
제가 제기된 이후 로빈슨(E. A. G. Robinson)의 적정규모론적 중소기
업이론이 형성될 때까지 줄곧 경제적 합리성이 중소기업문제 파악의
주된 기준이었다. 플로렌스(P. S. Florence)와 슈타인들(J. Steindl)에
와서 소기업 비합리성론이 제기되고, 비합리적인 존재인 소기업이 광
범하게 존속하는 산업조직상의 비능률성과 국민경제상의 문제점이 지
적되었지만, 그것도 경제제도상의 요인보다는 경제외적 요인 또는 비
합리적 요인에 의하여 설명되었다.

결국 영국에서는 전통적으로 경제적 합리성과 능률성이 존중되어 중
소기업이 열등한 효율성을 지닐 때는 높은 능률을 지니는 대기업과의
경쟁에서 도태·소멸되는 것이 당연하다고 보았다. 다만 경쟁에서 중소
기업에 불리한 조건이 있는 경우에는 이것을 補正하여 주는 것이 필요
하다고 보았다. 따라서 국민경제적 모순으로서 중소기업문제가 뚜렷하
게 형성된 것도 아니었으며, 그에 대한 정책인식이나 중소기업의 역할
에 대한 논의도 적극적이지 못하였다.

그러나 1960년대에 와서 중소기업이 중요한 정책적 문제로 제기되
었다. 중소기업이 정책적 문제의 대상으로 됨에 따라 영국에서는 1969
년 7월에 노동당 상무장관에 의하여 중소기업조사위원회(볼턴위원회)
가 설치되었으며, 1971년 11월에는 〈볼턴보고서〉(Bolton Report)[183]가
발표되었다. 이 위원회는 국민경제에서 중소기업의 역할과 중소기업이
이용하는 여러 편의 및 중소기업이 직면하고 있는 여러 문제를 검토하

---

183) 이 보고서의 명칭은 *Small Firms, Report of the Committee of Inquiry on
Small Firms*, by Chairman J. E. Bolton, Presented to Parliament by the
Secretary of State for Trade and Industry by Command of Her Majesty,
1971. 12., Her Majesty's Office[中小企業銀行 調査部 譯,《영국의 중소기업》
(上·下), 1972]

여 권고하는 것을 목적으로 설립되었는데 그 배경은 다음과 같다.

첫째, 단기적인 것으로서 1969년에 국제수지의 개선과 인플레를 극복하기 위한 금융긴축과정에서 중소기업은 은행신용의 규제와 기업간 신용의 악화라는 이중의 어려움을 당하게 되었다.

둘째, 장기적이고 구조적인 것으로서, 제 2 차세계대전 후 영국경제의 정체와 국제적 기반의 격하가 중소기업을 크게 압박하였다는 것이다. 특히 1960년대에 와서 이러한 정체를 개선하기 위한 국제경쟁력의 강화방안으로 적극적으로 기업의 합동과 합병을 추진하게 되었는데, 그 결과 기업규모가 확대되고 독과점체제가 급속히 강화되었다. 이에 독과점체제에 대한 반발과 경제의 경직화에 대한 우려가 제기되었고, 독점금지법의 강화 요청과 함께 독과점에 대한 對抗力으로서, 또는 경제 경직화를 타파하는 방편으로서 중소기업을 중요시하고 그 역할에 대하여 새로운 인식이 이루어졌다.

다른 선진국에 비하여 중소기업의 비중이 현격히 낮은 영국에서 중소기업에 대한 이러한 문제의식은 중소기업문제를 구조적으로 인식하고 정책인식을 적극화시키는 계기가 되었다. 그런데 〈볼턴보고서〉는 영국 중소기업의 특징을 다음과 같이 들고 있다.[184]

① 중소기업의 대다수는 개인경영이나 공동경영이며 법인 형태를 취한 것도 대부분 동족회사이다.

② 기업간의 합병 및 대기업에 의한 중소기업의 매수가 많다.[185]

③ 중소기업의 自己資本比率은 56퍼센트로서 대기업과 비슷하지만 유동비율은 1.8로서 대기업의 1.6보다 높다.[186]

④ 대기업과 중소기업의 임금격차는 20퍼센트에 그치고 양호한 노동환경을 제공하기 때문에 중소기업에서 근무하기를 바라는 사람이 많다.

---

184) *Ibid.*, Chap. 2. 〈The Characteristic of Small Firms〉, pp. 5~25[앞의 번역서(上), 제2장 〈중소기업의 특성〉, pp. 29~81].

185) 중소기업의 집단화·협업화·계열화의 예가 많고 合倂은 적은 비율에 그치는 일본의 예와는 차이가 있다.

186) 일본에서는 중소기업의 자기 자본 비율이 대기업과 비슷하지만 14퍼센트밖에 되지 않고 流動比率도 1.0으로 크게 낮으며 대기업의 1.1보다 낮다.

중소기업은 노동조합 조직률도 낮고 파업 등도 적다.[187]

⑤ 중소기업자의 대부분은 높은 교육을 받지 못하고 사회적 지위도 낮다.[188]

⑥ 1인당 부가가치생산성의 규모격차가 20퍼센트로서 효율성에서 대기업에 크게 뒤지지 않는다.[189]

이처럼 중소기업이 지니는 경영조건이나 특성은 일본에 비교하면 크게 문제될 만하지 않다. 이러한 특성을 지닌 중소기업의 역할을 〈볼턴 보고서〉는 다음과 같이 지적하였다.

① 중소기업은 기업심과 독립심이 풍부한 사람에게 開業의 기회를 제공한다. 그들은 대기업에 고용되기를 좋아하지 않거나 적합하지 않지만, 경제에 활력을 주어서 크게 공헌한다.(2장)

② 생산 및 판로의 적정규모가 작은 산업에서 중소기업은 가장 효율적인 기업 형태이므로 많은 상공업이 중소기업으로 구성된다.(3장)

③ 중소기업은 소비자에게 제공하는 재화와 용역을 매우 다양하게 해준다. 왜냐하면 대기업이 개입하기에는 별로 가치가 없거나 경제성이 없는 소시장 분야에서도 중소기업은 번창할 수 있기 때문이다.(3장)

④ 대기업보다 낮은 原價로 생산하여 대기업에 부분품이나 半제품의 전문적 공급자로서 역할하는 중소기업이 많다.(3장)

⑤ 집중화된 경제에서도 중소기업은 현실적 잠재적으로 경쟁을 촉진하며, 독점적 이익과 독점에서 발생하는 비능률을 저지하는 역할을 한다. 그리하여 경제 전체의 능률적 운영에 기여한다.(3장)

⑥ 중소기업은 연구·개발 투자가 적지만, 생산기술뿐만 아니라 서비스에서도 혁신의 원천이 된다.(5장)

⑦ 중소기업은 전체로서 새로운 산업, 즉 혁신을 위한 전통적 성장 기반이 된다.(4장)

⑧ 중소기업은 기업가적 재능을 가진 자에 대하여 기회를 제공하고

---

187) 일본에서는 賃金隔差가 40퍼센트나 되며, 노동조건도 대기업보다 떨어진다.
188) 일본의 경우는 중소기업자의 학력이 높아지고 있으며, 사회적 지위도 반드시 낮은 것은 아니다.
189) 일본에는 생산성의 規模隔差가 50퍼센트나 되며, 효율성도 대기업보다 크게 뒤지고 있다.

지배적인 대기업에 도전하고 자극을 줌으로써 대기업을 육성하는 養成
基盤(苗床, seedbed)을 마련하여 준다.(3장)

〈볼턴보고서〉가 지적한 이러한 역할은 크게 중소기업 자체의 효율
성에 직접 관련되는 것과 그렇지 않은 것으로 나누어 볼 수 있는데,
영국 중소기업문제의 인식에서 중요한 의미를 지니는 것은 바로 후자
이다. 종래 효율성이 낮은 중소기업의 도태·소멸을 당연한 것으로 간
주하였던 것에다 중소기업 자체의 효율성에 직접 관련이 없는 역할을
새롭게 인식하게 된 것이다. 독과점체제에 활력을 넣는 기능, 중소기
업이 새로운 산업과 기업능력, 그리고 장래에 대기업의 양성 기반이
된다는 묘상 기능(seedbed function) 및 新陳代謝的 기능(regenerative
function) 등은 종래의 영국 중소기업문제의 인식내용에서는 볼 수 없
었던 것으로, 〈볼턴보고서〉에서 새롭게 제시된 내용들이다.

이것은 미국에서 중소기업의 역할을 활력 있는 다수로 보는 견해에
접근하고 있다. 독과점체제에서 오는 폐해와 경제의 경직화를 해소하
기 위한 중소기업의 역할을 영국경제에서도 적극적으로 인식하게 된
것이다. 중소기업을 개별 기업 단위의 효율성이라는 영국형 산업조직
론의 틀을 넘어서, 기업간의 관계와 산업조직 전체에 대한 중소기업의
능률적 작용을 인식하는 차원으로 전환된 것이다. 이는 영국에서도 중
소기업문제를 단순히 경제이론상의 문제에서 벗어나 국민경제적 문제
내지 중소기업의 역할이 국민경제적 모순으로서 독과점구조의 폐해를
해소시킬 수 있다는 것을 인식하는 방향으로 전환되었음을 나타낸다.
그러면서 중소기업이 장기적으로 국민경제의 선선한 발전과 효율성의
제고에 중요한 기여를 할 수 있다고 보는 데 영국의 새로운 정책적 중
소기업문제 파악의 본질이 있다.

이와 같은 유형의 중소기업문제와 그 역할은 일본에서도 특히 1980
년대에 와서 뚜렷하게 인식되었다. 1970년대에 이어 경제적 합리성의
방향이 일본 중소기업문제 인식의 기본방향으로 제시되었다.[190] 1970

---

190) 日本中小企業廳 編,《70年代の中小企業像》(中小企業政策審議會意見具申の內
　　 容と解說), 通商産業調査會, 1972, p. 12·13.

년에 들어와서 가속화되는 내외 여러 정세의 변화논 중소기업도 세계경제와 직결되는 일본경제 속에서 경제의 구조적 변동이라는 큰 흐름에서 벗어날 수 없게 만들었다. 단순히 중소기업계층을 특수한 분야로 생각하고 현상유지적인 정책을 취하는 것은 문제의 진정한 해결이 되지 않을 뿐만 아니라 경제의 효율화를 저해한다고 보았다.

이에 따라 과거에 존재하였던 일반적인 중소기업관, 즉 중소기업은 저렴한 노동에 의한 낮은 비용을 존립의 기반으로 하는 기업군이며, 그 생산성과 임금수준의 격차를 지닌 일본경제의 특수한 영역이기 때문에 이를 보호할 필요가 있다는 생각은 이미 일본경제의 발전과정에서 수반된 중소기업의 실체 변화에 따라 그 주장의 기반을 상실하였고, 특히 최근의 내외 정세의 격변에 직면하여 한층 그 발상의 전환이 필요하게 되었다고 보았다. 이에 적응하기 위해서는 중소기업도 경제적 합리성에 따라 경제운영과 기업활동을 해야 한다고 보았다.

이것은 종래 이중구조론을 중심으로 하는 중소기업문제와 그 역할에 대한 인식의 변화를 나타내주는 것이었고, 이는 고도성장과정에서 보인 경제구조의 변화를 반영하는 것이었다. 일반적으로 중소기업은 대기업과 생산성 및 임금수준에서 격차가 있고, 경제사회의 약자로서 정체적 기업군을 이루고 있다고 생각되었으나 이러한 중소기업의 실체가 1960년대의 고도성장과정에서 변화되었다고 본 것이다. 특히 수요면과 기술면에서의 변화와 다양화, 산업의 知識集約化와 시스템화가 진행되는 가운데 기업특성, 기업조직, 경영자의 특질, 기업의 경영성과의 여러 측면에서 종래의 인식으로서는 적당하지 않은 기업군이 등장하였다. 즉 중견기업으로 발전하고 있는 성장형 중규모기업, 규모는 오히려 영세기업에 속하지만 이른바 벤처 비즈니스(Venture Business)의 등장 등이 그 예라고 지적되었다.

다른 한편, 현실적으로는 생업적 영세기업이라는 停滯層도 두꺼운 층으로 존재하고 있는 가운데 新舊의 기업이 변화되고 있어서 이러한 현실적인 환경변화와 다양화에 응할 필요가 있다고 주장되었다.[191]

---

191) 위의 책, p. 16.

결국 국제화에 대응하기 위하여 경제적 합리성의 방향이 제시되었고, 이것은 중소기업문제의 인식에서 소기업 비합리성론에 가까운 것이었다. 동시에 중소기업의 다양성을 인식하고 그것을 존중하는 정책인식의 필요성이 강조되면서 특히 산업구조의 지식집약화에 상응한 중소기업의 지식집약화 방향[192]이 제시되었다. 이것은 이중구조의 해소라는 구조론적 인식의 틀을 벗어나 새로운 방향의 정책인식과 중소기업의 역할을 규정하는 것이었다.

일본에서 중소기업문제와 그 역할에 대한 구조론적 인식의 틀은 1980년대에 와서 거의 사라지게 되었다. 환경변화요인을 국제화의 진전, 국민욕구의 다양화, 고용·노동정세의 변화, 地域振興 요청의 제고 등 네 가지로 규정하고,[193] 이에 대응하여 중소기업에 대한 정책인식을 양적 지향에서 질적 지향으로, 창조성과 기능성의 발휘, 집단활동의 새로운 전개, 사회성의 자각 등 네 가지에 두었다.[194]

여기서 특히 우리의 관심을 끄는 것은 중소기업을 활력 있는 다수로서 적극적으로 평가를 했다는 점이다.[195] 중소기업은 총체적으로 보면 그 왕성한 활력에 의하여 산업구조의 변혁, 기술의 진보, 인적 능력 발휘의 苗床이며 경제사회의 진보와 발전의 원천이라고 규정되었다.

1980년대에 와서 일본에서도 중소기업문제와 그 역할의 인식에서 '활력 있는 다수론'과 '苗床論'이 제기되었다. 특히 국제화에 대응한 구조변동을 위하여 활력 있는 중소기업의 전개를 주장하였다.[196] 종래 중소기업이 지니는 국민경제적 모순(저생산성, 경영난, 열악한 노동조건)을 지적한 소기업 비합리성론적 견해와 그 높은 비중을 기반으로 일본경제의 성장·발전에 중요하고 불가결한 요인이라고 하는, 이중구조론에 입각한 구조론적 중소기업문제 및 그 역할에 대한 인식에서 벗

---

192) 위의 책, pp. 58~63.
193) 日本中小企業廳 編, 《中小企業の再發見》(80年代中小企業ビジョン), 通商産業調査會, 1980, p. 3.
194) 위의 책, pp. 8~10.
195) 위의 책, p. 10.
196) 위의 책, p. 23.

어나 活力 있는 多數論에 이르고 있는 것이다. 이것은 미국과 영국 등 선진국에서의 산업조직론적 중소기업 역할론에 근접하고 있음을 나타낸다. 그럼에도 불구하고 일본에서 활력 있는 다수론은 독과점체제의 폐해와 경직화의 제거라는, 미국이나 영국에서의 중소기업 역할론과는 달리 국제화가 진전되는 가운데 구조개혁을 위한 활력 있는 중소기업을 모색한다는 점에서 차이가 있다. 즉 구조론적 중소기업 역할론의 견해가 동시에 반영된 것임을 알 수 있다.

한편 빈곤과 실업이 심각한 개발도상국에서 중소기업의 역할은 다음과 같이 제시되고 있다.[197]

① 중소기업은 바라는 재화의 생산을 위하여 자원을 더 효율적으로 사용하도록 하여 경제적 效率性을 기할 수 있다.[198]

② 중소기업과 대기업의 관련성은 산업제도의 능률성을 높인다.

③ 중소기업은 기업가적 재능과 경영능력의 묘상(nursery) 기능을 함으로써 기업가와 경영자를 개발하여 준다.

④ 중소기업은 인적 자본(human capital)뿐만 아니라 물적 자본(material capital)을 형성하는 등 資本形成에 기여한다.

⑤ 중소기업은 자본절약적(capital saving)이고 노동집약적(labor intensive)인 생산방법을 지니는 등 자본절약을 촉진한다.

⑥ 중소기업은 고용을 제공하는 잠재력을 지니고 있다.

⑦ 중소기업은 산업의 지리적 분산을 성취토록 하여 산업발전의 지역적 확산을 기하도록 한다.

⑧ 중소기업은 사회정치적 발전을 촉진한다.[199]

---

197) Eugene Staley and Richard Morse, *Modern Small Industry for Developing Countries,* New York : McGraw-Hill, 1965, pp. 230~248.

198) 小規模, 半近代的 工場(semimodern factories)의 비효율성에도 불구하고 많은 생산물과 생산공정이 지니는 소규모성의 적극적 우위, 특히 구매자의 욕구에 적응하는 데 필요한 신축성, 노동자와 고객과의 개인적 관계, 복잡한 조직과 이러한 조직을 운영하기 위한 고도의 숙련노동력 불필요, 낮은 간접비용 등이 여기에 포함된다.(*Ibid.,* p. 231)

199) 여기에는 경제적, 사회적, 정치적 권력의 광범한 분배, 사람들이 그 스스로의 능력과 힘든 노력으로 발전할 수 있는 공개된 기회의 제공, 사회의 개인적 또

⑨ 중소기업은 더욱 개인적 관계를 통하여 산업에서 노동과 사회관계를 개선한다.

⑩ 중소기업은 民族企業(national enterprise)의 성격을 갖는다.[200]

이상에서 제시된 열 가지는 경제개발의 초기단계에 있는 후진경제에서 중소기업의 역할을 지적한 내용이다. 그것은 선진경제에서 논의되는 산업조직론적 중소기업 역할론과는 거리가 있지만 개발도상경제에서뿐만 아니라 모든 국제경제에서 중요한 의미를 지니는 것들이다.

이 가운데 중소기업이 민족기업으로서의 성격을 지닌다는 지적은 제 2 차세계대전 이전에 선진제국주의로부터 식민지적 지배를 받았던 개발도상경제에서 매우 중요한 의미를 지닌다. 이들 개발도상국은 경제적 근대화의 목표가 단순히 근대적 생산력을 개발하는 것만이 아니고 경제적 자립도 실현해야 한다는 이중적 의미를 지니는 것이기 때문이다. 이 목표 가운데 후자는 중소기업이 지니는 민족기업의 성격에 의하여 그 기초가 다져질 수 있기 때문이다.

그리고 산업의 지리적 분산을 촉진시킨다는 중소기업의 역할은 개발 초기단계의 후진경제에서뿐만 아니라, 선진경제 또는 선진경제를 지향하는 공업국가에서도 중요하게 인식되고 있다. 産業立地論적으로 중소기업문제를 고찰한 계기는 이론적으로 일찍이 마셜(A. Marshall)까지 거슬러올라간다. 그는 산업의 지역적 집적을 논의하면서 내부경제와 외부경제의 개념을 도입한 바 있다. 같은 종류의 소기업 다수가 같은 지역에 집중함으로써 발생하는 分業을 기초로 한 경제효과를 외부경제라 하였고, 소수의 대자본이 대규모생산에 의하여 실현하는 성세효과를 내부경제라고 규정하였다. 이때 전자, 즉 특정의 지역에 같은 종류의 소기업이 다수 집중하는 것을 '산업의 특정지역 입지'(localization of industry)라고 한 바 있거니와[201] 이것이 오늘날 중소기업의 지리적

는 집단의 측면에서 자주적 창의성(self-reliant initiative)의 분위기 형성 등이 포함된다.(*Ibid.*, p. 243)

200) 外國企業과는 대조적으로 중소기업은 토착적 민족적 기업(indigenous, national enterprise)으로서 中小企業家(small manufacturers)는 대체로 內國人(local people)이라는 것이다.(*Ibid.*, p. 246)

201) A. Marshall, *Principles*, 1890(lst ed.), 1920(8th ed.), Rep. 1959, p. 221.

분산이나 地域主義를 논의하는 출발점이 된다.

오늘날 중소기업의 지리적 분산의 과제는 중소기업이 각종의 사회적 분업관계를 형성하면서 특정의 지역에 집중하여 지역경제구조의 큰 부분을 차지한다고 하는 지역주의의 관점에 이르고 있으며,[202] 이것은 나아가서 균형 있고 효율적인 국토개발의 과제와 깊은 관련을 맺고 있다. 특히 이것은 중앙집권적 성격을 지닌, 획일정책을 배경으로 하는 일본의 이중구조론 중심의 중소기업 근대화정책에 대한 비판적 시각을 담고 있어서 주목된다.[203]

또한 1980년대 일본에서 중소기업문제의 기본 관점의 하나인 지역진흥에 대한 높은 요청과도 관련되고 있다. 국민의 안정적 거주 성향이 높아지고 지역 경제력의 상승에 대한 요청을 배경으로 하여 지역진흥이 하나의 큰 흐름으로 되고 있다는 것이다. 안정적 거주의 圈域을 실현하기 위하여는 지역에 밀착하여 지역주민의 고용기회를 창출·확보하고 일상생활에 필요한 재화와 용역을 제공하는 등 지역의 특성에 맞는 중소기업의 활동에 대하여 새로운 기대가 커지고 있다는 것이다.[204] 이것은 활력 있는 다수론과 함께 1980년대 일본 중소기업문제와 역할의 핵심을 이루고 있다.

3. 사회적 對流現象과 新·舊企業의 교체

경제의 성장과 발전에 수반하여, 특히 고도성장과정에서는 수요면과 기술면에 큰 변화와 다양화가 이루어지고, 산업구조의 고도화에 따라 산업의 지식집약화와 시스템화가 진행된다. 그 가운데 새로운 기업유형이 전개되는가 하면, 낡은 기업이 도태되는 新·舊企業의 급속한 교체가 진전된다. 이에 따라 중소기업의 생성과 발전, 도태와 정체도 끊임없이, 그리고 뚜렷하게 진행되는 중소기업의 동태적 경향을 보게 된

---

202) 杉岡碩夫 編, 《中小企業と地域主義》, 日本評論社, 1973, p. 12.
203) 위의 책, pp. 5~8.
204) 日本中小企業廳 編, 《中小企業の再發見》(80年代中小企業ビジョン), 1980,
   p. 11·12.

다. 즉 많은 중소기업이 생성·발전되면서도 다른 한편에서는 많은 중소기업이 소멸하고 도태되는 경향을 볼 수 있다.

중소기업의 이와 같은 동태적 현상을 구조적으로 파악하고 역사적으로 이해하여 통일적으로 설명하려는 견해가 이른바 '社會的 對流現象論'이다. 특히 자본주의의 역사적 발전과정에서 중소기업이 어떻게 존립하고 발전하면서 순환되는가를 설명하려는 관점을 이 견해는 지니고 있다. 즉 경제의 성장·발전과정에서 중소기업의 생성·소멸과, 존립·발전의 법칙을 제시하려는 것이다.

이 견해는 고도성장과정에서 중소기업의 多産多死現象을 사회적 대류현상으로 해석한다. 장기적으로 중소기업은 끊임없이 발생·발전·분해·소멸을 반복하면서 하나의 계층을 형성하되 계층 전체로서는 확대재생산되고 있다. 산업적 중산층의 성립기, 매뉴팩처기, 산업혁명을 기점으로 하는 산업자본단계, 독점자본단계를 거쳐 현대자본주의라는 역사의 흐름을 통하여 중소기업은 일관되게 다산다사현상 속에서 사회적 대류현상을 반복하면서 존립·전개되고 있다. 이러한 중소기업의 다산다사와 사회적 대류현상은 경제의 발전단계에 따라 서로 다른 특징을 나타내고 있다는 것이 이 견해의 주장이다.

자본주의 성립기(본원적 축적기)에서는 다음과 같은 특징이 지적되고 있다. 우선 사회적 대류라고도 할 수 있는 현상이 있다. 다시 말하면 中産的 生産者層[205]이라는 모태로부터는 兩極分解에 의하여 끊임없이 산업자본가와 임금노동자가 분출한다. 한편에서는 이러한 임금노동자에게는 아직도 어느 정도까지 독립소생산자로서 재생할 수 있는 가능성이 남아 있음과 동시에, 다른 한편에서는 산업자본가로 올라선 사람도 결코 그대로 영속적인 것은 아니다. 그 산업경영(특히 매뉴팩처)도 거의 2·3대 안에 경영자나 소유자가 바뀌든가, 또는 해체되었을 뿐만 아니라 다행히 몰락하지 않고 부를 증가시킨 일부의 사람도, 일반적으로는 산업경영을 확대하는 것보다는 조만간 그 경영을 바꾸어 상

---

205) 이것은 봉건사회 안에서 형성된 獨立自營農民層과 半農半工의 小生産者 등을 말한다.

인 및 금융업자로 전환하고, 다시 토지(내지 경영설비)를 구입하여 地代(내지 임대료) 취득자로 상승하게 되었다. 이처럼 분해의 결과는 사회적으로 고정된 것이 아니며, 따라서 끊임없이 재분해가 반복되는 가운데 총체적으로는 중산적 생산자층의 양극분해가 진행된다.[206]

자본주의의 본원적 축적기에 중산적 생산자층의 양극분해를 나타내는 이러한 현상을 오쓰카 후사오(大塚久雄)는 사회적 대류현상이라고 규정하였거니와 산업혁명기에는 이것이 한층 활발하게 진행되었다. 이 단계에는 근대적 대경영은 아직 존재하지 않았고, 성립한 매뉴팩처도 대개 한 세대에 그쳤으며, 2·3대에 이르지 못하여 기업의 계속성이 이루어지지 않았다.

이러한 사회적 대류현상은 산업혁명기를 거쳐 본격적인 산업자본단계에서도 계속 진전되었다. 이러한 현실을 의식한 것이 마셜이었고, 19세기말 영국경제를 대상으로 마셜의 견해가 형성되었다. 마셜은 소기업 성장론을 주장하였지만, 동시에 '生物學的 壽命論', 즉 기업가 능력의 쇠퇴를 지적함으로써 소기업의 발생·상승·하강·교체라고 하는 사회적 대류현상을 지적하였다. 결국 마셜의 시대에도 소기업자의 신규 참입과 상승운동이 상당히 활발하였고, 그러한 가운데 신·구기업의 교체가 뚜렷하였음을 알 수 있다.

그런데 산업자본단계에서 독점자본단계에 이르러서도 중소기업의 수는 감소하기보다는 오히려 증가경향을 보였는데, 이러한 증가경향은 심한 企業交替 속에서 이루어진 것이어서 사회적 대류현상이 지속되었음을 나타낸다. 이 시기에 마르크스 경제학에서 전개된 이른바 '修正主義論爭'은 이를 반영한다. 베른슈타인(E. Bernstein)은 공업의 각 분야에서, 그리고 경영의 내부조직에서 끊임없는 변화가 진전되고 있음에도 불구하고 오늘날 전체로서는, 대기업은 지속적으로 중소기업을

---

206) 이것은 經濟史學에서 자본주의 이행에 대한 두 가지 견해 가운데 '中産的 生産者層의 兩極分解說'을 반영한 것이다.[大塚久雄, 《大塚久雄著作集》 第4卷 (資本主義社會의 形成), 岩波書店, 1969, p. 241·242 ; 大塚久雄·高橋幸次郎· 松田智雄 編, 《西洋經濟史講座 II》(資本主義의 發達), 〈 I . 總說〉(大塚久雄), 岩波書店, 1960(初版), 1970, p. 41·42]

흡수하지 않을 뿐만 아니라 오히려 대기업은 그런대로 중소기업과 병행하여 존립하면서 발전하고 있는 상황을 보인다.……실제 많은 경우에 대기업과 중소기업간의 경쟁 등은 일찍이 이루어지지 않았고 앞으로도 일어나지 않을 것이라고 하였다. 그래서 대기업의 비약적 신장과 확대는 항상 경제발전의 한 가지 측면을 나타내는 데 불과하다고 주장하고 중소기업이 존립하는 이유를 제시하였다.[207]

베른슈타인의 마르크스주의 수정 주장에 대해 카우츠키(K. Kautsky)는 새롭게 발생하는 소기업자는 잠재적 실업자의 성격을 지닌 새로운 경영이라고 규정하고, 이것은 자본주의적 축적과정에서 소멸되는 낡은 경영과는 구분된다고 주장하면서 베른슈타인의 견해를 반박하였다. 마르크스 경제학파의 이러한 논쟁에서도 우리는 대기업의 진출에 의하여 중소기업이 소멸하면서도 다른 한편에서는 새로운 경영이 신규 참입하면서 기업교체가 이루어지고, 중소기업 전체로서는 그 수가 증가하는 사회적 대류현상을 읽을 수 있다.

그런데 자본주의의 장기 정체와 공황, 실업이 확대되는 국면에서 이와 같은 중소기업의 사회적 대류현상은 새로운 특징을 지닌다. 이 시기에 플로렌스(P. S. Florence)와 슈타인들(J. Steindl)은 '小企業 非合理性論'을 제시하였거니와, 특히 슈타인들은 마셜이 제시한 소기업 성장론, 즉 소기업의 상향운동을 완전히 비현실적 설명이라고 비판하면서 '소기업 성장단층설'을 주장하였다. 아래로부터 위로의 폭넓은 이동은 형성되지 않을 뿐만 아니라 반대로, 대부분의 소기업은 성장하기 위한 충분한 시간을 얻기도 전에 사멸한다는 것이 현실적인 가정이라고 생각한다. 이러한 수많은 사멸은 이에 상응한 새로운 기업의 참입에 의해 보충된다. 이처럼 극히 높은 대체가 있고, 이것에 의해 소기업가의 경우 공급이 극히 탄력적이라고 하는 것은 정확한 것이다.……그러나 대기업가의 공급은 극히 비탄력적이라고 슈타인들은 지적하였다.[208]

---

207) E. Bernstein, *Die Voraussetzungen der Sozialismus und die Aufgaben der Sozialdemokratie,* Stuttgart und Berlin, 1921, S. 98ff.

208) J. Steindl, *Small and Big Business,* 1947[米田清貴·加藤誠一 譯,《小企業と大企業》, 嚴松堂, 1956(初版), 1969, p. 19].

이것은 당시 형성되어 있던 과점적 대기업의 존재가 중소기업의 상승을 억압하여 하강시키면서 이들과 잠재실업적 중소기업 상호간에 기업교체가 이루어지는 사회적 대류현상이 이루어졌음을 나타내준다. 경제가 정체하고 노동력이 과잉한 상태에서 중기업분야에 과당경쟁이 일어나면서 중소기업의 사멸률(rate of mortality)이 높아지고 동시에 이것을 보충하는 신규 참입이 이루어지면서 기업교체가 활발하게 진행되는 것이다. 일단 도산한 기업도 그 가운데 상당수가 다시 참입하는 등 노동력 과잉과 저성장경제에서 전형적인 기업교체가 이루어진다.

이에 대하여 고도성장이 이루어지고 완전고용정책으로 노동력 부족현상이 진행되는 경제에서 중소기업은 새로운 유형으로 교체되면서 사회적 대류현상이 확대된다. 경제의 동태적인 발전과 그에 수반한 구조변화에 적응하는 과정에서 생기는 기업교체와 사회적 대류현상이 이루어진다. 기술진보와 소득수준의 향상을 수반하여 수요가 다양화되고 流動化되면서 사회적 분업이 심화되고, 그것이 새로운 중소기업분야를 창출시켜 중소기업의 신규 참입이 증가한다. 이러한 분야에서는 대기업의 지배가 확립되지 않은 경우가 많고 이윤율도 높으며 자본축적도 뚜렷하게 실현된다.

한편 사양화되는 분야, 대기업으로 이행하는 분야, 그리고 중소기업분야이지만 기존의 기술이 진부화된 경우에는 기업소멸이 대량으로 발생한다. 이러한 경제의 구조변화가 심하면 심할수록 다산다사의 현상이 확대되고 사회적 대류현상은 뚜렷하게 진행된다. 따라서 현대자본주의에서 중소기업문제의 인식은 중소기업 소멸론과 함께 새로운 중소기업의 형성과 발전을 통일적으로 이해하는 논리에 의하여 전개될 필요가 있다.

경제성장은 대기업에 의한 중소기업의 구축을 一義的으로 촉진하는 것이 아니고 오히려 새로운 중소기업분야를 창출한다. 이 경우 寡占的 대기업의 지배가 반드시 강화되는 것만은 아니다. 경제성장률이 높으면 높을수록 중소기업의 수는 증가하지만, 그 내부에서 새로운 중소기업과 낡은 중소기업의 격렬한 교체가 진행되면서 전체로서 중소기업의 수가 증가한다.

　이때 신규 참입하는 중소기업은 새로운 기술과 새로운 경영감각을 가진 젊은 층이며, 소멸하는 중소기업자의 중심은 노년층이어서 이러한 신구기업의 교체는 경영자의 世代交替를 반영한다는 것이다.

　결국 현대의 동태적 경제(the modern dynamic economy)는 생산과 유통과정에서 차별화를 향하여 작용하는 확산적이고 지속적인 힘(pervasive and persistent forces)을 움직이게 하고 그것은 계속해서 소기업을 위한 새로운 기회를 만들어낸다. 진보된 기술이 경제에 침투하면서 생산성을 향상시키고 생활수준을 높이면서 생산물과 용역의 시장을 확대시킨다. 기술이 발전하고 시장이 확대될수록 전문화의 기회(the opportunities for specialization)는 증대된다.[209]

　이때 성장하는 시장과 변화하는 기술은 한층 더 전문화된 경제를 위한 새로운 기회를 창출하며, 그래서 생산은 새로운 세대의 소기업에 분할된다.[210] 시장과 변화하는 기술의 계속적인 상호작용은 주지하는 바, 경제자원과 거대기업으로 경제력의 집중에도 불구하고 대량생산과 대량유통경제(mass distribution economy)의 틈새기(interstics)에서 소기업을 위한 기회를 창출한다.[211]

　생산·유통 및 마케팅의 기술이 발달하고 반면에 시장이 계속해서 성장하는 한, 統合과 差別化 要因(integrating and differentiating factors)의 상호작용은 소기업을 위한 기회를 계속해서 창출한다고 기대할 수 있다. 통합의 요인은 중규모와 대규모기업의 소기업 침식을 더욱 일으키게 하지만, 반면에 차별화의 요인은 소기업이 경쟁할 수 있을 뿐만 아니라 전문화로부터 일어나는 규모의 외부경제(external economies of scale)에 의하여 서로 보강할 수 있는 틈새가 있는 시장(interstitial markets)을 계속해서 제공한다.[212]

　그리하여 動態的으로 경제발전이 이루어지는 가운데 기업교체가 끊

---

209) Edward D. Hollander and Others, *The Future of Small Business,* Frederick A. Prager, New York, 1967, p. 1.
210) *Ibid.,* p. 2.
211) *Ibid.,* p. 3.
212) *Ibid.,* p. 4.

임없이 진전된다. 경제가 고도성장하고 산업화가 급속히 진행될수록 기업의 교체와 사회적 대류현상은 더욱 활발하게 이루어지면서 중소기업도 증가한다. 특히 사회적 대류현상의 상향이동이 활발해지면서 중소기업의 중견기업화와 나아가서는 대기업으로 성장하는 기업도 생겨난다[213]는 것이다.

이처럼 전체로서 중소기업분야는 항상 존속할 뿐만 아니라 고도성장과정에서는 오히려 그것이 상향·확대되는 경향을 보이지만, 개별 기업의 측면에서는 기업의 교체가 꾸준히 진행된다는 것이 사회적 대류현상론의 설명이다. 새로운 기술이 등장하면서 뒤떨어진 기술을 지닌 중소기업은 도태되지만, 산업구조가 고도화되면서 이러한 새로운 기술이 적극적으로 보급되는 단계에서는 이것을 도입한 새로운 유형의 중소기업이 증가하는 경향을 보이면서 새로운 중소기업분야가 형성되는 것이 역사적 경험이다.

이어서 더 새로운 기술이 개발되면 종래의 기술은 뒤떨어지면서 다시 새로운 기술에 적응하지 못하는 중소기업은 도태된다. 개별 기업측면에서 중소기업은 이처럼 사회적 대류현상을 반복하지만 고도성장과정에서는 사회적 대류현상이 상향이동하면서 지속성을 유지 발전하는 기업이 증가한다. 특히 경제성장과 산업구조의 고도화과정에서 나타난 산업구조의 기술집약화와 지식집약화는 새로운 유형의 중소기업을 등장시켰다.

---

213) 清成忠南,《日本中小企業の構造變動》, 新評論, 1970(初版), 1972, pp.26~ 32. 여기서는 마셜의 小企業成長論을 시인하는 견해가 제시되어 있다. 清成忠南은 사회적 對流現象을 반복하면서 노동자가 소기업가로, 소기업가가 대기업가로 폭넓게 이동하고 기업교체가 이루어진다는 마셜의 견해가 오늘날 상당히 타당성을 지니고 있다고 보았다.(같은 책, p. 3)
비록 부분적이기는 하지만, 이러한 중소기업성장론을 뒷받침하는 실증적 연구가 1955~1970년의 일본경제의 고도성장과정에 대한 분석에서 이루어졌다. 즉, 고도성장과정에서는, 중소기업에서 대기업으로 성장하는 실태가 상당히 뚜렷하다는 것이다.(瀧澤菊太郎,《高度成長と企業成長──中小企業から大企業への成長の實証的研究》, 東洋經濟新報社, 1973) 우리 나라에서도 이와 유사한 연구보고가 있다.(中小企業銀行 調査部,《企業規模移動調查》, 1972)

4. 산업구조의 知識集約化와 벤처 비즈니스론

산업구조의 고도화는 통상적으로 산업구조의 중화학공업화를 의미하는 것이었는데, 이러한 중화학공업화 중심의 산업구조 논의에 비판적 시각을 제시한 것이 산업구조의 '高加工度化' 또는 '지식집약화'이다. 이때 지식집약화는 가공도로 본 산업구조의 근대화 모형인 고가공도화의 후행적 개념으로 형성된 것이라고 지적되고 있다. 고가공도화의 모형은 고가공화의 방향을,

① 物材면에서는 素材化에서 가공화, 그리고 조립화로 그 중심이 변화되고,

② 욕구수준의 고도화에 따라 수요의 대상이 물재에서 시비스와 정보로 이행하며,

③ 기술의 진전에 따라 산업활동의 중심이 소재의 粗型에서 가공과 集積으로 전개된다고 보았다.

이 모형에서는 산업을 소재산업과 가공산업(그리고 조립산업)으로 나누고, 소득수준이 높은 나라일수록 소재산업에 비하여 가공산업 또는 조립산업의 비중이 높아진다고 보았다. 그래서 고가공화에 의하여 부가가치를 높이는 방법으로,

① 육체노동을 중심으로 한 에너지 소비적 성격에서 과학기술의 성과에 바탕을 둔 지적 노동과 정보 소비적 성격으로,

② 원제료 다소비 경향으로부터 원재료를 적게 소비하는 경향으로,

③ 단일상품 수요에 바탕을 둔 생산체제로부터 시스템 수요에 바탕을 둔 생산체제로의 전환을 들고 있다.[214]

한편 산업구조 고도화의 새로운 방향에서 제시된 '지식집약형 산업구조'에서는 ① 연구개발집약산업, ② 고도조립산업, ③ 패션형 산업, ④ 지식산업의 네 가지가 제시되고 있다.[215] 그런데 지식집약화란 연구

---

214) 篠原三代平, 〈高加工度産業化〉, 篠原三代平·馬場正雄 編, 《現代産業論 I —
　　 産業構造》, 日本經濟新聞社, 1975, p. 226.
215) 日本中小企業廳 編, 《70年代の中小企業像》(中小企業政策審議會意見具申の內

개발, 디자인, 전문적 판단, 각종 경영능력 등 고도의 경험지식의 뒷받침을 받는 기능의 발휘 등을 포함하여, 넓은 경제활동에 인간의 지적 능력의 행사를 지향하는 知的 行動의 집약도를 높이는 것이며, 보통 말하면 기업경영에 가능한 대로 지혜를 사용하고 두뇌를 사용하는 방향으로 이행하는 것을 말한다.[216]

이렇게 볼 때 지식집약화는 결국 고가공도산업화를 의미하는 것이며, 지식집약형산업은 고가공도산업의 다른 표현에 불과하다.[217] 그런데 이러한 지식집약적 산업의 발상은 중화학공업화의 과정에서 전형적으로 추구하던, 대형설비로 균질적 제품을 대량생산하여, 비용 삭감의 이익을 추구하는 방향에는 한계가 있다는 인식에 그 근원이 있다. 따라서 이러한 산업유형은 적어도 기업활동의 규모라는 점에서 보면, 중소규모에 적절한 분야를 제공하고, 현실적으로 이러한 움직임이 중소기업에서 나타나고 있다는 것이다.[218]

이처럼 지식집약화를 중화학공업이 성숙화된 단계에서 중소기업이 지향하는 방향이라고 볼 때, 기업경영의 방향은 다음의 세 가지로 요약된다고 보았다.[219]

첫째, 수요의 다양화·개성화·고급화와 이에 수반하는 상품 수명의 단축화 경향에 적응하기 위해서 마케팅 노력을 포함하여 시장의 동향에 민감할 것,

둘째, 변화하는 시장동향에 적합한 상품을 좋은 자연환경과 노동환경을 확보하는 데 맞추도록 개발하고 공급하기 위하여 연구와 기술개발에 중점을 둘 것,

셋째, 앞으로의 상품개발은 소재, 제조과정, 제조기술 등에서 점차 시스템화의 방향으로 나아갈 것이기 때문에 다른 산업부문과 상품분야의 연구와 기술개발의 동향에 민감할 것 등이다.

容と解說), p. 58·59.
216) 위의 책, p. 61.
217) 篠原三代平, 〈高加工度產業化〉, p. 227·228.
218) 日本中小企業廳 編, 《70年代の中小企業像》, p. 59.
219) 위의 책, p. 61.

산업의 지식집약화와 이와 같은 기업경영의 흐름에 적응한 기업유형으로 제시된 것이 벤처 비즈니스이다. 중화학공업화가 성숙하면서 새로운 유형의 중소기업이 등장하는데, 특히 지식집약적 개혁자(innovator)의 역할을 하는 것이 벤처 비즈니스라고 하였다. 새로운 기술을 기업화하고 새로운 마케팅 방법과 새로운 경영형태를 전개하는 현대적 개혁자가 벤처 비즈니스라는 것이다.

첫째, 벤처 비즈니스의 경영자는 다음과 같은 특징을 지닌다.

① 기업가로서 사회적 변동에 도전하고 모험을 적극적으로 받아들이면서 변동에 대하여 예견력과 창조력을 지닌다.

② 일반적으로 높은 학력을 지니고 있으며 대기업으로부터 뛰쳐나온(spin-off) 자가 많다.

③ 비교적 젊은 층이 낳고 새로운 기업관과 산업사회관올 지닌디.

둘째, 벤처 비즈니스의 경영은 다음과 같은 특징을 지닌다.

① 개혁적 경영으로 기존 기업에 도전하기 때문에 독자적인 기업 특성을 지니면서 산업사회 안에 합리적 존립기반을 확보하고 있다.

② 개성적 專門企業이며, 더구나 수요의 변화에 적극적으로 적응하는 자세를 지니는 등 시장지향적이다.

③ 고도로 전문지식을 집약하고 연구개발과 디자인개발을 기초로 하여 창조성을 발휘하는 지식집약적 경영을 한다.

④ 창조성을 풍부하게 지닌 전문가(technostructure)의 집단이어서 人的 經營資源이 축적되어 있다.

⑤ 개인이 충분히 창조력을 발휘하는 동태적 경영주직을 지니고 있다.

⑥ 외부경제 의존형의 기업으로서 사회적 분업을 활용하고 있다. 모든 기능을 자기완결적으로 지니는 것이 아니라, 외부의 전문기업과 상호의존관계를 형성하고, 이것이 다수 모여서 시스템을 형성한다. 개별기업은 전문기능을 판매하고 이러한 전문기능이 여러 산업에 걸쳐 전개되는 등 시스템적 발상을 지니고 있는 것이 벤처 비즈니스의 경영적 특징이다.

셋째, 벤처 비즈니스는 기존의 산업조직에 새로운 활력과 변화를 넣어 준다.

① 벤처 비즈니스는 새로운 기업관계를 형성하고 그것은 외부경제 의존형의 새로운 산업조직을 전개시킨다. 이때 각 기업은 전문기능과 주체성을 가지고 대등하게 결합하기 때문에, 대기업을 정점으로 하는 피라미드형의 결합이 아니고 가벼운 관계의 水平的 産業組織을 전개시킨다.

② 전문기업이 여러 산업에 걸쳐 전개되기 때문에 산업조직이 복잡하게 교체되는 가운데, 각 기업은 항상 격렬하게 경쟁을 한다. 배타적 계열기업이 아니고 전문기능에 의거하여 시스템에 참가하기 때문에 경쟁은 불가피하다.

③ 시스템에서는 자본적 결합이 아니라 전문기능을 매개로 한 상호의존관계를 맺기 때문에 능력본위의 경쟁이 치열하다. 격렬한 差別化競爭이 전개되고 고품질의 대체재가 개발되는 등 경쟁적 상황이 끊임없이 전개되기 때문에 가격기구의 유효성이 강화된다. 그 결과 기존의 독과점적 집단하에서 자본중심의 결합보다 더욱 강한 경쟁력이 형성된다.

중화학공업화가 성숙되고 산업사회가 새로운 단계로 이행되면서, 규모의 경제성의 한계를 인식하는 가운데 제기된 벤처 비즈니스론은 새로운 기업가정신의 발휘를 요청하고 있다. 기술혁신은 대기업이 추진한다고 하는 슘페터(J. Schumpeter)나 갈브레이스(J. K. Galbraith)의 가설과는 달리 벤처 비즈니스론은 중소기업을 중심으로 새로운 기술의 기업화와 새로운 경영방법을 개발하여 기존의 기업에 도전하는 지식집약적인 현대경영으로서 능동적 기업유형을 제시하고 있다.[220] 나아가서 이 주장은 벤처 비즈니스를 바탕으로 일종의 경영자혁명을 수반하는 움직임을 보이는 새로운 유형의 기업가자본주의(Managerial Capitalism)인 '벤처 자본주의'(Venture Capitalism)의 전개를 규정하고 있다.[221]

---

220) 清成忠南, 〈ベンチャービジネス論〉, 越後和典 編, 《産業組織論》, 有斐閣, 1973, pp. 235~243.
221) 清成忠南, 《ベンチャーキャピタル》, 新時代社, 1972, pp. 13~15.

V.   補論 : 중소기업문제와 정책과제

1. 이론의 전개·문제의식·정책인식

우리는 이미 중소기업정책의 기본적 과제를 제시한 바 있다.[222] 그것
은 중소기업정책을 이론적으로 고찰하고 국제적으로 비교 연구하며,
특히 우리나라 중소기업정책의 전개과정을 政策史的으로 연구하는 가
운데 도출된 내용들이었다. 금번의 연구에서는 그 관점을 전환하여 중
소기업이론의 學說史的 전개과정을 분석하고, 그 속에 담긴 중소기업
문제의식과 정책의식을 고찰하면서 그로부터 중소기업에 대한 정책과
제를 제시하고자 하였다. 따라서 후자는 전자와 상호보완적 의미를 지
니는 것이라고 하겠다.

중소기업이론의 전개는 크게 1930년대 이전과 그 이후로 구분하여
살펴볼 수 있는데, 이 연구에서는 그것을 제 1 장과 제 2 장에서 각각
다루었다. 이렇게 구분한 것은 이 연구에서 시도하는 이론 전개 속에
담긴 정책의식, 나아가서 정책과제의 제시와 관련이 있다. 정책의식과
정책과제는 중소기업이론의 흐름을 규정한 중소기업문제 의식에서 비
롯되는데, 1930년대를 전후하여 중소기업문제 의식의 변화를 발견할
수 있기 때문이다.

경제문제에 대한 인식이 그러하듯이 중소기업문제의 인식도 그와 관
련된 경제현상의 구조적 특징을 반영한다. 경제사의 흐름에서 볼 때
1930년대는 자본주의경제의 구조적 특성이 전환하는 시기였으며, 이러
한 것이 중소기업문제의 인식과 그에 따른 정책인식에도 변화를 가져
왔고, 그것은 당연히 중소기업이론의 흐름에 반영되었다.

중소기업이론의 흐름 속에 담긴 중소기업 문제의식은 크게 두 가지

---

222) 大韓商工會議所 韓國經濟硏究센터,《中小企業政策의 展開와 課題》, 經濟硏究
　　叢書 219, 1991.

로 나누어 볼 수 있다. 하나는 중소기업문제를 경제이론상의 문제로 다루는 것이고, 다른 하나는 그것을 국민경제적 모순의 문제로 인식하는 것인데, 1930년대 이전에는 전자가 주된 흐름이었음에 반하여 1930년대 이후에는 후자가 강력하게 제시되기에 이른다. 그런데 이러한 두 가지의 구분은 중소기업정책 인식이나 정책과제의 규정에 차이를 가져온다.

중소기업문제를 경제이론상의 문제로 보고 그것의 이론적 해명에 치중하는 중소기업이론 속에는 뚜렷한 정책의식이 없다. 다만 오늘날의 중소기업정책 인식의 시각에서 소극적으로 이론 속에 담긴 정책과제를 발견할 수 있을 뿐이다. 이에 비하여 국민경제적 모순의 문제로서 중소기업문제를 파악하고 그것에 대한 이론적 분석을 시도하는 중소기업이론 속에는 적극적 정책인식이 포함되어 있다.

마셜 이후 로빈슨(E. A. G. Robinson)까지의 1930년대 이전의 중소기업이론의 흐름은 경제적 합리성을 기준으로 하여 경제이론상의 문제로서 중소기업의 존립문제를 해명하는 것을 주된 흐름으로 하였다. 이것은 불완전경쟁이론이나 독점적 경쟁이론 속에서도 지속되었으나, 1930년대 이후 소기업 비합리성론의 전개 속에는 경제적 비합리성 기준과 국민경제적 모순의 문제로서 중소기업문제를 규정하려는 시사가 있었다. 특히 미국에서 전개된 소기업 보호·육성론에서는 국민경제적 모순의 문제로서 중소기업문제를 파악하고 그에 대한 적극적 정책인식과 과제가 제시되었다.

이것은 자본주의가 고전적 독점자본단계를 넘어서 국가독점자본단계로 전환되었음을 반영하는 것이었다. 1930년대 세계대공황을 전후하여 독과점구조의 폐해는 심각하게 인식되었고, 그 속에서 중소기업의 도태·구축이라는 문제의식이 국민경제적 모순의 문제로 파악된 것이다. 즉 자유기업경쟁제도의 위기에 직면한 경제적 모순이 중소기업문제로 인식되었고, 반대로 이를 극복하기 위한 방향, 즉 獨寡占의 폐해와 경직성을 극복하기 위한 방안으로서 중소기업의 보호·육성이라는 정책인식이 형성된 것이다. 미국형 산업조직론적 중소기업정책의 계기가 여기에 있다. 이것은 개별 기업단위의 능률성을 추구한 초기의 영

국형 산업조직론적 중소기업문제 인식과 함께 산업조직론적 중소기업
정책의 두 가지 줄거리를 형성하였으나, 영국의 경우에도 1970년대에
와서는 독과점구조의 경직성과 폐해를 개선하기 위한 중소기업의 역할
을 인식하는 '중소기업 역할론'으로 중소기업정책 인식이 적극화되었
다.

　이와는 달리 후진경제에서 급격한 경제발전을 추구하였던 일본경제
에서는 중소기업문제를 구조론적으로 인식하게 되었고, 그에 따라 구
조론적 중소기업정책이 전개되었다. 미국 등 선진국에서 독과점구조
속의 문제로 보는 것과는 다른 차원에서 국민경제적 모순의 문제로서
중소기업문제가 파악되었다. 즉 위로부터의 공업화 과정에서 형성되는
이중구조문제로서 중소기업문제, 그리고 그것의 해소를 위한 중소기업
정책 인식과 정책방향이 전개되었다. 그러나 급격한 산업구조의 변동
과 고도성장과정에서는 신·구기업의 교체라는 사회적 대류현상이 진
행되는 가운데, 이중구조가 해소되는 산업구조의 고도화단계에서는 다
시 중소기업이 활력 있는 다수로서 인식되기에 이른다. 그러면서 산업
구조론적 중소기업정책 인식에서 산업조직론적 인식으로 전환된다. 여
기에는 지식집약형 산업구조로의 전환과 관련된 중소기업의 지식집약
화와 벤처 비즈니스, 그리고 지역주의의 방향이 제시됨으로써 미국 등
에서의 산업조직적 중소기업정책의 성격과 달리 구조론적 특성이 담겨
있음을 알 수 있다.

　중소기업이론의 전개과정 속에서 우리는 중소기업문제와 정책인식에
대한 이와 같은 큰 흐름을 확인할 수 있다. 이를 바탕으로 하면서, 오
늘날의 관점에서 중소기업이론의 학설사적 전개에 대한 고찰을 통해
얻을 수 있는 중소기업정책에 대한 몇 가지 과제를 제시하고자 한다.

2. '有機的 成長論'의 政策的 含意

　근대경제학에서 중소기업이론의 기원이라고 할 수 있는 마셜은, 경
제현상을 분석하는 방법으로 力學的 접근법(mechanical analogies)보다
는 생물학적 접근법(biological analogies)에 의존해야 한다는 점을 지

적하면서 산업적 진보 또는 진화는 단순히 양적 증가만이 아니고 질적
변화 또는 특성의 변화를 내포하는 것으로 보았다. 생물학적 접근법은
마셜로 하여금 '유기성'의 개념을 산업현상의 분석에 도입시킴으로써
'유기적 성장'(organic growth)의 개념에 도달하도록 하였다. 이것은
산업현상을 생물적 유기체로 유추하는 데서 온 결과였다. 유기적으로
성장하는 경제는 단순히 양적 증가만이 아닌 질적 변화를 수반하는데,
그것은 무수한 요인의 진보와 쇠미(progress and decay)에 의하여 규
제되고 제한되며 진전된다고 보았다.

마셜에 의한 유기적 성장론의 핵심이 되는 개념인 유기성의 성격은
경제학과 산업이론에서 다음과 같은 의미를 지니는데, 이것은 오늘날
에도 산업정책이나 중소기업정책에서 중요한 의미를 갖는 것으로 볼
수 있다.

① 경제 또는 산업을 구성하는 여러 단위간에는 상호의존관계가 형
성된다. 이러한 상호의존관계는 경제 내부의 여러 단위간에 분화
(differentiation)와 통합화(integration)라는 조직의 작용을 통하여 이
루어진다.

② 이러한 유기성 가운데서도 산업현상의 인식에서 가장 중요한 뜻
을 갖는 것은 의식적인 행동을 결정할 수 있는 경제단위인 기업 또는
개인간에 맺은 상호관계이다. 다시 말하면 기업 또는 개인간에 맺은
관계와 이들이 환경과 상호의존관계를 형성하면서 취하는 행동은 경제
환경에 영향을 미치고 이것이 결국 경제체계를 결정한다.

③ 유기성 속에서 이루어지는 조직의 작용은 生物的 進化論에서 볼
수 있듯이 내적으로 경제를 성장하게 하고 조직의 발달을 통하여 유기
적 성장의 메커니즘을 이룬다. 즉 경제의 유기성 또는 조직의 작용은
경제의 구성요인(부문 상호간 및 부문과 단위)간의 관계를 심화시켜 경
제의 양적 변화만이 아니고 질적 변화를 가져오게 한다. 조직의 작용
인 분화와 통합화가 가져오는 이익은 바로 내부경제와 외부경제를 말
하는데, 이것이 경제를 성장시키고 능률을 개선하도록 하며, 나아가서
산업을 양적·질적으로 발전시키도록 한다.

④ 산업현상간의 상호의존관계인 조직의 작용은 필연적으로 그 작용

방법의 변화를 일으키고, 또한 구성단위의 내부조직 자체와 그 움직임의 질적 변화를 가져온다. 즉 조직의 형태인 産業組織의 형태를 발전·변화시키면서 산업발전을 가져온다.

⑤ 생물적 진화론의 사상에 기초를 둔 이와 같은 마셜의 有機的 成長은 산업조직을 매개로 하여 상호의존관계를 맺은 기업의 행동이 추진력이 되어, 산업을 성장하도록 하는 메커니즘이 되는 것이다.

상호의존관계를 맺은 기업의 행동이 추진력이 되어 유기적 성장이 이루어지지만, 산업 안에서는 대기업에 의한 중소기업의 도태·구축, 중소기업의 대기업으로의 성장, 대기업과 중소기업간의 상호의존관계, 대기업의 생물적 수명에 의한 쇠망 등 여러 요인이 유기적으로 작용한다. 그런 가운데 산업조직의 작용과 산업조직형태의 변화에 따라 장기적으로 산업은 성장하고 동태적 균형, 즉 진보력과 쇠미력간의 유기적 균형이 실현된다고 마셜은 보았다.

이러한 유기적 성장론에서 마셜은 산업과 기업을 삼림(숲, forest)과 수목(나무, trees)으로 비유하였거니와 오늘날 산업의 발전을 추구하는 데서 마셜의 유기적 성장론에서 얻을 수 있는 정책적 의미는 매우 크다고 생각한다. 짙고 푸른 숲, 즉 건전한 산업발전을 실현하기 위하여는 건강한 나무, 즉 건실한 기업의 육성이 필요하지만 삼림과 수목(산업과 기업), 수목 상호간에 유기적 관계가 형성되는 것도 필요하다. 특히 건전한 산업(삼림)의 발전은 거대기업과 중소기업(巨木과 雜木)의 조화와 상호의존관계 속에서만 이루어질 수 있다는 교훈을 우리는 마셜의 유기적 성장론에서 얻을 수 있나. 너구나 짙고 푸른 숲은 몇 그루의 거목에 의해서가 아니라 수많은 잡목이 기초가 될 때 가꾸어질 수 있다는 사실의 인식은 대재벌·대기업 중심의 산업정책에 대한 반성을 주지시키게 한다.

마셜은 유기적 성장을 하는 데서 중소기업이 경제활동의 원천으로 역할한다는 점을 지적하였고, 당시 영국 산업력은 중소기업이 산업에 제공하는 힘과 탄력성에 의존한다고 말하였다. 산업발전을 지향하는 데서 중소기업의 역할을 새롭게 하고 중소기업정책에 대한 새로운 인식을 촉구하는 내용이다.

3. 國家競爭力 강화와 중소기업의 발전

우리는 이미 경제정책의 기본방향으로서 균형화·고도화·개방화를 제시하고 특히 개방화시대에 대응하여 미시적 경쟁력과 거시적 경쟁력의 개념을 규정한 바 있다.[223] 즉 개방화시대에 국제경쟁에서 이기기 위하여는 산업구조의 고도화와 함께 균형 있는 국민경제의 구축이 선결 요건임을 강조한 것이다. 이때 균형화는 양적 기준에서의 경제부문 간의 균형뿐만 아니라 질적 의미에서의 균형을 포함한다. 양적으로 균형을 이룬 경제의 여러 부분이 서로 유기적 관련성과 분업체제를 이루는 질적 균형을 달성할 때 진정한 경제적 균형화는 달성된다는 것이었다. 물론 국민경제의 대외경쟁력은 국민경제 안에 광범한 생산력 기반이 확충되고 경제의 균형화가 실현될 때 강화되는 것인데, 이것은 중소기업의 건전한 발전을 통하여 이루어질 수 있다고 보았다.

이처럼 국민경제의 대외경쟁력은 산업의 질적 균형성을 높일 때 실현되는 것이다. 국제경쟁력은 개별 기업 중심의 미시적 경쟁력과 함께 산업구조의 질적 균형성을 높이는 거시적 경쟁력을 배양함으로써 강화될 수 있다고 본다. 즉 개방화·국제화에 대응하는 데는 개별기업 중심의 미시적 경쟁력과 함께 거시적 경쟁력을 높이는 것이 정책적으로 중요함을 강조하였고, 바로 중소기업 육성이 그 중요한 방향임을 지적한 바 있다.

이때 거시적 경쟁력은 산업구조를 한 덩어리로 본 경쟁력이라고 규정되었는데, 이를 확대 해석하면 바로 요즈음 논의되는 국가경쟁력이 되는 것이다.

산업구조면에서 본 국가경쟁력은 중간재나 자본재의 수입의존도가 높은 가공형 산업구조를 탈피하여 생산재의 자급도가 높은 산업구조로 전환함으로써 강화될 수 있다고 본다. 결국 높은 국내분업과 낮은 대외분업의 산업구조 추구가 산업의 국가경쟁력을 강화시키는 길이다.

---

223) 위의 책, p.264·269.

이를 위해서는 산업의 대내적 分業構造가 심화되고 중층적 분업체계의 심화가 요구되는데, 여기에 중소기업의 발전이 필요하게 된다. 재벌과 대기업 중심의 산업구조가 아니라 영세기업―소기업―중기업―중견기업―대기업으로 이어지는 중층적 수직적 분업체계와 기업 상호간의 수평적 분업체계가 심화될 때 국가경쟁력은 강화된다. 중소영세기업이 건실하게 개발된 바탕 위에서 대기업이 발달하는 경제구조는 바로 국민경제의 대외경쟁력을 높이도록 한다.

앞서 제시한 마셜의 유기적 성장론은 이러한 방향을 제시하는 이론적 바탕이 될 수 있다. 그런데 산업구조의 질적 균형성 속에서 국가경쟁력(또는 거시적 경쟁력)을 높이는 중소기업은 낙후되고 비합리적인 존재로서의 중소기업은 아니다. 개별 기업단위의 경쟁력이 높은 능률적 중소기업, 즉 로빈슨(E. A. G. Robinson)이 말하는 '완전경쟁하 적정규모기업'이며, 경제적 합리성을 기준으로 적정하게 존속하는 중소기업이다. 국제화의 진전과 국민욕구의 다양화, 고용·노동여건의 변화, 지역진흥의 시대적 요청에 적응하면서 국민경제의 다른 부문과 유기적 관련성을 지니는 중소기업이 국가경쟁력의 기초가 될 것이다.

창의성과 기동성을 발휘하면서 산업구조의 개혁, 기술의 진보, 인적 능력의 발휘 등이 기반이 되어 경제사회의 진보와 발전의 원천이 되는 활력 있는 중소기업이 국가경쟁력을 강화시킬 것이다. 규제 중심의 정부주도 경제개발과 독과점구조의 정착과정에서 왜곡된 가격구조의 기능을 활성화하고, 합리적 자원배분을 실현하는 것이 국가경쟁력을 강화시키는 길이라고 볼 때 活力 있는 多數인 건전한 중소기업의 발전은 국가경쟁력의 기반이 된다.

4. 競爭·經濟的 合理性의 추구와 중소기업의 경쟁력

우리는 앞서 마셜의 유기적 성장론은 생물학적 접근법에서 착상을 얻은 것이며, 내부경제와 외부경제의 개념에 이르도록 하였음을 지적하였다. 이와 같은 것은 다윈(C. Darwin)의 동물과 식물세계의 생존경쟁 효과에 대한 연구에서 시사를 받았음을 마셜은 제시하였다. 즉 생존경쟁 속에 자연도태와 적자생존 과정 속에서 발달한 고등동물의 육체조직에서 내부경제와 외부경제의 근거를 발견한 것이다.

사회유기체와 자연유기체의 유사성에 착상한 마셜은 그것의 발달이 한편에서는 각 부문간의 기능의 세분화가 이루어지면서, 다른 한편에서는 각 부문간에 밀접한 관계의 증진이 이루어지고 있음을 간파한 것이다.[224] 전자에서 오는 이익을 내부경제라고 하고, 후자에서 오는 이익을 외부경제라고 한다는 점을 우리는 앞서 지적한 바 있다.

이와 같은 내부경제와 외부경제를 기초로 하는 산업조직 속에서 중소기업은 존속 근거를 찾을 수 있을 뿐만 아니라 그 경쟁력을 강화할 수도 있는 것이다. 마셜이 생물학적 접근법을 이용하는 가운데 사용한 생존경쟁, 자연도태, 적자생존 등의 개념은 바로 치열한 경쟁을 상징적으로 표시하는 것이고, 이것이 중소기업을 포함하는 산업현상의 효율성과 경쟁력을 높이는 방향임을 알 수 있다. 즉 산업 전체로서 산업조직 속에서 뿐만 아니라 개별 기업단위로서 중소기업의 측면에서도 그것의 능률성과 경쟁력의 제고는 경쟁질서의 확립 속에서 실현될 수 있다는 정책인식을 사사받을 수 있는 것이다.

마셜은 산업생활(industrial life)의 최근 형태가 경쟁적인 점에서 이전의 그것과 다르다는 점을 지적하였다. 그러나 그는 최근 산업생활의 특성을 경쟁이라는 말로 표시하기보다는 오히려 산업과 기업의 자유 또는 경제적 자유가 올바른 방향이라고 지적하였다.[225] 특히 산업 및 기업의 자유는 그것이 작용하는 범위에서 모든 사람의 노동과 자본을 가장 유리하게 이끌도록 하였으며, 이것은 특정한 일에 대한 전문기능과 재능을 획득하도록 하였으며 이는 결코 자유방임적 경쟁과는 다르다는 점을 마셜은 강조하였다.[226] 자유방임적인 것이 아닌 산업현상의 능률성을 높일 수 있는 공정한 경쟁이어야 하며, 그는 이것을 '산업 및 기업의 자유' 또는 '경제적 자유'로 표시하였던 것이다.

---

224) A. Marshall, *Principles*, p. 200·201.
225) *Ibid.*, pp. 4~8.
226) *Ibid.*, Appendix A, p. 617.

이를 반영하여 '自由產業과 企業'(free industry and enterprise)이 형성되었는데, 이것은 인간의 합리성을 바탕으로 할 때 창의성·기업심·검소·근면·정직을 추구할 수 있다고 마셜은 보았다.[227] 인간 스스로가 상당한 정도 환경의 산물이며 환경과 더불어 변화하는 것을 발견한 마셜은[228] 경제활동에서 삶의 질적 향상, 즉 경제적 합리성의 발달을 자유산업 및 자유기업의 발달과 결부시켜 생각하였다. 이것은 경쟁의 구체적 표현인 경제적 자유와 산업 및 기업의 자유는 바로 경제적 합리성의 기초 위에서 이루어질 때 산업현상의 진보를 가져오게 할 수 있음을 말해준다.

결국 경쟁(경제적 자유)과 경제적 합리성의 추구는 산업조직의 발달을 가져오고 그것은 산업의 구성요인인 기업의 효율성과 경쟁력을 높이는 길이 된다.

중소기업문제를 경제이론상의 문제로 보고 이를 경제적 합리성을 기준으로 하여 설명하였던 마셜 이후 홉슨의 능률적 기업규모론, 로빈슨(E. A. G. Robinson)의 적정규모론 등은 다 같이 자유경쟁을 전제로 하였다. 즉 경쟁과 경제적 합리성을 전제로 한 개별기업단위의 능률성을 추구하는 방향의 산업조직론이었다.

여기서 우리는 중소기업의 경쟁력 강화는 價格機能이 활성화된 시장질서 속에서 실현될 수 있다는 점을 인식할 수 있다. 그러나 이것은 공정한 경쟁질서의 틀 속에서 가능한 것이므로 경제적 합리성에 기초를 둔 경쟁질서의 확립을 요구하며, 그 속에서 중소기업의 경쟁력은 강화될 수 있다. 유기적 성장과 국가경쟁력 강화를 위하여 중소기업의 발전이 필요하지만, 그것은 어디까지나 공정한 경쟁질서 속에서, 그리고 경제적 합리성을 추구하는 가운데 실현되어야 한다는 것을, 우리는 중소기업이론의 연구에서 확인할 수 있다.

---

227) *Ibid.*, Appendix A, "The Growth of Free Industry and Enterprise", p.623.

228) A. Marshall, "The Present Position of Economics"(1885), A. C. Pigou ed., *Memorials of Alfred Marshall*, Macmillan, 1925, p.153.

5. 差別化政策과 중소기업 발전

빈 상자 논쟁과 비용 논쟁을 거쳐 로빈슨(J. Robinson)에 이르러 불완전경쟁의 경제학이 형성되었고, 또한 챔벌린(E. H. Chamberlin)에 의한 독점적 경쟁의 이론이 전개되었는데, 이러한 이론의 흐름은 價値論의 새로운 방향, 즉 가치의 일반이론을 제시하는 것으로서 미시경제이론의 혁명적 전기를 마련한 것이었다. 그러나 우리는 여기서 중소기업 발전을 위한 정책인식을 시사받게 된다.

불완전경쟁의 경제학이나 독점적 경쟁의 이론은 다 같이 수요측의 요인, 즉 시장의 형태가 企業均衡에 미치는 영향을 분석했다는 점에서 공통점이 있다. 그러나 전자의 경우는 완전한 시장의 문제를, 후자는 생산물의 질적 분화의 문제를 제시함으로써 현실적으로 전통적인 완전경쟁이 실현되지 않는다고 보았다.

로빈슨은 완전경쟁은 어떤 상품의 전체 산출량에 영향을 줄 수 없을 정도의 다수의 생산자와 완전한 시장이라는 조건에 의존하는데, 특히 후자의 경우는 현실의 시장에서 실현되지 않는 경우가 허다하다고 보았다. 즉 현실적 시장에서는 서로 다른 판매자가 제시하는 가격 차이와 전적으로 같은 방향으로 시장을 구성하는 고객이 반응을 보이는 것이 아닌데, 그것은 고객이 고려하는 많은 非價格的(besides the prices) 요인 때문이라는 것이다. 가격 이외의 요인으로 고객이 고려하는 것은,

① 수송비인데, 이것은 생산자(또는 판매자)의 위치와의 거리에 의존하고,

② 잘 알려진 상품명에 의한 품질의 보증,

③ 신속한 서비스, 판매원의 친절한 태도, 신용공여의 기간, 고객의 개인적 요구에 대한 관심 등 생산자가 제공하는 편의,

④ 고객의 마음에 영향을 주는 광고의 영향 등을 들고 있다.[229]

---

229) J. Robinson, *The Economics of Imperfect Competition*, p. 89·90.

챔벌린이 제시하는 生産物의 分化(또는 질적 분화)는 공급자의 재화(또는 용역)를 다른 공급자의 그것과 구별할 수 있는 어떤 중요한 기준이 인정되는 경우를 말하는데, 이것은 객관적 사실에 의하기도 하고 또는 주관적 假想에 의해서 일어나기도 한다. 이런 분화가 있는 경우에 구매자는 특정의 생산물을, 우연한 기회에 무작위(by chance and at random)하지 않게 선호하게 된다는 것이다. 즉 분화에 의존한 구매자의 선호가 상품의 수요를 결정하게 된다고 보았는데, 이것을 챔벌린은 두 가지로 나누었다.

첫째는 생산물 전체의 특징이다. 즉 생산물의 배타적 특허상의 특징, 상표, 상품명, 포장 용기의 특성 또는 품질·디자인·색깔·스타일 등에서 보여주는 특이성 등이다.

둘째는 생산물의 價値를 둘러싼 여러 조건에 관련된 분화이다. 소매업에서 판매자의 입지의 편리, 점포의 일반적 격조와 성격, 경영의 방식, 공정한 거래, 예의, 능률성에 대한 평가, 고객의 점포주인 또는 사용인과의 개인적 접촉관계 등이다.[230]

로빈슨(J. Robinson)이 제시하는 완전한 시장을 어렵게 만드는 현실적 시장의 비가격적 요인이나, 챔벌린의 생산물의 분화에 대한 규정은 우리에게 차별화정책이라는 정책과제를 제시해주고 있다. 중소기업은 대규모생산의 경제성을 누릴 수 없기 때문에 그 존립조건에서 대기업보다 불리하다. 또한 대기업과 하청계열관계를 맺는 경우에는 독립성을 유지하는 진정한 잔존이 아닌 종속적 잔존으로 되기 쉽다. 그러나 불완진경쟁 또는 독점적 경쟁의 시장형태하에서는 대기업과 차별적 존속을 할 수 있으며, 중소기업은 경쟁력을 지니면서 독자성을 유지 발전시킬 수 있다.

한편 차별화정책은 중소기업제품에만 한정된 정책과제는 아니다. 예컨대 국제시장에서 우리 상품의 경쟁력을 유지할 수 있는 방안이 되기도 한다. 국제화시대에 선진국 상품과 경쟁에서 이길 수 있는 방안의 하나가 바로 차별화정책이다. 따라서 차별화정책은 중소기업정책 뿐만

---

230) E. H. Chamberlin, *The Theory of Monopolistic Competition*, p.56.

아니라 산업정책 전반에 걸쳐 우리에게 중요한 시사를 던져주고 있다.

중소기업은 불완전경쟁 또는 독점적 경쟁을 실현함으로써 그에 상응하는 적정이윤을 확보할 수 있고, 능률적 규모 또는 적정규모와 다른 차원의 경제적 합리성을 바탕으로 하여 존속이 가능하게 된다.

6. 社會的 對流現象과 중소기업의 創業支援

사회적 대류현상은 원래 자본주의의 성립기, 즉 자본의 본원적 축적기에 경제현상의 변화를 중산적 생산자층의 양극분해로 파악한 경제사학자 오쓰카 후사오(大塚久雄)에 의하여 규정된 것이었다. 즉 독립 자영농민층 등 소생산자를 중심으로 하는 중산적 생산자층은 兩極 分解에 의하여 산업자본가와 임금노동자로 나누어진다. 그러나 한편에서는 임금노동자도 어느 정도까지 독립소생산자로 재생할 가능성이 남아 있는 반면에, 다른 한편에서 산업자본가로 된 사람의 경영도 영속하는 것은 아니다. 즉 분해된 결과는 고정된 것이 아니고, 끊임없이 재분해가 지속되는 가운데 전체적으로 중산적 생산자층의 양극분해가 진행된다고 하는 현상을 사회적 대류현상이라고 규정하였던 것이다.

마셜은 19세기말에 다음과 같이 지적하였다. 어떤 산업도 많은 기업으로 구성되는데, 그 가운데 어느 것은 성장하고 어느 것은 반대로 쇠퇴하여 사멸하며, 새로이 성장한 기업이 이를 대체한다. 또한 개업자금이 필요하면서도 재산을 갖지 못한 노동자는 소기업가로, 소기업가는 다시 대기업가로 상승할 가능성을 지니고 있다. 마셜의 이러한 지적은 산업자본단계에서의 소기업의 발생·상승·하강·교체라고 하는 사회적 대류현상을 설명한 것으로 볼 수 있다.

경제학의 영역과 주제는 다르지만, 그 후 베른슈타인과 카우츠키간의 '수정주의 논쟁'에서도 중소기업의 존속문제(베른슈타인)와 낡은 경영과 새로운 경영의 문제(카우츠키)가 제기됨으로써 중소기업분야에서의 기업교체가 취급되었다.

즉, 全體로서의 중소기업분야는 자본주의 성립 이후 지속되고 발전되지만, 그 속에서 기업의 多産多死를 포함하는 신·구기업의 교체라는

사회적 대류현상은 본원적 축적기 이후 중소기업분야에서 계속된 사회
경제적 순환법칙임을 알 수 있다. 중소기업분야는 개별기업으로서는
높은 폐업률과 신설률을 지속하는 것이 필연적임을 나타내주고 있다.

특히 경제의 고도성장과정과 구조변화가 심할수록 기업의 다산다
사현상이 확대되면서 사회적 대류현상은 급격히 진행된다. 즉 경제의
동태적 발전과 이에 수반하는 구조변화에 적응하는 과정에서 중소기업
분야는 전체적으로는 그 수가 증가하면서 발전하지만, 그 내부에서 기
업의 신설률과 폐업률이 높게 나타나고 기업교체가 활발히 진행된다.

기술진보와 소득수준의 상승에 수반하여 수요의 다양화·유동화는
사회적 분업을 심화시키면서 새로운 중소기업분야를 창출하고 중소기
업의 이 분야에 대한 새로운 參入을 촉진시킨다. 반면에 사양화된 분
야와 대기업분야로 이행하는 분야, 기술이 진부화된 경우에는 기업의
소멸이 증대된다. 그러면서 新舊 두 유형의 企業交替가 빠르게 진행된다.

이때 새롭게 참입하는 중소기업의 주류는 새로운 기술을 갖고 소비
수준의 상승에 따른 수요패턴의 변화 등 경제환경의 변화에 적응하면
서 새로운 비전을 지닌 중소기업이라는 점을 유의할 필요가 있다.

마셜은 신·구기업의 교체 또는 대기업 수명의 생물학적 제한 등 사
회적 대류현상에 대하여 규정하였으며, 동시에 소기업의 창업과 그것
의 대기업으로의 성장, 즉 소기업 성장론을 주장한 바 있다. 특히 이렇
게 창업된 중소기업은 경제에 힘과 탄력성을 제공하는 발전의 원동력
이라고 규정한 바 있어서 중소기업 창업 지원의 적극적 필요성에 대한
성책인식을 세시하여주고 있다.

그 후 슈타인들은 높은 소기업 사망은 새로운 소기업 출생에 의하여
보완 대체되며 소기업가의 공급은 탄력적이라고 지적하면서도, 마셜이
규정한 중소기업의 상향운동을 완전히 비현실적 설명이라고 비판한 바
있다. 그러나 실증적 연구결과는 고도성장과정에서는 중소기업이 대기
업으로 성장한다고 하여 마셜의 소기업 성장론이 입증된다는 점을 밝
히고 있다. 즉 고도성장과 경제의 구조변화가 심하게 진행되는 단계에
서는 중소기업분야에서 사회적 대류현상이 급격하게 일어나고 새로운
중소기업분야와 새로운 중소기업의 참입 기회가 확대될 뿐만 아니라,

중소기업의 지속적 성장가능성도 높다고 볼 수 있다.

이 단계에서는 필연적으로 중소기업의 높은 폐업률과 신설률이 수반되면서 구조변화가 진행된다. 이때 창업지원은 새로운 기술과 새로운 경영감각, 그리고 환경적응력이 높은 중소기업을 대상으로 이루어져야 할 것이다.

7. 산업구조의 지식집약화와 중소기업 개발

마셜은 일찍이 지식의 중요성을 강조한 바 있다. 즉 지식은 생산의 가장 강력한 엔진인데, 그것은 자연을 극복하여 우리의 욕망을 충족시켜준다. 그런데 조직은 그것을 돕는다고 하였다.[231] 인간이 자연에 대한 지배력을 발휘하는 데 가장 강력한 힘은 지식이며, 지식이라는 힘의 기동력을 최대한으로 높여주고 구체화시켜주는 것이 조직이라고 본다.

이처럼 마셜은 그의 산업조직에 대한 이론 전개도 지식이라는 생산의 가장 강력한 엔진이 효율적으로 기동하도록 하는 데 목적이 있다고 할 만큼, 지식을 중요하게 생각했다. 오늘날에도 경제활동에서 지식의 역할을 점차 강조하는 경향이 있는데, 특히 산업구조의 지식집약화는 이것을 반영하는 것이다.

지식집약적 산업이라는 발상은 중화학공업화 과정에서 전형적으로 추구하였던, 대형설비로 균질적 제품을 대량생산하여 비용절감의 이익을 추구하는 데 한계가 있음을 인식하는 데 그 원천이 있다. 그리고 이론적으로는 호프만(W. G. Hoffman)[232]류의 중화학공업 중심과 산업구조 고도화론에 대한 비판적 시각에서 출발한다. 즉 산업구조 근대화의 기준을 가공도를 기준으로 고찰하면서 고가공도산업화를 제시하는 것이다.

---

231) A. Marshall, *Principles*, p.115.

232) W. G. Hoffman, *Stadien und Typen der Industrialisierung*, 1931, W. O. Henderson & W. H. Chalomer trans., *The Growth of Industrial Economies*, Manchester of Univ. Press, 1958.

고가공도화의 방향은

① 육체노동을 중심으로 한 에너지 소비적 성격에서 과학·기술의 성과에 바탕을 둔 지적 노동, 정보 소비적 성격으로,

② 재료의 다소비적 경향에서 재료의 小消費 경향으로,

③ 단일상품 수요에 바탕을 둔 생산체제에서 시스템 수요에 바탕을 둔 생산체제로 전환하는 것을 의미한다.[233]

그런데 지식집약화란 연구개발, 디자인, 전문적 판단, 각종 경영 등에 고도의 경험과 지식의 뒷받침을 받은 기능의 발휘 등을 포함하여 광범한 경제활동에 인간의 지적 능력을 행사하는 것을 지향하는 것으로서, 기업경영에서는 지혜와 두뇌를 사용하는 방향으로 이행하는 것을 말한다.[234] 이러한 지식집약형 산업의 주요 유형으로서는 ① 연구개발집약산업, ② 고도조립산업, ③ 패션(fashion), ④ 지식산업 능을 들고 있는데, 앞의 세 가지는 바로 고가공도산업에 포함되고 있기 때문에 지식집약형산업은 고가공도산업의 다른 표현에 불과하다고 보았다.[235]

그런데 이러한 산업유형은 적어도 기업활동의 규모면에서는 중소규모에 적합한 분야를 제공하고 있고 현실적으로도 많은 중소기업이 이러한 방향으로 이행할 필요가 있다고 보는 것이다. 그래서 중소기업이 지식집약화를 지향하는 것은 산업구조의 고도화, 고가공도화 단계에서 당위적 정책과제로 되는데, 그것을 위한 기업경영의 방향은 세 가지로 요약될 수 있다.[236]

첫째, 수요의 다양화·개성화·고급화와 그에 따른 상품의 수명 단축화 경향에 적응하기 위하여 마케팅 노력을 포함하여 시장의 동향에 민감할 것,

둘째, 변화하는 시장동향에 적합한 상품을 좋은 자연환경과 노동환경 확보에 유의하며 개발하고 공급하기 위하여 연구와 기술개발에 중

---

233) 篠原三代平,〈高加工度産業化〉, p. 226.
234) 日本 中小企業廳 編,《70年代の中小企業像》, p. 61.
235) 篠原三代平,〈高加工度産業化〉, p. 227·228.
236) 日本 中小企業廳 編,《70年代の中小企業像》, p. 61.

점을 둘 것,

셋째, 앞으로의 상품개발은 소재·제조공정·제조기술 등이 점차 시스템화의 방향으로 나아가기 때문에 다른 산업부문과 상품분야에서의 연구와 기술개발 움직임에도 민감할 것 등이다.

중화학공업화가 성숙되면서 산업구조는 지식집약화의 방향으로 전개될 것이므로 중소기업도 그에 맞추어 개발되어야 할 정책과제가 제시된다.

8. 構造論的 認識에서 産業組織論的 방향으로

뒤늦게 경제개발을 시작한 나라에서는 중소기업문제를 구조론적으로 인식하게 되는 역사적 배경을 지니고 있는데, 그것은 그들 경제가 이중구조라는 특징을 갖고 있기 때문이다. 한편에는 재래의 전근대산업 또는 생산기술이 뒤떨어진 기업이 존립하고, 다른 한편에는 선진국의 고도의 기술을 수입한 근대적 기업이 발달함으로써, 한 나라 경제 안에 전근대적 기업과 근대적 기업이 병존하는 사실 때문에 발생하는 것이 바로 이중구조이다.

이중구조의 특징을 지닌 경제에는 전근대적 기업과 근대적 기업간에 양극 집중현상이 이루어지고 자본집약도·생산성격차·임금격차가 양 부문간에 심하게 형성되는 것이 특징이다. 즉 격차의 양극집중현상이 나타나는 것이다. 이때 흔히 재래의 전근대적 기업이 중소영세기업이고 근대적 기업이 대기업의 형태를 취하면서 두 부문간에 구조적 격차가 형성되고 있다고 보는 것이 중소기업문제에 대한 구조론적 인식이다. 따라서 중소기업정책의 방향은 이와 같은 구조론적 인식의 바탕 위에서 대기업과 중소기업간의 여러 격차를 해소하기 위한 정책인식이 주된 흐름을 형성하여 이른바 중소기업 근대화정책으로 구체화되었다.

중소기업문제에 대한 구조론적 인식과 그에 상응한 정책방향의 설정은 뒤늦게 경제개발을 시작한 나라의 경제구조에서 중소영세기업이 차지하는 비중이 높고, 그것의 경제적 역할 또한 크기 때문에 중소기업의 근대화를 통한 이중구조의 해소라는 정책과제는 국민경제적 시각의 종합적 이해의 기초 위에서 인식되지 않을 수 없는 것이다.

후진경제에서 위로부터의 근대화정책에 의하여 급속한 경제발전이 진행중인 개발도상경제에서는 이중구조가 兩極集中의 특징이 아니라 규모별로 경사구조, 삼중구조 또는 多重構造의 특성을 나타낸다는 지적도 있다. 전자는 후진 국가들의 이중구조 특징임에 대하여 후자는 일본경제의 구조적 특징이라는 설명도 있다.[237] 그러나 어느 경우든 다같이 국민경제의 구조적 특징을 이중구조적 인식에서 규정하고 있는 것이며, 이와 관련하여 중소기업문제를 국민경제의 구조적 모순의 문제로 파악하고 있는 것은 공통적이다.

중소기업문제를 국민경제의 구조적 모순의 문제로 규정하는 한 중소기업정책은 이와 같은 구조적 모순의 해소, 즉 현실적으로는 이중구조적 혹은 경사구조적 격차를 해소시키는 방향으로 전개된다. 이것이 중소기업 근대화정책이었고, 고도성장과정에서 일본경제와 그동안 한국경제에서 중소기업문제 인식과 정책방향의 주된 흐름이었다.

그러나 경제가 점차 발전되면서 국민경제 안에 전근대적 요소가 축소되고 근대적 영역이 지배적으로 되는 단계에서는 구조론적 인식에 편향된 문제의식과 정책인식은 전환이 요구되기에 이르고, 중소기업문제에 대한 정책인식의 방향에서도 이것은 마찬가지이다. 구조론적 인식에의 편향에서 벗어나는 것은 바로 경쟁과 가격기능의 원활한 작용에 대한 믿음과 그것의 제고를 통한 능률성 향상의 추구를 의미한다.

후진경제의 경제개발은 수도 국민경제의 구조적 모순을 해소하기 위한 구조론적 인식에 바탕을 두고 있고, 정부주도의 경제개발과정에서는 경쟁과 가격기구의 기능보다는 행정권력에 의한 資源配分이 이루어져 경쟁이 억제되고 가격기구가 왜곡되었으며 규제적 인식이 깊이 형성되어 있는 경우가 많다. 이를 개선하여 경쟁과 가격구조가 원활하게 작용하도록 하는 것은 경제의 경쟁력을 높이는 가장 중요한 방향이 된다. 즉 가격기구의 원활한 작용은 기업단위의 미시적 경쟁력뿐만 아니

---

237) 篠原三代平,《產業構造論》, p. 58·59.

라 국민경제 중심의 거시적 경쟁력 또는 국가경쟁력을 높이는 방향이기도 하다.

중소기업에 대한 정책인식도 경쟁과 가격기구에 대한 믿음을 바탕으로 전개되는 것을 요구하게 된다. 이것은 중소기업정책이 종래의 구조론적 인식에서 산업조직론적 방향으로 전환될 필요가 있다는 것을 말해준다.

그런데 가격이 능률적으로 자원을 배분하도록 가격기구가 원활하게 작용하려면 그것을 위한 경제여건이 마련되어야 한다. 이중구조가 형성되어 있거나 독과점구조가 정착되어 있는 경제여건에서는 가격기능이 제대로 발휘되기가 어렵다. 경제적 후진도가 심할수록 이중구조의 특성이 더욱 뚜렷하게 나타나기 때문에 중소기업정책은 구조론적 인식을 바탕으로 하지 않을 수 없다. 그러나 구조적 격차가 완화되어 가면서 점차로 중소기업정책은 구조론적 인식에서 가격기구의 기능에 순응하는 산업조직론적 방향으로 전환되어야 할 것이다.

독과점구조의 경직성과 그 폐해는 개발도상경제의 문제에서보다 선진경제에서 중소기업의 역할 및 정책과 더욱 긴밀한 관련을 맺는다. 미국이나 최근의 일본에서 중소기업을 '활력 있는 다수'(the vital majority)로 규정하고 있는 것은 이를 말해준다. 독과점구조의 경직성과 폐해를 시정 완화시키는 데 중소기업이 지니는 에너지와 탄력성이 활력 있는 다수의 역할을 하여 '자유경쟁기업제도'의 기틀이 된다는 것이다. 이때 중소기업은 스스로 경쟁의 주체이면서 자유경쟁기업제도의 기둥이 되는 것이다.

특히 국제화시대에서도 경쟁력을 갖추려면 중소기업은 활력 있는 중소기업이어야 한다. 정책적 보호와 지원 속에 잔존하는 것이 아니라 개방화시대의 경쟁과 가격기구의 원활한 기능 속에 적응하는 가운데 능률성을 높일 때 중소기업은 경쟁력을 키울 수 있는 것이다.

영국에서 중소기업의 苗床機能(seedbed function)과 신진대사적 기능(regenerative function)을 강조한 것도 독과점구조의 경직성과 폐해에 대한 심각한 인식의 결과에서 나온 것으로서 활력 있는 다수론과 상통하는 바가 있다. 결국 선진경제에서 중소기업정책은 산업조직론적

방향으로 전개되고 있으며, 개발도상경제에서도 경제가 발달하여 구조
적 모순의 문제가 사라질수록 구조론적 인식에서 산업조직론적 방향으
로 점차 전개될 필요가 있게 된다.

　　그러기 위해서는 중소기업이 공정한 경쟁을 할 수 있는 가격기구의
틀이 확립되어야 한다. 독과점의 횡포가 지속되는 왜곡된 가격기구의
틀 속에서 중소기업은 不等價交換的 불이익 때문에 독과점적 대기업의
모순을 전가받는 대상이 될 수밖에 없는 것이다. 그리고 경제의 규모
별 격차 등 구조적 문제가 크게 잔존하는 한 중소기업정책의 산업조직
론적 방향으로의 전환은 그것의 구조론적 인식과 조화를 이루면서 전
개되어야 할 것이다. 그리고 활력 있는 중소기업을 개발하는 산업조직
론적 중소기업정책 인식은 국제화가 진전되는 가운데 구조개혁을 통해
서 국민경제의 경쟁력 강화를 추구한다는 점에서 미국이나 영국의 그
것과 차이가 있게 된다.

제 3 장　中小企業理論의 展開(Ⅲ)
―政治經濟學的 展開―

Ⅰ. 중소기업이론과 정치경제학

　경제학설의 전개가 그러하듯이 중소기업이론도 크게는 두 개의 흐름으로 나누어지는데, 近代經濟學的 중소기업이론과 政治經濟學的 중소기업이론이 그것이다.

　정치경제학(science of political economy)은 17세기초에 그 용어가 최초로 씌어진 이후[1] 저자에 따라 상이한 뜻을 의미하면서 사용되었기 때문에[2] 임의적으로 개념화하고 체계화하기에는 너무나도 다양한 관점과 견해가 존재하고 있다. 그러나 경제학설사에서 보면 먼저 古典學派 經濟學(classical economics)은 정치경제학의 범주에 속한다고 볼 수 있다. 고전학파 경제학자들은 그들의 이론을 거의 정치경제학(principles of political economy)이라고 하였으며, 그것은 리카도적 경제학(Ricardian economics)으로 절정을 이루었다.[3]

---

1) Montchretien, *Traite de l'economie Politique, Treatise of Political Economy,* 1615.
2) J. Schumpeter, *History of Economic Analysis,* Allen and Unwin, 1954, p. 21.
3) 이에 대하여 케인스는 '고전학파 경제학자'(the Classical Economists)란 리

그들은 정치경제학을 '富'(wealth)에 관한 학문이라고 보았다. 자본주의적 생산의 발전에 고유한 내적 자연법칙을 발견하고 부의 실제적인 원천을 정확하게 규정하려고 노력하였다. 부는 노동의 생산물이며, 따라서 부의 원천은 노동이라고 보고 노동가치설을 주장하였다.

특히 리카도(D. Ricardo)는 가장 큰 업적을 남겼는데, 그는 부르주아 사회의 階級構造의 존재를 인식하고 지주와 자본가 및 노동자의 경제적 이해관계 사이의 대립을 지적하고 이들간의 계급대립을 주장하였다. 지대와 이윤, 임금간의 갈등을 인식하였지만 리카도는 이윤의 하락을 방지하기 위한 처방을 제시함으로써 결국은 자본가의 이익을 옹호하게 되었다. 이것은 리카도가 재산관계, 법과 권력의 분배 및 자본주의적 계급관계를, 영원불변하고 자연적인 동시에 超歷史的이라고 보면서 階級固定을 전제로 한 데서 오는 결론이었다. 계급갈등과 대립은 결국 '보이지 않는 손'(invisible hand)에 의하여 사회적으로 조화될 수 있다는 사회관을 바탕으로 하였기 때문에 리카도의 노동가치설은 오히려 자본가 이익에 봉사하게 되었던 것이다.[4]

이러한 고전학파적 정치경제학은 1870년대에 限界革命(marginal revolution)에 의하여 脫價値的인 근대경제학(modern economics 또는 economics)의 체계가 확립될 때까지 경제학의 주된 흐름을 형성하였다. 그러나 리카도적 정치경제학(Ricardian political economics)은 그 후에도 부르주아 경제학의 체계 안에서 근대경제학과 이론의 논쟁을 지속하면서 꾸준히 전개되었으며, 1960년에는 스라파(P. Sraffa)에 의하여 더욱 발전되었다.[5]

카도와 제임스 밀(James Mill) 및 그 선임자들을 지칭하기 위하여 마르크스가 붙인 이름인데, 리카도적 경제학으로 절정을 이룬 이론의 창시자들을 말하는 것이라고 하였다.(J. M. Keynes, *The General Theory of Employment, Interest and Money*, Macmillan, 1936, Chap. 1, p.3, 註 1)

4) E. K. Hunt, *History of Economic Thought : A Critical Perspective*, Wadsworth Publishing Company, 1979, pp.107∼109.

5) P. Sraffa, *Production of Commodity by Means of Commodities : Prelude to a Critique of Economic Theory*, Cambridge at the Univ. Press, 1960(朴贊一 譯, 《商品에 의한 商品生産》, 비봉출판사, 1986).

한편 부르주아 정치경제학의 체계 안에서 형성된 리카도의 계급적 대립과 노동가치설은 마르크스에 의하여 이른바 과학적인 프롤레타리아 정치경제학으로 발전되면서 오늘날 정치경제학의 주된 흐름이 되었다. 고전학파 경제학자들은 정치경제학을 '부에 관한 학문'이라고 보고 부의 실제적 원천과 그 분배의 법칙을 밝히는 것을 정치경제학의 주요 과제로 생각하였다. 이때 부의 개념은 초역사적이고 일반적인 것이었으며 역사적, 계급적 관점에서 분석된 것은 아니었다.

그들은 경제의 모든 부문에서 물질적 생산과 노동 자체가 國富의 주요 원천이라는 것을 확인하였고 노동가치설의 토대를 마련하였다. 노동·기계 및 자본의 결합된 응용에 의하여 지구상에서 획득되는 모든 생산물은 사회의 세 계급, 즉 토지 소유자(地主), 자본설비 소유자(資本家), 경작에 있어 근로를 제공하는 노동자 사이에 분배된다. 이러한 분배를 규제하는 법칙을 확정짓는 것이 정치경제학의 주요 과제라고 리카도는 지적하였다.[6]

여기서 그는 분배문제를 둘러싼 세 계급간의 대립가능성을 인식하였으나 분배의 정의를 추구하면서도 계급간의 사회적 이해관계가 조화될 수 있다고 보았다. 따라서 분배를 규제하는 법칙을 결정하는 것은 계급간의 이해관계를 조화시키는 법칙을 규명하는 것을 의미하였으며, 그것을 정치경제학의 과제로 보았다.

그러나 프롤레타리아 정치경제학은 역사의 발전을 唯物辨證法적으로 이해하고 剩餘價値說을 도입하여 부의 형성과 분배에 대하여 역사적 계급적 관점에서 분석한다. 특히 자본주의적 생산의 목적과 그 달성수단을 나타내는 기본적 경제법칙으로 잉여가치법칙을 제시하였다. 잉여가치학설은 자본주의적 축적이 노동자에 대한 자본가의 착취의 결과라는 자본주의적 착취의 메커니즘을 규명하는 것이어서, 이를 통하여 노

---

6) D. Ricardo, *On the Principles of Political Economy and Taxation*, John Murray, 1817 ; *The Works and Correspondence of David Ricardo*, P. Sraffa ed. (with the collaboration of M. H. Dobb), Vol. I, Cambridge at the Univ. Press, 1970, Preface, p.5(鄭允炯 譯, 《政治經濟學 및 課稅의 原理》, 비봉출판사, 1991, p. 69).

동자와 자본가간의 조화될 수 없는 계급적 대립과 모순의 경제적 토대가 분석되었다.

이러한 정치경제학의 주제는 다음과 같이 기술된다.

첫째로, 정치경제학은 생산의 기술적 측면(이것은 自然科學과 技術科學의 주제이다)보다는 사회적 측면을 연구한다. 즉 정치경제학은 물질적 생산만을 연구하는 것이 아니라 생산에 관계하는 사람들 사이의 사회적 관계와 분배·교환·소비의 관계를 포함하는 생산의 사회적 체계를 연구한다.

둘째로, 정치경제학은 생산력의 발전과 밀접하게 연관되어 상호작용하는 생산관계를 연구한다. 정치경제학은 기술적 측면에서 생산력을 연구하는 것이 아니라 생산관계와 생산력의 통일성과 상호작용, 즉 생산양식 속에서 생산력의 위치라는 관점에서 생산력을 연구한다.

셋째로, 정치경제학은 생산관계를 생산력과의 상호작용에서뿐만 아니라 그 토대 위에 위치하는 상부구조와 함께 연구한다. 상부구조는 경제적 토대에 의해 규정되지만 경제적 토대의 발전을 가속화시키거나 완만하게 함으로써 그 토대에 상호영향력을 발휘한다.

넷째로, 정치경제학은 歷史科學이다. 그것은 끊임없이 발전하는 사회를 다루며 한 생산형태에서 다른 생산형태로 나아가는 사회의 移行法則을 설명한다. 자본주의와 기타 인간에 의한 인간의 지배에 기초를 둔 사회의 대립적 생산관계는 그 출현·발전, 그리고 사회를 통하여 검토된다. 이는 경제사회의 모순과 대립적 생산관계가 역사의 흐름 속에서 검토 연구되어야 하기 때문이나.

결국 정치경제학의 주제는 역사적으로 연속되고 있는 일련의 생산관계, 즉 사람들 사이의 모든 경제관계이다. 정치경제학의 주제는 그 발전이 서로 다른 단계의 사회에서 물질적 가치의 생산·분배·교환·소비를 지배하는 경제법칙의 연구이다.

정치경제학의 이러한 기본적 시각은 중소기업이론의 정치경제학적 전개에 반영되었다.

마르크스의 《자본론》(Das Kapital)에 의하여 정립된 이러한 정치경제학은 근대사회의 경제운동법칙을 밝히고 자본주의 발전의 근본법칙을 분석하려는 것이다. 자본주의 발전의 근본법칙은 《자본론》에서 잉여가치의 법칙 및 자본주의적 축적의 일반법칙에 의하여 설명되고 있다. 자본주의는 이윤을 위한 생산형태인데, 이윤의 원천은 잉여가치이며 잉여가치의 형성은 노동의 착취에 의하여 이루어진다. 자본주의 성립 발전의 기본조건은 잉여가치의 형성이며 노동착취인데, 이것은 자본가 계급에 의한 노동자 계급의 착취라는 기본적 관계를 지닌다. 따라서 자본주의의 기본적 성격은 자본가와 노동자의 대립관계이며, 자본과 노동의 기본적 모순에 의하여 성립하는 것이 자본주의이다.

그리고 기본적 모순에 의한 잉여가치의 형성과 더불어 大資本에 의한 小資本의 구축·흡수로 자본주의적 축적의 일반법칙이 관찰되면서 자본주의가 발전한다는 것이 《자본론》의 내용이다. 따라서 자본주의의 발전은 한편에서 자본의 집적·집중이 실현되면서 다른 한편에서는 노동자계급의 궁핍화와 조직적 반항 및 소자본의 구축·도태라는 기본적 경향을 지닌다.

그런데 《자본론》에서 정리된 이러한 자본주의 발전의 근본 법칙은

① 각국의 사회적 역사적 조건의 차이에 따라 다른 형태로 관철되면서 각국 자본주의의 특수성이 생긴다.

② 자본주의 발전의 근본법칙은 産業資本主義에서만이 아니고 獨占資本主義에서도 타당하지만 그것은 전자와는 다른 형태로, 독점자본주의의 독특한 문제를 발생시키면서 관철되는데, 중소기업문제도 그 한 가지이다.

③ 한 나라 독점자본주의의 특수성 내지 특유의 여러 문제도 기본적으로는 자본주의 발전의 근본법칙이라는 특수한 관철형태로 파악된다.

중소기업문제는 정치경제학이 분석의 대상으로 하는 자본주의 발전의 근본법칙이 독점자본주의단계에서 관철되면서 발생하는 구조적 모순이며, 이에 대한 이론적 연구가 중소기업이론의 정치경제학적 전개의 일환으로 형성된다. 즉 중소기업문제가 資本階層化의 메커니즘에 근거한 독점자본의 잉여가치 수탈의 형태이며, 또한 비독점에서 대·소자본간의 수탈의 형태인 한, 그것은 독점자본주의의 구조분석에서 경제이론의 중요한 부문으로 성립하며, 이때 중소기업이론은 결코 경제

학의 '例外'가 아니라[7] 주요한 부문으로 된다.

따라서 오늘날 중소기업이론이 분석의 대상으로 하는 중소기업문제는 독점자본주의 일반의 문제이며, 한 나라 자본주의만의 특유한 문제는 아니라고 인식된다. 이에 독점자본주의에서 중소기업문제가 왜 형성되고 그것이 어떠한 문제인가 하는 것, 즉 독점자본주의에서 중소기업문제 형성의 필연성과 그 본질의 해명을 중소기업이론의 대상으로 한다. 한 나라 중소기업문제가 특수성을 지닌다고 하더라도 그것은 현대 독점자본주의에서 중소기업문제를 발생시키는 일반적 경제법칙이 그 나라 독점자본주의의 특수한 여러 조건에서 구체화된 것으로 보는 것이다.

다음에 중소기업문제는 기본적으로 독점자본주의의 구조적 모순의 산물이라고 중소기업이론은 인식한다. 따라서 한 나라 중소기업문제는 독점단계에 있는 그 나라 자본주의의 구조적 모순의 산물로 파악되어야 한다. 중소기업문제는 자유경쟁을 전제로 하는 산업자본주의의 문제가 아니고, 독점이 지배하는 독점자본주의의 문제라는 것이 역사적 논리적으로 밝혀지는 것이다. 이것은 중소기업 내지 중소기업문제의 본질이 독점과의 관련 속에서 파악되어야 함을 의미한다.

독점자본주의에서도 경제구조의 기본적 모순은 자본과 노동간의 모순이다. 그런데 독점자본주의의 형성 발전과 함께 자본 대 노동의 기본적 모순은 다양한 종속적(부차적) 모순을 발생시키면서 자본주의적 축적을 이루었다. 중소기업문제도 그 가운데 한 가지이다. 자본주의의 독점관계에서 출현하는 다양한 종속적 모순은 자본 대 노동의 기본적 모순의 특수한 존재형태의 한 가지이다.

자본주의 경제구조에서 중소기업문제는 독점자본 대 중소자본, 즉 자본 대 자본의 관계로 나타나며, 그 내용은 독점자본에 의한 중소자본의 지배 수탈관계가 된다. 따라서 독점자본주의에서 지배 수탈관계는

---

7) 中村秀一郎, 〈獨占資本主義の構造と中小企業問題〉, 楫西光速·岩尾裕純·小林義雄·伊東垈吉 編, 《講座 中小企業Ⅰ》(獨占資本と中小企業), 有斐閣, 1968, p. 23.

① 독점자본에 의한 노동자의 지배 수탈관계

② 중소자본에 의한 노동자의 지배 수탈관계

③ 이들 두 가지의 착취관계를 연결하는 관계(結節關係)로서 독점자본에 의한 중소자본의 지배 수탈관계로 존재한다.

이들 세 가지의 지배 수탈관계는 단순히 병존하는 관계가 아니고 유기적 三重構造의 관계로서, 그 頂點에는 독점자본이 군림한다.

다음에 중소기업이론은 독점자본주의의 기초 위에서 중소기업(중소자본)의 新生과 殘存, 즉 그 존속의 필연성을 독점자본주의의 일반적 경제법칙으로부터 해명해야 한다. 이를 위하여는 중소자본이 사회적 자본의 불가결한 일환으로서 존속하는 필연성을 밝혀야 하는 여기서는 중소자본에 착취되는 중소기업노동자도 독점자본에 착취되는 노동자와 함께 노동자계급의 일환으로 존재한다는 의미가 규정되는 것이다.

자본주의의 독점관계에서 중소기업 존속의 필연성을 논증하는 것은 중소기업문제의 해명을 위한 기본적인 문제이다. 독점자본주의에서 중소기업의 존재 그 자체가 중소기업문제를 형성하기 때문이다. 이처럼 산업자본주의가 성립된 이후 자본주의 발전과정에서 자본의 집적·집중에 의한 소자본의 구축·수탈에도 불구하고 중소자본이 끈질기게 존속하는 필연성이야말로 독점자본주의에서 중소기업문제 형성의 기초 조건이 된다. 다시 말하면 중소기업문제를 제기하는 것은 중소기업의 존속이며 독점자본주의의 경제법칙도 이를 통하여 관철되는 것이다.

Ⅱ. 자본축적의 법칙과 자본의 集積·集中

1. 자본축적의 법칙과 중소기업이론의 전개

정치경제학적 관점에서 중소기업이론은 자본주의 발전과정에서 형성되는 구조적 모순인 중소기업문제를 그 연구대상으로 한다. 자본주의의 구조적 모순은 자본주의 발전의 근본법칙 속에서 규명될 수 있는 것이며, 이것은 剩餘價値의 법칙과 자본주의적 축적의 일반법칙을 주된 내용으로 한다. 결국 자본축적의 법칙이 관철되는 가운데 자본주의의 발전이 실현되며, 이것을 가능하게 해주는 것이 잉여가치의 법칙과 자본주의적 축적의 일반법칙이라고 정치경제학에서는 설명하고 있다.

자본축적의 법칙은 자본주의의 구조적 모순 속에서 관철되는데, 그것은 자본가와 노동자간의 기본적 모순을 바탕으로 하여 그것이 발생시키는 다양한 從屬的 矛盾(副次的 矛盾)을 포함하며 대자본과 소자본, 독점자본과 비독점자본간의 생산관계적 모순도 종속적 모순의 한 가지 형태이다.

즉 중소기업문제는 자본축적의 법칙이 관철되는 가운데 형성되는 구조적 모순의 산물이며, 이러한 생산관계적 모순을 연구대상으로 하는 것이 중소기업이론이다. 이것은 중소기업이론이 자본주의의 일반적 문제로서 자본주의의 구조분석과 구조적 모순을 연구대상으로 하면서 자본축적 법칙의 중요한 부문을 분석하는 경제이론임을 뜻한다.

구조적 모순과 생산관계적 모순을 대상으로 하는 중소기업이론에서 주된 문제가 되는 것은 중소기업의 존립 문제일 수밖에 없다. 자본축적의 법칙이 관철되면서 중소자본은 대자본 또는 독점자본에 의하여 구축·도태된다는 생산관계적 특징을 기본적 경향으로 지니게 된다. 그러나 중소자본이 점차 자본축적의 대상으로 되면서 중소기업 존립의 필연성이 제기되었다. 대자본과 소자본, 독점자본과 비독점자본간에는 상호대립적인 생산관계적 측면을 기본적 특성으로 하면서도 상호의존적인 생산력 측면을 부차적 특징으로 지니게 되었다. 즉 '상호의존성 속의 대립관계'가 분석의 대상이 된 것이다. 결국 중소기업이론은 중소기업의 일방적인 구축·도태라는 기본적 경향의 연구에서 점차 중소기업의 존립의 필연성에 대한 연구, 즉 구조적 모순의 부차적 경향에 대한 연구로 전개되었다. 이러한 중소기업이론의 학설사적 전개는 자본주의의 경제사적 발전과도 깊은 관련을 맺는 것이다.

정치경제학적 관점에서 중소기업이론은 자본주의의 일반적 문제로서

구조적 모순인 중소기업문제를 분석한다. 그런데 구조적 모순인 중소기업문제는 자본주의라는 경제구조 속에서 발생하는 것이기 때문에 그것은 자본주의의 역사적 전개에 따라 형태 변화를 하게 마련이다. 자본축적의 법칙을 관철하는 과정에서 형성되는 구조적 모순이라는 '일반성'을 지니면서도 이러한 일반성이 특수한 형태로 관철되는 '특수성'을 지니게 된다.

다시 말하면 자유경쟁을 기반으로 했던 산업자본주의 아래에서 중소기업문제와 독점이 지배적인 독점자본주의로 전환되었을 때의 중소기업문제는 그 형태가 다를 수밖에 없다. 이에 따라 이론적 연구도 초기의 구축·도태라는 생산관계적 특징에서 중소기업의 존립문제를 다루는 경향으로 나아가게 되었다. 이것은 정치경제학이 역사과학의 성격을 지니고 있음을 반영하는 것이다.

또한 중소기업문제가 자본축적의 법칙이 관철되는 과정에서 드러난 구조적 모순이며 중소기업이론은 이것을 연구대상으로 하는 한, 선진자본주의와 후진자본주의, 후진자본주의 가운데서도 19세기 후진자본주의와 선진국의 식민지 지배를 받았던 오늘날의 개발도상경제에서는 중소기업문제가 특수성을 띠게 된다. 이에 따라 중소기업이론도 다른 내용을 갖게 된다.

1867년 마르크스가 《자본론》 제 1 권에서 資本集中의 경향에 대하여 논급한 이후 마르크스 정치경제학에서는 오랫동안 오직 大資本에 의한 小資本의 驅逐(獨占化)이라는 기본적 경향만이 강조되었다. 반면에 그것이 광범한 중소자본의 殘存 新生을 수반하면서 진행된다는 측면에 관해서는 이론적으로 검토하지 않았다.

단지 小農의 대량 존속이라는 문제가 논의되었을 뿐이다. 그러나 그것도 소농의 존속을 들어 마르크스의 중론의 수정을 주장한 베른슈타인(E. Bernstein, 1899)과 이에 반하여 大農의 우위성과 集中法則의 관철을 주장함으로써 마르크스를 옹호하려고 한 카우츠키(K. Kautsky, 1899) 사이에 이른바 修正主義 論爭의 일환으로 논의된 데 불과하였다.

그 후 일본에서는 이와 같은 상태를 반영하여 마르크스의 집중론을 소자본의 '公式的 閉鎖論'이라고 하며, 그 비현실성을 비판하는 논의가 일어났다.[8] 그리고 마르크스 경제학에서도 집중법칙에 관한 적극적인 분석이 폭넓게 행해졌다. 대량의 중소기업의 존재를 일본의 특수한 조건에서 연유한 예외적 현상으로 보는 중소기업이론도 있었다.

그러나 1950년대 중반에서부터 광범한 중소기업의 존재와 그것이 안고 있는 모순을 일본의 특수성으로만 파악하지 않고 자본주의의 독점단계에서 일반적 문제로 규정하려는 움직임이 나타났다.[9] 여기서는 당연히 마르크스의 집중론을 살리면서도 중소기업의 존립문제를 일반적인 문제로서 설명하는 이론이 전개되었다. 나아가서 이것은 마르크스에 의거하면서 마르크스 집중론의 내용을 검토하고 그것을 구체화시키려는 방향으로 추진되었다.[10]

일본에서의 이러한 중소기업이론의 전개방향과는 별도로 영국에서도 도브(M. Dobb)에 의하여 중소기업(small firms)의 광범한 존립이 지적되고 그 존립조건이 설명된 바 있다(1946년).[11] 그리고 근대경제학에서는 이미 마셜(A. Marshall)이 1891년에 소기업의 광범한 존속을 문제로 제기하고 그 이유를 설명한 바 있다.[12] 중소기업이론이 이처럼 일방적 구축론에서 존립론으로, 그리고 그 존립형태 및 존립조건론으로 발전되는 것은 그 연구대상인 중소기업문제의 본질이 변화된 때문이다. 즉 자본주의 전개의 구조적 모순으로서 일반적 문제인 중소기업

---

8) 山中篤太郎,《中小工業の本質と展開》, 有斐閣, 1938, p. 39.

9) 伊東垈吉,〈中小工業問題の本質〉, 藤田敬三·伊東垈吉 編,《中小工業の本質》, 有斐閣, 1954, p. 30.

10) 北原勇,〈資本の集積·集中と分散·分裂　中小企業論序說〉,《三田學會雜誌》 1957년 7월호.

11) M. Dobb, *Studies in the Development of Capitalism*(1st ed.), Routledge & Kegan Paul, 1946.

12) A. Marshall, *Principles,* 1890. 이 책의 초판에서는 대기업이 누리는 대규모 경제에 의하여 소기업은 의심의 여지 없이 구축될 것이라고 보았다. 그러나 제 2판에서는 "적어도 공업에서는 기업의 규모가 클수록 경영이 양호하고 따라서 대공장이 많은 산업부문에서 小競爭者는 완전히 구축되는 것이 기대됨에도 불구하고, 아직도 실제로는 그러지 않는 이유가 무엇인가" 하면서 소기업 존속에 대한 문제를 제기하였다. 그리고 그것이 제 8 판(1920년)과 그의 다른 저서, 《産業과 貿易》(*Industry and Trade* ; 초판, 1910)에서는 좀더 적극적 이론으로 전개되었다.

문제가 자본주의가 산업자본주의 단계에서 독점자본주의로 발전되면서 성격이 변화되었고, 그에 따라 중소기업이론도 내용이 달라지게 된 것이다.

또한 後發資本主義經濟가 안고 있는 구조적 모순인 이중구조문제를 다루는 중소기업이론이 있고, 식민지 지배를 받는 후진경제에서는 그들이 안고 있는 중소기업문제를 연구하는 민족자본론 등의 이론이 전개되었다.

2. 자본의 집적·집중과 중소기업이론

자본주의경제가 성립·유지·발전하기 위해서는 자본주의적 축적이 이루어져야 하는데, 마르크스는 《자본론》에서 자본주의적 축적의 일반법칙(the general law of capitalistic accumulation)을 밝히고 있다.[13]

자본주의적 생산양식이 확대 발전하기 위해서는 자본주의적 생산의 기초가 되는 잉여가치의 생산이 단순히 계속될 뿐만 아니라 잉여가치에 의한 자본의 생산형성이 행해져서 자본주의적 생산과정이 확대 발전되는 확대재생산이 이루어져야 하는데 그것이 자본의 축적이다. 이러한 자본축적, 즉 잉여가치가 생산되고 다시 잉여가치가 자본화되며, 이 자본이 잉여가치를 생산하는 것은 자본주의적 생산양식의 기본법칙이다.

자본주의적 축적의 이러한 법칙은 자본의 집적(concentration of capital)과 자본의 집중(centralization of capital)의 두 가지 운동에 의하여 이루어지며, 이는 자본주의 발전에서 필연적이고 기본적 경향이다. 이 두 가지 운동에 관한 법칙은 자유경쟁이 지배적인 산업자본주의에서나 독점자본주의에서 기본적인 것이며, 특히 경쟁의 제한을 통해 독점자

---

13) K. Marx, *Capital, A Critique of Political Economy*, Vol. I, *The Process of Capitalistic Production*, F. Engels ed., Samuel Moore and Edward Aveling, trans.(the 3rd German edition) New York : International Publishers, 1967, Part Ⅶ, Chap. XXV, p. 612[金秀行 譯, 《資本論 Ⅰ》(下), 비봉출판사, 1989, p. 774].

본을 형성하게 하는 원동력이다. 따라서 이 법칙을 분석하는 것은 구조적 모순으로서 중소기업문제를 연구하는 시발점이 된다.

자본의 집적은 잉여가치가 자본으로 再轉換(re-transformation ; 자본축적)됨으로써 개별자본이 확대되는 것이며, 이에 따라 개별자본이 소유하는 생산수단과 고용하는 노동력의 집적, 즉 생산규모의 확대로서 나타난다.

이때 자본 집적의 기초가 되는 잉여가치 또는 잉여생산물의 증대는 사회적 노동생산력의 제고에 의해서 실현되는데 이 잉여생산물이 이번에는 축적의 형성요소로 된다. 따라서 노동생산력의 제고에 의한 잉여가치 생산의 증대방법은 동시에 자본에 의한 자본의 생산방법이며 자본축적을 촉진시키는 방법들이다.

잉여가치가 자본으로 끊임없이 재전환되는 자본의 집적은 자본의 크기를 증대시킨다. 그 증대는 이번에는 생산규모를 확대하는 기초가 되고, 그것이 또한 노동생산력을 제고시키는 방법의 기초가 되며, 또 잉여가치의 생산을 촉진하는 기초가 된다. 따라서 일정한 정도의 자본축적이 진전된 자본주의 생산방식 아래에서는 노동생산력과 생산규모가 상호 작용하여 자본의 加速的 蓄積을 이루게 한다. 이 두 경제적 요인들이 서로 주고 받는 자극에 비례하여 자본의 기술적 구성에 변화를 일으키는데, 그 변화 때문에 可變的 構成部門이 不變的 構成部門에 비하여 점점 작아진다.[14] 즉 자본의 有機的 構成(organic composition of capital)[15]이 높아지게 되는 것이다.

잉여가치의 증대를 위한 노동생산력의 제고와 이를 위한 생산규모의 확대 및 자본의 유기적 구성의 高度化에 의하여 자본의 축적은 가속적으로 진행된다. 그리하여 자본으로서 기능하는 부의 양이 증대됨에 따라 축적은 개별자본가들의 부의 집적을 증대시키며, 대규모생산의 기초와 진정한 자본주의적 생산의 기초를 확대시킨다.

사회적 자본의 증대는 다수의 개별자본의 증대에 의해서 이루어진

---

14) *Ibid.*, p. 624(위의 번역서, p. 788·789).
15) *Ibid.*, p. 612(위의 번역서, p. 775).

다. 그외 조건이 같다면 개별자본이 사회적 총자본 가운데 차지하는 몫에 비례하여 개별자본은 증대하며 그 증대와 함께 생산수단의 집적도 증대된다. 동시에 새로운 가지[枝]가 최초의 자본으로부터 분리되어 새로운 독립적 자본으로 기능하기 시작한다. 여기서 특히 큰 역할을 하는 것은 자본가 가족들 사이의 재산분할이다. 그리하여 자본축적에 따라 자본가의 수도 대체로 늘어간다.

두 가지 점이 집적을 특징짓는다.

첫째, 사회적 생산수단이 개별 자본가들의 수중으로 집적되는 것은, 다른 조건이 같다면 사회적 부가 증대되는 정도에 의하여 제한받는다.

둘째, 사회적 자본 가운데 개개 생산분야에 투하되는 부분은, 상대방을 서로 경쟁하는 독점적인 상품생산자로서 상대하는, 많은 자본가들 사이에 분할된다.

따라서 축적과 그에 수반하는 집적은 많은 곳으로 분산될 뿐만 아니라 개별기능자본(functioning capital)의 증가는 새로운 자본의 형성 및 舊資本의 분열에 의하여 방해를 받는다. 그리하여 축적은 한편에서는 생산수단의 집적과 노동에 대한 지휘의 집적의 증가를 나타내며, 다른 한편으로는 다수의 개별자본가들 상호간의 排斥(repulsion, 투쟁)으로 나타난다.[16]

이러한 마르크스의 설명은 자본의 집적과정에서 개별자본가의 규모 확대에 따른 大資本化와 동시에, 다른 한편에서는 새로운 資本發生과 個別 小資本 存立의 필연성을 지적하는 것이어서 그 후 중소기업문제를 분석하는 원천을 제공하고 있다.

한편 자본의 집중은 여러 자본의 자립성의 상실, 複數資本의 單一資本으로의 轉化를 의미한다. 자본의 집중은 기존의 대자본에 의한 열악한 소자본의 흡수·합병이라는 형태를 취하기도 하고, 혹은 기존 또는 형성중인 복수의 자본이 株式會社 형태로 융합되는 더 원활한 방식을 취하기도 한다. 자본의 집중도 개별자본의 資本金과 生產規模의 확대, 그리고 生產手段과 勞動指揮의 집적을 가져온다.

---

16) *Ibid.*, p.625(위의 번역서, p.789).

자본의 집적과정에서 사회적 총자본은 많은 개별자본으로 분열되며 또는 그 부분들이 서로 배척하지만, 한편 그들은 서로 끌어당긴다. 이것은 이미 축적과 동일한 의미에서의 생산수단과 노동지휘의 단순한 집적이 아니다. 이것은 이미 형성된 자본의 집적이며 개별적 독립성의 파괴이며, 자본에 의한 자본의 수탈이며 다수의 소자본의 대자본으로의 전환이다. 이 과정이 집적의 과정과 다른 점은 이미 존재하고 기능하고 있는 자본들의 분배의 변경만을 전제로 하며, 따라서 그 작용범위는 사회적 부의 절대적 증대나 축적이 절대적 한계에 의하여 제한받지 않는다는 점이다. 한 곳에서 어떤 한 사람의 수중에 자본이 대량으로 증대되는 것은 다른 곳에서 다른 많은 사람이 자본을 잃어버렸기 때문이다. 이것은 축적 및 집적과 구분되는 진정한 集中(centralization)이다.[17]

자본의 집적에서는 한 나라의 個別資本의 절대수가 감소하는 것이 아니지만, 자본의 집중은 복수의 개별자본이 단일자본으로 되는 것이기 때문에 개별자본의 절대수가 감소한다. 따라서 자본의 집중운동에서는 집적운동에서와는 달리 대자본에 의한 소자본의 압도·구축의 경향이 뚜렷이 나타난다고 보아야 한다.

이러한 자본집중의 법칙 또는 자본이 자본을 끌어당기는 법칙은 다음과 같이 전개된다. 競爭戰(battle of competition)은 상품 값을 싸게 하는 방법으로 진행된다. 상품 값이 싸게 되는 것은, 기타 조건이 같다면 노동생산성에 의존하며 노동생산성은 생산규모에 의존한다. 그러므로 대자본은 소자본을 격파한다. 또한 우리는 자본주의적 생산방식의 발전에 따라 정상적인 조건하에서 사업을 경영하는 데 필요한 개별자본의 최소량이 증대된다는 것을 기억한다. 그러므로 비교적 작은 자본은 대공업(Modern Industry)이 산발적으로나 불완전하게 장악하고 있는 그러한 생산분야로 몰려든다. 여기서의 경쟁은 서로 적대적인 자본들의 수에 정비례하고 크기에 반비례하여 격렬하다. 경쟁은 언제나 많은 소자본가의 멸망으로 끝나는데, 그들의 자본은 일부분은 승리자의

---

17) *Ibid.*, p. 625·626(위의 번역서, p. 790).

수중으로 넘어가고 일부분은 사라진다. 그뿐만 아니라 자본주의적 생산의 발전과 함께 전혀 새로운 힘인 신용제도가 발생한다. 이 신용제도는 처음에는 축적의 겸손한 助手로서 은밀히 기어들어와서 사회의 표면에 많은 또는 적은 量으로 산재되어 있는 貨幣財源을 보이지 않는 끈(invisible threads)으로써 개별자본가 또는 결합된 자본가들에게 끌어들인다. 그러나 얼마 안 가서 그것은 경쟁전에서 새롭고 무서운 무기가 되어 결국에는 자본집중을 위한 방대한 사회적 기구로 전환된다.[18]

자본집중 과정에서 競爭—勞動生産性의 上昇—生産規模의 擴大—資本의 有機的 構成의 高度化는 표준적(정상적) 조건하에서 사업을 경영하는 데 필요한 最低必要資本量을 증대시킨다. 그런데 '정상적 조건'이라는 개념은 각 생산부문에서 동일하지 않으며, 소자본은 당연히 경쟁에서 멸명하든가 '最低必要資本量'이 낮은 생산부문으로 집결하게 된다. 여기서 과당경쟁이 발생하게 되는데, 이것은 자본의 축적과정에서 발생하는 구조적 모순으로서 바로 중소기업문제로 된다.

중소기업이론이 연구대상으로 하는 중소기업문제는 자본주의적 축적과정의 필연적 산물인 자본구성의 질적 변화 속에서도 형성된다. 자본구성의 질적 변화가 가져오는 相對的 過剩人口(relative surplus population) 또는 産業豫備軍(industrial reserve army)은 자본주의적 생산양식을 발전시키는 필수조건이면서 중소자본의 존립조건을 창출하는 것이다.

최초에 양적 확대로서만 나타난 자본축적은 자본구성의 누진적 질적 변화, 즉 자본의 가변적 구성부문을 희생시키면서 불변적 구성부문을 끊임없이 증가시키는 것을 수반하면서 진행된다.

자본주의적 생산양식, 그에 대응한 노동생산력의 발전, 그리고 그것에서 유래하는 자본의 유기적 구성의 변동은 축적의 진전 또는 사회적 부의 증가보다 훨씬 더 빠른 속도로 발전한다. 왜냐하면 단순한 축적, 즉 총자본의 절대적 증대는 총자본 중 개별적 자본의 집중을 수반하며, 또 추가자본의 기술적 구성의 변력은 최초의 자본의 기술적 구성

---

18) *Ibid.*, p. 626(위의 번역서, p. 790·791).

의 변혁을 수반하기 때문이다. 그리하여 축적의 진전에 따라 不變資本 부문과 可變資本 부문의 비율은 변화한다. 최초에는 1 : 1이었으나 이제는 2 : 1, 3 : 1, 4 : 1, 5 : 1, 7 : 1 등등으로 된다.

 따라서 자본의 증가에 따라 그 가운데 노동력으로 전환되는 것은 總資本價値의 1/3, 1/4, 1/5, 1/6, 1/8 등등으로 줄어들게 되고, 생산수단으로 전환되는 것은 2/3, 3/4, 4/5, 5/6, 7/8 등등으로 늘어나게 된다. 노동에 대한 수요는 총자본량에 의하여 규제되는 것이 아니라 총자본의 가변적 구성부문에 의하여 규정되는 것이다. 그러므로 노동력의 수요는 총자본의 증가에 비례하여 증대하는 것이 아니라 오히려 총자본의 크기에 비례하여 상대적으로 감소하며 또 총자본의 증가에 따라 가속적으로 감소한다. 총자본의 증가에 따라 가변적 구성부문, 즉 총자본에 결합되는 노동력도 증가하기는 하지만 그 구성비는 끊임없이 감소하면서 증가한다.[19]

 이처럼 자본주의적 축적은 자본 자체의 정력과 규모에 비례해서 상대적으로 과잉인 노동인구를 끊임없이 생산해내고 있다. 특히 자본의 유기적 구성과 자본의 기술적 형태의 변동속도가 빨라지게 되고, 또 그 변동을 받게 되는 생산분야의 수도 증대됨에 따라서 노동인구는 그들 자신이 생산하는 자본축적에 의하여 그들 자신을 상대적으로 불필요하게 만드는, 즉 상대적 과잉인구로 만드는 수단을 더 큰 규모로 생산해낸다. 이것이 자본주의적 생산양식에 고유한 人口法則이다.

 그런데 상대적 과잉인구는 자본주의적 축적과 부의 발전의 필연적 산물이지만, 동시에 그것은 자본주의적 축적의 지렛대이며 자본주의적 생산양식의 존립조건이 된다. 과잉노동인구는 자본이 자기비용으로 조성해 놓은 것처럼 전적으로 자본에 속하며, 자본이 마음대로 처분할 수 있는 산업예비군을 형성한다. 현실적인 인구증식의 한계와는 관계없이 산업예비군은 변동하는 자본의 가치증식의 욕구를 위하여 언제나 착취할 수 있게 준비되어 있는 인간재료를 형성하기 때문이다.[20] 따라서 상대적 과잉인구와 산업예비군의 존재는 자본주의 생산이 급격하게

---

19) *Ibid.*, p. 629(위의 번역서, p. 793·794).
20) *Ibid.*, pp. 630~632(위의 번역서, pp. 794~797).

팽창하는 필수조건이 되며, 또한 노동을 자본에 굴복시키고 노동조건
의 상승을 억제하는 작용을 한다.

　이러한 상대적 과잉인구, 산업예비군은 새로운 자본발생의 기반인
동시에 중소기업문제형성의 기본적 조건이 된다. 즉 자본주의적 축적
은 중소기업의 구축을 촉진시키면서 다른 한편에서는 중소기업의 존립
조건을 창출시키는 것이다. 이것은 상대적 과잉인구가 저임금 노동기
반을 형성하여 주기 때문이며 나아가서 독점자본주의에서 중소기업문
제의 발생조건에 연결된다.

Ⅲ. 자본의 분열·분산과 중소기업의 존립

1. 자본의 분열·분산 경향

　우수하고 새로운 생산방법을 갖고서 경쟁의 우위를 점하는 대자본은
열악한 소자본을 구축하고 합병하면서 자본의 집적·집중을 추진해가
는데, 이러한 자본의 집적·집중의 진전은 생산방법의 개량과 생산성
향상을 한층 더 촉진한다. 이 과정에서 평균적 표준적 생산의 여러 조
건의 향상과 평균적 표준적 생산 여러 조건에서 생산을 운영하기 위한
最低必要資本量이 증대되어 가고, 대자본에 의한 소자본의 구축·합병
과 자본의 집적·집중은 더욱 촉진된다.

　자본의 집적·집중 경향은 자유경쟁을 전제로 하는 자본제 생산의
발전에서 필연적이고 기본적인 경향이다. 그런데 자본의 집적·집중은
경쟁과 신용 및 주식회사제도의 보급에 의하여 촉진된다. 자본주의적
생산에서 자본축적운동의 원동력은 잉여가치의 확대이며 이윤율의 상
승이다. 이때 경쟁이 하나의 생산분야에서 달성하는 것은 상품들의 서
로 다른 개별적 가치로부터 하나의 같은 市場價値와 市場價格을 성립
시키는 것이다. 그리고 서로 다른 생산분야 사이에서 이윤율을 균등화
시키는 생산가격이 성립하는 것도 서로 다른 분야들 사이에서 자본의

경쟁이 생기기 때문이다.[21]

즉 자본주의에서는 자본의 자유로운 경쟁에 의하여 서로 다른 생산부문의 이윤율이 平均化된다. 따라서 생산성격차와 費用價格의 차이에 의하여 대자본이 소자본을 압도·구축하게 된다.

그 결과는 사회의 생산수단과 노동지휘권을 소수의 대규모적인 자본 아래로 집약시키게 한다. 또한 자본주의의 기본모순인 생산의 사회적 성격과 소유의 私的 形態 사이의 모순[22]을 격화시키며 노동자와 자본가 사이의 계급대립도 심화시킨다. 그리고 자본의 집적·집중의 경향은 독점자본의 형성과 독점적 지배를 실현시키는 원동력이 된다.

그러나 이러한 자본의 집적·집중의 발전 경향과 그것에 의해서 촉진되는 독점자본의 형성은 직선적 획일적으로 진행되는 것은 아니다. 여러 생산부문에서 극히 불균형하게 진행될 뿐만 아니라, 이 과정에서 항상 소자본의 잔존·신생이라는 반대 경향을 수반하면서 진행되는 것이다. 즉 일반적으로 자본주의의 발전과정에서는 대자본에 의한 소자본의 구축·수탈이라는 ‘자본의 집적·집중 경향’이 기본적 경향으로 되고 있지만, 그 기본 경향은 소자본의 잔존·신생이라는 ‘자본의 분열·분산 경향’에 의하여 제약되면서 작용하는 것이다.

독점자본주의에서도 기본적으로는 이러한 경향이 관철되고 있으며 이것이 소수 巨大獨占資本과 다수의 非獨占資本으로 이루어진 독점자본단계 고유의 重層的 構造를 낳는다. 이에 따라 이윤율의 단층화, 독점자본과 비독점·중소자본의 대립수탈의 관계가 성립 유지된다고 본다.[23] 따라서 자본의 집적·집중의 진행과정에서 나타나는 분열·분산

---

21) K. Marx, *Capital* Ⅲ, p. 180[金秀行 譯, 《資本論 Ⅲ》(上), p. 211].

22) 자본재생산에서 생산의 사회적 성격은 다음과 같은 측면을 지닌다. 즉 개별기업내에서 생산수단 및 노동이 공동적이고 집단적 성격(사회적 성격), 즉 공동적이고 집단적 노동에 의한 노동수단의 집단적 이용이라는 성격을 지닌다는 측면과 사회적 총노동의 분업적 구성(사회 각 분야의 노동의 상호의존관계), 즉 사회의 전생산물이 전사회의 공동적 노동에 의해 만들어진다는 관계라고 하는 측면이 있다. 독점단계에서는 이 두 측면이 모두 고도의 발전을 이룬다는 것이다.[北原勇, 《獨占資本主義の理論》, 有斐閣, 1980(金在勳 譯, 《독점자본주의론》, 사계절, 1984, p. 187)]

23) 北原勇, 〈資本蓄積運動における中小企業〉, 楫西光速·岩尾裕純·小林義雄·伊

의 내용과 성격을 밝히는 것은 독점자본주의의 구조적 특질과 중소기업문제를 올바르게 파악하는 전제가 된다.

중소기업이론에서 중소기업문제를 독점자본주의의 구조적 모순의 산물로 파악하는 것은 독점자본주의에서 중소자본의 존재의 필연성을 논증하는 것이 된다. 그런데 자본주의적 축적에 수반하여 자본의 집적·집중, 나아가서 독점의 형성에도 불구하고, 즉 독점자본에 의한 중소자본의 흡수·구축 경향 속에서도 중소자본이 존재하여 대자본 또는 독점자본과 공존하는 모순적 현상이 나타나는데, 이는 자본주의적 축적의 일반적 법칙에 그 원천을 두고 있다고 본다. 그런 의미에서 자본주의 발전과정에 대한 '動態的 分析'을 통하여 산업자본주의에서 독점자본주의로 전개되는, 즉 독점과 자유경쟁이 동시에 병존하는 구조의 모순 현상을 설명하는 것이 필요하다.

자본주의적 축적이 진전되고 자본의 집적·집중과 독점이 형성되는 가운데서 最低必要資本量이 커지고 중소자본의 존립분야가 협소해지는 필연성에도 중소자본이 잔존·신생하는 것은 다음과 같은 요인 때문이다.

자본의 집적·집중이라는 기본적 경향이 모든 부문에서 동일한 모습으로 진행되는 것은 아니며 극히 불평등한 형태로 진행된다. 자본의 집적·집중의 진행속도를 규정하는 것은 시장의 크기, 이용기술, 노동조건 등인데,

① 수요가 소량이거나 변동적인 상품의 생산부문[24]

② 사회의 표준적 수준을 크게 하회하는 저임금 노동력을 이용할 수

東소吉 編, 《講座 中小企業 2》(獨占資本と中小企業), 有斐閣, 1968, p. 77·78. 따라서 전형적으로 자본주의가 발전하는 경우에 여러 부문에서 대자본에 의한 소자본의 구축(자본의 집적·집중)이 일방적 직선적으로 진전된다고 하는 공식적 이해(牛尾眞造, 《中小企業論》, 三笠書房, 1961, p. 53)나 독점단계에서는 반대로 독점의 욕구에 의하여 중소기업이 온존·종속된다고 하는 공식적 이해는 모두 반성되어야 한다고 쓰고 있다.

24) 특수한 상품이나 혹은 일부 계급만이 소비하는 사치품처럼 수요의 절대량이 적은 상품, 그 물리적 성질로 인하여 운송비 부담이 크기 때문에 시장의 지역적 세분이 요구되는 상품, 소비자의 기호나 유행에 좌우되기 때문에 표준화할 수 없고 수요가 불안정한 상품이다.

있는 부문[25] 등에서는 시장의 확대와 기술개발과 신기술의 도입이 지연되고 최저필요자본량의 규모도 소규모이거나 그 증가속도가 느리기 때문에 중소자본이 존립할 수 있는 부문으로 남아 있게 된다. 따라서 각 생산부문에서는 개별자본의 자본규모와 생산규모의 확대속도, 최저필요자본량의 크기와 증가속도, 부문내 기업수의 감소속도도 매우 다르게 된다.

③ 資本財 생산의 발전과정에서 중소자본이 존립할 수 있는 부문이 새롭게 생겨나는 경향이 있다. 즉 자본재 생산부문의 다양화가 생산공정의 분화·독립의 형태나 새로운 생산물의 창조형태[26]로서 진행되는데, 이때 시장의 협소성과 변동성 때문에 대량생산이 부적합한 경우에는 새로운 생산부문이 중소자본의 새로운 존립부문으로 된다.

④ 중소자본이 존립할 수 있는 부문, 잔존 또는 신생되는 부문에는 거대화된 생산부문에서 생존할 수 없게 된 중소자본과 새로이 형성된 잠재적 화폐자본 가운데 소규모의 중소자본이 쇄도한다.

⑤ 자본재 생산의 발전과정에서 사회적 총자본이 낳은 총잉여가치가 거대화함에 따라 個別資本家의 富의 증대와 그 가족에게로 財産分割 및 잉여가치 분할의 여러 형태(이자·지대·자유업의 수입 등) 등 잠재적 중소자본이 형성되어 위와 같은 분야에서 자립해간다.

그런데 이들 분야에서는 존립하려고 하는 중소자본이 쇄도하기 때문에 경쟁이 격심해진다.

이러한 소자본의 잔존은 한계가 있으며 조만간 몰락하게 마련이지만 어느 시점에서 보면 상대적인 소자본이 잔존·경쟁하면서 존재한다.

이처럼 자본의 집중·집적은 재생산부문에서 매우 불균등하게 진행

---

25) 저임금 노동력의 이용 가능성은 자본의 축적과정에서 필연화되는 상대적 과잉인구를 바탕으로 하여 그 부문의 기술적 성격에 의하여 좌우되며 노동자의 조직화 정도나 법적 규제에 의해서도 좌우된다.

26) 과학기술의 발달에 의한 새로운 생산물의 발명, 욕망의 다양화와 자본가의 부의 증대에 따른 다양한 사회적 욕구의 증대, 새로운 생산물의 생산을 통해 특별이윤(일시적 독점이윤)을 획득하려고 하는 자본의 욕구가 결합하여 새로운 생산물이 창출된다.[K. Marx, *Capital* Ⅰ, p.444·445(金秀行 譯, 《자본론 Ⅰ》(下), p.564)]

될 뿐만 아니라 그 진행과정에서 중소자본이 집요하게 잔존·신생한다고 하는 반대경향을 수반하고 있다. 즉 중소자본 부문은 새로이 생겨나고 어느 부문에서는 표준 이하의 생산조건을 가진 弱小資本이 잔존하는 경향이 항상 존재한다. 그러므로 한편에는 최저필요자본량이 상대적으로 증대된 생산부문을 중심으로 거대한 자본이 존재함과 동시에 다른 한편에는 상대적인 소자본이 항상 상당한 규모로 존재하고 있다. 이것은 독점자본주의 단계에서 小數 巨大資本이 지배하는 독점부문과 다수의 중소자본이 경쟁하는 비독점부문이 병존한다고 하는 독점단계 고유의 구조를 낳는 기초인 것이다.[27]

2. 소기업의 존속에 관한 고전적 논쟁

자본의 집적·집중과 분산·분열 경향, 즉 자본주의적 축적의 일반적 법칙이 지속적으로 관철되는 가운데 소자본은 도태를 거듭하지만, 다른 한편에서는 신생과 잔존을 지속한다는 점에 대하여는 이미 19세기 말의 초기독점자본주의 단계에서 논쟁이 있었다.

즉 마르크스의 자본의 집적·집중에 대한 주장에 대하여 베른슈타인의 비판과 이에 대한 카우츠키의 반박이 그것이다.

베른슈타인은 마르크스가 예상한 바 계급의 兩極化는 일어나지 않았다고 지적하면서 그 특징을 다음과 같이 말하였다.[28]

① 대기업에 자본의 집중이 일어났지만 그것은 동시에 새로운 중소규모기업 (new small and medium sized business)의 발전을 수반하였다.

② 재산의 소유권은 더욱 광범하게 되었다.

③ 일반적인 생활수준이 향상되었다.

④ 중간계급은 감소하기보다는 오히려 수적으로 증가되었다.

⑤ 자본주의 사회의 구조는 단순화된 것이 아니고 오히려 복잡하게

---

27) 北原勇, 《獨占資本主義の理論》(金在勳 譯, 앞의 책, pp. 28~33 참조).
28) *The New Palgrave — A Dictionary of Economics*, John Eatwell, Murray Milgate and Peter Newman ed., Vol Ⅰ, Macmillan Press, 1987, p. 233.

되고 차별화되었다.

마르크스의 이론에 대하여 베른슈타인은 이와 같이 수정주의적 입장을 밝히면서 특히 中小經營의 존속과 新設을 결정하는 사정을 크게 세 가지로 나누어 제시하였다.[29]

첫째로, 대경영은 목재·피혁·금융 등의 업종에서와 같이 중소경영이 지니는 고유의 利點을 거의 지니지 못하고, 또한 대공업이 생산공정의 2분의 1이나 4분의 3을 남겨서 소경영이 이 나머지를 완성품으로 만드는 것과 같은 분업이 나타난다.

둘째로, 빵제조업에서 볼 수 있는 바와 같이 소비자와 인접해 있어야 할 생산물의 경우 소비자와 직접거래를 해서 얻어지는 여러 이익은 중소경영에서 제조하는 것이 유리한 경우가 많다.

셋째로, 대경영은 그 자체가 일부분은 대량생산에 수반하여 작업재료[補助材料 및 半製品]의 가격이 저렴하게 생산되지만, 또한 일부분은 한편에서 자본의 상호지원에 의하여, 다른 한편에서는 노동자의 독립에 의하여, 비교적 소규모 및 중규모경영을 신설하게 하는 것도 있다. 이러한 사정 때문에 오늘날 전체로서는 대경영이 중소경영을 반드시 흡수 합병하는 것은 아닐 뿐만 아니라, 오히려 대경영이 중소경영과 병행하여 발달하고 있는 상태에 있다. …… 실제로 많은 경우에 대경영과 중소경영간의 경쟁이 크게 일어나지 않으며 이후에도 그렇게 빨리 일어나지도 않을 것이다. 이러한 결과로 중간부문은 어디서나 감소의 흔적이 발견되지 않고 오히려 현저히 확대되는 경향을 보이고 있다.

특히 베른슈타인은 중간부문의 사회적 유동성에 주복하여 중간부문은 한편에서는 위로부터 빼앗긴 것을 아래로부터 移入 補完하고 다른 한편에서는 이 계층에서 아래로 전락하는 몫을 위로부터의 전락에 의하여 보완한다고 보았다. 그래서 만약 근대사회의 붕괴가 상하 양극에

---

29) E. Bernstein, *Die Voraussetzungen der Sozialismus und die Aufgabe der Sozialdemokratie*, 1899 ; *Evolutionary Socialism*, New York : Huebsch, 1909, reprinted, New York : Schocken, 1961(松下芳男 譯, 《マルキジズムの改造》, 世界大思想全集 第47卷, 春秋社, pp. 113~117 ; 巽信晴, 《獨占段階における中小企業の硏究》, 三一書房, 1960, p. 51 에서 재인용).

의한 중간부문의 흡수를 조건으로 한다면 당시(1899년)의 영국·독일·
프랑스는 19세기까지의 어려운 시기에 비하여도 붕괴의 실현에 접근
하지 않고 있다고 주장하였다.[30]

이와 같은 베른슈타인의 견해에 대하여 카우츠키는 다음과 같이 비
판하였다.

먼저 그가 이러한 분석을 하게 된 방법론의 특징이 현상의 기초를
연구하기에 앞서서 피상적 현상만을 보고 비판하였다고 지적하였다.
그러면서 자본의 집중은 모든 산업부문에서 반드시 동일한 가속도로
행해지는 것은 아니다. …… 대경영은 점차로 한 영역을 빼앗고 소경영
을 하나의 영역에 집합시키지만, 그렇다고 해서 소기업가를 모두 프롤
레타리아로 전락시키는 것은 아니다. 그들은 어느 활동으로부터 구축
되어 새로운 활동을 구한다. …… 소경영의 범위는 이에 비례하여 점차
로 협소해지는 것이지만 소경영의 수가 반드시 감소하는 것은 아니다.
대경영의 진보는 한편에서 소경영의 증가에 따라, 다른 한편에서는 部
門이 다양하게 되는 것으로 표현된다. 즉 소경영은 일부 대경영과의
경쟁에 의하여, 다른 한편에서는 그들 상호간의 치열한 경쟁에 의하여
쇠망하게 된다. 이때문에 소경영은 점차로 대자본에 예속하게 되고 점
차 노동으로 분화되지 않을 수 없게 되어 대경영의 기초를 마련하여
주게 된다. 그리고 대경영은 곧 이 범위에도 침식하게 된다고 하였다.

그러면서 카우츠키는 1882년과 1895년 두 해의 經營數와 從業員數
를 비교하고 또한 각 공업부문 별로도 소기업의 존재범위를 분석하여
대경영이 중소경영보다 증강되면서 중소경영이 예속화되는 것을 실증
하였다.[31]

카우츠키의 이러한 주장은 '자본주의의 불균등 발전의 법칙'에 의하
여 설명되고 있다. 어느 부문에서 소생산자가 어느 정도 안정되게 존
속하고 있지만 이것이 자본축적 및 생산의 집적·집중의 법칙을 약화시

---

30) 渡會重彦 編, 《日本の小零細企業》(下), 日本經濟評論社, 1977, p. 229·230.

31) K. Kautsky, *Bernstein und das Sozial-demokratische Programm*, 1899[山川
   均 譯, 《マルキジズム修正の駁論》, 世界思想全集 第47卷, 春秋社, pp. 76~
   97(巽信晴, 앞의 책, p. 51·52에서 재인용)].

키는 것이 아니라 오히려 강화시키는 것이며, 나아가서 사회적 생산력의 증대에 기여한다고 보았다. 생산의 자본주의적 집적·집중의 과정은 모든 산업부문에서 균등하게 진행되는 것은 아니다. 대자본은 생산수단 및 가장 중요한 소비재의 대량생산부문을 영유한다. 이때 대자본은 독립적 소생산자를 직접 프롤레타리아로 전락시킬 뿐만 아니라 그들을 지도적 산업부문으로부터 2차적 종속적 부문으로 밀어내면서 소생산자를 구축한다.

한편의 극에서는 부유하고, 다른 한편에서는 빈곤한 가운데 이루어지는 자본주의적 축적의 일반법칙은 수공업노동의 낮은 임금수준과 가내노동에 대한 자본주의적 착취에 기초를 둔 수공업이 어느 정도 증대하는 것을 조장한다. 그리하여 특히 정교한 사치품을 생산하는 부문 등에서는 상기산 소생산을 보유한나. 이때 소경영자는 그 독립성을 겉으로는 유지하지만 대자본에 의하여 사실상 예속화되어 있는 것이며, 자기노동 또는 일부 고용노동을 이용하는 가운데 유지된다. 결국 생산의 집적과정이 불균등하게 발전하고 중화학공업 부문을 중심으로 하여 거대한 규모로 대기업이 발달하는 가운데, 중소영세기업은 종속적 부문으로 구축되어 대기업의 지배 집중을 더욱 쉽게 만든다. 이를 위하여 대기업은 열악한 노동조건과 저임금으로 유지되는 소영세기업의 증대를 어느 정도 조장한다는 것이다.

이상에서 설명한 내용이 베른슈타인과 카우츠키가 소영세기업의 존립현상에 대해 입장을 달리하는 주장이다. 소영세기업이 지속적으로 존립하는 현상에 대하여 전자는 적극적 의미를 부여하여 마르크스의 정통이론에 대한 수정이론적 입장을 취했다. 이에 대하여 후자는 그것을 자본의 집적·집중과 생산의 집적이 관철되는 과정에서 불균등한 발전의 결과로 나타나는 소극적 존립으로 해석하였다. 두 사람이 적극적이든 소극적이든 소영세기업 존립을 인정하고 있다는 점에서는 공통점을 지니고 있는 것이다.

3. 독점자본의 형성과 중소기업문제

베른슈타인과 카우츠키 논쟁의 주제나 자본의 집적·집중과 분열·분산의 경향은 이미 마르크스의 《자본론》에서 논급된 바가 있는 내용들이다. 잉여가치의 법칙과 자본주의적 축적의 일반법칙을 근간으로 하는 자본주의 발전의 근본법칙은 자본의 집적과 집중을 기본적 경향으로 하면서도 자본의 분산·분열이라는 반대경향을 보이면서 진행된다는 것이다. 이것은 자유경쟁을 기초로 해서 이루어지는 자본주의적 생산의 기본적 특질이기도 하다.

따라서 자본주의적 축적과정에서 대자본에 의한 소자본의 구축·도태가 일방적 획일적으로 진행되는 것은 아니며, 끊임없이 소자본의 신생과 잔존의 기반이 지속된다는 것이 중소기업에 대한 정치경제학적 해석의 기초이다. 그리고 자본의 집적·집중과 분열·분산의 경향은 그 안에 자본과 노동, 그리고 자본과 자본간의 대립이라는 구조적 모순을 지니면서 진행되는 것이다. 즉 자본주의적 축적은 한편으로는 생산수단의 집적과 노동에 대한 지휘의 집적의 증가로 나타나며, 다른 한편에서는 다수의 개별자본가들 상호간의 배척(repulsion)과 투쟁으로 나타나는 것이다.[32]

이러한 구조적 모순은 생산관계의 총체인 자본주의가 지니는 특질이기도 하다. 자본주의적 축적은 자본과 노동간의 대립에서 오는 기본적 모순 속에서 잉여가치의 창출과 자본의 집적이 이루어지며, 자본과 자본(대자본에 의한 소자본)간의 생산관계적 대립에서 오는 자본의 집중과 자본의 분열·분산의 경향 속에서 부차적 종속적 모순이 형성된다.

이러한 구조적 모순은 자유경쟁이 지배적이었던 산업자본주의하에서는 소자본의 구축·도태와 신생·잔존으로 구체화되었고, 이것을 논증하는 것이 정치경제학적 중소기업이론의 체계였다. 그리고 그것은 앞서의 《자본론》에 담긴 내용과 기타하라 이사무(北原勇)의 〈資本의 集

---

32) K. Marx, *Capital* Ⅰ, p. 625[金秀行 譯,《자본론 Ⅰ》(下), p. 789].

積·集中과 分裂·分散의 경향)에 대한 분석에서 정리된 것이다.

그런데 자유경쟁의 기초 위에서 행해졌던 자본주의적 축적에 의하여 생산과 자본의 집적·집중은 진행되었고, 이 집적과 집중은 거대자본을 형성시켰다. 이들은 특정의 산업부문과 시장을 지배하면서 독점자본으로 등장하였다. 즉 자유경쟁을 기초로 하던 자본주의적 축적의 진전은 필연적으로 독점자본을 성립시키고, 이것이 일정한 단계에 이르면 자본 상호간의 자유경쟁이 곤란하게 되고 독점체가 발생하여 자유경쟁의 지배 대신에 독점이 지배하게 되는 것이다.

마르크스가 《자본론》을 썼을 때만 해도 자유경쟁은 대부분 경제학자들이 보기에 자연적 법칙(natural law)으로 보였다. 그러나 자유경쟁은 생산의 집중을 낳고 이어 일정한 발전단계에 이르면 집중은 독점으로 이어지게 되는 것이다. …… 또한 생산의 집중이 가져온 결과인 독점의 발생은 자본주의의 현재 발전단계가 지니는 일반적이고 기초적인 법칙이라는 것을 밝혀둔다[33]고 레닌은 지적하였다.

그런데 자유경쟁이 생산의 집적을 발생시키고 그 집적은 일정 단계에서 독점으로 이어지며, 독점은 자유경쟁의 직접적인 대립물이며 엄연한 차별성을 지닌 것임에 틀림없다. 그러나 독점은 자유경쟁을 배제하지 않고 자유경쟁 위에서 그것과 나란히 존재하는 것이다.

자유경쟁은 자본주의의 기본적 형태이며 일반적으로 상품생산의 기본이다. 독점은 정확하게 자유경쟁과 대립된다. 자유경쟁은 독점으로 전환되며 대규모산업을 창출하고, 소규모기업체를 배제하며 자유경쟁은 독점을 성숙시킬 정도까지 생산과 자본을 집중시킨다. 카르텔·신디케이트·트러스트 그리고 그것들과 결합하여 수십 개의 은행자본이 수십 억의 자본을 운영 조작한다. 동시에 자유경쟁에서 나온 독점체들은 자유경쟁을 완전히 소멸시키기보다는 오히려 자유경쟁 위에 서서 자유경쟁과 더불어 존재하며, 따라서 아주 격렬하고 강한 적대감과 압력과 갈등을 불러일으키고 있다. 독점은 자본주의에서 좀더 고도의 체계로

---

33) V. I. Lenin, *Imperialism, the Highest Stage of Capitalism*(박세영 역, 《제국주의 : 자본주의 발전의 최고단계》, 과학과사상, 1988, p. 30).

나아가는 과도기적 형태이다.[34]

그런데 자유경쟁이 독점으로 전화되기 시작하면서 생산의 사회화가 방대하게 진행된다. 특히 기술개발 과정과 기술혁신 과정이 사회화된다. 그러나 그 생산물과 생산수단의 소유는 여전히 사적으로 남는다. 이것은 반면에 서로간에 간섭 없이 시장을 대상으로 생산했던 제조업자들간의 자유경쟁과는 크게 차별성을 지니게 만든다. 그런 가운데 형식적으로 인정되는 자유경쟁의 일반적 틀이 남게 되며, 소수의 독점가들이 나머지 인민 전체에게 씌우는 멍에는 그 이전보다 수천 배 더 무거워지고 견디기 힘들게 된다.[35]

이처럼 형식적인 자유경쟁의 틀 속에서 독점이 지배적인 자본주의 생산이 가져온 생산의 사회화 진행과 소유의 사유화로 인한 기본적 모순의 심화 속에서 소규모기업과 대규모기업간에 더 발달된 기술을 지닌 기업과 낙후된 기술을 지닌 기업간의 경쟁이란 찾아볼 수가 없게 된다. 그리고 독점자본가들은 그들의 지배와 명령에 따르지 않는 자들을 억압하게 되는 것이다.[36]

자유경쟁의 기반 위에서, 자유경쟁으로부터 독점이 형성되면서 산업자본주의는 독점자본주의로 이행하였다. 이때 독점은 자유경쟁을 배제하지 않고 그 위에 나란히 존재하며, 또 그럼으로써 매우 첨예하고 심각한 수많은 대립과 마찰·갈등을 낳는, 즉 새로운 수많은 종속적 모순을 독점자본주의의 독특한 모순으로 발생시키는 것이다. 바로 중소기업문제는 자유경쟁이 지배적이었던 산업자본주의하의 소기업문제와 다른 특성을 지닌 독점자본주의의 구조적 모순의 산물로서 형성되는 것이다.

그러나 독점이 자유경쟁 위에서 그것과 나란히 존재하는 한, 그것이 산출하는 구조적 모순과 종속적 모순으로서의 중소기업문제는 자본주의적 생산 속에서 통일적으로 이해되어야 할 것이다. 즉 자유경쟁이

---

34) *Ibid.*(위의 번역서, p. 115·116).
35) *Ibid.*(위의 번역서, p. 36).
36) *Ibid.*(위의 번역서, p. 37).

지배적이었던 자본주의 생산에서 자본의 집적·집중과, 분열·분산의 법칙은 독점자본주의하에서도 기본적인 법칙으로 작용하는 것으로 보는 것이다.

이것은 산업자본주의 단계에서 대기업은 중소기업을 경쟁을 통해 몰락시키고, 이러한 경향의 집중화를 통해 발전하지만, 독점자본주의 단계에서는 독점자본이 대기업과 같이 중소기업을 구축하지 않고 오히려 그것을 독점자본의 '意圖와 必要性'에 따라 이용하기 위해서 중소기업을 다수 존립하도록 한다는 기존의 중소기업 존립에 대한 설명 근거를 비판하는 것이다.[37] 이 비판에서는 독점자본주의하에서 자본의 집적·집중 법칙의 예외를 주장하면서, 독점자본주의의 구조가 독점기업을 정점으로 하는 국민경제의 피라미드체제라고 하는 '정태적 관점'을 배제한다. 그리고 자본주의적 생산이 지니는 심각한 구조적 모순을 산업자본주의에서 독점자본주의로 전개되는 과정에서 일관되게 파악하는 '동태적 시각'을 견지한다.

중소기업의 잔존과 신생은 後發經濟의 特殊性이나 독점자본의 정책에 의해서가 아니고 자본주의 발전의 일반법칙 가운데서 파악되어야 하며, 이것은 한편에서 대자본에 의한 소자본의 구축·수탈이라는 자본의 집적·집중 경향과 다른 한편에서 소자본의 잔존 내지 신생의 증대가 자본의 분열·분산의 경향과 함께 통일적으로 파악되어 중소기업문제가 분석되어야 한다는 견해[38]를 반영하는 것이다.

이 이론에서는 중소자본의 몰락과 잔존·신생이라는 모순의 과정을 내자본의 빌진과 자본의 집적·집중 법칙이 관철되는 한 가지 형태로 보아 동태적으로 파악하고 있다. 따라서 자본주의의 전 과정에서 대자본에 의한 소자본의 구축이 이루어지지만 이것이 모든 부문에서 획일적으로 진행되는 것은 아니며,

① 평균 이하의 저렴한 노동력의 무제한 착취를 경쟁능력의 기초로

---

37) 中村秀一郎, 〈獨占資本主義の構造と中小企業問題〉, p. 20·21 ;《日本の中小企業問題》, 合同出版社, 1963, p. 12 참조.

38) 北原勇, 〈資本の集積·集中と分裂·分散—中小工業論序說〉,《三田學會雜誌》제10권 제 7 호, 1957.

하는 소자본의 끈질긴 잔존,

② 생산부문의 다양화에 따라 새로운 소자본의 분야가 발생한다고 하는 반대경향이 교차되면서 관철되는 것이며,

③ 소자본의 잔존 내지 신생은 번영과 안정을 의미하는 것이 아니고 대자본에 의한 구축의 운명을 그 안에 포함하고 있다는 것,

④ 이러한 경향은 자본주의의 전 과정을 통하여 진행되는 기본적 경향인데,

⑤ 독점자본주의 단계에서 소자본의 잔존과 신생은 독점자본주의의 영향으로부터 출발하여 설명되어야 하며,

⑥ 독점자본주의 아래의 중소기업문제는 후발 자본주의가 지니는 특수성이나 前期性에서 형성된 것이 아니라 독점자본주의의 구조적 모순의 산물로서 동태적으로 파악되어야 한다는 것이다.

4. 독점이윤의 축적과 중소기업문제

자본의 집적·집중의 법칙이 관철되는 가운데 독점이 지배하는 독점부문이 형성되면서 다른 한편에서는 자본의 분열·분산이라는 반대경향에 의하여 자유경쟁이 작용하는 비독점부문이 형성되어 독점부문과 비독점부문, 독점과 자유경쟁이 병존하는 것이 독점단계 고유구조의 기초가 된다. 그런데 독점단계에서는 산업자본주의에서보다 여러 모순과 갈등·대립이 최대한으로 격화될 뿐만 아니라 새로운 여러 종속적 모순이 형성된다.

기본적 모순의 격화와 종속적 모순의 새로운 전개는 독점단계에서 자본축적의 법칙이 독특한 모순을 지니면서 관철되는 것을 뜻한다. 따라서 독점단계의 종속적 모순의 산물인 '중소기업문제'도 자유경쟁이 지배적이던 단계와는 다른 새로운 성격을 갖게 된다. 독점단계에서는 중소자본이 생산한 잉여가치를 독점자본이 독점이윤으로 수탈한다고 하는 독특하고 새로운 모순으로서 '중소기업문제'가 형성되는 것이다. 이때 중소기업문제는 독점자본주의의 구조적 모순인 일반적 문제로서 파악된다.

이것을 해명하는 것이 독점단계에서 정치경제학적 중소기업이론의 주요과제가 된다. 자본주의적 축적이 진점됨에 따라 자본의 집적·집중과 독점이 형성된다. 이 과정에서 독점자본에 의한 중소자본의 흡수·구축에도 불구하고 중소자본이 잔존하고 새롭게 재생산된다고 하는 중소자본의 잔존과 신생의 필연성이 독점자본주의의 일반법칙으로 해명되어야 하는 것이다.

독점단계에서 중소자본이 광범하게 존재하고 신생하는 것은 독점자본주의에만 있는 독특한 현상은 아니며, 자본주의 일반의 법칙에 따른 것으로서 이는 독점자본 단계에도 관철되는 것이다. 독점자본주의도 자본주의인 한, 거기에도 자본주의의 일반법칙이 기본적으로 관철되기 때문이다. 따라서 독점단계에서 중소자본의 광범한 신생과 잔존을 단지 독점자본의 '의도와 필요성'에 의한 것만으로 설녕하는 것은 문제가 있다고 본다.

그러나 독점단계에서 중소기업의 잔존 및 신생과 관련하여 중소기업문제가 제기되는 것은 독점자본이 독점이윤의 축적을 위하여 중소자본이 생산한 잉여가치를 수탈한다고 하는 독점단계 특유의 구조적 모순 때문이다. 이러한 구조적 모순으로서 중소기업문제가 형성될 수 있는 것은 독점자본이 그의 의사와 필요성에 따라 독점력을 행사할 수 있다는 데 근거를 두고 있다. 이때 독점자본의 의사와 필요성은 독점이윤의 축적을 의미하며 결국 중소자본은 독점이윤 획득의 대상으로서 신생하고 잔존한다는 것이 독점단계의 중소기업문제의 핵심이다.

도브(M. Dobb)는 다음과 같이 쓰고 있다. 즉 1·2차세계대전 시기의 상황에서 세번째 특징은 분명히 모순되게 보인다. 그것은 생산과 통제의 집중화 경향과 독점 내지 準獨占的 조직의 확대이며, 또한 이와 병행하여 소기업이 매우 뚜렷하게 남아 있다는 사실이다. …… 그렇지만 오늘날까지 소기업이 남아 있다는 사실에 대하여 특별히 놀라운 것은 독점의 眞髓(quintessence)는 모든 것을 포괄하는 성격(all-embracing character)임에도 불구하고 소기업이 상당히 광범위하고 완고하게 남아 있다는 사실 때문이다. 즉 독점은 자기의 전체 분야를 지배할 때 그 목적을 달성하는 것이다.

이 놀라움은 다음의 두 가지 사실에 의하여 완화될 것이다. 첫째로, 여기서 중요한 것은 사업단위의 단순한 숫자가 아니라 그것이 차지하는 경제적 중요성(weight)이다. 다시 말해(생산량에 대한 통제라는 의미에서) 생산의 집중화는 경제단위의 숫자에 대한 통제라기보다 산업의 '핵심'(key) 영역과 생산의 '핵심'線(key lines)에 대한 통제인 것이다. 둘째로, 대기업은 한 산업의 생산량 대부분을 통제하지 않더라도 실제로는 산업상의 지도적 위치를 점하고 있다. 즉 대기업(large concern)은 명백히 그것과 경쟁관계에 있는 많은 소규모의 獨立企業(small scale independents)에 대해 지배권을 장악하는 것이 가능한 것이다.[39]

이것은 독점자본의 의도에 의하여 소기업이 잔존하고 있음을 지적한 것이다. 이때 독점자본의 의도는 독점이윤을 획득하는 것이고 이것은 독점자본주의 발전을 위한 것이므로 독점자본주의의 일반법칙이 된다.

독점자본의 의도와 필요성에 따라 중소자본이 신생·잔존하는 필연성을 지닌다는 것은 중소기업이 독점단계에서 總資本構造의 불가결한 구성요소가 된다는 것을 뜻한다. 중소자본은 前期的 유물이나 우연한 존재가 아니다. 독점자본주의 발전의 산물이며 독점의 필요에 따라 잔존하고 재생산되는 것이므로 중소기업문제는 독점자본주의 발전의 필연적 산물이다. 특히 독점자본주의의 총자본구조의 모순의 산물, 즉 자본 대 자본의 모순의 산물로 형성되는 중소기업문제는 기본적 모순인 자본 대 노동의 모순을 기반으로 한다.

이를 분석하기 위해서는 독점자본주의의 경제적 법칙인 독점이윤의 수탈 메커니즘을 설명할 필요가 있다.

독점자본은 여러 가지 수단과 방법에 의하여 독점이윤의 수탈과 증대를 도모하는데, 그 수탈 대상은

① 비독점부문의 자본가

② 노동자(독점부문 및 비독점부문을 포함)

---

39) M. Dobb, *Studies in the Development of Capitalism*, Routledge & Kegun Paul, 1963, p. 341·342(이선근 옮김, 《자본주의 발전연구》, 광민사, 1977, p. 388).

③ 농민과 수공업자 등의 소상품생산자

④ 일반주민

⑤ 독점자본에 종속되는 국가와 후진국, 그리고 후진국의 자본가·노동자·일반주민 등이다.

독점이윤의 이러한 비독점자본에 대한 수탈관계 속에서 이른바 중소기업문제의 본질적 부분이 형성된다. 중소기업의 '과당경쟁'과 '저생산성'이라는 문제도 기본적으로는 독점자본주의의 경제법칙에 의하여 규정되는 문제이다. 결국 중소기업문제의 형성요인은 독점자본에 의한 중소기업의 지배 종속관계의 설정인 것이고, 그 주요한 경제적 내용은 독점이윤의 수탈이다.

이러한 수탈문제의 내용을 보면,

① 독점자본과 중소기업이 경쟁관계에 있는 동일 생산분야에서의 수탈관계

② 서로 다른 생산분야에서 독점가격을 통하여 '높은 原材料價格, 낮은 製品價格'의 방법으로 인한 독점이윤의 수탈관계

③ 하청·계열조직에 의한 수탈관계

④ 국가독점자본주의적 중소기업의 지배 수탈관계, 즉 조세, 국가재정투융자에 의한 독점이윤의 수탈관계

⑤ 독점자본의 금융지배에 의한 중소기업의 수탈관계 등이다.

주로 중소기업문제에서 논의의 대상은 ①, ②, ③항에 관한 것이다.

독점의 초과이윤에 대하여 마르크스는 일반적인 두 가지의 가능성을 다음과 같이 서술하고 있다.

어떤 상품의 독점가격은 단지 다른 상품생산자들의 이윤의 일부분을 독점가격을 가진 상품에 이전하는 데 불과하다. 여러 생산부문간의 잉여가치의 분배에서 부분적인 혼란이 일어나는 일도 있겠지만……이 혼란이 잉여가치 그 자체의 한계를 변화시키지는 못할 것이다. 만약 독점가격을 가진 상품이 노동자의 필요한 소비에 들어간다면, 노동자가 그 자신의 노동력의 가치를 그 이전과 똑같은 형태로 지불받고 있는 경우라면, 그것은 임금을 높이고 따라서 잉여가치를 감소시킬 것이다. 그러나 이러한 상품은 임금을 노동력의 가치 이하로 저하시킨 면도 있는

것이다(그때의 임금이 육체적 최저생존수준보다 높은 범위이기는 하지
만). 이러한 경우에는 독점가격은 실질임금(즉 노동자가 같은 양의 노
동에 의하여 수취할 수 있는 사용가치의 量)으로부터의 공제 및 다른
자본가들의 이윤으로부터의 공제에 의하여 지불되는 것이 될 것이다.[40]

결국 초과이윤은 다른 자본가들의 잉여가치로부터의 控除이든가 혹
은 노동자 계급의 임금으로부터의 공제이든가 두 경우 가운데 하나이
다. 그러나 일반적으로 임금은 특정한 장소와 시간에서는, 사회적인
最低標準生存水準으로 간주되는 선에서 결정된다. 노동조합은 이 결과
를 성취하려고 노력하는 가장 강력한 기구이다. 그리고 노동조합은 기
업결합운동의 시기에는 이미 충분히 발전하고 있기 때문에 독점초과이
윤(monopoly extra profit)으로 되는 임금으로부터의 공제는 급속히 회
수된다고 생각하는 것이 타당할 것이다. 만약 이 추론이 적확하다면
獨占體의 초과이윤은 주로 그들 동료 자본가들의 몫에서 나오게 된다.
경쟁적 자본주의의 특질인 이윤율 균등화의 경향은 이와 같이 하여
독점에 의하여 이중으로, 즉 일부 자본가의 이윤은 상승하는 반면에
다른 자본가의 이윤은 감소된다는 형태로 교환된다. 물론 자본이 불리
한 분야에서 유리한 쪽으로 이동하려는 경향은 여전히 존재한다. 그러
나 독점의 본질은 이와 같은 자유로운 이동에 대하여 유력한 장벽을
형성하는 것을 실체로 한다.[41]
마르크스와 스위지의 지적에서 알 수 있는 것은 독점적 초과이윤은
다른 자본가들의 몫으로부터 나오게 되는데, 그것은 독점체가 형성하
는 장벽 때문이라는 것이다. 이윤의 원천은(사회적) 총잉여가치 또는
총이윤인데, 이것이 불공평하게 독점체에게 분배됨으로써 독점적 초과
이윤이 발생하는 것이다. 독점체의 이윤이 평균율보다 높을수록 비독

---

40) K. Marx, *Capital* Ⅲ [Paul M. Sweezy, *The Theory of Capitalist Develop-
   ment, Principles of Marxian Political Economy*, New York : Monthly Review
   Press, 1950, p. 272 ; 이훈·이재연 옮김, 윤석범 감수, 《자본주의 발전이론》,
   목화, 1986, p. 293에서 인용)].
41) P. M. Sweezy, *ibid.*, p. 273(위의 번역서, p. 294).

점체의 이윤은 그만큼 낮게 되는 것이다. 총잉여가치가 독점체에게 불균등하게 높이 배분되고 비독점체인 중소기업에게는 낮게 돌아가는 데 독점단계의 중소기업문제가 있는 것이며, 불평등하게 배분되는 내용이 독점이윤의 수탈 메커니즘이다.

Ⅳ. 독점의 계층적 축적구조와 중소기업문제

1. 독점자본을 정점으로 하는 지배와 축적의 구조

독점자본은 독점적 가격인상에 의해서 독점이윤을 수탈하는데, 여기서는 독점자본을 정점으로 하는 지배 및 수탈의 구조를 밝힘으로써 중소기업문제의 본질을 규정하고자 한다.

첫째, 독점자본의 독점가격 설정에 의한 독점이윤의 수탈은 독점부문의 이윤율과 비독점적 경쟁부문의 이윤율의 불균등 및 격차에 의해서 진행되는데, 이것은 일시적이 아닌 독점자본주의에 고유한 구조적 특징이다.

① 자본주의의 경쟁단계에서는 좀더 높은 이윤율을 추구하는 여러 자본들의 자유로운 부문간 이동에 의하여 사회 전체 생산부문의 이윤율이 전면적으로 균등화되어 가는 메커니즘이 존재하였으며, '이윤율의 일반적 균등화 법칙(평균이윤의 법칙)'을 전제로 한 '생산가격의 법칙'이 지배적이었다.

② 이에 반하여 독점자본주의에시는 독점부문에서의 이윤율과 경쟁부문에서의 이윤율의 격차가 전반적 내지 항상적으로 존재하게 된다. 왜냐하면 각 부문간의 이윤율 격차를 소멸시켜 이윤율의 균등화를 실현시켜야 할 자본의 자유로운 이동이 장기적으로 저지되고 있기 때문이다. 즉 독점부문에서는 높은 시장집중도와 높은 進入障壁에 기초하여 부문내 소수의 거래독점기업이 상호 협조하여 독점적 가격인상과 생산제한을 실행하고 그 이상의 자본유입과 기업진입 및 생산확대를

저지하기 때문이다.

　③ 한편 비독점부문의 기업들은 부문내의 경쟁과 부문 밖으로부터의 경쟁(자본유입과 기업진입) 상황에서 독점기업처럼 가격인상과 생산제한을 실시하지 못하고 독점기업에 의한 수탈을 감수해야 한다. 그리고 독점부문과 경쟁부문의 이윤율 격차가 발생하더라도 독점부문으로 진입할 수는 없다. 독점부문에서의 방대해진 최저필요자본금을 동원할 수 없는 중소자본이 독점부문으로 진입하기는 불가능한 것이다.

　둘째, 이리하여 두 부문간 이윤율의 격차는 구조적인 것으로 되는데, 이것은 독점자본에 의한 비독점자본의 이윤 수탈관계를 반영한다.

　① 완전경쟁하에서라면 비독점자본이 실현했을 이윤의 일부가 독점자본의 수중으로 이전 내지 수탈되는 관계가 독점자본에 의해 유지 내지 재생산되고 이는 이윤율 격차의 구조적 정책으로 실현된다. 경쟁단계에서는 이윤율의 일반적 균등화법칙이 지배하기 때문에 여러 자본에 의하여 총잉여가치와 총이윤이 평등하게 분배된다. 그러나 독점단계에서는 독점자본과 비독점자본간에 수탈, 피수탈관계, 즉 총잉여가치와 총이윤의 분배에서 불평등관계가 지배하며 이 경우 독점자본과 비독점자본간의 대립관계가 발생한다.

　② 독점자본은 비독점자본의 이윤 일부를 수탈할 뿐만 아니라 노동자의 임금을 비롯하여 소비자 일반의 소득 일부를 수탈한다. 독점자본가도 소비자로서 독점가격으로 상품을 구입할 경우에는 다른 소비자와 마찬가지로 지출증가를 하지 않을 수 없으며, 이것들은 결국 독점부문의 高利潤率의 원천이 된다. 그러나 비독점부문은 소비자로부터 수탈을 할 수 없기 때문에 이윤율은 독점부분보다 낮아 두 부문내 이윤율의 격차로 반영된다.

　셋째, 이윤율의 구조적 격차는 독점자본주의에 고유한 독점부문과 비독점부문간의 수탈·피수탈관계(대립관계)를 반영하지만 동시에 비독점적 경쟁부문간에도 피수탈의 정도가 서로 다르고 이윤율 저하의 정도가 서로 다르다.

　① 비독점적 경쟁부문에서도 어느 정도의 높은 시장집중도와 진입장벽(barrier to entry)을 통해 경쟁을 어느 정도 제한할 수 있는 부문이

일부 있다. 또한 중소기업 카르텔, 제품차별화, 특허기술에 의하여 일시적이나마 독점적 가격인상을 하는 중소기업이 존재하며, 이들은 독점자본에 의한 독점적 가격인상의 직접적 영향의 일부를 구입자에게 전가하거나 피수탈의 부담을 공동으로 대응할 수 있다.

　② 이처럼 비독점부문에도 독점자본에 의한 직접·간접적인 수탈의 대부분을 다른 사람에게 전가시킬 만큼 최저필요자본량이 큰 부문에서부터, 격렬한 경쟁 속에서 독점자본의 수탈의 중압을 몇 겹으로 받아야 되는 최저필요자본량이 적은 부문에 이르기까지 被收奪의 정도를 달리하며, 또한 이윤율도 달리하는 계층이 重層的으로 형성된다.

　넷째, 독점단계에서 소자본의 경영곤란과 중소기업문제의 발생근거는 이상과 같다.

　① 비독점부문의 최저변에는 서민과 수공업자 등 소생산자층이 존재하며, 이들은 힘든 경쟁 속에서 독점자본에 의한 수탈과 비독점자본에 의한 再轉嫁의 충격을 받고 있다. 이들은 경쟁단계와는 달리 쉽게 프롤레타리아화 되지 못하고 독점단계에 고유한 만성적 과잉인구의 압력 아래에서 소생산자로서 체류하지 않을 수 없다. 따라서 이들의 하층부분은 상대적 과잉인구의 성격조차 지닌다.

　② 마지막으로 독점적 수탈구조를 구성하는 중요한 대상은 노동자를 선두로 하는 소비자계층이며, 이들은 독점가격의 인상에 의하여 不等價交換을 하게 되어 소득의 일부를 수탈당하며 실질소득의 삭감을 감수하게 된다.[42]

　이윤율 격차를 기초로 하면서 독점자본을 정점으로 하는 이상과 같은 지배와 수탈의 중층적 구조를 통하여 독점이윤이 축적된다. 물론 그것은 독점체의 독점력을 바탕에 두고 형성되는 독점가격에 의해서 실현된다.

　그런데 독점자본에 의한 중소자본의 지배수탈은 많은 중소기업문제를 탄생시킨다. 독점자본에 의한 중소기업의 수탈은 중소자본의 자본축적을 정체시키고 낮은 기술과 낮은 생산성을 고착시킨다.

---

42) 北原勇,《獨立資本主義の理論》(金在勳 譯, 앞의 책, pp. 164~172 참조).

특히 중소자본은 독점수탈에 희생되는 부분을 더욱 영세한 중소자본과 중소기업 노동자에게 전가하게 된다. 전자는 다른 중소자본에 대한 압력이지만 후자는 임금노동자에 대한 착취의 강화로 나타난다. 구체적으로는 중소기업에서 저임금과 낮은 노동조건을 재생산시키는 것이다. 따라서 임금격차의 기본요인은 중소자본에 대한 독점의 수탈이라고 할 수 있다.

이처럼 독점자본에 의한 중소자본의 수탈은 중소기업의 존립기반인 임금격차, 즉 저임금과 저노동조건을 강제적으로 재생산시킨다. 저임금과 저노동조건은 중소기업 존립의 기반이며 독점수탈의 요인이 되지만 반면에 독점수탈의 결과이기도 하다.

이상에서 설명한 독점단계의 '중소기업문제'의 본질을 요약하면 다음과 같다.

자본주의 경제법칙은 '평균이윤의 법칙'이다. 이것은 이윤의 본질이나 그 원천을 설명하는 것은 아닌데, 그것은 평균이윤의 형성이 자본주의 성립의 기본적 관계인 자본 대 노동의 관계를 의미하는 것이 아니라 자본 대 자본의 관계를 나타내기 때문이다. 이때 평균이윤의 합계인 총이윤의 원천은 총잉여가치로서 표시된다.

노동력의 가치와 노동력이 형성하는 가치의 차액인 잉여가치는 이윤으로 전화한다. 그런데 자본간의 경쟁에 의하여 이윤이 평균이윤으로 된다는 것은 바로 자본 대 자본의 관계를 의미한다.

자본간의 경쟁을 저지하는 독점이 형성된 독점자본주의에서는 '독점이윤의 법칙'이 작용한다. 독점이윤은 독점자본의 독점력에 의하여 수탈되며 그 주된 원천은 다른 자본의 잉여가치이다. 그런데 총이윤의 원천은 자본 대 노동의 관계를 전제로 함에도 불구하고(평균이윤의 형성은 자본 대 자본의 관계로 나타나지만 평균이윤은 총이윤을 전제로 함) 독점자본 대 중소자본의 관계에서 창출되는 독점이윤은 자본 대 자본의 관계를 반영한다. 이것은 독점이윤의 크기는 독점력에 의하여 규정되고 그 수탈대상은 주로 중소자본이라는 것을 의미한다.

따라서 독점이윤의 법칙의 관철 형태, 즉 독점이윤의 수탈의 모순으로 형성되는 중소기업문제는 자본 대 자본의 관계로서 구체화된다. 이

처럼 중소기업문제는 중소자본이 부담하는 것이고, 그 경제적 내용은
독점자본이 중소자본으로부터 독점이윤을 수탈하는 것이다.

그러나 독점적 초과이윤이 발생하는 것은 총잉여가치 또는 총이윤이
자본의 크기에 비례하지 않으며, 불평등하게 분배되는데 따른 결과이
므로 독점자본주의에서 독점이윤은 총이윤 또는 총잉여가치에 포함된
다. 따라서 독점이윤의 수탈, 즉 중소기업문제의 형성은 독점자본에
의한 노동자의 착취 및 중소자본에 의한 노동자의 착취라고 하는 자본
대 노동의 관계를 전제로 하여 이루어지는 것이다. 다시 말하면 중소
기업문제는 기본적으로 독점자본주의의 기본적 모순인 자본 대 노동의
모순을 기반으로 하여 형성된 것이다.

이런 의미에서 중수기업문제는 독점자본주의의 구조적 모순의 산물
이다. 따라서 독점자본주의에서 중소기업의 존재는 사회적 총자본의
일환으로서 필연적이며, 중소기업노동자의 존재는 독점자본주의에서
사회적 총노동의 일환이다. 즉 중소기업문제는 독점자본주의의 구조적
모순의 필연적 산물이라고 할 수 있는 것이다.

2. 독점과 중소기업 ─ 상호의존성 속의 대립관계

독점이 지배하는 자본주의에서는 자유경쟁이 지배하던 경제에서보다
는 자본축적의 구조가 더욱 다양화되고 적극화된다. 독점이윤이 축적
되는 원천이 다각화됨으로써 새로운 부차적 모순을 형성시키고 또한
구조적 모순과 갈등은 더욱 격렬해진다.

자본 대 노동간의 기본적 모순 속에서 총이윤과 총잉여가치의 창출
이 산업자본주의 아래에서보다 더욱 가속화된나. 또한 총이윤과 총잉
여가치의 불평등한 배분, 즉 중소자본이 창출한 잉여가치를 수탈하는
데서 오는 자본과 자본간의 모순이라는 새로운 축적구조가 전개된다.
중소자본은 독점자본에 의하여 수탈된 잉여가치의 몫을 중소기업 노동
자에게 전가함으로써 그들의 존립기반을 조성하게 된다. 상대적 과잉
노동을 기반으로 하는 저임금노동을 고용하여 이들로부터 잉여가치를
수취하는 것이다.

독점을 정점으로 하는 이러한 피라미드형 계층적 수탈구조 속에서는 사회적 총이윤과 총잉여가치의 창출 기반이 다각화되고 확충되면서 독점이윤의 수탈기반은 더욱 적극적으로 조성된다. 이것은 독점이윤의 축적이 독점력이 행사하는 가혹하고 폭력적인 방법에 의하여 촉진될 뿐만 아니라 독점의 수탈구조 기반을 확충하기 위한 총잉여가치의 축적기반을 다원화시키고 증대시키는 등의 방향으로 진행된다.

이 가운데 기본적 모순과 부차적 모순은 더욱 격렬해지고 갈등은 심화된다. 독점의 전개에 의하여 생산의 사회화가 심화되는 가운데 소유의 사유화가 지속되는 과정은 바로 자본주의 경쟁에서 구조적 모순의 심화과정이다.

독점의 의도와 필요성에 의해서 형성되는 독점의 누적적 자본축적 구조는 전반적인 구조적 모순을 심화시킬 뿐만 아니라 새로운 모순을 형성시키면서 전개된다. 독점과 중소기업의 관계도 이러한 구조적 모순의 전개 속에서 새로운 양상을 띠게 된다.

생산의 사회적 성격에는 개별기업내에서 생산수단 및 노동이 공동적이고 집단적 성격(사회적 성격 : 공동적이고 집단적 노동에 의한 노동수단의 집단적 이용)이라는 측면과 사회적 총노동의 분업적 구성(사회 각 분야의 노동의 상호의존관계 : 사회의 전생산물이 전사회의 공동적 노동에 의해 만들어지는 관계)이라고 하는 두 가지 측면이 있다.[43] 그런데 독점단계에서는 이 두 측면이 모두 발전하지만 후자에서 고유의 발전을 볼 수 있다.

독점단계에서 자본의 집적과 집중의 진전을 기초로 하여 개별기업에서 생산의 사회적 성격인 전자의 측면이 물론 고도로 발전한다. 그러나 독점단계에서 생산의 사회화의 진전 및 중소기업문제의 형성과 관련하여 주목되는 것은 후자의 측면이다. 각각의 생산분야에서 생산의 독점적 결합을 핵으로 하여 사회적 규모의 총생산의 전반적 통합·조직화가 현저하게 진행된다는 것이다.

---

43) 이 두 가지 측면 가운데 전자를 강조한 것이 엥겔스(《反듀링론》)이며 후자를 강조한 것이 레닌(《인민의 벗이란 무엇인가?》)이다.

　중요한 생산분야를 중심으로 하여 여러 분야의 생산이 소수 거대독점기업에 집중됨으로써 생산의 사회적 결합이 진전된다. 뿐만 아니라 서로 다른 여러 생산분야의 상호관계를 비약적으로 긴밀화시킨다. 즉 경쟁단계에서는 모든 분야간의 상호관련이 불특정 다수의 기업들에 의해 대체 기능하는, 말하자면 상호 우연적이고 무수한 가는 실로 묶여 있는 데 반하여, 독점화된 분야들간의 상호관계는 특정 기업가들끼리 굵은 실로 묶여 있는 강한 의존관계로 되는 것이다.[44]

　독점단계에서 이러한 생산의 사회화의 진행과 심화는 독점과 중소기업간의 새로운 관계를 조성시킨다. 산업자본주의 단계에서 독점자본주의 단계로 경제가 이행하면서 분업과 경쟁의 형태가 변화되고 이에 따라 독점과 중소기업간의 관계에서도 새로운 특성이 규정된다.

　그림 3-1은 산업자본주의에서 독점자본주의로 이행함에 따라 달라진 모순의 내용을 나타낸 것이다. 유형 I과 유형 II는 산업자본주의 단계의 자본과 노동의 관계 또는 대자본과 소자본의 관계를 표시함에 대하여, 유형 III은 독점자본주의 단계의 그것을 나타낸다.

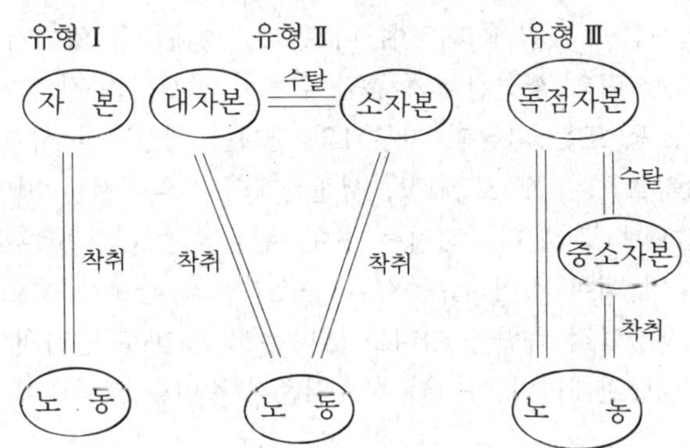

※ 자료 : 《中小企業の理論的分析》, p. 7.

그림 3-1. 산업자본주의에서 독점자본주의 단계로의 이행

---

44) 北原勇, 《獨立資本主義の理論》(金在動 譯, 앞의 책, p. 187·188 참조).

자본주의 발전과정에서는 자본의 집적·집중이라는 기본적 경향과
분열·분산이라는 반대경향이 교차되면서 자본축적이 전개된다. 그런데
산업자본주의 단계의 분석에서는 생산관계적 시각이 일관되지만 독점
자본주의 단계에서는 생산력적 시각이 결여될 수 없는 것이라고 본
다.[45] 이것은 독점단계에서는 생산의 사회화가 새로운 특성을 지닐 뿐
만 아니라 분업과 경쟁의 형태도 변화되면서 독점자본의 축적구조가
피라미드형 계층 수탈구조로 되기 때문이다.

마르크스 경제학에서는 여러 가지 경제현상은 두 가지의 시각, 즉
生産力的 시각과 生産關係的 시각을 구분하고 이것의 변증법적 통일에
의하여 판단된다. 이때 생산력적 시각은 使用價値(使用對象性—自然的
形態) 중심의 시각이며, 생산관계적 시각은 剩餘價値(價値對象性—價値
形態) 중심의 시각이다. 전자는 구체적 유용노동(사적 성격), 후자는
추상적 인간노동(사회적 성격)을 문제로 하면서 노동과정, 가치형성 및
가치증식 과정에 이를 대응시킨다.[46]

사용가치적 시각은 W—G—W라는 等價交換의 과정이, 잉여가치적
시각은 G—W—G´라는 不等價交換이 전제된다. 이때 근대경제학은
사용가치 중심의 것임에 대하여 마르크스 경제학은 잉여가치 중심의
것으로서 생산력과 생산관계의 통일 위에서 전개되는 것이다.

자본과 노동 또는 자본과 자본과의 관계를 생산력적 시각에서 보면
협동관계(상호의존관계)로 되고, 생산관계의 시각에서는 지배종속관계
(착취·대립관계)로 된다. 전자는 物的 관점임에 대하여 후자는 人的
(계급)관계에 대한 것이다. 독점과 중소기업의 관계가 주로 생산관계
이면서도 생산력적 측면을 지니고 있다는 것은 바로 양자의 관계가 지
배종속과 대립관계만이 아니라 상호의존적 측면을 포함하고 있음을 말
한다.

일정한 사회적 관계는 '領域的 本質과 歷史的 段階的 本質'이라는
두 가지 측면을 지닌다.[47] 사회적 관계를 반영하는 중소기업문제도 두

---

45) 末岡俊二, 《中小企業の理論的分析》(中小企業成長論批判), 文眞堂, 1974, p. 8.
46) K. Marx, *Capital* I, Chap. 2 및 Chap. 5.
47) 생산이라고 하면 영역적 본질에 속하며, 이에 대하여 자본주의 생산 일반은

측면을 지닌다. '산업자본주의 단계의 중소기업문제'와 '독점자본주의 단계의 중소기업문제' 등은 바로 역사적 단계적 본질의 변화를 반영한다. 자본제적 공업은 근대자본주의의 성립 초기로부터 산업자본의 확립단계를 거쳐 다시 독점자본제의 단계에 진입한다. 이때 자본제 공업은 중소공업을 그 이전의 자기와의 단순한 대립물이라고 하는 관계로 보는 것에서 점차 벗어나 그것을 대립과 의존의 모순적 관계로 조성하는 경향이 강하게 되었다. 이 대립·의존의 모순 관계는 대립을 끝까지 그안에 포함하면서도 외형적으로 상호의존하는 것으로서 실질적으로 타자에의 의존적 보존에 의한 자기보존이다.[48]

　　결국 생산의 사회화가 심화됨에 따라 자본의 집적·집중과 분열·분산의 경향이 실현되는 독점자본주의 단계에서는 독점과 중소기업의 관계는 생산관계적 측면을 기본으로 하면서도 생산력적 측면을 나타내는 대립과 의존의 이중적 관계를 지니게 된다. 이때 독점과 중소기업간의 관계의 분석은 자본과 노동의 관계만이 아니고 독점자본·중소기업·노동의 관계까지를 포함하는데, 그것을 구체적으로 정리하면 다음과 같다.[49]

(1) 독점적 공업과 중소공업의 관계

　① 中小資本家群과 獨占的 資本家群의 관계(잉여가치의 재분배 문제)

　② 중소자본가군과 독점적 공업의 노동자군과의 관계(하청대금의 지연과 저임금의 문제)

　③ 중소기업노동자군과 독점적 공업의 노동자군과의 관계(규모별 임금격차의 문제)

　　역사적 본질에 속한다. 또한 자본주의 생산 일반은 전자에 속하며, 성립기의 자본주의 생산, 산업자본 단계의 자본주의 생산, 독점자본 단계의 자본주의 생산 등은 후자에 속한다.(松井辰之助,〈中小企業の本質とその存在形態 — 存在形態における領域的本質と歴史的本質との二重性を中心として〉, 藤田敬三·伊東垈吉 編,《中小工業の本質》有斐閣, 1960, p. 240)

48) *Ibid.*, p. 236·237.

49) 稲葉襄,〈序說 — 中小工業問題の理論〉,《中小工業經營論》, 森山書店, 1962, p. 172.

⑵ 중소공업 내부의 관계

① 중소자본가군과 노동자군과의 관계(저임금과 관련한 잉여가치 생산의 문제)

② 중소자본가군 상호간의 관계(중소자본가간의 과당경쟁의 문제)

이러한 내용은 독점자본과 중소자본의 관계를 잉여가치 배분의 특수성으로 보고, 또한 중소공업자본과 중소공업노동자간의 관계도 자본축적과 잉여가치 생산의 특수성으로 보는 등 생산관계적 측면에 중점을 두고 있다. 독점자본과 중소자본의 관계를 생산력적 측면에서 산업구조로 규정하거나 중소자본과 중소기업노동자의 관계도 착취형태가 아닌 고용형태로 보는 생산력적 시각이 있다. 즉 독점과 중소기업의 관

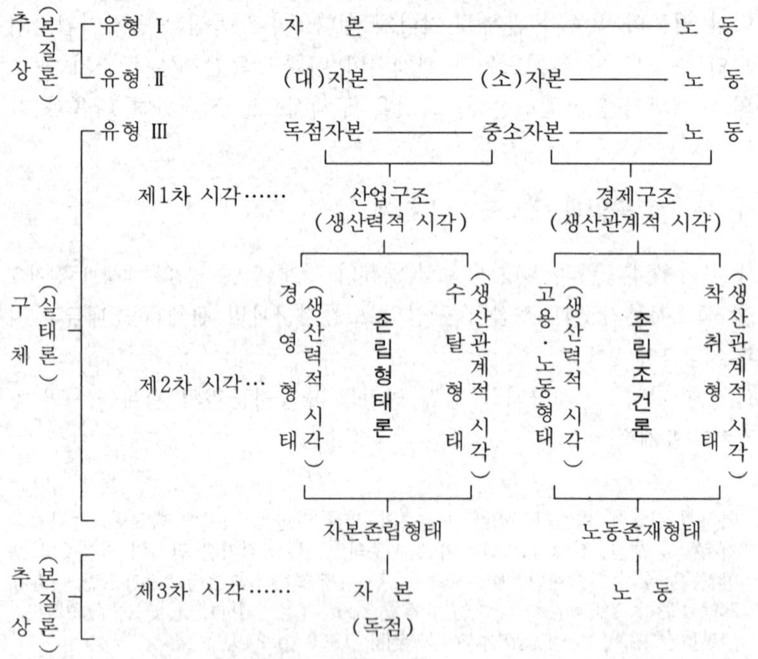

그림 3-2. 독점과 중소기업의 관계

계는 '상호의존성 속의 대립관계' 또는 '대립관계 속의 상호의존성'을 특정으로 한다.(그림 3-2)[50]

이것은 독점단계에서는 중소기업의 존립이 산업자본주의단계에서와는 달리 독점자본의 '필요성과 의도'에 의하여 이루어진다는 적극적 의미를 반영하는 것이다.

Ⅴ. 중소기업의 存立條件論

1. 중소기업문제와 존립조건론

중소기업문제를 자본주의 독점단계의 문제로 보고 이것이 독점자본의 지배에 의한 피지배(從屬)에서 발생한 문제라고 보는 한 중소기업은 독점자본과 노동과의 '結節點'으로 규정된다.

'일본의 중소기업문제는 영·미 등 서구와는 달리 단순히 독점자본과 중소자본의 대립·지배·종속만의 문제는 아니다. 독점자본과 半封建的 농업을 양극으로 하는 산업구조에서 양자의 모순의 '결절점'인 것이다. 중소공업은 독점자본이 봉건적 유제, 전기적 유물에 의하여 특수하게 조건지어진 나라의 저임금 노동(cheap labor)을 광범하게 우회적으로 이용하여 독점이윤을 흡수하기 위한 불가결의 기구가 되는 것이다. 또한 중소기업에 깊이 남아 있는 생산관계의 전기적 유물은 독점자본의 압력을 중소공업생산이 그 아래에 있는 노동자에게 전가하는 하나의 조건이 된다. 이러한 것은 전후에 일본의 독점자본이 국제적 자본에 종속화되어 하청중소공업화한 경우에는 국제적 독점자본의 압력을 국내의 중소기업을 통하여 노동계급에 전가하는 조건이 된다. 이러한 중소기업과 그 아래 광범하게 존재하는 노동은 독점기업 자신이 고용하는 조직노동자의 힘을 분열시켜 그 노동조건을 낮게 억압하는 조건이

---

50) 末岡俊二, 앞의 책, p. 11.

되기도 한다.[51]

자본주의경제에 대한 一般性과 特殊性의 시각을 논외로 할 때 중소기업문제의 본질에 대한 이러한 규정에서 우리는 그림 2에서와 같은 중소기업의 존립형태론과 존립조건론을 설명할 수 있다. 즉 중소자본이 위로 독점자본과 맺는 관계에서 존립형태론이, 그리고 중소자본이 아래로 그들의 노동자와 맺는 관계에서 중소기업의 존립조건론이 논의될 수 있는 것이다.

마르크스가 《자본론》의 '자본주의적 축적의 일반법칙'에서 대자본과 소자본의 관계를 설명한 바 있음을 우리는 앞에서 지적하였다. 그에 따르면 자본의 유기적 구성이 높고 기술적으로 앞선 대자본은 노동의 생산성을 높여 상품의 가격을 저렴하게 함으로써 그렇지 못한 소자본보다 결정적으로 앞선다. 기술적 기초가 좁고 낮았던 매뉴팩처 시대와는 달리 공장제 공업에서는 대자본의 우위성은 결정적이며, 높은 기술을 지닌 대기업이 점차 진출하면서 다수의 소기업은 소멸하게 된다. 이러한 경향은 독점단계에서 자본의 집적과 집중을 강력히 추진하게 된다.

레닌은 독점단계에서 독점체와 중소기업의 관련에 대하여 다음과 같이 말하였다. 즉 소규모 기업과 대규모 기업간의, 더욱 발달된 기술을 지닌 기업과 후진된 기술을 지닌 기업간의 경쟁이란 찾아볼 수가 없다. 그리고 독점자본가들이 자신의 지배와 명령에 따르지 않는 자들을 억압하고 있다는 것도 사실이다.[52] 그래서 독점의 소규모기업에 대한 지배적 지위 …… 그것과 상호 관련되어 있는 지배나 폭력은 자본주의 발전 최후 형태의 전형적 관계를 나타내는 것이다. 그래서 이것이 곧 모든 강력한 경제적 독점체의 형성에서 불가피하게 발생되는 것이고 또 실제로 발생하고 있는 것이다.[53]

---

51) 伊東岱吉, 〈中小工業問題の本質〉, 藤田敬三·伊東岱吉 編, 《中小工業の本質》, 有斐閣, 1960, p. 70·71.
52) V. I. Lenin, *Imperialism, The Highest Stage of Capitalism*(박세영 옮김, 《제국주의 ― 자본주의 발전의 최고단계》, 과학과사상, 1988, p. 37).
53) *Ibid.*(위의 번역서, p. 38·39).

중소기업이 이처럼 독점체에 의하여 지배되는 것은 독점이윤의 원천이 잉여가치의 재분배에 있고, 독점체는 그 초과이윤을 최대한으로 획득하기 위하여 노동자에게뿐만 아니라 중소자본가에 대한 수탈을 한층 강화하기 때문이다. 따라서 독점단계에서 독점체는 중소자본가를 더욱 파괴적 약탈적으로 압박하게 되며 자본주의가 발전하면서 중소기업의 파멸은 더욱 심화된다.

그러나 자본주의의 발달과정에서 여전히 중소자본가는 광범하게 존재하고 오히려 증대하는 경향마저 있다. 한편에서는 독점자본이 중소기업을 파괴하는 경향이 있으면서도 다른 한편에서는 독점단계에서 중소기업이 광범하게 존재·증대하는 경향을 띠게 된다. 두 가지 상반되는 경향을 해명하는 것이 중소기업의 存立條件論이다. 정치경제학적 시각에서는 이것을 일반적으로 독점자본에 의한 중소자본의 지배·수탈과 그 전제로서 중소자본에 의한 중소기업 노동자의 지배·수탈이라고 하는 독점자본주의의 구조적 모순의 결과로 해석한다.[54]

중소기업의 존립조건에 대하여 한 나라 자본주의 특수성으로부터 논증하는 연구방법도 있다. 이것은 중소기업문제를 한 나라 자본주의의 특수한 문제로 파악하는 견해와 관련되어 있다. 그러나 위에서 논급한 바와 같이 중소기업의 존립조건을 독점자본주의의 구조적 모순이라는 시각에서 규명하는 입장은 중소기업의 존립을 독점자본의 의도와 필요성에서 설명하는 것이며, 이것은 바로 중소기업문제를 독점자본주의 일반의 문제로 파악하는 방법인 것이다.

독점단계에서 대기업과 소기업의 기술석 격차와 독점에 의한 소기입의 지배관계 형성이 불가피하다는 점은 레닌에 의해서도 지적된 바가 있다. 그러나 그는 자본주의 발전과정에서 소기업 존속의 필연성에 대하여도 설명하였다. 즉 자본주의적 매뉴팩처에서 소경영기업의 잔존 필연성을 다음과 같이 말하였다.

자본주의 발전 단계에서는 대규모 자본주의적 작업장들과 더불어 항상 다수의 소규모 시설물들을 발견하게 마련이다. 이들 소규모 시설물

---

54) 근대경제학적 견해에서는 '最適規模論' 또는 '適正規模論'에 의하여 대표된다.

들은 대개 수적으로는 지배적이기조차 하지만, 생산총액에서는 매우
종속적인 역할을 할 뿐이다. 매뉴팩처 아래에서 소규모 시설물의 이러
한 존속은 매우 당연한 현상이다. 手勞動生産 아래에서는 대규모 시설
물이라도 소규모 시설물보다도 결정적 利點을 지니지 못하며, 분업은
최고로 단순한 세부작업들을 창출하여 소규모 작업소들의 발흥을 용이
하게 해준다. 이러한 이유로 인하여 자본주의적 매뉴팩처의 전형적인
특징은 상당수의 소규모 시설물들이 소수의 상대적인 대규모 시설물과
더불어 존재한다는 것이다. ……그것들 사이에는 밀접한 연관이 있으
며 대규모 시설물은 소규모 시설물로 인하여 성장한다는 것이다.[55]

　이러한 설명은 자본주의적 매뉴팩처 단계에서 이미 소규모경영이 광
범하게 존속하고 있으며, 대규모기업들과 깊은 연관을 맺으면서 外業
部(outside departments)로서 존립하고 있다는 점을 말하고 있는 것이
다. 이어서 레닌은 기계제 대기업체제에서는 '공장의 부속물'(the ap-
pendage to the factory)로서 소기업이 대공장과 직접 결부되어 발생
존속하는 필연성을 설명하고 있다.[56]

　독점단계에서 소자본이 독점자본의 의도와 필요성에 따라 광범하게
잔존한다는 점은 도브(M. Dobb)에 의하여 지적된 바 있거니와,[57] 그는
중소기업의 존립조건을 다음과 같이 제시하였다.

　광범한 산업분야에서 생산액과 가격에 대하여 독점적 혹은 준독점적
지배를 하는 형태들이 발전하였는데, 이것은 여러 가지 방법으로 소기
업이 감독과 제약에 복종함으로써 존립을 허용하도록 하였다. 소규모
의 기업단위를 조직하고 판매정책(marketing policy)을 조정하는 것이
기업연합(trade association)과 카르텔의 본질적 기능이었다. 여러 경우
에 이런 현상은(영국의 산업에서와 같이) 기술적으로 낙후되거나 대기

---

55) V. I. Lenin, *The Development of Capitalism in Russia*, The Institute of
　　Marxism-Leninism of the C. C. C. P. S. U.(김진수 옮김, 《러시아에 있어서
　　자본주의의 발전 Ⅱ》, 도서출판 태백, 1988, p. 471).
56) *Ibid.*(위의 번역서, 제7장 제10절, p. 574).
57) M. Dobb, *Studies in the Development of Capitalism*, p. 341·342(이선근 옮
　　김, 《자본주의 발전연구》, p. 388·389).

업이 취하고 있는 상품 형태의 제조에 기술을 응용할 때 특수성이 있다는 이유 등으로 기술적 조건이 대기업의 기업단위에 적합하지 않은 산업에서 발생한다. 다른 경우는 거대기업(the giant firm)과 그에 대한 소규모의 경쟁기업간에 전산업의 판매정책에 대하여 거대기업의 지배력을 유지시킨다는 일시적인 타협이 있는 경우이다. …… 다시 소기업(small firms)은(수에서 배수일지라도) 대기업의 특수한 부분품을 공급하고 또한 절정의 수요기에 일정한 생산단계를 보조하기 위하여 존립한다. 이들 소기업들은 대자본가와 소자본가 사이에 작용하는 일종의 근대적 선대제도(modern putting-out system)와 대기업에 대한 하청업체(sub-contractors)로서 역할을 하는 것이며 이것은 전쟁 때 군비의 집중적 생산 양상에서 보여준 바와 같다.[58]

　이처럼 도브는 중소기업의 존립조건으로 ① 기술적 후진부문, ② 중소기업의 기술적 특수성, ③ 대기업의 지배력을 인정한다는 일시적 타협이 있을 것, ④ 근대적 先貸制度로서 하청업체가 되어 대기업의 부분품을 생산할 때 등을 들고 있다. 이들 조건은 중소기업의 존립부문이 기술적으로 낙후된 낡은 생산형태이거나 장기적으로는 독점이 침투할 수 있는 분야임을 의미하고 있다. 독점자본의 본질이 모든 자본을 잠식할 수 있음에도 현실적으로 중소기업이 광범하게 존속하는 것은 바로 독점자본의 초과이윤의 원천을 확보하기 위한 의도와 필요성 때문이라는 것을 알 수 있다.

　한편 아로노비치(S. Aaronovitch)는 영국에서는 중소기업의 희생하에 자본의 집중이 착실하게 진행되고 있으며, 이 과정에서 중소기업은 독점기업의 하청 및 원재료 통제와 국가의 신용정책 등에 의하여 크게 압박을 받고 있다고 지적하였다. 이러한 독점과 국가정책의 억압에도 불구하고 중소기업이 존립하는 경우를,

　① 독점기업이 업무의 일부를 하청하는 구실로 소기업을 지배하고 가격을 계약자(독점기업)에게 유리하게 결정할 수 있는 경우

　② 대결합기업이 어느 시기에도 유리하지 않은 경우

---

58) *Ibid.*, p. 347(위의 번역서, p. 393·394).

③ 소기업이 존립하는 것이 정책적으로 독점기업에 好條件이 되는
경우 등을 들고 있다.[59]

2. 中小企業의 存立條件과 低賃金勞動

도브와 아로노비치는 다 같이 중소기업의 존립이 독점기업의 의도에
의하여 이루어지고 있으며, 금융 및 국가정책이 독점의 이익을 옹호하
면서 중소기업에 대하여 차별적 조치를 취함을 지적하였다. 그러나 독
점기업이 중소기업을 지배하고 억압하는 근본적 요인에 대한 분석에는
이르지 못하고 있다. 따라서 중소기업 지배를 통한 독점이윤 실현의
객관적 조건(저임금노동)이 중소기업의 존립조건으로서 규정되어야 한다.
만약 기계를 생산물을 싸게 하는 수단으로만 본다면, 기계를 사용하
는 한계는 기계 자체의 생산에 드는 노동이 기계의 사용에 의하여 대
체되는 노동보다 적어야 한다는 데 있다. 그러나 자본가가 기계를 사
용하는 데에는 그 이상의 한계가 있다. 자본가는 노동에 대하여 지불
하는 것이 아니라 사용하는 노동력의 가치만을 지불하므로 자본가에
의한 기계 사용의 한계는 기계의 가치와 기계가 대신하는 노동력의 가
치 사이의 차이에 의하여 선정된다[60]고 마르크스는 지적하였다.
결국 자본가가 기계를 사용하는 것은 노동에 대한 지불을 절약하여
비용가격을 감소시키려는 데 있기 때문에 노동자의 임금이 낮을수록
자본가는 기계 사용을 억제할 것이다. 이것은 독점단계에서도 마찬가
지다. 독점기업은 새로운 기술이 최대한의 이윤을 약속할 때 이를 채
용하지만 그렇지 못할 때는 신기술의 채용보다는 중소기업을 이용할
것이다. 따라서 독점기업은 한편에서 최대한의 이윤을 확보하기 위하
여 중소기업을 구축·도태시키지만, 다른 한편에서는 중소기업의 수탈
을 위하여 그것을 잔존시키게 되는 것이다.

---

59) S. Aaronovitch, *Monopoly, A Study of British Monopoly Capitalism*, Lon-
don : Lawrence & Wishart, 1955, p. 143·144(佐藤金三朗·高木秀玄 譯,
《獨占》, 理論社, 1955, p. 189).
60) K. Marx, *Capital* I , p. 392[金秀行 譯, 《資本論 I 》(下), p. 500·501].

　독점기업이 새로운 기술과 기계를 채용할 때 기계 사용의 한계는 비용가격을 삭감하여 독점이윤을 최대한으로 획득하려는 데 목적이 있기 때문이며, 이때 저임금노동의 존재는 중요한 조건이 된다. 중소기업이 존립하는 것은 중소기업에서 저임금이라는 존립조건이 있기 때문이며 독점기업은 가능한 대로 이를 이용하려고 하는 것이다. 따라서 독점기업이 중소기업을 下請(系列)企業으로 선별·배양하는 것도 하청(계열)기업의 저임금노동을 우회적으로 이용하려는 의도와 필요성 때문이며 이때 중소기업의 존립조건은 바로 저임금노동이 된다.

　다음에 자본주의의 독점단계에서는, 독점기업은 무수한 기업군이 형성하는 피라미드의 정점이 되고, 중소기업은 그 저변이 된다는 전제 위에서 중소기업의 존립조건을 밝혀볼 수 있다.

　매뉴팩처는 사회의 생산 전체를 완전히 상악할 수도 근본적으로 변혁할 수도 없었다. 매뉴팩처는 도시 수공업과 농촌 가내공업의 광범위한 기초 위에 선 인위적인 경제적 기구로서 우뚝 서 있었다. 매뉴팩처 자신의 협소한 기술적 기초는 일정한 발전단계에 이르러서는 매뉴팩처 자신에 의해서 만들어진 생산상의 요구와 모순되게 되었다[61]고 마르크스는 지적하였다. 그런데 생산수단에서 변혁의 필연적 산물인 사회적 생산방식의 변혁은 다양한 과도적 형태들의 혼합 속에서 이루어진다.[62] 이 과정에서 매뉴팩처는 분산적 수공업과 가내공업을 자기의 광범한 기초로서 존속시켰다.[63]

　이것은 '낡은 자본주의'로부터 '새로운 자본주의'가 전개되는 과정에서 중소기업은 낡은 자본주의의 滯留層으로서 독점구조의 하층구조를 형성할 수 있다는 것을 말해준다. 생산의 집적과 독점이 형성되는 과정에서 중소기업은 자본주의 이전의 낡은 생산형태(手工業, 近代的 家內勞動, 近代的 매뉴팩처)로서 존립하면서 독점이윤 축적의 하부구조를 구성할 수 있다. 그러나 오늘날의 중소기업은 낡은 생산형태로서만이

---

61) *Ibid.*, p. 348[위의 번역서 (上), p. 473].
62) *Ibid.*, p. 472[위의 번역서 (下), p. 596].
63) *Ibid.*, p. 471[위의 번역서 (下), p. 595].

아니고 '새로운 자본주의'의 하부구조를 구성하고 있다.

자본주의의 독점단계에서 이러한 하부구조를 구성하는 중소기업이 오히려 신설·증가하는 것은 자본주의 발전에 따라 중소기업이 존립할 수 있는 부문이 새롭게 성립하기 때문이다. 독점단계에서 독점지배가 중소기업의 생산영역까지 진출하면서 중소기업의 존립영역을 감소시키면서도 다른 한편에서는 중소기업이 존립할 수 있는 부문이 새롭게 형성되는데, 이것은 사회적 분업의 발달에 따라 생산부문이 다양화된 결과이다.

기계경영은 매뉴팩처와 비교하여 사회적 분업을 더욱 촉진한다. 기계경영은 그것이 장악한 산업부문의 생산력을 고도로 증가시키기 때문이다. 기계제 생산이 비교적 소수의 노동자로서 原料·半製品·勞動手段 등의 양을 증대시킴에 따라 이러한 원료와 반제품의 가공은 수많은 분야로 갈라지며 그리하여 사회적 생산부문의 다양성도 증대된다.[64] 이러한 부문은 대규모 투자를 필요로 하는 부문이 아니고 소자본으로 존립할 수 있는 부문으로서, 예를 들면 消費資料의 最格加工部門, 사치품, 특수부품, 대공장의 보조부문 등이라는 것이 마르크스의 지적이다.

그러나 독점단계에서 중소기업의 존립영역이 낡은 생산형태이건, 또는 사회적 분업의 발달에 기초한 생산의 다양화에 의하여 새롭게 형성되는 부문이든, 이들 분야에는 결국 독점기업이 진출하는 경향을 띠게 되고 중소기업의 존립영역은 좁아지게 된다. 이에 따라 중소기업은 독점기업의 위협이 적은 분야로 몰리게 되고, 이들 분야에서 중소기업간의 過當競爭이 필연적으로 발생한다. 중소기업의 일부는 경쟁에 이기기 위하여 새로운 기계설비를 채용하고 기업규모를 확대하는 경향이 있지만, 전체적으로는 기계력에 의존하는 것보다는 노동력에 의존하는 영역에서 존립하게 된다.

중소기업은 일반적으로 자본의 유기적 구성이 낮은 부문에 집중되는데, 이것은 중소기업의 존립이 저임금노동을 기반으로 하기 때문이다.

---

64) *Ibid.*, p. 444[위의 번역서 (下), p. 564].

이러한 중소기업의 저임금노동은 독점기업이 독점이윤을 수탈하는 적절한 기반이 된다. 독점기업은 중소기업이 직접 고용한 저임금노동을 유리한 수탈 대상으로 할 뿐만 아니라, 중소기업의 열악한 노동조건이 독점기업이 직접 고용하는 노동자의 임금인하 등 노동조건의 改惡에 영향을 줌으로써 독점기업의 초과이윤을 증대시키는 등 두 가지 측면에서 자본축적의 기틀을 잡는다.

자본주의 발전과정에서 이러한 저임금노동은 과잉노동인구의 필연적 산물이다. 노동인구는 그들 자신이 생산하는 자본축적에 의하여 그들 자신을 상대적으로 불필요하게 만드는(즉 상대적 과잉인구로 만드는) 수단을 점점 더 큰 규모로 생산한다. 이것이 자본주의적 생산방식에 특유한 인구법칙[65]이라는 것이다.

즉 자본축적에 수반된 가변자본의 감소는 상대적 과잉인구를 형성하고 산업예비군을 누적적으로 증대시키며, 노동조건은 相對的 過剰人口와 산업예비군의 압력에 의하여 악화된다. 이런 현상은 대기업 노동자보다는 중소기업 노동자에게 더욱 심하게 작용한다. 왜냐하면 중소자본가는 독점에 의한 수탈의 희생을 그들이 고용한 노동자에게 전가하기 때문이다. 결국 중소자본가는 저렴한 노동력의 무제한한 착취를 그들 경쟁력의 유일한 토대로 하고 있기 때문이다.[66]

이를 통하여 중소기업은 비교적 오랫동안 지배적 지위를 유지하면서 존립할 수 있다. 기계가 약간의 생산부문들에서 사용될 때 그 기계 자체가 다른 부문들에서는 노동의 과잉(리카도가 말하는 노동의 해고)을 일으키고, 그 결과 후자 부문들에서는 임금이 노농력의 가지 이하로 저하하게 되어 기계의 사용이 방해되며, 또 자본가의 입장에서 보면 자기의 이윤은 사용하는 노동의 감소가 아니라 지불노동의 감소로부터 나오기 때문에 기계의 사용은 불필요하고 흔히는 불가능하게 된다고[67] 마르크스는 설명하였다.

---

65) *Ibid.*, p. 631·632[위의 번역서 (下), p. 796].
66) *Ibid.*, p. 475[위의 번역서 (下), p. 599].
67) *Ibid.*, p. 393[위의 번역서 (下), p. 501].

자본축적과정에서 형성되는 상대적 과잉인구와 산업예비군, 그리고 그것에서 발생되는 저임금노동은 중소기업의 존립조건이 되고 독점기업과 중소기업의 임금격차도 그것으로부터 설명된다는 것이 정치경제학적 시각에서 본 해석이다.

VI. 중소기업의 存立形態論

1. 중소기업의 존립형태와 下請論爭

先貸客主制(問屋制), 下請制, 系列化 등 중소기업의 존립형태는 지배적인 대자본 또는 독점자본이 중소기업을 수탈하는 형식이다. 저임금노동을 존립조건으로 중소기업이 창출하는 잉여가치를 대자본 또는 독점자본이 독점이윤으로 수탈하는데, 그것이 실현되는 근거가 중소기업의 존립형태로 설명되는 것이다.

중소기업 존립형태(특히 하청제도)의 역사적 원형은 선대객주제 가내공업 또는 자본제 가내공업에서 구해진다. 상업자본이 가내공업을 지배하는 형태에서 시작하여 産業資本化한 상업자본이 賃勞動을 사용하는 매뉴팩처를 지배하고(先貸客主制 매뉴팩처), 다시 이것이 공장공업을 지배하는 형태(선대객주제 공장공업)로 전개되어 결국은 대공업 자신이 중소공장을 지배하는 형태(하청제공업)로 발전되었다. 이러한 발전형태는 어느 단계에서나 밑으로부터의 생산자 발전에 대하여 위로부터의 상업자본 또는 특권적 자본이 기생적으로 대응함으로써, 밑으로부터의 上向的 發展을 위로부터의 발전이 종속화시켜 기생적으로 수탈하는 형태인 것이다.[68]

독점자본주의가 고도단계에 이른 서구 자본주의에서는 이러한 중소기업의 존립형태가 특히 戰爭經濟의 경우에 근대적 선대제도의 형태로

---

68) 伊東岱吉, 《中小企業論》, 日本評論社, 1968, p. 56.

형성되고 있다고 도브(M. Dobb)는 지적한 바 있다.[69]

오늘날 중소기업의 존립형태는 독점자본과 중소자본이 맺는 관계(지배·종속 또는 상호의존의 관계)인데, 정치경제학적 시각에서는 그것이 독점자본이 중소자본을 수탈하는 형식이라고 보기 때문에 중소기업 문제의 본질을 규명하는 데서 중소기업의 존립형태론은 매우 중요하게 다루어지고 있다.

중소기업이론에서 대표적으로 존립형태를 제시한 것은 고미야마 쓰가지(小宮山琢二)의 견해인데 그것은 다음과 같다.[70]

① 중소공업의 독립형태

② 중소공업의 종속형태

  ㉠ 지배자가 先貸客主(問屋) 또는 상업자본, 수출무역자본, 백화점자본 등인 경우(先貸客主制工業)

  • 하청업자의 생산이 자본가적 생산이 아닌 것(舊先貸客主制工業 혹은 가내공업)

  • 하청업자의 생산이 일부 자본가적 생산의 내용을 구비한 것(新先貸客主制工業)

  ㉡ 지배자가 대공업 혹은 공업자본인 경우(하청공업)

이 존립형태의 규정은 중소상업을 제외하고 독점자본의 지배수탈의 견지에서 중소기업 전체를 포괄할 것이 아니고, 產業資本 確立의 시각에서 이루어진 것이며 독립형태는 중소기업문제의 대상에서 제외시켰다. 그리고 근대성과 전근대성을 구분하고 전자에서 후자로 전환시키는 기본적 경향이 중소기입문제의 본질에서 중요힌 관건이리는 입장을 취하면서 중소기업문제를 공업부문의 하청제도에 한정하는 일면적 성격을 지니게 되었다.

그러나 중소기업문제를 독점자본주의 일반의 문제로 파악하고 독점자본이 중소상업을 포함한 중소기업 전체를 수탈하는 형식으로 중소기업의 존립형태를 규정하면서 독점자본과 중소기업의 관계를 분류한 것

---

69) M. Dobb, *op. cit.*, p. 347(김선근 옮김, 앞의 책, p. 394).
70) 小宮山琢二, 《日本中小工業研究》, 中央公論社, 1941, p. 6·7.

이 기타하라 이사무의 규정이다. 여기서는 중소기업이 생산한 잉여가
치를 독점이윤으로 수탈하는 근거와 원인을 특정의 존립형태인 하청제
도로 설명하는 것이 아니고, 독점단계에서 자본과 이윤율의 계층화,
즉 자본계층화의 메커니즘이라는 관점에서 존립형태를 분류한 것이며,
그 내용은 다음과 같다.[71]

① 같은 산업부문에서 독점자본과 중소기업의 경쟁관계

② 서로 다른 산업부문간 독점자본과 중소기업의 관계

　　㉠ 독점가격에 의한 수탈관계

　　㉡ 하청제도에 의한 수탈관계

③ 과당경쟁 상태에 있는 독립 중소기업이 독점자본에 의하여 사회
적으로 이용되는 관계

④ 銀行資本과 결합한 독점자본이 金融資本으로서 중소기업을 수탈
하는 관계

⑤ 국가독점자본주의하에서 국가권력에 의한 체제적인 수탈관계

이와 같은 중소기업의 존립형태에 관한 서로 다른 논의가 있는 가운
데서도 하청제도의 성격에 대하여 더욱 구체적인 논쟁이 전개되었다.[72]

고미야마 쓰가지는 일본 중소공업문제의 본질을 산업자본 확립의 시
각에서 제기하여 일본공업의 생산력 전개를 지향하는 입장에서, 중소
기업의 종속적 형태와 하청생산관계를, 하청을 지배하는 자본과 그 종
속적 위치에 있는 자의 역사적 성격에 따라 구분하였다. 이 분류가 지
니는 특성은 다음과 같다.

① 중소공업을 독립형태와 종속형태로 구분하되 중소기업문제의 대
상이 되는 종속형태는 지배자본의 성격과 기능에 의하여, 그것이 상업
자본인 경우는 선대객주제 공업으로, 그리고 산업자본 및 공업자본인
경우는 下請制 공업으로 분류하였다.

---

71) 中村秀一郞, 〈獨占資本主義의 構造 と 中小企業問題〉, 楫西光速·岩尾裕純·小林
　　義雄·伊東岱吉 編, 《講座 中小企業 Ⅰ》(獨占資本 と 中小企業), 有斐閣, 1968,
　　p. 37·38 참조.

72) 이에 관한 좀더 상세한 내용은 李敬儀, 〈下請制度에 관한 理論的 研究〉, 《論
　　文集》 第19輯, 숙명여대 경제연구소, 1990. 12. pp.87~156 참조.

② 新·舊先貸客主制는 무엇보다도 하청업자의 시대적 경제적 성격에 따라 구분되었는데, 신선대객주제와 하청제공업은 하청업자가 명백히 자본가로서의 사회적 성격을 갖는 경우이다. 이때 신선대객주제는 선대객주가 생산공정의 일부를 장악하고 기계제 대공업 생산의 有利性을 바탕으로 하여 이루어진다.

③ 하청공업의 특징은 다음과 같다.

㉠ 하청은 생산공정중에 결합하는 것이다. 선대객주제는 원칙적으로 생산의 외부에 있고, 신선대객주제는 그것이 부분공정을 자기의 지배하에 확보하는 경우에도 생산을 상업적, 금융적으로 지배한다는 점에서는 하청공업과 다르다.

㉡ 하청공업의 경우는 지배의 근거가 생산 외부로부터의 前期的 收取가 아니고 거대공업자본에 의한 소공업자본의 압도이다.

㉢ 母工場과 下請工場은 생산공정 위에서 유기적 관련을 맺는다.

㉣ 하청공업은 산업자본으로서의 조건을 구비하고 대공업에 종속되지만 그것이 사회적 분업에 의하는 한, 等價交換에 의하여 대공업과의 관계가 이루어질 수 있다. 따라서 하청공업은 신선대객주제의 근대성이 더 순수히 나타난 형태이다.[73]

이처럼 하청의 속성을 생산 외의 전기적 수취가 아니고 생산공정상의 유기적 결합으로 보는 경우에는 모공장과 하청공장간에 使用價値的 관계가 필연적으로 전면에 나타나게 된다.[74] 즉 모공업이 생산자적 지위를 확보하고 생산자적 양심이 요구됨에 따라

㉠ 선대객주와 같이 저비용만을 주장하지 않고 하청공장의 기술을 고려하여 합리적인 단가를 결정하지 않을 수 없는 경우

㉡ 모공장에 의한 원재료의 지급이 일정한 규격의 자료를 사용하도록 하는 기술적 요구에 바탕을 두는 경우

---

73) 小宮山琢二, 앞의 책, p. 29[巽信晴, 〈中小企業の存立形態と下請制〉, 加藤誠一·水野武·小林靖雄 編,《經濟構造と中小企業》(現代中小企業基礎講座 ①), 同友館, 1976, p.102 참조].
74) 莊圓進, 〈下請制度〉, 楫西光速·岩尾裕純·小林義雄·伊東垈吉 編,《講座 中小企業 Ⅰ》(獨占資本と中小企業), p. 207.

ⓒ 모공장에 의한 원재료와 자금의 선대에 의해서가 아니라, 작업의 기술적 성격으로부터 하청공장이 모공장과 관련을 맺게 되는 경우 등 선대객주제공업에서는 볼 수 없는 새로운 현상이 나타나게 된다는 것이다.[75]

그리고 모공장과 하청공장간의 생산분화와 사회적 분업 혹은 한 생산부문내의 특수분업이 실현됨에 따라 생산물의 교환은 價値交換(시장관계)을 통하여 이루어진다는 것이다.

결국 선대객주제 공업에서는 주로 상업자본에 의한 원재료 및 자금의 先貸에서 오는 부등가교환적 수탈이 문제였다. 그러나 하청공업에서는 대공업자에게 생산자적 양심이 요구됨에 따라 하청공업과의 가치관계에서 등가교환이 전제되고, 오직 생산공정상의 양자간의 기술적 지배 종속만이 문제로 남는다는 것이 고미야마 쓰가지 이론의 핵심이다.

따라서 하청제 공업에서는 모공장과 하청공장간의 관계가 가치적 등가관계(산업자본 – 공업자본의 紳士的 측면)와 기술적 지배종속 관계(산업자본의 지배적 측면)로 구분하여 규정된다. 이것은 부등가교환의 관계를 통한 잉여가치의 수탈이 모공장과 하청공장간에 이루어지지 않는다고 보고 다만, 기술적 관계에서 지배종속 관계만을 문제로 삼는 것이다. 기술적 관계에서는 양자의 원조와 협력, 나아가서 상호의존관계가 형성되는 것으로 보기 때문에 결국 모공업과 하청공업의 관계를 생산력적 관점에서 설명한 것이다.

이러한 고미야마 쓰가지의 이론에 대하여는 여러 비판이 제기되었지만 대표적인 것은 후지다 게이조(藤田敬三)의 하청이론이다.

그는 하청은 요컨대 자본주의에서 지배적인 자본의 중소공업 지배형태[76]라고 보고 고미야마 쓰가지의 가치적 등가교환관계라는 주장을 비판한다. 그리고 하청은 구체적으로는 외부로부터, 다시 말하면 유통면으로부터 지배하는 형태 가운데 하나[77]로서 이른바 상업자본의 소경영

---

75) 小宮山琢二, 앞의 책, p. 30(末岡俊二, 《中小工業の理論的分析》, 文眞堂, 1974, p. 99 참조).
76) 藤田敬三, 〈日本中小工業と下請制の本質〉, 藤田敬三·伊東垈吉 編, 《中小工業の本質》, p. 122.
77) 위의 글, p. 123.

(소상품생산자) 지배의 최고단계에서 출현하는 공업의 특수한 형태라는 것이다. 즉 선대객주제, 매뉴팩처의 高次 단계에서 상업자본의 공업자본 지배의 연장인 기계제 공업의 선대객주에 의한 지배 또는 공장 구매부에 의한 지배를 오늘날의 하청이라고 하였다.[78]

그리고 신선대객주제 공업은 구선대객주제 공업과 마찬가지로 상업자본에 의한 지배라는 사실을 고려할 때 전자의 개념은 상업자본의 공업자본 지배의 단계를 분명히하는 데 적합한 것이 되지 못한다고 보았다. 또한 모공장인 대공장이 중소공장을 지배하는 경우만을 하청공업이라고 보는 것은 그것이 상업자본의 공업자본 지배의 최고형태라는 본질을 은폐하는 결과가 되어 공업 외부로부터의 지배라고 하는 하청제 본질의 일관성을 흐리게 하는 것이다. 따라서 모공업 판매부의 상업자본적 성격과 선대객주제의 상업자본적 성격과는 원래 차별할 이유가 없다는 것이다.[79]

후지다 게이조는 이처럼 하청제도의 본질이 상업자본적 지배임을 지적하면서 공업의 생산형태의 발전단계와 생산형태를 지배하는 여러 가지 발전단계를 구분한다. 즉 상업자본의 공업지배 형태는 低次段階와 고차단계의 두 가지가 있는데, 선대객주자본의 공업지배는 두 가지 단계에 걸쳐 있는 것이어서 선대객주 가내공업과 선대객주제 하청의 두 가지가 단독 또는 복합적으로 나타난다는 것이다. 이 상업자본지배의 고차 형태에 대응하여 산업자본의 일부(구매부)인 상업자본이 매뉴팩처 또는 공장을 지배하는 형태가 공장제 하청이라는 것이다.(표 3-1)

표 3-1. 下請制度의 展開와 形態

독점단계에서 지배적인 優位資本의 劣位資本에 대한 지배형태(下請制의 본질)	低次段階 : 先貸客主制 家內工業	제 1 단계 : 先貸客主制 매뉴팩처(先貸客主制 下請)
	高次段階(지배되는 기업은 상당수의 노동자를 고용하고 수탈이 수반됨)	제 2 단계 : 工場制 下請

  ※ 자료 :《經濟構造と中小企業》, p.104.

---

78) 위의 글, p.127.
79) 위의 글, p.128.

이처럼 하청제 공장은 매뉴팩처 및 대공업 단계의 상업자본과 산업자본이 공업을 지배하는 형태이기는 하지만 그 자체가 공업의 생산형태는 아니라고 본다. 독점자본주의 단계의 하청제의 본질은 거대산업자본이 자본고정화를 경계하고, 낮은 비용을 추구하여 중소공업을 상업자본적으로 지배하는 것이라고 규정한다. 다시 말하면 독점자본이 노동자를 자기의 작업장 내부에 포섭하지 않고 外業部的으로, 간접적으로 이용하는 것이 하청제도의 본질이라는 것이다.

결국 고미야마 쓰가지는 선대객주제에 新·舊의 차이를 둘 뿐 양자가 다 같이 '과거지향적'인 것으로 보고 하청공업은 '미래지향적'인 것으로 보아 지배자본과의 생산력적 관계, 즉 상호의존적인 등가교환관계의 실현가능성을 지적하였다. 그러나 후지다 게이조는 구선대객주제 공업과 신선대객주제 하청은 소상품 생산자 지배와 매뉴팩처 또는 중소공업지배라고 하는 생산형태의 관점에서도 차이가 있지만, 상업자본적 지배라는 점에서는 구선대객주제 공업, 신선대객주제 하청 및 대공업(산업자본)의 하청이 본질적으로 차이가 없다고 보았다.

2. 企業系列化에 관한 논쟁

(1) 하청제도와 기업계열제도

하청논쟁에서 제기된 견해의 차이는 기업계열화에 관한 인식에도 반영되었는데, 거기에는 하청논쟁에서 나온 주장에 대한 평가도 부분적으로 들어 있다.

제 2 차세계대전 후 일본자본주의의 발전과정에서, 특히 자동차공업과 그 하청부품공업에서 보여주는 바와 같이, 이전보다 한층 높은 양자간의 생산·기술상의 관련이 요구되었고, 그러면서 중소기업의 생산력 수준의 제고가 독점자본 축적의 과제로 되었다. 그 결과 중소기업문제의 이해가 종래의 선대객주제와 하청제도로부터 기업계열화에 대한 인식이라는 방향으로 전개되었다.

기업계열화 문제와 관련하여 후지다 게이조(藤田敬三)와 고바야시 요시오(小林義雄)는 서로 다른 견해를 제시하였다.

후지다 게이조는 계열제도는 하청제도에 비하여 더 높은 차원의 것이고, 하청제도의 내부로부터 발생한 것이면서도 하청제도와는 완전한 반대물의 측면이 있다는 점을 강조하면서 '계열과 하청의 차이'를 지적하였다.

① 계열이란 말은 하청의 단순한 대명사가 아니다. 하청은 모기업에서 비용을 낮게 하고 손쉽게 위험을 감소시키려고 하기 때문에 이용되는 현단계의 특징적 경영방식이며, 또한 모기업은 하청공장에 대하여 어떠한 경쟁적인 것도 가질 필요가 없다. 이것은 하청제의 受注競爭이 지속되고 있고, 代替도 바로 될 뿐만 아니라 생산이 하청이용의 단계에 그치는 한, 거기에는 여전히 국내시장이 중심이 되어 있어서 대기업의 경쟁도 생산량의 측면에서 행하여지는 데 그치고 있다. 그러므로 하청 기구는 질보다 양이, 또한 低費用과 자본의 현저한 절약이 문제가 되는 한 독점자본에 효과적이 된다. 그런데 戰後에 獨占體간의 경쟁이 격화되고 다시 국제독점자본간의 경쟁이 치열해진 결과로 새로운 기술과 기계가 발명, 도입되고 다수의 새로운 상품이 출현하였다. 그리고 韓國戰爭 후 경기변동이 불가피하게 되면서 독점체는 자기의 생산물을 단순히 낮은 가격의 상품으로 유통시키는 것이 아니라, 고도로 질적인 상품을 좀더 확실하게 자기의 책임하에 유통시켜야 했고, 생산에서 유통에 이르는 전면적인 합리화가 불가피하게 되었다. 이런 정세하에서 종래의 하청적 경영구조의 전면적 개조가 기업계열화 과정으로 진전되기에 이르렀다.[80]

② 모기업이 생산면에서 직접적 책임을 회피하면서도 계열기업의 생산면에 깊이 관여하지 않을 수 없는 기업계열적 결합이 요구된 것은, 단순히 부품의 外注에 의한 이윤취득 기회를 양적으로 높이는 것을 목적으로 하는 하청적 결합의 요구와는 본질적으로 다르다. …… 경영면·기술면에서 모기업과 계열기업간의 밀접한 관계는 당연히 인적, 기술적 자본적 연결을 그만큼 강화하는 경향을 갖게 된다. 이렇게 되면 계

---

80) 藤田敬三, 〈日本産業における企業系列〉, 大阪市立大學 商學部, 《經營研究》 第29號, 1957. 7, p.16.

열기업은 하청제도와는 완전히 반대물이라는 측면을 갖게 되고 거기에
는 급격한 질적 변화가 있게 되는 것이다.[81]

이처럼 후지다 게이조는 하청제도와 계열제도는 다르다는 점을 이론
적으로 표현했는데, 이것은 그가 하청을 상업자본의 공업지배의 발전
된 형태로 본 데서 나온 결과이다. 상업자본의 공업지배의 원시적 형
태는 선대객주제 가내공업이었으며, 좀더 높은 단계는 선대객주제 매
뉴팩처였는데, 여기서는 지배되는 공업이 매뉴팩처이며 기업가는 상당
수의 노동자를 고용하여 그들간에 분업하고 협업하는 조직자본의 노동
자 착취가 이루어진다는 것이다. 이어서 하청제공업은 선대객주제 매
뉴팩처 단계에서의 상업자본에 의한 공업지배의 형태가 연장된 것으로
서 기계제공업의 선대객주에 의한 지배 또는 공장의 구매부에 의한 지
배에 불과하다. 특히 공장의 구매부라고 하는 것은 모기업이 산업자본
이건 상업자본이건 마찬가지로 상업자본의 성격으로 지배를 행한다는
데 중점을 둔 결과로 보인다. 지배하는 자본이 선대객주인지, 무역상
사의 상업자본인지 혹은 모공장 구매부의 상업자본인지는 문제가 되지
않는다는 것이 후지다 게이조의 주장이었다.

이러한 후지다 게이조의 견해에 대하여 고바야시 요시오는 비판을
제기하면서 企業系列과 종래의 專屬下請을 특별히 구별할 만한 이유가
없다고 지적하였다.

① 현실의 기업간에 이루어지는 지배종속관계 가운데는 하청제도로
부터 벗어나서 그 반대물이 될 만한 성질을 지닌 기업계열이라고 할
만한 것이 존재하지 않는다. 만약 그처럼 보일 만한 것이 있다면 그것
은 이미 기업간의 지배종속 관계의 범위에 그치지 않고, 그러한 변화
를 이룬 기업은 지배종속 관계로부터 독점 내부의 관계로 이행하여 이
미 콘체른 구성체의 하나로 편입된 경우일 것이다. 그러나 그러한 예
는 많지 않다.[82]

---

81) 藤田敬三, 〈再び企業系列について〉, 大阪經濟大學, 《大阪經濟論集》 第21號,
　　p. 7.
82) 小林義雄 編, 《企業系列の實態》(獨占資本の相互提携と支配強化), 東洋經濟
　　新報社, 1958, p. 10.

② 기업계열 또는 계열화라고 부르는 것에는 크게 두 가지 종류가 있다. 첫째는 대기업과 중소기업간의 지배종속을 수반하는 관계인데 이것은 하청관계에 속하지만, 종래의 하청관계에 비하여 더 조직적이며 긴밀한 것이 많다. 둘째는 대기업 상호간의 관계인데 이른바 제휴, 업무제휴라고 보는 것이며 '그룹'화라고 부르는 관계이다. 기본적으로 첫째의 것은 독점자본이 중소기업 지배를 위한 것이고, 둘째의 것은 독점자본 자체의 조직 또는 독점자본 상호간에 이룬 조직이다.[83]

③ 후지다 게이조가 기업계열에 특이한 중요성을 부여하면서 하청제도와 확실히 구별하는 것은 요컨대 그의 하청제도에 대한 견해에 문제가 있기 때문이다.[84] 최근의 기업계열을 종래의 하청제도와 근본적으로 다른 높은 차원의 것, 새로운 성격의 것으로 특별히 중요시하는 것은 종래의 하청제도를 선대객주제 매뉴팩처와 같은 본질을 지닌 뒤떨어진 성격의 것으로 보는 경향이 강한 데 기인한 것으로 보인다. 하청제도를 상업자본의 공업지배 형태로 보고, 더구나 오늘날의 하청제도를 선대제 매뉴팩처 시대의 상업자본의 공업지배 형태의 연장으로 보는 한 하청제도의 내부에 상업자본에 의한 지배가 아니고 공업자본에 의한 지배로밖에 볼 수 없는 점이 나타날 때는 그것을 하청제도라고 부를 수는 없게 될 것이다. 더구나 하청제도 내부에서 새로운 기술수준에서 어느 정도 긴밀한 결합관계가 대자본과 중소기업간에 이루어질 때는 그것을 하청제도라고 해석할 수는 없게 된다.[85]

④ 결국 후지다 게이조의 주장의 문제점은, 기업계열의 이해에서 온 것이 아니라 하청제도의 이해에서 비롯된 것이라고 고바야시 요시오는 보았다. 후지다 게이조는 하청제도에서 모기업의 지배를 어디까지나 상업자본인 것으로 보고 뒤떨어진 성격의 것으로 본다. 그러나 일본에서는 이미 전쟁 이전부터 독점자본이 지배적인 입장을 점하였다. 그 독점자본은 어느 정도 뒤떨어진 요소를 지니고 있기는 했지만 그렇다

---

83) 위의 책, p. 12·13.
84) 위의 책, p. 9·10.
85) 위의 책, p. 9.

고 독점적 공업자본의 독점자본으로서의 수탈을 상업자본적인 전근대
성으로 보는 것은 이해할 수 없다[86]는 것이다. 또한 하청제도에 대하
여 일반적으로 이해되고 있는 것과는 달리, 매우 오래전의 것을 근거
로 하여 전속하청을 포함한 오늘날의 독점자본주의하의 하청제도의 본
질을 논의하는 것은 무리가 있다고[87] 보았다.

⑤ 고바야시 요시오는, 하청제공업은 중소공업의 모기업 공업자본에
대한 종속형태이며, 특히 독점자본을 정점으로 하는 지배의 계열에 있
는 것으로 이해하고, 이것을 기본적으로 구미 여러 나라의 하청제도와
공통 성격을 지니는 것으로 생각하였다.[88] 그러나 이에 대하여는 일본
중소기업문제의 특수성을 도외시한 지적이라는 비판도 있다.

고바야시 요시오는 이처럼 후지다 게이조와 달리 기업계열과 하청제
공업, 특히 전속하청과의 본질적 구별을 인정하지 않았다. 후지다 게
이조가 하청제도의 뒤떨어진 성격을 강조하면서 대조적으로 계열화의
근대성을 강조한 데 대하여 고바야시 요시오는 하청제의 근대성을 강
조하면서 기업계열과 하청제의 차이를 상쇄하였다.

⑵ 독점자본의 지배·하청·기업계열

이처럼 기업계열과 하청제공업, 특히 전속하청간에 본질적 구분을
인정하지 않으면서도 하청제도 안에 포함되어 있는 뒤떨어진 측면(전
근대성)으로서 상업자본의 공업지배 형태를 부분적으로 인정하는 견해
가 제시되었다. 즉 하청제도의 범주 안에는 기업계열과 차이가 있는
내용이 부분적으로 포함되어 있음을 인정하면서도 오늘날 하청제도의
주요 범주로 인정되고 있는 하청제공업은 기업계열과 이질적 반대물은
아니라는 것이다.

하청논쟁에서 제시된 바와 같이 고미야마 쓰가지의 견해에 의하면
그 생산형태가 자본가적 생산의 내용을 지닌 하청 중소공업이 상업자

---

86) 위의 책, p. 17.
87) 위의 책, p. 7.
88) 위의 책, p. 8.

본에 의하여 종속되는 것을 신선대객주제공업이라고 하고, 지배의 주체가 산업자본인 경우를 하청제공업이라고 하였다. 형식적으로는 공업자본이 그 제품의 조립 또는 제조에 필요한 부분품 제작의 일부, 또는 전부를 外業部에 이행하는 것으로서, 그 종속형태가 생산상의 근거에 있다는 점에서 하청제공업은 선대객주제공업과 구분되었는데, 그 특징은 다음과 같다.

① 지배적 대공업이 생산의 내부적인 주도자이고 하청은 생산공정 가운데 관계되어 있을 것,

② 지배의 근거가 生産外의 前期的 수취가 아니고 거대자본에 의한 소자본의 압도일 것,

③ 모공장과 하청공장이 생산공정상의 관계를 유지하면서 유기적으로 결합되어 있을 것,

④ 따라서 그 생산분화가 사회적 분업 혹은 생산부문내 특수분업의 실현인 한 생산물은 가치대로 교환이 이루어진다는[89]는 것이다.

이처럼 선대객주제공업과 하청제공업은 형식적으로는 지배자의 차이에 따라 구분되지만, 공업자본이 지배자인 하청제공업의 경우는 모기업과 하청공업간에 등가교환을 전제로 하는 근대적 상호의존관계가 이루어진다는 점을 시사하고 있다. 그러나 이러한 하청제공업 가운데에도 전형적인 外業部的 지배가 존재한다는 점은 인정되고 있는데, 바로 包括的 하청이 그것이다. 대공장이 자기 공장 제작범위의 완제품을 하청하는 경우에는, 선대객주가 중소공장에 일정한 제품을 조립 완료하는 과정까지 떠맡겨 자기의 상표로 판매하는 선대객주공업에 가깝지만, 지배자가 공업자본의 기능을 하는 대공업인 경우에는 하청제공업의 범위에 들어간다는[90] 것이다.

이러한 포괄적 하청의 성립 근거는 생산공정상의 유기적 결합보다는 하청중소기업에서 대폭적인 低費用을 기대하는 상업자본적 이윤 획득에 있다.[91] 따라서 이 경우는 하청제공업의 범위에 들어가지만 상업자

---

89) 小宮山琢二, 《日本中小工業研究》, p. 30.
90) 위의 책, p. 32.
91) 포괄적 하청 이외에 다음과 같은 두 가지 하청으로 분류된다.

본의 공업지배 형태와 같은 성격을 지닌다고 하겠다.

이처럼 하청제공업에는 前期的 수취를 그 성립의 근거로 하는 범위가 있지만, 혼성적 하청과 유기적 하청 등 생산공정상의 관계를 지니면서 어느 정도의 유기적인 결합을 특징으로 하는 하청제공업의 주된 범주에서는 그 前期性이 배제되어 있고, 또한 생산물이 가치대로 교환되는 등가교환의 실현이 규정될 수 있다고 보았다. 그러나 이러한 규정에 대하여는 그것이 독점과 독점가격의 엄연한 존재를 무시하는 고찰이라는 비판이 있다. 또한 하청제공업의 본질에 대한 규정의 긍정적 측면에도 불구하고, 특히 戰前의 일본의 경우에는 여기에 附隨되는 전기적 요소의 영향, 그리고 독점자본이 이용하는 이러한 요소를 가볍게 취급하였다는 점을 부인할 수 없다는 것이다.[92]

그런데 모공장과 하청공장이 생산공정상의 관계를 통하여 어느 정도 유기적 결합관계를 맺는 경우를 전기성이 배제되는 것으로 본 점에서는 고미야마·후지다·고바야시 등이 공통성을 지니고 있다. 고미야마·고바야시의 경우는 戰前 일본의 하청제도가 기본적으로 그러하다고 보았지만, 다만 고바야시의 경우는 하청제도에 부수되는 전기적 요소를 주목하였을 뿐이다. 후지다의 경우에는, 하청제도를 전기적 성격을 갖는 것으로 이해하였으며, 기업계열(중소공업이 독점체의 지배하에 유기적으로 조직화되는 것)은 더욱 근대적이며 새로운 성격을 지니는 것으로 이해하였다.

그러나 연속성이라는 면에서 보면 결국 하청제(특히 전속적 하청)와

---

① 混成的 下請 : 母工場의 제작범위에 들어가지만 그것이 독립의 구성을 지니는 部分機械이거나, 또는 특수한 기술과 설비를 필요로 하여 전문공장의 제작에 위탁하는 것이 보통인 경우의 하청, 다시 말하면 사회적 분업으로 성립하는 경영을 母工場이 自己生産과의 혼성적 관계에서 지배하는 경우.

② 有機的 下請 : 모공장의 제작범위 안에 속하지만 製作數量·加工精度·納期 등의 관계에서 각종 부분품의 일부 또는 전부의 가공 또는 제작을 하청하는 경우.(위의 책, p. 33·34)

이 혼성적 하청과 유기적 하청은 그 성립 근거가 상업자본적 이윤의 획득보다는 생산공정상의 유기적 관계에 있다고 볼 수 있다.

92) 小林義雄 編, 앞의 책, p. 33·34.

기업계열은 내용상 동일하다. 다만 중화학공업의 급속한 전개와 독점 자본주의의 확립과정에서 독점자본이 중소공업을 지배하는 형태로서의 하청제공업(기업계열화)이 전개되었을 뿐이다. 따라서 하청제를 통틀어서 선대객주제 지배(전기적 수탈)로 보는 것은 무리이며, 그것은 독점에 의한 초과착취의 한 가지 형태로 이해되어야 한다. 즉 오늘날의 하청제도는 독점지배의 한 가지 형태라는 점에서 기업계열과 차이가 없다. 다만 하청제에 대한 전기적 요소의 영향을 평가하여 전기적 요소와 밀착한 독점지배의 형태라고 볼 수 있다.

그런데 이른바 기업계열 논쟁은 중소기업의 근대화라는 정책과제와 함께 등장하였던 것이다.

하청제도와 기업계열에 관한 이해에서는 상업자본에 의한 중소공업 지배를 전기성, 그리고 산업자본(또는 독점자본)에 의한 중소공업 지배를 근대성을 지닌 것으로 보고 전자를 후자로 전개시키는 것을 근대화로 보았다. 여기서 후자, 즉 산업자본의 지배자인 하청제공업에서는 모기업의 생산·기술상의 필요가 하청기업에 반영되지 않을 수 없게 된다. 하청공업의 낮은 생산력 수준은 모기업은 물론 전반적인 생산력 수준의 발전을 저해하는 요인이 된다. 특히 중화학공업의 발전에 따른 급속한 기술발전 과정에서 하청의 기술수준 향상은 긴급한 과제로 되었다. 이에 모기업은 자기의 생산력과 기술수준에 맞는 하청기업의 기술수준 향상을 요구하게 되면서 중소기업 근대화의 과제가 기업계열 논쟁으로 부각되었다.

중소기업과 관련된 기업계열화의 계보는 전속적 하청관계의 발전에서 비롯된다. 즉 전속적 하청관계의 발전에 의하여 하청관계는 고도화되고, 상업자본적 지배에 대립되는 것으로서 근대화가 이루어지는 것으로 지적되었다. 즉 많은 대공장이 중소하청공장에게 자금 융자 등을 통해 하청공장의 전속화를 계획하고, 하청공장을 배양하여 온 대공장은 그 하청생산에서 급속한 생산력 확충에 맞추어 하청공장과 점차 그 연계를 강화하고 확대시키고 있다는 것이다.[93]

---

93) 小宮山琢二, 앞의 책, p. 99.

이때 *浮動的* 하청관계의 본질적 측면이 대공업의 상업자본적 이용에 의한 중소공업의 지배임에 대하여 전속적 하청관계는 바로 대공장의 공업자본적 이용이라고 규정할 수가 있다는 것이다.[94] 이러한 전속적 하청은 모공장의 생산력 발전의 필요상 이루어지는 것이고, 하청공장은 모공장으로부터 자금·기술원조 등을 받아 기술이 고도화되어 생산력 수준이 상승하면서 근대화된다는 것이다. 여기서 기업계열화론이 제기된다.

그런데 대공장의 공업자본적 이용인 전속적 하청이 생산력 향상과 근대화 방향이 되기 위해서는 모공장과 하청공장의 관계가 등가교환에 기초한 근대적 상호의존관계로 변모되어야 한다. 대공장에 의한 하청 이용은 고정자본 절약, 경기변동시 위험 회피, 전문생산에 따른 비용절감 등의 이유 때문에 자본주의 전개과정에서 일반적 현상으로 되는 것이지만, 독점자본주의 아래서는 독점의 지배력 때문에 모공장과 하청공장간의 관계가 불평등하고 그 거래관계는 부등가교환으로 되는 것이다.

특히 위로부터 특권적으로 창설된 대공업의 급속한 자본축적을 바탕으로 성립한 독점자본주의에서는 독점자본이 부등가교환을 강제하면서 초과착취를 실현하려고 하기 때문에 밑으로부터의 산업자본의 자생적 발전이 억제된다. 이때 독점자본과 관계를 맺은 전속적 하청제공업은 특권적 대공업의 계보에 속한 독점자본의 기생적 성격 때문에 자생적 발전이 억제되고 그 생산력 수준은 당연히 낮아진다. 결국 독점에 의한 중소공업의 하청이용은 전문적 기술의 이용에 의한 비용절감보다는 초과착취의 기구라는 의미를 지니게 된다.

도식적으로는

산업자본 의 전개 → 사회적 분업의 심화 → 집중-독점자본주의 성립 사회적 분업의 일환으로서 하청 이용 → 독점을 정점으로 한 하청 이용에서 부등가 교환

의 순서로 된다.

---

94) 위와 같음.

　독점체에 의한 초과착취와 독점자본의 寄生性은 독점단계의 보편적 성격이지만, 특권적 대공업을 기초로 형성된 독점자본은 사회적 분업의 일환으로 전개되는 하청 이용에서도 생산력 측면보다 독점의 기생적 성격을 강화하게 만든다. 그 결과 산업자본이 지배자인 하청제공업, 나아가서 대공업의 공업자본적 이용을 통한 생산력 향상이 독점의 기생적 성격으로 인하여 왜곡된다. 독점은 전기적 요소를 부분적으로 내포하는 열악한 생산력까지 이용하는 자세를 갖게 되고 독점과의 전속적 하청관계 형성도 전체로서의 생산력 발전에 크게 기여하지 못한다.

　특히 하청제공업의 생산력 수준은 독점의 기생적 성격 때문에 개선되지 못하고, 전속적 하청제와 기업계열화의 형태에서도 그러한 문제점은 남아 있게 된다. 그리고 전속석 하청 및 기업게열관계를 독점과 맺은 중소공업은 상대적으로 사회적 분업의 일환으로 독자적으로 시장에 대응하는 능력이 억제되기 때문에 독점자본의 기생성은 더욱 강하게 나타난다.

　독점자본의 생산력 전개과정에서 하청공장에도 계층분화가 일어난다. 浮動的 하청, 전속적 하청(기업계열화), 그리고 시장에 대하여 독자적인 능력을 갖는 중소공업(外注關係의 중소공업)이 형성된다. 부동적 하청은 물론이지만, 전속적 하청(기업계열)의 경우에도 시장에 독자적으로 대응하는 능력을 지니지 못하기 때문에 독점자본과 기타 모회사의 일방적 초과이윤 축적의 대상이 된다.

　즉 전속적 하청은 생신공정상의 유기적 결합에 기초를 둔 독점의 기생적 기구로 된다. 이 기생적 기구의 대상은 전기적 요소를 포함하기 때문에 하청제공업이 전속적 하청으로 된다고 해서 그 전기적 성격이 모두 배제되는 것은 아니다. 이러한 점은 독점자본이 위로부터의 특권적 대공업의 발달에 기초를 두고 형성되었을 때 더욱 특징적으로 나타난다.

　결국 하청제공업과 기업계열에 관한 이해는 다음과 같이 집약될 수 있다.

　① 하청제공업과 기업계열은 다 같이 지배자가 생산자본인 모공장과

하청공업의 관계이며, 모공장에 대한 하청공업의 종속 근거가 생산공
정상의 유기적 관계에 있다는 점에서 상업자본의 공업지배 형태와는
구별된다.

② 독점단계, 특히 특권적 대기업의 축적을 바탕으로 하는 독점자본
주의에서는 독점자본의 초과착취적 성격 때문에 하청제공업이나 기업
계열이 다 같이 근대적인 생산력 향상이라는 생산력적 측면보다 독점
의 기생적 성격을 강하게 지닌다. 그러나 그 기생성은 생산공정상의
결합관계에 기초를 두고 있기 때문에 상업자본적 착취와는 다르다.

③ 독점자본의 기생적 성격은 그 초과이윤 축적의 대상을 전기적 요
소까지 확대하기 때문에 하청제공업뿐만 아니라 독점단계의 전속적 하
청(기업계열)에는 부분적으로 전기적 요소가 포함된다.

④ 결국 하청제공업의 전기성이 어느 정도 인정되지만 기업계열과
하청제공업, 특히 전속적 하청간에 본질적 구분이 있는 것은 아니다.
즉 자본주의가 독점단계에 이르면서 독점 지배형태의 하나인 하청제공
업이 새로운 조건 속에서 한층 발전한 것이 기업계열화로 불리고 있지
만, 이것은 고도로 발전된 생산력의 요구에 따른 것일 뿐, 독점의 기생
적 성격으로 이루어지는 하청제공업의 본질은 일관되고 있다.[95]

Ⅶ. 後發·後進資本主義와 이중구조론

1. 후진자본주의의 전개와 이중구조의 성격

자본주의적 축적의 일반법칙이 관철되는 과정에서 형성되는 구조적
모순인 중소기업문제는 후발·후진자본주의에서는 특수한 성격을 지니
게 된다는 인식 아래서 제기된 이론이 二重構造論이다.

---

95) 北田芳治,〈日本中小企業の特質〉, 楫西光速·岩尾裕純·小林義雄·伊東岱吉
編,《講座 中小企業 Ⅰ》(歷史と本質), 有斐閣, 1969, p. 267·277 참조.

후발·후진자본주의에서는 일본의 예에서 볼 수 있듯이 위로부터 특권적으로 창설된 대공업의 급속한 축적을 바탕으로 하여 자본축적이 진행되기 때문에 원시적 축적의 특수성이 규정된다. 뿐만 아니라 특권적 대공업의 발전에 따라 형성된 독점자본은 그 기생적 성격을 더욱 강하게 나타낸다. 독점의 기생성은 전근대적 요소까지를 포괄하여 자본축적의 대상으로 삼기 때문에 독점자본과 이들 전근대적 요소(중소기업을 포함)간에 특수한 성격의 구조적 모순이 이루어지게 되는데, 그에 대한 이론이 바로 이중구조론으로 전개된다.

산업혁명 이후의 영국, 대혁명 이후의 프랑스, 독립혁명과 남북전쟁 이후의 미국 등 선진국형 산업구조를 실현한 자본주의와는 달리, 제정독일·제정러시아·舊日本 및 식민지와 저개발국에서는 밖으로부터의 힘에 의하여 자본주의가 전개되었기 때문에 산업구조가 선진국형과는 다른 형태를 지닌 자본주의가 이루어졌다.

이들 지역의 자본주의에서는 선진국으로부터의 外壓 때문에 산업구조 속에 一定한 왜곡을 지니지 않을 수 없게 된다. 이들 국가 또는 지역에서는 여러 가지 質과 量으로 존재하고 있는 전근대적 전통적 여러 관계의 利害에 결부되어 분업관계의 왜곡은 해소되지 않고 오히려 구조로서 고정화된다. 그 결과 산업구조상의 왜곡을 지속적으로 유지하는 국민경제와 특수한 구조의 자본주의가 체제로서 정착되는, 이른바 후진자본주의가 형성된다는 것이다.[96]

특수한 구조를 지닌 후진자본주의에서는 대체로 위로부터의 특권적 대공업의 불균형적 축적을 바탕으로 독점자본주의가 성립하게 된다. 이러한 자본주의는 근대성과 전근대성이 공존하면서 구조적 모순을 내포하는데, 그 특수성을 지적한 이론이 바로 이중구조론이다. 특히 일본자본주의의 기본적 구조 내지 특징으로 지적된 이중구조론은 다음과 같이 집약된다.

근대적 영역은 비근대적 영역을 기반으로 하여 처음부터 존립할 뿐만 아니라 그 발전과정에서 반드시 비근대적 영역을 재생산하는 상호

---

96) 大塚久雄 編,《後進資本主義の發展過程》, アジア經濟硏究所, 1973, p. 10.

의존적 결합관계에 있다고 하는 점에서 그것을 구조라고 부를 수 있는 타당성이 발견되는 것이고, 그것은 하나의 유기체를 구성한다는 의미에서 一重構造라고 하는 주장도 충분히 이루어질 수 있다. 그렇지만 마르크스학파(講座派)에 의하여 戰前부터 강력하게 지적되어 왔던 현상이 전후에, 특히 보수적 정부와 근대경제학 측으로부터 다시 논의의 대상이 된 것은 그 나름대로의 이유가 있다. 주지하는 바와 같이 한편에는 비근대적 영역 안에 기본적 부분인 농촌이 있는데, 농지개혁을 시발점으로 하여 상당히 개선되기는 했지만, 여전히 이러한 저변 부분의 근대화가 문제시 되지 않을 만큼 정점 부분의 대기업 발전이 진행되어 두 영역의 대조가 전전 이상으로 선명하게 나타난 것이다. 그런데 근대적 영역은 비근대적 영역의 수탈 위에 존립하고 발전하는 기본적 관계를 지니면서도 한편에서는 후자의 비근대적 내지 발전의 정체가 부분적으로 근대적 영역 자체 이상의 발전을 제약하는 모순을 발생시킨다. 이 모순은 한편에서 소득격차의 확대에 기초를 둔 사회적 긴장 격화의 가능성을 초래하고, 다른 한편에서는 대기업의 기술혁신 진행에 따른 중소기업기술의 적응을 늦게 한다는 것이다.[97]

즉 국민경제의 생산력 강화를 위하여 독점자본과 관계를 맺은 중소기업의 근대화에 대한 과제와 함께 이중구조론이 전개된 것이다. 이중구조라는 용어는 아리사와 히로미(有澤廣巳)에 의하여 처음으로 사용되었다.[98] 이어서 1957년의 일본《경제백서》에서 문제로 삼으면서 일반화되었는데, 여기서는 한편에서는 근대적 대기업, 다른 한편에서는 전근대적인 노동관계에 입각한 소기업 및 가족경영에 의한 영세기업과 농업이 양극에 대립하고, 중간의 비중이 낮은 것이라고 규정하였다. 또한 오키타 사부로(大來佐武郞)는 이중구조란 선진국적인 경제구조와 후진국적인 경제구조가 병존하면서 형성된 국민경제라고 규정하였다.

이것은 근대경제학적인 이중구조에 대한 규정인데, 이중구조문제는

---

97) 川口弘, 〈二つの日本經濟論〉, 川口弘·篠原三代平·長洲一二·宮澤健一·伊東光晴,《日本經濟の基礎構造》, 日本經濟の現狀と課題 第1輯, 春秋社, 1969, p.7.
98) 1957년 3월 日本生產性本部 創立二周年記念 講演.

일본자본주의의 高度成長과 관련하여 제기되었고, 다시 開放體制의 적응과 관련된 일본자본주의의 경제구조 모순으로 지적되고 있다. 따라서 정치경제학적 시각에서 이중구조론은 일본자본주의의 특수성을 일본자본주의의 구조적 모순으로 해명하는 것이 된다.

이중구조론은 일종의 일본자본주의의 특수성을 강조하는 이론으로, 야마다 모리타로(山田盛太郞)의 분석에서 비롯되었다. 즉 한편에서는 도쿠가와(德川)時代와 동일한 고율의 소작료를 지주에게 흡수당하면서도 그것이 농업에 재투자되는 것이 아니라 공업에 투자되고, 그로 인하여 농업정체와 소작농의 빈곤이 형성된다. 다른 한편에서는 이러한 농민의 빈곤과 노동자의 저임금의 기초 위에 국내시장이 협소하게 되고, 산업자본의 성립에 수반하여 일찍이 수출산업으로서 외국시장을 필요로 하는 紡績業 또는 그것으로 대표되는 소비재산업의 발전도 규정되는 것이다. 또한 소비재생산 확대의 기초 위에 성립되어 온 생산재산업이 그 과정을 단절시켜, 위로부터의 육성에 의하여 軍需工業으로 성장하게 된 일본자본주의의 군사적 성격과 생산재산업의 취약성, 미국에 수출되기 때문에 경기변동의 영향을 그대로 받은 양잠, 그것에 의하여 동요되어 해체되어 가는 중농의 모습 등이 이토 고세이(伊東光晴)가 요약한 전전 일본경제의 특수성에 대한 야마다 모리타로의 분석이다.[99]

이전에 이중구조에 대하여 야마다 모리타로의 분석에 의거하였던 나가스 히후(長洲一二)는 다음과 같이 설명하였다.

구미로부터의 근대적 수입생산기술과 영세농으로부터 유출된 과잉인구, 농민으로부터 흡수되는 인플레정책에 의한 자본조달이라는 세 가지 요인 위에서 政商的 財閥의 특권자본이 '밖으로부터'의 영향과 '위로부터'의 보호 아래 급속히 경제발전을 추진하는 가운데, 일본사회의 체질로서 이중구조가 성립된 것이다. 이 경우 이중구조는 근대적인 것과 전근대적인 것, 일본적인 것과 日本外的인 것의 동거상태이며, 농

---

99) 伊東光晴, 〈二つの學說は日本經濟をどう見るか〉, 《中央公論》 1961년 8월호, p. 330.

촌에서는 대지주 지배와 전근대적인 영세농민, 도시에서는 재벌기업과
방대한 예속적 소기업간의 단층과 대립이 이루어진 상태이다. 이러한
이중구조를 바탕으로 하여 전근대적인 천황제와 군국주의의 지배가 행
해져 지주·재벌·천황제라고 하는 삼위일체의 지배구조 아래에서 문화
와 의식면에도 이중성이 창출되었다.

이러한 이중구조에서 저변의 정체는 정점의 발전과 무관하지 않다.
농촌의 정체는 한편에서 고율의 지대, 후에는 고율의 소작료를 통하여
지주의 저축이라는 형태로 공업화 자본의 원천이 되었고, 다른 한편에
서는 저임금 노동의 원천으로 되었다. 영세기업의 일부는 대기업과의
하청적 보완관계에 편입되어 그 발전을 뒷받침하는 하나의 요소로 이
용되었다. 이러한 소기업의 존립기반은 과잉된 저임금노동력이었는데,
그 가운데 대기업은 수입한 근대기술의 숙련공을 필요로 하였기 때문
에 그러한 요구에 따라 종신고용제를 시행함으로써 노동시장의 종적인
단층적 구조가 형성되었다.

어쨌든 일본자본주의는 그 급속한 발전에도 불구하고 생활수준이 높
은 근대적 노동력을 광범하게 창출할 수가 없었다. 오히려 빈곤과 전
근대적 저임금노동력을 재생산하는 만성적 과잉인구를 누적시켜 노동
시장의 근대화를 어렵게 하고, 뒤떨어진 소기업의 존립기반을 부여하
였다. 뒤늦게 출발한 일본의 자본주의는 대기업 중심으로 밖으로부터,
그리고 위로부터의 작용에 의존하면서 발전을 추진함으로써 이중구조
를 형성시켰다. 이것은 대기업 중심의 고도성장의 기반이 되었으며,
또한 고도성장에 의하여 다시 확대재생산되었던 것이다.[100]

정치경제학적 시각에서 이중구조론을 전개한 나가스의 이와 같은 이
중구조의 메커니즘에 대한 설명은 다음과 같이 집약된다.

① 일본자본주의는 급속한 발전에도 불구하고 생활수준이 높고 근대
적인 노동력을 광범하게 형성시키지 못하였다. 오히려 가난한 생활과
전근대적인 저임금노동력을 끊임없이 재생산하였다. 그것이 만성적 과

---

100) 長洲一二,《日本經濟入門》, pp. 187~201 ; 川口弘,〈二つの日本經濟論〉,《日
本經濟の基礎構造》, pp. 52~54.

잉인구를 창출하여 일본 노동시장의 근대화를 방해하였다. 이때 저임
금노동력은 뒤떨어진 소기업을 계속해서 존속토록 한다.

② 자본 면에서 대기업은 사회의 자금을 스스로에게 집중시켜 그것
에 의하여 발전하고 확대하여 근대화함으로써 중소기업을 예속시켰다.
소기업은 자본축적의 기회로부터 소외되고 그로 인한 낮은 기술과 낮
은 생산성을 값싼 노동력으로 대신한다.

③ 요컨대 뒤늦게 출발한 일본자본주의는 대기업 중심으로 ‘밖’(구
미와 근대기술)과 ‘위’(국가와 은행)에 의존하고, ‘아래’(중소기업과 농민
과 노동자)에 불이익을 전가하고 의존하면서 자본주의적 근대화와 발
전을 수행하였다. 결국 대기업 중심의 급속한 발전은 이중구조라고 하
는 기초 위에서 가능하였으며, 또한 그 급속한 발전은 이중구조를 조
성하면서 유지 확대시키는 작용을 하였다.

④ 이중구조는 대기업 중심의 자본축적과 발전의 방법이었으며, 뒤
떨어진 소경영의 존속을 허용하는 과잉의 저임금노동력이 존재한다고
하는 두 가지 문제로 집약될 수 있다.[101]

그러나 나가스 히후는 이중구조에 대한 규정을 이러한 경제적 측면
에만 한정하지 않는다. 이중구조를 분석하는 방법론에서 그는 다음과
같이 지적하고 있다.

① 이중구조문제는 頂點 중심의 높은 성장유형과 기구에 수단을 부
여하여 뒤떨어진 저변과 중소기업의 육성을 강구하는 방법으로 해석될
수 있는 문제는 아니다. 다음에 이처럼 생각할 때 문제가 되는 것은
이른바 대기업과 중소기업, 특히 공업관계에만 시야를 한정할 수는 없

---

101) 위의 책, p. 99. 長洲一二는 일본경제의 체질개선을 위하여 다음과 같이 세 가
　　지 방안을 제시하였다.
　　　① 대기업 중심의 高度成長을 지양할 것, 특히 투자활동과 가격정책면에서 좀
　　더 대기업의 행동이 국민전체의 이익에 따르도록 하는 조치, 즉 반독점정책을
　　강구한다.
　　　② 일본경제의 저변을 끌어올릴 것. 실업·半失業의 해소, 최저임금제와 전면
　　적 임금수준의 인상 및 사회보장의 충실을 기할 것. 이에 따라 국내시장을 확
　　대시키고 국민생활수준을 향상시키는 정책을 취한다.
　　　③ 일본경제의 재생산과정을 방해하는 무역의 구조적 경사를 개선하는 중립경
　　제정책을 택할 것.(같은 책, p. 102)

다. 오히려 저변의 문제는, 도시에서는 공업도 포함하여 특히 상업, 서비스부문에 압도적인 영세기업층, 다시 도시 이중구조의 저변을 보완하고 있는 방대한 영세농민층에 집약적으로 나타나고 있다. …… 또한 이중구조를 단지 자본주의부문의 임금격차문제에만 한정할 수는 없다고 생각한다. 이중구조는 제1차적으로는 경제문제이지만, 이것을 토대로 하여 일본자본주의의 정치·문화·사회생활·의식이라고 하는 상부구조까지의 광범한 기초로서 생각할 필요가 있다.[102]

　② 정점과 저변(근대·독점부문과 전근대·비독점부문)은 이른바 상호의존과 상호보완의 필연적 연계가 있는 가운데 한편에서는 발전이, 다른 한편에서는 정체(상대적인)를 발생시키는 불가분의 관계로 발전하는 것이 아닌가, 그런 의미에서 문제는 저변 자체의 내부에 있다기보다는 정점의 급속한 근대화의 방법 자체에서 발견되어야 하지 않겠는가. 문제의 진원지는 오히려 정점의 근대부문과 대기업분야에 있는 것은 아닌가. 그런 의미에서 정점과 저변에는 각각 두 개의 논리가 작용하는 것이 아니며, 일본자본주의 발전이라는 하나의 논리의 두 가지 측면의 발현형태로서 이중구조문제를 생각할 수 있지 않은가. 그렇지 않으면 構造論이 될 수 없다고 생각한다.[103]

　나가스 히후는 이처럼 이중구조문제를 경제구조에서 상부구조까지 확대 규정하고 있으며, 거기에 구조론적 성격을 부여함으로써 全體構造論으로 발전시키고 있다. 그런데 이중구조를 자본주의 경제구조의 영역에 한정하는 경우와 전체구조론으로 전개하는 경우는 그 내용과 방법론이 동일할 수는 없다. 전자의 내용에서는 독점 대 중소기업의 지배 종속관계로부터 생기는 여러 문제가 중심이 된다. 그러나 후자의 내용은 근대부문과 전근대부문, 즉 앞선 부문과 뒤떨어진 부문과의 전체적 관계에서 생기는 여러 문제가 중심과제로 된다. 따라서 이중구조론을 후발·후진자본주의 발전의 형태론, 특히 급속한 성장의 조건과

---

102) 長洲一二,〈二重構造分析の方法論〉, 伊東光晴　執筆·編集,《日本經濟分析の再檢討》, 廣文社, 1966, p. 44·45.
103) 長洲一二,〈二重構造の考え方〉,《日本經濟の基礎構造》, 日本經濟の現狀と課題 第1輯, 春秋社, 1969, p. 124·125.

기구의 이론으로 이해하면서도 전자는 자본주의의 발전법칙 그 자체를 중심과제로 삼는 데 대하여, 후자에서는 자본주의와 비자본주의 영역의 관계도 중요한 과제로 삼는다.

중소기업이론과 관련시켜 이중구조론을 논의하는 경우에는 물론 전자의 내용과 방법에 한정하게 된다.

2. 일반성과 특수성 — 이중구조론·중소기업이론

그런데 이중구조론은 어디까지나 후발·후진자본주의, 특히 일본자본주의의 특수성을 강조하는 이론으로 전개되기 시작하였다. 자본주의발진의 근본법칙과 관련하여 일본자본주의의 특수성 문제는 일본자본주의논쟁에서 일반성과 특수성의 문제로 전개된 바 있으며, 이 과정에서 두 개의 상반되는 주장이 제시되었다.[104]

나가스 히후는 이중구조론이 일본자본주의의 특수한 형태론이며 그 급속한 성장의 조건과 기구의 이론임을 인정하면서도, 일본자본주의의 특수성이 형성된 요인에 대해서는 독특한 견해를 전개하였다.

---

104) 자본주의 발전의 근본법칙과 일본자본주의의 특수성을 관련시킨 일반성과 특수성의 문제는 勞農派가 전자, 講座派는 후자의 입장에 서 있었다. 일본자본주의 분석에서 특수부분을 강조하는 방법과 공통부분을 강조하는 방법은 그 의의를 달리한다. 즉 일반법칙과 그것의 관철형태를 일반성과 특수성을 관련시켜 파악하면서도 일본자본주의의 특수성 분석으로부터 시작하는 방법과 일반법칙이 어떻게 하여 일본자본주의에 관철되는가를 분석하는 방법은 현실적 분석방법으로서 분명히 이질적이다.

전자(특수성을 주장하는 강좌파)는 일본자본주의는 특별히 다르다는 것을 강조하며, 후자(일반성을 주장하는 노동파)는 일본자본주의도 자본주의 일반과 동일하다는 점을 강조한다. 전자에서는 특수성을 일반법칙과 관련하여 확실히 파악하지 않으면 현실성의 생생함이 흐려져서 일반성을 잃어버릴 위험성이 크다는 것이다. 일반성이 일단 상실되고 특수성의 고정화가 이루어져서 그것이 일반성에 대체되고, 그 결과 일반법칙의 부정으로까지 발전할 수도 있다. 후자에서는 무엇인가 공통점과 동일하다는 규정이 분명하게 행해지면 일본자본주의도 자본주의 일반과 완전히 같은 것으로 되고, 일반법칙과 그 관철형태로서의 특수성 구분도 없어지게 된다. 그렇게 되면 일본자본주의 분석 그 자체가 불필요하게 되어 자본주의 일반에도 일본자본주의에도 공통적인 것은 자본주의발전의 근본법칙의 관철 그것이다. 따라서 그 법칙의 내용규정이 중요하다는 것이다.

일반성과 특수성에 대하여 그는 다음과 같이 이해하였다. 즉 원래 일반법칙은 그대로 나타나는 것은 아니다. 일반적 본질적인 것은 추상적이기 때문에 일반적인 것이다. 그것의 구체화와 현실적 관철은 특수한 형태를 취하면서 존재한다. 반대로 특수형태는 일반법칙의 구체화로서 처음부터 존재한다. 일반법칙은 특수형태의 옷을 입고 발현하게 되고 특수형태는 일반법칙의 전개를 통해 나타나야 한다는 것이다.[105] 이것은 자본주의 발전의 근본법칙은 어떠한 자본주의를 불문하고 그것이 자본주의인 한 필연적으로 관철되며, 다만 각국의 역사적 조건의 차이에 따라 그 관철형태에서 특수성을 발생시킨다는 점을 지적한 것이다.

이런 관점에서 나가스 히후는 이중구조에 대하여 다음과 같이 설명한다. 강좌파의 전통의 경우 그것이 이중구조를 일본자본주의만의 숙명적인 不動의 특수형으로 고정화하는 견해를 지닌다면 그것에 찬성할 수 없다. 이중구조론은 일본자본주의에만 예외적인 것은 아니다. 구미에서는 원활하게 전개되었던 자본주의 발전의 일반법칙이 일본에서는 다른 조건 때문에 저해되어 일반법칙에서 벗어남에 따라 일본형 이중구조를 발생시켰다고 생각하는 것은, 이중구조론이 어디까지나 어떻게 자본주의의 일반법칙이 관철되는가 하는 점에 논의의 초점을 주기 때문이다. …… 이중구조론은 또한 자본주의 발전의 일반법칙의 전개를 바탕으로 하여 고찰되어야 한다.

그러나 반대로 자본주의는 어디서나 均質的으로 같은 형태로 발전한다고 생각하여 일본자본주의도 서구자본주의와 전적으로 동일하고, 단순히 약간의 시차를 두고 서구형에 접근해간다는 의미에서의 중진국으로 보는 것은 이중구조라는 문제제기 자체의 의미를 잃게 하는 것이다. 이중구조는 어디까지나 일본 자본주의 발전의 형태론이며, 또는 자본주의 발전의 일반법칙이 일본이라고 하는 특정한 나라에서 관철되고 현실화되는 형태를 규명하는 것이다. 여기서는 결국 발전법칙의 특수형이 문제가 된다[106]고 보았다.

---

105) 長洲一二, 〈二重構造分析の方法論〉, p. 47·48.
106) 위의 글, p. 45·46.

   이중구조는 어디까지나 일본에서 자본주의 발전의 형태론이며, 자본주의 발전의 일반법칙이 일본이라고 하는 특정한 나라에서 관철되고 현실화하는 형태, 또는 자본주의 발전의 일반법칙의 일본자본주의에서의 관철형태라고 규정한 나가스 히후는 일반성과 특수성의 관련을 규명하기 위하여 일본자본주의 특수형의 형성과정을 해명하였다.

   일반법칙이 특정한 자본주의에서 관철되고 구체화되어 이중구조가 형성되는 데는 두 개의 논리가 설정된다. 그것은 封鎖體制(closed system)에서 자본주의 일반의 발전법칙이 구체화되는 것과 개방체제(open system)에서 세계자본주의의 발전법칙이 구체화되는 것이다. 전자는 자본주의적 생산력과 생산관계가 한 사회의 내부에서 전체적으로 성숙하고 재생산되어 일반적으로 본원적 축적, 생산혁명, 독점으로 이행하는 단계로 발전해가는 과정의 일반법칙[107]을 의미한다. 후사는 어느 특정의 자본주의가 여러 자본주의 국가가 편성하는 세계자본주의 체제에 편입되어 거기서 상호규정을 받으면서 발전해가는 과정의 일반논리이다.[108]

   이때 한 나라 자본주의의 특수성을 형성하는 것은 개방체제에서 세계자본주의의 발전법칙이다. 즉 자본주의의 발전→세계시장의 필연성→세계자본주의 체제의 필연성→여러 자본주의와의 상호규정과 적응→각국 자본주의의 여러 요인의 특수성과 발전단계의 시간적 차이→자본주의 형태의 상위와 불균등발전이라는 일련의 연쇄적 과정이 개방체제 아래서 자본주의의 일반법칙이 된다. 이 일반법칙을 기초로 하여 봉건체제에서 네 가지 요인(기술·노동·자본·시장)의 형성과 세 단계(본원적 축적, 산업혁명, 독점형성)의 경과가 구체적 형태를 취하게 되는 것이 각국 자본주의의 특수성 문제이며, 이중구조도 이런 시각에서 규정된다[109]는 것이다.

   결국 한 나라 자본주의 발전의 특수한 형태는, 한편에서 자본주의

---

107) 위의 글, p. 48.
108) 위의 글, p. 49.
109) 위의 글, p. 53.

일반의 발전법칙에 기초하여 그 나라 내부의 內生的 條件의 성숙도와, 다른 한편에서는 세계자본주의의 발전법칙에 기초한 그 나라의 역사적인 국제환경과 위치의 두 측면에 따라 결정된다고 보았다. 일본자본주의는 내생적 요인이 성숙한 상태에서 뒤늦게 출발하였다. 급속한 산업혁명을 이루어야 하는 동시에 독점단계에 있는 서구자본주의를 추적해야만 하였다. 뒤늦은 출발을 조건으로 하여 그들이 접한 세계자본주의라는 환경은 일본자본주의의 생활조건이었으며 결정적인 것이었다. 일본은 원시적 축적과정과 산업혁명을 특수하게 단기간에 빠른 형태로 통과하였다.

자본에서는 만성적 부족과 자기축적의 不充分, 노동에서는 계급분화의 왜곡과 상대적 과잉인구가 방대하게 발생하였다. 기술에서는 전통기술의 축적과 근대적 輸入技術과의 괴리가 발생하였다. 그리고 시장적 깊이와 크기가 결여된 상태에서 중화학공업과 量產體制로 이행하게 되었다. 여기서 자본의 부족을 銀行獨占과 국가의 힘으로 보충하고(위에 의존), 기술의 미성숙을 외국에 의존하여 보완하며(밖에 의존), 과잉 저임금노동력을 이용하는 한편(아래에 의존), 산업구조의 시장적 취약성을 무역으로 보충하려고 제국주의적 진출을 시도하면서(옆으로 침략) 급속한 추적(catch-up)의 과정을 거쳐 발전하였다.[110]

이것이 이중구조가 형성된 근본원인이며 일본자본주의의 특수성이 형성된 과정이다. 이를 통하여 자본주의 발전의 일반법칙은 일본에서 관철되었으며, 자기를 구체화시키는 형태를 취하게 되었다는 것이 나가스 히후의 주장이다.

후발·후진자본주의의 특수성으로 표현되는 이중구조는 자본주의 발전의 근본법칙, 따라서 자본주의의 기본적 모순과 그 전개의 관철형태이다. 즉 그 나라 자본주의에서 자본과 노동간에 발생한 모순의 특수한 형태에 지나지 않는다. 특히 독점자본주의에서는 산업자본주의에서 나타나지 않던 다양한 여러 모순이 발생한다. 그것은 독점자본이 독점이윤의 수탈을 증대하기 위하여 그 수탈의 대상을 확대하기 때문이다.

---

110) 위의 글, p. 57·58.

독점은 수탈의 대상을 비독점부문의 자본가·노동자(독점부문의 노동자를 포함), 농민과 수공업자 등의 소상품생산자·일반주민, 독점자본에 종속하는 국가, 후진국 및 후진국의 자본가·노동자·일반주민에까지 확대한다. 이들과 수탈관계를 맺는 가운데 독점자본주의의 다양한 모순이 발생한다. 그리고 자본 대 노동간의 기본적 모순이 특수한 형태로 관철되는 종속적 모순이 전개된다.

이중구조를 포함하여 중소기업문제는 이처럼 후발·후진자본주의에서 자본주의 특수성의 집중적 표현이다. 독점단계에서는 독점의 피수탈 대상 가운데 비독점자본과의 수탈관계라는 성격을 지니는 데 그 본질이 있다. 이러한 본질을 밝히는 것이 정치경제학적 시각에서 중소기업이론을 전개하는 것이다. 따라서 중소기업이론은 자본주의 발전의 일반법칙(기본적 모순)이 그 구체적 관철형태(종속적 모순)로 나타나게 되는 자본주의 전개의 단계와 선·후진성, 그리고 나라마다의 역사적 조건에 따라 다른 내용을 지닐 수 있게 된다. 그것은 중소기업문제는 자본주의의 기본적 모순이 종속적 모순으로 전개되는 형태이고, 자본주의 발전의 일반법칙의 구체적 관철형태이며, 이것을 이론적으로 설명하는 것이 중소기업이론이기 때문이다.

오늘날 후진자본주의(특히 식민지지배를 경험한)에서 중소기업이론으로 논의되고 있는 民族資本論[111]이나, '자본에서 마음대로 처리할 수 있는 노동력의 무진장한 저수지'(inexhaustible reservoir of disposable labor-power)[112]로 규정하는 都市非公式部門(the urban informal sector)에 대한 논의[113]도 자본주의 발전의 일반적 법칙의 구체적 관철형태로서 설명될 수 있다고 본다.

---

111) 이에 대해서는 李敬儀,《한국경제와 중소기업》, 까치, 1982, pp. 59~63 참조.
112) K. Marx, *Capital* I, p. 643[金秀行 譯,《자본론 Ⅰ》(下), p. 810].
113) 李敬儀,《한국중소기업의 구조》, 풀빛, 1991, pp. 343~346 참조.

제 2 부　中小企業의 政策

제 1 장　中小企業問題·經濟政策·中小企業政策

Ⅰ. 중소기업문제와 중소기업정책

1. 중소기업정책과 중소기업문제

⑴ 資本蓄積의 法則과 중소기업문제

중소기업정책의 대상은 중소기업문제이다. 중소기업정책은 자본주의 발전과정에서 발생하는 構造的 矛盾인 중소기업문제를 해결하기 위하여 제시하는 방안이다. 따라서 중소기업정책은 중소기업문제의 성격에 의하여 규정된다. 이것은 중소기업정책의 본질을 해명하기 위해서는 중소기업문제의 본질을 해명하는 것이 전제되어야 함을 뜻한다.

중소기업문제는 현대 자본주의가 생성 발전하는 과정에서 형성된 하나의 문제이다. 오늘날 독점자본주의 아래서 경제의 전과정에 결정적 영향을 미치는 것은 거대한 독점적 기업이다. 이에 대하여 劣位에 있는 中小零細企業群이 있는데, 이들은 독점적 대기업의 종속적 존재로 전락하여 여러 가지 경제적 어려움에 직면한다. 중소영세기업의 어려움이 일반화되고 문제화, 의식화된 것이 중소기업문제이다.

독점자본주의 단계 이전에도 대자본과 소자본간의 모순과 문제는 있었다. 단순히 양적으로 대·소의 구분에 그치지 않고, 질적으로 앞선 근대적인 대자본과 뒤떨어진 소자본의 모순관계 등이 중소기업문제의 系譜 관점에서 資本主義發展史 속에서 추구될 수 있었다. 그 전형적인 것이 근대적 대공업의 출현에 따른 이전의 매뉴팩처와 家內勞動의 변혁 문제였다.

그 후 자본주의는 자유경쟁과 산업자본주의 시대를 통하여 비약적인 발전을 이루었다. 동시에 그 과정에서 자본간의 경쟁과 자본 및 생산의 집적·집중이 촉진되어 경제적 독점과 거대한 독점기업이 생겨났다. 자본주의는 독점자본주의 단계로 이행되면서, 이전에는 평등한 경쟁조건하에 있었던 대자본과 소자본의 관계가 크게 변화되었다. 즉 평등한 경쟁조건을 지닌 대자본과 소자본이 자본의 노동에 대한 관계를 넘어서 이제 자본에 의한 자본의 수탈관계가 의식되기에 이르렀다.

독점적 대기업은 경쟁과 시장활동에서 자기의 利害에 反하면 끊임없이 약소기업을 배제·도태·구축하지만, 동시에 경제적 기술적으로 자기에게 유리한 경우에는 그것을 종속·잔존·이용하게 된다. 따라서 현실적으로는 競爭淘汰와 殘存利用이라는 상반된 경향이 교차되면서 중소기업문제가 형성된다.

현대 자본주의에서 기본적으로는 全경제구조의 지배자는 단순히 대자본, 대공업이 아니고 독점자본이다. 따라서 전체적 시야(자본과 자본, 기업과 기업 관계의 場)에서 보면 기본적 모순은 독점자본과 비독점자본, 독점자본체제와 그것에 의하여 수탈되는 체제와의 모순이고, 비독점자본 내부의 대·중소기업간 모순은 종속적이 된다[1]는 지적이 있다. 여기서는 단순히 소기업만이 아니고 중소기업이 문제로서 의식되었고, 독점적 대기업에 대하여 여기에 이르지 못한 비독점적 중소영세기업의 경영이 전체로서 어려움을 겪게 되고, 이러한 현상이 광범하게 되면서 독점자본주의 단계의 중소기업문제로 발전한다는 것이다.

중소기업문제의 핵심은 자본과 자본의 대항관계, 자본에 의한 자본의 이용 수탈관계이다. 따라서 중소기업 문제의 본질 파악은 독점적

---

1) 伊東垈吉,《中小企業論》, 日本評論社, 1967, p. 188.

대기업을 정점으로 하는 현대의 산업구조 속에서 중소기업이 지니는 위치를 밝히고, 독점적 대기업과 중소기업의 체제적 개별적 구체적 여러 관계의 메커니즘과 그 내용을 규명함으로써 이루어질 수 있다.

자본제적 축적의 일반법칙[2]에 따르면 자본주의 발전과정에서 소자본은 대자본에 의하여 구축·흡수되어야 함에도 불구하고 독점자본단계에 와서도 중소기업이 광범하게 존재하는 이유에 대한 설명이 오늘날의 중소기업문제의 규명과 정책대응에서 중요성을 지니게 된다. 독점자본주의단계에서도 중소기업이 광범하게 존속하는 현상에 대하여는 일찍이 베른슈타인(E. Bernstein)과 카우츠키(K. Kautsky)의 소기업 존속에 관한 고전적 논쟁을 상기하게 된다.[3]

오늘날에 와서는 중소기업의 광범한 존속 이유에 대하여 독점자본의 의식적인 중소기업의 이용수탈정책에서 구하거나[4] 독점자본주의 단계에서 일반적인 集中法則의 直線的 貫徹의 왜곡이라고 설명되기도 한다. 이것은 특히 후발 일본자본주의의 前期性과 특수성에서 형성된 중소기업문제의 규명에서 도출된 것들이다.

그런데 일반적으로 자본주의 발전에서 생산의 대규모화 경향 속에서도 비합리적 존재인 중소기업이 현실적으로 존속하는 이유와 조건은 다음과 같이 제시된다.

① 소경영이기 때문에 지니게 되는 창의성과 기민성, 불황에서의 탄력성(저항력), 원료의 지방성, 수요의 특수성, 공업기예적 특수성 등의 기술적 여러 요인,

② 전통적 심리적 사회적인 비합리적 요인에 바탕을 둔 특수시장성(不完全競爭的 시장의 존재),

③ 기술적 여러 요인과 특수시장성 때문에 규모의 확대에 제한적 영

---

2) K. Marx, *Capital,* Vol. Ⅰ, Chap. XXV, International Publishers, 1977, p. 626.

3) E. Bernstein, *Die Voraussetzungen der Sozialismus und die Aufgaben der Sozialdemokratie, 1899* ; *Evolutionary Socialism,* New York, 1909 ; K. Kautsky, *Bernstein und das sozial-demokratische Programm,* 1899.

4) 牛尾眞造, 《中小企業論》, 三笠書房, 1961, p. 53, pp. 63~65.

향을 가져오고 그로 인한 '적정규모'의 존재,

④ 자본주의 발전의 상대적 특수성 때문에 이루어지는 자본축적의 부족, 과잉인구와 저임금 기반의 지속, 따라서 대기업에 의한 外業部의 경제적 기술성 필요 등이다.

현실적인 이와 같은 중소기업의 존립조건과 독점자본에 의한 중소기업의 殘存利用 문제를 통일적으로 파악하면 다음과 같다.

자본주의 발전에서 대자본과 소자본의 관계는 한편에서는 대자본에 의한 소자본의 구축·수탈＝자본의 집적·집중 경향이 일어나지만, 다른 한편에서는 소자본의 잔존과 신생·증대＝자본의 분열·분산 경향이 나타난다. 이 두 가지 경향은 자본주의 운동법칙 가운데서 통일적으로 파악되는 것이 필요하다.[5] 다시 말하면 독점기업이 형성·발전하는 과정 속에서, 다른 한편에서는 생산부문의 다양화를 추진하여(상품 서비스 종류의 다양화, 재생산과정의 수직적 분화와 독립, 사치품 생산의 증대, 대공업의 보조부문의 발생 등) 기술적 사회경제적으로 중소기업의 존립＝잔존·신생·증대를 가능하게 하는 여러 조건이 이루어진다.

이들 조건은 고정적 안정적인 것이 아니고, 경제성장과 재생산과정 확대의 각 단계, 경제변동, 단기적으로 경기변동의 각 국면에서 여러 조건의 작용에 따라 변화된다. 이러한 것들이 수렴되는 방향은 결국 독점자본이 비독점 중소기업을 지배하고 이용하는 데 있다.

(2) 중소기업의 역할과 중소기업정책

고도로 발달된 오늘날의 자본주의에서 중소기업문제는 중소기업이 前期的 비합리성에 의거하고 있는 존재이며, 따라서 도태와 재편성의 대상이라는 소극적 성격을 지니는 데서 그치는 것이 아니다. 현단계의 중소기업은 자본주의의 재생산기구 가운데 중요한 요인으로 부각된 존재로서 독점자본주의 모순이 복잡하게 전개되는 것과 관련이 있다. 중

---

5) 北原勇,〈資本蓄積運動における中小企業〉, 楫西光速·岩尾裕純·小林義雄·伊東岱吉 編,《講座 中小企業 2》(獨占資本と中小企業), 有斐閣, 1968, pp. 81〜93.

소기업은 경기변동 緩衝帶(buffer)의 본질을 지니면서도 독점자본 초과이윤의 원천이 되고 있다. 따라서 중소기업의 광범한 존재는 자본세계의 지배질서에 불가결한 의미를 지닌다.

자본주의 발전과정에서 발생하는 구조적 모순인 중소기업문제를 대상으로 하는 중소기업정책은 결국 중소기업을 포함하는 자본세계의 지배질서를 강화시키고, 독점자본주의 아래서는 독점의 이윤확대 요구에 따라 그 지배대상과 지배영역의 확대를 촉진하는 것이다. 그 속에서 支配利用과 競爭淘汰의 법칙이 작용한다. 이때 중소기업문제를 해결하는 방향은 독점에 의한 중소기업의 지배이용 근대화의 방향이며, 이용과 수탈의 가능성을 추구하는 것이다. 그 가능성의 추구는 한편에서 경쟁도태의 정책을 실현하기도 하지만, 그것은 어디까지나 독점의 자본축적기구 유지와 강화를 위한 잔존이용의 근대화를 전제로 한다.

중소기업정책의 이러한 방향은 중소기업 모든 계층 일반적 발전이 아니라 독점에 필요한 부분을 육성하면서 불필요한 부분을 도태시키는 것이 되어 중소기업을 재편성시킨다. 그러나 상층이 하층에 기생하는 형태가 기본적 축적수단이 되는 가운데 형성되는 모순은 다시 하층 중소기업의 끊임없는 재생산을 必然化한다. 이것은 고도로 발달한 자본주의의 재생산기구 속에서 독점이 초과이윤의 원천을 찾는 기생성에 연유한다.

현단계의 중소기업이 자본주의 재생산기구의 필연적 구성요인이 되어 광범하게 존재하고 지배이용의 근대화 대상이 되는 것은 중소기업이 지니는 다음과 같은 역할 때문이다.

① 고용기회를 제공하여 실업 및 빈곤의 개선에 공헌한다.

② 지방(지역)경제 발전의 담당자가 되어 지역적 불균형의 시정에 기여한다.

③ 적정규모가 작은 업종에서 상품과 서비스를 효율적으로 제공하고 또한 소비자에게 소요되는 상품과 서비스의 종류를 풍부하게 하여 소비생활을 충실하게 하고 향상시킨다.

④ 부품 생산·조립·가공 및 각종 서비스 제공을 대기업보다 낮은 비용으로 행하고 대기업의 보완적 역할을 한다.

⑤ 제품생산과 서비스 제공에서 기술혁신의 중요한 담당자가 된다.

⑥ 기업정신이 높고 자립적 독립심이 풍부한 사람에게 기업활동의 기회를 제공한다.

⑦ 자유경쟁의 담당자로서 독점이윤 및 독점으로부터 발생하는 비능률과 경직화를 저지하고 경제 전체의 효율화에 공헌한다.

⑧ 기존의 대기업에 도전하는 활력을 가지고 있으며, 신기업의 형성과 대기업의 양성기반이 되는 등 재생기능을 한다.

⑨ 수출의 직접 담당자로 되기도 하고, 또는 하청 계열체제 아래에서 대기업의 국제경쟁력 강화에 기여함으로써 외화획득에 공헌한다.

중소기업이 지니는 이러한 역할은 자본주의 재생산기구 속에서 자본축적기구의 유지·강화를 위한 중소기업의 잔존이용 가능성을 높여준다. 따라서 이러한 가능성을 추구하는 것은 중소기업정책의 적극적 대상이 된다. 결국 중소기업정책은 자본주의 발전과정에서 발생하는 구조적 모순인 중소기업문제를 완화·해소시키는 소극적 측면과 나아가서 중소기업이 지니는 역할을 높여 자본축적에 기여 가능성을 추구하는 적극적인 측면을 지니고 있다.

2. 중소기업문제의 분석과 중소기업정책

(1) 중소기업문제의 分析視角과 政策

중소기업정책이 경제구조의 한 모순[6]으로 의식된 중소기업문제의 완화·해소와 그 역할을 제고시키는 방안인 한, 중소기업정책은 중소기업문제의 분석결과와 깊은 관련을 갖는다. 그런데 중소기업문제의 분석결과는 분석시각과 그에 대한 연구방향에 의존하게 된다.

---

6) 山中篤太郎, 《中小企業의 本質과 展開 — 國民經濟構造矛盾의 一研究》, 有斐閣, 1948, 序文. 여기서는 '개개의 자본주의 국민경제의 전개가 다른 데서 문제가 있는 중소기업의 개념형성은 국민경제의 지반에서 이해된다. 즉 중소공업의 형성은 자본제 국민경제구조의 모순으로서 의식되는 것에 의존한다'고 쓰고 있다.

　사회과학 전체의 문제이기도 한 일반성과 특수성의 관계는 중소기업 문제의 분석과 연구방향에도 중요성을 지닌다. 일본의 중소기업 연구에 대한 동향을 보면 그림 1-1과 같이 일반성과 특수성을 종합하는 과정으로 나타나고 있다.

　즉 초기에는 일반성을 주장하는 勞農派와 특수성을 주장하는 講座派 간의 일본자본주의논쟁[7]에서 보여준 흐름에 따라 중소기업문제의 일반성과 특수성을 분리해서 분석하는 시각이 있었다. 즉 중소기업문제는 독점자본주의 일반의 문제로 보는 것이 전자임에 대하여 일본자본주의의 특수성＝중소영세기업의 다수의 잔존(과다성)→중소영세기업의 과당경쟁→중소영세기업문제의 발생 등의 명제가 후자였다.

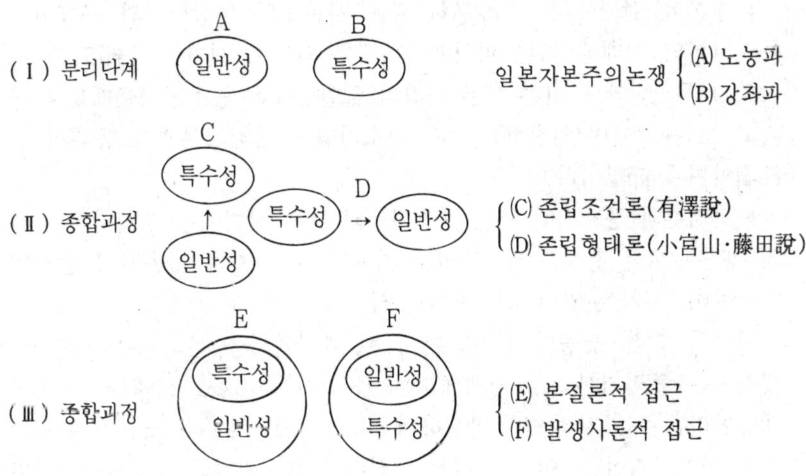

　※ 자료 : 末岡俊二, 《中小企業の理論的分析》, p. 3.

그림 1-1. 一般性과 特殊性의 關聯圖

---

7) 1927년부터 1937년까지 약 10년간에 걸친 일본자본주의의 구조적 특성에 대한 논쟁임. 一般性＝勞動派는 1927년 창간된 잡지 《勞農》에서, 그리고 特殊性＝講座派는 1932∼1933년에 간행된 《日本資本主義發達史講座》(全 7卷)에서 이름이 유래되었다.

그 후 일반성에서 특수성으로 접근해가는 노농파의 아리사와 히로미 (有澤廣己)가 存立條件論(및 末松玄六의 適正規模論에 의한 存立條件論) 을 제기하였고 또 강좌파의 흐름을 반영한 고미야마 쓰가지(小宮山琢 二)와 후지다 게이조(藤田敬三)의 存立形態論이 나타나면서 중소기업 문제의 분석은 종합과정에 들어가게 되었다.

다시 일반성 속의 특수성을 추출하는 本質論的 接近과 특수성 속의 일반성을 검증하려는 發生史論的 接近이 이루어지면서 중소기업문제의 분석은 종합단계의 동향을 보이고 있다.

여기서 우리는 중소기업문제 분석에서 본질론적 접근과 발생사론적 접근이라는 두 가지 시각을 알아보고자 한다.

본질론적 접근에서 중소기업문제는 자본주의 독점단계의 문제이며 독점자본의 지배에 의한 피지배(종속)에 의해서 생기는 문제로 본다. 따라서 독점단계에 이른 모든 나라의 국민경제는 중소기업문제를 지닌 다고 보는 것이다(일반성). 이때 중소기업은 독점자본과 노동과의 結 節環이며 結節點이다.[8]

독점자본과 중소기업 또는 중소기업과 노동 사이에는 생산력적 관계 와 생산관계적 관계의 두 측면이 작용한다. 전자는 사용가치 중심의 시각이며, 후자는 잉여가치 중심의 시각이다.[9]

자본의 집적·집중이 관철되어 가는 과정에서 자본의 분열·분산이 발생하는 독점자본주의 단계에서는 독점자본과 중소자본간에 의존과 대립이라는 두 가지 측면이 작용하게 되고, 또한 자본과 노동의 관계에 서도 마찬가지이다. 이것은 결국 생산력과 생산관계라는 두 가지 상반

---

8) 伊東垈吉, 〈中小工業問題の本質〉, 藤田敬三·伊東垈吉 編, 《中小工業の本質》 (中小企業叢書 Ⅴ), 有斐閣, 1954, p. 70.

9) 사용가치 시각에서는 W—G—W에서 等價交換이, 잉여가치 시각에서는 G— W—G′에 不等價交換이 전제되어 있다. 그리고 근대경제학은 사용가치 중심으 로, 정치경제학은 잉여가치 또는 양자의 통일 시각을 추구한다. 또한 독점자본 과 중소자본, 자본과 노동의 관계는 생산력적 시각에서 보면 協同關係＝相互依 存關係(依存)로 되고, 생산관계적 시각에서는 支配從屬關係＝搾取關係(對立) 로 된다. 따라서 전자는 物的 觀點이며 후자는 人的(階級關係) 관점이다.[末岡 俊二, 《中小企業の理論的分析》(中小企業成長論批判), 文眞堂, 1974, p. 8·9]

되는 측면이 상호의존성 속의 대립관계로 통일되어 있음을 뜻하게 된다.

자본제적 공업은 근대 자본주의 초기로부터 산업자본주의 단계에, 다시 여기서 독점자본제의 단계로 전개되는데, 대공업 또는 독점기업은 중소공업을 그 이전에 자기와 단순한 대립물이라는 관계에서 떠나, 점차 대립과 의존이라고 하는 모순적 관계 속에 들어가도록 한다. 이 대립·의존의 모순적 관계는 대립을 그 안에 포함하면서 외적 형태는 상호 의존하는 것으로서, 실질상으로 타자에 의존하면서 자기를 보존하는 것이다.[10]

이때 중소기업정책은 상호의존성 속의 대립관계에 있는 중소기업문제를 대상으로 하되, 생산관계적 측면을 완화시키면서 생산력적 측면을 강화·제고시키는 방향으로 제시된다.

본질적 접근이 재생산구조를 기준으로 한 시각이었다면 발생사론적 접근은 자본의 유통을 기준으로 한 시각이다. 자본은 화폐형태(G)로 투하되어 시장에서 상품(W), 즉 노동력(A)과 생산수단(P_m)으로 바뀐다. 다시 생산과정이 시작되면 노동력과 생산수단이 생산적으로 소비되어(P) 투하자본가치보다 큰 가치를 갖는 상품(W')을 산출하고 이것은 시장에서 판매되어 화폐(G')로 회수된다.

자본유통의 장인 시장에서 발생하는 내용은 그림 1–2와 같이 표시될 수 있다. 이러한 시장 분석을 통하여 중소기업문제를 분석한 대표적인 것이 '이중구조론'이다. 여기서 볼 수 있듯이 이중구조라는 중소기업문제는 자본시장(篠原三代平·長洲一二), 생산물시장(內田星美·伊東光晴)에서 각각 형성되어 분석되고 있다.

이러한 이중구조의 개념은 ① 생산기술적 개념, ② 기능적 개념, ③ 임금격차로 나뉘는데 ①과 ②가 형성요인이고, ③이 이중구조의 본질이라고 보는 사람이 많다.[11] 그 내용을 요약하면 그림 1–3과 같다.

---

10) 松井辰之助, 〈中小工業の本質とその存在形態 — 存在形態における領域的本質と歴史的本質との二重性を中心として〉, 藤田敬三·伊東垈吉 編, 앞의 책. p. 238.
11) 石崎唯雄, 〈二重構造と所得分配〉, 玉野井·內田美星 編, 《二重構造の分析》, 東洋經濟新報社, 1964.

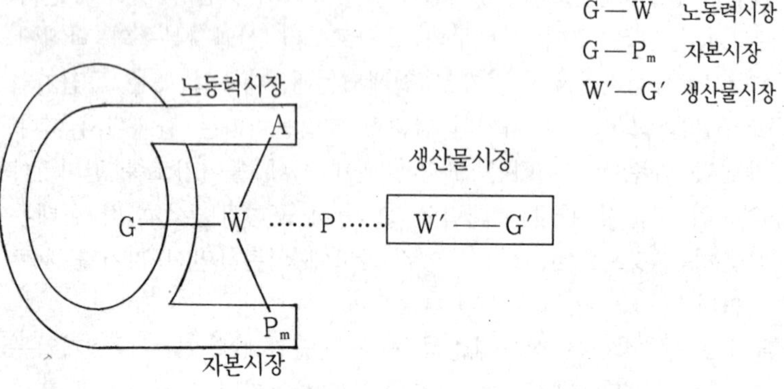

※ 자료 : 末岡俊二, 《中小企業の理論的分析》, p. 16.

그림 1-2. 資本流通의 세 가지 市場

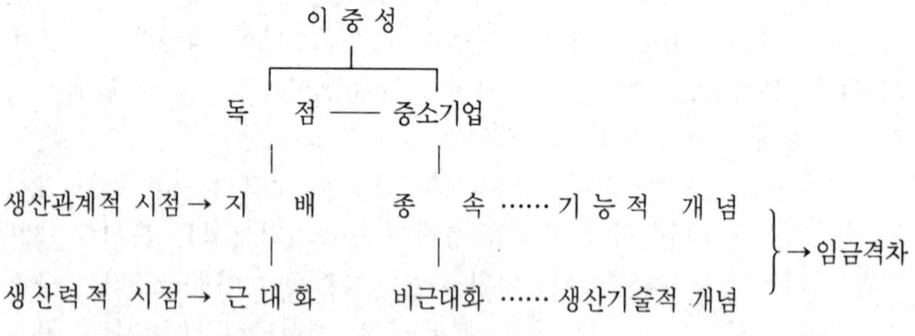

※ 자료 : 末岡俊二, 《中小企業の理論的分析》, p. 17.

그림 1-3. 獨占과 中小企業간의 二重構造

독점단계에서 발생한 중소기업문제인 이중구조에서 독점기업·중소
기업의 관련을 생산관계적 시각에서 파악하면 지배와 종속의 관계이
고, 이것이 기능적 개념에 의한 이중구조이다. 다시 생산력적 시각에
서는 근대화와 전근대화로 되는데, 이것이 생산기술적 개념의 이중구
조이다. 이러한 기능적 및 생산기술적 개념에 기초를 둔 이중성이 임

금면에서의 이중성[賃金隔差]이라는 특수성을 형성한다는 것이다.[12]

개개의 자본주의 국민경제의 전개 속에서는 독점자본주의 단계에서 자본제 국민경제의 구조적 모순인 이중구조라는 특수한 중소기업문제를 형성하게 된다.(특수성) 독점과 중소기업간의 이중구조는 그 안에 생산력과 생산관계가 상호의존 속의 대립관계로 포함되어 있고, 결국은 그 속에서 독점과 중소기업간의 계층적 자본축적구조인 자본 대 자본의 관계가 어떻게 형성되는가(일반성)를 추구하는 것이다.

이때 중소기업정책은 전근대적인 중소기업의 근대화를 추구하여 독점과 국민경제의 생산력을 높이면서 독점과 중소기업간의 대립관계를 완화 해소시키는 방향으로 수행된다.

이처럼 일반성과 특수성의 관계에서 분석된 중소기업문제와 그에 대응하는 중소기업정책 방향의 검출은 우리에게 개개의 자본제 국민경제가 지니는 중소기업문제와 정책의 내용을 검토할 필요성이 있음을 말해준다.

(2) 중소기업문제의 연구방향과 정책

① 중소기업문제의식과 정책

중소기업정책의 대상은 중소기업문제이다. 중소기업정책은 자본주의의 발전과정에서 발생하는 구조적 모순인 중소기업문제의 해결방안이기 때문에 그것은 중소기업문제의 성격에 의하여 규정된다. 우리는 앞에서 일반성과 특수성의 관계에 의하여 중소기업문제의 분석시각을 정리한 바 있거니와 이것은 중소기업정책의 본질을 규정하는 전제가 된다.

중소기업정책의 본질규정과 관련하여 중소기업문제의 분석시각을 다시 정리하면 다음과 같다.[13]

---

12) 末岡俊二, 앞의 책, pp.16~18.
13) 平田喜久雄, 《現代中小企業論》, 中央經濟社, 1981, pp.176~178. 일반성과 특수성의 관계에서 보면, 이 책의 중소기업문제 분석은 일반성 속의 특수성을 중요시하는 시각이라는 지적이 있음을 유의할 필요가 있다.(末岡俊二, 위의 책, p.1)

첫번째 시각은, 중소기업문제는 독점자본주의 일반의 문제라고 보고 개개의 자본제 국민경제의 특유한 문제가 아니라고 인식하는 것이다. 따라서 중소기업문제는 독점자본주의의 일반적 법칙으로부터 해명되어야 하며, 중소기업정책의 본질 해명도 독점자본주의에 일반적으로 발생하는 중소기업문제의 해결방안으로서 이루어져야 한다. 중소기업정책의 일반적 본질이 명확해야만 한 나라의 특수한 경제구조 속에서 발생하는 중소기업문제의 해결책으로서 중소기업정책의 특수성도 밝혀질 수 있다고 본다.

두번째 시각은, 중소기업문제를 독점자본주의의 구조적 모순의 산물로 인식하되 한 나라의 중소기업문제는 그 나라 자본주의의 독점단계에서 구조적 모순의 결과로 인식하는 것이다. 따라서 중소기업정책도 기본적으로는 독점자본주의의 구조적 모순의 해결책이되 그 나라 경제 구조적 모순의 특질 해소를 대상으로 해야 한다는 것이다. 이런 의미에서 중소기업정책은 본질적으로 構造政策이어야 한다. 중소기업을 한 나라 자본주의의 경제구조로부터 고립시켜 그 보호 육성을 위한 중소기업정책을 책정하는 것은 의미가 없다고 본다.

예를 들어 제 2 차세계대전 이전의 중소기업정책과는 달리 전후 일본에서 구조정책으로서의 중소기업정책이 본격적으로 주장되기에 이른 것은 특히 1955년 이후 일본경제가 고도성장기에 들어선 것과 관련이 있다. 이중구조 시정책으로서의 중소기업정책과 일본경제의 산업구조 고도화정책으로서 중소기업정책 및 중소기업 근대화정책으로서의 중소기업정책이 나타난 것은 중소기업문제를 그 나라 독점자본주의의 구조적 모순으로 보고 이를 분명히 인식한 결과 구조정책이 시행된 것이다.[14]

세번째 시각은 독점자본주의의 기본적인 모순은 자본 대 노동 관계의 모순이라고 인식하는 데서 출발한다. 독점자본주의의 형성발전과 함께 그 기본적 모순은 기타의 여러 가지 종속적 모순을 형성한다. 자

---

14) 1957년 이후 일본 경제기획청의 《經濟白書》와 1963년 이후 간행된 《中小企業白書》에 이런 관점이 일관되어 있다.

본주의가 독점단계에 이르면 독점과 경쟁이 병존하고, 독점자본의 지배·수탈은 노동자계급만을 대상으로 하지 않고 중소기업, 농업 및 일반대중 등 각 영역으로 다양화된다. 이러한 독점의 자본축적체제 완성에 대항하여 노동자계급의 조직적 반항운동을 기반으로 하여 일반대중·중소기업자·농민 등의 반항운동도 일어나게 된다.

중소기업문제도 독점자본주의 지배체제가 발생시킨 독특한 모순인데, 표면적으로는 독점자본과 중소자본간에 형성되는 문제로 되지만, 기본적으로는 자본주의의 근본적 모순인 자본 대 노동의 모순이라는 특수한 존재형태인 것이다. 중소기업정책도 표면적으로는 독점기업 대 중소기업간의 직접 간접적 관계의 調整策이지만 결국은 독점자본주의 기본석 모순의 해결책이라고 하는 시각을 지녀야 한다. 이것은 중소기업문제가 결국에는 자본제 전개과정에서 형성되는 기본적 모순으로 동일되어 인식될 수 있다는 것을 의미한다. 따라서 이에 대응하는 중소기업정책이 정책으로서 효력을 발휘하기 위하여 중소기업자의 의사의 전개뿐만 아니라 노동자계급의 의사도 반영되어 형성되어야 한다는 것을 말한다.

또한 중소기업정책은 중소기업문제의 해결방안인바, 그것은 중소기업문제에 대하여 규정되어야 하는데, 중소기업문제는 자본주의의 구조적 모순의 산물이기 때문에 자본주의 경제구조의 현상적 변화에 의하여 규정된다. 즉 중소기업문제는 그 나라 자본주의의 발전 정도와 그것이 지면하는 국내외의 여러 조건의 변화에 따라 달라진다. 따라서 중소기업정책도 자본주의의 역사적 변화와 그것이 식면하는 국내외의 여러 조건의 변화에 의하여 규정될 수밖에 없는 것이다.

이처럼 중소기업정책은 중소기업문제의 변천에 의하여 역사적으로 규정되지만 이것을 규정하는 중요한 조건을 고찰할 필요가 있는데, 중소기업정책 형성의 論理構造가 그것이다. 중소기업정책을 규정하는 중소기업문제는 엄밀히 말해 경제적 사실 그 자체가 아니고 경제적 사실에 대한 문제의식의 논리적 체계이다. 즉 경제적 사실이 중소기업문제로 되는 것이 아니고 특정의 문제의식에 의하여 특정의 중소기업문제가 형성되는 것이다.

독점자본주의의 경제구조에서 중소기업이 특정의 상태에 있는 경우 또는 특정의 모순을 안고 있는 경우에 중소기업문제가 형성되지만, 그것은 문제의식의 차이에 따라 달라지게 된다. 더구나 중소기업정책은 중소기업문제의 전체에 대하여 책정되는 것이 아니고, 중소기업문제 가운데 어떤 의미에서 해결이 요구되는 문제에 대해서만 책정되는 것이다. 정책결정의 전제로서 특정의 목적의식이 정립되는 것이므로 정책의 책정은 당연히 목적의식이 구체화되고 현실화된 것이다. 그래서 정책결정의 주체가 누구인가의 문제를 제쳐놓고라도 중소기업정책의 논리구조는 독점자본주의의 경제구조(경제적 사실)→중소기업문제의 성립(문제의식의 이론적 체계)→정책형성(목적의식의 현실화)이라는 내용을 갖는다.

예를 들면 자본주의 발전과정에서 중소기업의 경영난이라는 경제적 사실이 중소기업문제로 된다. 그런데 여기에 대한 정책을 수립하는 경우에는 그 경영난의 원인이 무엇인가 하는 문제가 제기되고, 이것은 경영난이라는 경제적 사실을 어떻게 파악하는가 하는 문제의식에 의하여 달라지게 되며, 여기에 대한 대책도 다를 수밖에 없다. 즉 중소기업 경영난을 중소기업 자체의 경영의 불합리성, 저생산성, 저기술로 파악하는가 또는 독점자본에 의한 중소기업의 가혹한 지배 문제로 파악하는가에 따라 중소기업정책은 달라지게 된다.

또한 생산성격차, 임금격차, 이윤율격차, 기술수준격차 등 경제적 사실을 반영하는 이중구조문제도 이것을 중소기업의 전근대성으로 파악하는가, 또는 독점자본에 의한 중소기업의 지배·수탈에 따른 것인가로 규정하는 것, 즉 이중구조를 파악하는 목적의식에 따라 정책이 다르게 된다. 그 원인을 전자로 보는 경우에는 이중구조정책은 중소기업의 근대화정책이 될 것이고, 후자로 보는 경우에는 중소기업정책은 반독점정책, 조직화정책, 최저임금제 등으로 제시될 수 있을 것이다.

② 중소기업의 이론체계와 정책방향

중소기업정책은 이처럼 논리적 구조에 따라 형성되는 것이므로 독점자본주의의 구조변화에 따른 중소기업문제의 역사적 변천에 의하여 규정됨과 동시에, 문제의식의 상위에 의하여 규정되는 중소기업문제의 질적 차이에 따라 달라진다. 이때 중소기업문제를 연구하는 방향은 결국 문제의식의 이론적 체계를 반영하는 것이므로 중소기업정책의 형성에 영향을 주고 그 내용을 변화시킨다. 중소기업문제를 분석하는 문제의식의 차이는 문제연구의 이론적 체계를 다르게 만들고 이에 대한 정책대응도 변화시킨다.

이런 의미에서 여기서는 일본에서 전개된 중소기업문제의 연구방향을 정책에 관련시켜 살펴보기로 한다.

첫째는 적극적 근대화촉진론이다.

산업구조의 대전환에 수반된 고도의 경제성장은 필연적으로 중소기업의 존립조건과 존립분야를 변화시킨다. 중소기업은 이러한 조건변화에 적극적으로 대응할 수 있도록 체질개선, 근대화, 생산성 향상을 시행해야 한다는 것이다. 이러한 분석은 중소기업이 저생산성과 저임금 등 일반적으로 정체되고 낙후된 부분이기 때문에 근대화와 생산성 향상, 기업과 업계의 체질개선에 정책의 중점이 놓여야 한다는 논리에 바탕을 두고 있다. 이는 결국 '경제적 합리성'을 추구하는 것으로서 경제의 성장 발전에 적응하지 못하는 중소기업은 자원배분의 효율성에 비추어 소멸 도태되지 않을 수 없다는 논의이다.

이 논의는 이중구조의 해결을 목표로 하고 있다. 그런데 경제성장 과정에서 규모별 임금격차의 축소 등이 이루어졌지만 1965년 이후에 와서는 그 경향이 停滯化되기에 이르렀고, 영세기업과 자영업자수가 증가하였다. 이것은 이중구조를 형성하는 기본적 요인인 노동시장의 특수성과 자본시장에서 '融資集中 메커니즘'에 바탕을 둔 대기업과 중소기업의 지배·종속관계가 변화되지 않았기 때문이며, 따라서 이중구조의 해소문제는 처음부터 재검토되어야 한다는 비판이 제기되었다.

문제는 중소기업 일반이 저생산성과 전근대화 부문이라는 단순한 논의에 있다. 규모별 평균치에 의한 통계수치에 바탕을 둔 규모별 여러 격차를 직선적으로 현실적 중소기업문제의 파악에 관련시키는 데 문제

가 있다는 것이다. 실제의 중소기업군은 異質多元[15]群이며 이중구조라
기보다는 三重構造 또는 傾斜構造라는 비판도 있다.[16] 따라서 필요한
것은 왜 격차(이중구조)가 발생했는가를 종합적으로 밝히는 현상분석
과 그에 대한 이론화이다. 그리고 중소기업 근대화의 필요성이라는 정
책명제에 대하여 객관적 실태파악과 격차의 실태와 변화를 규정하는
다양한 시장구조의 메커니즘을 분석하는 것이 과제로 된다는 것이다.
특히 독점적 지배·재편론은 근대화 촉진론에 대하여 크게 비판하고
있다.

둘째는 현실변화 적극평가론이다.

고도성장과 산업구조 변화에 따라 시장 확대와 사회적 분업이 심화
되고 나아가서 脫工業化가 진행되면서 다양하고 새로운 중소기업이 현
실적으로 전개된다는 것이다. 이는 종래의 중소기업의 틀을 넘어서 새
로운 기업가정신과 경영방법, 지식과 고도기술을 지닌 중소기업이 광
범하게 발전된다는 현실변화를 바탕으로 한다. 결국 '중견기업론'이나
'벤처 비즈니스'(venture business)라고 하는 혁신적 기업유형은 소박한
근대화촉진론이나 독점에 의한 지배·재편론의 인식을 넘어서 급격한
현실변화에 맞추어 신구중소기업의 교체, 社會的 對流現象의 활성화에
의하여 실질적인 중소기업의 근대화를 진전시키려는 것이다. 이것은
현실변화를 적극적으로 평가한다는 점에서 구조변화기에 긍정적 의미
를 지닌다. 그리고 사실인식을 결여한 관념적인 중소기업이론이나 중
소기업정책론(근대화촉진론이나 독점적 지배재편론)에 대한 비판으로 주
장된 것이다.

산업구조와 재생산구조의 확대, 변화와 수요, 소비구조의 확대, 변화
에 수반한 사회적 분업의 심화는 특수제품, 특수기술과 특수한 시장조
건에 맞는 새로운 중소기업군이 발생할 기회를 제공할 것이다. 이러한

---

15) 山中篤太郞, 앞의 책, p. 30.
16) 근대경제학의 입장에서 大川一司는 거대기업과 영세기업의 중간에 많은 중소
　　기업이 있어서 단순히 이중성 이상의 중층적 구조로 되고 있어 傾斜構造
　　(dlifferential structure) 또는 중층적(multilayer) 구조라고 주장하고 있다.
　　(大川一司, 《日本經濟分析―成長と構造》, 春秋社, 1963, p. 226)

새로운 유형의 중소기업 발생과 발전에 대한 평가는 저임금 기반의 소
멸, 신구기업의 교체에 의한 급격한 중소기업 근대화의 진전, 활발한
기업의 상향운동과 기업교체라는 사회적 대류현상에 의하여 '고도산업
사회에서 적극적으로 존재의의를 갖고 사회적 경제적 진보와 모순이
없는 혁신적인 기업유형의 전개'라고 보는 낙관론이다.[17]

　그러나 중소기업 연구의 동향이 새로운 기업유형에 편향되는 것은
바람직하지 않다. 본래 중소기업의 문제성은 현대 자본주의 경제에서
계층적 자본의 구조와 임노동의 구조, 사회적 경제적 모순이 일반화되
고 이것이 대량적이고 지속적 현상으로 되면서 이루어진 것이다. 따라
서 경제와 산업구조의 獨寡占化에 대응한 중소기업군의 존립문제와 실
태의 변화를 객관적이고 구체적으로 분석하는 것이 과제로 제기된다.

　결국 새로운 중소기업을 적극적으로 평가하는 깃은 그깃이 지니는
산업구조상의 종합적 전체적 측면을 결여한 단순한 '기업유형론'이며
'중소기업경영전략론'이라고 할 수 있다.[18]

　셋째는 독점적 지배 재편론이다.

　기본적으로 중소기업문제는 현대 자본주의에 일반화되어 있는 자본
과 노동의 계급적 구성과 그에 부차적인 자본과 자본간의 구조적 모순
의 한 가지 국면으로 본다. 문제의 본질적 계기는 지배적인 거대독점
자본이 이윤의 유력한 원천으로서 방대한 중소기업을 직접 간접으로
지배 이용하는 메커니즘에 있다. 전근대적 또는 비근대적인 후진적 부
문인 중소기업군이 현대의 생산력발전에 따라 거대기업이 주도하는 기
구 속에 동원 편성되고 재편성되는 과정이 고도성장 속의 중소기업의
구조변화이며 그 가운데 문제성이 형성된다. 이에 분석의 초점은 고도
성장하의 지배적인 대기업에 의한 관련 중소기업의 이용·분해·재편
성의 과정과 형태변화에 두어야 한다는 것이다.

　한편 이 입장은 구체적인 정책의 제기에 앞서 현실적으로 행해지고

---

17) 淸成忠南,《日本中小企業の構造變動》, 新評論, 1970.
18) 佐藤芳雄,〈中小企業 '近代化論' 批判〉, 市川弘勝 編,《現代日本の中小企業》,
　　新評論, 1968.

있는 정책의 비판을 과제로 한다. 특히 근대화정책은 그것이 생산설비와 자본중심의 政策이고 업종별로 적정규모의 기업유인정책이며, 과잉설비－과당경쟁－近代化倒産에 이르도록 하는 문제성을 지닌다는 것이다. 따라서 위로부터 근대화정책의 강행은 급격한 산업 및 사회구조 변화에 수반되는 사회적 희생을 근대화를 게을리하는 중소기업의 책임으로 돌리려는 점에서 문제가 있다고 본다.

근대화를 비판하면서 현존의 중소기업이 안고 있는 이중구조라는 중소기업문제 해결의 유효한 논의로서 새로운 革新型의 企業類型이 제시된 바 있다. 고도산업사회와 탈공업화사회에 적극적으로 존재의식을 가지면서도 사회적 경제적 진보와 모순되지 않는 문제해결의 계기를 제시했던 것이다.

그런데 독점적 지배 재편론이 제기하는 모순의 개념이 문제로 삼는 것은 혁신적이 아닌 모순 있는 방대한 중소기업군이다. 이들이 고도산업사회에서 어떻게 편성 교체되어 문제해결의 과정으로 이르게 되는가에 대한 객관적 분석이 필요하다. 객관적 분석과 평가를 통하여 현대자본주의에 일반적인 자본과 노동 또는 자본과 자본간의 구조적 모순의 한 국면인 중소기업문제를 연구하는 것이 정책만능적 근대화정책이나 이상적 기업유형의 제시에 빠져들지 않는 방향이다.

사실인식을 결여하고 관념적으로 경직화된 독점자본론이라는 비난을 벗어나려면 구조적 모순의 일방적 주장보다는 현대자본주의에서 거대기업을 정점으로 하는 기업피라미드의 구성에 관한 동태적인 검토가 필요하며, 그 속에서 현실변화에 적응하는 중소기업이론과 정책이 모색될 수 있다.

넷째는 산업조직론적 중소기업론이다.

超階級的인 경제성장과 중소기업 또는 중소기업 근대화의 방향에서 독과점체제와 중소기업의 연구로 전환하는 것이다. 현대 자본주의의 원동력이며 산업의 지배적 부문인 대기업의 행동과 이와 관련을 맺는 중소기업의 행동을 이론화하는 것이다. 어느 의미에서는 중소기업문제를 초계급적 경제성장과 근대화에 직결시켰던 종래의 연구방향, 또는 사실의식을 결여하고 관념적이었던 경직적 독과점론에서 벗어나 동태적인 계층적 구성 속의 구조적 모순 연구로의 방향전환이라는 것이다.

기본적으로 현대 독과점경제체제의 한 국면으로서 비독과점＝중소기업의 문제성을 연구하는 것이다. 독과점업체가 지배와 경쟁을 통하여 비독과점 부문을 분해·재편성시켜 독과점체의 성장 축적의 유력한 원천으로 직접 간접으로 이용하는 여러 관계의 해명과 이론체계를 구축하려는 것이다.

여기서는 분해 재편성되고 축적의 원천으로 이용되는 비독과점 부문인 중소기업이 독과점업체에 어떻게 반작용하며 독과점체제에 어떤 영향을 주는가에 대한 분석이 따르게 된다. 따라서 독과점체를 不動의 대상으로 상정하는 것이 아니다. 어디까지나 동태적인 독과점체의 행동에 대한 기능적(functional) 접근이 요구된다는 것이다.

이것은 反獨寡占 문제의 해명에서 경제이론인 산업조직론을 중소기업문제에 확대 수용하는 것으로서, '경직적 독과점자본에 의한 중소기업 지배라는 구조적 모순론'에 대한 競爭論的 接近이라고 할 수 있다.[19] 미국 등 선진국에서 논의되는 '活力 있는 多數論'(the vital majority)[20]도 넓은 의미에서는 이 연구범주에 속한다고 볼 수 있다.

Ⅱ. 경제정책과 중소기업정책

1. 경제정책의 목표와 중소기업정책

⑴ 자본주의적 모순과 중소기업정책의 성립

政策(policy, politik)이란 주어진 여러 목적에 대하여 지향하는 여러

---

19) 佐藤芳雄, 《寡占體制と中小企業―寡占と中小企業競爭の理論構造》, 商學硏究叢書 10, 慶應義塾大學 商學會, 1976.
20) *The Vital Majority : Small business in the American Economy, Essays Marking the Twentieth Anniversary of the U. S. Small Business Administration*, SBA, 1972.

手段의 總和를 의미한다. 정책의 결정에서는 세 가지, 즉 ① 목표(the
ends—what we want), ② 수단(the means—how we get it), ③ 정책
의 주체(who are—what is the nature of the organization of group con-
cerned)가 확정되지 않으면 안 된다.[21]

　이때 정책의 주체는 국가(공공단체 포함)인데, 사회의 상부구조인 국
가가 하부구조인 경제구조가 지닌 구조적 모순을 대상으로 하는 것이
경제정책이므로, 경제정책은 경제구조의 성격과 그 모순의 내용에 의
하여 규정된다. 하부구조인 경제구조는 자본주의이고 오늘날에 와서는
독점자본주의이므로, 국가의 경제정책은 자본주의의 안정과 유지 및
발전을 목적으로 하는 것이고, 독점자본주의단계에 와서는 지배적 경
제제도인 독점자본의 이익을 옹호하고 증대시키는 경향을 띠기 쉽다.

　따라서 자본주의국가에서 행하는 경제정책은 그것이 현상적으로 어
떤 형태를 지닌다 해도 자본의 논리나 독점자본의 이익에 배치하는 것
은 아니다. 결국 자본주의 국가의 경제정책은 궁극적으로는 자본주의
내지 독점자본주의의 옹호와 발전을 위한 정책이 되는 것이다.

　자본주의적 경제는 독립적인 객관적 존재로서의 경제질서이고, 그
스스로 발전을 규정하는 경제법칙을 지닌다. 국가의 경제정책은 자본
주의의 발전법칙을 폐기하거나 변경시키는 것이 아니고 그 법칙에 따
라 자본주의의 모순을 어느 정도 해소시켜 그 법칙을 관철시킴으로써
발전을 촉진하려는 것이다. 따라서 경제정책의 형성에서는 자본주의적
발전법칙의 인식이 우선 전제되어야 한다.

　자본주의의 발전에는 자본주의적 모순의 형성, 발전 속에 그것의 止
揚과 解決, 그리고 새로운 모순의 발생이라는 과정이 따르게 된다. 이
것은 또한 자본주의적 경제법칙의 전개과정이기도 하다. 자본주의적
경제법칙을 관철시키고 촉진하는 경제정책은 자본주의적 여러 모순의
지양정책이며 해소정책이다. 자본주의적 모순은 좀더 새로운 모순을

---

21) Kenneth E. Boulding, *Principles of Economic Policy,* 1958, p. 1. 그는 정책
　　을 "the word 'policy' generally refers to the principles that govern action
　　directed towards given ends"라고 하였다.

발생시키는 가운데 해소되는 것이므로 모순의 지양 내지 해소는 항상 새로운 모순의 형성을 수반하는 구조를 전제로 한다.

따라서 자본주의적 경제정책은 자본주의적 모순의 지양정책임과 동시에 새로운 모순을 형성 발전시키는 정책인 것이다. 이처럼 자본주의적 경제정책은 자본주의의 발전법칙, 다시 말하면 자본주의경제가 모순의 형성·발전·해소, 그리고 새로운 모순의 발생이라는 변증법적 구조와 과정을 통해 발전된다고 하는 법칙 속에서 그 존속의 필연성이 제시된다.

여러 모순을 내포하고 또 그것의 해소로부터 새로운 모순을 형성시키는 가운데 자본주의 발전법칙이 이루어진다면 결국 자본주의 발전법칙의 전개과정은 여러 모순의 전개과정이라고 할 수 있다. 따라서 자본축적, 즉 자본주의의 확대 발전은 자본주의적 여러 모순 전개의 확대 재생산과정이다. 그리고 이것은 자본주의의 強制法則이기도 하다. 그리고 이것은 자본주의의 확대 재생산과정이 국가 경제정책의 형성을 요구하기 때문에 결국 경제정책 성립의 필연성은 자본주의적 모순의 전개과정과 그 확대 재생산과정 속에서 발견될 수 있다. 자본주의적 경제정책의 현실적 구체적 전개는 당연히 여타 여러 정책의 구체적 전개를 수반하게 된다. 자본주의적 경제정책의 전개가 자본주의적 모순의 해소방안이라는 역할을 지니는 한, 그것은 별개의 자본주의적 모순에의 전환을 필연화한다. 자본주의적 모순의 해결을 별도의 자본주의적 모순에의 전환 속에서 이루려는 가운데 우리는 국가 경제정책 성립의 필연성을 발견하게 된다.

중소기업정책 성립의 필연성과 그것의 일반경제정책과의 관련성을 여기서 알 수 있다. 중소기업정책은 자본주의적 여러 모순의 변증법적 전개과정 속에서 국가의 경제정책이 자본주의적 모순을 전환시키려는 별개의 구체적 현실적 정책으로서의 의미를 지닌다.

우리는 이것을 일본의 사례에서 설명해보기로 한다. 일본은 전후 독점자본주의 발전을 위하여 국민경제의 고도성장정책을 수행하였다. 일본경제의 고도성장은 본래 일본자본주의에 내재하고 있던 이중구조를 顯在化 및 격화시켰다. 일본경제의 안정적 성장을 위해서는 이중구조의 시정이 필연적 조건으로 되었다. 이때 고도성장정책의 보완적 정책으로서 이중구조시정책인 중소기업근대화정책(또는 농업근대화정책)이 필연화되었다. 이들 정책이 중규모기업의 육성에 의한 이중구조의 시정책이며 소영세기업의 도산정책에 의한 이중구조의 해소책이었다. 이에 수반되어 나타난 소영세기업의 구제를 위한 사회보장적 정책이 수행되었던 것도 결국은 일본경제의 안정적 성장과 고도성장을 위한 별개의 정책이었다.

경제정책이 자본주의적 모순의 해결을 위한 방안의 제시이고, 자본주의적 여러 모순은 자본주의 발전법칙의 전개과정에서 발생하며, 그것이 자본주의적 축적의 필수요건인 한 경제정책이 완전히 그 임무를 수행하기는 어렵다고 보아야 할 것이다. 이런 점에서는 중소기업정책도 마찬가지이다. 중소기업문제가 독점자본주의 형성 발전의 구조적 모순의 산물로 형성되는 한 중소기업문제의 해결을 위한 중소기업정책은 필연적으로 형성된다. 그러나 중소기업문제가 자본주의적 축적의 필수요건인 구조적 모순으로서의 성격을 지닌다는 점에서 경제정책과 중소기업정책은 밀접한 유기적 관련성을 지닌다고 보아야 한다.

다만 중소기업문제가 독점자본의 축적과정에서 발생하는 부차적 모순의 산물이라는 점에서 중소기업정책은 자본주의적 모순의 해결을 위하여 전환된 부차적 모순의 해결을 위한 방안의 제시라고 할 수 있다.

⑵ 경제정책의 목표와 정책대상의 인식

경제적 문제의 해결을 위하여 제시되는 방안인 정책 형성의 출발점은 구조적 모순에 대한 문제의 인식에 있다. 구조적 모순은 경제적 현상이기 때문에 객관적 사실이다. 이에 대한 문제의 인식은 정책주체(또는 인식주체)의 문제의식에 의존한다. 결국 정책의 책정은 정책주체의 목적의식이 구체화되고 현실화된 것이기 때문에 정책주체의 주관적 판단이 크게 개입된다.

즉 객관적 경제적 사실(구조적 모순)에 대한 주관적 목적의식이라는 점이 정책의 형성에서 중요한 문제로 제기된다. 이것이 문제로 되는 것은 적절한 정책목표를 설정한 정책의 효율성을 높이기 위해서는 정확한 정책대상의 파악이 선결과제이기 때문이다. 중소기업정책에서도 정책대상이 되는 중소기업문제를 정확하게 파악해야만 효과적 대응방안이 마련될 수 있는 것이다.

특히 경제문제를 파악하는 데서 목적의식은 정책의 목표설정과 깊은 관련성을 지닌다. 일정한 목표달성을 향하여 여러 수단을 효율적으로 이용하기 위한 방안을 선택하는 것이 경제정책의 책정이라고 볼 때 정책에서 목표설정은 매우 중요하다. 그런데 목표는 경제문제에 대한 구체적 현실적 인식에 따라 달라진다.

경제정책의 목표는 추상적으로는 경제적 복지(economic welfare)의 증진에 있으며, 그 구체적 내용으로는 ① 경제성장, ② 물가의 안정, ③ 소득의 공정한 분배, ④ 진보와 효율화 등이 제시된다.[22] 또는 경제정책의 목표는 공공복지를 증진하기 위하여 경제적 자원이용의 효율성을 높이고, 그 성과의 분배를 公正의 理想에 접근하도록 하는 것으로서, 이런 의미에서 효율과 공정이 경제정책의 양대목표라고도 하였다.[23]

이와 같은 규정에 따르더라도 공정복지나 공정의 내용이 무엇인가를 구체적으로 밝히는 단계에 이르면 필연적으로 가치판단의 문제에 직면하게 된다. 즉 정책목표를 정하는 데는 어느 정도 가치판단에 의존하지 않을 수 없게 된다.

정책목표의 설정에서 가치판단의 개입이 불가피하다는 점은 일찍이 독일학계에서 있었던 유명한 '價値判斷論爭'에서 베버(Max Weber)에 의하여도 제기된 바 있다. 목표의 설정은 어느 정도 가치판단을 포함하고 가치판단은 각자의 사고에 의존함으로써 주관성을 벗어나기 어렵기 때문에 목표설정 자체에는 객관성이 결여되게 마련이라는 것이다. 따라서 정책이론은 개인적 의견을 펴보이는 것일 뿐 학문적 인식으로서 자격이 요구될 수 없다는 것이다.

---

22) 볼딩(K. E. Boulding)은 경제정책의 목표로서 진보(progress), 안정(stabili-
　　zation), 공정(justice), 자유(freedom) 등 네 가지를 들고 있다.(*Ibid.*, p. 19)
23) 熊谷尙夫,《經濟政策原理》, 岩波書店, 1972, p. 13.

사회과학적 및 사회정책적 인식의 객관성[24]에서 주장된 대로 정책목표 설정에서 가치판단의 불가피성과 중요성을 인정하고 가치평가로부터의 해방이 理論科學에서 원칙적으로 이의가 제기될 수 있는 것은 아니다. 그러나 가치판단에서 독립된 과학으로 경제정책론이 성립하지 않는 것은 아님을 베버도 주장하였다. 즉 그는 전제된 목적에 대한 수단관계에서 합목적성의 평가를 인식하고 그 適合性을 음미하는 技術的 判斷(technische Kritik)의 과제를 중심으로 하는 과학적 정책론의 성립을 인정하였다.[25]

경제정책의 목표설정에서 가치판단의 문제는 중소기업정책의 목표설정에서도 제기된다. 중소기업정책 형성의 논리구조가 자본주의의 경제구조(경제적 사실)→중소기업문제의 성립(문제의식의 이론적 체계)→정책형성(목적의식의 현실화)이라는 과정을 지니기 때문에 중소기업정책의 목표설정에서도 가치판단의 문제는 포함된다. 이것이 가치판단으로부터 해방되지 않아 과학으로서의 학문적 인식에 객관성을 결여한다고 해도 문제의식이라는 것을 정책목표의 설정에서 배제할 수는 없다.

문제의식이 다름에 따라 중소기업문제도 다르고 또 정책내용도 다르게 되지만 문제의식은 어디까지나 경제적 사실을 대상으로 하는 것이기 때문에 중소기업정책의 목표는 자본주의 구조변화(구조적 모순의 변화)에 따른 중소기업문제의 역사적 변천에도 의존하게 된다.

2. 경제정책의 유형과 중소기업정책

(1) 정책목표의 가변성과 정책유형

---

24) M. Weber, "Die 'objektivität' sozialwissenschaftlicher und sozialpolitischer Erkenntnis", *Archir für Sozialwissenschaft und Sozialpolitik,* Bd. 19, 1904. 이 논문은 19세기말 新歷史學派(또는 講壇社會主義)에 대한 비판으로 작성된 것임을 유의할 필요가 있다.

25) M. Weber, "Der Sinn der 'Wertfreiheit' der sozialogischen und ökonomischen Wissenschaften(1917)", *Gessamelte Aufsätzge zur Wissenschaftslehre,* 1922, SS. 499~500.

　자본제 국민경제의 자본축적이 관철되는 가운데 형성된 문제점을 해소시키려고 제시된 방안이 경제정책이다. 그런데 중소기업정책은 자본주의의 전개과정에서 이루어진 '경제구조의 한 가지 모순'인 중소기업문제에 대응하는 정책방안이다. 따라서 중소기업정책은 국민경제적 모순이 중소기업문제로 전환·형성됨에 따라 그것을 해소하기 위해 취해진 별개의 정책이라고 할 수 있다.

　현상적으로는 중소기업정책은 국민경제의 성장·발전 등 일반경제정책의 목표를 달성하는 데 적극적으로 기여하도록 이루어져야 한다. 따라서 중소기업정책은 일반경제정책의 부분적 정책일 수밖에 없으며, 양자간에는 고립적이 아닌 상호보완적 관련성을 이루면서 조화 있게 실시되어야 한다.

　그런데 경제정책의 목표인 구조적 모순 해소와 중소기업정책의 대상이 되는 중소기업문제는 가변성을 지니게 마련이다. 자본제 국민경제의 전개 발전과정에서 경제구조의 역사적 변천에 수반되어 구조적 문제가 변화될 뿐만 아니라 일반성과 특수성의 관계에 따른 경제문제에 대한 인식의 차이에 의해서도 정책대상은 달라지게 된다. 이것은 선진경제와 개발도상경제가 지니는 경제문제의 특성이 동일할 수 없다는 사실도 포함한다.

　또한 정책이 대상으로 하는 경제분야가 서로 다른 데서도 정책유형은 다양하게 될 수밖에 없다. 즉 경제문제의 가변성과 이에 대응하는 정책유형의 다양성이 제시된다. 이와 같은 정책 유형화의 필연성은 효율적 정책대응을 위해서도 이루어져야 한다.

　첫째로는, 국민경제적 모순의 해소라는 일반적 목표를 대상으로 하는 일반경제정책과, 그 가운데 특정목표를 대상으로 하여 이를 위해 특정수단을 강구한다는 의미에서 특수경제정책을 들 수 있다.

　둘째로, 국민경제 전체를 위하여 일반적으로 정해진 목적을 실현하기 위한 거시적 경제정책과 산업의 특수한 부분 등 국민경제의 한 부분을 문제의 대상으로 하는 미시적 경제정책으로 구분할 수 있다.

　셋째는, 秩序政策(Ordungspolitik)과 過程政策(Prozesspolitik)으로 나누는 것이다. 질서정책은 사회에 대한 제도적 구조 또는 경제적 질

서를 설정하고 이를 유지하는 등 그 테두리 안에 경제과정 그 자체의
목적이 포함된 것을 말한다. 이에 대하여 과정정책은 정부정책에 의하
여 경제과정이 직접 지향하는 목적, 즉 높은 성장률과 고용수준 등의
실현을 의도하여 책정되는 것이다. 스미스(A. Smith) 이래 자유주의적
경제정책은 경쟁적 시장구조에 합치되는 제도적 구조를 확립하여 이를
유지하는 것이었으므로 이는 경쟁적 질서정책이라고 할 수 있다. 경제
적 자유주의에서 질서정책은 경쟁질서의 확립과 유지를 목적으로 하고
있으며, 이것은 기본적으로 스미스의 '自然的 自由'(natural liberty)의
체계에서 유래한 것이다. 그리하여 가장 철저한 경쟁질서정책의 형태
는 부자연한 국가간섭을 배제하는 것이라고 하여 정책을 소극적으로
해석하였던 것이다.[26]

　넷째는, 질적 정책과 양적 정책으로 구분하는 것이다. 틴버겐(J.
Tinbergen)은 경제정책에 이용되는 정책수단을 기준으로 하여 경쟁정
책을 세 가지로 구분하였는데, 양적 정책, 질적 정책, 그리고 개혁이
다.[27]

　먼저 양적 정책은 구조와 기반을 주어진 것으로 하여 그 테두리 안
에서, 바라는 여러 목적을 실현하기 위하여 여러 현상을 규제하는 정
책을 말하며 재정·무역·금융정책이 여기에 속한다.

　다음에 질적 정책은, 사회조직에 대한 요소의 결합이라고 규정되는
구조를 기반의 테두리 안에서 변경시키는 것을 목적으로 하는 것으로
서 반독점이나 조세체계를 변화시키는 정책 등을 말한다.

　끝으로 개혁이라고 하는 것은 인간사회의 가장 기초적인 요소인 기
반(정신적 가치, 인간상호간의 본질적 관계와 결부되는 언론의 자유, 인권·
경제적 민주주의 등을 포함)의 변경을 목적으로 하는 정책으로서 사회보
장, 화폐개혁, 국유화정책 등이 포함된다.

　이러한 경제정책의 유형에 비추어보면 중소기업정책은 주로 특수경
제정책, 미시적 경제정책, 질서정책 그리고 질적 정책의 범주에 해당

---

26) 新野幸次郎,《産業組織政策》, 新評論, 1970, p. 61·62.
27) J. Tinbergen, *Economic Principles and Design,* 4th revised, Rand Macnally,
　　1967, p.16.

된다고 볼 수 있다.

⑵ 중소기업정책의 유형과 수단

중소기업문제의 해소를 직접적 과제로 하는 국가의 정책이 중소기업
정책이지만 그 성격과 유형은 국가에 따라 조금씩 다르다.

미국에서는 중소기업정책(small business measures)은 公共政策(pub-
lic policy)의 일환으로 이해되고 있으며,[28] 그 자체 독립된 중소기업정
책은 지니고 있지 않다. 서독에서는 중소기업정책을 中産階級政策
(Mittelstandspolitik)이라고 부르는데,[29] 최근에 와서는 중산계급의 보
호정책에 그치지 않고 일본의 중소기업정책과 유사한 내용을 지니게
되었다. 이와 같은 미국·서독·일본의 정책형성과 용어의 차이는 역사
적 여러 조건의 차이에 따른 것이다. 즉 중소기업이 낙후되어 문제를
발생시키는 존재로 인식되고, 이에 대하여 보호정책을 취하는 나라에
서는 독립된 중소기업정책이 형성되어 있는 것이다.

그런데 현대자본주의 아래에 있는 모든 나라의 중소기업정책은 큰
테두리에서는 같은 방향을 보여주고 있다. 경제정책은 경제체제에 적
응해야 하기 때문에 중소기업정책도 당연히 이 제약을 받게 된다. 즉
현대자본주의에서는 거시적으로 計劃化原理가 도입되어 있고, 미시적
으로도 自由競爭原理만이 아닌 계획화원리가 도입되고 있다. 따라서
경제체제 속에 고전적 자유주의가 후퇴하고 新古典學派 綜合(neoclas-
sical synthesis)의 입장이 선택됨에 따라 중소기업정책도 이를 수용하
는 방향에서 이루어지고 있다.

역사적으로나 현시점에서나 중소기업정책의 과제인 중소기업문제는
다양한 내용을 지니고 있다. 이것은 경제문제라고 하는 측면에서 볼
때 경제정책의 목표가 결코 하나가 될 수 없는 것과 마찬가지이다. 다
음과 같은 볼딩(K. E. Boulding)의 지적은 이러한 점을 말하는 것이다.

---

28) J. D. Phillips, *Little Business in the American Economy*, Urbana, 1958, p.
84.
29) Bundesministerium für Wirtschaft, *Die Mittelstandspolitik der Bundesre-
gierung*, Bonn, 1965.

정책에서 유일의 목표를 想定하는 것은 불가능하다. 여러 가지 목표가 단일의 것으로 歸一될 수는 없다. 어떤 목표를 더 많이 달성하기 위해서는 다른 목표를 희생하지 않으면 안 된다. 그러나 목표 가운데 어느 것은 다른 목표와 동시에 추구될 수도 있다. 어쨌든 여러 목표간에는 선택이 행해져야 한다. 어려운 것은 사회적 선택이 이루어져야 한다는 점이[30]라고 하면서 경제적 진보, 경제적 안정, 경제적 정의, 경제적 자유라는 네 가지 목표를 제시하였다.

중소기업정책을 경제정책의 일부로 생각할 때 그 목표는 다양할 수밖에 없으며 획일적인 유효한 중소기업정책을 찾기란 어렵다. 여기서는 중소기업정책의 유형을 세 가지로 구분하여 제시하고자 한다.

① 보호정책

보호정책(Schutzpolitik)은 계층으로서의 중소기업이 시장에서 도태되는 것을 보호하는 정책이다. 보호정책은 유럽 여러 나라에서는 중산계급정책으로 전개되었으며, 사회정책(Sozialpolitik)의 일부로 보였다. 舊中産階級인 소상품생산자의 사회적 불안 해소를 궁극적 목적으로 하는 것이다. 따라서 경제적으로는 소극적인 정책이라고 할 수 있다.[31]

경제 전체의 이익을 떠나 특정집단의 이익을 보호하려는 것이다. 존재하는 것은 모두 소멸되어서는 안 된다[32]는 보수적 목적을 지닌 것이다. 따라서 보호정책의 극단적 경우는 '經濟的 自然保護地帶'(wirtschaftlicher Naturschutzgebiete)의 창출을 뜻하기도 한다. 이러한 보호정책은 저생산성 기업경영을 보존시키고 지불능력이 한계에 이른 기업경영을 존속시킴으로써 선진공업과 후진공업간 임금격차 시정을 어렵게 하고, 나아가서는 광범한 사회적 분업에 의존하는 대기업의 발전을 저해한다고 하여 근대화론자들의 비판 대상이 되기도 하였다.

그러나 보호정책이라고 하여 적극적인 의미가 전혀 없는 것은 아니다. 즉 보호정책에는 단순한 구제적 보호정책만이 아니라 육성적 보호정책이 있다는 것이다. 특정산업의 중소기업 경쟁력을 강화시켜주는

---

30) K. E. Boulding, *op. cit.,* p. 19.
31) J. Wernicke, *Der Mittelstand und seine wirtschaftliche Lage,* 1909, S. 32ff.
32) W. Röpke, *Die Gesellschaft-krisis der Gegenwart,* 1948, S. 301.

계기를 마련해주는 정책이 그것인데, 이 점에서 보호정책도 경제정책
의 성격을 지닌다.

또한 구제적 보호정책도 적극적이고 긍정적인 평가를 받을 수 있다.
이때는 중소기업의 경제적 기능보다 사회적 기능이 강조되기도 하는
데, 이런 의미에서 중소기업정책의 기초는 경제적(ökonomischen) 영
역보다는 경제이전(metaokönomischen)의 영역에서 행해진다. 그러나
보호정책은 저임금의 기반을 지속적으로 조성하여 자본축적을 가능하
게 하여준다는 점에서 보면 반드시 '前經濟的'인 것으로 규정될 수만
은 없다.

② 適應政策

적응정책(Anpassungpolitik)은 동태적으로 변화하는 시장경제에 적
응할 수 있는 중소기업을 '助成'해주는 정책이다.[33] 따라서 직응정책은
중소기업의 경쟁력을 적극적으로 높여서 전체 경제의 생산력 수준에
적응시키는 것을 목적으로 한다. 이런 의미에서 구조정책(Struktur-
politik)[34]이고 근대화와 합리화를 위한 정책이다.

이 정책의 특징은 적극적으로 경쟁력의 강화에 중점을 두는 데 있
다. 이 경우 원칙적으로는 시장경제가 전제되지만, 때에 따라서는 거
시적 또는 미시적으로 계획화 원리가 도입되기도 한다. 최근에 산업정
책적 관점에서 중소기업정책을 추진하는 것은 이를 반영한다.

적응정책의 목표는 구체적으로 경제적 사회적 환경의 변화로 인한
여러 조건에의 적응[35]을 의도하는 것이고, 개별기업이나 업종별로 적
응과정의 촉진을 지도하는 것이며, 경제적 기술적 진보에 대한 중소기
업의 적응의 원활화[36]를 기하는 것이다. 따라서 적응정책은 중소기업
의 경쟁력을 적극적으로 높여줌으로써 선진부문과 후진부문간의 생산
성, 소득 및 임금격차를 해소시키려는 산업정책이다.

---

33) E. Tuchtfeldt, Handwerk, in : stuatlexikon, Bd. 6, Spalte 1217. ders.,
    Gewerbefreiheit als wirtschaftspolitisches Problem, 1955.
34) H. Wellmans, *Das deutsche Handwerk in gemeinsamen Markt,* 1960, S.159.
35) E. Tuchtfeldt, *op, cit.,* S.200.
36) W. Wernet, *Handwerks und Industriegeschichte,* 1963, S.83.

현상유지를 추구하는 보호정책의 기조가 아니라 생산성 향상과 경제력 강화를 통하여 시장경제에 대한 대항력을 창출하고 유지시키려는 정책으로 설명되고 있다. 이 정책은 일본의 경우에 이중구조론·적정규모론·중견기업화론 등 중소기업근대화론을 정책적으로 구체화한 것이며, 중소기업에 대한 강력한 합리성 및 근대화를 촉구하는 반면, 전통적 중소기업의 도산으로 사회적 대류현상을 촉진시키는 작용을 하였다.

그런데 서독에서는 적응정책이 중소기업 경영자에 대하여 경영문제와 시장문제에 대한 인식을 쉽게 하고 적응의 출발점을 밝혀주며, 중소기업이 서서히 시장경제의 원칙에 따라 행동하도록 지도하는 것을 목적으로 하였다. 따라서 적응정책은 중소기업을 위하여 독점적인 시장 대항력의 창출 유지 또는 경제적 특권의 형성을 목적으로 하는 것은 아니다. 오히려 서독에서는 적응정책의 의의는 시장경제를 전제로 하여 그 약한 부문을 강화하려는 것이었다.

중소기업이 새로운 경제환경에 적응하는 것은 쉽지 않기 때문에 '새로운 균형 도달을 촉진하고 원활화하는 것', 즉 적응의 원활화는 중소기업에서 가장 중요한 경제문제라고 보고 있다. 결국 적응정책은 중소기업의 생산성을 높이고 경쟁력을 강화시켜주는 적극적인 정책이며, 보조금 등을 지불하여 새로운 균형에 도달하는 소극적 방위책은 아니다.

③ 不利是正政策

불리시정정책은 질서정책으로서 시장에서 중소기업의 不利是正, 즉 대기업과 평등한 경쟁조건의 창출을 목적으로 하는 것이다. 다 같이 시장경제를 전제로 하고 있지만 적응정책이 동태적 정책임에 대하여 불리시정정책은 정태적 질서정책이다. 시장에서 적극적인 적용을 목적으로 하는 적응정책과는 달리 불리시정정책은 시장질서 자체의 변화를 통하여 중소기업의 소극적인 적용을 도모하려는 것이므로 질서정책으로서의 성격을 갖는다고 볼 수 있다.

즉 적응정책이 적극적인 경쟁력 강화책인 데 대하여 불리시정정책은 소극적인 경쟁조건 정비정책이다. 불리시정정책의 경우에는 경쟁의 출발점을 평등하게 하여 적절한 경쟁조건을 창출하는 것이 목적이다.

불리를 시정하는 방법에는 두 가지가 있다. 하나는 대기업의 경쟁제한적 행동을 금지하는 것이고, 다른 하나는 대기업에 대하여 중소기업이 단결하여 대항력을 형성하는 것이다. 후자는 결국 대기업과 중소기업의 양측에 독점 내지 과점을 발생하게 하여 본래 목표인 경쟁조건의 창출과 지속을 어렵게 할 수도 있다. 극단적인 경우에는 당면한 불리점을 보완하는 對應療法的 성격을 갖게 되어 흔히 보호정책의 경향을 띨 수도 있다.

즉 이 정책은 중소기업의 軍備擴張 또는 再軍備가 아니고 본래적인 시장지배력의 군비축소 또는 무장해제에 그 출발점을 두고 있다고 볼 수 있다.

④ 政策의 關聯性과 政策手段

이상에서 중소기업정책의 세 가지 유형인 보호정책 · 적응정책 · 불리시정정책에 대하여 설명하였는데, 현실의 중소기업정책은 주로 앞의 두 가지, 즉 보호정책(특히 구제적 보호정책)과 적응정책의 대항에 의하여 규정된다. 그리고 중소기업정책의 문제점도 양자간의 분열로부터 발생한다. 국민경제적 관점에서 보면 구제적 보호정책은 소극적인 것이고 적응정책은 적극적인 성격을 갖는다. 그러나 市場適合的인 적응정책에는 일정한 한계가 있다. 중소기업의 경제적 사회적 성격에 비추어 중소기업의 이해는 국민경제 전체의 이해와 일치하지 않을 수도 있고 적응정책을 강행하는 것이 중소기업의 저항을 일으킬 수도 있다.

이에 대하여 보호정책을 강행하는 것이 정세 전제의 이해에 反히는 '경제적 자연보호지대'를 창출하는 것이 될 수도 있다. 따라서 현실의 중소기업정책은 이 두 가지 목표 사이에서 타협점을 얻어 실시되어야 한다. 어느 쪽의 요소가 강하게 작용하느냐에 따라 중소기업정책의 방향이 규정된다. 현상유지적인 보호정책이 시행되면 적응정책의 효과는 감소하고, 적응정책을 강화하면 약소기업의 도태가 진행될 것이다. 두 가지 정책은 원리적으로 서로 다른 것이어서 현실적으로는 여러 계층의 이해 대립과 힘의 관계에 의하여 정책이 결정될 수밖에 없다.

두 가지 정책의 대항관계는 복잡성을 띤다. 경제발전의 단계와 유형을 고려하여 그 선택을 결정해야 한다. 특히 후진자본주의에서는, 어느 단계에는 중소기업을 의도적으로 온존·이용함으로써(이른바 이중구조의 이용) 대기업의 자본축적을 진행시킨다. 이런 의미에서 보호정책이 특정의 단계에서는 반드시 보수적인 것만은 아니다. 반대로 반독점정책의 일환으로서 중소기업 보호정책이 주장되기도 한다. 보호정책은 또한 현대적 정책으로서는 뒤떨어진 의미를 지니기 때문에 이때 중소기업정책은 사회정책과 경제정책의 교차점이라고 할 수 있고, 중소기업정책은 경제정책과 사회정책이 분리되지 않는 상호작용에 의하여 결정된다는 지적이 있다.[37] 이와같이 중소기업정책에서 경제정책과 사회정책의 상호규정적 대항적 관계의 역사적 전개는 중요한 의미를 지니는 것이지만, 경제정책은 주로 성장력이 있는 중소기업, 사회정책은 주로 성장력이 약한 중소기업을 대상으로 이루어지는 정책이다.

한편 정책이 대상으로 하는 중소기업은 異質多元的이다. 중소기업의 내부에는 여러 계층이 있고, 이것이 중소기업정책의 유형 및 목표와 맺는 관계를 알아볼 필요가 있다. 보통 중소기업이라는 企業群에는 영세경영과 중소자본이 있고, 특히 중소자본에는 소기업과 중기업이 포함되며 중견기업이라는 별도의 범주가 정해지기도 한다. 그러나 대기업을 정점으로 하여 사회적 자본축적이 진행되면서 중소기업의 상한이 인상되기도 하지만, 반드시 소영세기업이 소멸되는 것은 아니다. 경제가 발전하면서 사회적 對流現象이 확대되고, 기업계층이 분화되면서 중소기업은 다양화된다. 기업규모의 대소에 관계 없이 사회적 대류현상 속에서 상승하는 기업도 있고 하강하는 기업도 있다. 이러한 여러 계층의 실태에 대한 이해를 바탕으로 하여 중소기업의 정책목표가 정해져야 한다.

지금까지는 흔히 보호정책은 영세층을 대상으로 하고 적응정책은 상위의 중소자본을 대상으로 하는 것으로 이해되고 있다. 보호정책은 구제를 필요로 하는 최하층을 대상으로 하는 것이고 적응정책은 성장성이 높은 중기업을 대상으로 하는 시책이기 때문이다. 그러나 기업규모

---

37) W. Wernet, *Handwerkspolitik*, 1952, S.14.

의 대소와 기업의 우열이 반드시 일치하는 것은 아니다. 기업규모라는 횡적 시각과 함께 산업정책이라는 시각에서 업종별 정책이 있을 수 있다. 여기서 제시될 수 있는 것이 전략적 산업과 斜陽化 산업이라는 구분이다. 전자는 성장력 있는 기업(산업)으로서 적응정책의 대상이 되고, 후자는 성장력이 없는 기업(산업)으로서 구제적 보호의 대상이 된다.

한편 정책목표와 정책수단을 경쟁조건과 생산성에 관련시켜 나타낸 것이 표 1-1의 내용이다. 중소기업의 경쟁제한은 보호정책이나 적응정책의 경우에 다 같이 채용된다. 조세감면, 금융지원과 보조금 등 정책수단은 보호정책의 경우에는 주로 하위의 중소기업에 평등하게 적용되는 데 대하여 적응정책의 경우에는 특정 정책목표에 따라 특정 중소기업에 선택저으로 적용되는 경향이 강하다. 정책수단의 중점적 적용에 따라 대상이 되는 중소기업에 차별화가 이루어진다.

표 1-1. 政策目標와 政策手段

정 책	대 상	경 쟁 관 계	생 산 성
적응정책	{ 대기업 중소기업	경쟁제한방지 } 경쟁제한방지 } →독금법 경쟁제한→공동화	향상→ } 향상→ } 감세·금융·보조금 경영지도, 기술지 도, 기능양성
보호정책	{ 대기업 중소기엄	경쟁제한방지→독금법 경쟁제한→참입규제	향상저지→각종의 영업규제 현상유지→감세·금융·보조금

※ 자료 : 淸成忠南, 《日本中小企業의 構造變動》, p. 51.

불리시정정책의 기본적 정책목표는 정태적 경쟁조건의 창출이지만 정책대상은 보통 중소기업 일반이다. 흔히 불리시정정책은 그 자체 보호정책은 아나라고 하지만 광범하게 시장경제를 전제로 한다는 점에서는 보호정책과 상통하는 면도 있다. 결국 불리시정정책은 보호정책과 적응정책의 한 정책수단으로 해석될 수도 있다.

(3) 자본주의 전개와 중소기업정책

현실의 중소기업정책은 어느 나라에서나 보호정책과 적응정책이라는

대립되는 두 가지 정책 사이를 오가면서 전개된다. 다만 그 나라 경제
발전의 단계에 따라 어느 것이 부각되느냐가 결정될 뿐이다. 서로 대
항관계에 있는 두 정책은 자본주의경제의 전개과정을 통하여 일관되게
이루어졌으며, 그 대항관계는 현실의 중소기업정책의 문제점을 형성하
기도 하였다. 즉 자본주의 전개과정에 따라서 중소기업정책의 특징적
인 측면이 나타났던 것이다.

자유경쟁이 지배적인 산업자본주의 단계에서는 중소기업의 사회적
도태를 촉진하는 적응정책이 강한 경향을 지니는데 이것은 영업의 자
유가 나타나기 때문이다. 그러나 이 단계에서도 기계제공업의 발달로
상대적 과잉인구가 발생하고, 이것이 영세기업의 기반을 마련하여 보
호정책의 요구도 당연히 강하다. 이것은 후진자본주의에서도 동일하
다. 많은 소영세기업이 분해되지 않고 그 상태에서 선진국을 따라잡기
위하여는 이것을 유지 온존시키는 것이 필요하기 때문에 보호정책은
이 한도 안에서 시행된다.

그리고 고전적 독점자본주의 단계에 들어서면 보호정책이 전면에 부
각된다. 중소기업은 상대적 과잉인구 처리를 위하여 중요한 의미를 지
니는데, 이것은 특히 恐慌 시기에 확인된다. 상대적 노동력의 과잉이
라는 조건에서는 저임금기반의 이용이라는 형태로 중소기업의 존립이
사회적으로도 인정되는 것이다. 자원의 효율적 이용이라는 관점에서
중소기업에 의한 노동집약적 생산방법의 채택도 결국에는 저임금 노동
을 이용하는 것에 불과하다.

이러한 사정은 후진자본주의국가에도 현저하여, 한편에서는 과점적
대기업의 발전과 다른 한편에서는 중소기업의 광범한 존재라는 이른바
이중구조가 형성된다. 따라서 중소기업에 대하여 보호정책이 취해지지
만, 이외에 격화되는 勞使의 대립을 완화시키기 위한 安全瓣으로서 보
호정책이 중산계급정책으로 추진된다. 그러나 대기업을 중심으로 하여
산업합리화가 진전되고, 이것과 관련을 맺는 특정 중소기업에도 합리
화가 요청되어 적응정책이 추진되지 않을 수 없다. 독점단계에 들어서
도 자본축적에 따른 생산력의 발전과 사회적 분업의 심화는 새로운 중
소기업분야를 발생시키고, 이에 더하여 대량생산공업의 발전은 우회생

산을 확대시켜 부품과 반제품을 공급하는 다수의 중소기업을 발전시킴으로써 이들에 대한 적응정책이 추진되기에 이른다.

그런데 고전적 독점단계에서 중소기업정책의 보호정책적 기조는 管理通貨制度가 채용되는 케인스(J. M. Keynes)정책 아래의 현대자본주의에서는 큰 전환을 맞게 된다. 완전고용정책이 정착되는 시기에는 노동력 부족이 문제가 되고, 이에 따라 자원의 재분배를 목적으로 하는 중소기업정책으로서 적응정책이 강조되기에 이른다. 저임금의 우회적 이용을 가능하게 하는 보호정책을 대신해 노동력이 부족한 상황에 대처하기 위한 '倒産과 新設'(scrap and build)이라는 적응정책이 전면에 나타난다.

저임금 이용이 어렵게 되고 오히려 열악한 중소기업을 정리 도태시킴으로써 그것의 賃勞動者化(勞動力流動化)가 시도되는 것이다. 자원의 효율적 이용의 관점에서 자원의 최적배분이라는 시각이 강하게 나타나게 된다. 따라서 생산성이 낮고 대기업과 합리적인 사회적 분업관계를 맺지 못하는 중소기업을 배제시키는 경향이 생기게 된다. 경제적 합리성을 지니고 경제적 효율성이 높은 중소기업의 근대화를 추진하면서 다른 중소기업의 경영자는 임금노동화시키는 적응정책이 바로 '근대화정책'으로 전개된다.

단순히 완전고용뿐만 아니라 기술화·근대화·합리화를 강제하면서 현저한 기업집중을 촉진시킨 서독의 경우, 생존능력이 없는 중소기업을 위하여 특권을 부여하기를 거부한 것은 이를 말해준다. 採算性이 없는 困窮企業에 법적 보호를 하거나 존재의 보승을 거부한 것이다. 확대되는 집중경향 속에 중소기업이 경쟁능력을 배양할 수 있는 중소기업정책의 강구를 주장하였다. 서독에서는 수공업정책의 과제를, 경제적 약자를 인위적으로 유지시키는 것이 아니고, 시장에 적응하는 건전한 수단에 의하여 성장능력이 있는 자를 발전시키고 번영하도록 하는 것이라고 보았다. 즉 보호정책을 거부하고 적응정책을 주장했던 것이다. 이 가운데 自助는 국가의 원조에 우선하며 국가는 自助를 위한 원조(Hilfe zun Selbsthilfe)를 행하는 것이 서독 적응정책의 기조였다.

오늘날에는 근대화정책이 각국 중소기업정책의 전면에 강하게 나타나고 있다. 근대화의 내용도 전근대성으로부터의 탈각, 또는 자본주의화에 그치지 않고 경제의 현대적 수준에 도달하는 것을 의미한다. 자원의 최적배분이라는 견지에서 경제합리성에 수반된 중소기업자의 賃勞動者化가 의식적으로 시도되는 것이다.

요컨대 현대자본주의에서 완전고용정책의 정착과 자본축적의 진전에 수반하여 일어난 노동력 부족은 각국에서 전통적인 중소기업의 존립조건을 크게 변화시켰다. 이에 따라 어느 선진자본주의 국가에서도 자원의 재분배라는 견지에서 중소기업정책은 적응정책의 경향을 강화시켰다. 경제발전의 이러한 단계에서는 노동력 부족의 기초 위에서 자본축적을 진전시키기 위해서는 자원 재분배가 불가피하다. 따라서 일반의 경제정책과 분리된 독립적 중소기업정책은 부정될 수밖에 없다. 오히려 국민경제적 관점이 강조되면서 중소기업정책은 경제정책의 一環으로서 중요하게 인식되지 않을 수 없게 되었다.

즉 중소기업정책은 일반경제정책의 구성요소로 파악되어야 하고, 그에 대한 요구와 목표도 경제 전체의 결정범위 내에서 이루어져야 한다. 중소기업정책은 독립된 하나의 정책이 아니고 일반경제정책과 유기적 관련성을 지닐 수밖에 없다.[38]

3. 산업정책과 중소기업정책

(1) 산업경제와 산업정책

중소기업정책이 보호정책에서 資源의 最適配分이라는 국민경제적 요구에 따라 적응정책의 경향을 나타내고, 국민경제적 시각의 강조 속에서 경제정책의 일환으로 규정되면서 중소기업정책과 산업정책의 관련성에 대한 규명의 필요성이 제기된다.

산업정책은 경제정책의 한 분야로서 여러 산업을 직접 대상으로 하는 정책으로 정의되는데, 내용면에서는 여러 산업간의 구조와 여러 산

---

38) 淸成忠南, 《日本中小企業の構造變動》, 新評論, 1972, 第三章 〈中小企業政策の展開〉 참조.

업내의 시장구조, 시장행동 및 시장성과의 개선 및 유지를 목적으로 한 정책이라고 할 수 있다. 그런데 산업에는 사업(이윤획득을 직접 목적으로 하든 안 하든)을 위하여 재화 및 용역의 공급을 행하는 사업체의 모든 활동이 포함되는바, 산업정책은 이러한 산업을 대상으로 하는 정책이기 때문에 중소기업정책도 그 한 분야로 포함되지 않을 수 없다.

국민경제를 이해하는 데서 산업의 개념을 등장시킨 사람은 비교적 많았다. 그 가운데 마셜(A. Marshall)은 代表企業(representative firm)이라는 개념을 설정하여 산업 전체의 움직임을 대표하는 전형적 평균적 기업의 행동분석에 의하여 산업의 개념을 대치시켰다.[39] 오늘날에는 산업의 개념이 다음과 같이 규정되고 있다. 거시적 측면에서는 국민경제를 일정한 기준에 따라 몇 개의 활동부문으로 분할하여 그 구성단위를 산업이라고 하고, 미시적 측면에서는 여러 기업을 일정한 기준에 따라 하나로 통합하여 그 집단의 단위를 산업이라고 한다.

이때 분류의 기준은, 需要 측면에서는 욕구되는 여러 상품간의 代替補完關係이며, 공급 측면에서는 財貨의 생산기술상의 類似性에 따른다.[40]

산업의 개념을 이처럼 두 가지 측면에서 규정하지 않을 수 없는 것은 산업이 국민경제 전체라고 하는 거시적 단위와 개개의 기업이라고

---

39) A. Marshall, *Principles,* 8th ed. 1920, p. 317.

40) 베인(J. Bain)은 산업을 다음과 같이 규정한다. "기업(엄밀히 말하면 기업의 생산물)은 대체로 여러 가지 소집단(subgroup)으로 분류되는데, 각 소집단내의 생산물은 상호간에 긴밀한 代替財이거나 상대적으로 약한 대체재이다. 이처럼 각 소집단은 직접 간접적으로 잠재적인 경쟁적 판매자의 집단인데, 이러한 소집단을 산업이라고 한다. 엄밀하게는 공동의 구매자에게 공급하는 판매자집단 또는 대체적 생산물의 집단이다."(*Industrial Organization,* John Wiley & Sons, 2nd ed. 1967, p. 6) 한편 '韓國標準産業分類'에서는 산업을 '원칙적으로 사업체에서 그 사업으로 행해지는 경제활동'이라고 규정하고 그 분류기준을 다음과 같이 정하고 있다.
　① 生産品 또는 提供用役의 종류
　② 事業의 技術的 구조 및 原材料의 성질
　③ 分類項目의 설정에는 事業體數·從業員數·作業量·雇傭 및 賃金動向 등을 고려하여 경제활동의 특질에 따라 분류한다.

하는 미시적 단위의 中間單位로서 위치를 갖기 때문이며 이것은 경제
이론의 분석체계에 따른 것이기도 하다.(그림 1-4)

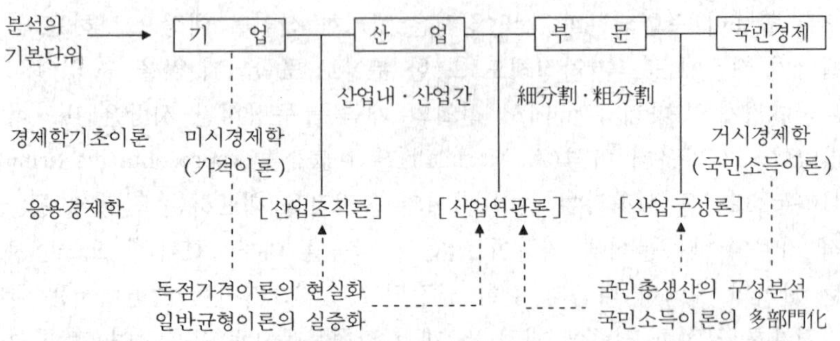

※ 자료 : 宮澤健一,《産業の經濟學》, p. 11.

그림 1-4. 産業經濟學의 主要領域槪念圖

두 가지 측면의 이와 같은 개념을 다소 동태적으로 종합하면, 산업
활동의 특성은 다음과 같이 설명될 수 있다. 즉 경제주체인 개개의 기
업이 그들의 미시적 경제환경에 작용하거나 또는 적응한 기업행동의
결과로서 산업이라는 集計單位의 형태를 갖는 것이다. 그리고 이것과
관련되는 거시경제의 구성요소에서 그 구성상의 형태 및 변화를 전망
하게 한다. 이를 통하여 우리는 ① 개별산업 자체의 특징을 분석하고,
② 산업내부에서 기업간의 관련을 알 수 있으며, ③ 나아가서 국민경
제의 구조적 특징을 이해할 수 있는 것이다.[41]

산업활동에 대한 이와 같은 규정은 국민경제의 전체활동(거시경제
적) 또는 기업의 활동(미시경제적)을 일정 기준에 따라 분류하려는 형
식논리적 기능적 설명에 불과하다. 여기에는 다음과 같은 몇 가지 설
명이 부가되어야 할 것이다.

첫째로, 산업활동은 부가가치의 창출 또는 가치창조의 과정이다. 따

---

41) 宮澤健一,〈産業構造〉,《經濟學大辭典 Ⅱ》, 東洋經濟, 1980, p.229.

라서 산업의 특성은 국민경제의 再生産循環 과정에서 생산적인 측면을 나타내는 것이고, 그 내용은 국민경제의 생산력 수준을 뜻한다. 산업은 국민경제의 부분개념이기는 하지만 그 골격을 형성하는 것이기 때문에 全經濟循環의 이해에서 무엇보다 중요성을 갖는 내부요인이다.

둘째로, 산업현상은 인간과 자연의 관계, 그리고 인간과 인간의 관계라는 二元的 體系 속에서 이루어지는 것이다. 인간이 자연에 대하여 작용하고 자연이 인간에게 주는 反作用關係라는 인간·자연체계(man-nature system) 속에서 여러 요소의 통일적 현상으로서 산업현상이 구체화된다. 또한 거기에는 인간과 인간의 관계(man-man system)에서 사회적 여러 요소가 통일적으로 포함되고 있다. 산업활동에는 이 두 가지 체계가 상호 작용하는 생산력과 생산관계가 종합적으로 반영된 구조적 특성이 포함되어 있다.[42]

셋째로, 이러한 이유 때문에 산업현상은 탈가치적이 아닌 역사적, 사회적 현상으로 그 실체가 이해되어야 한다. 따라서 산업현상은 기능적 관점만으로는 충분히 이해될 수 없는 것이며, 역사적 사회적 관계 속에서 구조론적 이해가 병행되어야 한다. 산업현상에 대한 기능(function)과 구조(structure)의 통일적 이해를 통해서 산업경제에 대한 문제를 정확히 인식할 수 있으며, 이를 해결하기 위한 실천성의 기본방향을 올바로 정립할 수 있다.

산업현상에 대한 이러한 인식이 중소기업문제의 이해에도 적용됨은 물론이다. 산업이 사회의 각종 필요성을 충족하기 위하여 생산물과 용역을 산출하는 사회직 활동부문이며, 동시에 각 활동부문의 사회적 관련체계라고 지칭되는 것은 산업을 生産의 社會的 分割과 분할된 각 부문과의 관련이라는 인식을 전제로 한다. 이에 따르면 일반적으로 社會的 分業을 산업이라고 보는 견해를 부인한다.

분업(division of labor)은 본래 노동의 분할이며, 따라서 사회적 분업은 사회의 총노동력이 각종 생산부문에 有用勞動으로 분할되고, 그에 대하여 노동자가 특정한 직업에 구속되는 것을 의미한다. 이에 대

---

42) 黑澤一淸, 《理論産業學》(上卷), 時潮社, 1979, p.37.

하여 산업은 본래 생산의 사회적 분할이기 때문에 노동의 사회적 분할과는 개념상 구분된다는 것이다.[43] 산업은 자연경제 속에서 생산력의 향상을 기초로 하는 생산의 사회적 분할(분화)로서 형성된다.

생산력이 낮은 단계(산업혁명 이전)에는 생산의 분할(분화)이 동시에 노동의 분할(분업)이었으며, 이 시기에서는 산업의 형성은 사회적 분업의 형성과 궤를 같이하였다. 사회적 분업의 형성은 국지적 교역에 의한 국지적 분업과 국지내 교역의 진전에 의한 국지내 분업의 형성이라는 두 과정에 의하여 무의식적 자연발생적으로 이루어졌다. 그런데 산업의 형성은 사유재산제의 형성을 전제로 한 상품경제(자본주의경제)의 발달과 결부된다. 그러나 산업개념의 규정에는 생산력의 향상과 그에 의한 생산의 사회적 분화의 계기로서 충분하며, 상품＝시장경제를 전제로 하는 것은 아니다.[44]

생산의 사회적 분화라는 의미에서 형성된 산업은 종적 관점에서 규정된 것이었고, 그 실체는 국민경제의 생산력 수준과 생산관계적 측면의 상호작용을 반영한 것이다. 자본주의경제가 전개되면서 본격적으로 형성된 산업활동은 그 발전과정에서 구조적 모순을 드러냈고, 그에 대응한 방안이 산업정책이었다. 따라서 산업정책은 국민경제의 생산력 수준과 생산관계 상호작용 결과를 반영하는 경제적 문제점을 해소·완화시키려는 데 그 목적을 둔다고 하겠다.

그러나 산업의 형성은 종적 분할에서만 이루어지는 것은 아니다. 기업규모라고 하는 횡적 분할에서도 구성되는 것이며, 이러한 관점에서 정책대상으로 되는 것이 중소기업이며 중소기업정책이 형성되는 것이다. 따라서 중소기업정책은 산업정책의 일환이다. 산업활동의 결과 기업규모간, 예를 들면 대기업·중기업·소기업·영세경영간에 발생하는

---

43) 산업혁명 이전에는 기계가 도입되었어도 아직 기술수준이 낮은 단계에 있었기 때문에 생산력에서 인간노동력의 역할이 크고, 따라서 생산의 분할은 동시에 노동의 분할이었다. 그러나 오늘날과 같이 고도로 발달한 기계화 산업의 시대에는 생산은 기술적, 물적 생산력의 논리에 따라 분할 심화되지만 노동력의 측면은 제도적 제약에 의하여 직업에 고정화된다.

44) 黑澤─淸, 앞의 책, pp. 261~268.

문제점을 완화·해소시키려는 것이 중소기업정책의 주요 내용이다.

(2) 산업구조와 중소기업정책

일반적으로 경제정책의 목표로서는 ① 경제적 진보 및 경제성장, ② 완전고용, ③ 자원배분의 最適化(효율성의 확보), ④ 소득분배의 分正 등이 제시되고 있다. 산업정책도 경제정책의 한 분야인 이상 일반 경제정책의 목표에 합치해야 할 것이다. 제시된 네 가지 목표 가운데 어느 것에 중점이 놓이느냐에 따라 산업정책은 성장촉진형과 효율성 및 공정성 추구형의 두 가지로 크게 나누어 볼 수 있다.

첫째로, 효율성과 공정성의 목적을 실현하기 위하여는 대체로 경제질서정책 내지 산업질서정책으로서 독점금지법을 철저히, 그리고 합리적으로 운영하게 된다. 구체적으로는 특정의 시장행동 및 시장구조를 법적으로 규제하며, 기본적으로 시장성과와 시장행동이 발생하는 제도적 틀 내지 국민경제의 질서를 규정함으로써 일정의 시장성과 확보를 목적으로 하는 산업조직정책을 실현하도록 하는 것이다. 이것은 해당 산업의 경제과정에 대하여 저리자금의 융자, 보조금의 교부, 조세상의 조치 등에 의한 양적 개입으로 시장성과를 개선하려는 過程政策 내지 量的 政策과는 그 성격이 다른 질서정책 내지 質的 政策이다.

둘째로 과정정책 내지 양적 정책으로서 산업정책은 다시 일반산업정책과 개별산업정책으로 나누어 볼 수 있다. 일반산업정책에는 ① 산업기반정책(산업입지정책, 사회간접자본정책, 산업기술정책, 노동력정책 등), ② 환경보전정책, ③ 산업구조정책이 포함된다. 개별산업정책은 농업정책, 철강업정책 및 금융정책 등과 같이 직접 특정산업을 대상으로 하여 그 경제과정에 개입하는 정책이다.

이 가운데 중소기업정책은 산업조직정책으로뿐만 아니라 성장촉진형의 산업정책을 추구하는 경우에는 산업구조정책과 밀접한 관련을 갖는다. 특히 幼稚産業保護 등과 관련하여 산업구조정책을 전개하는 경제에서는 生産力主義的 관점이 우선하여 獨禁政策 등 질서정책이 下位政策으로 되기도 한다. 한 나라 자원의 효율적 이용을 목적으로 하여 所得彈力性, 生産性上昇 및 외화획득률 등이 산업구조정책의 기준으로 책정된다.[45] 그러나 유치산업보호 등에서 볼 수 있듯이 당해 산업의 성장촉진이 우선하기 때문에 이것과 다른 산업 사이의 자원배분상 공평성 확보 여부에 마찰의 소지가 있다.

특히 성장촉진형의 산업구조정책을 전개하는 데는 제 1 차산업과 제 2 차산업 가운데 일부 중소기업에 대하여 적극적 정책이 실시된다. 이때 구조개선사업에서 볼 수 있듯이 중소기업정책에 관하여 특별한 배려와 원칙이 수립되기 때문에 효율성과 공정성의 결합이라는 관점이 불충분하게 될 수 있다.[46]

산업구조문제를 해소 완화시키는 것이 산업구조정책이고 산업구조상의 한 가지 모순인 중소기업문제를 해소·완화시키려는 것이 중소기업정책이므로 그에 대한 기본적 인식과 방향 규정을 하기 위해서는 산업구조의 성격을 좀더 명확히 규명하는 작업이 필요하다.

산업구조는 생산에 관계되는 산업부문의 구성과 이들간의 상호관계로서, 시장적 균형 또는 전체를 구성하는 내부요인의 구분·배열 등으로 이해될 수 있다. 그러나 구조론적 이해의 측면에서는 다음과 같이 설명된다.[47]

첫째로 산업구조는 단순한 구성 또는 순환과는 구분되어야 한다. 산업구조는 분할된 부분의 집합이지만, 여러 요소로 이루어진 구성체 이상의, 즉 전체로서의 일체적 실체성을 갖는다. 그 집합은 법칙성에 의하여 이루어진 일체로서 실체인 것이다. 또한 산업구조는 구조 자체가 하나인 동시에 움직이는 구조이므로 산업에서 再生産循環 이상의 질적 뜻을 지닌다. 그런데 생산요소의 투하에 의하여 경제 전체의 회전을 구상하고 이를 산업구조로 표시하는 것은 부분의 상호관계를 나타내는 기능적인 뜻을 가질 뿐 一體로서 구조가 갖는 동적 성격을 나타내지

---

45) 鹽野谷祐一, 〈產業構造の策定基準〉, 篠原三代平 編, 《產業構造》, 春秋社, 1959.

46) 新野幸次郎, 〈產業政策の課題と體系〉, 加藤寬·中村秀一郎·新野幸次郎 編, 《經濟政策(3)》(日本の產業政策), 有斐閣, 1975, pp. 17~20.

47) 山中篤太郎, 〈產業構造〉, 《經濟學大辭典 I》, 東洋經濟新報社, 1975, pp. 112~114.

못한다.

둘째로 산업구조는 절대적 개념이 아니고 역사적 개념이다. 모든 경제개념이 그러하듯이 오늘날의 산업구조라는 개념과 그 인식기반도 자본제 사회의 역사적 성립을 전제로 하고 있다. 즉 구체적인 산업구조는 자본제 사회의 발전과 그 구체성 속에서 형성된 것이며, 이것은 역사적 흐름 속에서 발전적인 내용을 갖는 것이다. 이와 같은 의미는 산업구조가 경제사회의 역사적인 과학적 합목적성을 갖고 정책적 요인의 작용에 의하여 경제사회의 모순을 극복하는 발전적 방향으로 고도화되도록 파악되어야 한다는 것을 뜻한다.

셋째로 산업구조가 역사적이어야 한다는 것은 동시에 그것이 일정의 경제사회의 범위를 전제로 성립된다는 것을 뜻한다. 산업구조는 국민경제적 단위를 전제로 하여 그 구체성을 갖는 '국민경제성'의 개념이다. 오늘날 국제화 시대 속에서 세계경제의 상호의존성이 긴밀화되어 있다고 하더라도 그것이 구조적 일체성을 갖는 기반 위에서 움직이는 것은 아니며, 오히려 세계경제 속의 국민경제간에는 경제적 잉여를 중심으로 한 경쟁・대립관계가 심화되고 있다. 따라서 산업구조의 개념은 국민경제의 주체성과 역사적 발전과정 속에서 형성되는 것이다.

넷째로 산업구조는 정태적 조직이 아니고 역사적으로 동태적인 것인데, 이때 가장 중요한 것은 그것을 발전적으로 움직이게 하는 요인이다. 전체로서 움직이는 하나의 구조인 산업구조는 그 구조내에 여러 힘의 작용, 대소・강약 등의 요소가 결합된 구조이며, 여러 요소의 힘의 관계가 重層的 階層的으로 작용하는 구조이다. 자본과 노동, 자본제 요소와 비자본제 요소, 자본 내부에서도 상업자본, 금융자본, 산업자본의 작용, 산업자본내에서도 生産財와 消費材부문내에서의 산업자본, 資本 一般내에서도 독점자본과 중소자본간의 작용 등 여러 요소의 변증법적 관계가 산업구조의 발전요인이 된다. 다시 말하면 산업구조는 이들 실체적 여러 요인이 그 안에서 움직이는 구조이고, 이들의 상호작용에 의하여 동적인 성격을 갖는다.[48]

---

48) 산업구조는 생산부문을 구성하는 특수한 생산관계로서의 경제제도인데, 이것

다섯째로 산업구조는 국민경제를 중심으로 하는 개념이지만, 개방체제 아래에서는 국민경제가 세계경제의 일환이 되므로 帝國經濟의 외압에 의하여 크게 영향을 받을 수 있다.[49] 선진경제의 국가독점자본이 자본주의의 범세계화과정을 주도하는 개방체제 아래서 개발도상국의 산업구조는 그 역사적 합목적성과는 동떨어지게 파행성을 띨 수도 있다는 것이다.

산업구조가 지닌 이와 같은 성격에 비추어 우리는 자립적 산업구조의 실현이라는 산업정책의 과제를 제시하는 것이며, 이것은 다음과 같은 방향으로 이루어져야 한다. 또한 이는 중소기업정책의 방향과도 깊은 관련을 지니게 된다.

첫째로 클라크(C. Clark)의 산업구조변화에 대한 일반적 傾向法則[50]이나 호프만(W. Hoffman)의 산업구조발전법칙[51]에 대하여 비판적으로 검토할 때 산업구조 또는 공업구조 고도화에 대한 이해는 업종별 産出量基準(industry output approach)에 의하여 공업화율 또는 중화학공업화율이 높아진 것만을 너무 긍정적으로 평가할 것이 아니라, 레온티에프(W. W. Leontief)[52]나 체네리(H. B. Chennery)[53]가 제시하는 경제적 用度別基準(economic use approach)에 의하여 판단되어야 한다는 점이다. 특히 중화학공업화의 내용에서는 가공적 耐久消費財 중심이

은 자본이 이를 통하여 움직이는 틀이다. 그런데 자본은 낡은 것을 자기에게 적응시키도록 분산시키고 이를 이용할 수 있도록 재편성하여 종속시킨다는 것이다.(伊東岱吉, 〈中小工業問題の本質〉, 伊東岱吉·藤田敬三 編, 《中小工業の本質》, 中小企業叢書 V, 有斐閣, 1960, p. 31)

49) 大塚久雄, 〈後進資本主義とその諸類型〉, 大塚久雄 編, 《後進資本主義の展開過程》, アジア經濟硏究所, 1973, p. 21.

50) Colin Clark, *The Conditions of Economic Progress,* 3rd ed. 1957, Chap. 9.

51) Walther G. Hoffman, *Stadien and Typen der Industrialisung, Ein Betrag zur Quantitiven Analyse Historischer Wirtschafts Prozess, 1931*; *The Growth of Industrial Economies,* W. O. Henderson and W. H. Chalomer trans, 1958.

52) Wassily W. Leontief, *The Structure of American Economy 1919~1929,* 1941 ; *Studies in the Structure of American Economy,* 1953.

53) Hollis B. Chennery, "Patterns of Industrial Growth", *American Economic Review,* Sep. 1960.

아닌 素材工業과 中間投入物의 생산력 기반확충이 중요하다.

둘째로 중소기업과 대기업 또는 경공업과 중화학공업간에 斷層的 二重構造가 해소되어 상호 유기적 관련을 높이고 균형 있는 발전을 이루어 피라미드형의 중층적 산업체제를 형성할 필요성이 있는 것이다.

셋째는 이론적으로 산업구조에 대한 구성체론적 이해[54]에서도 알 수 있듯이 산업구조가 중층적, 상호관련적, 통일적 체제로 형성되어야 한다. 수평적으로는 대기업과 중소기업, 중소기업 및 대기업 상호간, 그리고 농업과 공업간에 그러하며, 수직적으로는 기업과 산업 그리고 국민경제 사이에 유기적이고 통일적 체계가 이루어져야 한다.

넷째로는 산업 및 기업활동에서 대내적인 원자재의 需要와 供給 및 시장관련성을 높임으로써 상대적 자급체제를 이루는 분업체계를 형성할 필요가 있다.

다섯째로는 이와 같은 것들의 실현은 자본의 논리면에서 가급적 외국자본보다는 국내자본과 민족자본에 의하여 뒷받침되어야 한다는 점이다.

⑶ 産業組織과 중소기업정책

산업조직이라는 말은 마셜(A. Marshall)이 그의 《경제학원리》(*Principles of Economics*)에서 적극적으로 쓰기 시작한 이후[55] 베인(J. Bain)의 《産業組織》(*Industrial Organization*)에 이르기까지 오랜 학설사적 전개의 배경을 지니고 있다. 그런데 오늘날에는 이론적으로는 微視經濟學의 연구분야로 되어 있다.

시장을 중심으로 하는 企業群의 집합을 산업이라 한다면, 산업조직

---

54) 宮田喜代藏, 《產業構造論》, 千倉書房, 1962, pp. 70~72.
55) 마셜은 산업조직의 형태로서 다음과 같은 네 가지를 들고 있다.
　　① 개인기업의 조직
　　② 동일 산업부문내의 여러 기업간 조직
　　③ 각종 산업부문간의 조직
　　④ 모든 사람의 안전과 많은 사람에게 도움을 주는 국가의 조직 등이다.
　　따라서 마셜의 산업조직은 오늘날의 산업조직뿐만 아니라 개인기업의 조직, 산업구조 및 공공기관의 조직을 포함하였다.(A. Marshall, *op. cit.*, p. 113)

은 산업의 내부에서 여러 기업간에 맺는 시장적 관련을 뜻한다. 산업 내부에서 맺어지는 기업간의 관련은 자본주의 경제질서하에서는 시장을 통한 경쟁 또는 협조라고 하는 두 가지 측면을 갖는다. 경쟁이 지나칠 때는 過當競爭 현상이 나타나고, 기업간의 협조가 지나치면 獨寡占의 문제를 발생시킨다.

산업조직에 대한 정책적 실천적 의미는 기업의 시장구조(market structure), 시장행동(market conduct), 시장성과(market performance)[56]를 기준으로 하여 과당경쟁을 완화시키거나 지나친 독점을 규제하는 데 있다. 따라서 구체적인 정책은 경쟁촉진 및 독점규제와 경쟁제한정책의 두 가지 유형을 갖는다.[57] 오늘날 독점자본주의하에서는 독점이 심화되어 그에 따른 시장질서의 危害가 크게 인식됨에 따라 경쟁제한보다는 경쟁촉진, 즉 反독점정책이 산업조직정책의 중심과제가 되고 있다. 그러나 중소기업정책에서는 경쟁제한적 과제도 매우 중요하다. 이러한 산업조직은 다음과 같은 성격을 갖는다.

첫째로, 산업 전체보다는 산업내 기업간의 상호관계에 치중하는 미시적 성격을 지닌다. 기업간의 상호작용 속에 포함되어 있는 역사적 사회적인 필연적 산물로서의 법칙성이나 이것의 실체성에 대한 인식[58]은 도외시하기 때문에 脫價値的, 機械論的이며 형식론적인 것으로 산업조직을 본다.

둘째는, 경쟁적 시장질서를 가능한 한 현상유지시킬 목적으로 하기 때문에 질서·체제유지적 성격을 갖는다. 자본주의 경제의 구조적 변화로 인하여 고전적인 완전경쟁모형이 그 현실적 타당성을 결여하게 되자 그에 대한 차선적인 구상으로 有效競爭(workable competition)의 이론[59]을 제시하여 자본주의 시장질서의 이론모형으로 삼는다. 이것은

---

56) J. Bain, *op. cit.*, pp. 7~13 참조.

57) Richard Caves. *American Industry : Structure, Conduct, Performance,* Prentice-Hall, 3rd ed. 1972, pp. 54~75.

58) 기업간(대기업과 중소기업, 대기업 상호간, 중소기업 상호간)의 경쟁과 협조의 문제성은 자본주의 경제질서의 구조적 실체적 모순의 산물이다.

59) J. M. Clark, "Toward a Concept of Workable Competition", *American*

기본적으로 一般均衡理論과 파레토 最適(Pareto optimality)의 理想을 차선적인 방법으로 실현하려는 의도인 것이다. 따라서 여기에는 고전적인 완전경쟁질서의 현실적 타당성 결여가 자본주의 발전이 가져오는 역사적 귀결의 필연적 현상이라든가, 또는 이러한 귀결의 근본적 원인에 대한 인식 등 實體論的 시도가 결여되어 있다. 다만 자본주의 경제에서 독과점의 심화가 가져올 수 있는 자본주의 질서의 파괴적 종언을 개선하려는 改良主義的 노력이며 차선적 체제유지의 방안을 강구하려는 개념일 뿐이다.

셋째는, 산업조직에 대한 실천적 방안은 반독점 등 독점의 문제를 다루고 있으면서도 독점의 근본적 구조에 대한 분석보다는 더 이상의 독점의 심화와 폐해를 방지하려는 노력이다. 따라서 자본주의적 경쟁질서의 모순으로 나타나는 독점을 극복하기 위해서가 아니라, 어느 정도 독점유지의 필연성을 인정하면서 그로 인한 파멸적 결과만을 시정하려는 것이기 때문에 엄밀한 의미에서는 反독점의 개념이 아니라고 볼 수 있다. 독점은 지속적으로 자본의 집적과 집중을 추구하여 자본축적의 논리를 관철하려고 한다. 따라서 어느 정도의 독과점을 인정하는 유효경쟁의 질서는 자본주의의 구조적 모순의 결과로서 나타나는 독과점을 인정하면서, 다른 한편에서는 독과점을 규제하려는 것이기 때문에 논리의 자기모순을 포함하고 있다.

산업조직에 대한 탐구와 그것의 실천성이 지니는 자기모순은 질서가 갖는 법칙적 모순을 인식하지 않고 단순히 그것을 현상유지하려는 기능론석 방법의 결과인 것이다.

그럼에도 불구하고 오늘날 산업조직정책은 산업정책과 중소기업정책의 중요한 부문을 형성하고 있다. 산업조직정책은 어느 특정산업의 조직에 관한 정책일 뿐만 아니라 국민경제의 질서정책이므로 국가가 어떤 경제질서를 선택하느냐에 따라 그 목적과 유형이 달라지게 된다. 시장경제질서의 기초 아래서는 경쟁촉진정책이 기본적인 것이 되고 있지만, 中央統制(管理) 경제질서 아래에서는 集中化가 그 기초로 될 것

Economic Review, June. 1940.

이다. 그러나 시장경제질서 아래에서도 산업조직정책은 경쟁촉진유형
이외에 경쟁제한적 유형이 있다.[60]

경쟁촉진적 유형은 시장에서 私的 독점의 금지를 중심적 과제로 하
는 산업조직에 대한 경제정책이다. 진보와 효율화라는 산업조직정책의
포괄적 목적에 따라 당해 산업에서 독과점의 비능률을 규제하여 가능
한 한 최고의 성과를 실현하는 것이 이 정책의 궁극적 목적이다.

그런데 自由企業(free enterprise)을 근간으로 하는 시장경제하에서
는 정부가 개개 기업의 경영에 직접 개입하여 그 행동을 간섭하는 것
은 불가능하며, 또 적합한 것도 아니기 때문에 산업조직에 대한 정부
의 정책은 시장구조와 시장행동을 규제함으로써 간접적으로 시장성과
에 영향을 주도록 한다. 즉 독점적인 초과이윤과 초과설비를 가져오는
기업간의 가격협정이나 생산제한 등 카르텔(cartel) 행위를 금지하든
가, 생산집중도가 현저하게 높아 독점의 폐해가 심한 기업을 분할하기
도 하고, 경쟁을 실질적으로 제한할 가능성이 있는 합병을 금지시키는
등 전체 시장구조 또는 시장행동에 대하여 정부가 적극적으로 개입하
는 것이 경쟁촉진적 산업조직정책이다.

국민경제의 민주적이고 건전한 발전을 촉진하기 위한 이 정책의 목
적을 실현하기 위한 법제도적 장치가 獨占禁止法[61]이다. 공정하고 자
유로운 경쟁을 촉진하고 부당한 시장독점과 불공정한 거래방법을 배제
함으로써 사업자의 창의를 발휘하도록 하고 기업활동을 활발하게 하는
것이 법의 주된 목적이다. 따라서 독점금지정책이 중소기업을 특히 그
보호의 대상으로 하는 정책은 아니다. 중소기업에 대하여도 부당한 시
장독점과 경제질서의 부당한 교란행위는 금지시키고 있다. 그러나 독
점에 의하여 硬直化 경향이 있는 자본주의 경제에 경쟁원리를 도입하
여 경제체제의 老化를 방지하고 경쟁법칙의 공정화를 추진시키려는 이

---

60) 産業組織理論의 전개과정에서 보면 전자가 主流를 형성하고 후자는 예외적인
  것으로 간주되고 있다.
61) 우리 나라의 경우는 1976년에 제정된 〈물가안정 및 공정거래에 관한 법률〉
  (物價安定法)에서 1980년에 제정된 〈獨占規制 및 公正去來에 관한 法律〉(獨
  占規制法)이 있다.

정책의 경제적 의의는 대기업의 시장독점으로부터 경제적으로 약한 위치에 있는 자의 이익이 부당하게 침해당하는 것을 방지하는 것이다.

이러한 독점금지정책의 사회적 의의는 경제적 약자인 중소기업, 농업, 일반소비자의 이익을 보호토록 하는 데 있다. 그리고 현실적으로 부당한 시장독점은 흔히 대기업에 의하여 형성되고, 중소기업은 그 피해자인 경우가 많기 때문에 독점금지법은 중소기업에 대하여 보호정책으로서의 중요성을 지닌다. 중소기업이 직면하는 어려움이 대기업의 부당한 압박에 기인하는 것일 때 독점금지법은 중소기업이 당면한 불이익을 제거시켜준다.

또한 독점금지법은 자유로운 사기업체제와 경쟁질서를 통하여 중소기업의 건전한 발전을 촉진하고, 반면에 건실한 중소기업의 발전이 경쟁원리의 도입을 목적으로 하는 독점금지정책의 기반을 다져줌으로써 상호간에 경제정책의 이념을 창달토록 보완한다.

독점금지법이 중소기업을 대기업의 압박으로부터 보호해주는 주요한 사례는 다음과 같다.[62]

① 부당한 시장독점의 배제(카르텔 및 트러스트의 금지 등)

② 시장지배력의 남용 방지

대기업과 중소기업간의 거래관계에서 대기업이 중소기업에 대하여 거래상 우월한 지위를 남용하여 중소기업의 자유로운 사업활동에 제약을 가하는 행위를 규제하는 것이다.

　㉠ 차별거래 금지

　㉡ 배타적 소선하의 거래금지

　㉢ 부당한 구속조건하의 거래금지

③ 하청거래 등에서 지배력 남용(下請代金의 지불지연 등)의 금지

④ 경쟁질서를 교란시키는 경쟁방법의 금지(부당한 고객유인행위, 不當景品, 不當表示의 방지 등)

진보와 효율화를 추구하는 산업조직정책의 다른 유형은 경쟁을 제한하고 독점을 촉진하는 정책이다. 선진경제에서는 이들 정책이 예외적

---

62) 加藤誠一 編,《中小企業問題入門》, 有斐閣, 1976, pp. 137~146.

인 것으로 되고 있지만 개발도상경제에서는 선진경제에서보다 중요한 의의를 지닌다. 이들 경제에서는 국민경제의 생산력 기반이 취약하고 기업규모의 영세성으로 인하여 낮은 생산효율이 일반화되어 있으며, 기업간 과당경쟁으로 인한 비능률과 경제적 낭비가 심하기 때문이다. 따라서 자유로운 산업활동에만 의존하는 경우 진보와 효율화를 위하여 바람직한 결과가 초래되지 못할 산업분야에 대하여는 독점금지 규정의 적용을 제외시키거나 정부가 직접적으로 경쟁을 제한하고 독점을 보호 조장하게 된다.

이러한 정책대상의 산업분야는 크게 ① 공공사업과, ② 原子狀的 시장구조의 산업분야로 구분될 수 있다. 이 가운데 중소기업정책과 관련이 되는 것은 후자이다.

원자상적 산업(atomistic industry)에 대하여는 경쟁제한적 정책이 실시되어 산업활동의 진보와 효율화를 추구한다. 상대적으로 소규모의 기업이 다수 존재하고, 집중도가 낮아 원자상적 시장구조(atomistic market structure)를 갖는 분야로서는 제조업 가운데 중소영세기업 이외에도 농업·판매업·서비스업 등을 들 수 있다. 이들 산업분야에서는 경쟁원리가 오히려 과당경쟁을 일으키고 규모의 경제성을 이루지 못하게 하여 바람직한 시장성과를 실현하지 못한다.

이러한 시장구조, 즉 과도하고 파멸적 경쟁으로 인하여 양호한 성과로부터 이탈하는 유형은 다음과 같이 지적되고 있다.[63]

① 한 산업에서 기업 및 노동자에 대하여 만성적 過小所得이 일어나는데, 그것은 수요에 비하여 설비능력과 노동력이 만성적으로 과잉됨에 따른 파멸적 경쟁의 결과이다.

② 소기업(small business)의 높은 死滅率과 만성적인 과소소득이 발생하는데, 그것은 판매자집중이 증가함에 따라 대기업에 의하여 소기업(small firms)이 구축된 결과 그 기업에서 구조적 변화가 일어나는 과정에서 발생하는 것이다.

③ 소홀한 자원의 보존을 들 수 있는데, 그것은 무수한 소기업(small

---

63) J. S. Bain, *op. cit.*, p. 469·470.

enterprise)에 의하여 공공의 자원들이 상호 경쟁적으로 채굴되거나 또는 적절한 자원보존을 지원하고 유인할 만큼 기업소득이 충분하지 못한 데 기인한다.

즉 과당경쟁은 수요에 비하여 설비능력 및 노동력의 만성적 과잉을 발생시키고 이로 인하여 기업과 노동자에게 만성적 과소소득을 일으킨다. 그리고 대기업에 의한 중소기업의 구축과 같은 산업내의 구조적 변화, 중소기업의 높은 사망률 및 만성적 과소소득, 자원보존의 소홀한 관리 등을 발생시켜 낮은 시장성과를 일으킨다. 이러한 분야에 대하여는 경쟁제한적 정책의 강구가 필요하다는 것이다.

이에 대한 정책수단으로서 농산물의 가격지지 및 소득지지정책과 특히 중소기업분야에서 하청계열화 및 기업합병, 그리고 각종 협업화(조직화) 촉진정책 등이 제시된다. 경쟁질서의 유지 및 확립보다 規모의 경제성 실현을 위한 생산력 제고가 우선적 과제가 되고 있는 국민경제 (개발도상경제)에서는 경쟁제한적 정책이 중요한 의미를 지닌다. 이것은 개발도상국 등에서는 국민경제의 생산력을 증강하는 방향으로 산업조직을 택하기 때문이다. 특히 개방경제에서는 국제경쟁력 기준이 경제발전에 중요하기 때문에 국내시장이 소규모일수록 경쟁제한적 경향이 나타나고 따라서 소비자(또는 중소기업) 보호보다는 생산자(또는 대기업)의 보호 육성의 성격이 강하게 나타난다.

⑷ 지역개발과 중소기업정책

지역개발정책이 산업정책의 중요한 부분이 되는 것은 그것이 국토의 종합적 합리적 이용 · 보전과 균형 있는 발전을 기하고, 産業立地의 적정화를 통하여 산업발전의 바탕을 마련하여 주기 때문이다. 특히 중소기업은 국민경제적으로도 그 역할이 중요할 뿐만 아니라 그것이 대부분 지역사회에 뿌리를 두고 기업활동을 하면서 각 지역사회에서 큰 역할을 한다. 이에 산업정책으로서 중소기업정책은 지역사회에서 중소기업의 역할의 중요성을 재인식하고 지역개발과 관련하여 중소기업의 안정과 발전을 기하려는 것이다.

중소기업의 입지조건이 지역적 특성에서 벗어나 전국적 특성을 지님에 따라 중소기업이 지방경제 발전의 중핵으로 역할하지 못한다는 점에서 문제점이 심각하게 제기된다. 특히 고도성장 아래서 인구가 지방으로부터 이탈하는 가운데 지역주민에 고용과 소득의 기회를 제공하여 지역경제를 뒷받침하는 역할을 중소기업이 다하지 못하고 있다는 점에서 지역개발의 문제는 중소기업정책이 해결해야 할 중요한 정책과제로 되어 있다.

그동안 전개된 중소기업정책은 중소기업 가운데 상층부의 설비근대화와 기술력 향상에 초점이 모아진 구조정책이었고, 이를 통하여 높은 경제성장을 이루기 위한 '디딤돌정책'이었다. 이중구조 해소를 위하여 실시한 업종별 근대화정책, 중소기업기본법의 제정, 구조개선사업과 지식집적화 등 여러 시책이 실시되었는데 이러한 중소기업정책은 다음과 같은 특성을 지니는 것이었다.

첫째로 설비근대화를 조성하여 제조공업부문의 중소기업 상층부의 성장을 촉진하는 것,

둘째로는 규모이익(scale merit)의 성숙을 기대하여 규모확대를 기하는 것,

셋째로는 전국을 일률적으로 보는 획일적 정책이었다는 것,

넷째로는 기업성장정책과 국민경제의 총량적 규모확대에만 치중하고 그것이 입지하는 지역경제와의 관련을 고려하지 않으면서, 기업의 성장이 지역경제의 향상에 연결되리라는 생각을 지닌 것 등이었다.[64]

전국일률이라는 획일정책을 배경으로 하는 이와 같은 근대화정책은 공업화 또는 중화학공업화를 통한 양적 경제성장을 실현하려는 것이다. 그러나 고도성장은 여러 측면에서 구조적 불균형을 국민경제 안에 정착시켰고, 이것은 총량적(전국일률적) 경제성장만을 추구한 불균형 성장전략[65]이 남긴 결과였다. 이 가운데 제시된 하나의 측면이 지역간 불균형의 문제이다.

공업지대 및 대도시에는 인구가 집중하는 과밀현상이 발생하는 가운

---

64) 杉岡碩夫 編,《中小企業と地域主義》, 日本評論社, 1973, p. 8.
65) A. O. Hirschman, *The Strategy of Economic Development*, Yale Univ. Press, 1958.

데 공업지역이 아닌 낙후지역(예컨대 농림·어업지역)에는 인구가 크게 감소하는 過疎現狀이 발생하게 되었다. 이것은 도시에서의 끌어들이는 (pull) 요인과 낙후지역에서의 밀어내는(push) 요인의 두 가지가 동시에 작용해서 이루어진 것이었는데, 그 궁극적 요인은 개발지역과 낙후지역간의 소득격차이다. 그런데 이러한 과밀·과소현상이 중소기업의 입지조건을 변화시키면서 불균형 해소를 위한 지역간 균형발전과 지역개발의 과제를 던져주고 있다.

결국 과밀·과소현상은 공업화나 근대화정책이 가져온 필연적 결과이면서도 또한 정책이 균형 있는 지역개발을 통하여 해결해야 할 중요한 과제이다. 공업화가 진행되면서 공업부문이 농업부문에서 노동력을 흡수하고, 취업구조 안에 공업부문의 노동인구가 높아지면서 고용인구는 공업지역에 집중되었다. 이는 농촌을 배경으로 하고 그 지역의 인구를 바탕으로 하여 성립하고 있던 기업의 입지조건을 크게 변화시켰는데, 인구가 크게 감소한 지역은 경제사회생활의 최저의 규모에도 미달하는 일이 생기게 되었다.

한편 인구가 집중한 대도시에서는 기업의 성립조건이 일반적으로 유리하게 되었지만 과밀인구에 싸여 기업의 존립조건을 상실하는 경우도 있게 되었다. 집중이 가져오는 교통체증 등에 의해서 기업활동의 효율이 저하되고 물가고까지 겹쳐 결국 과도한 인구집중이 도시의 생활환경을 악화시키는 등 도시문제를 형성하는 결과가 빚어지게 되었다. 이처럼 과밀과 과소에 의한 지역경제구조의 변화는 중소기업의 존립조건을 크게 변화시키고 있다.

획일정책(전국일률정책)의 결과로 빚어지는 이러한 현상이 결국은 균형 있는 국민경제의 발전과, 특히 지역경제간 발전에 문제를 제기함에 따라 立地論的으로 본 중소기업문제를 다루는 정책이 필요하게 되었다. 또 획일정책이 가져온 單線的 근대화정책의 歪曲性은 지역개발과 관련하여 정책에 의하여 시정되어야 할 것이다.

일찍이 마셜은 산업의 지역적 집적과 특정지역에 특수산업의 집중[66]

---

66) A. Marshall, *op. cit.*, pp. 222~231.

을 논하면서 內部經濟와 外部經濟의 개념을 도입, 그 근원을 설명하였다. 마셜은 같은 종류의 중소기업 다수가 동일지구에 집적함에 따라 분업이 가져오는 외부효과를 외부경제라 칭하고, 소수 대자본의 대규모생산에 의한 경제효과를 내부경제라 칭했는데, 특히 전자의 의미, 즉 특정지역에 같은 종류의 중소기업이 다수 집적한다고 하는 것을 지역적 집중화(localization)라고 하였다.

중소기업을 입지론적으로 취급하는 경우에는 이러한 마셜적 고찰을 출발점으로 해야 할 것이다. 왜냐하면 마셜이 지적한 교훈은, 중소기업은 내부경제효과보다는 주로 외부경제효과에 의존하여 성립한다는 것이기 때문이다.

결국 중소기업정책은 사회적 분업을 형성하여 특정의 지역경제를 조성해가는 구조를 그 목표로 하지 않으면 안 되는 것이다. 중소기업의 사회적 분업의 경우 같은 업종이 다수 집합하여 협업적 효과를 창출하는 것이 수평적 결합이고, 공정 및 유통 단계와 관련해서 수직적 결합을 하고, 특정 대기업과의 관계에서 외부경제를 형성하는 것이 대기업과의 분업관계이다. 중소기업은 이러한 각종 사회적 분업관계를 형성하기 위하여 특정지역에 집적하여 지역경제구조의 중요한 부문을 형성할 수 있게 된다.

그런데 오늘날의 사회는 공업화—중화학공업화—탈공업화시대의 단계로 발전하는 과정에서 점차로 도시화되고 있으며, 대도시 집중현상이 가속화되고 있다. 이와 같은 도시의 발전은 중소기업과 밀접한 관련 속에서 이루어지고 있다.

일반적으로 도시가 발전하면서 기업체 수가 증가하는 현상은 마치 乘數效果의 작용에 따라 기업이 가속적으로 증가하는 것처럼 보인다. 더욱 더 많은 기능이 집적되는 도시구조는 그 다양성을 또한 특징으로 한다. 다양성은 전문적 중소기업의 존립을 가능하게 한다. 도시의 발달은 당연히 다양성을 확대한다. 이것은 사회적 분업을 더욱 심화시키고 새로운 중소기업을 증가시킨다.

다양성에 의한 외부경제의 집적이 중소기업의 발달을 더욱 쉽게 한다. 도시의 확대는 필연적으로 전문적 중소기업을 계속적으로 증가시키고 이는 도시를 한층 확대시키는 데 기여한다. 도시의 발전은 중소기업의 증가를 내포하여 자기형성적 순환과정을 나타낸다. 그 결과 도시경제의 산업복합체는 더욱 다양화되고 산업조직도 다양화된다.

이러한 외부경제 집적형의 중소기업은 단독으로는 완결적 기능은 다하지 못하고 다수의 상호보완적 전문기업의 결합을 통하여 중소기업집단이 거대한 복합체를 형성한다.

도시가 발전할수록 중소기업이 증가하는 것은 일반적 경향이고, 이렇게 볼 때 거대도시의 중소기업이 증가하는 것은 당연하다. 거대도시에서 외부경제가 집적됨으로써 중소기업의 증가가 추진되는 논리과정을 살펴보면 다음과 같다.

① 외부경제가 집적되면 기능과 지식의 습득이 용이하다. 주위에 같은 기능과 지식이 풍부하게 있을수록 그 습득은 더욱 쉽게 된다.

② 경제적 기술적 개선의 결과가 보급되기 쉽고 더 한층 개선시키는 계기를 만든다.

③ 사회적 분업이 전개되고 전문화가 진전되면서 기술이 진보하고 동시에 높은 수준의 전문기계 이용이 가능하게 된다.

④ 관련산업 또는 보완산업이 생기고 노동수단 및 원재료의 투입과 제품의 판매가 더욱 편리하게 된다.

⑤ 同種 또는 유사업종의 기업들이 많이 모여들어 受注의 확보가 쉽고 또한 경기변동의 영향이 완화된다.

⑥ 각종 정보가 집중되면서 그것이 신속하게 수집될 수 있게 되어 새로운 산업이 등장하기 쉽다.

⑦ 전문기술 노동자가 집적되기 때문에 고용이 용이해진다.

⑧ 금융기관이 집중되어 자본조달이 용이해진다.

이러한 결과는 중소기업의 신규참입을 쉽게 하고 기업을 가속적으로 증가시키면서 집적에 집적을 거듭하게 만든다.

이렇게 형성된 대도시는 지역적 중심도시로 성장하여 그 전문적 기능을 주변도시에 파급시킨다. 중핵도시는 주변도시를 자기의 산업복합체계 안에 편입시키고 中樞管理機能은 대도시에 집적하게 된다. 그러나 직접 생산공정을 담당하는 대공장은 어느 정도는 자기완결적 기능이 있으므로 지방에 분산 이전하게 된다. 그 대신 대도시에는 다수의 새로운 전문적 중소기업이 집적되면서 대량의 정보가 도시에 집중되고 교육연구기관도 대도시에 집중하게 된다는 것이다.[67]

도시의 발전과 중소기업과의 관련을 이론화한 이상과 같은 내용은 새로운 유형의 지식 집적 산업구조 속의 현상을 전제로 한 것이다. 그런데 공업화와 고도성장과정에서 나타나는 대도시에의 기업체 집중은 도시와 농촌간, 그리고 지역간에 심한 불균형구조를 정착시키는 과정상의 특징을 가지고 있다. 이것은 국토의 균형 있는 발전과 국토이용의 적정화란 점에서 보아도 바람직한 것은 아니며, 산업정책적 측면에서 지역개발의 과제를 제시하여준다. 특히 중화학공업의 성숙화와 함께 대도시에의 중소기업을 중심으로 하는 기업집중이 이루어지지만, 그것은 동시에 대도시화로 인한 경제발전에의 역기능을 수반하여 경제의 지방분산화를 요구하게 만든다.

그리고 지방자치제 실시에 따른 지방화시대가 전개됨에 따라 지역간 균형 있는 발전을 위한 지역개발 문제가 새로운 과제로 등장한다. 지방자치제는 무엇보다도 재정자립을 선행요건으로 한다. 이를 위해서는 각 지방자치단체가 재정자립을 실현할 수 있는 산업적 기반을 확보해야 한다. 지방화시대에 지역주민의 수요와 요구에 부응하면서 지역경제의 기초가 되는 것은 중소기업이므로 지역경제의 산업적 기반을 확충하기 위한 지역개발의 과제를 중소기업정책이 해결해야 한다.

---

67) 淸成忠男, 《現代中小企業の新展開》, 日本經濟新聞社, 1972, p. 68·69.

제 2 장　中小企業問題와 政策의 國際比較

Ⅰ. 중소기업문제와 정책의 국제비교 (Ⅰ)

1. 자본주의의 發展類型과 중소기업문제

⑴ 자본주의발전과 중소기업문제의 다양성

중소기업정책은 중소기업문제를 완화 해소시키기 위한 방안이다. 그런데 중소기업문제는 자본주의 전개과정에서 형성되는 구조적 모순의 산물이다. 자본주의 전개는 자본의 집적·집중과 분열·분산이라는 자본축직의 일빈적 법칙을 수반하는 것이며 중소기업문제도 이 과정에서 형성된다. 중소기업문제의 이러한 일반적 성격과 함께 자본축적법칙은 자본주의 발전단계와 국민경제의 경제사적 배경 속에서 특수한 내용을 지니기 때문에 중소기업문제도 특수성을 갖게 된다.

결국 중소기업문제가 일반성과 특수성의 관계에 따라 규정될 수 있다는 것은 자본주의 전개의 유형에 따라 그것이 다양성을 지닐 수 있으며, 그것에 대응하는 중소기업정책도 유형화 가능성이 있음을 뜻한다. 일반성과 함께 특수성을 고찰하면서 중소기업문제를 유형화하는 것은 그에 맞는 이론과 정책을 제시하는 데 유용하다고 본다. 이런 점에서 중소기업문제와 정책을 국제적으로 비교하는 것은 의미 있는 일이다. 그리고 여기서 우리는 우리나라 중소기업정책의 과제에 대한 시사점을 얻을 수 있으리라고 본다.

일반적으로 중소기업문제를 국제적으로 비교하는 데는 두 가지의 서로 다른 견해가 있다. 하나는 한 나라의 중소기업문제를 그 나라 자본주의의 특수성으로부터 설명하여 그 나라 중소기업문제(예컨대 일본의 중소기업문제)를 서구와는 전혀 이질적인 특수한 것으로 보고 서구에는 그러한 중소기업문제가 존재하지 않는다고 보는 것이다.

다른 하나는 이와 정반대이다. 그 나라 자본주의의 특수성을 자본제 법칙 일반 안에 매몰시켜서 국내외 중소기업문제의 공통성만을 일방적으로 강조하고 서구와 그 나라 중소기업문제가 아주 일치하는 것으로 보는 것이다.

이 두 가지의 극단적인 견해는 모두 정확하지 않다. 결국 여러 외국과 그 나라 중소기업문제를 비교하는 것은 어디까지나 독점기구의 특질, 즉 특수한 기구를 통하여 독점이 어떻게 수탈하는가를 파악하지 않으면 안 되며[1] 그 가운데 중소기업문제가 이해될 수 있는 것이다.

중소기업에 대한 문제의식은 일반적으로 한 나라 자본주의의 특질 속에서 형성되지만 그것은 자본주의의 법칙성에 맞추어 분석되어야 한다. 다시 말하면 중소기업문제는 한 나라 자본주의 특유의 문제만이 아니고 서구 선진경제를 포함한 독점자본주의(현대자본주의)에 공통되는 구조적 문제이다. 그러나 이를 구체화시키는 데는 그 나라의 문제의 특질을 이론적으로 파악하지 않으면 안 되는 것이다.[2]

자본제 법칙의 일반성 속에서 중소기업문제를 이해하되 구체적으로는 그 특질을 이론적으로 파악해야 한다는 일반성과 특수성의 관계는 중소기업문제와 정책을 국제적으로 비교하고 자본주의 전개의 유형에

---

1) 加藤誠一,《中小企業の國際比較》, 東洋經濟新報社, 1968. 3. p. 5·6.
2) 尾城太郎丸,〈日本における産業資本確立期の經濟構造に關する諸問題 — 日本資本主義發達史把握の方法についての中小企業(問題)史論の觀點らの再檢討〉, 慶應義塾 經濟學會 編,《日本經濟の近代化》, 東洋經濟新報社, 1967. 12. p. 40.

따라 그것을 분석할 것을 요구한다.

오늘날 중소기업문제는 자본주의 독점단계의 문제이다. 일반적으로 오늘날 주요한 중소기업문제는 자본주의가 자유경쟁단계를 거친 뒤 독점자본이 형성되어 그것이 비독점자본인 중소기업에 대한 지배와 강제가 일어나면서 발생한 것이다. 따라서 중소기업문제는 문제성에서 각국의 특수성이 나타나지만, 모든 독점자본주의 국가에서 공통적으로 나타나는 현상이기도 하다.

원래 자본주의적 생산의 발전은 현실적으로 과도적 형태가 다양하게 계속되고 또한 과거로부터 점진적으로 이루어지고 있다. 각국 독점자본주의 경제구조는 독점자본을 정점으로 하면서 역사적 발전의 각 시기에서 보면 상대적으로 뒤떨어진 생산양식이 누적되는 중층적 구조를 보여준다. 따라서 중소기업문제의 성격과 나타나는 모습도 기본적으로는 각국의 독점자본의 축적양식에 의하여 규정된다. 그것은 독점자본과의 지배종속관계를 기초로 하여 중소기업과 수공업 가내공업 등 낡은 생산양식의 존립·잔존·체류 또는 신생이 가능한 경제구조의 틀에 따라 크게 다르게 된다. 결국 중소기업의 존립기반과 조건에 관한 문제는 역사적 성격을 지니는 것이고, 그 의미는 각국의 자본주의적 생산양식의 移行 문제까지 소급시켜 역사적 요인을 밝히는 것을 요구한다.

(2) 자본주의 이행의 두 가지 길과 중소기업문제

마르크스는 봉건적 생산양식으로부터 자본주의적 생산양식으로의 이행에 대하여 두 가지 방법(two-fold)을 제시한다.[3] 하나는 생산자가 상인 및 자본가로 되어 농촌의 현물경제에는 물론 중세도시공업의 동업조합적 수공업에 대하여도 대립적으로 된다. 마르크스는 이것이 진실한 혁명적 길(the really revolutionizing path)이라고 하였다. 다른 하나는 상인이 직접 생산을 지배하는 방향이다. 이 길은 그 자체로서는 낡은 생산양식을 변혁시키는 데까지는 이르지 않고 오히려 낡은 생산

---

3) K. Marx, *Capital* III, International Publishers, 1977, p. 334.

양식을 보존 유지하려는 경향을 띠게 된다.

농업에서도 공업에서와 마찬가지로 자본주의적 생산양식의 전개에 대한 두 개의 길이 규정되고 있다. 레닌(V. I. Lenin)이 〈1905〜1907년의 제 1 차 러시아혁명에서 社會民主黨의 農業綱領〉에서 定式化한 아메리카형과 프러시아형이 그것이다. 전자는 소농민경영이 선두에 서서 혁명적 수단에 의하여 사회라는 有機體로부터 農奴的 巨大土地所有制度를 없애고, 그 후에 거대토지소유가 형성되어 資本主義的 農業經營으로 발전하는 길이다. 이에 대하여 후자는 대규모의 地主經營이 선두에 서서 그것이 점점 부르주아적으로 되고 농노적 착취방법을 부르주아적 방법으로 바꾸는 것이다.

마르크스가 밝힌 자본주의적 생산양식으로 이행하는 두 가지 방향이나 레닌이 정식화한 농업에서 자본주의 발전의 두 개의 길 속에는 혁명적 방향과 개량적 방향이 포함되어 있다. 일반적으로 경제사에서 미국·영국·프랑스는 전자의 것으로, 그리고 프러시아·일본 등은 후자의 것으로 취급된다.

革命的 길로 발전한 자본주의(특히 미국과 영국)에서는 先發資本主義國家(영국)와 後發資本主義國家(미국)간에 산업혁명의 시기, 그 기간, 식민지의 유무와 그 규모 등 몇 가지 고려해야 될 차이점이 있지만, 기본적으로는 산업혁명에 의하여 기계제 생산과 대공업이 보급되면서 낡은 생산양식이 구축·도태되고, 동시에 농업에서도 자본주의의 발전과 농민층의 분해가 진행되었다. 그리고 국내시장이 형성·확대되고 산업자본이 한층 발전되면서 이에 적합한 경제적 여러 관계가 전개됨으로써 자본주의의 경제법칙이 비교적 순수하게 작용될 수 있었으며, 낡은 봉건적 제도가 잔존해도 그것은 미미한 데 그쳤다.

이에 비하여 改良的 길로 전개된 자본주의국가(특히 일본과 독일)는 후발자본주의로서 前期的 여러 관계가 다분히 남아 있었다. 상인 등의 전기적 자본이 낡은 생산양식을 기초로 수공업, 가내공업, 영세매뉴팩처 등에 대량 잔존하였다. 또한 농민층의 분해도 철저하게 이루어지지 않았으며 국내시장의 형성도 상대적으로 협소하였고, 봉건적 여러 요소가 남아 있는 상태에서 선진자본주의 여러 나라의 競爭壓力을 받게 됨에 따라 밑으로부터의 충분한 전개가 아닌, 위로부터의 자본주의화를 강력하게 진행시켰다.

자본주의 생산으로 이행하는 두 개의 길은 이처럼 각국의 그 후 자본주의 발전의 길을 규정하게 되는데, 이러한 자본주의 발전의 여러 조건의 기초 위에서 다시 독점자본주의로 轉化하는 방법과 이에 따라 형성되는 경제구조의 내용이 정해지고, 그 후의 각국 중소기업문제의 발현도 서로 다른 내용과 특징을 지니게 되었다.

⑶ 후진자본주의의 전개와 중소기업문제의 네 가지 유형

독점자본주의로 이행하는 시기에는 세계시장이 발전되어 세계경제의 상호관련과 일체화가 이루어지면서 각국은 국제적 관점에서 국민경제를 재편성하고 강화하기에 이르렀다. 선발자본주의와 후발자본주의 사이의 생산력격차와 기술격차로부터 일어나는 경쟁압력에 대항하기 위하여는 새로운 생산기술을 도입하고 이를 위한 생산조직을 급속히 조성해야 했던 것이 후발자본주의의 입장이었다. 이들 나라에서는 신구 생산양식의 격차구조와 그 파행성이 심화되어 이른바 후진국적 歪曲性이 문제로 되었고, 이에 따라 중소기업문제도 복잡한 내용을 갖게 되었다.

세계자본주의의 움직임 속에서 여러 자본주의는 독자적인 구조를 지니지만 서로간에 이해의 보완과 대립을 보이면서 결정적인 영향을 끼치게 된다. 이때 후진자본주의는 ① 자체의 내부사정과, ② 좀더 우세한 것으로는 선진자본주의의 외압에 의하여 자연적이고 순소로운 발전을 이룰 수 없게 된다. 그 결과 선진국의 국민경제와는 다른 독자적 구조, 즉 왜곡성을 지닌 경제구조가 된다. 말하자면 세계 속의 여러 지역 또는 여러 국가에서 자본주의가 전개되면 후진자본주의는 선진제국으로부터의 외압에 의하여 생산구조 속에 일정한 왜곡성이 형성되어 선진국의 그것과 다른 형태를 나타낸다. 그런데 그것은 각국내 또는 지역내에서 여러 가지 질과 양으로 존재하고 있는 전근대적, 전통적 여러 관계의 이해와 결부되어 분업관계의 왜곡성을 구조로서 고정화시킨다. 그 결과 산업구조상의 왜곡성을 지속적으로 내포하는 국민경제

가 고착되는 특수한 자본주의가 전개되는데 이것이 바로 후진자본주의이다.[4]

이러한 후진자본주의 속에서 산업구조상의 생산관계적 모순으로 나타나는 중소기업문제도 독특한 성격을 지니게 된다.

국제적으로 중소기업문제는 네 가지 유형으로 크게 나누어 볼 수 있다. ① 영국·미국형, ② 서구대륙형, ③ 일본형, ④ 개발도상국형 등이 그것이다.[5]

첫째로 영·미형은 경제력 집중이 진행된 나라에서의 중소기업문제라는 특징을 갖는다. 기업의 거대화, 경제력의 집중화, 경제의 독과점화가 경제의 발전과 복지에 나쁜 영향을 준다는 인식을 배경으로 하고 있는데, 중소기업은 자유경쟁기업체제의 基軸(backbone)으로서 역할을 하기 때문에 경제의 寡占化와 硬直化를 개선하여 경제에 활력을 주는 데 기여할 것이라는 시각이다.

둘째로 서구대륙형은 수공업의 전통이 강한 나라에서의 중소기업문제라는 특징을 갖는다. 고도로 발달한 국민경제 전체에 걸쳐 있는 兩極性(한편에는 주문에 의한 개별생산 및 소량생산과 융통성이 풍부한 서비스, 다른 한편에는 획일적 대량생산과 제품의 대량판매)이라고 하는 시각에서 출발한다. '대'기업에 대비한 '중소'기업이라고 하는 문제의식보다는 오히려 가격을 중요시하는 대량생산과 대량판매에 대하여 품질을 중요시하는 개별 및 소량생산·서비스를 담당하는 데 조점이 주어진다.

셋째로 일본형은 후진적 조건 아래에서 급성장한 나라의 중소기업문제라는 특징을 지닌다. 자본 부족—노동력 과잉의 여건을 지닌 국민경제가 후진적 조건 아래에서 정부주도의 산업화와 급격한 고도성장을 실현할 때, 국민경제 가운데 높은 비중을 점하는 중소기업은 대기업에 비하여 크게 낮은 생산성과 노동조건을 갖고 경영난과 경영불안전성을 면치 못한다는 데에 중소기업문제의 핵심이 있다고 본다. 또한 대기업

---

4) 大塚久雄 編,《後進資本主義の展開過程》, アジア經濟硏究所, 1973, pp. 6~9.
5) 瀧澤菊太郎,〈中小企業問題と政策の國際比較〉, 加藤誠一·水野武·小林靖雄 編集,《經濟政策と中小企業》(現代中小企業基礎講座 ②), 同反舘, 1977, p. 265· 266.

중심의 고도성장과정에서 중소기업은 자본축적의 바탕이 되기 때문에 獨寡占大企業과 中小企業간에는 지배·종속관계가 심화되어 부등가교환이 이루어지는 데 중소기업문제가 있다고 본다.

넷째로 개발도상국형은 빈곤과 실업이 심각한 나라의 중소기업문제라는 특성을 지닌다. 빈곤과 실업을 해결하는 방안으로서 대기업 중심의 경제개발방식을 택한 결과 富의 불공평한 분배와 개발의 지역적 불균형이 형성되고, 또한 고용창출효과도 높지 않다는 반성에서 출발하여 중소기업에 중점을 둔 개발방식을 탐구하고 중소기업을 육성해야 한다는 데 문제의 중심이 있다. 동시에 광범하게 존재하는 소영세기업 및 국내공업과 농촌공업의 역할을 중요시하여 이들이 직면하는 문제와 그 육성방안을 논의하는 데 문제의 특징이 있다. 또한 이들 국가는 대부분 식민지지배를 경험하여 종속적 경제구조가 성착되어 있다는 짐에 착안하여 경제개발의 과제인 자립경제의 실현과 근대적 생산력 기반을 확충하기 위하여는 중소기업 육성이 바탕이 된다는 문제의식을 갖게 된다.

2. 활력 있는 다수 — 미국의 중소기업

⑴ 독과점체제와 '활력 있는 다수'

자본주의로의 이행에서 혁명적 길로 진행된 미국 자본주의는 전형적인 자본주의경제로 성장하였다. 넓은 국토와 풍부한 자원을 바탕으로 하여 농업에서는 물론 공업에서도 '內部成長型'의 자본주의로 급속히 발전하여 독일이나 일본 등에서 볼 수 있는 後進的 歪曲性이 형성되지 않았다. 공장제도의 압도적 우위 속에서 부품의 相互交換性 방식에 따라 대량생산이 이루어지고 대규모적인 자본축적과 자본집중이 실현되었다. 이것은 독일이나 일본에서처럼 대외경쟁의 수단으로서가 아니라 자본주의의 내부적 요구에 따른 독점의 형태로 전개되었고, 다른 나라에서 볼 수 없는 거대한 독점이 조직되었다. 따라서 미국의 중소기업 문제는 순수한 자본주의적 내용을 지니는 것이었고, 경쟁원리에 바탕을 두고 독점자본이 중소기업을 지배 또는 구축·도태시키거나 흡수·합병하는 것이 문제의 전면에 등장하였다.

미국의 중소기업 문제의식은 공업화과정에서 형성된 경제적 집중화와 그에 수반된 독점자본의 형성이라는 장기적 구조적 원인에서 발단되었으며, 특히 1930년대의 대공황에 의하여 본격적인 관심의 대상이 되었다. 미국경제는 19세기 후반 이후 급속한 공업생산력의 증대과정에서 자본의 집적과 집중이 거듭됨으로써 대기업 또는 독과점을 중심으로 하는 경제구조가 되었다. 특히 1873년의 경제공황과 1914년의 제 1 차세계대전, 1929년의 세계대공황 및 1939년 이후 제 2 차세계대전을 통하여 軍需産業 중심의 자본집중과 국가에 의한 경제 간섭정책으로 독과점체제가 형성되었다. 이에 자유기업제도와 중산층의 소멸방지를 위한 문제의식으로 중소기업문제가 제기되었는데, 특히 1929년의 대공황에 의한 중소기업의 도산과 합병의 증가는 본격적으로 중소기업문제의식을 형성토록 하였다.[6]

1938년부터 1941년에 걸쳐 경제력집중조사위원회(임시국가경제위원회, Temporary National Economic Committee ; TNEC)가 조사 분석한 보고서는 미국 중소기업문제에 대한 최초의 문헌이었다. 여기서는 자유경쟁기업제도가 바람직한 것임을 재확인하고 중소기업문제를 이러한 자유경쟁기업제도와 관련시킴으로써 국민경제적 체제의 문제로 규정하였다.

이 보고서는 도산의 원인에 대하여 ① 중소기업 경영자의 능력부족, ② 자본부족, ③ 정부의 적절한 보호정책 결여 등을 들고 있다. 특히 ①항은 충분한 지식과 경험을 갖지 못한 안이한 開業, ②항에서는 개업 때의 자본부족만이 아니고 개업 후의 자금 조달난까지를 지적하고 있다.

한편 이러한 중소기업의 도산을 방지하기 위하여

① 중소기업의 개업에 필요한 지식 훈련을 제공하는 개업지도

② 중소기업 경영자의 능력향상에 필요한 경영지도

---

6) 위의 글, p.278·279 참조.

③ 개업에 필요한 자금 및 개업 후의 자금조달에 필요한 중소기업 금융시책

④ 대기업으로부터의 부당한 압력 및 불공정경쟁에 대한 규제 강화 등 구체적 방안이 제시됨으로써 그 후 미국 중소기업정책의 기조를 마련하였다.

1942년에 조직된 경제개발위원회(The Committee for Economic Development ; CED)는, 중소기업은 미국생활의 기초가 되는 자유의 표시이며 경제적 민주주의의 기초로서 이것이 없으면 정치적 민주주의도 있을 수 없다고 지적한 바 있다.[7] 이러한 기조는 1945년에 美 上院 중소기업문제 특별위원회의 〈자유경쟁기업의 유지〉라는 보고서에서 중소기업 보호 육성의 필요성이 강조되는 것으로 이어졌고, 1950년의 트루먼 대통령에 의한 중소기업대책을 위한 특별 메시지[8]를 거쳐 1953년의 〈中小企業法〉(Small Business Act)에서 명시되었다. 이 법은 제 2 조에서 '미국에서 민간기업경제체제의 본질은 자유경쟁에 있다. 완전한 자유경쟁에 의해서만 자유시장, 기업참가의 자유 그리고 개인의 창의 및 독자적 판단의 표현과 기회가 보장된다. 그러한 경쟁의 유지와 확대는 경제적 복지를 위한 것일 뿐만 아니라 국가안정의 기반이 되기도 한다. 이러한 안정과 복지는 중소기업의 현실적 및 잠재적 능력을 진흥하고 조성하지 않고서는 실현될 수 없다. 자유경쟁기업을 유지하고 정부가 필요로 하는 전체의 물자 및 용역의 조달 및 계약 가운데 공정한 부분이 중소기업에 할당되도록 보장하고 정부재산이 공정한 비율로 중소기업에 매각뇌노록 보장하며, 나아가서 미국경제 전체를 유지 강화하기 위하여 정부는 가능한 한 중소기업의 이익을 지원하고 조언 및 보호하는 것이 의회가 선언하는 정책'이라고 규정하고 있다.[9]

그 후 미국의 中小零細企業(small and little business)은 '활력 있는 다수'(the vital majority)로서 규정되었다.[10] 미국 中小企業廳 창립 20

---

7) 末松玄六 編,《海外の中小企業》, 有斐閣, 1960, p. 64.

8) 〈アメリカ大統領, メッセージ〉(中小企業對策), 위의 책, p. 244·255.

9) 中小企業銀行,《海外各國의 中小企業關係法》, 1965, p. 14.

10) U. S. Small Business Administration, *The Vital Majority : Small Business*

주년 기념논문집인 이 책의 머리에서 닉슨 대통령은 다음과 같이 쓰고
있다.

> 소기업은 우리 나라의 국민적 敎義(national creed)인 機會의 自由
> 의 자랑스러운 상징이다. 그것은 모든 미국 사람이 스스로의 방법으로
> 어느 것이나 취득할 수 있는 자유를 나타내는 것이다. 우리 나라의 초
> 기부터 소기업은 우리에게 가장 좋은 아이디어와 발상을 공급하였고 산
> 업과 과학의 성장을 크게 가속화시켰다. 오늘날 소기업은 이 나라에서
> 가장 강한 힘의 하나로 성장하였다. 그것은 우리 인구 半의 生計의 기
> 초이다. 나는 항상 소기업의 중요성에 대하여 강력한 개인적 신념을 지
> 니고 있다. 소기업은 생활의 안정과 만족의 큰 원천이다. 소기업은 미
> 국의 활력의 근거(the lifeblood of America)이다.

경제적 의미에서 중소기업을 안정성과 만족, 기회의 자유보장, 아이
디어와 창의의 원천이며 국민의 생계기반일 뿐만 아니라 미국의 활력
의 근원으로까지 보고 있다. 특히 독과점 시장구조에서 오는 비능률을
막고 시장효율, 즉 자본주의의 체제적 장점을 높이기 위한 산업조직을
실현하기 위하여 중소영세기업의 존립조건 형성과 광범한 존립분야의
확충이 적극적 기능을 하는 것이다. 이는 중소영세기업이 原子狀的 産
業(atomistic iudustry)이고, 이들의 多數存在는 산업구조의 집중도를
낮출 뿐만 아니라 원자상적 시장구조(atomistic market structure)를 형
성하기 때문이다.[11]

이러한 원자상적 시장구조를 형성하는 중소영세기업이야말로 경직화
되어 가는 시장구조에 활력을 넣어주는 다수가 되어 자본주의에 대한
체제유지적 역할을 한다고 보았다. 그리고 미국경제는 고도로 집중화
된 산업, 持株會社에 의한 거대기업지배체제, 금융과두체제의 특징을
지닌 자본주의이지만 철강과 자동차 등을 기점으로 하여 산업의 국제

---

in the American Economy, Essays Marking the Twentieth Anniversary of
the U. S. Small Business Administration, Deane Carson, ed. 1973.

11) J. Bain, *Industrial Organization,* John Willey & Sons Inc., 1968, p.469.

경쟁력이 점차 상실되어 가고 있는 추세에 있다. 중소영세기업은 경제
재활성화와 경제재건의 중요한 요소로서 기대되기도 한다.

⑵ 中小企業廳(SBA)과 중소기업정책의 방향

그런데 미국의 중소기업은 이러한 포괄적 성격 속에서 몇 가지 서로
다른 측면에서 규정하고 있다.

첫째는, 중소기업이 현대의 미국적 희망(American dream)을 구현하
는 대상이라는 것이다.[12] 독립되어 소유되고 경영되며, 그 영업분야에
서 지배적이 아닌 소기업은[13] 민주주의국가의 바탕이며 미국인의 희망
의 대상으로서 거대조직체제의 획일주의에 대한 대항적 존재가 되고
있다.

둘째는, 중소기업은 산업구조와 기업활동 속에서 활력 있는 부문으
로 되고 있다. 경영전략면에서는 성공의 상징이며 미국적 희망을 실현
하는 대상이 중소기업이지만, 동시에 그들간의 심한 경쟁, 대기업과의
경쟁과 종속, 높은 출생과 사망, 활발한 參入과 退出 등을 통해서 산업
구조와 기업활동에 활력을 넣어주기도 한다.

셋째는, 중소기업은 심각한 사회문제와 사회정책의 대상이 되기도
하는데, 이것은 첫째 및 둘째의 것과 대조적인 측면이다. 인종과 소수
민족문제, 지역격차, 빈곤층과 실업문제, 僞裝失業, 여성의 평등한 사
회활동 참가를 위한 여성경영기업원조 등이 사회문제의 성격을 지니는

---

12) Ross M.Robertson은 *The Vital Majority*의 "The Small Business Ethics in
America"란 논문에서 소기업에 관한 미국적 이념과 그 계보에 대하여 쓰고
있다. 즉 미국사에서 대기업의 존재 때문에 발생되는 비즈니스계에 대한 욕구
불만의 표적이 소기업에 의하여 완화된다는 것이다. 소기업은 큰 재산은 아니
더라도 근면한 모든 사람이 개인의 노력 여하에 따라서는 그에 상응한 재산을
얻을 수 있는 기회를 주며, 그것은 빈곤으로부터 탈피 가능성을 제시하는 미국
적 희망(American dream)의 대상이라는 것이다. 따라서 어느 정도의 사업적
수완과 용기를 발휘할 수 있는 사람에게 상류의 중산층에 이를 수 있는 가능성
을 제공하는 것이 중소기업이며, 이것은 미국의 대기업체제(big business
system)에 대한 서민적 비판을 완화시켜 정치적 안정을 구현하도록 한다는 것
이다.(pp.25~36)
13) 〈미국소기업법〉(Small Business Act ; SBA) 제3조.

소기업문제이다.

넷째로는, 중소기업은 분산되어 있는 그들의 힘을 결집하여 그들의
요구를 실현시키려고 하기 때문에 政治力學的 대상이 된다. 방대한 투
표수를 바탕으로 하여 자주적 조직체를 결성, 그들에게 필요한 것을
실현시켜주려는 것이 중소기업이다.

이와 같은 여러 측면의 중소기업문제를 해결하기 위한 상설정책기구
로서는 中小企業廳(Small Business Administration ; SBA)이 있다. 중
소기업을 육성하는 연방정부기관이 강력히 요망된 결과 1953년에 〈중
소기업법〉이 제정되고 임시적 정부기관으로서 중소기업청이 설치되었
다. 그 뒤 1958년에 〈중소기업법〉이 수정되면서 중소기업청이 항구적
상설기관이 되었다. 이 중소기업청의 주요 업무는

① 중소기업정책의 작성,

② 의회의 상하양원의 중소기업에 관한 위원회 및 전국중소기업심의
회 등과의 연락,

③ 법안 작성시 및 타정부기관에 관한 중소기업의 대변자 역할,

④ 중소기업문제와 시책에 관한 조사 등이다.

중소기업청을 중심으로 하여 이루어지는 구체적 중소기업정책은 다
음의 세 가지로 크게 나누어 볼 수 있다.

① 中小企業金融施策

미국에서는 중소기업청이 금융에 직접 관여하는 것이 특징인데, 중
소기업청 융자는 은행 기타의 금융기관으로부터 차입할 수 없거나 개
인적 자산을 소유하지 않는 경우에 이루어진다.

융자방식은 ㉠ 전액을 중소기업청이 융자하는 직접융자, ㉡ 은행과
공동으로 융자하는 협조융자, ㉢ 은행이 전액을 융자하고 중소기업청
이 그 90퍼센트를 보증하는 보증융자 등 세 가지가 있다.

융자의 주된 내용은 ㉠ 통상의 기업융자, ㉡ 經濟機會融資,[14] ㉢ 소

---

14) 중소기업을 경영할 의지와 능력을 갖고 있음에도 불리한 입장에 있는 사람에
   대하여 융자조건을 완화, 借主의 능력과 인격을 보고 융자하는 것이다. 경영자
   로서의 훈련이 중요시되어 신규개업자를 위한 연수·지도·상담뿐만 아니라 융
   자조건으로서 중소기업청이 주최하는 경영강습에의 출석 등을 요구한다.

수인종기업융자, ㉣ 개발공사융자,[15] ㉥ 이전기업융자, ㉦ 재해융자 등이다.

② 독점금지정책과 정부조달시책

㉠ 독점 및 대기업의 압력으로부터 중소기업을 보호하는 시책이다. 미국의 중소기업문제는 경제력집중 및 독점문제와 표리의 관계에 있기 때문에 독점금지정책에 따라 법으로 중소기업을 보호한다.

㉡ 정부조달에서 점하는 중소기업의 비율을 확보하고 연방정책의 각 기관에 대하여 중소기업에 대한 發注를 증대하도록 독려한다. 각기관의 의뢰를 받아 중소기업청 자신이 조달을 행하기도 하고 대기업의 2차 발주가 중소기업에 이루어지도록 하기도 한다.

③ 中小企業의 啓蒙·指導施策

㉠ 중소기업청의 전문가들이 중소기업에 대하여 개별적으로 조언을 하고 경영진단을 하며 강습회와 세미나를 행한다.

㉡ 중소기업청은 퇴직자 가운데 높은 지식과 경험을 가진 전문가들로 하여금 기술·마케팅·경리, 기타 경영 전반에 대한 지도를 행하도록 한다.

1980년 1월 워싱턴에서 개최된 소기업자와 관계자의 소기업회의는 미국 소기업사상에 중대한 전기를 마련하였다. '미국적 희망(American dream)은 스스로의 힘으로 자기 기업의 주인이 되는 것이다. 누구나 이러한 꿈(dream)을 지닌다. 많은 미국인이 그러한 희망 속에서 산다. 미국적 희망은 건국 200년간의 미국의 전통(American heritage)이고 오늘날의 우리 나라가 세계 최대의 경제력을 갖는 나라로 된 원인이다.'

이것은 워싱턴 소기업회의가 제 1 호로 제안한 〈미국소독립기업권리법안〉(America's Small & Independent Business Bill of Rights, 1980) 서두의 글이다. 이 회의에서 제안된 60건이 정리되어 일련의 〈소기업대책입법〉으로 실시되었는데 그 가운데 중요한 것을 보면 다음과

---

15) 지역개발과 지방의 고용촉진을 목적으로 하는 융자이다.

같다.

① 〈소기업경제정책법〉 : 소기업의 활동을 중심으로 하는 경제(small business economy)를 활발하게 하고 대통령과 SBA는 소기업의 경쟁 실태와 문제를 분석 조사하여 〈小企業敎書〉(The State of Small Business)를 해마다 의회에 보고한다.

② 〈소기업개발센터법〉 : 종래의 경영지도를 좀더 확충하여 대학과 지역소기업간의 연대를 강화한다.

③ 〈규제완화법〉 : 행정개혁과 정부규제의 철회 및 완화를 정부 여러 기관에 의무화시킨다.

④ 〈공정평등법〉 : 연방정부 여러 기관이 소기업에 대하여 불리한 대우를 하는 경우 소기업은 행정소송을 제기하고 그 비용과 손해배상을 청구한다.

기타 투자장려, 자본축적, 수출촉진에 관한 여러 입법이 행해져서 중소기업정책이 더욱 활성화되었다.[16]

경제력 집중화와 독과점문제의 표리의 관계로서 의식된 미국의 중소기업문제가 중소기업의 보호·육성론으로 이어져 많은 중소기업정책이 전개 시행되었다. 그러나 효율이 낮은 중소기업은 대기업과의 경쟁에서 도태되는 것이 당연한 것으로 보고 정책이 전개되었던 것이다. 倒産은 자유기업경쟁제도를 유지하는 데 지불해야 하는 대가라는 생각이 바탕이 되었다. 경제력 집중화에 따라 자유경쟁기업제도가 위협받고 독점·과점의 폐해와 경제의 경직화를 가져온 상황에서 제기된 중소기업문제를 개별기업 수준에서 미시적 효율을 중요시하면서 해결하려는 정책은 국민경제 수준의 거시적 효율화를 손상하는 모순을 발생시킬 가능성이 있다는 점이 지적될 필요가 있다.

---

16) 佐藤芳雄·渡邊幸男, 〈アメリカの寡占體制とスモール·ビジネス〉, 渡邊睦· 前川恭一 編,《現代中小企業硏究》(下卷), 現代資本主義叢書㉘, 大月書店, 1986, pp. 42~67 참조.

3. 苗床機能과 新陳代謝機能 — 영국의 중소기업

(1) 경제적 합리성의 추구와 낮은 중소기업 문제의식

영국의 중소기업은 20세기에 들어와서 절대수가 전 산업에서 점하는 비중이 감퇴하여 선진국 가운데 가장 낮은 비중을 보였다. 그러나 영국의 중소기업은 대기업에 비교하여 노동조건과 임금 생산성 격차가 크지 않기 때문에 일본 등과 같은 문제의식이 발생하지는 않았다. 1960년대에 이르기까지 금융문제를 제외하고는 중소기업에 대한 문제의식이 크게 제기되지 않았는데, 그것은 영국경제의 역사적 발전과정의 특징과 사회적 여러 입법 빛 여러 제도의 성립에 기인힌다.

영국은 세계자본주의 여러 나라 가운데 가장 일찍 산업혁명을 달성하여 세계의 공장으로서 역할을 하였다. 당시 영국의 綿工場·毛織物工業·鐵鋼業·機械工業 등의 발전에 수반하여 수공업과 가내공업 등의 소경영은 기계제 대공업으로 서서히 대체되었다. 이러한 산업혁명의 선진성과 철저성으로 인하여 소경영이 구축되었다. 또한 당시 공장법과 노동조합운동의 진전은 아동 및 부인노동의 제한과 低賃勞動(cheap labor)을 추방하여 여기에 의존하던 소경영과 가내공업, 가내노동을 점차 도태시키면서 양극분해를 촉진시켰으며, 일부는 기계제 대공업의 공장으로, 다른 부분은 공장의 노동자로 轉化되었다. 그럼에도 불구하고 산업자본주의 단계에서는 아직도 많은 소경영이 잔존하였다. 이는 산업혁명이 주요 산업에 한정하여 진행되었으며, 또한 산업혁명 그 자체에 의하여 새로운 소경영이 탄생된 결과 때문이다.

산업혁명 후 영국의 독점화의 길은 미국과 독일 등 후발선진자본주의에 비하여 늦었고 점진적인 발전과정을 거쳤다. 경제공황을 반복하는 과정에서 자본의 집중이 현저하게 되고 독점자본이 성립되었다. 그러나 점진적인 독점화의 과정에서 중소기업 가운데 독점자본에 흡수·합병되거나 정리·도태되는 것이 많았다. 또한 잔존하는 중소기업은 경제적 합리성을 갖고 대기업과 임금격차가 적었는데, 이것은 최저임

금법과 사회보장제도가 대기업과 중소기업간의 임금격차와 노동조건의
격차를 축소시키는 작용을 했기 때문이다.

이처럼 산업자본주의와 독점자본주의 단세 초기까지, 적어도 제 1 차
세계대전까지는 소경영과 중소기업의 구축·도태가 진전되었지만 아직
도 상당한 중소기업과 소경영이 잔존하였다. 따라서 영국에서 중소기
업의 절대수와 그 비중이 낮아진 것은 1930년대 이후, 특히 제2차세
계대전 이후 근년에까지 급속히 진전된 것이다.[17]

결국 영국에서는 18세기 후반부터 시작된 산업혁명과정에서 많은
수공업과 가내공업이 기계적 대공업과의 경쟁에 의해 도태되면서 경제
적 사회적 마찰이 있었지만, 효율이 낮은 수공업과 가내공업은 효율이
높은 대공업에 의하여 도태되는 것이 당연하다고 생각하였기 때문에
특별한 보호대책이 강구되지 않았다.

19세기말까지 중소기업의 도태가 상당히 진행되었지만, 마셜(A.
Marshall)이 그 잔존문제를 제기할 만큼[18]·중소기업이 존재하였다. 특
히 홉슨(J. A. Hobson)이 지적했듯이, 저임금과 장시간노동에 의존하
는 노동착취(sweating)라고 불리는 영세기업이 다수 존재하였다.[19] 이
는 경제적으로 합리적이 아니며 사회적으로도 바람직하지 못하다고 하
여 적극적으로 도태시키려는 정책이 실시되었는데, 그것이 1909년의
〈最低賃金法〉(Trade Board Act)이었다.

슈타인들(J. Steindl)이 말한 바와 같이 영국에서는 산업혁명의 목표
가 소규모생산을 대규모생산으로 대체시키는 것이었다.[20] 그러나 로빈
슨(E. A. G. Robinson)에 의한 적정규모론적 중소기업잔존론[21]이 형
성되는 과정에서 중소기업을 경제적 합리성을 지닌 존재로서 파악하는
견해가 생겨났다.

---

17) 太田進一, 〈イギリス資本主義の發展過程と中小企業問題〉, 위의 책, p. 69·70.
18) A. Marshall, *Principles*, 2nd ed. 1891, Part Ⅳ. Chap. 8~12.
19) J. A. Hobson, *The Industrial System*, 1909, p. 187.
20) J. Steindl, *Small and Big Business*(米田淸貴·加藤誠一 譯, 《小企業と大企業 —
    企業規模の經濟的諸問題》, 巖松堂, 1969, p. 132).
21) E. A. G. Robinson, *The Structure of Competitive Industry*, 1931(黑松嚴 譯,
    《産業の規模と能率》, 有斐閣, 1969).

다시 말하면 1931년의 맥밀런위원회(Macmillan Commitee)의 보고
서는 중소기업이 대기업에 비하여 장기자금의 조달면에서 불리하다고
지적하고 이 불리를 시정할 것을 권고하였다.[22] 이것이 유명한 맥밀런
갭(Macmillan Gap)이며, 그 후 갭을 메우기 위하여 특별한 금융기관
이 설립되었다. 1934년의 산업금융공사(CFI)가 설립되고 1945년에는
상공업금융공사(ICFC)가 설립되었다.

이런 과정에서도 영국에서는 전통적으로 경제적 합리성과 효율이 존
중되어 중소기업이 열등한 효율성을 지닐 때는 높은 효율성을 갖는 대
기업과의 경쟁에서 도태되는 것은 당연하다고 보았다. 다만 경쟁에서
중소기업에게 불리한 조건이 있는 경우에는 이것을 보정해주어야 한다
는 생각이었다.

그럼에도 중소기업문제가 커다란 경제적 사회적 혼란을 일으킴이 없
이 국민경제적 중요문제로 되지 않았던 것은

① 19세기 후반 이후 200년이라는 장기간에 걸쳐 중소기업이 도태
되어 왔으며,

② 그 결과 20세기에 와서는 경제 전체에서 점하는 중소기업의 비
중이 현저히 낮았다는 것과,

③ 완전고용정책과 사회보장정책이 비교적 성과를 높였다는 것 등이다.

(2) 〈볼턴보고서〉와 중소기업문제

그러나 1960년대에 와서는 중소기업이 중요한 정책적 문제가 되었
다. 중소기업이 정책적 문제의식의 대상으로 됨에 따라 1969년 7월에
는 노동당의 상공장관에 의하여 중소기업조사위원회(볼턴위원회)가 설
치되었으며, 1971년 11월에는 〈볼턴보고서〉[23]가 발표되었다.

---

22) Macmillan Committee, *Report of the Committee on Finance and Industry*,
  1931.
23) 이 보고서의 명칭은 *Small Firms, Report of the Committee of Inquiry on
  Small Firms*, by Chaiman J. E. Bolton, Presented to Parliament by the Sec-
  retary of State for Trade and Industry by Command of Her Majesty, Her
  Majesty's Stationary Office 1971. 12로 되어 있다.[中小企業銀行 調査部 譯,
  《英國의 中小企業》(上・下), 1972]

이 위원회가 설치되기 이전에는 영국에서 중소기업 분야에 대한 종합적 조사는 정부나 다른 기관에 의해서도 행해지지 않았음에도, 국민경제에서 중소기업의 역할과 중소기업이 이용하는 여러 편의 및 중소기업이 직면하는 여러 문제를 검토하여 권고하는 것을 목적으로 하는 볼턴위원회가 설립된 배경은 다음과 같다.

첫째, 단기적 직접적인 것으로서 1969년에 국제수지의 개선과 인플레를 극복하기 위한 금융긴축과정에서 중소기업은 은행신용의 규제와 기업간 신용의 악화라는 이중적 어려움을 당하게 되었다.

둘째, 장기적 구조적인 것으로서 제 2 차세계대전 후의 영국경제의 정체와 국제적 기반의 격하가 중소기업을 크게 압박하였고, 특히 1960년에 와서 이러한 정체상태를 개선하기 위한 국제경쟁력의 강화방안으로 적극적으로 합동과 합병을 추진하면서 기업규모의 확대와 독과점체제가 급속히 강화되었다. 그 결과 독과점체제에 대한 반발과 경제의 경직화에 대한 우려가 제기되었고, 독점금지법의 강화요청과 함께 독과점에 대한 대항력으로서 또는 경제경직화를 타파하는 방편으로서 중소기업을 중요시하는 문제의식이 제고되었다.

다른 선진국에 비하여 중소기업의 비중이 현격히 낮은 영국경제에서 이러한 문제의식은 중소기업을 정책적, 구조적 인식의 대상으로 하는 계기가 되도록 하였다.(표 2-1)

표 2-1. 規模構成과 規模隔差의 英·美·日 比較

	일 본 (1972년)	영 국 (1968년)	미 국 (1967년)
공업종사자 총수 중 100인 미만 규모 사업체의 종사자가 차지하는 비율	53%	13%	23%
100인 미만 규모 사업체의 1인당 부가가치생산성지수(1천 인 이상 규모 사업체의 생산성을 100으로 한 지수)	43	80	74

※ 자료 :《經濟政策と中小企業》, p. 267.

중소기업의 질적 정의의 요소로 ① 시장점유율이 적은 것, ② 기업
소유자가 개인의 판단으로 경영하는 것, ③ 대기업의 일부가 아니고
독립하여 있는 것 등 세 가지를 들고 있는 〈볼턴보고서〉는 영국 중소
기업의 특색을 다음과 같이 들고 있다.

① 중소기업의 대다수는 개인경영이나 공동경영이며 법인형태를 취
하는 것도 대부분은 동족회사이다.
② 기업간의 합병 및 대기업에 의한 중소기업의 매수가 많다.(중소
기업의 집단(group)화, 협업화, 계열화의 예가 많고 합병은 적은 비율
에 지나지 않는 일본 등의 예와 차이가 있다)
③ 중소기업의 자기자본 비율은 56퍼센트로서 대기업과 비슷하지만
유동비율은 1.8로서 대기업의 1.6보다 좀 높다.(일본에서는 중소기업의
자기자본 비율이 대기업과 비슷하지만 14퍼센트밖에 되지 않고 유동비
율도 1.0으로 크게 낮으며 대기업의 1.1보다도 낮다)
④ 대기업과 중소기업의 임금격차는 20퍼센트에 그치고 양호한 노동
환경을 제공하기 때문에 중소기업에서 근무하기를 바라는 사람이 많다.
중소기업의 노동조합 조직률이 낮고 파업 등도 적다.(일본에서는 임금
격차가 40퍼센트나 되며 노동조건도 대기업보다 뒤떨어진다)
⑤ 중소기업자의 대부분은 높은 교육을 받지 못하고 사회적 지위도
낮다.(일본의 경우는 중소기업자의 학력이 높아지고 있으며 사회적 지
위도 반드시 낮은 것은 아니다)
⑥ 1인당 부가가치생산성의 규모격차가 20퍼센트로서 효율성에서
대기업에 크게 뒤지지 않는다.(일본에서는 생산성의 규모격차가 50퍼
센트나 되며 효율성도 대기업보다 뒤떨어진다)

⑶ 中小企業의 役割과 政策方向

이러한 특징을 지니는 중소기업의 역할을 〈볼턴보고서〉는 다음과
같이 쓰고 있다.

① 중소기업은 기업심과 독립심이 풍부한 사람에게 개업의 기회를
제공한다. 그들은 대기업에 고용되기를 좋아하지 않거나 적합하지 않지

만 경제에 활력을 주어서 크게 공헌한다.(2장)

② 생산 및 販路의 적정규모가 작은 산업에서 중소기업은 가장 효율적인 기업형태이므로 많은 상공업이 중소기업으로 구성된다.(3장)

③ 중소기업은 소비자에게 제공하는 재화와 용역을 매우 다양하게 해 준다. 왜냐하면 대기업이 개입하기에는 별로 가치가 없거나 경제성이 없는 소시장분야에서도 중소기업은 번창할 수 있기 때문이다.(3장)

④ 대기업보다 낮은 원가로 생산하여 대기업에게 부분품이나 반제품의 전문적 공급자로서 역할하는 중소기업이 많다.(3장)

⑤ 집중화된 경제에서도 중소기업은 현실적으로, 잠재적으로 경쟁을 촉진하며 독점적 이익과 독점에서 발생하는 비효율을 저지하는 역할을 한다. 그리하여 경제 전체의 효율적 운영에 기여한다.(3장)

⑥ 중소기업은 연구·개발에 투자가 적지만 생산기술뿐만 아니라 서비스에서도 중요한 혁신의 원천이 된다.(5장)

⑦ 중소기업은 전체로서 새로운 산업, 즉 혁신을 위한 전통적인 성장기반이 된다.(4장)

⑧ 중소기업은 기업가적 재능을 갖는 자에 대하여 기회를 제공하고 지배적인 대기업에 도전하고 자극을 줌으로써 대기업을 육성하는 養成基盤(苗床, seedbed)을 마련하여 준다.(3장)[24]

이들 역할은 중소기업 자체의 효율성과 직접 관련을 갖는 것과 갖지 않는 것으로 나눌 수 있는데, 영국 중소기업문제의 인식에 중요한 의미를 갖는 것은 바로 후자이다. 효율성이 낮은 중소기업의 도태가 당연하다고 보면서도 중소기업 자체의 효율성과 직접 관련을 갖지 않는 역할로서 독과점체제에 활력을 넣는 기능, 중소기업이 새로운 산업과 기업능력 및 장래 대기업의 자연적 양성기반이 된다는 묘상기능(seed-bed function) 및 신진대사적 기능(regenerative function) 등이 장기적으로 국민경제의 건전한 발전에 중요한 기여를 하는 것으로 제시하였다.

그런데 영국경제에서는 중소기업의 쇠퇴와 현격히 낮은 비중 때문에 이러한 역할이 제대로 이루어지지 못하고 있는데 새로운 정책적 중소

---

24) *Ibid.*, pp. 82~84[위의 번역서(上), p. 204·205].

기업문제의 본질이 있다고 보았다. 중소기업의 비중저하와 **實數**의 감
소는 개업보다는 폐업이 많고, 개업률보다는 폐업률이 높은 데 그 원
인이 있으며, 중소기업에게 불리하게 작용하는 요인으로서는 다음과
같은 것들을 들고 있다.

　① 생산면에서 기술혁신에 기인한 적정규모의 확대
　② 연구 개발비의 급증
　③ 경영관리기술의 발달에 의한 관리면에서의 대규모화 제약의 타파
　④ 수송·통신·마케팅 등의 기술진보에 의한 지방소시장의 붕괴
　⑤ 중소기업자의 사회적 지위의 저하
　⑥ 경제와 사회의 두 측면에서 국가 역할의 증대와 대기업에 유리한
정책의 실시
　⑦ 기업집중의 촉진과 거대기업의 출현

　이러한 정책적 구조적 인식이 있으면서도 이 보고서가 제시한 구체
적 정책내용은 값싼 保險政策이라는 소극적 성격을 갖는 데 그치고 있
다. 그것은 영국 중소기업의 쇠퇴가 정부의 중소기업에 대한 특별한
지원을 필요로 하는 위기적 단계에까지는 이르지 않으리라는 낙관적
전망에 기초를 두고 있다. 이러한 기초 위에서 제시한 정책내용을 보
면 다음과 같다.

　첫째, 정부기구 등에 중소기업 전담기구를 창설하고 전문적 담당장
관을 두도록 한다. 그리하여 상공부 안에 중소기업국(Small Firms Di-
vision ; SFD)을 설치하였다.

　둘째, 경영기술 및 지도에서 공적 부문이 아닌 사적 부문으로서, 정
부조성보다는 자력지원(self-supporting)에 의한 경쟁원리를 주장하고,
다만 중소기업에 대한 정보제공기능을 할 수 있는 기관을 모든 주요
지방 상공업 중심지와 중앙에 설치하도록 권고하였다. 그 결과 1973
년에 SFD의 관할하에 10개소(Small Firms Information Center ; SFIC)
가 설치되었다.

　셋째, 금융면에서는 중소기업자가 대기업에 비하여 금융상의 어려움
을 겪고 있으나 그것은 소액금융에서 오는 높은 비용과 중소기업에 대
한 대출에 따르는 높은 위험료에 기인한 것이며, 현행 금융제도상의

문제에서 오는 것은 아니라고 보고 있다. 따라서 특별한 정부금융기관의 설치나 보조금 및 장기저리융자의 필요성은 없으며 다만 자금조달 방법에 대한 정보제공이 필요하다고 보았다.

넷째, 세제의 영역에서는 중소기업의 법인세율 경감, 동족회사의 사업소득에 대한 社內留保 제한의 철폐, 상속세의 경감, 인플레를 고려한 회계처리방법의 채용 등을 제시하고 있다.

다섯째, 산업훈련에서는 현재의 〈産業訓練法〉(Industrial Training Act)에 의해 설치된 기계시설이 중소기업자의 필요에 적절하지 않고, 오히려 중소기업자가 부담하는 비용으로 대기업이 성과를 얻는 것이므로 중소기업에의 부과금을 면제할 것을 주장하고 있다.

여섯째, 독점금지정책의 강화를 권고하고 있다.[25]

이처럼 영국의 중소기업문제는 〈볼턴보고서〉가 발간되기 이전에는 정책적 차원으로까지 발전될 정도로 심각하게 인식된 것은 아니었고, 부분적으로 제시된 것도 경제적 합리성을 지향하는 과정에서 중소기업이 받는 불리점을 시정시킬 필요가 있다는 정도에 그치고 있었다. 따라서 문제의 인식에 기초를 둔 구체적 정책이 없는 가운데 이를 뒷받침하는 중소기업금융이 소극적으로 이루어졌을 뿐이다.[26]

4. 手工業的 전통의 경제 — 독일의 중소기업

(1) 독점화의 진전과 중소경영의 구조변화

영국과 미국에서 혁명적 길에 따라 자본주의가 전개되었음에 비하여 독일과 일본에서는 개량적 길에 따라 자본주의가 발전되었다. 뒤늦게 공업화를 추진하였던 독일경제는 선진 영국이 장기간에 이루었던 근대

---

25) 瀧澤菊太郎, 〈中小企業問題と政策の國際比較〉 加藤誠一・水野武・小林靖雄 編集, 앞의 책, pp. 268~278 참조.

26) 〈맥밀런보고서〉가 발간된 이후 특히 중소기업금융문제에 대한 관심을 불러 일으켰지만 그것이 중소기업문제 전반에 대한 정책적 제도적 차원으로 현격히 전개된 것은 아니었다.

공업의 발전을 단기간의 자본축적으로 달성하지 않으면 안 되었다. 거대한 산업자본의 급속한 집적이 필요하였는데, 그 과정에서 전기적 형태로서의 수공업을 철저하게 분해시키지 못한 채 근대화과정이 추진되었다. 근대화과정에서 독일의 산업구조는 소비재공업에서 생산재공업으로, 중소경영에서 대경영 중심으로 이행되었고 많은 산업에서 집중과 대기업의 수가 증가하였지만 모든 산업에서 그러한 것은 아니었으며, 어떤 산업에서는 중소경영으로서의 수공업이 증가하였거나 존속하였다.

이와 같이 어떤 산업에서는 중소경영의 수가 감소하였지만 특정산업에서는 중소경영의 수가 증가하는, 이른바 집적의 불균형적 발전[27] 가운데서 독일의 중소기업문제가 형성되었다. 따라서 초기의 독일 중소기업문제는 대경영과 중소경영의 경쟁적 존립에서 파생되었다기보다는 전형적인 근대공업의 의미로서의 대공업(Industrie)에 대한 전통적인 중소경영의 근대화 형태인 수공업(Handwerk)의 관계에서 파악되는 특수한 성격을 갖고 있었다.

수공업적 전통을 지닌 독일 중소기업문제의 특수성이 인정되지만 고도로 발달한 자본주의경제에서 독점화의 진전, 산업부문간의 불균등한 발전, 국가독점자본주의적 기능의 강화와 그 역할 속에서 중소기업문제가 형성되었다는 점에서는 일본과 많은 유사점을 지녔다. 특히 제 2 차세계대전 이후의 서독 독점자본의 부활과 발전과정 및 그 후의 본격적인 자본집중과정에서 중소공업경영은 계급분화를 수반하였고, 중소공업경영에 대한 독점자본의 지배체제가 강화되면서 새로운 차원의 중소기업문제가 전개되었다.

전후 서독 자본주의의 전개과정은 크게 세 단계로 나뉜다.

첫단계는 1949년 서독 연방공화국의 성립부터 1957년에 이르는 기간으로서 이른바 경제기적을 이룬 서독 자본주의의 고도성장시기이며 독점자본이 본격적으로 부활 강화된 시기이다. 이 시기에는 독점자본의 자본축적 강화를 목적으로 한 국가독점자본주의적 투자정책(마셜플

---

27) 稻葉襄,《中小工業の經濟理論》, 森山書店, 1969, pp.90~92.

랜에 의한 자금 투자조성법, 산업조성을 위한 연방정부의 투자계획, 조세우대조치, 무이자대부 등)이 전개되어 산업부문의 불균형발전이 강화되었다. 소영세경영을 희생시키는 중소공업경영의 계층분화가 진행되었고, 다품종의 부품생산과 조립산업에서는 상층경영을 중심으로 하여 이들이 하청지배체제에 편입됨으로써 중소공업경영 지배방법이 중요한 역할을 하였다.

둘째 단계는 1958년의 공황으로부터 1967년의 본격적 과잉생산공황에 이르는 기간이다. 지금까지 고도성장 과정에서 축적된 여러 모순이 나타나게 되었고, 서독 자본주의의 불안정성이 커지는 가운데 독점자본의 자본집중이 본격적으로 전개되었다. 이때 서독정부는 목적의식적 중소기업정책, 즉 상층육성, 하층도태의 차별화정책을 적극 시행함으로써 중소공업문제가 형성되었다. 이 시기에는 과학기술혁명과 유럽공동체(EEC)의 형성에 의한 경제의 국제화가 진전되었고, 독점자본의 자본축적과정에서도 지금까지의 외연적 확대재생산으로부터 집약적(내포적) 확대재생산으로 중점이 옮아갔다. 자동화가 진전되고 자본축적과정에서도 국가의 강력한 지원과 독점은행이 참가하는 가운데 국제간의 자본집중이 이루어져서 초독점체가 형성된 시기였다. 중소공업경영은 경제의 국제화에 영향을 받고 또 과학기술혁명하에서 신제품의 등장, 산업구조의 급격한 변화에 따라 파산·몰락하게 되었지만 일부에서는 중소공업경영이 새롭게 설립되는 등 교착되는 과정이 진행되었다.

하청제도에서도 기술적 고도화와 선별화, 지불조건이 악화되었으며 전체적으로 중소공업경영의 존립이 어려워지면서 종속화가 강화되는 시기였다.

세번째 단계는 1969년 이후의 시기이다. 1960년대말에 일시적인 경기회복을 거쳐 1970년대에 와서 전후 세계자본주의체제를 뒷받침하던 국제통화체제가 붕괴되고 原油危機 이후 인플레의 가속화 등 경제적 어려움이 지속된 시기였다. 서독 독점자본의 자본축적과정에서도 합리화가 강조되고 자본집중과정에서는 입법적 조성(1969년의 전환법과 1973년의 카르텔법의 개정)을 하는 등 국가가 기업집중운동에 역할을 하고 자본수출과 다국적기업화가 본격적으로 전개되었다. 중소공업경

영에는 높은 도산이 지속되었고, 하청지배에서도 개개의 경영을 대상
으로 하는 것이 아니고 한 공업부문을 지배하는 형태로 중소공업경영
에 대한 지배체제를 전면적으로 재편성하게 되었다.[28]

이처럼 서독에서는 1950년대에 자동차·전기·화학 등 주요 공업부문
을 중심으로 하여 하청지배가 강화되었지만, 일본에서와 같은 피라미
드형 계층적 수탈구조가 형성된 것(小零細企業의 증가)은 아니고 사회
적 시장경제(대기업 중심의 자유경쟁) 속에서 생산성이 높은 중소기업
을 육성시켜 상층육성·하층도태의 방향이 관철되었다. 여기에 1960년
대 와서는 EEC의 형성(1958)에 의한 경제의 국제화와 과학기술혁명
의 진전에 의하여 새로운 부문이 형성되면서 다수의 기업이 신설되었
지만, 주된 흐름은 소규모생산의 구축이라는 전형적 법칙이 작용되는
것이었다. 즉 종업원 10명 이상의 계층에서는 경영수가 일관해서 지속
적으로 증가하였음에 대하여 10명 이하의 계층에서는 경영수가 대폭
적으로 감소함으로써 수공업을 포함하는 전통적 소규모경영의 구축과
대규모경영의 증가라는 자본주의적 재편성이 진행되었다.

이 과정에서 서독 중소기업의 바탕이었던 수공업에서는 장인의 고용
노동자화의 진전, 생산의 기계화, 대공업의 하청화, 장인(Meister)제도
의 변질, 수공업적 숙련의 해체 등으로 수공업에서 독자적 여러 특징
이 급속히 상실되면서 수공업의 전통적 존립기반이 무너지게 되었다.[29]

(2) 중소기업문제의 형성요인과 下請制度의 전개

한편 이러한 서독 중소기업문제를 일으키게 한 몇 가지 요인을 살펴
보기로 한다.

첫째는 과학기술혁명이 중소공업에 미친 영향이다. 자본주의발달을
규정하는 과학기술혁명의 전개는 기본적으로 생산기술의 혁신과 경영
규모의 확대를 촉진하여 대기업으로 경제력을 집중화시킴으로써 많은

---

28) 前川恭一, 〈西ドイツの中小工業問題(Ⅰ)〉, 竹林庄太郎 編, 《現代中小企業
　　論》, ミネルヴァ書房, 1977, pp. 259~261.
29) ———, 〈日本と西ドイツの中小企業問題の比較〉, 渡邊睦·前川恭一 編, 앞
　　의 책, p. 130·131.

중소기업을 몰락시킨다. 그러나 과학기술혁명의 진전에 따라 일부에서
는 중소기업 신규개설의 조건을 형성토록 하는 새로운 변화를 일으킨
다.[30]

① 산업구조의 변화는 새로운 산업분야와 신상품을 출현하도록 하는
데, 특히 고객근접영역에서 중소기업에 대한 발전의 가능성을 제시한
다.

② 생산의 자동화는 대기업에 의한 하청이용도를 높여서 중소기업에
게 일정한 존립기반을 제공한다. 대기업은 전 생산공정을 자기 공장
안에서 행하는 것보다 전문화된 하청기업으로부터 부품을 구입하고 2
차가공을 위탁하는 것이 경제적으로 유리하기 때문이다. 또한 생산의
자동화는 생산방식 및 생산하는 품목의 전환을 어렵게 하고 신규수요
에 대한 빠른 적응을 곤란하게 한다. 그런데 중소기업은 대기업이 진
출할 때까지 신규수요의 충족과 지역적으로 적은 수요의 충족에서 일
시적으로 유리한 상태를 얻게 된다.

③ EEC의 형성에 따른 경제의 국제화에서 수출지향의 대기업의 하
청기업이 될 가능성이 일부 중소기업에게 주어진다.

과학기술혁명이 중소기업에게 주는 영향에 대한 이러한 낙관적 견해
에도 불구하고 그 현실적인 전개과정에서는 심각한 문제가 있었다. 서
독 독점자본은 과학기술혁명을 바탕으로 한 급속한 기술진보를 이윤의
증대를 위하여 모든 비독점적 자본가 계급과 계층을 대상으로 이용하
였다. 기술혁신의 가능성이 있는 부문에서는 중소기업은 조만간 경쟁
에 의하여 몰락하거나 대기업과 종속관계를 맺게 되었다.[31] 그리고 생
산의 자동화(automation)를 전제로 하는 급속한 기술혁신과정은 중소
기업에 대하여 다음과 같은 부정적 영향을 주었다.

① 자동화는 생산과정에서 어느 정도의 경직성을 가져오고 신규수요
에 적응력을 결여하게 하여 대기업이 진출하지 않는 분야를 남겨 놓는

---

30) 吉田敬一, 앞의 글, p.285·286.
31) E. Hanke, *Mittelstand in der Bundesrepublik*, Verlag Marxistische Blätter,
    1973, S. 90.

다는 견해는 자동화 설비의 탄력성 증가와 자동정보처리장치의 발전에 의하여 부정되었다.

② 소규모의 자동화는 중소기업에게 경쟁력을 주고 지방시장의 지배력을 제공한다는 견해는 신규설비도입에 필요한 자금문제와 중소기업의 선별을 촉진하는 것과 함께 중소기업분야에 대기업의 진출을 초래한 사실에 의하여 부정되었다.

③ 중소기업의 사무실자동화의 가능성은 임대료를 높게 하고 하청기업이 모회사로부터 설비를 차용하는 경우는 경영 및 회계상태를 완전히 모회사에 공개하게 되어 경영의 독립성을 상실하게 하였다.

④ 자동화는 경영규모의 확대와 대량생산을 한층 촉진하기 때문에 경제의 한 부분에만 적용된다는 견해는 실제로 자동화가 급속히 보급됨에 따라 부정되었다.

⑤ 중소기업이 설비의 보전, 내구소비재의 수리 및 인적 서비스 분야에 잔존한다는 견해가 있다. 그러나 이들 부문에서는 많은 중소기업간에 심한 경쟁이 전개되고, 생산의 자동화가 한층 진전되면 제품의 생산비가 절하되어 소비자는 수리하는 것보다 구입하는 경향이 나타날 것이므로 이 견해도 근본적인 해결방안이라고 할 수는 없다.[32]

이처럼 과학기술혁명에 의한 생산력의 급속한 발전은 서독 중소기업의 존립을 위협하였다.

둘째는 하청제도에 의한 독점자본의 지배체제 강화이다. 독일 자본주의의 여러 모순이 격화되는 가운데 중소기업에 대한 독점자본의 지배체제는 강화되고 여러 모순은 하청기업에 집중적으로 전가되었다. 여러 모순을 전가시키는 사례로서는 다음과 같은 것들이 제시되고 있다.

① 업무제휴의 해소를 위협함으로써 하청업자를 유리한 다른 조달시장으로부터 분리시킨다.

② 1년 내지 2년의 下請契約은 하청업자를 대기업의 고정가격에 묶어놓는다.

---

32) Ebenda, SS. 93~98(吉田敬一, 앞의 글, p. 299·300 참조).

③ 여러 자재를 비축하도록 다양한 의무를 발생시킴으로써 하청업자에게 큰 비용을 부담하도록 한다.

④ 가격결정권을 모회사가 갖고 모회사는 자기의 계산에 따라 가격을 결정한다.

⑤ 모회사에 의한 하청자금의 지배조건이 하청업체에게 불리하게 된다.

⑥ 생산이 감소하는 시기에는 모기업은 그 부담을 하청업자에게 전가하는데 모회사는 가격압력, 加工賃切下, 발주하던 제품 및 부품의 자회사내 생산경향 등으로 하청업자를 위기에 이르도록 한다.[33]

이러한 사례 속에서 이루어진 독점기업 및 대기업에 의한 하청지배의 강화는 하청제도에서 다음과 같은 전형적인 경향을 초래했다.

① 독점자본과 하청업자간의 여러 관계의 강화는 독립한 기업의 사회적 희생하에 생산력의 사회화 과정을 독점이윤의 극대화 목적으로 지배하는 것이며 이는 국가독점자본주의적 기도이다. 독점자본이 국가권력과 유착하여 하청제도의 전개에 수반하여 중소기업의 종속성을 심화시키는 것은 개별독점자본의 단계를 넘어서 국가독점자본주의적인 것을 의미한다.

② 하청제도는 비독점경제를 독점화시키는 한 가지 형태이다. 독점기업의 모든 방법은 비독점기업에 착취관계를 확대하는 것이고, 그 법적 독립성에도 불구하고 비독점기업의 기업 내부에서 창출한 이윤과 여러 능력의 일부를 독점기업이 자유롭게 사용하는 것이다. 하청기업의 기술수준과 발전단계를 활용하는 것은 독점적으로 조직된 자본의 가치증식을 위하여 주요한 조건이 된다.

③ 경제적 및 경제외적 강제에 의한 중소기업의 지배과정은 물질과 기술의 여러 영역에서 관철되고 그로부터 출발하여 많은 다른 영역(상업·서비스업 등)과 비독점적인, 현실적으로 독립한 존재에까지 관철된다.

④ 중소기업에 대한 지배는 점차, 질적 고도화단계로 이행한다. 독점

---

33) 吉田敬一, 앞의 글, p. 301.

자본의 이윤실현을 위하여 단순히 개별하청기업에 대한 지배를 넘어서
하나의 부문으로 기능하는 자본 전체에까지 파급된다.

⑤ 支配의 諸關係가 확대·심화되면서 지배체제에 편입된 비독점기
업의 지위는 변화되고 그 사회적 지위는 격하된다.[34]

서독의 하청제도에 대하여 총괄적으로 이상과 같은 경향이 확인, 지
적된다. 그러나 서독의 중소기업은 그 경제적 자립성이 강하고 하청기
업의 경우에도 독립전문 메이커가 많고, 이른바 外注企業이며 수공업
인 경우에도 일반소비자에 의존하여 비교적 안정적 지위를 확보하고
있다는 주장[35]이다. 다른 연구[36]는 서독에서도 하청지배가 상당히 광
범하게 이루어졌고 하청기업의 종속성과 불안정성이 기본적으로는 일
본과 다를 바 없다고 지적한다. 그러나 下請制支配의 범위와 구조에서
서독의 하청제도는 일본의 그것과는 다르다고 본다.

일본에서는 중소공업의 60퍼센트 이상이 하청제지배에 편입되어 있
고, 그것이 1차 하청에 그치지 않고 계층적 구조를 형성하고 있다는
특징을 지닌다. 2차 하청 이하의 생산가공형태에서는 비교적 단순한
노동집약적 작업이 많고 가내노동을 중심으로 하는 생업적 소영세경영
이 점하는 비율이 높다. 따라서 경제적 여러 모순도 하층의 기업에 더
욱 증폭, 전가되어 그 경제적 부담은 계층별로 다른 강도로 가중되고
있다. 더구나 중간단계에 상사나 先貸客主가 개입하면서 수탈이 강화
됨으로써 최하층의 하청경영은 극히 열악한 거래조건을 지니고 있다.

서독의 경우에는 하청기업이 횡적 확대는 진전되어 있지만 再下請,
재재하청이라는 종적 종속은 상대적으로 엷고, 발주기업(母企業)에 내
한 하청기업의 의존율도 일반적으로 낮으며, 특정한 기업에의 전속하
청도 극히 적다는 점이 지적되었다.[37] 또한 서독의 하청문제를 볼 때

---

34) 위의 글, pp. 320~322.

35) 加藤誠一, 〈中小企業의 定義와 構造〉, 加藤誠一·水野武·小林靖雄 編,《經濟構
    造와 中小企業》, 同友舘, 1977, p. 29.

36) 前川恭一·吉田敬一,《西ドイツ의 中小企業》, 新評論, 1980.

37) 巽信晴, 〈西ドイツ의 下請와 賃金隔差問題〉, 加藤誠一·小林靖雄·瀧澤菊太郎
    編,《先進國의 中小企業比較》, 有斐閣, 1970, p. 266.

모기업과 부품공급기업과는 사회적 분업을 행하고 있으며 지불지연 등
은 볼 수 없다는 지적도 있다.[38] 그런데 서독에도 높은 원가, 낮은 제
품가격, 납품가격인하, 지불지연, 일방적 가격결정, 불황시의 발주 정
지 등 일본과 공통된 하청문제가 있다는 주장도 있다.[39] 그러나 독점
자본의 자본축적을 위하여 서독의 경우에도 일본과 마찬가지로 하청제
도가 중요한 요소가 된 것임은 분명하다. 하청기업의 전속 정도와 이
용의 범위가 다르지만 결국 가공비의 절하, 고정자본의 절약, 경기변
동의 안전판으로서 이용하려는 점에서는 동일하며, 다만 구체적 하청
구조의 전개는 그 나라 독점자본의 축적양식에 따라 규정되고 지배영
역의 넓이와 깊이도 그에 따라 결정될 뿐이다.[40]

(3) 수공업의 자본주의적 재편성

다음에는 수공업의 계급분화와 자본주의적 재편성이다. 서독 수공업
의 구조변화는 1950년대(특히 후반)로부터 1960년대에 급속히 진행되
었고, 그 후에 확립된 산업구조와 그 발전경향에 따라 자본주의적 발
전 속에서 전통적 수공업에 바탕을 두었던 독일 중소기업문제를 변질
시켰다.

① 수공업의 여러 유형과 계층분화

전후 수공업의 발전과정을 크게 나누면 다음 세 가지로 된다.

㉠ 收縮型 : 이것은 경영수와 종업원수에서 감소경향을 나타낸 것
이다. 이 유형에는 생산의 기계화 및 기술의 근대화에 적응하지
못하는 수공업직종(의류의 수공업 집단, 제빵업·제분업·단추업 등)
이 속한다. 경영수로 볼 때 전 수공업경영의 과반수가 이 유형에
속한다.

㉡ 集中型 : 종업원수는 증가하지만 경영수는 감소한 것이다. 건

---

38) 末松玄六,〈市場經濟における中小企業の機能變化についてのドイツと日本
　　の若干の比較〉, 위의 책, p. 223.

39) 前川恭一·吉田敬一, 앞의 책, 제2장 제4절, 제5장 제5절, 제8장 제3절 참조.

40) 前川恭一,〈日本と西ドイツの中小企業問題の比較〉, 渡邊睦·前川恭一 編, 앞
　　의 책, pp. 139~141.

축, 증개축수공업집단의 중심부문, 근대기술적 투자재와 소비재를
생산하는 수공업(가스·수도 수리업 등), 기계화가 이루어진 서비스
업(드라이클리닝) 등이 집중형 수공업에 속하며 전 수공업경영의
약 15퍼센트쯤 된다.

ⓒ 擴大型 : 경영수와 종업원수가 다 같이 증가하는 유형이다. 여
기에는 순수한 근대기술지향형의 수공업(TV·라디오기술공, 자동차
기계공, 기계제조공 등)이 속한다.

이상과 같이 수공업부문의 서로 다른 발전과정 속에서 수공업에서
생산의 집적·집중과 계층분화가 급속히 진행되었다. 그런데 수공업의
급격한 구조변화는 주로 소영세경영에서 이루어졌으며, 이 부문에서의
폐업률이 가장 높게 나타났다. 그 결과 전통적인 수공업의 존립기반은
수공업의 자본주의적 발전과 재편성 과정에서 붕괴되었다.

② 匠人(Meister)제도의 붕괴

독일의 수공업은 手工業匠人을 정점으로 하는 직업적 신분제도(匠人─
職人─徒弟)에 기초를 두고 발전했지만, 전후의 소공업 발전과정에서
이 제도가 붕괴되었다. 수공업적 전문교육을 받은 종업원의 구성비가
점차 저하되었는데 그것은

ⓐ 경영규모의 확대에 수반하여 사무 및 관리노동이 필요하게 되
었고,

ⓑ 주로 반숙련노동자에 의하여 수행되는 부업적인 것으로 전개되
었고,

ⓒ 상업활동의 비중이 증대하였기 때문이다.

그 결과 큰 규모의 수공업경영(Handwerk)에서 종업원구성은 그것
과 비교 가능한 공업경영(Industrie)과 큰 차이가 없게 되었다.[41]

③ 수공업의 대공업에의 종속과 상업활동

대기업에 대한 수공업경영의 종속은 1950년대 하청제도가 광범하게
전개되면서 이루어졌다. 이에 더하여 수공업의 발전과정에서 하나의

---

41) A. Schlaghecken, *Die ökonomische Differenzierungsprozeß in heutigen
    Handwerk,* Duncker & Humbolt, 1969, S. 104.

새로운 경향으로서 수공업의 상업활동이 나타났다. 즉 수공업의 발전
과정에서 상업적 매상고가 증대하는 경향이 보였다. 이러한 경향은 단
순히 수공업의 매상고 구성의 양적 변화에 그치는 것이 아니고, 본질
적으로 수공업경영이 본래의 생산양식으로부터 공업적 생산양식의 한
구성요소로 편성되면서 교체되는 과정으로 진전되는 것을 나타내는 것
이다. 금속가공 수공업의 사례를 보면, 근대기술적 여러 상품의 판매
에서 실시되고 있는 단일의 모공장과의 거래 전속화, 판매구속과 가격
구속, 수공업경영의 경영정책에 대한 외부 간섭이 행해지면서 수공업
경영의 독립성이 상실되었는데, 이는 근대적 선대제도의 부활이라고
칭해지고 있다.[42]

이처럼 서독의 수공업은 자본주의적 재편성과정에서 대공업에 대한
종속의 심화 및 수공업경영 계층분화의 급격한 진전과 관련을 맺으면
서 장인제도의 붕괴, 수공업의 전통적 생산양식 쇠퇴와 수공업적 숙련
의 해체라는 특징을 보였다.[43]

1950년대 수공업의 발전과정에서 수공업적 숙련노동의 비중이 저하
하고 경영규모의 확대와 생산의 기계화가 진행되면서 수공업경영의 신
규개업에 필요한 자금도 크게 증가하였다. 이 시기에 장인시험에 합격
하고도 실제로 독립수공업자로서 개업하는 것은 매우 어려웠다. 이에
따라 수공업의 장인의 성격이 지니고 있던 두 가지 측면(企業家的 성격
과 勤勞者的 성격)이 분열되었다. 자본주의적으로 발전한 수공업경영은
기업가적 성격을 띠게 되고, 정체·몰락한 수공업경영은 근로자적 성격
(匠人의 賃勞動者化)을 띠게 된 것이다.

이 과정에서 전통적 수공업의 생산양식에 기초를 두고 성문화되었던
1953년의 〈手工業條例〉는 현실적으로 맞지 않아 1965년에 개정되었
다. 여기서는 수공업의 자본주의적 발전을 보증하는 여러 조건이 정리
되었다. 즉 다른 직종에의 경영 확대를 쉽게 하고 수공업경영에의 경
영관리자 및 사무, 상업노동자의 도입이 용이하게 되었으며, 수공업유

---

42) Ebenda, SS. 130~131.
43) 吉田敬一, 앞의 글, pp. 268~291.

사경영의 규정에 따라 어느 직종에서는 장인자격을 갖지 않아도 영업을 할 수 있게 되었다. 이런 가운데 일부 수공업 부문에서는 경쟁능력의 강화를 목적으로 하여 개별경영의 경제적 독립성을 전제로 한 협동조직이 결성·촉진되었다.

⑷ 中小企業政策의 基本方向

① '助成'政策에서 構造政策으로

이처럼 수공업을 포함한 중소기업의 계층분화를 촉진하면서 서독 독점자본의 자본축적 기반을 마련해준 것은 다름 아닌 국가독점자본적 투자조성정책이다. 이는 소영세경영의 희생하에 진행되었는데, 그에 대한 정책기초를 여기서 살펴보기로 한다.

서독 중소기업정책의 목표는 처음부터 어디까지나 중소기업을 조성하는 것이었다. 자유로운 시장경제에서 모든 기업의 출발점의 평등성을 배려하는 것이었다. 그리고 중소부르주아층을 이데올로기적으로 독점체제의 권력재건에서 정치적 동맹자로 편성시킨다는 점에서 이들에 대한 독점자본의 약간의 양보가 정치적 약속으로 이루어졌다. 서독은 독점자본의 정치적 경제적 위치를 社會的 市場經濟 속에서 재건한다는 전제 위에서, 필요한 것은 중소부르주아의 일정한 반독점적 관념과 이를 결부시키는 것이었고, 그런 의미에서 중산계급의 사회적 지위를 사회적 시장경제의 지주로 나타내었다.

즉 독점자본의 권력을 재건하기 위해 여러 계층을 정치적 동맹자로 확보하는 데 중소기업자의 중요성이 강조되있다. 그래시 독점지본의 권력남용에 대한 대항적 경쟁자를 조성하게 되었고, 경제정책적으로 유해한 시장지배적 기업의 성립과 독점의 남용을 저해하는 〈反競爭制限法〉(카르텔법)이 제정되기도 하였다.

이와 같은 바탕 위에서 서독은 제도적으로 연방경제부의 2국이 중소기업대책을 통할하도록 하였다. 이것은 일본이 전후 1948년에 일찍이 중소기업청을 설립한 것과 대조적이다. 그 중점적 시책은 중소기업의 경영합리화를 이루는 것이었다. 서독은 사회적 시장경제의 이념에 따라 중소기업에 대한 조성조치는 최소한으로 억제되고 중소기업자의 자

조노력을 기본으로 하였다. 그래서 일본에서는 중소기업 전체를 대상
으로 하는 〈중소기업기준법〉(1963)이 제정된 것과는 달리 수공업만을
대상으로 하는 〈手工業條例〉(1953년에 제정, 1965년에 개정)를 제정하
였다.

중소기업 조성 시책을 보아도 개개 중소기업의 생산성 향상을 위한
합리화와 근대화자금의 조성이 중심으로 되어 있다. 또한 조성의 대상
은 주로 하청제도의 중핵이 되는 중규모기업이었기 때문에 중소기업의
기업간 격차를 한층 확대시키는 방향으로 작용하였다.

이처럼 서독정부의 중소기업정책은 기본적으로 일본의 경우와 같이,
조성대상을 좀더 한정하기는 했지만, 무엇보다 독점자본의 국제경쟁력
기반을 강화하고 경제력의 집중을 촉진시키는 데 목표를 두고 있었다.
이러한 것은 1966년에는 연방의회에서 그때까지 독립해서 존재하고
있는 '中産階級問題委員會'를 '經濟委員會'에 편입시켜 '經濟·中産階級
委員會'로 개편한 데서도 알 수 있다.

1970년대 이후에는 경제적 여러 모순이 심화되는 가운데, 사회적 시
장경제의 지주라고 하던 중소기업의 존립이 위협받으면서 중소기업의
몰락이 진행되자, 중소기업정책의 중점도 업자의 자조노력을 기조로
하는 개별기업의 조성으로부터 좀더 나아가 구조정책에까지 이르게 되
었다.(1970년에 〈中小企業構造改革의 基本要綱〉의 결정) 이때 정책의 중
심은 지역구조정책과 산업부문의 구조정책 두 가지로 성립되어 있었
고, 조세정책(優待稅制 등) 및 보조금의 교부에 의하여 산업구조의 재
편성을 추진하게 되었다.[44]

그러나 그 본질은 서독 독점자본의 다국적화의 본격적 전개에 맞추
어 지역적으로 업종별로 도산과 신설(scrap and build)정책(倒産化가
중요한 측면)을 강화하는 것이었다. 그 결과 서독의 도산건수는 기록적
수준에 이르렀고, 기업수도 크게 감소하는 경향을 보인 가운데 특히
수공업의 소영세경영이 크게 타격을 받게 되었다.

---

44) 高木健次郎, 〈西ドイツの中小企業政策〉, 《商工金融》 제28권 7호, pp. 3~5
참조.

② 중소기업정책의 방향

서독의 중소기업정책은 조성대상의 범위, 시책내용의 다양성 등에서 일본과 차이가 있지만 그 본질은 기본적으로 같다. 다만 일본의 경우는 중소기업의 거래관계면에서 계층적 구조를 형성하였고 더욱 다면적 시책을 강구하였다. 재정주도형 고도성장정책이 추진되고 이를 위하여는 중소기업에 대한 위로부터의 통제가 불가결하였다. 그리고 경제적 모순의 전가도 계층이 내려갈수록 증가되었기 때문에 정책의 관여가 심할 수밖에 없었다.[45](예를 들면 1959년의 〈下請代金支拂遲延等 防止法〉의 제정)

그러나 중소기업정책의 궁극적 목표는 독점자본의 지배기반의 확대 강화를 통한 국민경제의 높은 성장에 있었기 때문에 부분적인 중소기업에 대한 보호육성정책이 시행되었음에도 불구하고 전체적으로 중소기업에 대한 차별적 경제정책, 금융정책, 조직정책의 특징을 면치 못하였다. 중소기업 존립의 불안정성과 경영문제의 발생은 결국 차별적 정책의 결과라고 볼 수 있다.

금융문제에서 금리격차 등 융자조건의 차별화는 서독 중소기업의 경영압박의 주요한 요인이 되었다. 여기에 더하여 중소기업을 위한 금융기관의 구성에서도 서독은 일본의 경우에 미치지 못하였다. 부흥금융금고(본래의 목적은 경제발전을 위한 계획에 대한 융자), 손해보증은행(본래 목적은 전쟁 등으로 손해를 입은 難民의 구제를 위한 융자), 信用保證協會 등의 公的 성격의 금융기관이 있으며, 私的으로는 資本參加會社가 있다. 그러나 앞의 두 개는 중소기업 전문금융기관이 아니고 뒤의 두 개는 그 주요 목적이 생산성을 높여 중규모기업을 육성하는 데 있기 때문에 소영세경영을 포함한 대다수의 중소기업은 이용하기가 어렵다.

이것은 일본의 경우 중소기업 정책금융기관이 세 개(상공조합중앙금고·중소기업금융금고·국민금융금고)가 있고, 그 외에 중소기업신용보험

---

45) 前川恭一, 〈日本と西ドイツの中小企業問題の比較〉, 渡邊睦·前川恭一 編, 앞의 책, pp.137~139 참조.

금고·중소기업투자육성회사가 있으며, 민간금융기관으로서 상호은행·
신용금고·신용조합 등으로 구성되어 있는 것과 대조적이다. 이는 일본
의 독점자본은 피라미드형 계층적 구조를 활용하여 자본축적을 하기
때문에 각 계층의 중소기업의 재생산 및 근대화를 수행하는 데 자금공
급을 확보할 필요가 있었기 때문이다.

이에 대하여 서독의 경우는 소영세기업의 몰락을 바탕으로 한 계층
분화가 진행되었고, 이런 의미에서 중소기업금융은 생산성이 높은 중
규모기업의 육성에 집중되었다. 대기업과 중소기업간 융자조건의 차별
화와 중규모기업에 대한 선별융자의 강화는 기업간 설비투자의 차별적
전개를 필연화하여 대기업과 중소기업, 중소기업의 상층과 하층간에
커다란 생산성 격차를 형성하도록 하였다.

서독에서 중소기업의 경영을 압박하는 요인으로 조세문제를 들 수
있다. 차별적 조세정책에 의하여 대기업과 중소기업간에 조세부담위
격차가 확대되고 있다. 대기업을 우대하는 조세제도가 다면적으로 전
개되었고 특히 부가가치세의 도입(1968년)에 의하여 이러한 경향은 더
욱 강화되었다.

과학기술혁명의 진전과 자본주의적 경쟁이 심한 가운데 새로운 기술
과 신제품의 연구·개발은 중요한 문제이다. 그런데 연구 개발은 대기
업에 집중되어 있고 이러한 대기업 우위성에 대하여 일부 중소기업이
공동연구로 대응하고 있으나 극히 저조한 실정이다.

기업집중운동이 전개되는 가운데 중소기업은 기업간 협업으로 독점
자본의 지배에 대항을 시도하고 있다. 협업에 참가하는 중소기업은 그
들의 경제적 여러 능력을 서로 이용할 수 있기 때문에 생산성을 높이
고 구조를 개선하는 한 가지 수단으로 보고 있다. 그리고 기술혁신의
촉진, 경쟁능력의 강화와 판매시장의 확대를 목표로 한다. 이것은 분
업 및 생산의 전문화에 의한 경영의 합리화, 신제품의 공동개발, 통일
적 회계제도 및 정보의 교환에 의한 사무의 합리화, 판매 및 광고의
공동화에도 이를 수 있다.

이와 같은 이유로 일부 중소기업은 자주적 협업화의 움직임을 보였
고 정책적으로도 중소기업협업화에 대하여 적극적인 지원이 이루어졌

다. 일찍이 1963년에 정부에 의해서 《協業入門書》가 간행되었고 1964
년에는 經濟合理化管理委員會(RKW)에 協業局이 설치된 바 있다.
1965년에는 獨逸産業聯盟(BDI)에 協業造成作業班이 설치되었으며,
1966년에는 공업기업가 여러 단체, 경제관리위원회에 의하여 協業審議
會가 설치되었다. 그러나 협업에 의해서 좋은 경제성과를 달성하기보
다는 경영의 독립성이 침해된다고 보는 경향에 따라 전체적인 협업화
의 실적은 저조한 편이다.

  그럼에도 협업관계는 중소기업의 경쟁능력을 강화시키고 독점기업에
도 손해를 주기보다는 경제적 지위를 향상시킨다고 보고 있다. 그것은
첫째로 참가기업의 경쟁능력 강화는 독점기업에 대하여뿐만 아니라 약
소한 중소기업에 대하여 작용을 하고, 둘째로 중소기업의 협업 참가
는, 독립하여 전문화되어 낮은 비용으로 생산하는 중소기업을 독점기
업이 자기 생산계획에 하청기업으로 이용할 수 있기 때문이다.

  서독의 중소기업에 대한 다각적인 정책적 대응에도 불구하고 독점자
본 중심의 자본축적이 진행되면서 중소기업의 경영상 압박은 심화되고
있다. 특히 서독의 중소기업정책은 일본에서처럼 전면적 입법조치를
포함하여 적극적인 정책개입과 지원이라기보다는 주로 自助의 원칙 아
래 사회적 시장경제의 질서 속에서 이루어지고 있다. 그 존립기반이
약화되면서 중소기업 및 수공업자의 상당한 부분은 정책의 영향하에
있는 자립기업가노동공동체, 상공회의소, 독일수공업 중앙연맹 및 기
타 조직에 가입하여 사회적 시장경제의 개선을 도모하고 있다. 즉 자
由로운 사회적 경제의 이론은 현실적으로 많은 문제를 지니고 있으며
그것은 중소기업의 장래에 밝은 전망을 주지 못한다고 보고 있다.

  이에 두 가지 대응방향이 나타나고 있다. 그 하나는 사회적 시장경
제의 이념에 따른 대기업 중심의 정책에 반대하여 그 틀 안에서 반독
점운동을 전개하면서 시장경제의 개선을 도모하는 것이다.

  다른 하나는 사회적 시장경제는 이미 중소기업이나 수공업 등 중산
계급의 이념적 동반자가 될 수 없다고 보고 그들이 노동자계급과의 동
맹에 바탕을 둔 경제민주화의 방향으로 제시되고 있다. 그러나 후자의
길에서는 중소기업가와 수공업자의 민주적 자조적 조직이 필요한데,

서독의 경우에는 자주적 협업화 및 공동화 전통이 약하기 때문에 어려움이 수반된다.

Ⅱ. 중소기업문제와 정책의 국제비교(Ⅱ)

1. 이중구조 속의 階層的 構造 — 일본의 중소기업

서독과 마찬가지로 개량적 길에 따라 자본주의가 전개된 일본경제도 독점화의 진전, 산업부문간의 불균형적 발전과 경제적 모순의 심화, 국가독점자본주의적 기능의 강화 등 후발선진자본주의의 특성을 공통으로 지니게 되었다. 그 속에서 독점자본의 지배기반 확대강화와 적극적인 대외적 진출을 위하여 다면적 입법조치에 따라 중소기업정책을 전개한 것이 일본의 특성이라고 하겠다.

일본경제는 경공업 중심의 산업구조로부터 급속히 중화학공업화를 추진하되, 서독 등 구미 여러 나라가 이미 戰前에 일정의 발전수준에 이른 공업부문(자동차·산업용기계 등)과 최신의 공업부문(전기·석유화학·정밀기계 등)을 병행해서 대규모 투자를 행했기 때문에 이들 부문과 중소기업간에 생산력격차의 시정문제가 일어났다. 그리고 산업구조의 고도화를 추진하는 가운데 수출산업과 독점자본의 하청업종을 중심으로 하여 계층적 구조가 형성되도록 중소기업분야에 다면적 입법조치와 여러 시책을 강화했던 것이다.

그리고 일본에서는 經濟復興計劃과 經濟自立計劃(1950년대)에 이어서 1960년대와 1970년대에도 각 시기마다 독점자본의 경제기반을 강화하고 자본축적을 보증하기 위한 장기경제계획이 수립되었다. 이로써 주요 자본주의경제 가운데 가장 광범하게 국가자본주의적 시책을 전개하고 국토개발계획을 수립하였으며 중소기업시책도 이와 관련하여 이루어졌다.

1950년대에는 독점자본의 지배와 자본축적을 보완하기 위하여 중소기업분야에서는 상층을 중점적으로 육성하는 개별기업수준의 근대적 정책이 시행되었다. 1960년대에 와서는 개방경제체제로 이행함에 따라 산업구조 고도화와 국제경쟁력 강화를 위하여 중소기업정책도 산업 전체의 구조정책의 틀 안에 편입되었고, 이에 따라 소영세기업은 물론 중견기업을 포함하여 업종별·산업별로 도산과 신설(scrap and build) 정책을 강행하는 구조개선의 방향으로 중점이 이행되었다. 1970년대 후반 이후 국제분업체제를 지향함에 따라 개발도상경제를 포함하여 국제적 수준에서의 산업구조의 조정문제가 제기되었고, 노동집약도가 높은 분야에서 소영세기업 정리·도태의 시책이 진행되었다. 그러나 일부 중소영세기업의 몰락과 도태가 진행되면서도 이것을 상회하는 소영세기업의 신설이 그 후의 지배적인 경향이 되고 있다. 이것은 독점자본을 정점으로 하는 피라미드형의 계층적 구조가 중기업과 소영세기업에까지 형성된 일본적 자본축적의 특수성 때문이다.

오늘날 일본중소기업문제가 지니는 이러한 특성과 중소기업정책의 흐름은 일본경제의 역사 속에서 오랜 연혁을 갖고 있다. 즉 일본의 중소기업정책은 일본자본주의의 발전과정과 그 속에서 발생하는 중소기업문제의 변천에 따라 규정되었다. 자본주의 발전과정에서 생기는 중소기업을 둘러싼 여러 모순이 중소기업문제 형성의 요인이지만, 그것은 고립적인 것이 아니고 전체적인 경제문제와 깊은 관련을 지니고 있는 것이다. 이런 관점에서 일본자본주의의 발전에 대응한 중소공업문제의 형성과 그에 대한 중소기업정책이 이루어진 연혁을 살펴볼 필요가 있다.

중소기업문제 또는 중소(상)공업문제가 일본 특유의 산업정책의 대상인가는 별문제로 하더라도 본격적 의미에서 중소공업문제와 중소기업정책이 산업계에서 대기업의 지배와 우월이 전면적으로 확립될 때 등장한 것은 말할 필요가 없다. 일본에서 중소기업정책이 산업정책상 중요문제의 하나로서 본격적으로 대두하고, 이에 대한 정부의 시책이 체계적으로 강구된 것은 대기업의 산업지배체제가 형성된 제 1 차세계대전이 끝난 이후, 특히 1926년(昭和 2)의 독점공황 이후이다. 중소(상)공업이라는 용어가 일반적으로 보급된 것도 이 무렵이며, 상공행

정기구로서 농상무성이 분리되어 상공성이 발족된 것은 1924년(大正 14)이라고 할 수 있다.[46]

2. 중소기업문제의 史的 展開와 정책인식

그러나 중소기업정책이 본격화한 것은 1920년대 초반(大正 말기)경이라고 할 수 있고, 그 이전에 중소공업문제의 맹아가 있었다고 볼 수 있다. 1910년경(明治 말기)부터 중소공업이라는 용어가 처음으로 정부당국에 의하여 사용되었고 그 대책도 고려되었는데, 그 문제의 역사적 원류는 1880년대 후반(明治 중기)의 재래공업문제 및 소공업문제까지 거슬러올라간다.

(1) 在來工業問題

일본에서는 1868년(明治 초년)부터 선진자본주의국가의 근대적 대공업이 적극적으로 이식되고 정부의 보호·조성 아래 단기간에 생성발전되었다. 이러한 근대적 대공업의 급속한 형성과 대조적으로 에도시대(江戶時代;德川封建期)에 국내에 생성 존립하였던 일본 고유의 재래공업을 중심으로 한 소공업은 정체를 면치 못한 것이 메이지 기간을 통하여 자주 정부당국 또는 관계자들 사이에 인식되었다. 메이지 말기에는 근대적 대공업이 거의 전반적으로 성립한 데 수반하여 農商務省에 의하여 중소공업의 진흥대책이 검토되기에 이르렀고 1912년(大正 초년)에는 약간의 시책도 시행되었다.

메이지 정부에 의한 식산흥업정책에 의하여 근대적 산업 내지 기계제공업이 확립되는 과정에서 幕藩時代(江戶時代) 이래의 재래공업 내지 재래산업은 심한 압박을 받았다. 또한 재래공업에서도 이전의 봉건적 보호통제가 철폐됨에 따라서 격렬한 자유경쟁에 직면하여 도산하는 어려움을 당했다. 그런데 이식공업과 재래공업은 기본적으로 역사적 성격을 달리하기 때문에, 양자가 같은 산업에서 대항관계에 있는 경우

---

46) 日本通商産業省 編,《中小企業》(《商工政策史》 제12권), 제1편 〈序說〉.

에는 재래공업이 압도당하게 되었다. 더구나 이식공업에 의하여 재래
공업이 압도되는 과정에서도 재래공업의 분해과정은 간단하지 않아서
업종마다 다른 대항관계와 분해과정을 겪었다.

본래 殖産興業政策은 근대산업의 이식과 함께 재래산업의 보호육성
도 도모하는 것이었지만, 그것은 무엇보다도 자본주의적 생산을 확립
하는 것이었다. 따라서 수공업기술을 기반으로 하는 재래공업이 기계
제공업에 압도되는 것은 당연하였다. 이에 1870년대 후반(明治 10년
대)부터 이 대항관계가 인식되기 시작하여 재래공업 保護振興의 문제
가 제기되었으며 이것이 재래공업문제이다.

이러한 재래공업문제 또는 재래산업문제가 뒷날 중소공업문제 또는
중소기업문제의 원류가 되는 것이지만, 후자는 전자와 본질적으로 문
제의식을 달리하고 있다. 재래공업문제는 재래공업의 궁핍 분해를 보
고 그 진흥조장의 필요성에서 형성된 문제이며 극히 정책적인 문제였
다. 물론 그것이 재래공업과 식산흥업정책에 의하여 형성된 이식공업
과의 모순의 산물이라고 하지만 그런 점을 명확하게 의식한 것은 아니
었다. 다만 그런대로 재래공업문제를 의식한 것이 이른바 '재래공업관'
이다.[47]

이에 따라 농상무성이 메이지 초기의 방임적 정책을 반성하여 채용
한 재래공업정책은 ① 중요한 재래공업의 여러 산지에 대한 개선지도
와, ② 동업자간의 과당경쟁[濫造濫賣]에 대한 규제행정 등 두 가지였
다.[48] 이에 따라 〈同業組合準則〉(明治 17년, 1885)과 〈産業組合法〉(明
治 23년, 1891)이 제정되었고 〈重要輸出品同業組合法〉(1898년 제정,
1901년에 폐지)과 〈重要物産同業組合法〉(1901)이 제정되었다. 이것이
일본 중소기업정책에서 조직화정책의 시작이었는데 그것은 조합원의

---

47) 이식공업과 재래공업의 대항관계를 인식하고 재래공업의 어려운 사정을 관찰
   하여 이에 대한 보호육성 등의 필요성을 제기한 대표적인 것은 1886년(明治
   18)의 농상무성 편찬 《興業意見》이었다. 그 뒤 《興業意見》의 편찬주임이었던
   前田正名은 1893년(明治 25)에 《所見》에서 좀더 통일적으로 재래공업론을
   전개하여 在來工業觀을 형성하였다.
48) 由井常彦, 《中小企業政策の史的研究》, 東洋經濟新報社, 1964, p. 23.

자유로운 활동을 억제하는 동업조합제도였다는 점에서 향후 중소기업
정책의 기본방향과 성격을 암시하는 것이었다.

(2) 소공업문제

1898년(明治 30) 전후 일본산업자본의 확립기에 이러한 재래산업론
은 소공업론에 의해서 새로이 전개되었다. 소공업론은 일본자본주의가
경공업을 중심으로 하여 대기업시대로 들어서면서 소규모생산이 고정
화를 지속했던 정세에 대응하는 문제의식이다.

그러나 소공업론은 특수한 산업혁명에 의하여 재래산업의 자생적 발
전이 규제되고 제약된다고 하는 일본 소공업문제의 특질에 입각한 현
실관계를 기초로 한 것이라기보다는, 직접적으로는 오히려 독일 역사
학파와 사회정책학파의 소공업론을 이론적 배경으로 하여 성립한 것이
라고 볼 수 있다.[49] 이처럼 당시의 소공업론은 '輸入小工業論'이었으며
수입된 문제의식에 따른 것이었다.

그 후 《日本의 下層社會》(横山源之助 著, 1896)에서 일본 소공업의
현실인식에 따른 실태조사가 이루어졌다. 이것은 메이지 30년경 일본
의 하층사회를 종합적으로 부각시키고 있으며, 특히 노동문제와 사회
문제로 하층사회의 실태를 제기하고 있는데, 당시 독일 사회정책학파
의 문제제기의 영향을 받은 것으로 보인다. 그러나 저임금노동과 생계
보조적 국내노동 등 소기업존립의 중요한 조건을 제공하는 등 당시 소
규모생산의 고정성을 반영하여 체계적 소공업론을 전개한 것이라고 지
적된다.[50]

이것이 소기업에 대한 정책적 제시에는 이르지 못하고 있으며, 중소
기업문제를 경제구조적으로 파악하는 현대의 중소기업론과는 다르지
만, 문제의식과 전개로서는 충분한 의의가 있다. 다만 일본 중소기업
정책의 전개에서 소공업정책으로서 특별히 고찰되지 않고 있는 것은

---

49) 尾城太郎丸, 〈日本中小企業論史〉, 楫西光速·小林義雄·岩尾裕純·伊東岱吉 編,
    《講座 中小企業 Ⅰ》(歷史と本質), 有斐閣, 1960, p. 198.
50) 楫西光速, 《現代日本資本主義大系 Ⅱ(中小企業)》, 〈總說〉, 弘文堂, 1962,
    p. 16.

일본자본주의가 조속히 독점자본주의로 이행하면서 중소기업문제를 형성했기 때문으로 보인다.

⑶ 중소공업문제

러일전쟁(1904~1905)에서 제 1 차세계대전에 이르는 기간에 재래의 소공장도 자기축적을 통하여 기계화·동력화를 이루어 영세한 공장제 공업으로 되면서 중공업의 경영 실체가 형성되었다. 한편 이미 이식된 근대공업은 경공업으로부터 중공업에 이르는 국내의 주요 공업부문에 전면적으로 확립되었고, 도시 대은행의 신용을 바탕으로 자본의 집적·집중을 이루어 기업간 카르텔 조직으로 전개되었다.

일본자본주의는 급속히 독점계급으로 이행하기 시작한 것이다. 이 과정에서 발전에 뒤떨어진 중소기업은 농업을 바탕으로 하는 종속적 기구에 얽매여 구조적으로 규정된 경영난, 즉 중소공업 상호간의 심한 과당경쟁과 지속적 자금난에 봉착하였다. 중소공업이 메이지 말기부터 大正 초년(1912)에 이르는 불황단계에 중소공업으로서의 실체를 형성하면서도 전반적으로 금융난이 격화되어 소공업 이하의 경영으로 고정화하는 경향이 나타나게 됨에 따라 이것이 산업상의 문제로 인식되었다. 이러한 중소공업문제는 제 1 차세계대전으로 인한 호황으로 일시 중단되었으나, 구조적으로는 가내수공업에서 공장공업에 이르는 여러 경영층에 전반적으로 확산되었다.[51]

이상이 1911(明治 말기)부터 제 1 차세계대전기(1914~1918)의 중소공업문제이다. 본래 중소기업문제는 독점자본의 확립에 의하여 형성되는 문제이고, 이것은 독점자본에 의한 중소기업의 지배 수탈을 기본적 내용으로 하는 것이므로 이 시기에 중소기업문제는 그 맹아적 형태에 불과하다고 하겠다. 따라서 여기서의 문제의식도 대공업 대 중소공업이라고 하는 양적 문제에 그치고 있으며 중소기업의 경영난도 독점자본에 의한 지배 수탈, 즉 독점자본의 발전 기반으로서 중소공업의 정체가 이루어지고 있다는 문제의식은 극히 희박했다. 이처럼 이 시기에

---

51) 由井常彦, 앞의 책, p. 53·54.

중소공업문제는 대공업과의 관련에서 형성된 것이었으며 양적 문제에 그치고 있었으므로 오히려 소공업문제로 인식되었다고 보아도 반드시 부자연스러운 것은 아니다.

따라서 당시의 중소공업관도 대공업에 대한 중소공업이라는 문제의식이었고 독점자본과 관련된 의식은 극히 희박하였다.[52] 한편 메이지 말경의 農商務省 工務局의 중소기업정책의 기본방침은

① 信用組合과 기타 産業組合의 육성

② 工業技術의 指導助成

③ 大藏省 預金部 資金의 低利融資 등

세 가지를 기본으로 하였다. 즉 협동조합정책, 금융정책과 지도정책 (기술·경영·기타) 등 세 가지였는데 이것이 그 후 일본 중소기업정책의 기본방향이 되었다.

3. 독점자본의 형성과 중소기업정책의 전개

제 1 차세계대전 후의 공황을 거치면서 일본독점자본주의가 확립되었는데, 그 과정에서 중소기업문제도 본격적으로 형성되었다. 독점자본에 의한 원료·무역·시장 등의 지배체제가 점차 확립되고 다시 金融寡頭體制에 의한 자금의 집중체제가 확립되면서 중소자본은 필연적으로 독점자본에 의하여 지배·종속되기에 이르렀다. 또한 이 무렵부터 선대

---

52) 정책당국에 의한 이러한 중소공업관의 제시는 1911년(明治 44)의 農商務省 工務局의 〈工務局ノ事務及其ノ方針〉에서 볼 수 있다. 여기서는 대공업과 中 이하의 공업을 구분하여 中 이하의 공업을 규정하였다. 또한 日本銀行調査部 編, 〈工業者ノ金融ニ觀スル調査〉(1915)에서도 공업을 대공업·중공업·소공업으로 분류하여 각 분야에서 업종을 기록하였다. 독점자본의 형성과정에 있던 당시의 이러한 분류는 편의적인 것에 지나지 않았다. 그 후에 볼 수 있듯이 독점자본은 생산재생산부문, 중소자본은 소비재생산부문으로 구분될 때 양자의 관계에서 높은 原料價格에 낮은 제품가격의 현상을 통한 간접적 수탈관계가 나타날 수 있다. 1931년(昭和 6) 이후 하청제가 본격화되면 당연히 직접적 지배 수탈관계가 성립되고 독점자본주의의 확립 발전에 수반된 중소공업문제가 본격화된다.

객주제 가내공업은 선대객주제 공장공업으로, 다시 하청제로 발전하여 독점자본에 의한 중소공업의 직접적 지배체제가 성립되었다.

직·간접적으로 독점자본의 중소공업 지배체제가 확립되어 중소공업은 독점자본에 어떤 형태로든 지배·종속되었는데, 이것이 중소공업의 경영난과 도산의 원인이 된다고 하는 문제의식이 바로 중소공업문제로 형성되었다. 그러나 이 시기의 중소기업문제도 하청제 성립에 따른 직접적 지배체제의 확립과 1927(昭和 2)년 금융공황으로 금융문제가 등장하고 독점자본과 중소자본의 모순이 나타났지만, 그 지배수탈의 관계가 표면적으로 예리한 현상이 된 것은 아니었다. 다만 중소기업자의 도산·금융난·과당경쟁·합리화 등 중소기업에 대한 각종의 문제를 여하히 해결할 수 있을까 하는 정책론적 인식이 주류가 되었을 뿐 중소기업문제를 독점자본과 관련하여 본질적으로 인식한 것은 아니었다.

그 후 準戰時 및 전시체제하에서 중소기업정책은 실질적으로 독립분화되기에 이른다. 재래공업정책, 明治 말기부터 제 1 차세계대전기에 이르는 중소공업문제의 맹아기에 시행된 정책, 전후 및 昭和 초기의 중소공업문제 형성기에 시행된 중소공업정책은 조직화정책·금융정책·지도정책 등 세 가지를 기둥으로 해서 변화되어 왔다. 그런데 이러한 여러 정책의 성격이 산업정책적이었는가 사회정책적이었는가를 명확히 규정할 필요가 있다.

일본독점자본주의의 성립과정, 즉 중소기업문제가 일본자본주의의 구조적 모순의 산물로 형성되는 과정에서도 중소기업정책은 일반적 경제정책으로부터 독립 분화되었다고 보기는 어렵다. 일본사본주의 확립기와 일본독점자본주의의 맹아기에서 중소기업정책은 일반적 경제정책과 미분리 상태에 있었다. 따라서 일반적 경제정책으로부터 형식적으로는 구분되어 중소기업정책이 존재했어도 기본적으로는 일반경제정책으로서의 성격을 지니고 있었다. 일반적 경제정책이 산업진흥적 정책이면 중소기업정책도 그러한 성격을 갖게 되고, 전자가 사회정책적 성격을 띠게 되면 후자도 그렇게 되었다. 그런데 昭和 초기 공황 이전의 중소기업정책이 산업정책적 성격이 강하고, 그 이후에는 사회정책적으로 변하였지만 중소기업정책은 변화되지 않았다. 그것은 공황 이전에는 중소기업정책이 일반적 경제정책과 성격에서 미분리 상태에 있었지만 그 이후에는 그렇지 않았기 때문이다.

즉 昭和 초기 여러 공황의 시기에 중소기업정책은 일반적 경제정책에서 분리 독립하여 그것이 본격적으로 하나의 경제정책으로서의 모습을 확립하게 되었다. 만일 중소기업의 어려움이 사회문제화되어 사회정책적 입장에서 시급한 중소기업정책이 요청된다고 하더라도 그것은 정책요청의 동기일 뿐 중소기업정책의 본질과는 별문제였다. 중소공업문제가 일본자본주의 모순의 산물로서 형성된다고 하는 인식이 명확하게 될수록, 즉 중소공업문제가 본질론적 문제로서 파악될수록 중소기업정책도 본격적 경제정책으로서 산업정책적 성격을 강하게 지니게 된다.

결국 1927년(昭和 2) 이래로 여러 차례 공황을 겪으면서 중소공업문제는 독립적 영역을 확립하게 되고, 중소기업정책도 하나의 경제정책으로서 본격적으로 전개된 것이다. 이것은 중소공업문제가 단순히 중소공업의 경영난이 격화되는 문제로서 제기되는 것이 아니기 때문이다. 그것은 독점자본주의의 구조적 모순의 산물이며, 그 주된 내용은 독점자본에 의한 중소공업의 지배 수탈을 주된 내용으로 한다. 따라서 자본주의의 호황국면에 직면하여 중소공업이 번영한다고 해도 중소공업문제는 의연히 존재하는 것이다.

독립되고 분화된 경제정책으로서 중소기업정책은 금융정책·조직화정책·지도정책과 함께 '독점자본단계에서 중소기업에 대한 독점의 지배제도로서 등장한 下請工業의 조성책이 추진되었다. 이것은 독점자본의 자본축적기반을 구축하기 위한 계층적 지배구조 형성의 시발이었다.

4. 고도성장정책과 중소기업정책

제2차세계대전 이전에 전개되었던 이상과 같은 중소기업에 대한 문제의식과 정책은 그 형식적 체계에서 전후까지 이어진다. 특히 독점자본주의 단계에서 독립적 분화적 정책으로서 독자적 대상을 갖게 된 중소기업정책은 전후 일본경제의 자본축적과정에서 중요한 정책체계로 등장한다. 그러나 전후의 중소기업정책은 전전과는 분명히 다른 성격을 지니게 된다. 그것은 전후의 일본독점자본주의의 재편성과 고도성장의 과정에서 드러난 새로운 모순의 산물로서 중소기업문제가 제기되었고, 그 해결방안으로서 중소기업정책이 전개되었기 때문이다. 그렇다고 독점자본주의의 발전—중소기업문제의 형성—중소기업의 정책이라는 세 가지 요인의 연계적 전개의 틀이 달라지는 것은 아니었다.

전후 일본경제는 한편으로 산업구조의 재편성과 고도화를 달성하면서, 다른 한편에서는 고도성장을 이루는 두 가지의 과제를 병행적으로 전개하였다. 경공업 중심에서 중화학공업 중심으로 산업구조를 급속히 개편하는 독점자본의 재편성과 동시에 다른 선진국이 戰前에 이미 일정한 수준에 이른 최신의 공업부문에 대한 대규모적 투자를 해야 하였기 때문에 강력한 자본축적의 기반과 정책을 필요로 하게 되었다. 이것은 국가독점자본주의적 정책, 즉 위로부터의 정책에 의한 자본축적의 기반을 조성하게 만들었고, 이것은 일본경제 특유의 계층적 자본축적기구에 의하여 이루어졌다.

독점자본의 축적기반을 정비·보완하기 위하여 장기계획이 지속되는 가운데 계층적 구조 속에서 독점기업과 중소영세기업간에는 다른 선진경제보다 심한 지배·종속관계와 중소기업문제가 형성되었다. 이에 대응하여 중소기업에 대한 다양한 입법조치와 다면적 중소기업정책이 전개되었는데, 이는 일본경제가 지닌 과제를 뒷받침하려는 것이었다. 특히 계층적 구조 속에서 1차 하청에 그치지 않고 2차 하청 이하에서 중소기업은 물론 생업적 소영세경영과 국내노동까지 하청지배제도에 편입되었는데, 이는 일본독점자본의 자본축적 구조의 특수성을 반영하였다. 이때 경제적 모순은 하층 기업에게 더욱 증폭되면서 전개되었다.

전후의 일본경제, 특히 1955년 이후 고도성장과정에서 일본정부가 작성한 장기경제계획의 내용은 표 2-2와 같다. 경제자립5개년계획을 시작으로 한 이들 계획의 주요한 특징은 경제의 안정을 유지하면서 될 수 있는 대로 높은 경제성장률을 지속적으로 달성함으로써 국민생활수

준의 착실한 상승을 기하고 완전고용의 상태에 접근하는 것이었다. 고
도성장을 위해서는 생산력을 발전시키고 이를 위하여 수출을 확대시키
며, 완전고용을 위하여는 고용흡수력을 높이는 것 등이 주된 정책목표
였다.[53]

표 2-2. 戰後日本의 主要 經濟計劃

	작성연월	계획기간	목표성장률(실적)	목　　적	중요과제
《經濟自立5 個年計劃》	昭和 30年 12月	昭和 31～ 35年	5.0% (9.1)	경제의 자립 완전고용	설비근대화, 무역진흥, 자급도 향상, 소비의 절약
《新長期經濟計劃》	32.12	33～37	6.5 (10.1)	극대성장 생활수준향상 완전고용	산업기반 강화, 중화학공업화, 수출확대, 저축증대
《國民所得倍增計劃》	35.12	36～45	7.2 (11.1)	극대성장 생활수준향상 완전고용	산업구조고도화, 사회자본의 충실, 이중구조 완화와 사회적 안정
《中間經濟計劃》	40.1	39～43	8.1 (10.8)	왜곡의 시정	국민생활의 질적 향상, 노동력 활용, 저생산성 부문의 근대화
《經濟社會發展計劃》	42.3	42～46	8.2 (12.8)	균형 잡힌 충실한 경제사회의 발전	물가안정, 경제의 효율화, 사회개발추진
《新經濟社會發展計劃》	45.4	45～50	10.6	균형 잡힌 경제발전을 통한 살기 좋은 일본 건설	경제의 효율화, 물가안정, 사회개발추진,적정성장의 유지와 발전기반 배양

※ 자료 : 經濟審議會 編,《日本の經濟計劃》, 1969년(昭和 44).

---

53) 木下宗七, 〈產業政策の理論と現實(Ⅰ)〉(產業構造), 加藤寬·中村秀一郎·新野
　　幸次郎 編,《經濟政策(3)》(日本の產業政策), 有斐閣, 1971, p.62.

또한 이들 계획목표를 달성하기 위해서는 산업구조를 개편하는 산업구조정책의 시행이 필요했고, 중소기업에 관한 여러 정책은 그 틀 속의 구조정책으로서 중소기업 근대화정책의 성격을 지니게 되었다. 그리고 중소기업정책의 골격은 〈國民所得倍增計劃〉(1960년 12월 7일 閣議決定)에 의해서 수립되고 〈중소기업기본법〉(1963년 법 제154호)에 의하여 입법화되었다.

그런데 〈국민소득배증계획〉 내지 〈중소기업기본법〉에서 전개된 중소기업에 관한 제시책이 구조정책으로서 중소기업 근대화정책이 되었던 것은 다음과 같은 이유 때문이다.

첫째로, 그것이 일본자본주의의 구조적 특질이며 1955년 이후 일본경제의 고도성장과정에서 격심하게 나타난 이중구조의 시정을 목표로 하는 구조정책이다.

둘째로, 그것이 일본자본주의 산업구조의 고도화를 목표로 하는 중소기업의 근대화정책이다.

즉 중소기업의 근대화에 의하여 이중구조를 시정하고 다시 산업구조를 고도화하는 궁극적인 목표는 일본경제의 안정적인 고도성장을 달성하기 위한 것이다. 안정적 고도성장을 달성하기 위한 이중구조의 시정이며, 산업구조의 고도화였으므로 중소기업의 근대화정책은 중소기업의 근대화를 달성하여 일본경제의 안정적 고도성장을 목표로 하는 정책인 것이다. 이런 점에서 구조정책으로서 중소기업의 근대화정책인 중소기업정책은 중소기업에 대한 보호정책이라기보다는 일본경제의 고도성장정책으로서의 본질을 지니는 것이다. 〈국민소득배증계획〉까지의 확대성장이 중기계획에서는 왜곡의 시정으로, 다시 발전계획에서는 경제사회의 발전을 위한 경제효율화로 그 주된 목적이 달라졌지만, 그 본질은 일본자본주의의 근대화와 고도화에 의한 고도성장정책이었고 중소기업정책은 그 일환이었다.

그런데 중소기업정책의 대상은 독점자본주의의 구조적 모순의 산물인 중소기업문제이다. 일본경제에서 이중구조는 독점자본과 중소기업, (농업)과의 지배 종속관계에서 발생하는 모순이며, 따라서 중소기업이 저임금노동을 기반으로 하여 축적한 가치를 독점자본이 우회적으로 착

취하는 관계에서 생기는 문제이다. 따라서 일본경제구조의 특질을 형
성하는 독점자본과 중소기업간의 특수한 관계인 이중구조로부터 중소
기업문제가 형성되는 것이므로, 이중구조시정책과 중소기업근대화정책
은 일본의 특수한 경제구조를 기초로 하여 전개된 것이며, 바로 여기
에 전후 일본중소기업정책의 본질과 한계가 있다.

5. 이중구조와 중소기업근대화정책

구조정책으로서 중소기업근대화정책은 〈국민소득배증계획〉과 〈중소
기업기본법〉에서 전개되었지만 그 이전에 이미 이에 대한 맹아형태가
있었는데, 1956년과 1957년의 일본 《경제백서》의 내용이 그것이다.

이른바 '數量景氣'로 '戰後經濟最高의 해'인 1955년에 대한 평가에
서 1956년도 《경제백서》는 ① 국제수지의 대폭적 개선, ② 인플레적
경제의 확대, ③ 경제정상화의 진전이라는 요인을 지적하였다. 그러나
이 백서는 머리에서 새로운 과제를 제시하고 있다. 어떻게 하면 이러
한 발전을 지속하면서 경제 번영의 혜택을 누리지 못하는 일부 사람들
이 성장성과를 均霑할 수 있도록 하느냐는 문제였다. 그러면서 중소기
업의 진흥, 뒤떨어진 지역의 개발, 사회보장의 충실이라는 세 가지 과
제를 제시하였다. 이것은 전후 일본경제의 발전방향을 규정하는 것이
었다.

戰前 수준을 회복한 1955년의 경제발전을 기반으로 하여 고도성장
이라는 정책방향을 제시하면서 동시에 왜곡성은 고도성장을 저해할 수
있는 것이므로 그 시정의 필요성을 인식한 것이다. 즉 고도성장과정에
서 해결해야 할 중소영세기업문제, 후진지역문제, 노동문제 등을 인식
하고 정책과제로 제시한 것이다.

그러나 독점적 대기업과 중소영세기업간의 격차, 지역간 격차, 그리
고 물가상승에 따른 국민대중의 상대적 빈곤문제 등은 독점자본주의의
고유한 문제이고 독점자본주의가 급속히 발전하는 과정에서 필연적으
로 생기는 문제이다. 즉 격차를 인식할 뿐만 아니라 격차의 필연성에
대한 인식이 있어야 중소기업정책, 지역격차시정정책, 사회보장정책의

올바른 방향이 제시될 수 있는 것이다.

이 《경제백서》는 격차시정의 방향으로 '파이'(pie)를 나누는 것보다는 '파이'를 증대시키는 것을 제시하였는데 이는 고도성장정책의 기점을 말한다. 즉 분배보다는 성장정책(자본축적)으로 격차문제를 해결한다는 것이었다. 그런데 성장은 근대화(transformation)에 의존하며 근대화에서 중요한 역할을 하는 것은 투자라고 보았다. 성장정책 — 근대화정책 — 투자정책으로 이어지는 경제정책의 계보 속에서 근대화의 진전과 함께 성장·발전은 중소기업·노동·농업 등 각 부문에서 생기는 여러 모순을 자연히 해소시킨다. 따라서 중소기업자·노동자·농민 등이 일본경제의 성장과 근대화과정에서 받는 고통은 당연한 임무라고 보았다. 그러나 이런 생각은 여러 모순이 근대화과정에서 생기는 일시적인 것이 아니고 일본독점자본주의 형성과정에서의 구조적 모순임을 인식하지 못한 결과였다.

이처럼 구조정책으로서 중소기업정책이 성립된 맹아는 고도성장과정에서 형성된 隔差問題의 인식에서 출발되었고 이것은 일본경제의 이중구조로 확인되었다. 일본경제의 이중구조는 일본독점자본주의 형성의 특수성에 의하여 규정되는 것이며, 고도성장과정에서 일본경제의 구조적 모순으로서 지적되었다. 이중구조가 본격적 문제로 된 것은 1959년 이후의 본격적 고도성장기에서였지만, 1957년(昭和 32)《경제백서》는 이미 이것을 지적하면서 그것이 이후 고도성장의 애로가 될 것이라는 점을 확인하였다. 그 후 〈국민소득배증계획〉과 〈중소기업기본법〉은 이중구조의 해소를 주장함으로써 이중구조의 시정책을 중소기업정책의 원천으로 삼았다.

격차로서 확인한 경제의 이중구조를 《경제백서》는 다음과 같이 설명하였다.

일본의 고용구조에는 한편에는 근대적 대기업, 다른 한편에는 전근대적 勞資關係에 입각한 소기업 및 가족경영에 의한 영세기업과 농업이 양극에 대립하고 중간의 비중이 현저히 낮다. 대기업을 정점으로 하는 근대적 부문에는 세계의 어떤 선진국에도 뒤떨어지지 않는 선진적 설비가 설치되어 있다. 거기서는 특정의 종류 및 품질의 상품을 생산하기 위하여, 그리고 세계시장에서 경쟁에 이기기 위하여 앞선 기술이 필요하고, 자본에 대한 노동의 필요량은 기술의 요구에 의하여 결정되며, 임금 수준은 대자본과 강력한 노동조합의 교섭에 의하여 좌우된다. 근대부문에서 이탈한 노동력은 어떠한 형태로든 자본이 부족한 농업과 소기업에 흡수되어야 한다. 필요노동이 자본과 기술에 의하여 결정되는 근대부문과는 달리 이 부문에서는 소득의 저하를 통하여 자본과 노동의 구성이 변화한다. 생존할 수 있으면 얼마만큼 소득이 저하되어도 일단 취업의 형태를 취하기 때문에 이 부문에서는 실업의 현재화가 적다. ……낮은 임금으로 고용되는 노동력이 낮은 생산력을 갖는 용도에 흡수된다. 극히 생산력이 낮고 따라서 노동집약적인 생산방법을 지닌 부문이 근대부문과 공존하는 것은 위와 같은 이유 때문이다. 말하자면 한 나라 안에 선진국과 후진국의 이중구조가 존재하는 것과 같다.[54]

이어서 이 《경제백서》는 고용구조의 이중성, 생산성격차, 임금격차, 노동시장의 이중성, 무역구조의 이중성, 이중구조에 의한 사회적 긴장의 격화 등을 지적함으로써 그 후 이중구조론을 전개하는 데 문제점이 될 만한 것을 포함하였다. 특히 《경제백서》가 이중구조 형성요인의 하나로 저임금노동력의 존재를 제시한 것은 정확한 인식이었다고 하겠다.

한편 《경제백서》는 이중구조의 해소를 위하여 다음과 같은 두 가지 방향을 제시하였다.

첫째로 경제의 어떤 부문의 근대화에 의하여 높은 성장률과 고용의 흡수를 달성하는 문제이다. 여기에는 두 가지가 생각될 수 있다. 하나는 대기업을 정점으로 하는 근대부문의 급속한 성장을 촉진하고 이를 기관차로 하여 비근대부문을 끌고 가는 것이다. 다른 하나는 비근대부문을 근대화하여 생산성을 높이는 방향이다. 일본처럼 농업, 중소기업의 비중이 높은 나라에서는 앞의 방법에만 따를 때 이중구조의 격차가 커지고 고용의 흡수도 충분히 행해질 수 없다. 따라서 경제성장정책 가운데 비근대부문에 대한 특별한 고려를 하는 것이 이중구조의 개선

---

54) 日本經濟企劃廳, 《昭和32年度經濟白書》, 1957, p. 35·36.

에 도움이 된다[55]는 것이다. 《경제백서》의 이러한 주장은 구조정책으로서의 근대화정책, 즉 이중구조정책으로서의 근대화정책의 원천이 되었다. 이는 중소기업정책이 오히려 고도성장의 보완적 정책으로서의 의의를 갖도록 한 것이다.

둘째는 중규모경영의 근대화를 주장한 것이다. 금후 10년 동안 영세규모의 경영까지를 대상으로 하여 이중구조를 적극적으로 해소하는 것은 어렵다. 따라서 이 기간에 비근대부문의 근대화방향으로서는 일본에서 특히 비중이 낮은 중규모의 경영을 육성 강화하는 데 중점을 두는 것이다.[56] 그 이유로서는 중규모기업의 중요한 역할을 들고 있는데 그것은 수출면에서의 역할, 대기업과의 상호보완적 역할, 높은 자본효율, 높은 고용흡수력 등이다. 이 주장은 결국 '中堅企業育成論'이며 소영세기업의 소멸론으로서 상층육성·하층도태의 방향인 것이다.

⑵ 〈국민소득배증계획〉상의 중소기업정책

《경제백서》의 이러한 주장은 그 후 〈국민소득배증계획〉과 〈중소기업기본법〉에서 구조정책으로서의 중소기업근대화정책을 구체적으로 형성하는 데 반영되었다.

〈국민소득배증계획〉은 이중구조의 완화와 사회적 안정의 확보에서 다음과 같이 쓰고 있다.[57]

일본경제의 현안인 이중구조의 완화는 근년의 높은 성장에 의하여 해결의 서광을 보이고 있으며, 금후에도 높은 성장이 계속되면 그것이 해소에 가까워질 것이다. 그러나 그 문제는 일본경제시회에 뿌리깊은 기반을 갖고 있어서 성장이 높다고 해서 자연히 해소된다고 볼 수는 없다. 경제성장에 수반하는 구조변화에 맞는 인구의 流動化를 이루도록 산업간 노동력 이동을 추진하지 않으면 성장에 의하여 고용기회가 생기더라도 실업 및 불완전고용은 남게 된다. 또한 성장에서 뒤떨어진

---

55) 위의 책, pp. 38~39.

56) 위의 책, p. 39·40.

57) 《國民所得倍增計劃》(1960), 제1부 제2장 〈計劃의 課題〉의 계획의 주요목적 제5.

부문에 대하여는 사회적 긴장의 완화라는 점에서 특별한 고려를 해야 한다는 것이다.

그리고 산업구조의 고도화와 이중구조의 완화에서는 다음과 같이 정책목표를 제시하고 있다.[58] 공업의 고도화와 국제경쟁력의 강화, 합리적 에너지 체제의 확립, 농림어업의 근대화, 중소기업의 근대화, 노동력의 산업간 이동의 촉진과 저소득층의 해소 등이 그것이다. 즉 이중구조의 해소를 위한 농업과 중소기업의 근대화가 중심과제로 등장하고 있다. 이중구조의 기반이 되고 있는 농업과 중소기업의 근대화를 촉진하지 않으면 안 된다는 것이다.

특히 중소기업근대화의 필요성에 대하여는 다음과 같이 쓰고 있다.

일본경제에서 중소기업이 점하는 비중은 금후에도 매우 클 것인데 그 근대화가 지체되어 대기업에 비하여 부가가치생산성과 임금격차가 큰 것이 구미선진국에서 볼 수 없는 특이한 현상이다. 그러나 앞으로 진전되는 노동사정의 변화를 고려할 때 장기적으로 저임금에 의존하는 경영의 존립이 어려워질 전망이어서 생산성 향상을 위한 중소기업의 근대화가 필요하다는 것이다.

이어서 중소기업근대화의 정책목표를 다음과 같이 제시하였다. 즉 중소기업근대화는 그 생산성 향상을 주요내용으로 하지만 중소기업대책을 추진하는 데는 기업간 격차의 시정, 규모의 적정화, 설비근대화와 자기자본의 충실, 환경의 시정, 노동관계의 근대화 등이 요구된다.

이처럼 〈국민소득배증계획〉은 일본경제의 고도성장 계획에서 중소기업이 담당하는 역할의 중요성을 재인식하고 장기적 전망을 밝히면서 중소기업 근대화정책을 제시한 것이다. 〈배증계획〉—〈중기계획〉—〈발전계획〉으로 이어지는 〈장기계획〉에서도 중소기업정책은 근대화정책으로 일관되고 있다.

중소기업정책은 일본경제의 이중구조에 대한 시정책이며, 이는 일본 독점자본주의의 구조적 특질이 되고 있는 이중구조의 기반인 중소기업과 농업의 근대화정책이어야 하기 때문이다. 따라서 일본경제의 〈장기

---

58) 위의 책, 제3부 제3장.

계획)에서는 결국 고도경제성장정책 ― 이중구조시정책 ― 중소기업근
대화정책이라는 정책계보가 형성되는 것이다. 이러한 계보의 성립은
중소기업의 근대화 ― 이중구조시정 ― 고도경제성장이라는 주장에 근
거를 두고 있다.

   일본경제의 이중구조가 근대적인 것과 전근대적인 것이 공존하고 있
다는 평면적이고 현상적인 파악에 따른다면 이러한 인식체계가 가능하
다. 즉 전근대적인 것의 근대화에 의하여 이중구조를 해소시키는 것이
이론적으로 가능하다는 의미이다. 그러나 일본경제의 이중구조의 특수
성은 근대적인 것(독점자본)이 전근대적인 것(소영세기업과 농업)을 지
배 수탈하는 바탕 위에서 성립한다는 데 있다. 따라서 전근대적인 것
은 어디까지나 전근대적인 것으로 잔존하고 다시 재생산된다. 다시 말
하면, 일본 독점자본의 자본축적은 전근대적인 것을 지배하면서 이루
어졌으며, 반면에 농업과 중소기업에서는 저임금노동의 존재와 과당경
쟁, 그리고 독점자본의 지배 때문에 자본축적이 불가능했다고 할 수
있는 것이다. 따라서 일본 독점자본의 자본축적의 구조적 특징이라고
이중구조를 규정하는 한 그 시정을 통한 고도경제성장정책, 즉 중소기
업근대화정책은 일본 특유의 자본축적법칙을 무시하고서는 규정될 수
없다고 볼 수 있다.

⑶ 〈중소기업기본법〉상의 정책내용과 주요 법체계

   〈국민소득배증계획〉 등 장기계획의 중소기업근대화에 관한 방향을
이어받아 그것을 입법화한 것이 〈중소기업기본법〉이다. 이것은 송래
중소기업에 관한 여러 시책을 새로운 경제환경의 변화를 고려하여 집
대성한 종합적인 체계의 입법인 것이다. 이 법에 규정된 내용은, 일본
중소기업에 관한 기본적 문제는 부가가치생산성격차로 상징되고 있는
대기업과 중소기업의 이른바 이중구조문제이며 이것을 전국민경제적
관점에서 어떻게 해소하느냐[59] 하는 문제이다. 즉 모든 중소기업정책

---

59) 中小企業廳 안에 설치된 中小企業政策審議室의 〈中小企業基本問題調査につ
    いて〉(1961년 9월).

은 격차시정정책에 집약된다고 하는 생각이 〈중소기업기본법〉의 기본
적 성격을 규정하고 있다. 이 법 前文의 취지를 요약하면 다음과 같다.

　　① 국민경제의 어떤 영역, 다시 말하면 광공업생산의 확대, 해외시장
의 개척, 고용기회의 증대 등에서 중소기업의 중요한 역할
　　② 생산성, 기업소득, 노동자임금 등에서 현저한 기업간 격차의 존재
가 중소기업의 경영안정과 그 종업원의 생활수준 향상에서 큰 제약이
되고 있다는 사실
　　③ 무역자유화, 기술혁신의 진전, 생산양식의 변화 등에 의한 수급구
조의 변화와 경제의 현저한 성장에 수반하여 노동력의 공급부족이 중소
기업의 경제적 사회적 존립기반을 크게 변화시키고 있다는 사실
　　④ 일본산업구조의 고도화, 산업의 국제경쟁력 강화에 의한 국민경
제의 균형 있는 성장발전의 필요성

　이러한 사실에 대처하기 위하여 〈중소기업기본법〉은 중소기업에 관
한 정책목표를 다음과 같이 설정하고 있다.[60]

　중소기업이 국민경제에서 차지하는 중요한 역할에 비추어 국민경제
의 성장발전에 따라 중소기업의 경제적 사회적 제약에 의한 불리를 시
정함과 동시에, 중소기업의 자주적 노력을 조장하여 기업 사이에 생산
성 등의 여러 격차가 시정되도록 중소기업의 생산성과 거래조건이 향
상되는 것을 목적으로 하여 중소기업의 성장발전을 도모하고, 동시에
중소기업 종업원의 경제적 사회적 지위 향상에 기여하고자 하는 것이
다.[61]

　이러한 정책목표에 따라 〈중소기업기본법〉에 구체적으로 규정된 정
책의 내용은 표 2-3과 같다. 중소기업의 근대화와 고도화, 경영의 안
정, 사업활동 불리의 시정, 소규모기업대책 등으로 그 체계를 구분해
볼 수 있다. 중소기업에 관한 종합적 체계적 시책의 기본방향을 규정
하는 입법이기 때문에 광범한 내용을 포함하고 있으나 그 핵심은 산업

---

60) 〈日本中小企業基本法〉, 제1장 총칙 제1조.
61) 平田喜久雄, 《現代中小企業論》, 中央經濟社, 1980, 제2편 제3·4장 참조.

표 2-3. 中小企業施策의 體系圖(일본)

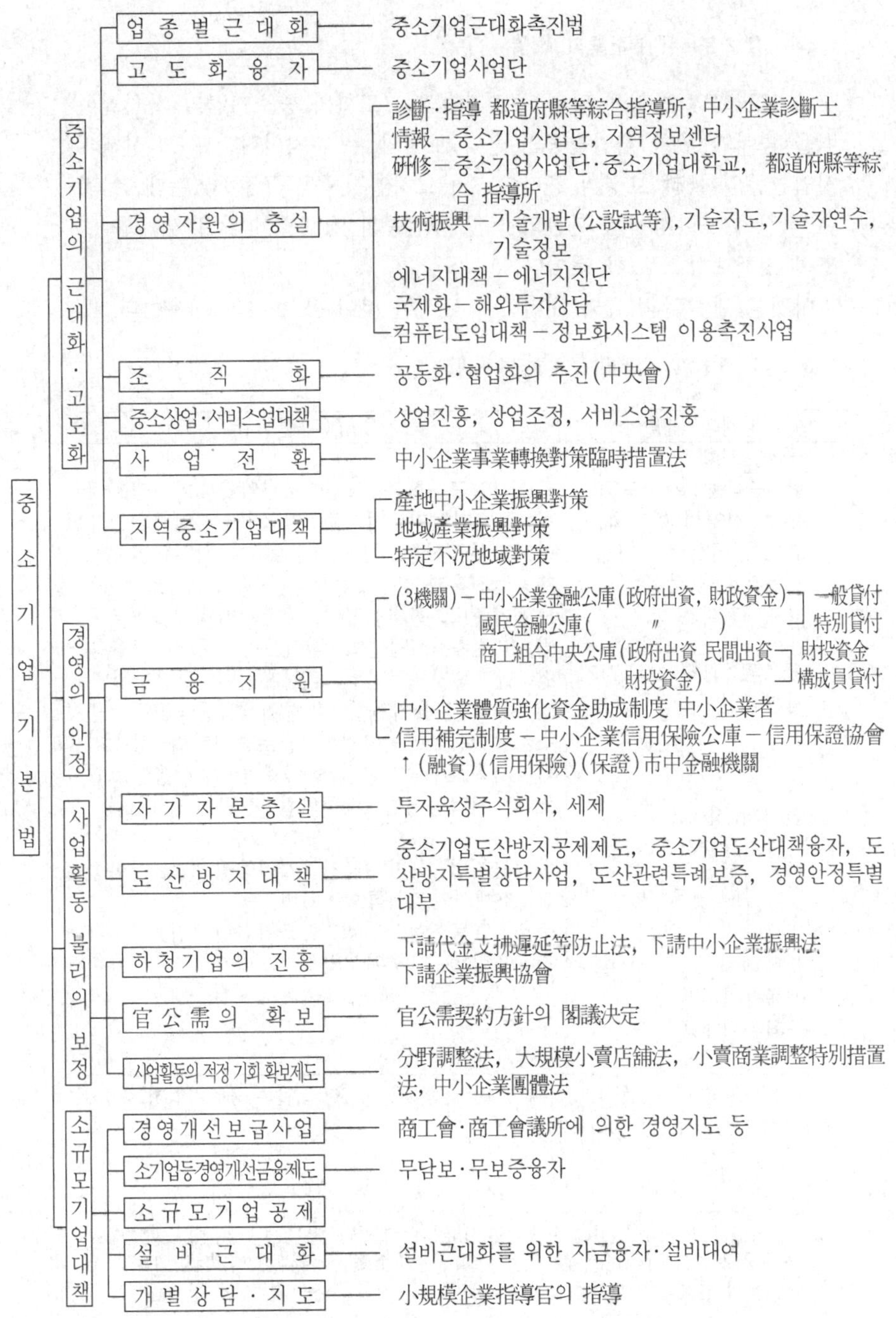

※ 자료 : 《中小企業のあらまし》, 1982, p. 4·5.

구조 고도화의 방향에 맞춘 중소기업의 고도화와 중소기업의 가치실현
력을 높이기 위한 사업활동의 불리 보정의 두 가지이다. 고도화정책과
사업활동의 불리 보정의 중간에 소규모사업정책을 규정하였는데, 이것
은 직접 고도화정책에 관련되지 않은 업종과 영세층이 많은 업종을 별
도의 정책대상으로 한 것이다.

이것을 관련된 법규와 대비하여 표시한 것이 표 2-4의 내용이다.[62]

표 2-4. 日本中小企業關係 主要法規一覽

정책의 내용	근거법규(관련법규)
① 구조고도화 　설비근대화, 기술수준의 　향상, 경영의 합리화, 　고도화, 구조개선사업 　노동관계의 적정화, 　고용안정확보 ② 금융의 원활화와 자기 　자본충실 ③ 소규모사업대책 ④ 환경의 정비 　거래조건불리시정과 하 　청육성진흥 　조직화의 추진 ⑤ 특별대책 　공해방지대책 　특혜관세대책	중소기업근대화촉진법, 중소기업근대화자금조성 법, 중소기업지도법, 중소기업진흥사업단법, 기 만계할부불신용보험법, (近促法)(사업단법)기 계공업진흥과 임시조치법, (근대화자금조성법) 노동기준법, 최저임금법, 중소기업퇴직금공제 법, 고용촉진사업단법, 산업노동자주택자금융통 법, 연금복지사업단법, 직업훈련법, 직업안정법 정부관계3금융기관법, 환경위생금융공고법, 중 소기업신용보험공고법, 신용보증협회법, 중소기 업투자육성주식회사법, 상호은행법, 신용금고법 소규모기업공제법, 상공회법, 상공업회의소법 독점금지법, 하청대금지불지연등방지법, 백화점 법, 소매상업조정특별조치법 중소기업등협동조합법, 중소기업단체법, 상점가 진흥조합법, 환경위생법 공해기본법 특혜특별조치법(안)

※ 자료 : 藤田敬三·竹内正己 編,《中小企業論》, p.300 ; 일본 중소기업청,《中小
企業政策のあらまし》, 1970 참조.

---

62) 竹内正己·奧村榮,〈中小企業政策の展開と課題―新しい中小企業政策の在り
　　方を求めて〉, 竹内正己·藤田敬三 編,《中小企業論》(新版), 有斐閣, 1977, p.
　　300에서 인용.

즉 〈중소기업기본법〉의 항목은 관련법규의 규정에 의하여 구체적 시책으로 전개된 것이다.

1950년대말에 이미 이중구조문제가 의식되어 이중구조의 저변에 위치하고 있는 중소기업의 문제는 대기업에 대한 생산성격차와 임금격차라는 것이 지적되었다. 임금격차는 점차 노동력부족의 진전에 의하여 축소되리라고 보았기 때문에 결국 중소기업문제는 생산성격차를 축소시키는 것으로 집중되었다. 그런데 중소기업의 저생산성은 낮은 물적 생산성과 취약한 가치실현력에서 기인하는 것이며, 특히 전자의 해결이 후자의 해결에 전제가 된다고 보았다. 이에 정책의 중심목표는 기계설비의 근대화와 기업규모의 확대에 모아졌다. 그 배경에는 중소기업은 과소과다하여 과당경쟁을 반복하는 결과 낮은 이윤과 낮은 생산성에서 벗어나지 못한다는 중소기업관이 존재하고 있었다.

〈중소기업기본법〉은 이런 문제의식 속에서 제정되어 제품업 중심의 규모확대화정책으로 지향되었으며, 이것은 이중구조를 해소하기 위한 중소기업근대화정책이 바탕이 되었다. 그리고 그것은 1950년대말 이후의 구조고도화정책에서 1960년대말(1969) 이후의 構造改善政策으로 실시되었다.

6. 중소기업의 구조고도화와 구조개선

〈중소기업기본법〉은 중소기업 기업규모의 적정화, 사업의 공동화, 공장과 점포 등의 집단화, 사업의 轉業과 폐업 및 소매상업에서 경영형태의 근대화[63]를 '중소기업구조의 고도화'라고 규정하였다. 또한 중소기업고도화는 업종내 및 업종간에서 중소기업과 그 구성을 부가가치 생산성이 가장 높은 방향으로 시정하는 것이어서 산업에서 중소기업의 구성을 합리적 방향으로 전환하는 것이다. 따라서 고도화는 중소기업의 근대화를 포함하는 개념[64]이라고 하였다.

---

63) 〈日本中小企業基本法〉 제3조.
64) 日本中小企業廳 監修, 《中小企業施策讀本》, ぎょうせい, 1980, p. 31.

결국 중소기업 고도화정책에는 설비의 근대화, 기술수준의 향상, 경영합리화 외에 규모의 적정화·공동화·협업화 등에 의한 구조개선사업, 노사관계의 적정화 등 각종 시책이 포함된다. 그런데 이들이 모든 업종과 기업에 대해 행해지는 것이 아니고 산업구조의 고도화, 즉 중화학공업화의 방향에 맞추어 거기에 기여하는 업종과 수출공헌도가 높은 업종을 중심으로 이루어지는 것이다. 그리고 이것은 기본적으로 중화학공업화(산업구조고도화)라는 당초의 취지에서 후에 산업혁신에 대응하는 고차가공화의 고려도 포함하게 되었다.[65]

그런데 중소기업이 생산성의 향상을 도모하기 위하여는 중소기업이 지니는 수의 과다성과 규모의 과소성 등 구조문제를 감안하여 같은 업종과 관련이 깊은 중소기업자가 서로 협력하여 조합조직 등에 의하여 사업의 공동화, 협업화 및 공장과 점포의 집단화 등을 통하여 근대화를 추진하는 것이 효과적이라고 하였다.[66] 즉 중소기업은 과소과다하므로 집단화를 통한 적정규모화에 의하여 생산성을 높일 필요가 있고 이를 위한 것이 중소기업구조의 고도화사업이라고 보았다.

산업고도화정책은 1960년 〈中小企業 業種別振興臨時措置法〉이 제정되고, 특히 1963년의 〈중소기업기본법〉의 제정과 동시에 〈中小企業近代化促進法〉(이하 〈근촉법〉)이 제정되면서 업종별근대화＝구조개선이 중소기업정책의 중점시책으로 되었다. 여기서는 국민경제상 특히 근대화를 추진할 필요가 있는 업종을 지정업종으로 하여 근대화계획을 책정, 금융상의 조성을 강구하도록 하였다. 그러나 〈근촉법〉에 의한 업종별 시책에 대하여는 다음과 같은 문제점이 지적되었다.

① 계획이 추상적 획일적이기 쉽다.

② 계획의 구체화가 곤란하다.

③ 계획실행이 개별기업의 임의적 노력에 따라 소수 선각기업만이 근대화되고 업종 전체 또는 지역 전체의 조직화된 근대화 의욕을 달성하지 못한다.

---

65) 竹內正己·奧村榮, 앞의 글, p. 302.
66) 日本中小企業廳 編, 《中小企業施策のあらまし》, 財團法人 中小企業調査協會, 1973, p. 180.

④ 설비중심의 경향이 강하고 판매면과 기술면에 대한 고려가 약하다.

⑤ 국가 또는 지방공공단체의 추진지도체제가 불충분하다.

여기에 국내외의 환경이 자본거래의 자유화에 의하여 외자의 진출과 개발도상국의 경쟁력 강화 및 특혜관세공여의 실시, 노동력수급의 어려움 등의 사태에 직면하게 됨에 따라 업계 전체와 지역 전체의 구조개선이 필요하게 되었다. 이에 1969년에 〈근촉법〉을 일부 개정하여 지정업종 가운데 특히 국제경쟁력의 강화에 필요한 업종을 선정하여 이것을 특정업종으로 하여 구조개선에 관한 조성조치를 취하게 되었다. 이에 따라 중소기업정책은 고도화부터 구조개선으로 중점을 이행하였다.

중소기업의 구조개선은 경제환경에 대처하여 중소기업의 경쟁력을 강화하는 경우에 개별기업의 근대화만이 아니라 공통의 문제를 지닌 기업집단에 속하는 기업의 합병, 기업활동의 공동화, 생산품종의 교환, 기업의 전업과 폐업 등 생산과 판매의 양면에서 기업과 기업이 협조하고 활동을 조정하면서, 기업집단의 구조를 변화시킴으로써 기업집단 전체로서의 근대화를 도모하고, 장래에 자립할 수 있는 효율적 업계의 구조를 확립하는 것이다. 이러한 구조개선이 필요하게 된 것은 중소기업 수의 과다성과 규모의 과소성으로 인하여 개별적인 근대화 노력에 한계가 있고, 긴급한 근대화를 도모하는 데 다수 기업의 협력이 필요한 때문이었다.

이러한 구조개선사업의 내용을 구체적으로 보면 다음과 같다.

① 적정규모화를 개별기업의 성장에 의하여 행하는 것이 아니고 협업화, 합병, 업무제휴 및 사업전환 등 기업집약화에 의하여 달성하는 것이다. 집약화를 병행하지 않고 개별기업의 근대화만을 그 내용으로 하는 계획은 이 제도에 의한 구조개선계획으로 볼 수 없다.[67] 따라서 이 계획은 업계 전체 또는 지역 전체의 재편성을 요구하고 있다.

② 종래의 근대화시책이 생산면에서 설비근대화에 중점이 놓여 있었던 것을 반성한다. 구조개선사업에서는 그 업종에 적합한 사업을 종합

---

67) 日本中小企業廳, 《中小企業構造改善の指針》, 1970, p. 73.

적으로 실시하는 데 특징이 있다. 즉

　　㉠ 합병·협업화·공동화·업무제휴, 전업과 폐업 등의 집약화 외에,

　　㉡ 새로운 기계의 도입과 노후시설 폐기 등의 설비근대화(scrap and build),

　　㉢ 공동판매, 공동구입, 신제품의 개발, 시장의 개척, 상표의 통일 등 거래관계의 개선,

　　㉣ 기계의 개발, 디자인 품질의 개선, 기능과 기술의 향상 등 기술개선 등이다.

이런 것들을 업계의 자주성과 전체주의로 상공조합 등 법인이 자주적으로 계획을 작성한다.[68]

이상에서 본 바와 같이 고도화사업은 개별기업에 중점을 두어 조합조직 등에 의한 본래의 공동화, 협업화 또는 공장이나 점포의 집단화를 행하는 사업이다. 결국 설비의 근대화와 기업규모 적정화 등의 목적을 효과적으로 달성하기 위하여 개별기업을 어떤 형태로 집단화하느냐는 것이다. 이는 어디까지나 개별기업의 빠른 근대화를 도모하기 위하여 집단화를 추진하는 것이다.

이에 대하여 구조개선사업은 개별기업의 근대화만이 아니고 업계 전체가 함께 노력하여 업계 전체의 관점에서 업종의 구조를 개선할 목적으로 하는 것이 특징이다. 특정지역에 속하는 기업의 상당부분이 서로 협조와 조화를 지니면서 근대화방안을 실시할 필요가 있다는 것이다. 구조개선사업 실시 이전의 〈근촉법〉에 기초한 업종별 근대화시책이 고도화사업을 포함하여 개별기업의 근대화를 주류로 하는 설비중심주의였다면, 구조개선사업은 기업집단 전체의 근대화를 주류로 하여, 생산만이 아니고 판매시장개척, 기술개발 등을 포함하는 종합적인 것을 지향하는 것이다.

이처럼 구조개선사업은 근대화의 대상을 개별기업으로부터 업계 전체로 확대하고 고도화사업을 한층 철저히 하는 것이다. 그러나 구조고도화로부터 구조개선에 이르는 일련의 중소기업근대화정책에 공통된

---

68) 竹內正己·奧村榮, 앞의 글, p. 304·305.

점은 생산제일주의적 발상에 의한 설비근대화의 추진이며 공동화 및 적정규모화＝대형화의 추구라고 하겠다.[69]

기본법에 기초한 중소기업의 구조고도화는 중소기업정책을 산업구조 정책의 일환으로 하여 중소기업으로 하여금 산업구조 고도화의 유력한 구성원이 되도록 하는 것이다. 이 정책이념은 사회정책과 경제정책을 분리하고 보호주의에서 벗어나서 경제적 합리성을 추구함으로써 우량 중소기업육성, 비능률 소영세기업의 정리·전환을 도모하면서 독점체제 틀 속의 중소기업정책을 의도하는 것이다. 기업규모의 적정화, 산업의 공동화, 사업의 전환 등을 규정하는 중소기업구조의 고도화는 적정규 모＝중견기업 육성과 함께 소영세기업의 정리·도태에 의한 勞動力 流動化를 촉진하는 정책에 중점을 두어 결국 육성정책과 전폐업정책의 문화를 가져왔다.

상층육성·하층도태를 내용으로 하는 업종별근대화＝개별기업의 설 비근대화정책은 중소기업의 과당경쟁을 촉진시켜 근대화와 도산을 유 발하였고, 다른 한편에서는 독점자본의 새로운 축적의 기초를 재편성 하는 것이었다. 그리고 개별기업 근대화의 한계를 인식하고 업계와 산 업 전체의 종합적 근대화를 추구하였던 중소기업의 구조개선정책도 그 중점을 상층육성·하층도태에 두면서 상층중소기업을 포함하는 산업 전체에서 도산과 신설 정책을 강력히 추구하는 것이었다.

결국 산업구조고도화에 따른 중소기업구조의 고도화와 구조개선 등 구조정책으로서 중소기업근대화정책은 독점자본이 중소영세기업을 어 떻게 이용하여 자본축적의 기반으로 재편성하고 새로운 계층적 축적구 조를 편성하느냐를 목표로 하고 있다는 것[70]이 자본축적이론에서 본 견해이다.

한편 구조고도화에서 구조개선정책에 이르는 중소기업근대화정책에 대하여는 다음과 같은 문제점이 제기되었다.

---

69) 淸成忠南,《現代中小企業の新展開》, 日本經濟新聞社, 1972, pp. 252～257 참조.

70) 福島久一,〈中小企業政策の現狀と課題〉, 市川弘勝·岩尾裕純 編,《70年代の 日本中小企業》, 新評論, 1973, pp. 288～295 참조.

첫째로, 대량생산공업이 확립되면서 대량의 시장수요가 전개되는 때에는 생산제일주의적 설비근대화정책이 그런대로 의미를 지닌다. 그러나 量産型 중화학공업이 성숙단계에 이르면 소득 수준이 향상되면서 수요의 다양화·고도화·유행화가 이루어져 선택적 소비시대로 이행한다. 이에 연구개발집약적인 시장지향성을 강화하는 기업성장이 주된 흐름이 된다. 단순히 새로운 기계를 도입하고 규모의 확대에만 의존하며, 마케팅 능력과 제품개발능력이 결여된 물적 생산제일주의는 성공적일 수 없다.

둘째로, 생산제일주의에 따른 적정규모화에도 문제가 제기되는데, 이때 적정규모화는 대규모화를 의미하기 때문이다. 업종별근대화정책에서는 적정규모가 노력의 목표였으며 구조개선정책에서는 고것이 실행의 목표였는데, 이때 적정규모는 기술수준과 임금수준 등을 주어진 것으로 하여 성립되는 靜態的 개념이었다. 그러나 경영자의 경영능력에 따라 적정규모는 달라질 수 있는 것이며, 같은 업종의 경우에는 제품에 따라 적정규모가 다를 수 있기 때문에 획일적 적정규모를 상정하는 것은 의미가 없다. 특히 경제가 動態的으로 발전하고 기술과 임금의 변동이 현저할 때 적정규모는 변화한다. 그리고 중소기업에 새로운 기계가 낮은 가격으로 보급되고, 외부경제효과가 집적되는 사회적 분업이 전개되는 경우 적정규모는 축소되는 경향이 있으며, 이때 규모확대의 방향과 획일적 적정규모는 의미를 잃어버린다.

셋째로, 공동화 및 협업화에서도 물적 설비능력만을 기준으로 하는 것은 문제가 있다. 규모 확대에 수반되는 경영능력과 마케팅 능력 및 기술력이 매우 중요하다. 이는 인적 경영자원에 의존하는 것이기 때문에 인적 경영자원의 축적이 공동화와 협업화에 필수 요건이 된다.

이에 따라 종래의 생산제일주의적인 규모의 이익을 추구하는 중소기업정책에 대한 반성이 이루어지고 새로운 방향이 모색되었다. 즉 중소기업문제의 중심이 물적 생산력에 중점을 둔 생산성격차의 문제에서 산업의 지식집약화에 적응하는 방향으로 이행되었다. 연구개발과 시장지향성이 기업성장을 주도하면서 지식의 경영자원화가 새로운 산업구조의 변화를 초래하고, 이에 따라 산업의 지식집약화가 이루어지면서 중소기업정책에도 반영되었다.

7. 지역문제와 중소기업의 지식집약화

다음에는 지역문제가 중소기업정책의 과제로 등장하였다. 이중구조
해소를 위한 〈중소기업기본법〉이 제정되었고, 구조고도화와 구조개선
등 여러 정책에 대하여는

① 설비근대화를 조성하여 제조공업부문이 중소기업의 상층부를 성
장 촉진하는 것이거나,

② 규모이익의 성숙을 기대하여 규모확대를 기하는 것,

③ 전국을 일률적으로 보는 획일적 정책이었다는 것,

④ 기업성장정책과 국민경제의 총량적 규모에만 몰두하고 그것이 입
지하는 지역경제와의 관련을 고려하지 않았다는 것,

⑤ 아니면 기업의 성장이 당연히 지역경제의 향상에 연결되리라는
생각을 지닌 것이라는 문제점이 지적되었다.[71]

이러한 지적은 경제의 성장과정에서 과소와 과밀현상이 국민경제 안
에 정착됨으로써 지역적 불균형문제가 형성되었음을 말한다. 이에 따
라 도시문제의 해소와 지역개발(지역간 격차해소)이 중소기업정책의
과제로 새롭게 등장하였다.[72]

1973년의 석유 '쇼크'와 전후 최초로 마이너스 성장을 경험한 일본
경제는 불황으로부터 벗어나 새로운 저성장기에 적응하는 중소기업정
책을 모색하게 되었다. 그러는 가운데 지식집약화사업(1973년 제3차,
1975년 제4차 〈근촉법〉) 소규모사업대책의 확충, 전통공예품산업의 진
흥(1974), 관련사업을 포함하는 구조개선(1975), 중소기업의 분야 확
보(1977) 등이 중소기업정책으로 출현하였으며, 중소기업정책에서 지
역진흥의 관점(1975)도 주목받게 되었다. 이런 정책의 전개는 성장제

---

71) 杉岡碩夫 編, 《中小企業と地域主義》, 日本評論社, 1973, p. 8.
72) 清成忠南, 《現代中小企業の新展開》, 日本經濟新聞社, 1972, pp. 257~265
   참조.

일주의, 생산성 향상＝규모의 확대라고 하는 종래의 방향에서 근대화 촉진이 일정한 전환을 하게 되었음을 의미한다.

이중구조론, 적정규모론, 중견기업론, 벤처 비즈니스론, 지식집약화론, 지역주의 등 일련의 중소기업근대화정책에 대한 이념이 전개되었다. 그 과정에서 일본자본주의 발전이 고도성장기로부터 저성장기로 전환하는 가운데 제기되었던 정책방향이 지식집약화이다.

지식집약화라는 정책방향은 産業構造審議會 中間答申의 〈70년대의 통상산업정책〉(1971년 5월)에서 제시되었고, 이어서 중소기업정책심의회의 〈70년대의 중소기업의 위치와 중소기업정책의 방향에 대하여(意見具申)〉(1972년 8월)에서 제시되었다.[73] 〈意見具申〉에서는 중소기업을 둘러싼 정세변화에 대하여 ① 국제화의 진전, ② 노동자의식의 변화, 여가 증대와 국민생활의 향상 등을 바라는 인간존중사회 지향, ③ 공해·과밀화 등 환경문제의 심각화, ④ 산업구조의 지식집약화 지향 등 네 가지를 제시하였다.

이 가운데 산업구조의 지식집약화는 지적 활동의 집약도가 높은 산업(지식집약산업)을 중핵으로 하여 이것을 뒷받침하는 기초산업과 기타의 산업에서도 가급적 지식집약도를 높이려는 산업구조의 모습을 지향하는 것이라고 하였다. 그리고 지적 활동에는 연구개발, 디자인, 전문적 판단, 각종 매니지먼트 외에 고도의 경험지식에 바탕을 둔 기능발휘 등을 포함하며, 넓은 경제활동에서 인간의 지적 능력 행사를 지향하는 것이라고 하였다.

또한 지식집약산업을 연구개발집약산업, 고도조립산업, 패션형산업, 지식산업으로 분류하고, 이러한 산업유형은 기업활동의 규모라는 점에서는 중소규모에 적합한 분야를 제공하며, 현실적으로도 이 방향으로 움직이는 중소기업이 나타나고 있다고 판단하였다. 즉 산업구조가 지식집약화되면서 이에 따른 중소기업의 발전가능성을 높이 평가하였다.[74]

---

73) 日本中小企業廳 編,《70年代の中小企業像》(中小企業政策審議會意見具申の內
   容と解説) 제1부, 1972.
74) 위의 책, pp. 58~61.

그리고 그 구체적 방향으로서는

① 수요의 다양화·개성화·고도화와 그에 따른 상품의 제품수명(life cycle) 단축화경향에 적응하기 위하여 마케팅 노력을 포함, 시장동향에 민감할 것,

② 변화하는 시장동향에 적합한 상품을 좋은 자연환경과 노동환경에서 개발 공급하면서 연구와 기술개발에 중점을 두는 것,

③ 앞으로의 상품개발은 소재·제조공정·제조기술 등 점차 시스템화 경향을 띠게 될 것이므로 다른 산업부문과 상품분야 연구, 기술개발의 움직임에 민감할 것 등이라는 것이다.[75]

이처럼 1970년대 이후 일본 산업구조의 고도화 방향을 지식집약화 또는 연구개발(지식)집약형산업의 전개라고 보면서 연구개발집약형의 기수가 바로 '벤처 비즈니스'(venture business)라는[76] 것이다. 따라서 '벤처 비즈니스론'과 지식집약화정책은 같은 흐름에 속한다고 볼 수 있다.

그런데 지식집약화와 다양화 시대의 중소기업정책방향을 제시하는 가운데 소규모기업정책이 또한 중요한 내용으로 제시되었다. 환경이 변화하는 가운데 존립의 근거를 유지하도록 하는 것은 수요가 가격비탄력적이고, 공급면에서는 규모이익이 크지 않은 분야로서 대기업의 진입이 곤란하다는 요건인데, 소규모기업은 이러한 조건에 적합하다고 보고 ① 성장가능형, ② 특수고급형, ③ 지역적 有效需要依存型, ④ 소규모생산적응형 등과 같은 분야를 제시하고 있다.[77]

8. 활력 있는 다수, 지역진흥, 소규모기업대책

중소기업 근대화 → 구조고도화 → 구조개선 → 지식집약화로 이어지는 중소기업정책방향은 1980년대에 와서

---

75) 위의 책, p. 61.
76) 淸成忠南, 〈ベンチャービジネス論〉, 越後和典 編, 《産業組織論》, 有斐閣, 1973, pp. 235~243.
77) 日本中小企業廳 編, 《70年代の中小企業像》, p. 84·85.

① 양적 지향으로부터 질적 지향으로 전략의 전환이 이루어졌다. 이것은 고부가가치화의 지향에 의한 경제효율의 관점이 우선함을 뜻한다.

② 창의성과 기동성의 발휘가 강조되었다. 국내외의 불안정요인에 대처하기 위해서는 환경변화에 대한 대응이 중요시되고, 다시 이에 대한 방안으로 인재의 육성·확보와 신기술 도입의 필요성이 제시되었다.

③ 중소기업을 활력 있는 다수로서 적극적으로 평가한 것이다. 중소기업은 총체적으로 보아 왕성한 활력(vitality)에 의한 산업구조의 변혁, 기술의 진보, 인적 능력 발휘 등의 苗床(seedbed)이며 경제사회의 진보와 발전의 원천이라고 평가하였다.[78]

④ 1980년대에는 국민의 安住指向性이 높아지고 지역경제력의 상승에 대한 요청을 배경으로 하여 지역진흥의 관심이 높아지고 있다고 보았다. 지역에 밀착하여 지역 주민에게 고용기회를 창출 확보해주며, 일상생활에 재화와 서비스 제공 등 지역특성에 맞는 중소기업 활동에 대한 새로운 기대가 크다는 것이다.

이러한 중소기업문제의 제기는 환경변화요인을 크게 하는 국제화의 진전, 국민요구의 다양화, 고용과 노동조건의 변화, 지역진흥에 대한 요청이 높아진다고 하는 네 가지 기본적 관점에 따른 것이다.[79]

특히 지역진흥에 대한 높은 관심은 다음과 같은 세 가지 의미를 지닌 것이었다.[80]

① 중앙집권에서 지방분권으로의 이행,

② 기능 집중으로부터의 분권인데, 경제력이 아니고 문화적 여러 기능의 분산도 중요시하는 것,

③ 지역을 중요시하면서 지역 특성을 활용하는 것 등이다.

이것은 중앙집약적인 經濟成長至上主義를 비판하면서 지역경제를 부

---

78) 中山金治, 《中小企業近代化の理論と政策》, 千倉書房, 1983, pp. 25~28 참조.

79) 日本中小企業廳 編, 《中小企業の再發見》(80年代中小企業ビジョン), 1980, pp. 3~12 참조.

80) 淸成忠南, 《80年代の地域振興》, 日本評論社, 1981.

상시켜 지방화 시대를 전개하려는 의도이다. 이처럼 지역을 토대로 하는 사회조직을 통하여 위로부터, 그리고 밖으로부터의 지역개발에서 아래로부터, 그리고 안으로부터의 개발로 흐름을 전환하고, 대기업의 지방유치보다는 지역의 기업을 육성하고, 지역의 풍토·자원·노동을 활용하여 중소기업이 큰 역할을 하는 소규모 산업을 창출하려는 것이다.[81]

이때 소규모기업대책은 지역개발정책과 밀접한 관련을 갖는다. 소규모기업은 지역적으로 광범하게 전개되어 있는 생업적 기업이며, 여기에 종사하는 사람들에게는 생계를 의지하는 생활의 장이다. 여기에 의존하는 경영자·종업원 및 가족은 지역사회의 중요한 구성요소이다. 따라서 소규모기업대책은 이들의 생존과 번영을 직접목적으로 하는 복지대책의 요소가 되기도 한다. 따라서 소규모기업을 경제적 합리성에 입각한 합리적 기업행동의 능력을 갖도록 육성할 필요가 있다는 것이다.

중소기업은 80퍼센트 이상이 다분히 생업적 요소를 지니며 경영기반이 취약한 소규모기업이다. 중소기업의 활력 있는 전개를 위해서는 이러한 소규모기업의 건전한 발전이 불가결하다고 본 것이다.[82]

결국 일본의 1980년대 중소기업정책은 근대화정책이 시작될 때 주된 관점이었던 중견기업 육성과 소영세층의 분화 및 집약화라고 하는 차별적 경향에서, 중소기업군을 기업적 발전을 지향하는 집단과 경제활동의 장이 바로 생활의 장인 生業層(소영세경영군)으로 분화하는 입장으로 바뀌었다. 이것은 중소기업이 생업층을 중심으로 하여 시민과 주민의 다수를 구성하고 있다는 적극적 평가의 자세로 정책이 이행된 것을 의미한다.

9. 중소기업정책의 흐름

19세기말 이후 일본경제에서는 殖産振興業政策에 의하여 근대적 산

---

81) 中山金治, 앞의 책, p. 111·112.
82) 日本中小企業廳 編,《中小企業の再發見》, p. 58·59 참조.

업 내지 기계제공업을 확립하는 과정에서 이식공업과 재래공업간에 대항적 관계가 형성되면서 재래공업에 대한 보호진흥이 정책과제로 제시되고, 이것이 중소기업문제와 정책의 원천이 되었다. 이는 개발도상국의 경우와 유사한 정책과제로서 재래산업(또는 고유산업)문제의 맹아적 전개였다고 볼 수 있지만, 결국은 크게 표면화되지 못하고 대기업 중심의 경제개발방식으로 기울게 된다.

1910년대에서 1920년말에 걸쳐 서구대륙 여러 나라의 문제인식을 수입한 형태로서 소공업문제가 일시적으로 논의되었으나 구체적 정책으로 형성되지는 못하였다. 그 후 1920년대말 공황 시기에 독점자본이 형성되면서 중소기업문제가 일본독점자본주의의 구조적 모순의 산물로 인식되었고, 이른바 중소공업문제에 대응하는 중소기업정책이 본격적인 하나의 경제정책으로서 확립되었다. 자본부족—노동력과잉이라는 후진적 조건 아래서 급성장하는 경제에서 독점적 대기업에 대비한 중소기업문제가 의식되었고 이에 대한 중소기업정책이 강구되었다.

전후 일본경제는 고도성장과 함께 산업구조의 고도화를 달성하는 과제를 안게 되었다. 이에 맞추어 구조정책으로서의 중소기업근대화정책을 전개하게 되었는데, 그것은 이중구조—구조고도화—구조개선—지식집약화—지역개발 등 일련의 변화를 거치는 과정 속에서 이루어졌다. 산업구조고도화와 고도성장을 달성하기 위하여 정부주도형의 경제성장은 높은 자본축적을 요구하게 되었고, 독과점이 심화되는 가운데 중소기업정책은 이를 위한 '디딤돌정책'의 성격을 지니게 되었다. 국민경제 가운데 높은 비중과 방대한 수를 갖고 있는 중소기업이 독과점 대기업에 비하여 현격히 낮은 생산성과 노동조건 및 경영난과 경영불안정성을 어떻게 해소시키면서 자본축적의 기반을 확충해 나가느냐는 것이 일본 중소기업정책의 과제였다.

독점적 대기업에 대한 중소기업의 문제라는 점에서 이러한 일본 중소기업문제는 미국이나 영국의 그것과 유사한 바가 있다. 그러나 영·미에서는 경제의 독과점화와 경직화를 문제로 삼았기 때문에 자유경쟁제도를 유지 확대하여 경제에 활력을 부여하는 역할을 중소기업에 기대하였다. 이에 비하여 일본에서는 중소기업이 갖는 문제를 국민 경제적 중요문제로 파악하고 경쟁의 결여나 부족이 아니라 중소기업에서 과당경쟁이 오히려 문제가 되었던 것이 1970년대까지의 특징이었다. 이 가운데 영국 및 미국과 다른 점을 보면 일본은 중소기업, 특히 소규모기업의 비중이 높고, 생산성·노동조건·수익성·자금조달력에서 규모별 격차가 큰 데 대하여 영국과 미국은 소규모기업의 비중이 낮고 규모별 격차도 크지 않다는 점이다.

따라서 중소기업정책의 대상인 중소기업도 일본의 경우는 독점적 대기업에 비하여 비중이 높아서 중소기업문제가 국민경제적인 중요문제로 되고 있다. 이에 비하여 영·미의 경우는 중소기업의 비중이 낮아서 중요한 정책 대상이 되지 않는 대조적 성격을 지니고 있다.

한편 1980년대에 와서는 일본경제에서도 경제력의 집중이 진행되어 과점화와 경제의 경직화 문제가 제기되고, 다른 한편에서는 중화학공업화가 성숙되면서 생산성, 임금의 규모별 격차도 어느 정도 축소되는 경향을 보임에 따라 영국이나 미국과 같은 성격의 중소기업문제로 이행하고 있으며, 중소기업정책 방향도 그러하다고 볼 수 있다.

결국 중소기업정책은 경제발전의 수준에 따라 보호정책(후진경제)에서 구조정책(중진개발도상경제)으로, 다시 산업조직정책(선진경제)의 성격으로 이행됨을 확인할 수 있다.

제3장 韓國中小企業政策의 展開와 課題(Ⅰ)

Ⅰ. 경제개발의 과제와 중소기업정책

1. 중소기업정책과 후진자본주의

개발도상경제의 초기 중소기업문제는, 빈곤과 실업이 심각한 경제상황 속에서 그 특징이 규정된다. 이것은 중소기업정책이 경제개발의 과제와 관련되어 수립·수행되어야 한다는 것을 의미한다.

대체로 빈곤과 실업문제를 해결하는 방안으로서 대기업 중심의 경제개발방식이 채택되는데, 그 결과 부의 불균등한 배분과 개발의 지역적 불균형을 발생시키기 쉽고, 또 동일한 투자에도 적은 고용기회가 창출된다는 문제점이 제기된다. 이에 중소기업에 중점을 두는 경제개발방식이 탐구되고, 중소기업을 육성하는 것이 정책의 중심과제가 된다. 그래서 근대적 중소기업의 육성을 지향하게 되지만, 동시에 광범하게 존재하는 가내공업과 농촌공업의 역할도 중요시하지 않을 수 없게 되면서 중소기업문제가 정책의 중요한 과제가 된다.

개발도상경제에서 경제개발의 중요한 과제 가운데 하나가 되고 있는 중소기업문제와 정책은 개발도상국의 자본주의 전개를 배경으로 하여 이루어지는 것인데, 이것은 중소기업문제가 자본주의 전개과정에서 형성되는 구조적 모순의 산물이기 때문이다. 개발도상국 자본주의는 후진자본주의라는 특성을 지니면서도 그것이 식민지 종속화의 과정을 거쳤다는 점에서 또 다른 측면을 갖고 있다. 따라서 개발도상경제의 중소기업정책을 규정하는 데는 먼저 후진자본주의 전개의 특성을 살펴보고, 여기에 더하여 개발도상경제에 식민지 지배과정에서 정착되었던 식민지경제구조의 특성을 규정하는 일이 필요하다.

한국중소기업정책의 경우에도 동일한데, 이것은 개발도상경제의 중소기업문제는 후진자본주의의 전개와 동시에 식민지 종속화의 과정 속에서 형성된 구조적 모순의 산물이기 때문이다.

후진자본주의는 자본주의 전개의 두 가지 길인 '小生産者型'과 '地主·商人型' 가운데 후자에 따라 전개된 것이다.[1] 이것은 혁명적 길이 아닌 개량적 길에 따라 전개된 자본주의의 유형을 말한다. 世界史上 최초로 自生的(또는 內發的) 근대화를 이룩한 영국경제는 봉건체제 및 전통사회에서 지배적 지위를 점하던 영주 및 지주, 그리고 그들과 이해를 같이했던 舊來의 상인이 있었지만, 이들이 근대화 초기부터 중심적 역할을 한 것은 아니었다. 이들 사회계층을 쇠퇴시키면서 자신들의 지위를 확립한 독립자영농민층, 그리고 이들과 밀접한 분업관계를 맺은 農村職人層이 자본주의 성장에서 중심적 역할을 하였다. 이것이 자본주의 발전의 소생산자형이다.

이에 대하여 독일과 일본의 산업화과정에서 보여주는 특징적 양상은 지주·상인형인데, 이들 국가에서는 절대왕정의 단계에서 산업화의 진전이 선동사회의 제제직 이해와 결부되어 영구의 경우와는 정반대로 소생산자형의 길이 압도되고, 이질적인 구조적 특징을 갖는 半봉건적 자본주의사회(반전통적 산업사회)가 확립되었다. 이를 좀더 설명하면 다음과 같다.

첫째로, 발전의 중심적 역할을 전통사회의 지배층을 형성하였던 지주·상인이 담당하였기 때문에 전통적 사회의 여러 관계가 근본적으로

---

1) 大塚久雄 編,《後進資本主義の展開過程》,〈第1章 總說―後進資本主義とその類型〉, アジア經濟研究所, 1973, pp. 16~18.

온존한다. 그 결과 독일과 일본 등에서 볼 수 있는 바와 같은 독자적 사회구성을 지닌 후진자본주의가 생겨나고, 이전의 식민지 또는 현재의 저개발국에서와 같이 자본주의가 진전되었음에도 불구하고 오히려 전통사회의 기본적 사회구성이 유지되는 후진자본주의가 나타났던 것이다.

둘째로, 자본주의가 지주·상인형으로 발전할 때 그것은 非自生的(또는 外發的) 성격을 지닌다. 국내에서 소생산자형의 발전이 일어나고 타국에서도 자본주의가 발전될 때 외국의 경제적 기술적 발전의 성과에 한편으로는 대응하면서도 다른 한편으로는 그 성과인 자본과 기술을 도입하게 되는 등 외부적 촉발이 일어난다. 이때 선진자본주의 경제적 帝國形成의 요구라는 외압 때문에 결정적 양보가 불가피하여 자국의 산업구조에 일어나는 왜곡성을 감수해야 한다.

셋째로, 전통사회의 내부에서 번영하는 상인의 활동기반과 지주(또는 영주)의 그것이 화폐경제와 관련되면서 그들은 遠隔地간의 분업관계 속에서 원격지간의 상업인 외국무역과 깊은 경제적 이해관계를 맺는다. 즉 지주와 상인에게는 외국무역이 중요한 의미를 지니게 되면서 이들의 외국무역에의 편향이 불가피하게 되어 산업구조(사회적 분업관계)는 결국 선진자본주의의 경제적 제국 형성 요구에 적극적으로 적응하면서 형성된다.

이와 같은 지주·상인형의 길에 따라 이루어진 후진자본주의는 다음과 같은 특징을 지니게 된다.

첫째로, 소생산자형의 길에서 볼 수 있는 자본주의의 자생적 성장의 흔적은 전혀 또는 약간의 맹아밖에 발견되지 않는다. 여기에 선진자본주의 제국의 상업적 산업적 영향으로, 한편에서는 자본 및 기술이 도입되고, 다른 한편에서는 전통적 사회경제관계의 기초 위에 있는 현지의 민중을 노동력으로 활용하는 非自立的 양상을 띠게 된다.

둘째로, 후진국 자체에서 전통적이며 전근대적인 사회적 여러 지배관계가 그대로 상업적으로 이용되고, 낡은 토대 위에서 산업경영이 조직된다. 이 산업경영은 완전히 근대적이거나 자본주의적인 것은 아니지만 선진자본주의의 기초 위에서 그 일환으로 자본주의적 성격을 이어받게 된다.

셋째로, 임금노동에 기초를 두고 있다는 의미에서 자본주의적 산업경영을 하는 것이지만, 그와 같은 경영은 주위의 전통적 여러 관계와 대립적이 아닐 뿐 아니라 오히려 결부되어 있고, 그 토대 위에서 운영된다.

넷째로, 이상과 같은 특징을 지닌 후진자본주의는 대외적으로 선진자본주의에 의하여 상업적 금융적으로 크게 지배받기 때문에 경제적 자립성이 약하고, 대내적으로는 낡은 전통적인 사회경제의 여러 관계가 어느 정도 변화는 되지만 근본적으로 단절되지는 않고 있다.

다섯째로, 후진자본주의는 선진자본주의로부터 자본 및 기술을 도입하고, 그것에 의하여 이루어지는 산업경영의 생산물도 선진국에 주로 수출하기 때문에 이들의 여러 산업은 선진자본주의가 형성하는 經濟帝國圈과 그를 위한 국제적 분업관계의 일환으로 편입되기에 이른다. 그 결과 수출산업이 비정상적으로 비대화된 산업구조는 그 왜곡성이 현저하게 되어 독립된 국민경제를 형성하지 못하는 산업구조로 된다.[2]

2. 식민지 경제구조와 자립경제의 확립

고전적이고 전형적인 자본제화 과정을 거치지 못한 후진자본주의 속에는 위와 같은 구조적 파행성 내지 불균형성이 정착되었다. 더구나 식민지 종속의 상황에서 자본주의적 발전을 해야 했던 오늘날의 대부분의 개발도상경제에는 이러한 구조적 파행성이 더욱 심하였다. 이들 경제에서의 자본제화는 식민지지배의 확대 심화과정의 일환으로 전개되었기 때문이다.

식민지화 이전에 자주적 자본제화의 가능성이 있었던 前資本制的 생산양식 및 사회경제질서가[3] 서구자본주의의 식민지지배에 의하여 붕

---

2) 위의 책, p. 28·29. 여기서 大塚久雄 교수는 후진자본주의를 제정러시아·舊日本·제정독일 및 제 2 차세계대전 전의 이탈리아와 같은 파행구조형, 네덜란드와 같은 국민경제결여형, 구식민지를 포함하는 開發諸國에서 볼 수 있는 저개발국형 등 세 가지로 분류하였다.
3) P. A. Baran, *The Political Economy of Growth*, Modern Reader Paperbacks, 1968, p. 137.

괴 쇠퇴하였고 후진성과 빈곤화의 원인이 되었다. 특히 전통적 농촌수공업에서 형성되는 자본축적을 위한 經濟剩餘(economic surplus)가 식민지수탈에 의하여 일방적으로 종주국에 이전됨으로써 선진자본제 형성 초기와 같은 民富의 축적이 불가능하게 되어 자본제 전개의 생산력 기반이 말살되었다. 그리고 그들이 외국과의 파멸적 경쟁에 휩쓸리게 됨으로써 新生期의 공업이 질식하지 않을 수 없게 되었다. 상품유통의 증대, 대다수 농민과 수공업자의 빈곤화를 가져왔고, 그들이 서구기술과 접촉하면서 자본주의 발전에 자극을 받기는 했지만, 그것은 정상적인 경로로부터 강제적으로 벗어나서 서구자본주의에 적합하게 왜곡되고 不具化되었다.[4] 따라서 자생적 자본제화를 위한 생산력 기반으로서의 자생적 공업은 외국제품의 유입에 의해 衰微되었다.

또한 선진국과 저개발국간에 작용하는 경제적 정치적 불평등화 요인은 土着中小手工業의 쇠퇴, 自給的 村落共同體의 해체 등을 통하여 사회적 균형과 안정을 동요시키고, 빈곤과 후진성을 조장하였다고 봄으로써 식민지지배가 후진경제 빈곤의 원인으로 지적되었다.[5]

자생적 신생기의 공업과 생산력 기반을 쇠퇴시켜 자생적 자본제화의 가능성을 없애고, 후진경제의 빈곤과 정체의 원인을 제공하였던 식민주의는 저개발경제에 그 경제사적 유물로서 식민지경제구조를 정착시켰는데, 그 특성은 다음과 같다.

첫째로, 그들의 주된 생산력 기반은 국내의 자생적인 것이 아니다. 밖으로부터 유입된 것이었기 때문에 對宗主國 분업적인 특성을 갖고 있었거니와, 생산관계는 봉건적인 것 대신에 새로운 전근대적인 것인 반봉건적 생산관계가 확립되었다. 봉건적, 반봉건적 隸從(feudal or semifeudal servidue)은 자본제적 시장합리성으로 완전히 대체되지 않았고, 저개발국 국민에 대한 舊來의 수탈자인 지주계급의 억압 위에 기업관습을 첨가하여 이중의 착취를 실현하기 위한 생산관계가 형성되

---

4) *Ibid.*, p. 143·144.

5) H. Myint, "An Interpretation of Economic Backwardness", *Economic Theory and the Underdeveloped Countries*, Oxford Univ. Press, 1971, pp. 76~81.

었다.

둘째로, 이러한 생산관계는 지배층이 식민지 수탈의 매개자로서 외국기업가이거나 그들의 국내협력자[6]들이었기 때문에 반봉건적이면서도 선진국자본과 결탁된 것이었으며, 따라서 낡은 봉건적 생산관계를 청산하는 대신에 이를 온존시킨 채 그 위에 종주국의 식민지 수탈관계를 접합시킨 데 지나지 않는다.

셋째로, 따라서 식민지경제는 국내적으로 균형적인 분업에 의한 단일화된 국민경제 통합의 바탕을 갖지 못하였다. 도시에는 원자재와 저임금 노동을 수탈하기 위한 부분가공형태의 공업과 식민지지배를 위한 식민지관료의 고립된 생활권이 형성되었고, 이에 대하여 농촌은 대다수 국민의 구성요인이 되고 있는 농민층이 전근대적인 생활과 전근대적인 생산양식을 지닌 채 도시권과는 관련을 갖지 못하였다. 그 결과 약탈무역에 의하여 종주국과 관련을 갖는 등 이중적 사회구조가 형성되었다.

넷째로, 대외적 관련에서는 수출 또는 무역이 자본주의의 내재적 발전, 즉 일정한 봉쇄지역에서 자본주의적 농업 및 공업이 발전하고 이것이 더 한층 발전한 것으로서의 外延的 확대(새로운 지역에의 자본주의적 확대)가 아니라 역사의 어느 시기에나 볼 수 있는 원격지간의 분업 및 산업관계로 구체화된 것이다.[7]

이와 같은 식민지 경제구조의 생산력 기반은 한편에서 확대 성장하는 외국자본과 買辦資本, 그리고 다른 한편에서는 이들에 의해서 축소 잠식되는 소수의 민족자본으로 구성되었다.

식민지 경제구조하에서 공업은 원자재 및 시장 관련에서 국내적 분업기반을 갖지 못하기 때문에 농업과 깊은 관련을 맺지 못하는 移植工業의 형태를 취하며, 따라서 공업에 의하여 전근대적 농업이 근대화로 유인되는 것을 기대할 수 없게 된다. 일반적으로 이식공업은 높은 資

---

6) P. A. Baran, "On the Political Economy of Backwardness", *Selected Articles in Economic Development*, SNU, 1965, p. 30.

7) 邊衡尹, 〈韓國經濟의 診斷과 反省—自主的 近代化의 方向과 韓國經濟〉, 《新東亞》 1971년 11월호, p. 67.

本裝備度를 갖기 때문에 농업부문에서 상대적 과잉인구를 흡수할 기능도 하지 못하며, 근대적 형태의 공업과 전근대적 농업간의 이중구조가 형성·해소되지 못하는 가운데 식민지수탈이 지속된다. 한편 식민자본의 초과이윤을 추구하는 노력은 막대한 경제잉여를 일방적으로 종주국으로 이전시킴으로써 경제 내부로부터 사회적 생산력의 발전과 이를 위한 자본축적은 기대할 수 없게 된다.

한국경제가 해방 후 일제 식민지지배로부터 이어받았던 경제구조의 특징도 이러한 것이었다. 자생적 근대화의 기반이 마련되지 못한 상태에서 후진자본주의적 전개와 식민지 종속화의 길을 밟았던 해방 후 한국경제의 개발과제는 무엇이었을까? 그것은 식민지 수탈을 위하여 대내적으로 정착되었던 반봉건적 생산력 기반을 청산하고, 대외적으로는 식민지 아래에서 형성된 對宗主國과의 종속적 생산관계를 단절하는 것을 주요 내용으로 하였다. 즉 반봉건성과 종속성을 내포한 경제가 안고 있는 대내적 및 대외적 모순을 극복 완화하는 길이 바로 경제발전의 정책적 과제였다.

이것은 다름 아닌 自立經濟의 방향으로 규정될 수 있다. 우리는 자립경제의 방향을 두 가지로 규정할 수 있다고 보는데 기능론적 접근과 구조론적 접근이 그것이다.

포괄적으로 말하면 자립경제는 균형의 달성을 뜻한다. 그러나 이때 균형의 개념은 두 가지 방법간에 차이가 있다. 기능론적 시각의 균형은 경제변수간의 균형을 뜻한다. 따라서 이 경우 자립경제는 대내적으로는 투자와 저축이 균형을 이루면서, 대외적으로는 수출입을 포함한 국제수지의 균형이 이루어지는 조건 아래에서 경제가 지속적으로 성장을 유지하는 것이라고 볼 수 있다.

이에 대하여 구조론적 시각의 균형은 경제변수를 규정하는 실체인 구조의 균형을 뜻한다. 구조의 균형을 뜻하는 자립경제는 구조적 불균형 또는 구조의 파행성을 개선함으로써 이루어질 수 있다. 이때 기능론적 시각의 자립경제 개념이 도외시되는 것은 아니지만, 저개발국의 경제개발에서는 구조론적 시각의 자립경제 달성이 더욱 중요시된다. 그것은 한국을 포함한 대부분의 저개발국이 선진제국주의에 의하여 식민지지배를 받았기 때문에 고전적 의미에서의 자본제화 과정을 제대로 거치지 못하고, 왜곡된 경제구조가 정착되었기 때문이다. 전후 저개발국들은 반봉건적, 전근대적이면서도 종속적인 경제구조를 식민지 피지배의 遺制로서 이어받았기 때문에 이를 단절하는 것이 경제개발 목표로 되지 않을 수 없고, 그것은 바로 자립경제를 달성하기 위한 방향이었다.

이를 좀더 자세히 규정하면 다음과 같다.

첫째로, 대외적으로는 자본주의의 범세계화과정(국제분업주의의 실현과정)에서 국가간, 특히 先後進國 사이에 경제잉여를 둘러싼 이해의 대립이라는 구조적 모순을 극복하여 경제잉여의 불평등한 漏出을 방지하려는 노력의 과정이다. 이것은 국민경제가 외국자본 또는 買辦資本에 대항하여 자립성을 지니도록 자립적인 자본의 논리를 갖는 民族資本을 육성하여 종속적인 생산관계를 극복함으로써 이루어진다.

둘째로, 대내적으로는 전근대적이고 경제외적 규제로부터 사회적 생산력을 해방시켜 근대적 생산력을 개발함으로써 대내적인 부의 축적기반을 확립하여 자생적인 확대재생산을 지속적으로 전개시키는 과정이다. 이는 대내적으로 상호관련적 분업체계에 기초를 둔 균형성장을 추구하여 통일화된 재생산구조의 확대를 실현함으로써 달성된다.

셋째로, 자립경제는 封鎖經濟가 아니며 상대적 자급체계임을 유의해야 한다. 사회적 분업의 관점에서 볼 때 대내적 분업체계의 결합이 주가 되고, 대외적인 것은 대내적인 것을 보완하는 부차적인 것에서 그쳐야 한다. 이때 대내적 분업과 대외적 분업의 통일이라는 명제가 있을 수 있지만 이것은 선사를 주된 요인으로 하는 산업구조의 형성, 즉 市場 및 素材 관련이라는 분업체계가 국내생산력 기반을 주축으로 이루어지는 것을 전제로 한다.

넷째로, 경제가 외국자본과 매판자본, 그리고 이들을 비호하는 정치권력이나 官權의 前期的 간섭 없이 자율적으로 순환되어야 한다. 이것은 경제외적이며 전기적 요인에 의하여 부당하게 경제잉여의 수취가 이루어지지 말아야 한다는 것을 뜻한다.

다섯째로, 사회계층면에서 볼 때 자립경제는 자립적 성격을 갖는 중소기업자와 영세경영자, 농민·노동자와 중산층 등 근로민중의 건전하고 광범한 육성을 기반으로 한다. 이들은 반외세, 반독점적 성격을 지녀 자립적 생산력 기반이 되고, 나아가서 자주적 생산관계를 확립하도록 하는 사회적 바탕이 되기 때문이다.

자립경제와 경제개발의 방향을 이와 같이 볼 때 그것은 식민지지배를 겪은 저개발국 자본주의의 循環行程에 병행적으로 존재하여 상호규제하는 구조적 모순, 즉 기본적 모순과 부차적 모순을 극복 내지 완화하는 길이 된다.

3. 援助經濟와 중소기업문제

(1) 미군정의 경제정책과 중소기업문제

중소기업문제는 자본주의 전개과정에서 형성된 구조적 모순의 산물이며 중소기업정책은 이를 극복 완화시키려는 방안이다. 해방 후 한국경제에서 중소기업문제는 후진적 식민지적 경제구조의 모순 속에서 형성된 것이었고, 중소기업정책도 그에 대한 대응방안으로 인식될 수 있다. 이것은 후진적 식민지적 특성의 경제구조가 지닌 과제는 자립경제를 확립하는 길이며, 중소기업정책도 그 속에서 전개되어야 한다는 것을 의미한다.

해방은 일제 식민지지배의 유산으로서 한국경제가 갖는 저생산력 공업구조의 파행성과 對日隷屬 등 구조적 취약성을 시정하고, 민족의 자립적 노력에 의하여 자립적이고도 균형 있는 경제발전의 길을 내포한 것이었다. 해방은 경제적 측면에서 일본독점자본 지배로부터의 상품시장 해방이며 자본시장의 해방, 식료 및 원료공급원으로부터의 해방을 의미하는 것이었다. 이에 따라 세 가지 측면에서 일본독점자본에 예속되어 불안정하게 존립하던 다수의 민족자본으로서의 수공업적 중소기업, 그리고 해방 이전에는 일본자본의 소유였으나 이제는 한국경제에 귀속된 소수의 근대적 대기업에서 자주적이고 內包的인 발전의 잠재적 계기를 의미하는 것이었다.[8] 중소기업정책은 당연히 이러한 잠재적 계

---

8) 朴東燮,《中小企業論》, 박영사, 1972, p. 140.

기를 현실화시킴으로써 중소기업이 民族經濟의 주된 생산력 기반이 되는 방향으로 인식되었어야 했다. 그리고 그것은 후진적 식민지적 경제구조의 모순을 극복하는 길이 되기도 하였다.

그런데 해방 후 정부수립에 이르기까지 한국경제에 대한 경제정책의 주체는 미군정 당국이었으며, 이들은 향후 한국경제발전의 방향을 규정하는 중요한 역할을 하게 된다. 그리고 미군정에 의한 한국경제 전개에서 중요한 조건이 되었던 것은 미국원조와 歸屬財産의 拂下였다.

미군정은 경제정책의 목표를 민생안정과 경제안정에 두고 정책을 추진하였다.[9] 즉 장기적 관점에서 생산기반의 확대를 통한 경제자립보다는 정치적 사회적 안정을 위한 임시 救護的 성격을 띤 것이었고, 따라서 소비재중심의 점령지여구호(Government and Relief in Occupied Area ; GARIOA) 원조가 그 물질적 기초가 되었다.[10] 이후 구호적 성격이었던 대부분의 원조는 한국민을 기아와 질병으로부터 구출하고, 극심한 물자부족을 메워줌으로써 경제파탄을 수습하는 데 어느 정도는 기여하였지만, 생산정책을 실시하지 않고 원조물자 공급에 치중했다는 문제점이 제기된다. 따라서 생산은 확대되지 않은 채 국민의 소비수준은 높아졌으며 소비구조는 대외의존적이 되었다. 그리하여 국민경제 자체내에서 싹틀 수 있었던 민족기업의 맹아가 원조물자의 국내시장 범람으로 재기할 수 있는 국민경제의 시장기반을 잃어버리게 되었다.

즉 소비재중심의 원조는 국산품에 대한 有效需要를 外國財貨에 이전시킴으로써 國內分業關聯을 갖는 취약한 中小民族企業을 위축시키고

---

9) 韓國産業銀行 編,《經濟政策의 構想》, 1956, p.21.

10) 원조의 인식에서 가장 중요한 것은 그것을 선진국 국가독점자본의 하나의 운동양식으로 파악하는 것이다. 자본운동의 양식은 역사적 조건에 따라서 변화한다. 원조는 자본운동의 한 역사적 양식이며, 非利潤的 協力的인 것이 아니다. 전후 자본운동양식은 援助→有償의 公共借款→民間商業借款→直·合作投資의 순서로 계기적 발전을 하였다. 따라서 원조 또는 공공차관의 형태일지라도 그것은 선진국 독점자본의 자기관철의 한 과정으로 파악되어야 한다. 전후에 이러한 운동형태를 취하지 않을 수 없었던 것은 新生低開發國에서 민족주의가 고양됨에 따라 선진국의 민간자본 활동이 위협을 받게 된 데 기인한다.(朴玄埰, 〈借款과 經濟發展〉,《民族經濟論》, 한길사, 1978, p. 153·154 참조)

토착자본의 성장을 크게 압박하는 것이었다. 이로써 국민경제는 對美依存型으로 재편성되어 갔다. 또한 공업과 농업간 국내분업 관련의 단절은 앞으로 공업의 성장이 있더라도 농업의 저개발을 지속시키는 시장적 조건을 형성하는 것이었다.[11]

결국 미군정은 민생안정과 경제안정에 경제정책의 목표를 두었을 뿐 생산정책의 부재를 그 기본적 성격으로 하였고, 그 속에서 소비재중심의 원조정책은 중소기업의 생산을 정체시키고 몰락을 촉진시켰다. 그리고 이러한 미군정의 정책기조 속에서 중소기업문제의식이나 그에 대한 정책은 형성될 수 없었다.

미군정은 한편으로 적극적으로 원조를 제공하면서도 다른 한편으로는 管理企業體를 불하하기 시작하였다. 이러한 歸屬財産의 불하는 한국자본주의의 담당자를 만들어냈다는 역사적 의의를 지니고 있다. 그러나 그것이 주로 식민지시대의 연고자—이른바 우호적인 한국인—와 미군정시대의 관리자 등에게 우선적으로 불하되었기 때문에 결국은 귀속재산의 접수 및 관리 그 자체가 불하의 방향을 결정하게 되었다. 미군정의 이러한 방향에 따라 시작된 한국의 공업화는 獨占化와 依存化의 길을 촉진·전개시켰다.[12]

생산정책 부재 속의 소비재중심 원조정책에 의하여 그 국내적 존립기반을 잠식당한 중소영세기업은 다른 한편에서는 귀속재산불하로 형성된 의존적 독점기업과 상호보완이 아닌 대항관계에 서지 않을 수 없게 되는 구조적 모순을 지녔던 것이 해방 후의 중소기업이었다. 그러나 이 기간에 이들에 대한 문제의식은 형성되지 않았고 정책적 논의가 이루어진 것도 아니었다.

(2) ‘前期的 獨占’의 형성과 중소기업문제

1948년에 정부가 수립되면서 경제정책의 주체는 완전히 우리 정부

---

11) 朴贊一, 〈미국의 經濟援助의 성격과 그 경제적 歸結〉, 金潤煥 外 共著, 《韓國經濟의 展開過程》(해방 이후에서 70년대까지), 돌베개, 1981, p. 77·78.
12) 李鍾燻, 〈美軍政經濟의 역사적 성격〉, 《解放前後史의 認識》, 한길사, 1980, p. 487.

로 넘어오게 되고 경제정책의 목표는 인플레 수습과 경제안정에 있었
으며, 그 주요한 정책수단은 미국의 對韓援助와 재정금융정책이었다.
정부수립 후 중소기업은 군정기에 침체를 면치 못하던 섬유공업, 고무
신류 및 타이어공업, 그 밖에 최종소비재인 塗料·動植物油脂·染料 등
化學製品工業, 電球·農機器 등 일부산업에서 원조물자를 기반으로 재
기하기 시작하였다.

그리고 일본인 소유였던 근대적 기업이 귀속재산불하로 우리 기업인
에게 넘겨졌으나 격심한 인플레하에서 귀속재산의 가치 이하로 불하됨
으로써 산업재건이라는 면보다는 일종의 原始的 蓄積의 방편으로 이용
되면서 특권적 경제를 형성하는 계기가 되었다.

어쨌든 군정기에 불안정하게 존립하던 중소기업과 귀속재산불하로
소수인에게 특권적으로 주어진 근대적 생산시설은 원조물자와 결부되
고, ECA 對充資金 지원에 의한 정책적 재건 계기를 갖게 되었으나
한국전쟁으로 좌절되었다.

휴전 후 산업부흥과정에서 중소기업문제는 자본축적이 재정금융과
외국원조를 주축으로 이루어질 수밖에 없는 제약조건 속에서 이해될
수 있다.

첫째로, 한국전쟁을 계기로 한국의 군사적 중요성이 증대하여 경제
체제가 준전시경제체제로 바뀜으로써 재정의 역할이 국민경제의 부담
능력 이상으로 확대되고 따라서 자본축적은 財政獨走型으로 되지 않을
수 없었다.

둘째로, 한국전쟁으로 인한 생산력의 전면적 파괴와 전시의 통화량
팽창이 인플레를 가속화시키고, 따라서 정상적 투자활동과 자본축적이
저지되고, 생산과 유통간의 균형이 기본적으로 파괴되었다.

셋째로, 파괴된 생산력의 복구와 악성인플레의 진정은 미국원조에
의존하여 착수되었다는 점이다.[13]

즉 이 시기의 자본축적과정은 정상적인 자본가적 축적방식이 아니라

---

13) 洪性囿, 〈韓國經濟의 資本蓄積過程과 財政金融政策, 1953~1963〉,《經濟論
　　集》第Ⅲ卷 第3號, 서울상대, 1964, pp.110~113 참조.

선진국의 중상주의정책에서 볼 수 있었던 원시적 자본축적이었다.

더구나 원조로 도입되는 물자가 소비재에서 식량·原綿·原糖·油脂 등 중간재로 옮아감에 따라 새로 건설되는 국내공업은 소비재의 최종 가공형태로 규정되었고, 이에 따라 원조는 이에 기생하는 자본의 급속한 집중을 가져오는 물적 기반이 되었다. 그리하여 원조는 기존시설의 불하와 결합하여 낮은 생산력 위에서 소수 독점적 대기업을 형성하게 하였다. 赤字財政에 기초하는 재정자금방출과 금융자금은 이러한 소수자에게 자본의 집중을 가속화시켰으며 비현실적 저환율정책, 저임금정책, 저금리정책과 앙등하는 인플레는 원조와 재정금융자금에 의존하는 小數企業을 독점자본으로 성장시켰다.[14]

한국전쟁 후 산업부흥기의 자본축적과정에서 1950년대말에는 소수기업이 독점자본으로 전개되었지만, 그것은 서구 선진자본주의의 독점자본 형성이 산업자본주의가 성숙한 결과로 나타난 것과는 달랐다. 정상적인 자본축적을 통해 산업자본주의가 확립되기도 전에 방대한 규모의 귀속재산·원조·재정지원이라는 特權的 요소와 결합되어 단시일내에 독점자본이 형성됨으로써 그들이 확보한 강력한 지위와는 대조적으로 많은 취약점을 가지고 있었다. 따라서 외형상 독점에 의한 시장경쟁의 제한, 금융자본과의 결합은 물론 강력한 영향력을 가진 정부와의 긴밀한 유대에 따른 官僚獨占 내지 국가독점자본주의적 성격까지 구비하고 있으면서도, 최종소비재산업을 기반으로 하고 있는 취약성, 그리고 금융·원료·기술의 비자립성 내지 대외예속성이라는 결정적 약점을 지니고 있던 것이 이 시기의 독점자본이었다. 따라서 본질적으로 이는 서구 자본주의 이전의 단계, 즉 중상주의시대에 횡행했던 '前期的 獨占'과 다름이 없다는 것이다.[15]

이 시기의 중소기업문제는 이러한 독점자본의 자본축적과정에서 형성된 구조적 모순의 결과로 규정될 수 있다. 이들 독점자본이 진출분

---

14) 朴東燮, 앞의 책, p. 152·153.
15) 鄭允炯, 〈유신체제와 8·3조치의 성격〉, 박현채·정윤형·이경의·이대근 편, 《한국경제론》, 까치, 1987, p. 147·148.

표 3-1. 製造業의 規模別 附加價値構成比와 附加價値生產性 比較

규 모 \ 구성비	1958		1960	
	구성비(%)	생산성(천 원)	구성비(%)	생산성(천 원)
5~ 9	12.1	42.4	12.9	57.3
10~ 19	13.8	53.0	15.7	70.9
20~ 29	7.6	48.9	7.8	64.0
30~ 49	10.2	52.7	10.6	71.9
50~ 99	12.3	57.4	9.9	73.7
100~199	10.9	60.4	9.4	71.4
200인 이상	33.1	89.7	33.7	121.9
全 製 造 業	100.0	57.8	100.0	75.9

※ 자료 : 韓國產業銀行,《鑛工業센서스》, 1958·1960.

야를 확대함에 따라 중소기업은 이들과 경쟁하게 되고, 또한 중소기업 분야내에서 群生하는 중소기업들이 상호간에 과도한 경쟁을 전개하게 되어 쇠퇴하면서 중소기업문제가 구체화되었다.

중소기업은 그 생산성에서 대기업과 큰 격차를 보였으며 존립기반이 위축되어 갔다. 표 3-1 현저한 생산성격차는 대기업과 중소기업간의 단층을 만들었으며, 거기에 대기업에 대하여 금융독점과 잉여농산물을 중심으로 하는 각종 특혜가 베풀어지면서 독점적 대기업은 결정적 우위를 지니게 된다.

이외 같이 독점자본이 성숙함에 따라 중소기업의 정체와 소멸은 필연적이 되며, 저임금기반이 중소기업의 존립을 연장시켜주지만 안정적 존립을 보장하는 것은 아니다. 이것은 독점적 대기업과 중소기업의 관계가 상호보완적이 아니라 대립적 단층적이기 때문이며, 한국경제의 경우에는 더욱 그러했다. 이런 현상은 경제자립을 향하는 주체성 있는 경제정책이 결여되고 외국원조에만 기생하는 안이한 정책이 추구될 때 한층 심화될 수밖에 없다. 그 결과는 국민경제의 자립적 재편성을 가능하게 할 잠재력을 지닌 중소기업의 再起와 新生을 억제함은 물론 새로 생성된 중소기업의 몰락을 촉진하게 되었다.

4. 金融支援 中心의 중소기업정책

(1) 金融對策的 중소기업정책

이처럼 1950년대 중소기업문제는 전기적 성격을 지닌 독점자본의 형성과 그 과정에서 이루어진 구조적 모순의 산물이었다. 그리고 이를 뒷받침한 것이 막대한 외국원조였으며 재정금융정책이었다. 뚜렷한 생산정책이 결여된 가운데 재정금융정책이 주된 정책수단이었던 산업부흥에는 중소기업문제에 대한 대응방안도 금융정책으로 집약될 수밖에 없었다.

만성적 재정 인플레가 昂進하고 생산이 위축되어 있던 휴전 후 복구기에 물적 생산력의 증강은 무엇보다 시급한 과제였다. 그런데 당시 원조물자가공 등으로 생활필수품의 공급을 담당하고 있던 생업적 소규모기업 등 중소기업은 당시 중점기업의 육성에 밀려 정책대상에서 제외됨으로써 심각한 자금난과 경영의 어려움을 겪게 되었다. 이에 1952년 중소기업에 대한 금융상의 조치가 이루어졌는데, 이것이 중소기업에 대한 최초의 정책대응이었으며 초유의 중소기업금융정책이었다. 당시의 경제정책이 인플레 수습을 위한 재정금융정책을 주축으로 하고 있었던 이유로 중소기업정책도 금융대책으로 일관되고 있으나 그보다는 중소기업문제에 대한 적극적 인식이 결여된 결과라고 보아야 할 것이다.

그 결과 1950년대 중반에 이르기까지 중소기업정책은 재정금융정책의 테두리를 벗어나지 못하는 금융대책에 머무르고 있었는데 그 내용을 보면,[16]

① 中小企業資金 ‘실링’제도의 제정(1952년)

② UNKRA(國際聯合韓國再建國, United Nations Korean Reconstruction Agency)계획에 의한 중소제조업 및 광업에 대한 融資基金設定(1953년)

---

16) 中小企業銀行,《中小企業銀行五年史》, 1966, pp. 34~39.

③〈生活必需品生產資金取扱要綱〉의 작성 및 실시(1954년)

④〈重要產業生產資金取扱要綱〉의 제정(1955년)

⑤〈生活必需品生產資金取扱要綱〉을 〈中小企業生產資金取扱要綱〉으로 代替(1955년)

⑥〈中小企業育成資金取扱要綱〉을 金融通貨委員會에서 제정(1956년)

이상과 같은 중소기업에 대한 금융조치는 일반적인 융자조건을 구비하지 못하고 있는 중소기업에 금융혜택을 주고자 하는 것이었다. 특히 1954년 헌법 가운데 경제조항이 自由經濟原則으로 개정됨에 따라 경제정책이 자유기업주의원칙과 자유가격원칙을 표방하면서 원조와 재정금융은 대기업에 편중되고 중소기업의 경영난은 가중되었다. 이에 생활필수품생산에서 절대적 비중을 점하고 있던 중소기업에 대한 금융면에서의 구제가 요청되었던 것이다. 이에 당면한 자금난을 완화시키기 위하여 중소기업에 대한 금융정책이 강구되었는데, 그것도 UNKRA자금을 제외하고는 금융부문의 短期性運轉資金의 공급이 위주였다. 따라서 이러한 금융시책은 단편적인 경기대책 내지 도산위기를 모면시키는 保護政策的 입장을 벗어나지 못하였으며, 이 시기의 중소기업정책은 이러한 금융대책이 중심이 되어 전개되었다.

소비재산업을 중심으로 하여 미국에서 수입되는 원조물자를 가공하는 대기업과 미국원조에 의하여 원자재 확보의 기초를 마련한 중소기업 등 원조물자 가공형 기업성장이 촉진되는 가운데, 국민경제의 자립적 재편성의 잠재력을 지닌 중소기업은 원조 및 구호물자로 도입되는 완제품과 가공형 소비재품에 국내시상을 빼앗김으로써 그 성장이 위축을 면치 못하였다. 이러한 중소기업문제에 대한 인식이 금융대책에 반영된 것은 아니었다. 오히려 국민생활에 긴급한 생활용품의 수요를 충족시킨다는 점에서 미국의 원조물자를 가공하는 중소기업에 금융지원이 집중되었을 가능성이 컸다.

⑵〈中小企業育成對策要綱〉

이러한 가운데 1956년 4월 商工當局은 중소기업에 대한 근본적인 종합대책의 수립에 착수하게 되고〈中小企業協同組合法〉의 입안도 추진하였다. 1956년 8월에는 대통령취임식에서 경제정책의 기본방침의 하나로, 중소기업육성의 약속을 계기로 하여 중소기업의 종합육성책이 구상되면서 〈中小企業育成對策要綱〉이 작성됨에 따라 우리 나라 중소기업정책사상 최초의 중소기업종합육성계획(안)이 이루어졌다. 그 주요 내용을 보면,[17]

① 중소기업협동조직의 강화대책으로서 協同組合法을 제정하고,

② 자금대책으로는 금융자금 외에 귀속재산수입·비료대금·도시금융조합자금·對充資金 등에서 融資財源을 확보하며,

③ 중소기업에 대한 認定課稅를 폐지하고 自進申告納稅制로 개선하며 이를 위해 〈資産再評價法〉을 신속히 제정하는 동시에,

④ 물품세를 개정하여 중요 제조업에 대한 직접세의 감면조치를 확대하고 법인의 재투자를 위한 內部留保金에 대하여는 면세를 고려하며,

⑤ 販路의 개척을 위해서

　㉠ 軍納의 확대를 기하고

　㉡ 〈商品販賣市場法〉을 제정하여 共同販賣場을 설치하고

　㉢ 상품의 품질향상과 규격의 통일을 기하고

　㉣ 상업어음제도의 적용범위를 확대하고

　㉤ 국산품과 같은 종류의 외래품 수입을 억제하며 模範工場 및 優良國產品獎勵制度를 강화할 것 등이다.

비록 그 일부만이 그 후 단편적으로 시행되는 데 그쳤지만, 이 요강은 종합적이고 다각적인 중소기업육성에 대한 정책내용을 담고 있었다. 그래서 중소기업문제의식을 적극적으로 제기하는 계기를 마련하였으며, 그 후 중소기업육성정책의 기본방향을 제시하였다. 그리고 부흥위원회와 재무분과위원회를 통과한 이 요강은 중소기업정책을 일반산업정책으로부터 분화를 전제로 한 중소기업육성을 위한 종합정책이었다는 의미를 지니고 있다.

그러나 이 요강은 예속화 및 독점화되고 있는 대기업과 중소기업의 관계 등 구조적 모순이라는 문제의식을 바탕으로 하지 못했다는 점에

---

17) 위의 책, p. 39·40.

서는 당시 금융정책상의 성격과 큰 차이가 없었다. 그것은 1957년 이후의 安定恐慌期에 거의 실시되지 못하였는데, 이는 새로운 문제의식에 의한 재편성을 요구하는 것이기도 하였다. 그 후

① 歸屬財産處理特別會計積立金을 재원으로 한 〈中小企業運營資金融資取扱細則〉의 제정 실시(1957년)

② ICA 小規模工業資金融資(1958년)

③ 〈中小企業育成資金取扱要綱〉의 폐지와 一般資金融資制로의 통합(1958년)

④ UNKRA 中小企業融資基金에 관한 협정의 체결과 이에 의거한 〈UNKRA 中小企業運用資金取扱細則〉의 제정으로 UNKRA 기금에 의한 二元化된 融資制의 통합(1959년) 등의 형태를 취하였다.

이처럼 중소기업에 대한 정책은 당면한 자금난의 해소에 중점을 둔 금융대책에 그쳤다. 그러나 이 기간에 중소기업금융은 재정자금에 의한 양적 확대의 특징을 지녀 장기저리의 시설자금융자를 실시하게 됨으로써 질적 변화를 가져왔다. 그럼에도 불구하고 금융면의 시책에 머문 중소기업정책은 안정정책과 안정공황의 진행 속에서 위축되어 가는 중소기업에 대한 구체적 대응방향을 제시하지 못하였다. 즉 중소기업은 정부의 기간산업과 대기업 위주의 공업정책으로 등한시되었으며, 원조물자를 가공하는 신규 대기업이 점차 중소기업분야에 진출함으로써 경제활동이 침식당하였다. 그리고 농촌구매력이 감퇴되어 중소기업시장이던 농촌시장이 협소하게 되었고, 외래품의 범람으로 중소기업의 국내시장이 잠식당하였다. 정부의 지원과 외국원조를 바탕으로 성장한 대기업제품이 독점 및 寡占化됨에 따라, 독과점가격으로 그들이 생산하는 원재료에 의존하는 중소기업은 거래조건이 악화되었고, 근대화된 새로운 시설을 갖춘 대기업에 비하여 노후화된 낡은 시설로 경쟁해야 하는 불리성을 감수해야 했다.[18]

이처럼 중소기업의 불리성을 극복해야 할 중소기업정책이 구현되지 못한 가운데 대기업의 발전과 중소기업이 침체되는 상반된 경향이 지

---

18) 위의 책, p. 45 참조.

속되면서 대기업과 중소기업의 격차는 확대되고 중소기업의 상대적 지
위는 저하되었던 것이 1950년대말의 실태였다.

5. 〈經濟開發三個年計劃(案)〉에서 중소기업정책

한편 1959년에 7개년계획의 전반 계획으로 작성된 〈경제개발3개년
계획〉은 이러한 문제의식을 좀더 반영했다는 점에서 주목을 끈다. ①
생산력의 극대화, ② 국제수지의 개선, ③ 고용기회의 증대, ④ 국민
생활수준의 향상, ⑤ 산업구조의 근대화 등을 계획목표로 하여 자립경
제체제의 확립이라는 장기적 문제를 해결할 수 있는 기초로서, 자립화
의 기반 조성을 목적으로 하는 이 계획은 중소기업문제에 대하여 깊이
있는 분석과 정책방향을 제시하였다.

계획의 목표와 지침에서 식량의 자급실현을 규정한 데 이어 중소기
업의 육성발전을 꾀하여 생활필수품의 자급과 고용기회의 증대를 기한
다고 하면서 이를 다음과 같이 설명하고 있다. 이 계획의 시발점을 생
산력의 증강에서 구하고 있는 만큼 산업구조를 고도화하는 면에서 자
본수익률이 높은 산업건설에 중점을 두어야 할 것이며 자본집약적 투
자가 필요하다. 그러나 경제성장의 기반을 조성하기 위해서는 전기·
금속·기계·화학공업 등 일부 基幹産業에 중점적 투자를 한정하면서
중소기업에 대한 노동집약적 투자를 해야 한다. 공업화의 초기에는 농
업진흥에 의한 구매력의 증강과 중소기업의 발전은 생산과 소비를 서
로 확약함으로써 국내시장을 육성하는 길이 된다.

이러한 규정은 중화학공업은 대기업이, 그리고 경공업은 중소기업이
담당하는 分化的 産業體制를 통한 산업구조의 고도화를 지향함과 동시
에 농업과 공업(중소기업)이 相互需要를 창출하는 국내시장에서의 균
형 있는 성장을 도모하고 있다. 이어서 중소광공업의 구체적인 발전책
을 제시하면서 중소기업에 대한 문제의식을 들고 있다.[19]

① 중소광공업은 국민경제 가운데 높은 비중을 점하고 있다.

---

19)《經濟開發三個年計劃》, pp. 315～323.

② 공업구조의 특징은 소규모기업의 종업원과 대규모기업의 종업원이 많고, 중규모기업의 종업원이 적은 二極 集中型을 이루고 있어 선진국의 대규모기업집중형과 대조적이다.

③ 영·미 등 선진국은 중소기업의 생산성이 대기업의 90퍼센트인 데 대하여 우리 나라의 경우는 대기업에 대하여 중규모기업의 생산성은 70퍼센트, 소규모의 그것은 60퍼센트에 그치는 등 생산성격차가 심하다.

④ 대기업에 비하여 중소기업의 급여액은 62퍼센트에 그치는 큰 격차를 보이고 있는데, 이러한 임금격차가 중소기업이 대기업과 경쟁하는 것을 가능하게 한다.

⑤ 중소기업의 발전은 생산력의 증강뿐만 아니라 취업기회를 창출시켜준다는 점에서 중소기업문제는 경제문제인 동시에 사회문제이다.

이와 같은 중소기업에 대한 문제인식에서 출발하여 다음과 같이 중소기업의 발전방향을 제시하고 있다.

① 공업구조의 체질강화를 위해서는 하청공업으로서 중소기업의 근대화와 발전이 수반되어야 한다.

② 중소기업과 대기업간의 여러 격차는 중소기업의 설비와 기술의 후진성, 경영의 비합리성 등 중소기업 경영내부적 측면과 동시에 경영 외의 환경이 중소기업에 불리한 데서도 연유한다. 따라서 중소기업발전책은 중소기업의 내부와 외부의 양면에서 강구되어야 한다.

③ 경영 내부문제로서는 중소기업의 저기술·저능률·저임금으로 대표되는 열악한 경영과 노동조건의 개선이 강구되어야 한다. 설비의 개선, 會計方式의 근대화, 生産計劃의 수립방법, 기술개선 등 광범한 경영합리화와 능률향상책이 강구되어야 한다.

④ 중소기업에 불리한 경영환경으로서는 중소기업의 신용력 부족에 의한 금융의 곤란성과 더불어 원료구입과 제품판매의 불리한 입장, 나아가서 중소기업 상호간의 치열한 경쟁을 들 수 있는데, 이들 어려움을 해소시켜야 한다.

⑤ 중소기업이 대기업에 대한 경쟁력을 배양하기 위해서는 금융력의 강화와 조정사업, 공동경제사업의 추진이 요청된다.

㉠ 금융력의 강화를 위해서는 현재 多岐한 중소기업 자금원의 一

元化와 적기에 원할한 자금공급을 할 수 있는 中小企業專擔金庫
의 설립이 필요하다.

ⓒ 調整事業과 공동경제사업은 동업자 조합에 의하여 조합원이 행
하는 생산·가공·판매 등 사업활동의 내용에 대하여 각종 제한을
가함으로써 조합원 상호간의 과격한 경쟁을 배제하고 그 경영의
불안정을 극복하는 데 목적이 있다. 이를 위해서는 우선 동업자의
協同組合 설립이 선행되어야 하며, 이와 같은 제한행위는 법령으
로서 강제성을 부여하고 주무당국에 의한 감독권이 필요하다.

ⓒ 공동경제행위는 협동조합이 조합원의 경영 합리성과 경쟁력의
유지 고양을 목적으로 하는 사업을 말한다. 이를 위해서는 〈中小
企業團體組織法〉과 이에 따른 조합법의 제정 시행이 요청된다.

계량적 계획방법에 의하여 장기적이고 종합적인 체계로 짜여진 이
계획서에는 중소기업문제가 상당히 깊이 있게 담겨 있으며, 그 정책상
비중도 크게 다루어지고 있다. 이것은 1950년말에 중소기업문제의 심
각성과 중요성을 반영하는 것이라고 하겠다. 비록 그것이 시행되지는
못했다고 하더라도 그 후 중소기업정책의 기본방향을 제시해주는 것으
로 평가된다. 특히 중소기업과 대기업간의 여러 격차 분석과 고용구조
의 二極 集中 등의 지적은 비슷한 시기에 일본의 중소기업문제에 대한
인식과 유사한 바가 있어서 주목된다.[20]

6. 民主黨政權下의 중소기업정책

1950년대의 자본축적과정을 통해서 형성된 구조적 모순으로서 중소
기업문제는 1950년대말에 와서 더욱 확대 심화되었다. 더구나 1950년
대말의 안정공황기에 중소기업은 심각한 경영난을 겪게 되었고, 기업
규모간 구조적 모순이 첨예화되면서 종래의 소극적 중소기업정책에 대
한 반성이 높아졌다. 권력과 결탁한 독점자본에 대한 국민적 비판과

---

20) 《1957년도 日本經濟白書》는 이것을 이중구조문제로 규정하였고, 그것은 그
후 《構造政策으로서 中小企業近代化政策》의 시발점이 되었다.

국민생활안정에 대한 요구는 1960년의 4·19혁명으로 이어졌고, 이에 따라 중소기업육성에 대한 논의가 활발하게 이루어졌다.

중소기업전담행정기구의 설치, 중소기업조직화의 태동, 지도사업의 착수에 이어서 중소기업육성에 대한 종합대책이 수립되기에 이르렀다.[21]

① 중소기업전담행정기구의 설치

과도정부 아래서 1960년 7월에 商工部 안에 중소기업행정을 전담하는 기구로 中小企業課를 신설하고 중소기업정책의 자문기구로서 中小企業審議會를 설치하였다. 이로써 소극적이고 임기응변적이던 중소기업정책이 그 기본방향을 정립하는 기초가 마련되었다.

② 중소기업금융의 확대

財政金融安定計劃, 對充資金, 歸屬資金에서 중소기업자금방출이 적극적으로 확대되었으며, 일반 시중은행 등 금융부문에서도 중소기업자금대출이 증가하였다.

③ 신용보증제도

對充中小企業資金의 방출에서 정부는 중소기업자의 취약한 신용력을 보완하는 조치를 마련함으로써 중소기업금융제도상의 중요한 계기를 마련하였다. 이 제도는 그 후 〈中小企業銀行法〉 제정시에 계승 발전되었으며, 오늘날 '信用保證基金'의 모태가 되었다.

④ 중소기업조직화의 태동

이미 중소기업자의 공동이익 증진을 위하여 업종별로 임의단체인 協會를 마련, 자유당 말기에는 각 협회의 실무자 기구를 大韓商工會議所 안에 둔 바 있었다. 이 업종별 공업단체는 62개에 달했는데, 1960년 7월에 이를 전국적으로 규합하여 全國中小企業中央團體聯合會를 창설하였다. 이 기구는 그 후 중소기업조직화의 선구적 역할을 담당하였으며 그 기반이 되었다.

⑤ 중소기업에 대한 지도사업의 실시

1961년에 중소기업의 경영 및 생산기술에 관한 지도사업이 착수되었다. 중소기업센터를 各道에 한 개씩 설치하고 중소기업체의 지도사

---

21) 中小企業銀行, 앞의 책, pp. 46~50 참조.

업을 전담하여 중소기업의 생산성 향상과 경영합리화를 위한 경영 및 기술지도를 하였으며 韓國生産性本部에서도 기업진단을 실시하였다.

⑥ 중소기업육성을 위한 종합정책의 수립

1961년 3월에 〈중소기업육성을 위한 종합대책〉이 발표되었는데, 이 종합대책은 종래의 단편적이고 산발적이던 중소기업육성대책을 종합화, 체계화시킨 것이었다. 따라서 금융대책뿐만 아니라 세제·기술·경영 등 광범한 분야에 걸쳐 일관된 정책목표 아래 종합되어 향후 정책 방향을 제시하였다.

㉠ 중소기업의 조직강화책 : 중소기업의 조직을 강화하여 그 공동 이익의 증진을 도모하기 위하여 전국중소기업중앙단체연합회를 발전적으로 해체하고 중소기업협동조합을 창설하며, 정부는 그 발전을 위해서 금융면 및 세제면에서 적극적인 조장책을 강구한다.

㉡ 중소기업의 體質改善策 : 중소기업의 체질을 개선하고 생산성을 높이기 위해서 첫째로 중소기업진단제도를 확립하고, 둘째로 설비근대화 및 기술지도책을 강구한다는 것이다. 진단제도 확립을 위해서는 〈中小企業合理化促進法〉을 제정하고, 설비근대화를 위해서 中小企業用 機械設備의 特別償却制度 등을 추진한다는 것이다.

㉢ 中小企業金融政策 : 첫째로 중소기업의 발전을 위해서 중소기업전담금융기관을 설치하여 융자체계를 일원화한다. 둘째로 중소기업의 信用力을 충실화하기 위해서 〈中小企業信用保險法〉을 제정 실시하여 중소기업신용보험제도를 확립한다. 셋째로 자금의 효율성을 높이기 위하여 종래의 분산융자를 지양하고 〈中小企業 중重要業種의 重點育成에 관한 對策要綱〉을 작성하여 중점 융자를 지향한다.

㉣ 販路의 開拓 : 첫째로 共同販賣制度의 실시, 둘째로 軍需物資 國內調達과 海外販路의 개척, 셋째로 密輸의 방지, 넷째로 품질향상과 규격의 통일화를 기한다.

㉤ 조세부담의 輕減策 : 중소기업에 대한 所得稅·法人稅 및 物品稅 등을 경감하는 한편 기계설비에 대한 特別償却制度를 적용, 조

세부담을 경감시킨다.

이 종합대책은 1956년 8월에 復興委員會에서 통과한 〈中小企業育成對策要綱〉을 수정한 것이며, 당시에는 그 실현성에 많은 문제점을 지니고 있었다. 그러나 이 종합대책은 피상적이기는 하지만, 중소기업문제에 대한 높은 시대적 요구를 반영한 정책의도였다는 점에서 그 의의가 있으며, 그 후 중소기업정책의 기본방향을 설정하는 것이 되기도 하였다.

II. 계획적 개발과 중소기업정책

1. 계획적 개발의 과제와 중소기업정책

(1) 1950년대 한국경제의 跛行性과 중소기업문제

5·16 이후 전개된 계획적 개발의 과제는 일제 식민지지배와 해방 후 1950년대에 이르는 과정에서 정착된 한국자본주의가 지닌 구조적 모순에 대한 인식으로부터 출발한다. 특히 1950년대에 한국경제가 지녔던 다음과 같은 특성은 1960년대 이후 계획적 개발에 대한 과제를 제시한다.

첫째로, 한국의 공업화정책에서 自由主義的 經濟原理가 채택되었지만 실제는 무원칙하고 무절제한 것이었으며, 오히려 특정 재벌을 비호하는 데 집중되었다. 1950년대 상황에서 자유는 재벌기업에 대한 特惠를 의미하고, 統制는 중소기업·농민·노동자에 대한 억압을 의미하는 것이었다. 결국 특권적 계층에 대한 통제된 계층의 일방적인 희생을 바탕으로 1950년대 공업화가 이루어졌다. 이것은 재벌에 대한 특혜를 부여하는 일반적인 것이 아니고, 이와 동시에 정치권력에 대한 재벌의 반대급부, 즉 정치자금의 제공이라는 쌍방 통로에 의하여 이루어졌다. 모든 특혜는 반대급부에 의하여 보장되고 이러한 관계를 전제로 財閥

形成 및 資本蓄積의 체계가 완결되었다. 이는 1950년대 한국공업화가 관료독점체제라는 체제적 특징을 지니게 만들었다. 그로 인하여 경제과 정에 대한 정부관여의 확대가 官僚資本을 이루게 하고 민간자본육성이라는 정책적 의도가 非生産적인 독점화만을 초래하였으며, 경제정책의 통합성 추구가 권위주의적 관권의 횡포와 비능률을 더하게 하였다.[22]

둘째로, 1950년대의 한국공업화는 자주적 발전이 아니었다. 한국전쟁의 복구과정이었으며 냉전체제 아래 동서 양진영의 충돌이라는 한국전쟁 자체의 성격 때문에 대외의존성이 오히려 강화되었다. 해방과 더불어 미국경제의 再生産構造내에 편입되어 미국의 경제논리가 관철되었다. 원조에 의하여 공업화가 추진된 결과 자본·기술을 비롯한 모든 면에서 미국경제에 의존하지 않을 수 없게 되어 對外依存性을 그 기본 체질로 가지게 되었다. 따라서 식민지경제구조를 탈피하지 못한 가운데 日帝에서 미국으로 그 의존대상이 바뀜으로써 식민지 구조가 온존·강화되어 자립경제의 확립과는 반대되는 길을 걸었다.

셋째로, 식민지 지배하에서 생성된 불평등이 불식되지 못하고 오히려 계층간, 산업간, 지역간 그리고 재벌기업과 중소기업간 격차가 확대되었다. 이러한 불평등은 정치권력과 재벌이 주체가 되어 중소기업·농업·노동자를 희생시킴으로써 공업화를 이룬 당연한 결과였다. 그럼으로써 특혜 받은 소수와 특혜 받지 못한 다수의 불평등구조가 확립되었다.

넷째로, 1950년대 한국경제는 다음과 같은 재벌의 기본성격 규정에서 그 구조적 특성이 분명해졌다.

① 정치권력과 밀착되는 官僚獨占性

② 미국 원조물자를 가공 처리하고 미국의 이익에 봉사하면서 농업을 피폐하게 하고 소비 패턴의 변형을 가져온 買辦性

③ 商人資本的 성격

④ 가족경영적 閉鎖性 등이다.

이와 같은 재벌의 발전은 대외의존성과 심화, 대내적인 불평등의 확

---

22) 洪性囿, 《韓國經濟의 資本蓄積過程》, 고려대 아세아문제연구소, 1965, p. 219.

대라는 사회경제적 모순으로 구체화되었다. 즉 재벌은 중소기업을 불황의 방패로 이용하고, 또한 저임금을 기초로 정치권력과 유착된 상태에서 독점적 지위를 확보하며, 원조물자 가공업과 무역에 종사함으로써 관료의존, 해외의존, 상업성, 폐쇄적 가족경영을 노정하면서 1950년대 한국경제의 대외의존적 성격과 불평등을 고착시키도록 하였다.[23]

이와 같은 대내 및 대외적인 경제의 구조적 모순은 미국의 경제원조가 지닌 다음과 같은 부정적 측면에 의한 바가 크다고 보고 있다.[24]

첫째로, 외국 原資材의 도입에 의하여 국내적 분업과 관련 없이 공업을 입지시키고, 이 과정에서 자본축적의 원천인 원조자금의 배정과 정부의 재정 금융상의 각종 특혜를 둘러싸고 기업에 대한 정치권력의 개입이 증대되었다.

둘째로, 경제의 생산력발전과 관계 없는 방대한 원조물자의 유통과정에 寄生하는 상업조직의 팽창에 의하여 외국상품에 대한 소비를 조장하였으며, 동시에 생산력의 뒷받침 없는 소비구조의 고도화는 수입수요의 증대를 가져오고, 이것은 또 대외의존을 심화시킴으로써 국내의 자본축적 능력을 저해하는 요인이 되었다.

셋째로, 막대한 잉여농산물의 도입은 對充資金의 국방비로의 轉移를 가능하게 하고 또 인플레의 수습을 위한 저농산물 가격정책의 실시를 가능하게 하였다. 그러나 이것은 만성적인 식량공급의 과잉상태를 초래하여 국내 농업생산력의 정체를 가져와 결국 식량 및 원료의 대외의존도를 높이는 요인이 되었다.

즉 한국전쟁 후 미국원조에 의한 한국경제의 전개과정은 한국의 사본주의를 상업자본주의적이고 대외의존적인 것으로 심화시켰다. 특히 원조물자가 소비재와 원자재에 치중됨으로써 값싼 외국원자재의 부분가공적 소비재공업이 급속하게 성장하였으며, 국내분업 연관에 기초한 중소기업의 성장은 저지되었다. 식량부족을 미봉책으로 해결하는 데

---

23) 金大煥, 〈1950년대 한국 경제의 연구〉, 《1950年代의 認識》, 한길사, 1981 참조.
24) 邊衡尹, 〈韓國經濟開發計劃의 방향〉, 《韓國經濟의 診斷과 反省》, 지식산업사, 1980, p. 38.

도움을 준 미국의 잉여농산물은 農地改革 이후 생성된 농업발전의 가능성을 없애고 농업의 근대화를 저해함으로써 이중구조의 상황을 지속시키는 데 기여하였다.

⑵ 근대화와 중소기업에 대한 정책인식

원조경제가 가져온 이중구조적 모순에 대한 반성과 불평등의 시정 및 국민생활안정을 위한 생활상의 요구는 그간에 형성된 독점자본에 대한 비판과 함께 민주발전에 대한 요구로 제기되었다. 이러한 가운데 자주적 근대화의 근간이 되는 중소기업의 육성에 대한 종합적 정책인식이 촉구되었다.

근대화의 이념하에 추진된 계획적 개발은 원조경제하에서 외국자본과의 관련에서 급속한 자본축적이 가져온 경제구조의 파행성과 공업구조의 취약성 극복을 그 과제로 하였다. 이것은 1950년대에 독점자본의 축적과정에서 정체된 중소기업과 농업을 개발하여 民族資本의 물질적 기초를 확립하는 것을 주요 내용으로 하였다. 계획적 개발의 중요한 과제는 다음과 같이 설명될 수 있다.[25]

첫째로, 근대화를 총체적인 사회적 변혁으로 인식해야 한다는 점이다. 일제하에 형성되고 그 후 원조경제하에서 더욱 고정화된 국민경제의 이중구조와 대외의존성을 교정하기 위하여 강력한 조치를 수행해야 한다. 근대화를 단순한 공업화로 인식하고 공업화를 위하여 외국자본 중시의 입장에서 선진국의 利害를 반영하는 불균형성장정책과 대외개방정책을 아무런 구속도 없이 시행하는 것은 국민경제의 자립화 방향과 상응하지 않는 많은 부정적 측면들이 있다는 점을 의미하는 것이다.

둘째로, 근대화를 담당할 민족자본 육성의 중요성을 인식해야 한다. 근대화, 즉 공업화로 보고 국민경제의 대외개방을 당연한 귀결로 보는 입장에서는 외국자본의 성격이나 국적은 거의 문제가 되지 않는다. 그러나 이러한 입장은 경제개발계획의 집행과정에서 당연히 외국자본과 外資關聯企業을 우대할 것이기 때문에 경제성장률은 높아질 수 있겠지

---

25) 위의 글, p. 39·40 참조.

만 중소기업은 정체·몰락하게 될 것이다. 이에 외국자본에 자본의 논리로써 대항할 수 있는 國家資本이나 민족자본의 육성이 개발의 과제로 제기된다.

셋째로, 개발과정의 집행에 필요한 투자재원을 지나치게 외국자본에 의존하지 말아야 한다. 외국자본은 원조이든, 공공차관 또는 상업차관, 직·합작투자의 어느 형태이건 초과이윤의 논리를 관철하기 때문이며 국내자본이 적은 풍토에서는 더욱 그러한다.

넷째로, 계획적 개발을 통한 공업화를 이루는 데는 반드시 경제구조의 개선이나 공업화에 따른 成長果實의 均霑에 대한 대책이 있어야 한다. 先建設 後分配 政策을 바탕으로 하는 성장위주정책은 공업의 대외의존 증대와 함께 소득분배의 불균형도 가져오기 때문에 이중구조의 청산과 국민적 참여 속의 國富 창출을 기대할 수 없게 만든다.

계획적 개발의 과제를 이렇게 볼 때 근대화를 추진하는 과정에서 중소기업에 대한 정책적 인식은 매우 중요하다. 이때 중소기업에 대한 정책적 인식은 다음과 같이 이루어져야 한다.[26]

첫째로, 자본축적의 논리에 비추어 중소기업이 이해되어야 한다. 일반적으로 자본의 집적·집중이라는 자본축적의 일반적 법칙이 과철되는 가운데 대자본에 대한 소자본의 관계, 그리고 오늘날의 독점자본주의하에서는 자본의 집적·집중과 분열·분산의 법칙이 작용하는 가운데 독점자본이 중소자본과 맺는 관계 속에서 중소기업이 인식될 수 있다. 이것은 중소기업문제의 일반성을 강조하는 입장이다.

둘째는, 그 나라 국민경제의 경제사적 배경 속에서 중소기업이 이해되어야 한다. 특히 대부분의 개발도상국은 戰前에 그들이 경험했던 식민지 경제구조와 전후에 자본주의 범세계화과정 속에서 그들 국민경제가 특수한 경제구조를 지니게 되는데, 그 속에서 중소기업문제가 인식될 필요가 있다. 이것은 중소기업문제의 특수성을 강조하는 입장이다.

셋째는, 국민경제의 방향에 대한 역사적 합목적성의 관점에서 중소

---

26) 이에 대하여는 李敬儀, 〈후진국 중소기업문제와 민족자본〉,《경제발전과 중소기업》(창비신서 75), 창작과비평사, 1986, pp. 80~125 참조.

기업이 이해되어야 한다. 앞의 첫째와 둘째는 중소기업문제를 일반성과 특수성의 관점에서 자본주의전개과정에서 형성되는 구조적 모순의 산물로 인식하는 것이었다. 따라서 이에 대한 정책인식은 이러한 구조적 모순에 대한 대응방안의 마련에 그 목적이 있다.

그런데 역사적 합목적성(또는 경제개발과정)에서 중소기업문제를 인식하는 것은 중소기업의 역할을 적극적으로 규정하는 것이다. 개발도상국의 경우 역사적 합목적성을 자립경제의 확립 또는 근대화의 실현이라고 볼 때 이 과제를 실현하기 위한 중소기업의 능동적 역할이 고찰될 수 있다. 이때 다양한 중소기업의 역할이 제시될 수 있지만[27] 특히 우리의 관심 대상이 되는 것은 중소기업의 민족자본적 역할에 대한 인식이다.

2. 계획적 개발의 방향과 중소기업정책의 전개

(1) 開發戰略과 중소기업정책

그런데 1960년대 이후에 전개된 계획적 개발은 이러한 과제와 문제의식을 실현하는 방향으로 이루어진 것이 아니었다. 그것은 한국경제의 개발전략을 규정하는 기초적 조건에 대한 다음과 같은 인식에 바탕을 두고 있다.[28]

① 자본주의적 경제개발의 주체가 될 산업 엘리트로서의 민간기업이 충분히 성장하지 못하였기 때문에 정부가 경제개발을 주도한다.

② 저저축률→저투자율→저생산성→저소득수준→저저축률이라는 低水準均衡의 함정에서 벗어나서 빈곤의 악순환을 단절하는 데 필요한 자본축적의 원천을 국내적으로는 저임금기반과 정부저축 및 인플레에 의한 강제저축에서, 그리고 대외적으로는 외국자본의 도입에서 구한다.

---

27) Eugene Staley and Richard Morse, *Modern Small Industry for Developing Countries*, New York : McGraw-Hill, 1965, Part 3 참조.

28) 金潤煥, 〈韓國經濟의 座標〉, 邊衡尹·金潤煥 編, 《韓國經濟論》, 유풍출판사, 1971, pp. 29~33 참조.

③ 경제개발에 필요한 기술은 외국기술의 도입에 의존한다.

④ 인적 자원은 전문·기술노동보다는 양적으로 풍부한 과잉노동력을 활용한다.

⑤ 국내자원이 빈약하다고 보고 주로 수입에 의하여 필요한 자원을 충당한다.

⑥ 개발에 필요한 시장은 內需市場보다는 주로 해외시장의 개척에서 구한다.

경제개발의 조건에 대한 이와 같은 인식은 다음과 같은 開發戰略을 택하도록 하였다.

① 시장경제라는 자본주의경제의 체제적 기반에 제약을 가하여 관료주의적 계획경제를 정착시키고 시장이라는 조정기구를 명령으로 대체하는 官主導的 경제개발전략

② 생산력수준을 높이기 위해 생활수준의 전반적인 상승을 최대한 억제하고 선성장·후분배를 지향하는 성장제일주의적 개발전략

③ 기술혁신, 기술향상, 근로자의 참여의식 제고 등 성장의 內延的 요인보다는 자본·토지·단순노동의 양적 증대 등 성장의 외연적 요인에 의존하는 外延的 成長戰略[29]

④ 분업체계면에서는 대내적 분업의 심화에 의한 對內指向的 공업화보다는 대외적 분업을 지향하는 대외지향적 공업화

⑤ 균형성장보다는 허쉬만(A. O. Hirschman)의 不均衡成長戰略에 따랐다.[30]

이 가운데 대외지향적 성장은 輸出先導型 성장, 또는 貿易依存型 성장이라고도 하는데, 이는 일반적으로 수출확대율이 경제성장률보다 크고 따라서 무역의존도가 높아 무역이 경제성장을 선도하는 경우를 말한다.[31] 그리고 허쉬만류의 불균형성장은 聯關效果(linkage effect)가

---

29) 林鍾哲, 〈官主導型 外延的 成長戰略의 成就와 限界〉,《政經文化》1981년 10월호, p. 97.

30) A. O. Hirschman, *The Strategy of Economic Development*, Yale Univ. Press, 1958.

31) H. G. Johnson, "Economic Development and International Trade", *Money,*

큰 산업에 중점 투자하여 이를 경제개발의 선도부문으로 삼는 것이다. 연관효과를 前方연관효과와 後方연관효과로 구분하되 초기에 연관효과의 극대화는 일반적으로 후방연관효과가 큰 소비재산업을 발전시킴으로써 실현된다고 보았는데, 이는 결국 수입대체산업에서 수출산업으로 전략산업을 전환하는 輸出指向型 工業化論과 그 맥락을 같이한다.

그런데 불균형성장정책은 산업면에서는 농업보다는 공업을, 분업관계면에서는 國際分業主義를 우선하여 수입대체산업에서 수출산업으로, 그리고 기업규모면에서는 量産體制에 따른 이익을 추구하여 구체적으로 중소기업보다는 大企業偏重的으로 전개되었다.

이러한 정책인식과 개발정책의 방향은 제1차 경제개발5개년계획 이후에 계획적 개발의 방향에 그대로 반영되었다. 제1차 5개년계획은 모든 사회경제적 악순환을 시정하고 자립경제를 달성하기 위한 기반을 구축하는 데 기본목표를 두면서 다음과 같은 계획의 방침을 밝혔다.[32]

① 경제체제는 되도록 민간인의 자유와 창의를 존중하는 자유기업의 원칙을 토대로 하되 기간부문과 그 밖의 중요 부문에 대하여는 정부가 직접적으로 관여하거나 또는 간접적으로 유도정책을 쓰는 '指導 받는 資本主義體制'로 한다.

② 한국경제의 궁극적 진로를 산업의 근대화를 통한 공업화에 두고 그 준비단계인 계획기간 중에

　　㉠ 電力·石炭 등 에너지 供給源의 확보

　　㉡ 농업생산력 증대에 의한 農家所得의 상승과 국민경제의 구조적 불균형 시정

　　㉢ 기간산업의 확충과 사회간접자본의 충족

　　㉣ 遊休資源의 활용, 특히 고용의 증가와 국토의 보전·개발

　　㉤ 수출의 증대를 주축으로 하는 國際收支의 개선

　　㉥ 기술의 진흥

③ 생산력의 극대화와 자본공급의 확보를 위해서는

Trade and Economic Growth, Havard Univ. Press, 1967.
32) 大韓民國政府, 《第1次 經濟開發5個年計劃》, 1962, p.15·16, 서문.

㉠ 국내자원을 최대한으로 동원하고 所要外資의 조달은 外資導入
에 중점을 두고 外資誘致를 위한 적극적인 노력을 기한다.

㉡ 국내노동력을 최대한으로 활용하여 자본화한다.

㉢ 범국민적인 耐乏精神과 勤勞精神을 바탕으로 하여 자본축적을
위한 강력한 저축운동을 전개한다는 것 등이다.

指導 받는 자본주의체제가 경제체제의 특징으로 부각되면서 계획적
개발은 국민경제의 구조적 불균형의 시정을 기하되, 그것은 산업의 근
대화를 통한 공업화정책의 추구로 실현되는 것으로 보았다. 그리고 이
를 위한 적극적인 외자도입과 수출증대정책, 그리고 국내노동력의 자
본화, 즉 저임금노동력을 바탕으로 한 자본축적정책은 이 계획 후 계
속적인 방향이 되었다.

그 후 지속적으로 이루어진 계획적 개발의 공업부문에 대한 정책을
보면 표 3-2와 같다. 이를 보면 먼저 수입에 의존하던 것을 국내에서
생산하여 대체하고, 다시 이를 수출산업화하는 과정으로 되어 있다.
그런데 이러한 과정은 소비재로부터 시작하여 中間財를 거쳐 資本財,

표 3-2. 工業化와 投資政策

	제1차 5개년계획 1962~1966	제2차 5개년계획 1967~1971	제3차 5개년계획 1972~1976	제4차 5개년계획 1977~1981
공업화유형	소비재 수입대체	소비재 수출, 중간재 수입대체	자본재 및 중간재 수입대체	공업구조 고도화, 지식 및 정보산업개발
투자방향	수입대체산업 육성 수출제일주의 공업화추진	수출구조개선, 기술개발기반 구축	중화학공업 추진 중간재 국산화, 기술개발여건 조성	기술 및 숙련노동 집 약직 사업개발, 기계 류 국산화 본격화, 기 술개발 및 활용
주요신규 성장산업	화섬사, 비료, 시멘트, 정유, P.V.C.전력	합성섬유, 석유화 학, 화공약품, 기 계류, 철강, 전자, 요업	기계, 철강, 전자, 조선	산업용기계, 철강, 전 자기품 및 부품, 조선
수출입 유형 ┌수출 └수입	소비재 자본재, 중간재	소비재, 중간재 중간재, 자본재	소비재, 중간재 중간재, 자본재	소비재, 중간재, 플랜트 원자재, 자본재

※ 자료 : 經濟企劃院, 《經濟白書》, 1976, p. 429.

나아가서는 지식 및 정보산업으로 이행되도록 하는 형태를 취하여 이른바 '産業發展의 雁行形態'[33]를 따르고 있음을 알 수 있다.

즉 일반적 공업화과정은 최종소비재의 수입을 통하여 형성된 국내수요기반을 국내공급으로 전환하기 위하여 최종소비재의 수입대체적인 생산기반의 조성으로부터 시작되는 것으로 보았다. 이에 따라 제1차 5개년계획을 공업화의 준비단계로 규정하여 우선 소비재의 수입대체에 工業化類型을 두었지만 여기에는 시멘트·비료·정유·화섬사 등 다른 산업과 연관효과가 큰 기간산업의 일부도 포함하였다.

특히 소비재의 수입대체에는 이미 1950년대에 성장한 소비재분야에서 과잉시설문제가 제기되면서도 다른 한편에서는 국내에 초과수요현상이 나타나는 분야도 있게 됨에 따라 공업체제의 정비 내지 개선을 포함하였다. 그리고 공급과잉이 발생한 소비재에 대하여는 수출로 전환시키기 위한 국제경쟁력을 높이는 공업체질의 개선문제까지 요청되었다. 그에 따라 소비재와 일부 기간산업의 수입대체로 공업화과정에 진입하면서 일부 소비재의 수출전환을 통하여 공업화를 추진하였고, 이것은 제2차 5개년계획에 걸친 경공업 중심의 공업화, 산업의 근대화와 산업구조 고도화의 본격적 시발이 되었다.

산업기반의 확충을 통하여 산업구조를 고도화(공업화)하고 공업체질 내지 공업체제를 합리화하고 개선시키는 제1차 계획기간중의 공업정책의 기본방향 속에서, 중소기업정책방향은 다음과 같이 간단하게 규정되었다. 즉 중소기업, 수공업은 초기에는 同業組合組織을 통하여 발전을 획책하되 점차 대기업의 성장과 더불어 下請工業制度를 육성한다[34]는 것이다.

정책내용만으로 보면 중소기업의 조직화와 하청정책 등 두 가지를 규정한 데 그치고 있으며, 그것이 앞에서 설명한 개발계획의 방향과 구체적인 연관성을 보이고 있는 것도 아니었다. 그러나 계획적 개발이 시행되면서 중소기업정책이 개발계획의 일부로서 규정되고 있는 것은

---

33) 赤松要, 〈わが國産業發展の雁行形態〉, 《一橋論叢》 제38권 5호, 1956. 11.
34) 大韓民國政府, 《第1次 經濟開發5個年計劃》, p. 24.

중요한 의미를 지닌다. 1950년대 중소기업정책의 시행은 금융정책을 중심으로 하여 단편적인 경기정책 내지 일시적인 도산의 위기를 해소하기 위한 보호정책적 테두리를 크게 벗어나는 것은 아니었다.

1950년대말에는 일제의 유산인 歸屬財産拂下企業 또는 외국원조에 의한 신규의 대기업이 점차 중소기업분야에 진출하여 양자간에 마찰현상이 발생하게 되자 중소기업문제는 경기순환과정에서 일어나는 일시적인 문제가 아니라 국민경제의 구조적 모순의 문제로 되었으며 경제발전을 위하여 해결해야 하는 기본적 정책과제로 인식되기에 이르렀다. 여기에 1960년대에 와서 적극적인 경제개발을 추진하면서 중소기업정책은 사회정책적 성격을 떠나서 개발부문에 대한 보완정책적 성격을 지니게 되고 일관성 있는 경제정책으로 의식되기에 이른 것이다.

⑵ 중소기업정책의 構造政策的 전개

특히 국민경제의 고도성장과 산업구조의 고도화정책에 병행하여 중소기업정책은 이와 깊은 관련성을 지니면서 이를 뒷받침하는 정책이 되지 않을 수 없었다. 그리고 開放體制의 진전과 수출제일주의 추진은 산업의 국제경쟁력 강화를 불가피하게 만들면서 중소기업정책은 구조정책의 일환으로 전개되었다. 그에 따라 중소기업정책은 다양하게 전개되었는데, 그 내용은 다음과 같다.[35]

① 中小企業專擔金融機關인 中小企業銀行의 설립(1961년 8월)

② 기업환경의 개선과 정비

  ㉠ 外來品의 국내시장 잠식을 막기 위히여 〈特定外來品販賣禁止法〉의 제정(1961년 5월)

  ㉡ 過當競爭의 방지와 판로확장을 위하여 〈中小企業事業調整法〉의 제정(1961년 12월)

③ 중소기업의 조직화를 위하여 〈中小企業協同組合法〉의 제정(1961년 12월)

④ 經營合理化를 위한 企業指導

---

35) 中小企業銀行,《中小企業銀行10年事》, 1971, pp. 91~104 참조.

⑤ 輸出轉換政策의 추진(1964년 하반기 이후 단계별 육성시책)

⑥ 工業團地造成을 위한〈輸出産業工業團地開發造成法〉의 제정(1964년 12월)

⑦ 家內工業센터의 설치운영 및 地方特化産業育成(1965년 이후)

⑧ 중소기업에 대한 外資導入의 추진(1965년 이후)

⑨ 중소기업 금융의 기능강화를 위한〈金融部門資金運用規定의 改正〉(1965년 제17차 金融通貨運營委員會 ; 일반은행의 총대출금 가운데 30퍼센트 이상을 중소기업에 융자하도록 함)

⑩ 官納品의 中小企業團體隨意契約制度(1965년 이후)

⑪ 중소기업의 重點育成政策 실시 등이다.

계획적 개발의 전개와 더불어 이상과 같이 다양한 중소기업정책이 시행되었다. 그 초기에는 금융기관과 협동조합 등 제도개선과 기업환경의 개선 등 전면적이고 집단적인 보호육성정책을 전개하였다. 그러나 개발정책의 본격화에 따라 중소기업정책도 소극적인 보호육성정책에서 적극적인 選別育成政策으로 전환되었다.

국제수지개선을 위한 수출전환정책, 개발계획의 추진에 따라 건설되는 기간산업의 보완분야로 육성하기 위한 중점육성정책, 공업의 지방분산과 그 집적의 이익을 추구하는 工業團地政策 등 국민경제에 대한 구조정책의 일환으로 전개되기에 이른다. 이것은 1960년대 중반 이후에 시행된 中小企業의 중점육성정책의 다음과 같은 내용에서 확실하게 그 특징이 나타난다.

重點育成計劃은 전면적 보호육성정책이 아니라 適正分野에서의 육성 또는 적극적인 성장정책으로 전환하도록 하여 중소기업정책을 구조정책적으로 전개토록 하는 계기를 마련하였다. 이 계획은 중소기업을 업종별 성격에 따라 다음과 같은 세 개의 그룹으로 구분하고 각 그룹에 대하여 차별적 정책을 시행하도록 하고 있다.[36]

① 중소기업으로 육성할 A級業種

  ㉠ 대규모시설을 필요로 하지 않는 업종

---

36) 中小企業銀行,《中小企業銀行5年事》, p. 69.

ⓛ 부속품 또는 部分品製造業

ⓒ 原料加工段階에 속하는 업종

ⓔ 勞動集約的 업종

이 업종은 기술향상 및 품질향상을 통한 전문화와 대기업과의 계열화를 촉구하고 대기업의 이 분야 진출을 억제하도록 한다.

② 대기업으로 육성할 B級業種

㉠ 原料生産分野의 업종

ⓛ 組立工場 및 生産原價面에서 대기업이 현저하게 유리한 업종

ⓒ 巨大施設을 필요로 하는 업종

이들 업종은 현재 중소기업이라 할지라도 기업의 난립을 억제하고 適正規模까지 확장시킴으로써 앞으로 대기업으로 성장 발전시킨다.

③ 業種轉換을 요하는 C級業種

㉠ 시설이 過剩된 업종

ⓛ 시설이 노후하고 기술이 낙후된 업종

ⓒ 輸出이 불가능한 업종

ⓔ 대기업과 경쟁상태에 있으며 앞으로 중소기업으로서 유지되기 곤란한 업종

이들은 수출산업으로서 신규산업 등 다른 업종으로 전환하도록 한다.

그리고 이상의 세 가지 그룹을 국민경제적 중요성에 비추어 상·중·하로 다시 구분하였다.

① 상위업종 : 輸出特化産業品目, 成長産業品目 등 주요 품목, 수출 빛 군납품목 가운데 外貨稼得率이 높고 수출승대선망이 누렷한 품목, 수입대체품목, 기타 중요산업용 중간재 및 器具 등의 생산업종

② 중위업종 : 생활필수품 및 준생필품 가운데 대중소비품과 제2차 제품의 보조 및 가공업종

③ 하위업종 : 준생필품으로서 중요도가 낮은 품목과 서비스업에 유사한 업종 및 단순한 가공업 등이다.

이상과 같은 구분에 따라 優先度를 정하고 금융지원을 비롯하여 경영 및 기술지도사업 등 각종 지원대책에 차등을 둠으로써 중소기업의 構造改編을 이루도록 하였다.

다양한 내용을 포함하고 있지만 이 중점육성계획의 초점은 輸出轉換업종, 대기업의 下請系列化업종과 일부 輸入對替업종으로 중소기업의 구조개편을 의도하고 있다. 그러나 종전에 국내수요를 기반으로 하여 광범하게 존속해온 중소기업이라고 하더라도 원조와 외자에 의하여 새로 설립된 대기업과 경쟁관계에 있는 경우에는 이를 지원대상에서 제외시켜 결국 도태·전환시키도록 하고 있다. 중소기업부문에 대한 외국자본의 도입과 함께 중소기업을 對外分業的 방향으로 전환시키면서 저임금기반의 노동집약적 중소기업을 신생 대기업의 자본축적 기반으로 삼고자 하는 구조정책의 초기적 특징이 이 중점육성정책에 포함되어 있다. 따라서 향후 개방화에 대비하고 독점적 대기업 중심의 국민경제의 고도성장정책과 그를 위한 자본축적기반으로 중소기업을 이용하려는 정책의도일 뿐, 원조경제하에서 형성된 구조적 모순을 자립경제의 방향으로 극복하려는 구조개편은 아니었다.

3. 中小企業近代化政策의 전개

⑴ 〈중소기업기본법〉에서 중소기업정책

중점적 육성정책에서 시행되기 시작한 구조정책으로서의 중소기업정책은 1966년에 〈중소기업기본법〉이 제정되면서 그 법적 기반을 마련하고 본격적으로 전개되기에 이른다. 이 법은 중소기업의 나아갈 방향과 시책의 기본을 규정함으로써 중소기업의 성장발전을 촉구하고 그 구조개선과 국제경쟁력의 강화를 도모하여 국민경제의 균형 있는 발전에 기여함을 목적으로 제정된 것이다.(제1조)

이 법은 중소기업의 이상과 같은 목표와 주체 및 대상에 관하여 규정하고 있는 외에도 중소기업의 구조개선, 사업활동의 不利是正, 금융 및 세제상의 과제, 중소기업의 조직화와 행정기구 등에 관한 것 등을 포괄적이고도 체계적으로 규정하고 있다. 정책내용의 체계에 따라 이 법의 내용을 살펴보면 다음과 같다.

① 중소기업구조의 고도화 등

ㄱ 經營管理의 합리화(제10조)
ㄴ 기술의 향상 및 專門指導機關의 육성(제11조)
ㄷ 품질향상(제12조)
ㄹ 작업환경의 개선(제13조)
ㅁ 시설의 근대화(제14조)
ㅂ 事業轉換의 촉진(제14조의 ②)
ㅅ 중소기업의 協同化와 지방에 소재하는 중소기업의 육성(제15조)
ㅇ 기업규모의 適正化(제16조)
ㅈ 專門化 및 系列化의 조성(제18조)
ㅊ 유통기구의 合理化(제21조)
② 事業活動의 不利是正
ㄱ 都給去來의 적정화(제19조)
ㄴ 중소기업의 사업분야 확보(제20조)
ㄷ 共濟制度의 확립(제20조의 ②)
ㄹ 수출의 振興(제22조)
ㅁ 政府受注機會의 확보(제23조)
ㅂ 수입품의 조정(제24조)
ㅅ 중소기업의 組織化(제27조)
③ 小企業對策
ㄱ 法制定 초기에는 零細企業(제9조)
ㄴ 개정(1982년) 후에는 小企業對策(제9조)
④ 金融 및 稅制
ㄱ 中小企業金融의 확보(제25조)
ㄴ 稅制의 적정화(제26조)
⑤ 行政機關 및 中小企業團體
ㄱ 중소기업의 조직화(제27조)
ㄴ 행정기관의 확충
ㄷ 中小企業政策審議會(제29조~제35조)

이 법은 전체적 틀에서 일본의 중소기업기본법과 유사한 바가 있다.
일본의 중소기업기본법은 중소기업의 사회적 경제적 제약에 의한 不利

의 是正이나 기업간에 존재하는 생산성·기업소득·노동임금 등 여러 격차의 시정과 거래조건의 향상을 목적으로 하는 것을 규정하여[37] 중 소기업근대화정책의 법적 기초임을 분명히 하고 있다. 우리나라〈중소 기업기본법〉은 이에 대한 명시적 규정은 없으나, 법 체계의 내용을 보 면 중소기업근대화정책을 반영하고 있다. 한국 경제의 이중구조적 특 성에 대하여는 이미 1959년에 작성된 경제개발3개년계획에 규정된 바 가 있다. 그리고 1960년대 계획적 개발 이후 양적 고도성장이 추진되 면서 중소기업의 기존 존립기반의 위축, 존립조건의 변동, 이중구조의 심화에 따라 이에 대처할 필요성이 생겼고, 따라서 양적 성장에서 질 적 성장으로 전환하고자 하는 정책의식이 일어나게 되었다. 이에 따라 산업내부에 경영구조면에서 합리화의식이 높아졌다. 또한 국민경제의 고도화와 더불어 중소기업정책도 구조고도화의 방향으로 전개되기에 이르렀다.[38] 이러한 정책의식의 요구에 따라 중소기업기본법이 제정된 것으로 보아야 할 것이다.

구조정책으로서 중소기업근대화정책은 중소기업의 고도화정책으로 부터 시행되는데, 이는 중소기업구조의 고도화를 의미하며 산업구조의 고도화정책에 속한다.

산업구조는 경제의 진보·발전에 수반하여 변화하는 국민경제의 산 업 각 부문의 구조로서 그 가운데 포함되는 업종과 기업의 구조를 말 한다. 그리고 그들 상호간에 나타나는 생산력과 생산관계의 관점에서 의 有機的 關聯構造를 의미한다. 여기에는 각 산업 및 업종과 기업의 자본·노동·생산력 등의 量的 構造가 문제로 될 뿐만 아니라 자본과 노동의 생산성 및 收益 賃金을 비롯하여 자본의 有機的 構成, 勞動裝 備率, 생산물의 국내외 시장형성문제, 이에 따른 독점적 또는 경쟁적 시장질서 등 광범한 구조의 문제가 넓은 의미에서 포함된다.

산업구조의 고도화정책은 국민경제의 발전에 수반하여 산업의 더 높 은 단계에서 일어나는 구조문제에 대한 대응책이며, 동시에 산업의 구

---

37) 日本〈中小企業基本法〉서문.
38) 中小企業銀行,《中小企業銀行10年事》, p. 110.

조적 근대화와 합리화를 위한 정책인 것이다.[39] 〈중소기업기본법〉은
이러한 산업구조의 고도화정책에 맞추어 중소기업구조의 고도화정책을
전개하려는 법적 기반으로서 구조의 고도화와 사업활동 不利의 補正策
두 가지를 주요 정책내용으로 하고 있다.

특히 중소기업의 고도화에는 설비의 근대화, 기술의 향상, 경영관리
의 합리화, 기업규모의 적정화 등의 시책에 의하여 중소기업의 구조적
경영력을 고도화시키는 구체적 내용을 이 법은 담고 있다. 이처럼 중
소기업의 고도화에 대하여 정책적 인식을 크게 하는 것은 그것이 뒤늦
게 근대화를 추진하면서도 고도성장과 산업구조의 고도화를 이루는 데
서 형성되는 국민경제의 불균형성 및 이중구조문제와 깊은 관련을 지
니고 있기 때문이다.

일본의 예에서 보면 제2차세계대전 이전부터 이미 대기업과 중소기
업간에 생산성과 임금 등에 큰 격차가 나타나 이중구조의 특징을 보이
면서 중소기업은 농업과 함께 이중구조의 저변을 형성하였다. 그런데
전후에는 높은 경제성장과 급속한 산업구조의 고도화가 진행되었지만
이중구조의 특징은 그대로 남아 있었고 그 모순은 확대되었다. 즉 중
소기업은 고도성장에 의하여 발생한

① 노동력 부족과 임금의 대폭적 상승

② 勞動節約的 투자 증가에 의한 자본부담의 증가

③ 기술혁신의 진전에 의한 設備近代化와 新製品開發力의 강화를 위
한 필요자본량의 증가

④ 대기입의 중소기입분야 진출에 내항하기 위한 내규모화의 필요성

⑤ 자본·무역자유화 및 개발도상국에 대한 特惠關稅提供의 영향 등
에 직면하였다.

고도성장에 수반된 이러한 경제환경의 변화는 중소기업의 경영조건
과 기술조건에서 대기업과의 격차를 더욱 크게 만들었다. 중소기업기
본법 제정에 따른 중소기업의 고도화정책은 이처럼 고도성장하에서 형

---

39) 上田宗次郎,〈高度化政策と構造改善〉, 加藤誠一·水野武·小林靖雄 編,《經濟
　　政策と中小企業》, 1978, p. 65. 여기서는 넓은 의미의 산업구조문제를 설명한
　　것으로서 산업조직문제를 포함하고 있다.

성된 이중구조의 해소에 그 목적이 있었다.

우리 나라에서 〈중소기업기본법〉이 제정된 1960년대 중반기에 경제 환경이 반드시 일본의 그것과 같은 것은 아니었지만 이 법이 중소기업의 구조고도화에 대한 정책인식을 배경으로 하고 있다는 점에서는 동일하다고 볼 수 있다. 계획적 개발을 추진하면서 대기업 중심의 고도성장은

① 중소기업 존립기반의 위축 및 존립조건의 변동

② 외국자본과 기술에 의한 신규의 독점적 대기업과 기존의 중소기업간 여러 격차와 마찰에 따른 이중구조적 모순

③ 소비재를 중심으로 한 수출구조의 기반구축

④ 기술개발기반 구축의 필요성

⑤ 중간재의 수입대체정책 추진에 따른 대기업과 중소기업간의 下請系列 관계의 형성 요구

⑥ 무역자유화에 대비한 국제경쟁력의 강화 등 경제환경이 변화되었고 여기에 적응하는 중소기업의 구조고도화정책이 요구되었다.

그리고 기본법에는 중소기업의 구조고도화에 상응한 사업활동의 不利是正政策이 반영되었는데 그것은 산업조직정책적 특성도 지니는 것이었다.

그런데 일본의 경우에는 중소기업의 근대화를 추진하는 〈중소기업기본법〉이 제정된 것과 병행하여 그것의 실천을 뒷받침하는 〈중소기업근대화촉진법〉이 제정되었으나 우리 나라에서는 그렇지 못했다. 다만 뒤늦은 1978년에야 〈中小企業振興法〉이 기본법의 실천법적 성격으로 제정되었을 뿐이다.

⑵ 두 가지 중소기업정책방향과 제2차 5개년계획상의 중소기업정책

〈중소기업기본법〉이 제정될 시점에 중소기업문제의 심각성 인식과 그에 대한 정책방향은 이른바 '中産層論爭'[40]에 그대로 반영되었는데, 이것은 우리 나라 중소기업문제의 성격을 이해하는 데 큰 의미를 지

---

40) '中産層論爭'의 구체적 내용은 孫世一 編,《韓國論爭史 Ⅲ》, 청람문화사,

닌다.

이 논쟁은 당시 여당인 共和黨과 야당인 民衆黨의 정책기조에서 발단되었다. 대공업중심의 공업화와 부의 축적을 위하여 선성장·후분배가 필요하다는 공화당의 경제정책이 반대중적이고 반사회적인 빈부의 양극화현상을 가져왔다고 비판한 민중당이 중산층의 정당임을 자부하면서 중소기업의 보호육성과 부의 균등한 분배를 주장하는 정책을 제시한 데서 이 논쟁은 비롯되었다.

민중당은 중소상공인·중농·봉급자·지식인 등 중산층의 안정과 이익의 증진 없이는 민주주의는 영원히 토착화할 수 없으며, 사회안정을 바랄 수 없다고 하고, 이를 실현하기 위해서는 먼저 농촌경제의 발전을 조장하면서 중소기업은 물론 대기업의 주식소유가 널리 대중에게 분산 귀속되고 경제적 부의 축적이 광범한 국민대중에게 배포되도록 하는 자본의 대중화와 중소기업의 優先育成主義를 경제정책의 방향으로 제시하였다. 공화당도 한국의 근대화와 사회안정을 위하여 중산층의 확대보호를 주장하고 이를 위하여 중소기업육성의 당위성을 강조하였지만, 그 접근방법에서는 양자간에 근본적인 차이가[41] 있었다.

공화당의 중소기업 육성방안은 다음과 같다. 중소기업은 기간산업(주로 獨寡占大企業)과 계열화로 육성되어야 하며, 대기업으로부터 단절 내지 분리된 중소기업 자체의 단독육성정책은 歷史 逆行的이다. 또한 중소기업은 수출산업과 수입대체산업으로 전환되어야 하며, 계열화된 중소기업을 위해 輸出工業團地를 조성하고 수출을 촉진할 방침[42]을 제시하였다.

이에 대하여 민중당의 정책방향은 다음과 같다.

① 일부 국영기업을 제외한 국영과 민영의 대규모기업 주식을 분산시키고,

② 신규 건설에서는 대규모 자본조성 방법보다는 중소규모에 주력하

____

1976, pp. 440∼552 참조.

41) 《조선일보》 1966년 1월 25일자, 〈近代化와 中産層〉.

42) 《조선일보》 1966년 1월 26일자.

는 동시에 국가의 모든 혜택을 중소기업의 육성 강화에 집중하며,

③ 농촌경제의 병행발전, 특히 중농의 보호와 細農의 中農化에 치중하며 공산품의 市場擴大를 기하며,

④ 자본이 영세하고 기술과 경영능력이 미숙한 바탕 위의 대기업 건설주의는 특혜와 낭비, 그리고 국민의 희생을 강요하는 반면, 중소기업주의는 우리의 기업능력에 알맞은 동시에 기업의 소유가 많은 사람과 넓은 지역으로 확산될 수 있으며,

⑤ 이러한 중소규모의 勞動集約的 企業 건설은 우수하고 저렴·풍부한 노동력이 그 성공을 뒷받침해주면서 고용효과의 급속한 증대를 기할 수 있고,

⑥ 국제시장에서 선진국을 누르고 판로를 확대시킬 수 있는 것은 중소기업에 의한 勞動集約的 産業이라는 것이다.[43]

두 당의 이러한 정책기조 속에서 공화당은 不均衡成長的 大企業主義를 추구하고 있음에 비하여 민중당은 중소기업과 농업을 바탕으로 한 均衡成長政策方向을 지향하였음을 알 수 있다.

1967~1971년에 걸친 제2차 경제개발5개년계획에는 전자의 정책기조가 반영되었다. 이 계획은 長期開發戰略을 ① 수출증대에 의한 自立達成, ② 자본동원의 극대화, ③ 효율적 인력활용, ④ 安定基調의 堅持에 두면서, 경제의 발전진로를 공업화를 통해 확대된 開放體制에 두되, 개방체제의 자립적 유지는 수출증대를 통해서만 이룰 수 있다고 보고 있다. 즉 개방체제하의 수출증대를 통한 공업화로 경제의 진로를 규정하였다.

한편 산업 내부에서는 근대기업과 전근대적인 중소기업과의 倂存過程에서 일어나는 이중구조의 문제를 중요한 정책적 과제로 제기하였다. 이에 더하여 대규모기업의 증가가 전망됨으로써 企業集中 또는 獨寡占의 진행이 예상된다고 보았다. 따라서 경제정책의 범위는 지금까지 생산력 증강 위주로부터 경제발전과정의 진일보에 따르는 사회·경제적 불균형 등을 시정·완화하는 방향으로 확대되어야 한다고 규정하

---

43)《조선일보》1966년 1월 27일자.

였다.

이어서 산업구조를 근대화하고 자립경제의 확립을 더욱 촉진시키는 데 기본목표를 둔 이 계획은 ① 食糧自給, ② 工業構造 高度化의 기틀 마련, ③ 수출과 수입대체 촉진으로 國際收支改善의 기반 확립, ④ 고용증대, ⑤ 科學 및 經營技術의 진흥으로 技術水準과 生産性 제고 등을 그 중점으로 삼았다.[44]

이를 바탕으로 중소기업부문에 대하여는 다음과 같이 규정하였다.

① 生産物이나 需要面에서 相互支援的인 수요와 투자의 創造效果를 크게 하는 부분은 중소기업부문이다.

② 대부분 기존시설인 중소기업은 전산업에 대한 비중이 크므로 대기업에 대하여 중소기업의 계열화 및 전문화가 이루어지면 이 두 부문은 완전히 생산년에서 相互補完關係에 서게 된다.

③ 중소기업 가운데서 수출산업으로 전환이 가능한 것을 輸出産業으로 개발하면 새로운 投資所要 없이도 경제성장에 기여한다.

④ 중소기업은 대부분이 노동집약적이어서 이 부문의 성장개발은 광범한 노임의 지급과 소득의 평준화를 높은 수준으로 유지토록 하여 수요를 촉진하고 需要類型을 변화시킨다.[45]

중소기업부문에 대한 이러한 진단의 결과 다음과 같은 정책과제를 제시하였다.[46] 국제경제환경의 변화와 개방체제로의 이행에 따라 국내산업의 경쟁력을 강화하도록 계속 노력하되,

① 중소기업을 육성키 위하여 대기업과 중소기업과의 계열화를 촉진하고, 기존시설의 활용과 설비의 신설·개량을 통해서 稼動率을 높이며 생산성을 증대시킨다.

② 수출 및 수입대체산업으로 발전할 업종과 노동집약도가 높은 중소기업을 支援하는 데 중점을 두며,

③ 이를 위하여는 工場擴張 및 운영에 필요한 자금공급, 경영합리화

---

44) 經濟企劃院,《第2次 經濟開發5個年計劃(案)》(1967~1971), 1966, p. 9, pp. 27~29.
45) 위의 책, p. 47.
46) 위의 책, p. 121·122.

를 위한 기술 지원, 원활한 원료공급, 시장 확대 등 정책수단이 강구된다.

④ 대기업에 의한 市場獨占으로부터 보호를 유도하여 自立的 成長의 바탕을 마련한다.[47]

⑤ 지역간의 소득격차를 해소하기 위하여 地域別 特化産業을 육성하고 공장의 地方分散을 촉진하여 지역개발을 도모한다는 것 등이다.

(3) 開放經濟體制와 중소기업정책의 전개

이러한 정책들은 개방경제체제로의 지향이라는 틀 속에서 시행되었으며, 그 제도적 기초가 1967년에 채택된 〈네가티브 리스트 시스템〉(Negative List System)이다. 그동안 보호무역의 그늘에서 비정상적으로 성장해온 국내산업의 체질개선과 국제경쟁력의 강화를 도모하여 수출증진을 기하는 동시에 수입자유화의 확대로 소비자를 보호한다는 명분하에, 종전의 〈포지티브 리스트 시스템〉(Positive List System)의 무역방식을 바꾼 이 제도는 무역정책의 일대 전환을 가져온 것이었다. 이것은 제2차 5개년계획이 ① 수출제일주의의 지속, ② 수출진흥정책의 다양화, ③ 貿易自由化政策의 추구라는 무역정책의 특징을 지닌 데서 온 결과였다.[48]

무역자유화로의 이러한 획기적 전환은 모든 산업정책에 크게 영향을 주었으며, 중소기업의 構造高度化政策에도 그러하였다. 1965년 한일국교정상화에 의하여 한국경제는 그동안 미국에 편중되어 있던 외국자본의 導入線에 일본을 포함시킴으로써 외자도입선을 실질적으로 다변화·개방화하였다. 여기에 무역자유화를 위한 〈네가티브 리스트 시스템〉을 채택함으로써 한국경제는 대외지향적 개발전략을 본격화하게 되었다.

지배적 경제제도인 獨寡占大企業은 이러한 개발전략에 맞추어 자본

---

47) 위의 책, p. 47.
48) 吳萬植, 〈輸出産業 體質强化와 國際化(1967~1971)〉, 全國經濟人聯合會 編, 《韓國經濟政策三十年史》, 사회사상사, 1975, pp. 398~401.

축적의 양식을 전환하였고, 從屬的 經濟制度로서의 중소기업의 구조고
도화는 그에 상응한 방향으로 이루어졌다. 대외적으로는 특혜적 외자
도입과 대내적으로는 재정금융상의 혜택이 대기업 자본축적의 바탕이
되었으며, 또 다른 자본축적의 원천은 중소기업과의 下請系列關係를
심화시키는 것이었다.

이에 따라 1960년대 후반에 전개된 중소기업시책의 주요 내용은 다
음과 같이 되었다.

① 系列化 및 專門化 造成의 本格化

1966년부터 시작된 중소기업의 전문화 및 계열화 조성시책은 1967
년에 〈專門化業體選定 및 造成資金使用原則〉을 규정함으로써 본격화
되었다. 이 원칙은 경공업 가운데 섬유·화학·공예·농수산물가공 등
과 중공업부문 가운데 기계·금속·수송용 기계 등 관련산업의 파급효
과와 계열화 가능성이 큰 업종을 대상으로 업체를 선정하고 자금지원
을 하도록 되어 있다. 그러나 1967년에 〈機械工業振興法〉이 제정되면
서 1969년 이후에는 이 시책이 기계공업육성시책의 일환으로 추진되
었다.

② 中小企業의 輸出振興

수출특화산업의 선정, 수출품생산업체의 지정, 輸出雜貨工業의 육성
등으로 중소기업의 수출진흥시책을 강구하였다.

③ 시설의 근대화

수출전환 및 수출특화업체와 수입대체를 위한 기계공업, 그리고 계
열화 조성을 촉신시키는 專門化業體 등에 중점적으로 시설지금을 지원
하여 戰略部門의 시설 근대화를 통한 체질개선을 도모하였다. 특히
1966년부터는 시설근대화를 위하여 외자도입이 대폭 강화되었다.

④ 지방공업의 육성 및 團地化

종래에 輸出工業團地造成에서 일반공업단지와 특수공업단지를 조성
하여 공업의 개발 및 지방분산화에 관련된 공업시책의 일환으로 시행
되었다. 특히 공업단지내에 공장을 유치할 목적으로 '工場貸與制'를 구
상하여 중소기업자의 편의에 따라 공장을 賃貸 또는 할부상환토록 하
였다. 이 정책은 기업계열화로부터 企業集團化에 의하여 외부경제를

창출함으로써 중소기업의 구조를 고도화하려는 것이다.

⑤ 企業合倂의 조성

중소기업의 과당경쟁을 지양하고 대규모경제의 이익을 실현하여 중소기업의 경쟁력을 강화하기 위한 정책으로 시행되었다. 1970년에 〈中小企業合倂造成要綱〉에 따라 과당경쟁 분야인 섬유·주물 등 생산업체를 대상으로 하였다. 同種業種간의 수평적 합병을 목적으로 합병효과가 클 것으로 기대되는 ㉠ 輸出品生產指定業體, ㉡ 直·間接輸出實績이 있는 업체, ㉢ 外貨稼得率이 높은 업체, ㉣ 수출전망이 밝은 업체, ㉤ 原價切減의 가능성이 큰 업체 등을 대상으로 하였다.[49]

결국 근대화정책으로서 중소기업정책은 초기의 전면적 보호육성정책으로부터 選別的 育成을 지향하는 구조정책으로 이행되어 왔다. 구조정책으로서 중소기업근대화정책은 중소기업의 구조근대화에 그 중점을 두게 되었으며, 그 대상은 중소기업 가운데 수출산업과 수입대체산업, 그리고 대기업과의 하청계열화산업에 집중되었다. 이것은 그동안 다양하게 전개된 중소기업의 근대화 및 합리화정책의 중점이 이들 분야로 집중된 데서 알 수 있으며, 그것은 중소기업정책이 계획적 개발의 틀 속에서 시행된 당연한 결과이기도 하다.

이렇게 볼 때 중소기업정책은 構造政策的 성격을 지니면서도 대기업 중심의 개발전략 아래에서 獨寡占大企業의 자본축적의 바탕이 되고 국민경제의 고도성장을 위한 디딤돌정책 역할을 하였다. 이러한 정책기조가 관철되는 가운데 대기업과의 관계에서 끊임없이 발생되는 생산관계적 모순에 중소기업은 대응해야 하였다. 그러나 그 결과는 중소기업의 도산과 신설, 업종 전환과 합병 등으로 이어졌고, 정책은 이를 통하여 지배적 경제제도인 대기업 중심의 자본 집적·집중과 분열·분산이라는 자본축적의 일반법칙이 관철되도록 한 것이다. 이것이 이 기간에 중소기업 구조고도화정책의 특징이었다.

---

49) 中小企業銀行,《中小企業銀行10年事》, pp. 106~118 참조.

제4장 韓國中小企業政策의 展開와 課題(Ⅱ)

Ⅰ. 산업구조의 고도화와 중소기업정책

1. 工業構造의 고도화와 중소기업정책

⑴ 공업구조의 고도화와 산업의 雁行的 發展

1960년대 이후 고도성장이 대외지향적 공업화정책에 따라 이루어졌음은 앞에서 살펴본 바와 같다. 그러나 경공업 중심으로 정부주도하의 특혜적 지원정책과 저임금 기반 위에서 급속히 성장하였기 때문에 구조적 취약성과 열악한 경영구조를 지닐 수밖에 없었다. 민간자본과 기술의 축적이 매우 불충분한 조건 속에서 막대한 外資와 財政投融資를 배경으로 성장한 경제가 튼튼한 대외경쟁력을 갖고 정상적으로 성장하기는 어려운 일이었다. 그 결과 경공업 중심의 輸出主導型 高度成長은 한계에 이르게 되었다.

경제의 對外從屬性과 경제력의 집중, 경제부문간 및 국민계층간 불평등의 심화 등 구조적 취약성이 형성된 가운데, 인플레이션의 惡循環, 高利私債의 성행, 기업 財務狀態의 취약, 企業擔保能力의 부족 등 여러 가지 문제가 제기되면서 산업과 기업의 합리화 필요성이 제기되기에 이르렀다. 특히 국민경제적으로는 인플레이션과 경기침체, 그리고 國際收支 악화라는 '魔의 三角現象'이 나타나면서 고도성장을 주도하던 기업들이 부실화하는 등 불황의 조짐이 1970년대초에 나타나기 시작하였다.

이것은 1960년대 고도성장을 특징지운 특혜적 성격과, 그에 수반되는 자원의 낭비 등이 가져온 구조적 모순의 결과였다. 외국자본 및 그들과 결부된 독점적 국내 매판자본의 축적에 의하여 주도된 대외지향적 개발이 가져온 이러한 결과에 대한 근본적 해결책은 그동안의 개발방식에 대한 철저한 반성으로부터 얻어질 수 있는 것이었다.

그러나 8·3조치(1972년 8월 3일)와 유신체제(1972년 10월 17일)는 종래의 종속적 발전에 의하여 조성된 대외종속성과 국내 각 계층간의 불균등 심화 등 구조적 모순을 근본적으로 타개하려는 것이 아니었다. 오히려 대외개방을 더욱 촉진함으로써 외자도입을 극대화하고 국내 자본축적을 촉진하기 위하여 기존 독과점 가운데 不實企業에 대하여 방대한 혜택을 다시 부여함으로써 경제성장을 촉진시키려는 것이었다.

8·3조치는 企業私債의 동결, 금리의 대폭 인하, 特別金融債權發行에 의한 低利貸換, 저금리 産業合理化資金의 공급 등 금융특혜를 기업들에게 제공하였다. 또한 세제면에서도 감가상각률의 할증률 인상 및 국내자원 이용기업의 법인세와 소득세의 투자공제율 인상 등 특혜가 주어졌다.[1] 그 외에 물가안정의 목표는 노동자의 실질임금 인상을 억제하는 명분으로 이용되었다. 이것은 1971년에 제정된 〈國家保衛法〉과 그 후 유신체제하의 노동쟁의 不法化와 함께 저임금 지속에 의한 자본축적의 원천을 마련하도록 하였다.[2]

결국 8·3조치와 유신체제는 1960년대 한국경제의 대외의존적, 특권

---

1) 8·3조치 가운데 중소기업부문에 대해 정부가 중소기업신용보증기금에 10억원을 출연하고 여타 금융기관도 신용보증기금을 설치, 신용보증하도록 함으로써 중소기업에 대한 금융강화도 규정하였다. 그러나 이것이 8·3조치의 독과점 기업에 대한 특혜적 성격을 약화시키는 것은 되지 못하였다.

2) 鄭允炯, 〈유신체제와 8·3조치의 성격〉, 박현채·정윤형·이경의·이대근 편, 《한국경제론》, 까치, 1987, pp.175∼201 참조.

적, 특혜적 자본축적이 가져온 종속적 발전과 구조적 모순을 동일한 기조 속에서 새로운 특혜와 저임금 기반의 지속을 통해 자본축적의 기반을 제공하는 방향으로 해결해 나가려는 것이었다.

산업정책의 측면에서 새로운 특혜적 자본축적의 계기는 輸出主導型 重化學工業建設의 추진으로 이어졌다. 저임금을 기반으로 하는 경공업 위주의 성장전략이 국내외적 여건의 변화로 한계에 달하였다고 인식됨에 따라 고도성장을 유지하기 위한 대책이 불가피하였다. 이에 따라 수출주도의 고도성장을 지속하면서 산업구조의 고도화라는 명분으로 중화학공업화를 제시하게 되었다.

경공업 위주의 수출주도 고도성장이 한계에 부딪힌 것은 국내산업과 기업의 구조적 취약성에 그 원인이 있지만 여기에 대외적 요인이 수반된 것도 한 요인이다. 1973년 이후 석유파동은 선진국 경제를 스태그플레이션으로 몰아넣으면서 개발도상국의 노동집약적 경공업제품에 대한 輸入規制措置가 강화되었고, 주로 미국과 일본 등 선진국에 의존하던 수출이 타격을 받게 되었다. 여기에 후발 개발도상국 경공업 수출제품의 추격과 한국상품시장의 잠식은 한국의 수출에 큰 영향을 주게 되었다.

이런 과정에서 생겨난 국제분업체제의 변화는 한국이 중화학공업화를 추진할 수 있는 계기를 만들어주었다. 즉 경공업(후진국), 중공업(선진국)의 분업체제를 유지해오던 기존의 국제분업체제가 1970년을 전후해서부터 선진국의 脫工業化現象에 따라 중화학공업 가운데 組立加工型 産業이나 組立工程의 일부가 후진국으로 이전하는 형태로 변화하게 되었다. 후진국으로 이전되는 중화학공업은 노동집약적 산업, 公害産業, 그리고 最終消費財의 조립가공분야로서 선진국에서 사양화되고 있는 산업이었는데, 이들 분야에서 중화학공업의 진전이 주로 가능하였다.[3]

국제분업체제의 변화에 따른 이러한 중화학공업과 산업구조의 고도화는 저임금을 기반으로 하여 수출주도의 고도성장을 지속시키는 전략

---

3) 金大煥, 〈국제환경의 변화와 중화학공업의 전개〉, 위의 책, p. 208·209.

으로 이루어졌다. 즉 개방체제를 지향하면서 산업구조의 고도화와 중화학공업화를 전개하려는 것이었다.

산업구조의 고도화는 일반적으로 산업구조가 농업에서 공업으로, 다시 공업구조가 경공업 중심에서 중화학공업 중심으로 이행되어 가는 것을 말한다. 이론적으로는 공업화에 관한 클라크(C. Clark)법칙[4]이나 중화학공업화에 관한 호프만(W. G. Hoffman)법칙[5]에 의하여 설명되고, 경제개발에 관한 루이스(A. W. Lewis)의 이중구조모형[6]도 넓은 의미에서는 산업구조의 고도화를 설명하는 이론이라고 볼 수 있다. 그러나 개방체제하에서 산업구조의 고도화는 무역구조의 형태에 따라 제품 사이클 이론(product cycle theory)과 雁行的 産業發展形態論으로 설명될 수 있다.

전자는 다음과 같이 설명된다. 先發工業國에서 新産業의 도입기에는 국내수요에 기반을 두고 국내생산이 시장의 불확실성을 배제하면서 시장을 개척하지만, 산업이 성장기에 들어가면 국내판매와 동시에 수출을 개시한다. 성숙기 이후에는 제품이 표준화되고 경쟁력이 해외로 옮아가서 경쟁조건을 유지하기 위해서는 해외투자에 의하여 낮은 비용으로 현지생산에 착수한다. 이 현지생산품을 역으로 수입하는 무역패턴을 갖게 되기 때문에 이 과정은 제품수명에 따라 '생산→수출→역수입'의 형태를 갖는다.[7] 이것은 물론 선진국 중심으로 무역패턴을 본 것이지만, 우리는 여기서 반사적으로 개발도상경제의 대외지향적 개발전략의 패턴을 알 수 있다.

후자는 다음과 같이 설명된다. 후발공업국에서는 공업제품의 수입이 확대되지만 그 시장확대와 병행하여 국내기업의 생산조건이 성숙하고, 채산성이 맞는 경우에는 이를 국내생산으로 대체하는 수입대체가 이루

---

4) C. Clark, *The Conditions of Economic Progress*, 3rd ed., 1957.

5) W. G. Hoffman, *The Growth of Industrial Economies*, W. O. Henderson and W. H. Chalomer trans, 1958.

6) A. W. Lewis, "Economic Development with Unlimited Supply of Labor", *The Mancherter School*, May 1954.

7) R. Vernon, "International Investment and International Trade in Product Cycle", *Quarterly Journal of Economics*, June 1966.

어진다. 다시 생산조건이 강화되어 비교생산비의 우위가 확보되면 이
제품의 수출이 진전되어 해외수요에 바탕을 둔 새로운 시장이 개척된
다. 이때 무역패턴은 '수입→국내생산(수입대체)→수출'이라는 형태를
갖게 되고 산업구조는 이에 따라 수입대체산업에서 수출산업으로 전환
된다. 그런데 이 형태는 소비재 중심의 경공업제품으로부터 중화학공
업제품으로 점차 진행됨으로써 산업구조는 1차산업 중심에서 경공업
중심으로, 다시 경공업에서 중화학공업 중심으로 변화하는 雁行的 형
태로 발전하게 된다.[8]

　이 두 가지, 즉 제품 사이클 이론에 의한 '생산→수출→역수입'(선
진공업국의 경우)과 산업발전의 안행적 형태론에 의한 '수입→국내생산
(수입대체)→수출'(후발공업국의 경우)의 두 가지 패턴에서 개발도상경
제는 국제분업관계 속에서 '수입→국내생산→수출'이라는 기본적 과정
을 거쳐서 공업화가 이루어지는 것을 알 수 있다. 그런데 이 패턴은
공업부문에서 '경공업제품의 수입→경공업제품의 수출'이라는 과정과
'중화학공업제품의 수입→중화학공업제품의 국내생산→중화학공업제
품의 수출'이라는 과정이 안행적으로 이어지면서 산업구조가 고도화되
는 것을 설명하고 있다.

(2) 開放體制하의 構造轉換과 중소기업정책

　이것은 자본주의적 개발방식을 택하고 不均衡成長과 對外指向的 개
발을 추진하는 개발도상경제의 기본적 개발전략이며 개방체제 아래에
서 산업구조의 고도화 과정인 것이다.

　그런데 이러한 산업구조의 고도화가 성공적으로 수행되려면 그 나라
의 국민경제가 산업구조·공업구조·무역구조를 대응시키면서 구조전환
을 도모하여 나갈 수 있는 능력이 있어야 한다. 즉 국민경제가 무역구
조를 경제의 흐름 속에서 새로운 사태에 적응시키면서 국내 혹은 해외
에서 발생한 변화에 대응하는 능력, 즉 전환능력[9]을 갖고 있어야 한다.

---

8) 赤松要, 〈わが國産業發展の雁行形態〉, 《一橋論叢》 제38권 5호, 1956. 11 ;
　　小島淸, 《日本貿易と經濟發展》, 國元書房, 1958.
9) C. P. Kindleberger, *Foreign Trade and the National Economy*, 1962, p. 99.

다시 말하면 무역구조를 국내의 산업구조·공업구조에 적응시키면서
경제환경의 변화에 적응할 수 있는 능력[10]을 국민경제가 구비할 때 개
방체제 아래 산업구조 고도화, 즉 構造轉換을 달성할 수 있는 것이다.
이것은 다음과 같이 해석될 수 있다.

첫째로, 무역구조는 산업구조·공업구조에 부합되어야 한다. 수입에
의존하던 공업제품(경공업 또는 중화학공업 제품)이 국내에서 공급조건
을 갖추고 생산되어 수입대체가 이루어지고, 이 수입대체된 공업제품
이 경쟁조건을 확보, 비교우위상품이 되어 수출로 이어질 수 있도록
相乘的으로 발전되어야 한다. 그렇지 못하고 수출을 위한 수출이 신장
되는 경우에는 수출산업이 다른 산업과 유기적 관련성을 갖지 못하여
수출 엔클레이브(export enclave)를 형성, 이중적 산업구조(공업구조)
를 갖게 될 것이다.

둘째로, 무역구조는 경제환경의 변화에 대응되어야 한다. 특히 국제
분업체제 속에서 국제경제환경에 대한 적극적인 대응이 없는 국민경제
의 개방화는 경제구조에 왜곡성을 가져오게 한다. 개발도상경제가 대
내적인 생산력 기반을 확보하지 못한 채 선진경제 중심의 국제분업체
제에 편입되는 경우에는 선진자본의 상업적 금융적 지배에 따라 경제
적 자립성을 상실하고, 산업구조가 선진자본주의권이 주도하는 帝國經
濟圈 속에서 국제분업관계의 일환으로 되어 심각한 왜곡성을 지니게
된다.[11] 이것은 선진국 자본이 그들과의 경쟁대상을 배제하거나 그들
에게 지배되도록 하려는 資本一般의 속성 때문에 일어나는 것이다.

따라서 개발도상경제가 외국자본이나 외국무역에 대하여 적극적인
대응을 하지 않고 맹목적으로 개방적일 때 이와 같은 산업구조의 왜곡
은 더욱 크게 된다. 그리고 이로 인하여 발생하는 산업구조의 구조적
파행성은 국제분업이 가져오는 고도화의 이익과 능률향상으로도 보상
받지 못할 만큼 심각하게 된다.

개방체제하의 산업구조 고도화가 가져올 수 있는 이러한 구조적 파

---

10) 邊衡尹, 〈産業構造와 轉換能力〉, 《經濟論集》 제16권 제4호, 1977. 12., p. 518.
11) 大塚久雄 編, 《後進資本主義의 展開過程》, アジア經濟研究所, 1973, p. 29·30.

행성을 배제하기 위해서는 대내적으로 다음과 같은 성격의 산업구조 전환이 이루어져야 한다.

산업구조의 전환은 일반적으로 국민경제내에서 각 산업의 비중 또는 구성의 변화로서 표시되는데, 이것은 평면적 의미를 가질 뿐이다. 산업구조가 국민경제의 재생산과정 속에서 자기역할을 다하기 위해서는 단순히 산업의 구성 또는 비율의 對比라는 經濟諸量의 구성만이 아니라 상호 분업관련(시장 및 소재 관련)이 있는 산업간 구성의 대비로 되어야 한다. 왜냐하면 분업관련이 있는 산업간의 대비만이 국민경제내의 재생산관련과 깊은 연관을 가질 수 있기 때문이다.

이것은 국민경제를 구성하는 산업구조를 고도화·最適化시키되, 산업간의 관련도를 높이면서 이루어져야 한다는 것을 뜻한다. 상호 분업관련을 갖는 기업 및 산업간의 경제적 관계는 국민경제의 有機的 成長과 자율적 재생산구조의 전제가 되고 지속적 성장의 바탕이 된다. 산업간 상호작용의 연쇄작용은 상승적 성장을 가능하게 하고, 그 결과 성장성과를 국민적으로 확산시키면서 국민경제의 자율성을 높이게 된다.[12]

따라서 분업관련이 깊은 산업구조의 고도화는 다음과 같이 이루어져야 한다. 공업화를 추진하되 기초산업인 농업·수산업과 광업을 개발하여 공업생산과정이 이들과 소재 및 시장면에서 깊은 분업관계를 갖도록 한다. 그리고 공업구조의 고도화는 파급효과가 높은 생산재공업 중심으로 전개되어야 하며, 동시에 국민경제의 中間項인 중소기업이 육성되어 이것이 산업구조 중에서 비중이 증대되어야 한다.

중소기업은 기초산업과 국민적 산업을 매개하는 補完的 産業으로서의 역할을 하며 지역발전에도 기여하여 국민경제의 균형 있는 발전을 가져오도록 한다.

중소기업정책은 이러한 중소기업의 역할을 높이도록 시행되어야 한다. 대외지향적 산업구조의 고도화과정에서 수출엔클레이브와 이중적 산업구조가 형성되지 않도록 하면서 국내의 생산력기반을 확보하여 산업구조가 자율성을 지니도록 하는 방향으로 중소기업정책이 전개되어

---

12) 朴玄埰, 《한국경제와 농업》, 까치, 1983, p. 22·23.

야 하는 것이다. 고도화의 방향으로 산업이 구조전환되는 것은 그것이 국민경제의 유기적 성장과 자율적 산업구조의 기반이 되는 것을 전제로 하고 있다. 이를 위해서는 중소기업이 지니는 相互 分業關聯效果를 높여 보완적 산업으로서의 역할을 다하도록 하는 작업이 필요하다. 이러한 중소기업의 역할은 산업구조가 고도화되는 단계에서 새로운 자본축적의 원천을 제공하기도 한다.

2. 重化學工業化와 중소기업의 構造改編

(1) 중화학공업화의 과제와 〈제3차 5개년계획〉에서 중소기업정책

〈제3차 경제발전5개년계획〉은 성장·안정·균형의 조화 속에 자립적 경제구조의 실현과 지역개발의 균형 등을 위하여 농어촌경제의 혁신적 개발, 수출의 획기적 증대와 함께 중화학공업의 건설로 공업구조의 고도화를 계획목표로 하여 수립되었다. 이것은 그동안의 외자의존적 대외개방 공업화가 야기한 대외적 불균형과 함께 대내적인 산업간 불균형(農工간 불균형, 공업부문내 불균형, 대기업과 중소기업간 불균형 등), 그리고 공업구조의 취약성 및 외자기업 부실화의 노정을 중화학공업의 건설로 보완·극복하려는 것이었다.

대내외의 구조적 불균형 극복이라는 요구와 함께 고도성장의 결과가 가져온 산업구조상의 조건은 중화학공업의 건설을 가능한 방안으로 제시하도록 하였다. 경공업제품 수출위주의 성장과정에서 경공업제품의 생산이 확대됨에 따라 소재 및 생산재 등 중화학공업부문에의 後方聯關 압력이 창출·강화되었다. 이러한 공급측면의 압력과 더불어 생산재의 국내수요가 최소생산규모에 달하여 중화학공업화의 기초적인 국내조건이 형성되었다. 여기에 중화학공업 가운데 일부가 선진국에 이전된다고 하는 국제분업체제상의 변화가 겹쳐 중화학공업화가 전개될 수 있었다.[13]

---

13) 金大煥, 앞의 글, p. 213.

이것은 정책적으로는 1973년의 〈重化學工業化宣言〉을 그 기점으로 한다. 중화학공업의 건설은 국민경제의 자립적 발전과 확대재생산을 도모하는 데 그 의의가 있다. 그것은 각 사업부문에 생산재를 공급해 주고 관련산업의 발전을 자극함으로써 산업구조의 고도화를 달성하고 經濟剩餘의 대외유출을 감소시키도록 하기 때문이다. 그러나 1970년의 산업연관표상에 나타난 중화학공업의 구조적 취약성은 다음과 같이 지적되고 있다.[14]

첫째로, 중화학공업부문에서는 原資材의 해외의존도가 높고 迂廻生産度가 낮은데, 이는 기존의 중화학공업이 耐久消費財 위주의 최종가공산업이기 때문이다.

둘째로, 前後方關聯效果가 낮아 다른 공업의 자립을 뒷받침할 基礎素材나 자본재 공급산업으로서의 성격이 취약하다. 그리고 기존 공업의 자본성격(外資中心)과 기술체계(선진국 경공업의 이식)로 보아 그것의 原資材나 中間財와 施設財를 外資供與國으로부터 계속 수입해야 하는 조건하에 있다.

셋째, 중화학공업이 국내공업과는 고립된 채 저임금에 의존한 선진국 중화학공업의 下請産業的 성격을 띠고 있어서 輸入誘發力이 몹시 높고 수출률은 극히 낮다.

대내적 분업관계에서가 아니라 국제분업체제에 편승하여 전개된 수출주도형 중화학공업화는 기존의 구조적 취약성을 더욱 심화시켰고, 중화학공업 건설의 본래 의의를 살리지 못하였다. 노동집약적 산업, 公害産業 그리고 내구소비제의 조립가공분야 등에 주로 구한된 중화학공업의 내용이 이를 말해준다.

그럼에도 불구하고 중화학공업화가 이루어지면 중소기업은 산업구조 내의 소비재산업으로서, 또는 生産財工業의 부품을 공급하는 중화학공업으로서 母企業과 有機的 관련 관계를 형성하면서 존립하는 분야가 확대된다. 중화학공업에서 우회생산의 심화와 조립가공산업의 확대는

---

14) 裵翰慶, 〈經濟開發計劃과 自立經濟의 確立〉, 全國經濟人聯合會 編,《經濟政策 30年史》, 사회사상사, 1975, p. 21·22.

광범한 사회적 분업체제를 형성시킨다. 그리고 중화학공업은 그 자체의 대규모화 경향에 따라 대기업 중심의 산업체제를 전개하지만, 동시에 피라미드형 산업체제를 구성하여 중소영세기업과 관련을 맺는다.

그 결과 중화학공업화는 경제력을 집중시키고 높은 자본의 집적과 집중을 통한 독과점구조를 확립토록 하여 독점자본이 지배하는 재생산구조를 정착시킨다. 이때 중소기업은 자본의 논리면에서 독점자본의 자본축적 구조에 편입된다. 이것은 중화학공업 건설을 통한 산업구조 고도화가 중소기업계열화의 조건을 조성함과 동시에, 종래에 경공업분야에서의 독과점이 중화학공업분야까지 확대되면서 독과점구조의 심화와 함께 독점자본의 축적이 새로운 단계로 전개되는 것을 의미한다. 그리고 자본·시장·원자재 관련에서 대외의존적 중화학공업화는 경공업과 함께 산업구조의 전반적 대외의존을 가속화시키는 독과점 형성을 추진하는 것이 된다.

즉 중화학공업화는 특히 기계·자동차·전기기기 등 조립생산부문에서 독과점 대기업의 補完的 역할을 하는 관련된 下請系列 中小企業群의 형성을 기초조건으로 한다. 따라서 농어촌경제의 혁신적 개발, 수출의 획기적 증대 및 중화학공업의 건설을 주축[15]으로 하는 산업정책의 기준하에서, 중소기업정책은 수출산업으로서의 지속적 역할과 대기업의 계열기업으로 재편성하는 것으로 집약되고 있다. 그리고 이러한 방향으로 중소기업의 구조를 개편함과 동시에 이들 정책대상 중소기업에 대하여 합리화와 근대화정책을 집중적으로 실시하였는데 이것은 독점자본의 새로운 축적의 기초를 형성하는 것이기도 하였다.

이에 따라 제3차 5개년계획에서는 구체적으로 다음과 같은 중소기업정책을 채택하고 있다.[16]

① 輸出 및 地方特化産業의 중점육성

---

15) 여기서 농어촌경제의 혁신적 개발은 農工간 불균형의 시정이라는 측면 외에 농촌의 潛在的 過剩勞動力을 공업부문에 유출시키는 '勞動力流動化'의 의미가 있음을 유의할 필요가 있으며, 이것은 저임금을 바탕으로 하는 중화학공업화의 기초조건이 된다.

16) 經濟企劃院, 《第3次 經濟開發5開年計劃》(1972~1976), 1971, p. 65·66.

② 시설근대화 및 경영합리화
③ 대기업과의 계열화 조성과 공업단지 활용
④ 기업합병 또는 협업화 조성
⑤ 신용보증기금 조성

이들 정책은 외자의존적 加工貿易型의 수출신장정책 등 대외지향적 공업화정책이 가져온 구조적 문제점을 중소기업의 구조개편으로 보완하려는 것이었다. 그리고 그간의 정책수행과정에서 기존 중소기업의 저항으로 이루지 못한 외자의존적 대기업에 대한 중소기업의 예속을 촉진시키면서 자본축적을 위한 수직적 산업체제, 즉 계층적 자본축적 구조를 더욱 철저하게 관철시키려는 것이었다. 중화학공업화는 저임금 기반과 이러한 자본축적의 구조를 통하여 시도되었다.

⑵ 중소기업의 구조개편과 정책방향

이를 위한 구체적 정책이 상공부가 제6612호로 공고한 중소기업의 類型區分에 의한 中小企業近代化支援體制의 확립이다. 이는 중소기업의 適正規模를 측정하기 위한 여러 지표(生産性·收益性·市場性 및 原價上의 要綱)를 기준으로 하여 기존 중소기업의 여러 업종을 固有中小企業型(제1유형), 專門系列化型(제2유형), 大企業化型(제3유형)으로 구분하고, 이들 유형에 맞추어 중소기업의 적정사업 분야를 확보하기 위한 중소기업구조개편정책이었다.

각 유형의 내용은 다음과 같이 규정되어 있는데, 정책기초에서는 1964～1965년에 시행되었던 중소기업중점육성대책과 유사한 바가 있다. 다만 專門系列化型이 더 적극적으로 제시되고 있는 점이 특징이다.

① 고유중소기업형 : 중소기업규모에서 가장 유리한 경쟁력을 갖거나 대기업과 경쟁적 존립이 가능한 품목을 생산하고 대기업의 시장침투방지, 시설근대화, 기술혁신, 영세기업 적정규모화의 지원대상이 되는 업종인데, 주로 지역시장이나 제품차별화에 의하여 그 수요기반이 확보되고 있는 중소기업을 들고 있다.

② 전문계열화형 : 대기업과 관련적 개발을 위한 전문화 및 계열화의 생산체제 위에서 제품의 규격화와 표준화 등 품질관리와 기술의 고

도화가 필요한 품목을 생산하고, 생산재공업 또는 중공업의 기반확충
일환으로 대기업과 병행하여 육성할 업종으로서, 노동집약적인 생산공
정하에서 주문생산과 하청생산형태가 대종을 이루는 중소기업이다.

③ 대기업화형 : 생산성 및 수익성이 규모의 확대에 따라 상승하는
품목을 생산하는 업종으로서 주로 裝置工業 및 組立工業이다. 이는 국
제적 수준으로 기업규모를 확대하고 적정규모에 미달하는 기업은 合倂
造成, 業種轉換 등을 점진적으로 추진해야 할 업종으로 규정하였다.

한편 이 가운데 고유중소기업형과 전문계열화형에 대하여는 중점육
성대상 품목 100개를 선정하여 각 품목별로 단위업체당 적정규모, 단
위제품의 품질개선 및 노동생산성의 목표와 표준시설 등에 대한 여러
지표를 설정하는 등 이른바 중소기업구조근대화지표를 고시하였다. 그
리고 이 지표에 따라 각 대상품목을 생산하는 기업의 경영기반강화 및
기업합리화를 기하도록 하였으며, 이에 따라 관계기관이 중점지원계획
을 수립하고 또 집행하도록 되어 있다.[17]

이러한 유형별 육성시책은 1966년에 제정된 〈중소기업기본법〉을 바
탕으로 하여 그 정책내용을 시행하기 위한 〈중소기업근대화계획〉의
추진에 해당된다고 볼 수 있다. 이것은 1978년에 제정된 〈중소기업진
흥법〉으로 이어지는 중소기업근대화추진계획 중간단계로서의 성격을
지니는 것이기도 하다.

그러나 구체적 정책실시에서는 ②항 및 ③항에 중점이 놓여지고 있
으며, 또 유형구분의 기준 설정도 적정규모 또는 能率指標에 따르고
있기 때문에 자립적 경제개발의 잠재적 가능성이 되고 있는 중소기업
의 적극적 육성이라는 인식과는 거리가 있다. 오히려 그것은 기존의
중소기업을 정책적으로 분해시키고 상층부 중소기업 육성, 하층부 중
소기업 도태라는 계층분화를 통하여 수출주도형 중화학공업시대의 독
과점기업의 자본축적기반으로 전환시키려는 중소기업구조개편정책인

---

17) 상공부, 《中小企業에 관한 年次報告書》, 1973, pp. 139~193 참조. 이와 같
  은 조치는 법적 규제는 아니라고 하더라도 일본에서 〈중소기업근대화촉진법〉
  에 기초를 둔 〈中小企業近代化基本計劃〉에 의한 업종지정과 당해 업종에서의
  適正規模 실현을 강행하는 근대화정책의 본격적 전개와 유사한 바가 있다.

것이다.

결국 중화학공업의 보완적 기능을 할 수 있는 적정규모의 중소기업, 즉 중견규모 중소기업의 육성에 중점이 놓여지면서 중소기업근대화정책이 전개되지만, 정책의 흐름은 1960년대 이후의 그것들이 그대로 지속된다. 왜냐하면 전반적인 개발정책의 기초에 본질적 변화가 없었기 때문인데, 그 주된 내용은 다음과 같다.

첫째는, 전문화 및 계열화 시책의 적극적 전개이다. 전문계열화는 1967년 이래 기계공업육성시책의 일환으로 그 조성시책이 추진되어 왔고, 1969년 1월 31일자 상공부 공고 제5140호에 의한 전문계열화업종의 선정기준, 그 후 유형별 분류기준에 따라 1972년 2월 12일에는 제6750호 〈전문계열화 조성자금 집행요령〉을 공포하여 적극적으로 추진되어 왔다. 특히 1975년에는 기업과 기업산의 세일화 조성을 촉진하고 都給去來 질서를 확립함으로써 분업에 의한 상호이익 증진과 중소기업 근대화를 도모하려는 〈중소기업계열화촉진법〉[18]을 제정 공포하여 중화학공업화에 따른 중소기업의 보완적 기능을 위한 법체제를 구비하였다.

둘째는, 輸出振興對策이다. 수출전환정책, 수출특화산업육성, 수출잡화공업 육성 등의 시책(1974년 이후 수출산업화시책으로 통합됨)에 따라 시설개선을 위한 자금지원, 기업진단, 기술지도, 외국기술도입, 디자이너의 해외파견 및 기타 금융세제상의 지원이 우선적으로 이루어졌다.

셋째는, 企業合倂의 조성이다. 1970년에 합병지원대상으로 지정한 섬유·주물에 이어 연탄·음료품 등 업종의 과당경쟁업체에 대하여 금융, 세제상의 지원하에 합병을 유도하였다. 그러나 그 성과는 30개(1974년까지 24개업체) 이내의 업체에 불과하였다.[19]

넷째, 지방특화산업육성, 공업단지조성, 가내공업센터, 영세기업육성 등이 지방공업육성책으로 시행되었는데, 1976년 이후에는 農家工産品

---

18) 1975년 12월 31일자 법률 제2841호로 제정 공포된 全文10조, 부칙으로 된 법이다.

19) 상공부,《中小企業에 관한 年次報告書》, 1976, p.81.

개발을 위한 새마을공장 건설이 지방공업육성책으로 새로이 등장하였다.

다섯째, 시설근대화시책이다. 주로 기업경영의 적정화를 위한 자본지원에 중점을 두고 시행되었는데 수출산업, 전문계열화업체 및 공업단지입주업체 등 정책대상업체에 집중되었다.

기타 協同組合의 체질개선, 공동사업의 강화, 구매촉진을 위한 중소기업조직화의 강화, 그리고 기업진단, 기술지도사업을 통한 경영합리화정책이 소극적이나마 강구되었다.[20]

또한 1976년 12월에는 〈중소기업기본법〉을 개정하여 중소기업의 범위를 확대하였다.[21] 경제규모의 확대에 따른 것이기논 하지만 중화학공업의 보완적 기능을 할 중견기업 육성을 위한 법적 조치였다고 볼 수 있다. 이로 인하여 정책적 지원이 중소기업 가운데서도 상층부에 편중됨으로써 중견기업·중기업·소영세기업 등 기업규모간 단층과 격차가 더욱 커지는 계기가 되었다.

이 기간에는 이상과 같은 構造高度化政策과 不利是正政策 이외에도 보호정책이 불황시의 대책으로 강구된 바 있다. 1972년 〈경제의 안정과 성장에 관한 긴급명령 제13호〉에 의한 8·3조치에 따라 중소기업부문에도 자금난 완화를 위한 저리자금이 방출되었으며, 유류파동 이후 경기침체에 따라 중소기업이 불황에 접어들자 우선적으로 채택한 것이 중소기업의 稼動安定[22]이라는 보호정책이었다.

物價安定 및 公正去來에 관한 法律[23]의 제정은 전반적인 독과점의 규제와 함께 시장질서에서 중소기업의 不利是正을 위한 질서정책으로

---

20) 이상의 시책내용은 상공부 간행, 각 연도의 《중소기업에 관한 연차보고서》 참고.

21) 제조업의 경우 종업원 규모 기준으로 중소기업범위를 常時從業員 200명 이하에서 300명으로, 그리고 자산액 규모에서는 5천만 원에서 5억 원으로 대폭 확대 개정하였다.

22) 상공부, 앞의 보고서, 1976, p. 6 참조.

23) 이 법은 1975년에 제정되었는데, 물가안정을 목표로 하여 독과점사업자의 가격규제에 치중하고 경쟁촉진이라는 독점금지정책의 본래적 영역은 소홀히 하고 있었다. 그 후 1980년 12월 31일에 제정된 〈독과점규제 및 공정거래에 관한 법률〉에 의하여 독점금지정책의 제도적 기반이 마련되었다.

서 중소기업정책을 시행하는 데 틀을 제공하였다. 이것은 산업조직 정책적 중소기업정책을 시행하는 데 중요한 기점을 마련하였다.[24]

3. 自力成長構造와 중소기업의 진흥

⑴《경제백서》의 이중구조문제 제기와 〈제4차 5개년계획〉에서 중소기업정책

1970년대 중반에 한국경제에 대하여는 다음과 같은 문제점이 지적되었다.[25]

첫째, 한국경제가 당면한 여러 문제는 경제구조적 측면과 관련되고 있는데, 대외적으로는 해외의존도 심화와 국제수지의 赤字累增을 들 수 있고, 대내적으로는 산업간 및 부문간 불균형성장에 따른 이중구조의 문제로 집약된다.

둘째, 경제의 구조적 불균형은 그간의 개발전략이 공업화와 수출진흥에 역점을 두었기 때문에 농업부문의 상대적 성장 둔화로 인한 食糧輸入負擔, 대기업과 중소기업, 수출산업과 내수산업 및 지역간 불균형 등 산업생산부문간의 불균형성이 두드러졌고, 생산 내부 또는 기업 내부의 구조면에서도 규모·생산 및 경영기술과 금융 등 여러 부문에서 경제규모의 확대에 상응하는 質的 改善이 이루어지지 않아 動態的 成長要因이 결여되어 있다고 할 수 있다.

셋째, 산업구조의 취약성, 특히 공업구조의 취약성 및 무역구조와 관련된 문제점을 들 수 있다. 막대한 규모의 외자를 도입, 정부의 정책적 지원하에 형성된 경공업 중심의 공업구조는 전반적으로 원자재나 시설재를 수입에 의존하는 가공수출체제와 결부시킴으로써 공업부문 상호간에 유기적 연관관계가 결여된 약점을 지니고 있다.

넷째, 수출중심체제에서의 낮은 기업능률과 국제경쟁력의 약화경향을 문제점으로 들 수 있다. 급격한 공업화 촉진과 수출체제의 형성과

---

24) 이에 관한 내용은 중소기업은행,《調査月報》 1976년 8월호, pp. 9∼16 (〈不公正去來行爲規制의 意義〉) 참고.
25) 經濟企劃院,《經濟白書》, 1976, pp. 411∼447 참조.

정에서 한국의 수출산업은 저임금을 토대로 금융·재정·무역·외환 등 광범위한 정부의 지원체제에 의존해왔다.

다섯째, 한국의 기업은 기업자금의 내부축적이 부족한 상태에서 생산설비 및 운전자금을 외자도입과 金融借入으로 조달하였기 때문에 이자비용이 생산원가 가운데 큰 비중을 점유하며, 설비투자의 급격한 확대로 元利金償還이 기업경영에 큰 압박을 주고 있다. 그리고 산업조직면에서는 과당경쟁과 시설과잉현상을 보인 산업 및 기업들이 편재하는 반면, 다른 한편에서는 독과점기업이 형성되어 여타의 국내기업과 유기적 관련성을 조성하지 못하는 등 자원의 배분면에서 비효율성이 존재한다.

여섯째, 한국공업구조의 문제점은 생산재산업과 원자재산업, 수출산업과 내수산업 등이 각각 유기적 관련하에 상승적으로 성장하는 구조적 탄력성 부족과 더불어 대기업과 중소기업간의 뚜렷한 발전격차로 기업구조가 이중적으로 형성되어 있다는 점이다. 소득집중도·출하집중도·고용집중도 등이 이미 기업의 성숙단계를 지나 독점 내지 기업집중도가 높은 선진국 양상과 유사한 패턴을 보이고 있다.

이와 같은 산업의 이중구조 심화현상은 대기업과 중소기업, 근대기업과 전근대기업간의 상호보완적 생산관계를 약화시킴으로써 자금의 비효율적 사용과 전후방 연관효과 및 외부경제의 소멸을 초래할 뿐만 아니라, 기업의 성장을 제한하여 안정적 생산기반의 구축과 동태적 비교우위를 유지함으로써 문제를 제기한다는 것이다.

《경제백서》의 한국경제의 구조적 취약성과 이중구조문제에 대한 이와 같은 지적은 1957년 《일본경제백서》에서 다룬 이중구조문제 등 일본경제에 대한 진단과 같은 내용 및 시각에서 이루어진 것은 아니다. 외자의존과 재정금융의 특혜적 지원하에 수출주도형의 가공형 대외개발전략을 추진하는 가운데서 형성된 구조적 불균형성과 부문간, 기업간 유기적 관련성 결여와 함께 대기업과 중소기업간의 이중구조문제를 지적한 것이다.

그럼에도 불구하고 일본에서는 1957년 《경제백서》에서 이중구조문제가 제기된 이후 중소기업근대화정책이 본격화되었고, 우리 나라에서는 1976년 《경제백서》에서 위와 같은 문제점이 지적된 이후 〈중소기업진흥법〉이 제정된 것을 우리는 주목한다.

한국경제가 지닌 이러한 문제점에 대한 지적을 안고 제4차 경제개발 5개년계획이 작성되었다. 자력성장구조를 확립하고 사회개발을 통하여 衡平을 증진시키며, 기술을 혁신하고 능률을 향상할 것을 목표로 하였다. 특히 자원파동 이후 세계적 경제환경의 변화 속에서 自力成長構造를 실현하기 위하여 투자재원의 자력조달, 국제수지 개선과 함께 산업구조를 더욱 고도화시키는 것을 당면과제로 제시하였다.

산업구조의 고도화에는 경영능력과 기술인력의 공급능력을 확대함으로써 기술 및 숙련노동집약적 산업이 비교우위를 갖는다고 보았다. 산업정책은 이러한 비교우위에 입각하여 고용효과가 큰 기계·전자·조선 등 기술 및 숙련노동집약적 산업 중심으로 산업구조를 개선시켜야 하며, 그로 인하여 資本財와 中間財의 생산기반이 확충되면 국제경쟁력도 강화될 것으로 보았다.[26]

이 계획에는 앞서 지적한 바 있는 경제구조에 대한 문제점을 공업구조 고도화를 통한 自力成長構造의 실현으로 해소시키려는 정책의지가 엿보인다. 그러나 계획의 시행과정에서는 제3차 5개년계획에서 착수된 중화학공업에 대한 육성정책을 좀더 적극적으로 추진하는 데 정책의 중점이 놓이게 된다. 그리고 그것도 재원조달에서 해외자금의 유입에 크게 의존하고 개발방향도 큰 변화를 보이지 않게 됨에 따라 구조적 파행성을 완화시키지는 못한다.

이러한 성책방향에 따라 중소기업부문에 대한 정책은 다음과 같이 제시되었다.[27]

① 〈中小企業系列化促進法〉을 적극 활용하고 母企業體가 필요로 하는 부품·부속 및 반제품의 생산가공을 중소기업체가 전담하도록 유도하고 대기업의 기술이 중소기업에 전파되도록 할 것이다.

---

26) 大韓民國政府, 《第4次 經濟開發5開年計劃》(1977~1981), 1976, pp. 13~
　　16 참조.
27) 위의 책, p. 63·64.

② 중소기업의 구조개선을 촉진하기 위하여 노후시설의 대체 등 시설근대화를 위한 자금지원을 강화하고 기업합병과 성장산업으로의 사업전환을 유도할 것이다.

③ 중소기업의 기술혁신과 생산성 향상을 위하여 각종 연구기관 및 대학을 활용하여 경영 및 기술지도사업을 본격적으로 전개할 것이다.

④ 도심지 公害業所의 지방분산시책과 관련 중소기업전용단지 또는 업종별 集團化團地를 조성하고, 단지내 공동이용시설과 시험시설을 설치하여 제품의 평준화와 품질향상을 기하며 전문화·계열화를 촉진할 것이다.

(2) 〈중소기업진흥법〉 제정과 중소기업근대화의 촉진

이처럼 제4차 경제개발5개년계획은 중화학공업화의 본격적 전개에 따라 계열화 및 전문화시책에 중점을 두었으며 시설근대화, 기술혁신, 기업합병, 사업전환 등 중소기업 구조고도화정책을 규정하고 있다. 특히 중소기업전용단지 또는 업종별 집단화단지 조성시책은 중소기업정책이 구조고도화 외에 구조개선 방향을 지향하고 있음을 반영한다.

이러한 기본계획에 따라 시행된 주요 중소기업정책은 다음과 같다.

법체제와 제도의 보완

① 〈중소기업진흥법〉의 제정과 중소기업진흥공단의 설립

A. 〈중소기업진흥법〉의 제정

중소기업의 근대화 및 협동화사업과 중소기업에 대한 지도·연수사업 등을 실시함으로써 중소기업의 진흥을 도모함과 아울러 균형 있는 국민경제 발전에 기여(제1조)하기 위하여 1978년 12월 5일자 법률 제3126호로 〈중소기업진흥법〉이 제정·공포되었다. 전문 44조로 되어 있는 이 법에 포함되어 있는 주요 중소기업정책의 내용은 다음과 같다.

㉠ 산업구조의 고도화와 국제경쟁력 강화 및 국민경제의 발전을 촉진하기 위하여 근대화가 절실히 요청되는 업종을 중소기업 가운데서 우선육성업종으로 지정하고 이에 대한 대책 강구(제3조)

㉡ 업종별 시설기준을 告示하고 지원하며 우선육성을 영위하는 중

소기업자 가운데 발전가능성이 있는 자의 시설근대화, 경영합리화 및 기술향상 등을 위한 〈중소기업근대화계획〉의 수립 및 근대화 사업의 추진(제5~7조)

ⓒ 경제사정의 현저한 변화에 따라 사업전환이 요청되는 중소기업에 대하여 事業轉換對象業種을 지정하고 필요한 대책 강구(제9·10조)

ⓔ 중소기업의 설립을 촉진하고 중소기업을 설립한 자가 성장 발전할 수 있도록 〈創業造成支援計劃〉의 수립(제11조)

ⓜ 중소기업자의 집단화, 시설공동화, 기업합병의 촉진 등을 위한 協同化基準을 정하여 그 실천계획을 수립(제13·14조)하고 협동화 실천계획을 추진하기 위하여 團地造成事業을 시행(제15~24조)

ⓗ 중소기업에 대한 지도 및 연구사업의 체계적 추진(제6절)

ⓢ 지방중소기업 및 民俗工藝産業의 육성(제7절)

ⓞ 中小企業振興基金의 설치 및 운용(제3장)

B. 중소기업진흥공단의 설립

〈중소기업진흥법〉이 정한 정책을 효율적으로 추진하기 위하여(제36조) 1979년 1월에 중소기업진흥공단을 설립하였다.

〈중소기업진흥법〉은 1966년 제정된 〈중소기업기본법〉에 대한 실행법의 성격을 지닌다. 기본법이 제정된 이후 1973년에 유형별 중점육성 시책을 거쳐 10여 년 만에 그 실행법이 제정된 것이다. 이것은 일본의 경우 1963년에 〈중소기업기본법〉이 제정되면서 바로 중소기업구조고도화를 위한 실행법인 〈중소기업근내화축신법〉이 세정된 것과 대소를 보인다. 결국 우리나라 중소기업근대화정책의 추진은 체계적이지 못했고, 그 정책의식도 충분히 성숙되지 못한 상태에서 법체제의 정비도 소극적이었음을 알 수 있다.

이 법의 정책내용은 중소기업근대화정책 가운데 구조고도화에 치중되어 있으나 협동화사업 등에서 볼 수 있듯이 구조개선의 측면도 포함하고 있다. 그런데 中小企業振興法施行令은 우선육성업종의 지정대상을

ⓐ 산업구조의 고도화와 계열화 촉진에 필요한 업종

ⓑ 수출촉진 또는 輸入代替效果가 높은 업종

ⓒ 國際競爭力이 높은 업종으로서 전략적으로 개발할 필요가 있는 업종

ⓔ 국민생활의 안정과 향상을 도모하는 데 필요한 업종

등으로 하였다. 이것은 〈중소기업진흥법〉이 정한 중소기업근대화정책의 중점방향이 개방체제하의 산업구조 고도화와 수출주도형 중화학공업건설의 보완적 기능을 하는 중소기업에 놓여 있음을 말해준다.

② 〈中小企業關係法〉의 개정(1978년 12월 5일자) 및 제정

㉠ 〈중소기업기본법〉의 중소기업 범위에 관한 규정(제2조) 가운데 제조업의 경우 획일적으로 정해져 있던 것(자산총액 5억 원 이하, 상시 종업원 300명 이하)을 固有中小企業業種 가운데 노동집약적 업종에 대하여는 특별규정을 두어 융통성을 부여, 지원대상을 확대하였다.

㉡ 〈중소기업계열화촉진법〉의 개정

• 母企業의 범위 및 계열화 대상을 확대하여 규정

• 모기업체 및 受給企業體에 대한 장기 저리자금의 우선적 지원

• 都給契約에 수반하여 발생한 조정명령 위반에 대한 벌칙을 강화하여 대기업의 횡포예방

㉢ 〈中小企業事業調整法〉의 개정

종래의 중소기업 상호간의 과당경쟁으로 인한 분쟁조정뿐만 아니라 대기업의 중소기업분야 침식에 따른 사업조정도 가능하도록 개정하여 중소기업의 사업분야를 확보토록 함

㉣ 〈中小企業協同組合法〉의 개정

• 同一業種이 집단화되어 있는 공업단지 등 특정지역에서도 組合設立 가능

• 출자금 등 自體資本의 조합원에 貸出 가능

㉤ 〈中小企業製品購買促進法〉의 제정.(1981년 12월 31일자, 全文 12조) 정부 등 公共機關이 수요로 하는 물품을 구매할 때 중소기업자가 생산하는 물품의 구매를 촉진함으로써 중소기업을 安定稼動케 하여 국민경제의 발전에 기여할 목적으로 이 법이 제정되었다. 정부 구입물자의 受注機會를 중소기업에 균등배정하도록 法制

化하여 중소기업의 판로를 확보토록 한 것이다.

中小企業近代化 및 協同化事業의 추진

① 中小企業優先育成業種의 중점 육성

㉠ 〈중소기업진흥법〉의 제정과 중소기업진흥공단의 설립을 계기로 그동안 뚜렷한 진전을 보지 못했던 중소기업근대화 및 협동화사업이 적극적으로 추진되었다.

㉡ 1979년 3월 24일 〈중소기업 우선육성업종과 우선육성업체 지정요령〉을 공고하여 중소기업형 전문기계업종, 계열화업종, 고유중소기업업종을 각각 설정하였다.

㉢ 1979년 12월 3일에는 우선육성업종에서 계열화업종을 제외시켜 중소기업형 선문기계업종과 고유중소기업업종만을 대상으로 하였다.

㉣ 선정된 업체에 대하여는 금융지원 등 중점육성대책을 강구한다.

② 中小企業專用工業團地

㉠ 半月工業團地

1977년 이후 公害性 중소기업의 집단적 유치

㉡ 中小企業示範工業團地

1979년 이후 천안·정읍·나주 등에 田園型 중소기업시범공업단지 조성

中小企業金融支援의 擴大

① 資金支援의 확대

㉠ 중소기업에 대한 일반은행의 貸出化比率을 시중은행 35퍼센트, 지방은행 55퍼센트 수준으로 높이고 短資會社의 중소기업에 대한 어음할인비율을 30퍼센트 이상 되도록 함.

㉡ 시설근대화를 위하여 借款資金 및 外貨資金의 貸出規模 확대

② 信用保證制度의 개선

㉠ 信用保證對象業種의 추가 및 貸出保證對象에 當座貸越의 포함 (1977년)

㉡ 제2금융권의 중소기업에 대한 대출 및 어음할인에 대한 신용
보증기금의 활용(1978년)

㉢ 신용보증의 한도 확대 및 운용제도의 개선

③ 國保委의 중소기업 자본지원 종합대책(1980년 7월 國家保衛非常對
策委員會)

㉠ 중소기업자금의 공급 확대

 • 중소기업은행의 자본금 증대

 • 중소기업은행 및 신용보증기금에 投資部를 신설, 중소기업의
주식 및 社債의 인수

 • 短資會社의 중소기업에 대한 義務貸出比率을 30퍼센트 이상
으로 인상

㉡ 零細中小企業의 支援强化

영세중소기업의 범위를 常時 종업원수 20명 미만, 총자산액 3억
원 미만인 자로 하고 이들에 대하여 특별자금지원

㉢ 중소기업에 대한 신용대출 및 신용보증 확대

㉣ 융자절차의 간소화

㉤ 選別金融 및 감독기능의 강화

경영 및 기술지도의 강화

① 1979년에 商工部 告示 제79-6호(1979. 2. 14)로 中小企業經營·
技術指導計劃을 고시하여 지도기관을 지정하고 지도 대상, 指導申請節
次, 기관별 업체배정 등에 대하여 규정하였다.

② 경영 및 기술지도기관으로는 공업진흥청·중소기업진흥공단·중소
기업협동조합중앙회·상공회의소·중소기업은행 등으로 정하였다.

③ 商工部 公示 제79-15호로 〈中小企業 經營技術指導要領〉(1979.
4. 13)을 고시하여 지도의 종류, 절차기준, 방법, 사후관리에 관하여
규정[28] 하였다.

이처럼 〈중소기업진흥법〉이 제정된 이후 중소기업근대화정책은 좀

---

28) 中小企業銀行,《中小企業銀行20年事》, 1981, pp. 75~86 참조.

더 체계적이고 적극적으로 시행되었다. 自力成長構造를 실현하기 위하여 전개된 다양한 중소기업정책은 對外指向的 重化學工業 육성을 통한 산업구조의 고도화와 독과점기업을 보완하고 그 자본축적의 기반을 마련하였다. 그러나 경제의 대외적 종속성과 독과점구조를 심화시킴으로써 자립적 경제구조의 잠재적 기반인 중소기업의 상대적 지위는 크게 개선되지 못하였다.

Ⅱ.　산업구조의 技術·知識集約化와 중소기업정책

1. 構造高度化·構造改善·知識集約化

⑴ 구조고도화정책

중소기업의 근대화정책은 중소기업의 구조고도화에서 구조개선으로, 그리고 지식집약화와 지역 단위의 구조개선으로 전개되었으며, 특히 일본의 경험이 그러하였음은 앞에서 본 바와 같다. 이것은 우리 나라의 중소기업근대화정책을 이해하는 데 큰 도움을 준다.[29]

중소기업구조의 고도화는 총체적으로 중소기업의 기업규모 적정화,

---

29) 우리 나라 중소기업의 근대화정책은 일본의 그것을 크게 참고한 것으로 볼 수 있다. 그것은 정책의 일반적 체계가 그러할 뿐만 아니라 구체저으로는 〈중소기업진흥법〉의 제정과정을 보아도 알 수 있다. 정부는 1978년 3월 중소기업육성을 위한 새로운 정책방향을 모색하고자 외국의 중소기업제도 조사의 일환으로 日本中小企業育成支援制度調査團(단장, 商工部企劃次官補)을 현지에 파견하여 15일간에 걸쳐(3월 13일~3월 27일) 通産省·大藏省·中小企業廳 등 정부 각 기관을 비롯하여 금융관계를 지원하는 기관, 中小企業者 단체, 중소기업의 系列化業體 등을 방문하고 자료를 수집하였다.
　　調査團은 조사 연구한 자료를 1978년 4월 27일 貿易振興擴大會議에 보고하고 〈中小企業近代化促進法〉(가칭)의 제정과 中小企業振興工團(가칭)의 설립을 건의하였다. 이를 토대로 〈中小企業振興法案〉이 작성되었고, 그것이 통과되어 〈中小企業振興法〉이 제정되었다.(成光元, 《中小企業法槪說》, 財團法人 法令編纂普及會, 1986, p. 114·115)

사업의 공동화, 공장 및 점포 등의 집단화, 사업의 전환 및 소매상업
경영형태의 근대화라고 규정되고 있다.[30] 이것은 업종내 및 업종간에
중소기업 및 그 구성을 가장 附加價値生產性이 높은 방향으로 시정하
는 것이고, 산업에서 중소기업의 구성을 합리적 방향이 되도록 변화시
키는 것이다. 따라서 고도화는 중소기업의 근대화를 포함하는 내용이
라고 설명되고 있다.

그리고 고도화사업을 추진하는 취지는 다음과 같이 설명되고 있다.
중소기업의 생산성 향상을 위해서는 중소기업이 지니는 수의 과다성,
규모의 과소성이라는 구조문제의 관점에서 같은 업종 및 관련이 깊은
중소기업자가 서로 협력하여 조합조직 등에 의하여 사업의 공동화, 협
업화 또는 공장과 점포의 집단화 등 중소기업구조의 고도화사업으로
근대화를 추진하는 것이 효과적이다. 요컨대 중소기업은 과다성과 과
소성을 구조적 특성으로 하고 있으므로 이를 협력, 적정규모화하는 것
이 생산성을 높이는 길이고 이를 위한 것이 고도화사업이라는 것이
다.[31]

기술수준의 향상, 경영합리화, 기업규모의 적정화, 노동력의 확보,
금융원활화 등을 직접적 목적으로 하는 일반적 정책 외에 ① 업종별
근대화 조성, ② 공동사업의 근대화 조성, ③ 개별기업의 시설근대화
조성이 고도화시책으로 시행되었다. 그러나 이들 시책은 개별기업중심
의 근대화와 합리화를 추진하는 것이 주된 내용이었고, 이것을 보완한
다는 점에서 중소기업의 공동화를 추진하여 중소기업업종의 고도화 달
성, 중소기업의 구조적 경제력 향상을 내용으로 하였다.

일본에서는 1963년에 〈중소기업기본법〉과 〈중소기업근대화촉진법〉
이 제정되어 이에 근거를 두고 지정업종을 대상으로 하는 중소기업 구
조고도화정책이 시행되고, 업종별 근대화, 합리화시책이 한층 강화되
었다. 특히 근대화촉진법은 당해 업종에 속하는 중소기업의 생산력 향

---

30) 〈日本中小企業基本法〉 제3조 4항 ; 中小企業銀行 企劃調査部, 《海外 各國의
    中小企業關係法》, 1965, p. 79.
31) 日本中小企業廳, 《中小企業政策のあらまし》(淸成忠南, 《現代中小企業の新展
    開》, 日本經濟新聞社, 1972, p. 252·253).

상을 도모하면서 산업구조의 고도화와 산업의 국제경쟁력 강화를 촉진
하고, 국민경제의 건전한 발전에 기여하는 업종을 지정하여 이들 지정
업종에 대하여 다음과 같은 근대화촉진방안을 강구하였다.

① 품질·생산비·적정규모 등 근대화목표를 담은 근대화기본계획의
책정

② 설비의 근대화를 위하여 필요한 자금의 확보 및 융자의 알선

③ 구조의 고도화, 경쟁의 정상화, 거래개선의 권고

④ 합병 등의 경우 과세특례 및 특별상각의 인정

⑤ 사업전환을 위한 중소기업자에의 권고, 금융의 알선

한편 공동사업의 조성으로서는 공장집단화, 공동시설 이외에 점포의
집단화, 상점의 공동화, 점포의 공동화, 기업합동, 공장공동화 등의 조
치로 그 범위를 확대하였다.

(2) 구조개선정책과 협업화

1966년도의 《일본중소기업백서》는 중소기업근대화정책의 장기 비전
으로 협업화·집약화·전문화를 중심으로 하는 구조개선대책을 강력히
제시하였고, 1967년에 중소기업진흥사업단과 협업조합제도(〈중소기업
단체조직법〉의 개정에 의함)를 창설함으로써 고도화정책은 새로운 단계
로 들어섰다. 이어서 1969년에는 〈근촉법〉을 개정하여 구조개선제도
를 규정함으로써 근대화정책은 구조고도화에서 구조개선으로 이어지게
되었다.

종래 풍부하고 저렴한 노동력을 그 존립기반으로 하던 중소기업이
높은 능률, 높은 기술, 높은 경영능력을 지닌 선진형 중소기업이 되어
산업구조의 효율성과 국제경쟁력을 높이기 위해서는 새로운 중소기업
의 구조개선제도를 창설할 필요성이 있음을 인정하였다. 경제환경의
급격한 변화에 대처하여 중소기업의 경쟁력을 긴급히 강화하기 위해서
는 개별기업의 근대화에 그치지 않고 공통의 문제를 지닌 기업집단에
속한 기업의 합병, 기업활동의 공동화, 생산품종의 교환, 기업의 전업
과 폐업 등 생산과 판매면에서 상호간에 협력하고 활동을 조정하여 기
업집단의 구조를 변화시킴으로써 기업집단 전체의 근대화를 도모하는

동시에 자립적 효율적인 業界의 구조를 확립해야 한다. 이러한 구조개선이 필요한 것은 중소기업 수의 過多性, 규모의 過小性으로 보아 개별기업의 근대화 노력에는 한계가 있고, 긴급히 근대화를 이루기 위해서는 다수의 기업이 협력해야 하기 때문이다.[32]

이에 따라 중소기업고도화정책의 기본적 흐름이었던 업종별시책은 점차 구조개선적 특징을 강하게 지니게 되었다. 指定業種 가운데 구조개선을 목적으로 하는 특정업종을 정하여 이 업종 전체의 구조를 개선하는 제도를 창설하였다.

① 〈근촉법〉에 의한 지정업종 가운데 국제경쟁력을 긴급히 강화할 필요가 있는 업종을 특정업종으로 정하여,

② 장기적 관점에서 구조개선계획을 업계에서 업종 전체를 기준으로 자주적으로 작성하고,

③ 업계의 自助努力에 의하여 구조개선사업을 종합적으로 실시하여 적정규모를 달성한다는 것이다.

구조개선사업으로는

① 협업화·공동화·합병·업무제휴·사업전환 등에 의한 생산면과 판매면에서의 집약화,

② 기계화에 의한 집약화, 고성능 기계에 의한 생산성 및 품질의 향상, 노후시설의 폐기계획,

③ 거래관계의 개선, 기술개선 등을 포함한다.

구조개선정책의 흐름은 주로 소영세기업의 집약화에 의하여 중소기업의 경제적 효율을 높이기 위해 협업조합제도를 창설하도록 하였다. 고도화정책의 수단으로서 사업공동화 가운데 공동화가 고도로 추진되는 것을 다른 사업공동화와 구분하여 협업화로 규정하였다. 협업화는 복수의 기업이 공동으로 일으킨 사업활동 부문에 참여하고, 여기에 참여한 기업은 공동경영조직의 집중관리에 복종하면서 사업활동에 의무를 부담하는 공동화의 형태이다. 이러한 움직임이 전후 유럽에서는 협업화(grouping)로 나타났다.

---

32) 淸成忠男, 위의 책, p. 255·256.

　일본에서는 협업화의 추진이 고도성장 속에서 규모의 경제를 실현하기 위한 소영세기업의 공동화정책으로 제시되었다. 특히 이것은 구조개선정책에 의한 업계 전체, 산지 전체에 대한 정책수단의 한 가지로서 중요성을 지녔다. 소영세기업은 협업조합제도의 실시에 따라 근대화를 위한 자금조성과 공동사업이 쉽게 되고, 강력한 전체 협업에 의한 조합활동의 길이 열려 설비근대화와 사업공동화로 효과를 높일 수 있었다. 그러나 협업조합의 보급률이 낮고 자주적으로 결성한 조합수가 적은 것으로 보아 문제점이 남아 있음을 알 수 있다.[33]

　그런데 협업화는 소영세기업에서 구조개선사업의 과제였다. 근대화가 과잉생산을 일으키고 소영세기업을 둘러싼 과당경쟁이 업계의 질서를 동요시키는 문제점이 제시됨에 따라 협업화의 이름으로 이를 재편성하려는 것이었다. 전업과 폐업을 촉진하는 정책의 노출은 소영세기업의 반발을 일으킬 것이므로 이에 대한 전폐업정책으로 협업화가 전개된 것이다.

⑶ 구조고도화·구조개선 및 그 질적 전환

　高度化事業은 개별기업에 중심을 두고 조합조직 등에 의하여 공동화·협업화, 공장과 점포의 집단화 등을 행하는 사업이다. 설비의 근대화와 기업규모 적정화 등의 목적을 효과적으로 달성하기 위하여 개별기업을 일정한 형태로 그룹화하는 것이며, 어디까지나 개별기업의 신속한 근대화를 도모하려는 데 목적이 있는 것이다.

　이에 대하여 構造改善事業은 개별기업의 근대화에 그치지 않고 업계 전체가 협력하여 업계 전체 기준으로 업종의 구조를 근본적으로 개선하려는 데 목적을 두고 있다. 특정지역에 속하는 기업의 상당부분이 서로 협조하고 조화를 이루어 다 같이 근대화방안을 모색할 필요가 있다는 것이다. 구조개선정책 이전의 근대화정책은 업종별 근대화정책이

---

33) 여기에 대하여는 上田宗次郎,〈高度化政策と構造改善〉, 加藤誠一·水野武·小林靖雄 編集,《經濟政策と中小企業》, pp. 87～88 참조.

었는데, 그것은 고도화사업이었고 개별기업의 근대화를 중심으로 하는 設備中心主義였다. 그러나 구조개선사업은 기업집단 전체의 근대화를 중심으로 하고 있으며, 생산뿐만 아니라 판매력·시장개척력·기술개발력을 포함하는 종합적인 것을 지향한다.

이처럼 구조개선은 근대화의 대상을 개별기업으로부터 업계 전체로 확대하여 고도화사업을 좀더 철저히 시행하려는 것이다. 이것은

① 근대화계획의 수행에 업자의 자주적 책임이 분명히 있도록 하는 것이며, 계획작성도 정책당국이 아니고 업계의 책임으로 구조개선계획을 수립한다.

② 개별기업의 시설근대화가 아니고 업계 전체, 산지 전체로 도산과 신설(scrap and build)을 계속한다.

③ 구조개선의 최종목표는 적정규모의 실현이며 규모의 경제 추구를 통하여 국제적 수준의 기업집단을 육성하려는 것이다.

협업화·공동화·합병·사업전환 등의 집약화를 실현하고 새로운 설비의 도입과 낡은 설비의 폐기를 한 묶음으로 하는 폐기와 신설방식의 채용 및 기술개선인 것이다. 이를 위하여는 중소기업을 횡적으로가 아니고 산업별로 종적으로 묶어 업종·업계 전체로 보아 기업구조를 개선하고 업종·업계 전체로서 종합적인 생산성 향상을 도모할 필요가 있으며[34] 산업구조의 개선은 현재에 그치지 않고 장래에 국제적으로 경쟁력 있는 기업의 육성을 목적으로 한다는 것이다.[35]

이러한 구조개선정책에 대하여 다음과 같은 문제점이 제시되었다.

① 생산력 제일주의에 대한 반성 : 구조개선정책은 고도화정책의 일환으로서 생산력의 관점에 서 있는 정책이지만 점차로 생활우선과 환경보전이 산업의 당면과제가 되고 있다.

② 국제경쟁력 강화의 의미와 성격의 변화 : 구조개선계획은 중소기업의 국제경쟁력 강화를 목적으로 하고 있는데, 이러한 정책목표의 설

---

34) 經濟審議會,《70年代の中小企業·流通》, 大藏省 印刷局, 1970, p. 208.

35) 有澤廣己 監修,《産業の構造改善と企業合併》, 1969, p. 6(中山金治,《中小企業近代化の理論と政策》, 1983, p. 20·21 참조).

정은 업종의 선정에서 국제간의 분업과 협업에 의한 공존공영의 체제를 적극 추진하는 방향과는 맞지 않는다.

③ 규모의 이익추구와 계층분화 : 다종다양화한 생산분야로 나뉘어 개성을 발휘하는 중소기업의 생산의 합리성을 획일적으로 취급하는 것은 문제가 있다. 다양한 분야에서 중소기업은 규모화·표준화·분업화·전문화에 의하여 생산규모를 확대하고 생산의 집중을 가져올 수 있다. 그러나 많은 업종에서는 다양성으로 인하여 기업규모의 계층분포가 광범하게 존재한다. 집약화는 상위층에서 자본력이 강한 기업이 설비근대화를 조성하는 데 반하여 하위층에서는 소영세자본의 기업을 소영세규모로 근대화·효율화시키는 것이 필요하다.

따라서 구조개선정책은 질적 전환을 할 필요가 있게 되었다. 중소기업을 둘러싼 경제환경의 변화에 대응하여 종래의 경제규모 확대, 생산성 향상, 資本裝備率의 충실 등에 의한 산업의 양적 발전을 목적으로 하는 중화학공업화의 구상으로부터 벗어나야 한다. 중소기업의 다양성이라는 특질을 재인식하여 지식집약화, 자원절약화, 高加工度産業化, 마케팅, 산업시스템화의 진입에 의한 고도화와 공해방지, 인간생활의 존중, 그리고 소영세사업자와 종업원의 복지향상, 소비자의 이익증진을 위하여 중소기업의 질적 발전 방향으로 구상을 전환해야만 하게 되었다.

이에 따라 일본에서는 1973년에 〈근촉법〉을 개정하여 지식집약화에 관한 구조개선사업 및 지역 단위에서의 구조개선산업을 추가하였다.(제 3 차 개정) 1974년에는 중소기업수출의 고도화를 위한 고급품수출의 촉진, 1975년에는 종래에 지정업종, 구조개선을 위한 특정업종의 제도 이외에 새로운 관련업종협조구조개선제도, 신분야진출촉진제도, 특정업종의 지정기준에서 국민생활의 안정향상을 위한 재화 및 용역의 공급을 목적으로 하는 업종을 추가하였다.(제4차 개정)[36]

---

36) 上田宗次郎, 앞의 글, p. 74·75, pp. 79~81 참조.

2. 산업기반의 확충과 중소기업정책

(1) 1980년대의 경제과제와 〈제5차 경제개발5개년계획〉에서 중소기업정책

구조정책으로서 중소기업근대화정책의 단계적 전환에 대한 이상과
같은 분석은 1980년대 우리 중소기업정책의 위치를 정하는 데 도움을
줄 수 있다.

1980년대 중소기업이 대처해야 할 경제여건은 다음과 같이 규정된
바 있다.[37]

첫째, 무역구조의 큰 변화이다.

수입자유화가 점진적으로 확대되어 중소기업의 경우 국내기업간의
경쟁을 넘어 외국의 중소기업과 상품의 품질·가격 등 모든 면에서 치
열한 경쟁을 해야 하며 격심한 경쟁적 시장형태가 출현할 것이다.

둘째, 중소기업의 전문화·계열화의 필요성이 크게 확대될 것이다.

기계·조선·전자산업 등 조립공업이 획기적으로 대두됨에 따라 조립
생산형태의 대기업과 부품생산형태의 중소기업간에 협력관계의 확대가
크게 요구될 것이며, 따라서 부품생산에 대한 중소기업의 전문화 필요
성이 크게 증가할 것이다.

셋째, 상품에 대한 需要構造의 급격한 변화이다.

국민소득수준이 크게 향상됨에 따라 소비의 양적 증대뿐만 아니라
질적 고급화에 대한 요구가 상대적으로 높아질 것이다. 더욱이 소득
향상에 따른 기호의 다양화로 小量多品種 품목에 대한 수요가 증가할
것이다.

넷째, 자원과 에너지 가격의 점진적 상승이 예상된다.

석유를 비롯한 에너지의 수급에 대한 전망이 밝지 못하고 이에 따라
가격의 계속적 상승이 예상된다. 따라서 중소기업은 생산원가면에서
원자재 등의 비용에 대한 부담이 높아질 것이다.

---

37) 상공부, 《中小企業에 관한 年次報告書》, 1981, p. 117·118.

다섯째, 공해방지와 환경보전에 대한 비용부담이 크게 증가할 것이다.

공업화가 진행되면서 중소기업도 점차 공해방지시설에 대한 투자비용이 종가할 것이다. 이로 인한 중소기업경영의 부담과 함께 공업입지와 지역간 균형을 위한 공업화시책에 따라 중소기업의 경영환경에 큰 변화가 올 것이다.

여섯째, 종업원의 복지후생에 대한 압력이 가중될 것이다.

종업원의 임금인상 압력이 종대될 것이며 후생복지의 요구가 가속화되어 중소기업의 경영 내실화에 큰 영향을 줄 것이다.

1980년대 중소기업의 경제여건 변화에 대한 이러한 전망과 함께 1970년대까지의 고도성장과정에 정착된 경제구조의 긍정적 부정적 특성이 또한 1980년대 중소기업정책의 전개를 규정하는 요인이 되었다. 특히 1970년대의 고도성장 추구는 중화학공업화정책에 의하여 이루어졌다. 중화학공업의 급속한 성장과 더불어 산업구조·공업구조·무역구조를 고도화시키고 이것이 고도성장을 주도하였지만, 다른 한편에서는 중화학공업화가 국민경제의 구조적 문제를 발생시키고, 이것이 기존 산업구조의 취약성을 더욱 심화시킨 것도 사실이다. 중화학공업화의 국민경제에 대한 부정적 귀결은 다음과 같이 지적되었다.[38]

첫째로, 그동안의 중화학공업화는 국내산업간의 불균형을 심화시켰다. 중화학공업에 대한 편중지원은 상대적으로 농업 및 경공업을 비롯한 내수산업의 부진을 초래하였을 뿐만 아니라 중화학공업 부문내에서도 불균형을 가져와 국민경제의 산업기반을 취약하게 하였다. 특히 素材 및 生產財 부문의 낙후는 중화학공업에 필요한 投資財 대부분을 수입에 의존함으로써 투자가 투자를 부르는 자율적 성장 메커니즘을 확립하지 못하게 하였다. 또한 가공원자재 중심의 원자료수입으로 인한 수입구조의 경직화를 초래하였고, 그 결과 중화학공업의 국내 後方聯關效果를 높이지 못하였다.

둘째로, 중화학공업의 진전은 오히려 산업의 대외경쟁력을 저하시켰

---

38) 金大煥, 앞의 글, pp. 225~231.

다. 이것은 투자의 회임기간이 긴 중화학공업에 대한 집중적인 투자로 투자효율이 저하된 데 그 원인이 있는데,

① 급속한 중공업건설로 공급능력이 수요를 상회함과 아울러 일천한 기술축적에 따라 가동률이 낮았던 점,

② 업종의 선택에서도 에너지 多消費型 重化學工業에 집중됨으로써 생산성이 저하된 점,

③ 회임기간이 장기인 중화학공업에의 집중투자로 투자재원 공급의 애로를 야기함으로써 통화증발을 가져와 인플레이션의 악순환을 초래하였다는 점에 기인한 것이다.

셋째로, 중화학공업화는 국민경제의 대외종속성 심화로 귀결되었는데, 이것은 무엇보다도 중화학공업화가 외국자본에 의존하여 추진되어 온 데서 기인한다.

넷째로, 독점재벌의 비대화를 더욱 촉진시켰다. 재벌기업은 중화학공업화 초기단계에서는 참여가 소극적이었으나, 특혜적 편중지원에 따라 중화학공업에 적극 참여하였고 이에 힘입어 비대화되었다. 원래 수출지향적 국제 규모의 중화학공업 건설이 정부에 의하여 추진되었기 때문에 중소기업은 처음부터 배제될 수밖에 없었고, 독점재벌에 모든 특혜적 지원이 집중되었다.

다섯째, 중화학공업화는 국가의 상대적 자율성을 크게 약화시키는 국민경제적 내용을 형성하였다.

중화학공업화가 가져온 이러한 부정적 측면은 당시 한국경제가 해소시켜야 할 당면과제로 제시되었고, 이것을 극복하는 것이야말로 약화된 성장기반을 확충하여 지속적인 고도성장을 가능하게 하는 방향이었다. 이를 위하여 무엇보다도 중요한 것은 국내분업관련을 기준으로 하여 전략업종을 선정하고 관련된 부문 및 素材産業을 발전시켜 국내분업관련을 누적적으로 높이는 것이었다. 결국 대기업과 중소기업간의 상호보완적인 대내적 분업관계의 심화를 통하여 산업기반을 확충하고 나아가서 국민경제의 대외종속성 탈피와 경제력 집중 완화를 실현하는 것이 중소기업육성의 방향으로 귀결된 것이다.

양적 고도성장과정에서 제시된 대기업과 중소기업간의 성장격차의

심화 및 공업 내부의 불균형, 지방산업의 취약 등 지역간 불균형, 경제력 집중에 따른 소득분배의 불균형과 부품공업의 낙후 등 여러 문제점이 균형 있는 경제발전과 지속적인 성장체제에 취약점으로 작용하였다고 보았다. 변화하는 세계산업의 동향에 효율적으로 대응하여 동태적 비교우위에 입각한 선진공업구조로의 질적 발전을 이루기 위하여는 이러한 문제점을 시정하여 합리적이고 균형 있는 공업구조로 전환하지 않을 수 없는 과제를 안게 되었던 것이다.[39]

이것은 중소기업의 건전한 발전 없이는 대기업의 성장도 안정적 바탕을 마련할 수 없으며, 국민경제의 안정적 지속적 성장도 기대할 수 없다는 것을 의미한다. 이에 중소기업의 기술수준 향상과 체질개선을 통하여 중소기업의 경쟁력을 배양하고, 동시에 새로운 중소기업의 구조고도화와 산업재편성의 과제가 제시되기에 이른 것이나.

제5차 경제사회발전 5개년계획은 이러한 과제를 안고 중소기업정책을 규정하였다. 선진공업구조의 실현을 위한 기본정책의 방향에서 중소기업을 산업의 저변이라고 보았다. 즉 산업의 저변을 이루는 중소기업에 대한 지원을 適正化하고 경영기술지도를 강화하여 중소기업의 자생적 발전여건을 조성한다는 것이다.

특히 기계공업의 발전을 위하여는 안정된 需要基盤, 기술수준의 향상과 함께 중소부품공업의 발전이 이루어져야 한다고 보았다. 이에 따라 소규모 전문기계공장을 육성하여 부품업체의 전문계열화를 추진함으로써 기계공업의 저변을 확충하고 기계류의 국산화를 촉진할 것을 규정하였다.[40]

그리고 이 계획이 제시한 구체적인 중소기업부문에 대한 시책 내용을 보면 다음과 같다.[41]

이제까지 대부분의 중소기업은 고도성장과정에서 상대적으로 기술·정보·금융에 대한 접근기회가 부족하였고, 기술수준은 낙후되고 대기

---

39) 大韓民國政府, 《第5次 經濟社會發展 5開年計劃》(1982~1986), 1981, p. 50.
40) 위의 책, p. 51·52.
41) 위의 책, p. 57·58.

업과의 합리적 계열화가 이루어지지 않아 발전이 늦은 부문으로 남아 있다. 따라서 앞으로 중소기업이 산업고도화 과정에서 산업조직의 견실한 저변을 이루도록 건전하게 육성함으로써 내실 있는 공업구조를 이루어 나갈 것이다. 중소기업에 대한 정책지원방식은 지나친 보호나 특별지원에서 야기되는 기업체질의 약화가 일어나지 않도록 중소기업의 자생적 체질강화와 발전능력 함양에 중점을 두도록 할 것이다.

① 금융자율화를 통하여 金融機會를 균등히 하고 세제지원의 공평성을 높여 건전한 경쟁기반을 조성하여 중소기업 스스로 기술수준을 향상시키고 제품의 질을 높여 생산성이 향상되도록 유도할 것이다.

② 중소기업의 낙후된 기술 및 경영분야에 대한 지도기능을 대폭 강화하기 위하여 중소기업진흥공단, 한국생산기술사업단의 기능을 재편하고, 지도기관간의 협조체제를 마련하여 기술 및 경영지도, 정보제공, 상담 등 서비스 기능을 대폭 강화할 것이며, 技術集約的 小企業의 육성을 위하여 기술개발주식회사를 중심으로 한 企業化金融(venture capital)을 확충·정착시킬 것이다.

③ 소규모 기계부품업체의 전문화를 유도하기 위해서 규모가 작은 중소기업에 대하여도 각종 지원 및 유인제도가 공평하게 배분되도록 하고, 특히 대기업과의 공정한 거래관계 및 분업적 협력관계를 유지하여 대기업과 중소기업이 서로 공존공영할 수 있는 신뢰와 협동관계가 이루어지도록 할 것이다.

④ 중소기업의 시설근대화를 위하여 노후시설개체를 촉진하고 공동공장건설 등 중소기업 상호간의 공동노력을 제도적으로 뒷받침할 것이다.

⑵ 〈中小企業振興長期計劃〉의 수립과 관계법의 개정 및 제정

이를 바탕으로 하여 제5차 5개년계획기간 중 시행된 주요 중소기업 정책은 다음과 같다.

〈중소기업진흥장기계획〉의 수립

장기적 안목에서 중소기업이 지향해야 할 좌표와 지원정책의 지속적 발전을 강구하고 중소기업을 적극적으로 진흥 육성시켜 대기업과의 불

균형에서 야기된 산업구조상의 취약점을 보강, 균형적이고 조화 있는 국민경제의 안정적 성장을 촉진하기 위하여 1980년대(1982~1991) 중소기업의 육성방향과 비전을 제시하는 〈중소기업진흥장기계획〉(1982. 4)을 수립하였다.

① 中小企業 振興育成의 10년간 장기목표의 제시

1981년에 35퍼센트 수준이던 중소기업의 부가가치 비중을 1991년에 45퍼센트 수준에 이르도록 하고, 연간 13퍼센트의 성장률을 견지하여, 고용비 중에서도 1981년의 48퍼센트 수준이었던 것을 1991년에 54퍼센트가 되도록 한다. 그래서 계획기간 중 제조업 전체 고용 흡수의 63퍼센트를 중소기업이 담당하도록 한다는 것이다.

② 중소기업의 범위 조정

중소기업자 가운데 규모에 따른 범위의 구분이 없어서 중소기업시책이 상대적으로 규모가 큰 중소기업에만 집중되어 온 점을 감안, 규모가 작은 小企業의 육성발전을 위하여 소기업개념을 정하였다. 또한 업종의 특성을 감안, 노동집약적인 업종은 중소기업자의 범위를 700인까지 확대할 수 있도록 하는 반면, 일정한 자산규모로서 외형상 중소기업으로 보기 어려운 기업은 종업원 300인 이하라고 하더라도 중소기업에서 제외시키도록 하였다.

③ 중소기업자의 사업활동영역을 보호측면의 영역과 우선지원측면의 영역으로 구분하여 보호와 지원이 조화롭게 운영되도록 하였다.

④ 기존의 중소기업육성시책의 발전과 함께 새로운 시책의 개발을 강구하였다.

  ㉠ 기술수준과 수급구조의 변화에 따라 새로운 전망 있는 사업분야로의 중소기업의 전환

  ㉡ 中小企業共濟事業基金의 설치

  ㉢ 공동구매 및 판매사업 추진

  ㉣ 소기업 육성시책 등

⑤ 협동조합의 기능 강화, 중소기업진흥공단의 역할 증대, 지방행정기관의 본격적 중소기업지원기능의 강화 등 지원조직의 전문화 및 기능 강화 및 이를 위한 〈중소기업관계법〉의 개정과 〈소기업특별대책

법〉의 제정 등이다.

〈중소기업관계법〉의 보완·제정 및 개정

① 〈중소기업기본법〉의 개정(1982. 12. 31 ; 법률 제3650호)

　㉠ 소기업육성시책의 강구(제2·9조)

　㉡ 중소기업의 창업을 지원하고 창업된 중소기업을 육성하기 위한 창업조성지원정책의 제도화(제9조 ②)

　㉢ 成長限界業種을 영위하고 있는 중소기업자의 事業轉換促進對策 강구(제14조 ②)

　㉣ 중소기업의 倒産防止와 共同購買事業을 지원하기 위한 중소기업 공제제도의 확립(제20조 ②)

　㉤ 지역간의 균형 있는 발전을 강구하고 중소기업의 지방 이전을 촉진하기 위한 지방중소기업지원시책과 민속공예산업을 육성하기 위한 시책 강구(제15조 ②)

　㉥ 중소기업 전문지도기관의 육성(제11조 ②)

　㉦ 중소기업정책심의회의 기능강화와 기능별 分科實務委員會의 설치(제29·33조)

② 〈중소기업진흥법〉의 개정

〈중소기업기본법〉에서 새로이 강구된 사업전환촉진, 창업조성 지원, 지방중소기업 및 민속공예산업에 대한 지원시책을 추진할 수 있도록 하고 이를 위하여 중소기업진흥공단의 기능을 강화(1982. 12. 31 ; 법률 제3651호)

③ 〈중소기업계열화촉진법〉(1982. 12. 31 ; 법률 제3652호)의 개정

　㉠ 母企業, 受給企業體, 관계기관으로 中小企業系列化促進協議會 설치(제15조 ②)

　㉡ 모기업체 단위별 수급기업체협의회의 구성(제15조 ②)

　㉢ 모기업체의 수급기업체에 대한 준수사항 확대(제13조)

　㉣ 〈獨占規制 및 公正去來에 관한 法律〉의 처벌요구 근거 마련(제13조 ②) 등

④ 〈中小企業事業調整法〉의 개정(1982. 12. 31 ; 법률 제3653조)

㉠ 대기업의 침투를 강력히 규제할 수 있는 중소기업 고유업종의 기본개념 명시(제6조 ②)

㉡ 중소기업자의 事業調整申請이 있는 경우 사업조정시까지 대기업에게 一時事業停止勸告權의 제도화(제8조 ②) 등

⑤ 中小企業協同組合法의 개정(1982. 12. 31 ; 법률 제3654호)

㉠ 중소기업공제사업기금의 설치

㉡ 協同小組合新設의 제도화[42]

⑥ 〈下都給去來에 관한 法律〉을 제정하여 하도급에 관한 공정거래 풍토조성(1984. 12)

⑦ 〈中小企業創業支援法〉 제정(1986. 5. 12 ; 법률 제3831호)

㉠ 중소기업의 설립 촉진

㉡ 창업 중소기업자에 대한 지원 강구

㉢ 농촌지역의 중소기업 설립 촉진

成長基盤 확충을 위한 시책

① 유망중소기업의 발굴 지원

그간의 경제정책이 규모의 경제에 바탕을 두고 중화학공업 등 대기업 부문에 투자를 집중함에 따라 산업의 밑바탕이 되는 중소기업의 경제적 지위가 저하되어 산업 전체의 국제경쟁력 확보에 문제가 대두되었다. 이에 낙후된 중소기업을 본격적으로 육성하되 한정된 재원으로 효율적 육성을 위하여 성장가능성이 높고 수용태세가 되어 있는 성장유망중소기업을 1983년부터 발굴하여 지원하였는데,

㉠ 발굴대상은 〈중소기업기본법〉 제2조 제1항에 의한 중소기업 가운데 제조업을 영위하는 업체로서

• 기초 소재 및 부품 생산업체

• 첨단기술 보유업체

• 수출촉진 또는 수입대체가 획기적으로 이루어질 수 있는 업체

• 각종전문공장으로 지정받은 업체

---

42) 상공부, 《中小企業에 관한 年次報告書》, 1983, pp. 130〜136 참조.

ⓛ 발굴기준은

　·조금만 지원하면 국제경쟁력을 갖출 수 있는 업체

　·발굴지원으로 생산성이 크게 향상될 수 있는 업체

　·발굴지원으로 경영 및 기술제약요인이 크게 보강될 수 있는 업체

　·발전가능성이 높은 新規창업 업체

등이었다.[43]

한편 유망중소기업의 발굴 지원제도와 병행하여 1985년 3월부터 중견 수출업체의 발굴 지원업무를 추진하였다. 이들에 대하여는 금융 기술지원, 정보제공, 연수, 해외시장 알선, 행정지원 등 종합적 지원이 이루어졌다.

② 중소기업의 창업조성 지원

창업기회의 확대는 새로운 기술의 기업화를 촉진하고 고용기회를 창출시키며, 능력 있는 창업 희망자에게 기업을 경영케 하여 경제의 활성화와 중소기업의 저변을 확대하게 하고, 산업구조의 고도화와 産業基盤의 안정화에 기여한다는 취지에서 이 정책이 시행되었다. 더구나 우리 나라에서는 다음과 같은 이유로 중소기업의 창업촉진시책이 더욱 중요성을 지닌다고 보았다.

첫째, 우리나라의 사업체 수는 일본·대만 등에 비하여 상대적으로 적어 산업구조와 노동시장구조가 취약하다.(표 4-1 참조)

둘째, 신규 노동인구의 계속적인 증가로 고용기회의 창출 필요성이 증가되었다.

셋째, 대기업에의 경제력 집중이 점차 심화되어서 산업구조의 불균형을 이루고 산업체제의 硬直化가 초래되고 있다.

이러한 요구에 따라 1982년 12월 31일 〈중소기업진흥법〉을 개정할 때 이에 대한 제도적인 기초를 마련하고, 상공부 고시 제84-11호(1984. 3. 27)에 의거하여 중소기업진흥공단을 통하여 창업조성 지원사업을 추진하였으며, 중소기업은행·국민은행·신용보증기금 등을 창업

---

43) 위의 보고서, 1984, p. 131.

표 4-1. 國別 製造業中 中小企業體數 및 從業員數 現況比較

구　　분 ＼ 단　　위 ＼ 국　별	단　　위	한　국 (1983)	일　본 (1981)	대　만 (1981)
인　구　수　(A)	천　명	39,951	117,650	18,000
1 인 당 국 민 소 득	US ＄	1,884	9,684	2,563
중 소 기 업 체 수 (B)	개	139,098	868,334	118,884
중소기업종업원수 (C)	천　명	1,420	9,552	2,164
B／A	－	3.48	7.38	6.6
C／A	％	3.55	8.12	12.02

※ 자료 : 중소기업진흥공단,《중소기업에 관한 연차보고서》, 1985, p. 132 참조.

조성 지원기관으로 지정한 바 있다.[44]

　그 후 적극적 추진을 위한 제도적 도입이 요청되어 1984년 12월에 국회에 제출한 〈中小企業創業支援法(案)〉이 1986년 5월 12일에 제정 공포되기에 이르렀으며, 그 법이 규정한 주요 내용은 다음과 같다.

　　㉠ 창업자에 대한 지원(자금·세제 지원, 창업절차의 간소화)
　　㉡ 창업기술기금의 설치 운용
　　㉢ 중소기업 창업투자회사의 육성
　　㉣ 중소기업 상담회사의 육성
　　㉤ 창업지원심의회의 설치 운영
　　㉥ 중소기업 창업민원실의 설치 운영 등
　③ 소기업에 대한 지원

　양산체제와 규모의 경제를 지향하는 고도성장 아래에서 대기업과 중소기업 사이에 발전의 불균형이 심화되었을 뿐만 아니라 중소기업의 범위 안에서도 중견 또는 중기업과 소영세기업 사이에 구조적 격차가 크게 형성되었다. 이는 중소기업 가운데서도 상대적으로 규모가 큰 범주에 정책의 지원효과가 집중되었기 때문이다. 중소기업 범위 안에 별

---

44) 위의 보고서, 1985, pp. 130~132.

도로 소기업 또는 영세기업의 개념을 도입하여 이들에 대한 分化的 政策支援을 함으로써 중소기업의 균형 있는 발전과 나아가서 산업구조의 불균형을 시정할 필요가 있게 되었다.

이에 따라 〈중소기업기본법〉을 개정(1982. 12. 31)하여 중소기업의 범위를 중기업과 소기업으로 구분하고, 제조업·광업·운수업·건설업의 경우는 종업원 20인 이하, 상업 기타 서비스업은 5인 이하를 소기업으로 분류하여(표 4-2 참조) 이에 대한 금융지원과 세제상의 혜택을 주는 조치를 강구하였다.(표 4-3 참조)[45]

표 4-2. 기본법에서의 원칙적인 중소기업자 범위

구 분	소 기 업 자	중 기 업 자
공업 기타 제조업·광업 또는 운송업을 주된 사업으로 경영하는 것.	상시 사용하는 종업원수가 20인 이하인 자.	상시 사용하는 종업원수가 21인 이상 300인 이하인 자.
건설업을 주된 사업으로 경영하는 것.	상시 사용하는 종업원수가 20인 이하인 자.	상시 사용하는 종업원수가 21인 이상 200인 이하인 자.
상업 기타 서비스업을 주된 사업으로 경영하는 것.	상시 사용하는 종업원수가 5인 이하인 자.	상시 사용하는 종업원수가 6인 이상 20인 이하인 자.

※ 자료 :《중소기업에 관한 연차보고서》, 1983, p. 134.

표 4-3. 小企業支援制度補強內容

구 분	내 용
중소기업은행의 융자제한 폐지	종업원 5인 미만 기업도 융자대상으로 포함
신용보증 방법개선	종업원 5인 미만 기업에 대한 별도의 보증한도 제한 폐지

---

45) 위의 보고서, 1987, p. 222.

신용보증 사정금액한도 확대	전년도 매출액의 1/4범위내를 1/3범위로 확대
금융기관의 재감정제도 개선	2년마다 의무적으로 하도록 되어 있는 재감정을 필요시 할 수 있도록 완화
소액수출 특례제도 개선	중소특례업체에 대해서는 타사제품 수출 허용
근대화실천승인업체에 포함	근대화실천승인업체 대상을 소기업까지 확대
계약보증금 납부제도 개선	국가등 공공기관과 계약시 신용보증기금이 보증
소기업 창업조성지원	1984년에 70억 원의 창업자금을 조성 지원
국민은행의 소기업지원 비율 제고	기업자금대출의 30퍼센트 이상을 소기업에 지원토록 의무화
직접투자조건 완화	참가적 누적적 우선주를 보통주로 변경

※ 자료 :《중소기업에 관한 연차보고서》, 1987, p. 222.

유망중소기업을 발굴 지원하면서도 창업지원정책과 소기업의 육성정책을 강화한 것은 그동안 대기업 편중적 고도성장이 산업기반을 취약하게 하여 안정적 성장체제가 지속될 수 없다는 판단에 따른 것이다. 잠식된 성장기반을 보완 조성하기 위하여는 산업의 저변을 형성하는 중소기업과 특히 소영세기업이 광범하게 육성되어야 하고, 이를 통하여 새로운 자본축적의 바탕을 마련하려는 노력이 필요하다고 보았다.

근대화사업의 지속적 추진

① 근대화사업과 우선육성업종의 지정 확대

개별 중소기업의 시설근대화, 경영합리화, 기술·경영지도, 정보제공, 연구 등 종합적인 지원으로 중소기업의 체질을 개선하기 위하여 근대화사업을 추진하였는데, 이는 〈중소기업진흥법〉이 제정된 이후 지속된 시책사업이었다. 즉 〈중소기업진흥법〉에 의하여 상공부장관은 산업구조의 고도화와 계열화 촉진에 필요하거나 산업연관도가 높고 경쟁력 제고가 요구되어 우선적으로 육성할 필요가 있는 업종을 우선육성업종

표 4-4. 중소기업우선육성업종

비교우위업종	정책개발육성업종
◦ 산업연관효과가 높은 것	◦ 수출전략효과가 큰 것
◦ 부가가치가 높은 것	◦ 수입대체효과가 큰 것
◦ 업체수가 많은 것	◦ 계열화 촉진상 필요한 것
◦ 종업원 비중이 큰 것	◦ 육성이 시급히 요청되는 취약업종
◦ 출하액 비중이 큰 것	

※ 자료 : 《중소기업에 관한 연차보고서》, 1984, p. 141.

오로 지정 고시하였다.(표 4-4 참조)[46] 그리고 이를 영위하는 개별 중소기업을 지원함으로써 연관산업에 대한 파급효과를 도모함은 물론 전체 중소기업의 근대화를 이룩하도록 근대화사업이 추진되었다.

원래 우선육성업종의 지정은 1976년부터 기계공업육성시책의 일환으로 추진하여 왔던 中小企業型 專門機械工場 지정에서의 대상품목과 1978년부터 중소기업육성시책으로 추진하여 오던 固有中小企業型 공장지정에서의 대상업종이 기초자료가 되었는데, 여기서 문제점이 제기되었다. 이에 1982년 6월 7일 상공부 고시(제82-22호)로 중소기업 우선육성업종으로 일원화하였다. 동시에 우선육성업종을 영위하는 중소기업은 중소기업진흥공단이 시행하는 중소기업근대화 실천계획에 참여할 자격을 부여함으로써 중소기업근대화계획과 상호 연계시켰다.[47]

또한 1985년부터는 근대화실천계획을 승인할 때 승인업체의 희망에 따라 유망중소기업으로 선정하였으며, 1982년 이전에 승인된 업체는 지도를 실시하여 우수업체에 대하여 유망중소기업으로 선정하였다.[48]

한편 시행된 중소기업 근대화사업의 추진체계를 보면 그림 4-1과 같다.[49]

---

46) 위의 보고서, 1984, p. 141.
47) 위의 보고서, p. 140.
48) 위의 보고서, 1987, p. 203.
49) 위의 보고서, p. 197.

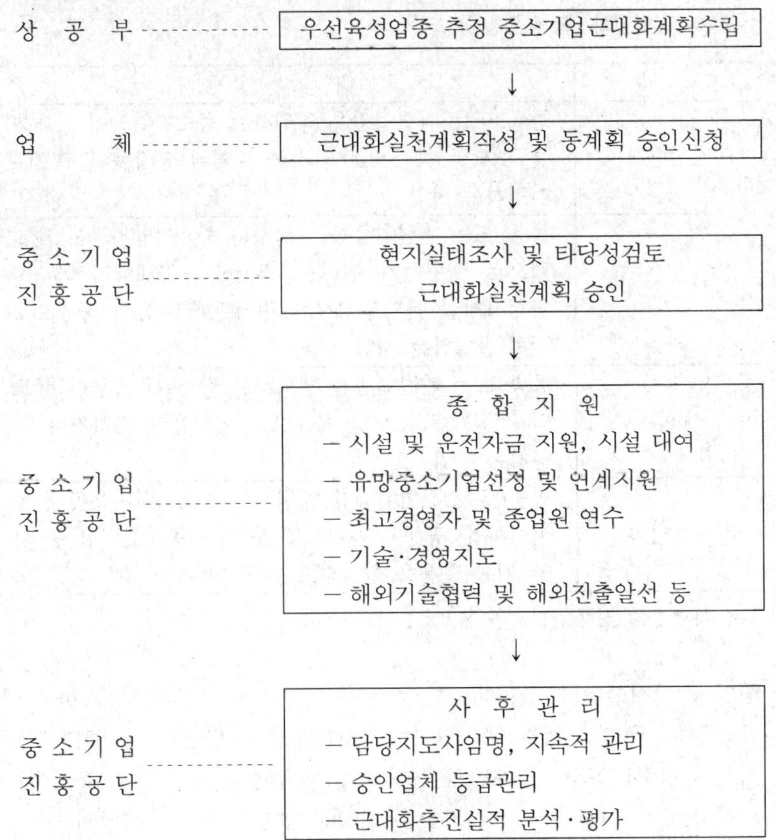

※ 자료 :《중소기업에 관한 연차보고서》, 1987, p. 197.

그림 4-1. 근대화사업 추진체계도

② 協同化事業

同種 또는 關聯業種을 영위하는 규모가 작은 중소기업이 5개 이상
(대도시 이외의 지역은 3개 이상) 모여 공동으로 근대화를 도모하도록
협업화사업을 추진하였다. 이들은 일정한 지역에 집단적으로 공장을
이전하기도 하고(공장집단화), 개별적으로 설치하기 어렵거나 설치하
더라도 적정규모가 되지 않아 시설관리 운영에 어려움을 겪게 되는 高

표 4-5. 협업화사업의 유형

구 분	내 용
공장집단화	동종 또는 관련업종을 영위하는 중소기업들이 근대화를 도모할 목적으로 일정한 지역에 공장을 집단으로 이전하는 사업
시설공동화	동종 또는 관련업종을 영위하는 중소기업자들이 개별적으로 설치하기 어려운 생산시설·공해방지시설·시험검사시설·복지후생시설·전시판매장 등을 공동으로 설치 운영하는 사업
기 업 합 병	동종 또는 관련업종을 영위하는 중소기업자들이 규모의 적정화를 도모할 목적으로 기업을 통합하거나 합병하는 사업
경영협업화	동종 또는 관련업종을 영위하는 중소기업자들이 공동판매사업, 공동기술개발 및 도입, 공동상표이용 등 경영·기술 활용을 협업적으로 운영하는 사업

※ 자료 :《중소기업에 관한 연차보고서》, 1986, p. 130.

價의 생산시설이나 公害防止施設 등을 공동으로 설치하도록 한다.(시설공동화) 규모의 적정화를 위하여 기업의 통합·합병을 실시하기도 하며(기업합병) 공동기술개발과 공동판매 등 經營協業化 등을 통하여(표 4-5 참조)[50] 자본·경영 및 기술을 협력함으로써 생산성 향상과 규모의 경제를 실현, 경쟁력을 높이도록 하였다.

중소기업진흥공단은 협업화사업에 대하여 敷地매입비, 공장건축비, 기계 및 시설설치비 등 소요자금을 지원하는 외에 기술 경영지도와 정보제공 등을 실시하였다.

이와 같은 중소기업 근대화사업은 아직도 개별기업 중심의 구조고도화 수준에 머무르고 있으며, 업종 전체 또는 지역 전체라는 구조개선 단계에는 이르지 못하고 있다.

---

50) 위의 보고서, 1986, p. 130.

⑸ 대기업과 중소기업의 협력체제 촉진

① 部品工業의 育成

輸入誘發的 산업구조를 개선하고 산업구조의 저변을 확대하여 산업의 경쟁력을 높이기 위하여 부품공업의 육성정책을 지속하였으며, 이를 위하여 〈中小企業系列化促進法〉에 의거, 계열화 대상 품목을 고시하였는데 그 기준은 다음과 같다.

일정품목을 모기업이 생산하는 것보다 中小受給企業이 생산하는 것이 유리한 品目으로서

　　㉠ 개발에 경제성이 있는 품목

　　㉡ 장기안정적 공급이 요망되는 품목

　　㉢ 관련 중소기업에 파급효과가 큰 품목 등이었다.

② 母企業과 受給企業의 協力體制強化

　　㉠ 중소기업계열화촉진협의회의 설치

都給去來關係에서 모기업·수급기업·관련협동조합(단체)간에 분쟁이 발생할 때 이를 자율적으로 조정·해결할 수 있는 기구로서 모기업·수급기업·협동조합(단체), 학계 및 관계기관의 대표로 구성하는 중소기업계열화촉진협의회를 중소기업협동조합중앙회 안에 설치하였으며(1983. 10. 24), 이 협의회의 주요기능은

　　· 도급거래의 알선 및 지도

　　· 도급거래에 관한 필요한 조사와 정보수집 및 제공

　　· 모기업체 단위별 受給企業體協議會 설치와 육성을 위한 지도

　　· 모기업과 수급기업간에 도급거래 분쟁에 관한 사전 조정 등이다.[51]

　　㉡ 母企業 單位別 受給企業體協議의 구성 확대

모기업과 수급기업간에 대등한 거래관계를 유지하고 도급거래상의 분쟁사항을 자율적으로 조정하며 나아가서 상호기술정보의 교환 및 공동기술개발 등을 촉진하기 위하여 1983년 이후 수급기업체협의회를

---

51) 위의 보고서, 1984, p. 151.

구성토록 하였다.

ⓒ 모기업의 수급기업 지원확대의 유도

ⓔ 도급거래관계의 공정거래질서 확립

모기업과 수급기업간의 분업적 협력증진을 통한 상호공동이익을 추구하는 중소기업계열화정책의 기본방향은, 첫째로 모기업마다 소재에서 완성품에 이르는 一貫生産體制에서 벗어나 부품은 전문수급기업에게 위탁함으로써 부품생산의 전문성과 규모의 경제를 확보하고, 둘째로 모기업과 수급기업간의 협력체제를 정비하여 모기업의 수급기업에 대한 지도·육성 및 수급기업의 품질개선, 원가절감의 노력 확대를 유도하며, 셋째로 모기업의 우월적 지위 남용에 따른 不公正去來行爲를 억제하는 데 주안점을 두었다.[52]

③ 중소기업 사업영역의 보호

㉠ 中小企業固有業種의 지정

중소기업자가 당해사업을 영위하는 것이 기술수준·투자규모·생산공정 등 산업구조면에서 합리적이거나 경쟁력이 있는 업종 또는 중소기업형 업종으로서 대기업자가 침투 가능한 업종 등을 고유업종으로 지정하여 대기업의 침투를 방지함으로써 중소기업의 사업활동 기회를 적정히 확보하기 위하여 중소기업 고유업종의 지정을 지속하였다.

그 고유업종의 지정기준은

• 중소기업제품의 품질이 우수할 것

• 중소기업형 전문업종일 것

• 중소기업에서 연구개발한 품목으로서 질이 우수하고 기술혁신속도가 완만한 품목일 것

• 다수의 중소기업자가 좋은 품질의 제품을 생산하고 있는 업종에 대기업이 경제력을 이용하여 참여함으로써 중소기업의 가동률을 현저히 떨어뜨릴 우려가 있는 품목일 것 등이다.

중소기업고유업종은 1979년 特化業種을 지정(23개 품목)한 이래 〈중소기업사업조정법〉의 제2차 개정(1982. 12. 31 ; 법률 제3653호)으로

---

52) 위의 보고서, 1987, p. 177·178.

중소기업고유업종의 지정(제6조 ②)이 규정된 후 1983년부터 대폭 확대 지정되었다.

ⓛ 중소기업의 사업조정

중소기업분야에 대한 사업조정은 중소기업사업조정법(1961년 제정)에 근거를 두고 있다. 대기업의 중소기업분야 침투에 관한 사업조정절차는 크게 고유업종과 비고유업종으로 구분하여 운영되고 있다.[53]

중소기업 고유업종의 지정에 따른 사업조정은 1979년부터 시작되었으며, 점차 이 시책에 대한 관심이 높아지고 또 사업조정실적도 늘어나고 있다. 특히 중소기업분야에 대한 보호를 더욱 강화하기 위하여 〈중소기업사업조정법〉의 제3차 개정(1986. 5. 12 ; 법률 제3832호)이 이루어진 이후 중소기업 고유업종분야에 대하여는 대기업자가 원칙적으로 사업을 인수·개시 또는 확장할 수 없다는 규정이 명문화됨에 따라 중소기업분야에 대한 보호가 더욱 강화되었다.

⑹ 안정적 사업활동체제의 조장

① 中小企業共濟事業制度

중소기업의 상거래에서 거래 상대방 기업의 도산으로 인하여 채권의 회수가 어려운 때나 채권회수가 지연될 때 共濟貸出을 실시하고 협동조합의 共同購買事業, 運營資金을 지원하여 자금압박을 경감시켜줌으로써 중소기업의 안정적 가동을 도모하기 위하여 중소기업공제기금을 설치 운용하였다.

〈중소기입협동조합법〉 제87조 ③항(1982. 12. 31 개정)이 이 세도의 법적 근거가 되는데 공제사업의 추진경위를 보면 다음과 같다.

- 〈중소기업기본법〉 및 〈중소기업협동조합법〉에 공제사업기금의 설치 근거 명시(1982. 12)
- 중소기업공제사업기금의 운영을 위한 관계시행령의 개정(1983. 8)
- 중소기업공제사업기금 운용요강 제정(1984. 3)

---

53) 고유업종 및 비고유업종에 대한 사업조정절차는 위의 보고서, 1987, p. 187·189 참조.

- 중소기업공제사업기금 賦金加入 업무의 개시(1984. 6)
- 거래 상대방 도산에 채권회수 지연시 共濟貸出業務(제1호 대출)의 개시(1985. 6)
- 채권회수 지연시 공제대출업무(제2호 대출)의 개시(1986. 1)[54]

② 中小企業製品購買促進

〈중소기업제품구매촉진법〉(1981. 12 제정)에 의거하여 막대한 구매력을 갖고 있는 국가기관, 지방자치단체 및 정부투자기관 등 공공기관의 물품구매와 공사·용역의 발주시에 우선적으로 협동조합과 단체수의계약을 체결하도록 제도화하고 있다. 특히 구매량이 많은 정부 등 공공기관은 매년 구매계획을 작성하여 시행토록 하고 상공부에서 이를 종합하여 국무회의의 심의를 거쳐 중소기업제품의 구매목표와 중소기업자의 受注機會를 증대하기 위하여 공공기관이 조치하여야 할 사항을 공고 및 이행케 함으로써 중소기업제품의 구매를 증대시키고 있다.

중소기업자의 受注機會를 위해 취한 조치로서는

- 중소기업에 대한 發注情報 제공
- 단체수의계약에 의한 중소기업제품구매의 증대
- 單價契約 활용의 확대
- 特定商標 등의 지정 제한
- 적정가격에 의한 구매
- 공사자재의 구매
- 物品購買豫示制의 실시
- 중소건설업자의 수주기회 증대

---

54) 이에 대한 상세한 내용은 위의 보고서, 1986, pp. 204~208을 참조할 것.
  ① 제1호 대출 : 3無原則(무담보·무보증·무이자)을 적용하여 중소기업자의 부담을 덜어주고 있으며, 거치기간(6월) 포함 대출기간은 3년이다. 단 대출시에는 대출금액의 10퍼센트에 해당하는 금액을 부금가입자의 부금액에서 공제하고 있다.
  ② 제2호 대출 : 대출시 수취어음의 見質취득 또는 보증인 등을 징구하게 되어 있으며, 대출이자는 금융기관의 대출금리보다 낮은 연 10퍼센트를 적용하고, 대출기간은 30~180일 범위내에서 수취어음의 지급기일까지로 하고 있다.

　　　　• 지방 중소기업자의 수주기회 증대[55]
③ 협동조합의 공동판매사업의 확대

(7) 기타 중소기업정책

① 중소기업의 수출산업화 및 해외진출 확대
　　㉠ 중소기업제품의 수출촉진
　　　　• 소량·소액 수출 등 중소수출업체의 저변 확대
　　　　• 중견수출기업육성 촉진
　　　　• 部分品工業의 수출산업화
　　　　• 중소기업 해외시장개척의 지원
　　㉡ 중소기업 기술인력의 교류 확대
　　㉢ 合作投資誘致 및 해외투자 족진[56]

지금까지의 상품수출 중심에서 중소기업의 국제화라는 시각으로 전환되고 있다. 부분품공업의 수출화를 촉진하기 위하여 합작투자를 유치하고 중소기업의 해외진출까지를 정책 대상으로 하고 있다. 부분품공업의 수출과 함께 중소수출업체의 저변확대로 수출기반 확충을 시도하고 있다.

② 중소기업의 기술개발촉진
　　㉠ 중소기업의 기술개발지원
　　　　• 技術集約型 중소기업의 발굴 육성
　　　　• 국책연구개발사업의 추진
　　　　• 벤치 개피털 지원 활성화
　　　　• 産業技術研究組合의 설립
　　　　• 세제 지원
　　㉡ 경영기술지도와 연수사업의 확대
　　㉢ 技術情報提供기관의 다변화 등[57]

---

55) 위의 보고서, 1987, pp. 250~254 참조.
56) 위의 보고서, 1985, pp. 188~212 참조.
57) 위의 보고서, 1985, pp. 158~175 참조.

특히 중소기업의 기술집약화에 유리한 분야로서는

　㉠ 규모의 경제가 작용하지 않는 분야

　㉡ 자본집약도가 낮은 분야

　㉢ 시장수요가 세분화되는 분야

　㉣ 高附加價値 소재와 부품 분야로서 기술인력을 활용하는 소규모
전문생산업종을 제시하고 있다.[58]

③ 地方工業育成

　㉠ 農工地域의 지정확대

　㉡ 工藝産業育成計劃樹立(1984. 8)

　　· 전문업체의 지정육성

　　· 工藝品産業의 육성

　　· 공예품의 유통체계 개선

　㉢ 새마을 공장의 지원강화

　㉣ 지방의 商工行政機能 강화

④ 중소기업에 대한 금융 및 세제지원

　㉠ 금융지원의 강화

　　· 금융기관의 중소기업에 대한 義務貸出比率의 확대 및 제도의
효율성 제고

　　· 중소기업에 대한 상업어음할인 확대

　　· 중소기업 기술개발 및 설비투자 촉진을 위한 자금지원 확대

　　· 지방중소기업에 대한 금융지원 강화

　　· 중소기업에 대한 신용보증 확대 및 기반 확충

　㉡ 재정지원 확대

　㉢ 세제지원 확충

---

58) 위의 보고서, 1986, p. 172·173.

3. 기술·지식집약화와 중소기업정책

(1) 〈제6차 5개년계획〉에서 중소기업정책

능률과 형평을 토대로 한 경제선진화와 국민복지의 증진을 목표로
정한 〈제6차 경제사회발전5개년계획〉(1987~1991)은
　① 경제사회의 제도발전과 질서의 선진화
　② 산업구조의 개편과 기술입국의 실현
　③ 지역사회의 균형발전과 국민생활의 질적 향상
등을 계획의 중점추진과제로 정하였다. 이 가운데 산업구조의 개편과
기술입국의 실현을 위한 과제 중에 기계류, 부품 및 소재생산 중소기
업의 획기적 성장발전을 포함하였다.[59]

　6차계획의 주요 정책방향 가운데 산업구조조정촉진과 기술입국의 실
현을 위하여는 비교우위에 입각한 산업구조조정촉진과 더불어 중소기
업 육성을 통한 산업저변의 내실화를 정책방향으로 제시하였는데, 내
용은 다음과 같다.[60]

　① 기계류·부품 및 소재생산 중소기업의 집중육성으로 수입대체를
촉진하고 장차 세계의 부품공급기지로 발전.

　② 기술집약적 중소기업의 창업촉진으로 경쟁력 있는 중소기업체 수
를 대폭 확대.

　③ 중소기업의 금융기회 확대와 신용대출 관행의 정착.

　④ 계열화촉진과 下都給去來의 공정화를 통한 대기업과의 협력적 보
완관계 발전(계열화율 : 1984년 42퍼센트→1991년 60퍼센트).

　⑤ 공공지원기관은 공통 애로사항인 기술개발과 기술인력의 양성공
급에 주력.

　기본정책방향의 해설자료 가운데 중소기업육성을 통한 산업저변의

---

59) 經濟企劃院, 《第6次 經濟社會發展5開年計劃》, 1986. 9., p. 9.
60) 위의 책, p. 14.

내실화에 대하여는 다음과 같이 설명되어 있다.[61]

① 1970년대 대기업 위주의 중화학공업육성정책은 중소기업에 대한 자원배분을 상대적으로 위축시켜 건실한 산업저변구축의 제약요인으로 작용하였고, 특히 부품·소재산업 기반이 이루어지지 않은 상황에서 조립가공산업을 육성함으로써 輸入誘發이 확대되는 등 산업구조의 불균형과 취약성 유발.

② 1980년대 들어 정부는 이와 같은 산업구조의 취약성을 보완하고 산업민주주의의 실현을 뒷받침하기 위하여 중소기업에 대한 의무대출 비율의 제고, 신용대출 확대, 각종 재정지원 확대 등으로 금융기회 확충에 주력하는 한편, 下都給 公正化를 위한 제도적 장치를 마련하고 다수의 경쟁력 있는 중소기업을 육성하기 위하여 창업지원제도를 발전시키는 등 다각적 노력을 경주.

③ 그리하여 중소기업의 건실한 발전을 뒷받침하기 위한 제도적 장치는 상당히 마련되었고, 중소기업의 생산·수출·고용 등 국민경제에서 차지하는 비중도 크게 제고되었으나 업종에 따라서는 아직도 기술수준이 낮고 경영기법이 낙후되어 있는 실정.

④ 중소기업이 겪고 있는 애로를 크게 나누어 보면 시설투자를 원활히 뒷받침할 수 있는 금융기회문제, 품질고급화와 생산성 향상을 위한 현장기술의 개발문제, 하도급관계에서 부당한 대우와 대기업의 중소기업업종 침투문제, 시장정보와 마케팅 능력문제 등이 있음.

　㉠ 우선 금융기회 확대를 위하여는 종래와 같이 금융기관의 의무대출 비율 제고, 신용대출 확대 등을 통한 지원방안도 계속 확충하여 나가되 기본적으로 중소기업의 담보능력 부족, 금융기관의 대기업 선호경향 등 여러 여건상의 어려움을 감안하여 신용보증기금의 보증능력을 강화하고 중소기업 전담 금융기관의 자금여력을 키워주는 한편 담보위주의 대출관행개선 등 중소기업 지원 시책이 일선창구까지 일관성 있게 스며들도록 함.

　㉡ 중소기업의 기술개발을 추진하기 위하여 중소기업진흥공단·산

____

61) 위의 책, pp. 85~87.

업연구원·地方工業試驗所의 기술정보 제공 및 현장기술 지도기능을 대폭 강화하고 산업기술연구조합의 결성 등 공통 隘路기술개발을 위한 업계의 공동노력을 효과적으로 지원.

⑤ 대기업과의 협조적 보완관계

㉠ 부품 및 소재생산에서 중소기업 역할이 높아짐에 따라 대기업과의 계열화 및 하도급거래의 공정화 문제가 과제로 대두.

㉡ 계열화 비율을 1984년의 42퍼센트에서 1991년에 60퍼센트 수준까지 높이되 指定系列化品目을 합리적으로 조정하고 수급기업협의회를 구성하여 건전하고 협조적인 系列化關係가 정착되도록 계속 유도하는 한편, 1985년에 제정한 〈下都給公正化에 관한 法律〉을 토대로 하도급대금지급 등 하도급거래에서 不公正行爲를 규제.

⑥ 중소기업 고유업종제도의 보완 발전

㉠ 중소기업 고유업종제도는 중소기업영역에 대한 대기업의 침투를 방지한다는 장점이 있는 반면, 기본적으로 경쟁을 제한한다는 단점도 함께 내포.

㉡ 이 제도는 중소기업 고유영역을 정하여 대기업의 참여를 직접 규제하여 폐해를 시정한다는 점에서 과도기적 제도로 인식되어야 함.

㉢ 그러나 대기업의 문어발식 사업확장과 중소기업영역에 대한 대기업의 침투문제는 현실적인 문제로서 이러한 현실여건과 기술혁신 및 수입개방성책 능 대내외 여건 변화를 고려하여 고유업종제도의 실효성을 높이면서 구체적인 업종은 발전적으로 보완개편해 나감.

중소기업육성을 통한 산업 저변의 내실화에 대한 정책설명에 기초하여 6차계획은 다음과 같이 이에 대한 정책방향을 제시하였다.[62]

① 중소기업 저변확대를 위한 집중적인 투자유도

㉠ 중소기업부문에 대한 투자배분 비율을 1984년의 29.7퍼센트에

---

62) 위의 책, pp. 220~224.

서 1991년에는 40퍼센트 수준 이상으로 제고
ⓛ 1986년에 제정된 〈중소기업창업지원법〉을 바탕으로 중소기업
창업지원시책의 본격적 추진
　•　중소기업 창업투자회사의 적극 육성
　•　冒險企業 株式去來制度의 도입
　•　창업절차 간소화의 지속적 추진
ⓒ 재정·금융 및 세제 지원의 확충
　•　중소기업 지원을 위한 정부기금 지원의 확충
　•　금융기관의 사업성 평가기능 강화 등 신용대출풍토 조성을
위한 제도적 기반 강화
　•　신용보증기금의 信證能力을 강화하고 제2금융권의 중소기업
지원 강화
ⓔ 창업 중소기업 및 중소기업 창업을 지원하는 중소기업창업지원
회사에 대한 조세 지원
② 중소기업의 기술향상 촉진과 산업정보의 원활한 제공
　㉠ 내실 있는 기술지도 확대
　　•　工業振興廳·中小企業振興公團·政府出捐研究機關 등 기술지도
기관의 체계적이고 종합적인 기술지도 추진
　　•　대기업 우수 퇴역기술자를 적극 발굴 활용
　　•　地方工業試驗所의 기능을 보강하여 지방 중소기업 기술지원
기관으로 육성
　㉡ 연구개발의 활성화
　　•　기술개발 지원 財政資金을 중소기업부문에 집중지원
　　•　國公立研究機關 보유기자재의 중소기업 적극 활용
　　•　기계·전자부품 등 핵심전략부문의 중소기업체에 근무하는 고
급인력에 대한 兵役特例 등 기술인력 확보를 위한 유인책 강구
　　•　企業附設研究所의 설립요건 완화
　㉢ 産業技術情報 제공의 확대
　　•　정보기관 연계강화로 정보유통의 원활화 촉진
　　•　주요정보의 데이터베이스화를 추진하여 情報流通電算網 구축

　　• 고유업종에 대한 외국인투자 제약요인 완화 등 중소기업의
해외기업과의 합작투자를 촉진하여 선진기술정보의 적극 도입
③ 중소기업과 대기업의 協力增大
　㉠ 계열화시책의 내실화
　　• 산업구조변화 및 新技術出現 등에 따라 지정계열화 업종 및
품목을 합리적으로 조정
　　• 受給企業協議會 구성을 확대하여 모기업과 수급기업간 자율
적 협조분위기 확산(1986년 65개→1991년 100개)
　　• 모기업과 수급기업의 공동직업훈련 실시 유도 및 중소기업진
흥공단과 모기업의 공동기술지도 확대
　㉡ 중소기업 사업영역의 합리적 보호
　　• 기술혁신 수입개방정책 등 내내외 여건 변화를 고려하여 고
유업종을 단계적으로 조정하여 지정제도를 탄력적으로 운용
　　• 대기업의 중소기업에 대한 불공정거래행위 규제 강화 등 공
정거래 확립을 통한 중소기업 보호 강화
④ 중소기업의 국제화 촉진
　㉠ 중소기업 수출 촉진을 위한 제도적 지원 확충
　　• 수출입 절차 간소화의 지속적 추진
　　• 무역진흥공사 및 고려무역의 중소기업지원 강화
　㉡ 중소기업인의 국제화 인식 제고
　　• 海外有關團體 및 기관과의 교류 확대
　　• 각국과의 민간경제협의회 개최시에 중소기업인 참가 확대
⑤ 중소기업인의 자조적 협동기능의 강화
　㉠ 중소기업협동조합의 조직 및 운영에 대한 자율성 증대
　　• 조합업무에의 과도한 정부개입 및 감독 축소
　　• 협동조합의 건전한 발전을 저해하는 각종 사업자 단체의 역
할 정비
　㉡ 중소기업의 공동활동에 대한 지원 강화
　　• 조합의 業種代表 기능 강화
　　• 정보제공, 교육 등 조합의 간접서비스 제공에 대한 정부지원

방안 강구

ⓒ 협동조합의 조직체계 건실화

- 업종별, 기능별로 전문화·다양화 유도
- 상업·서비스업의 조직화 확대
- 전국조합 중심의 조직체계를 지방조합 중심으로 유도

ⓔ 단체수의계약제도의 합리적 운영

- 중소기업간 경쟁여건의 조성
- 단체수의계약에 대한 대기업 참여비율의 지속적 인하
- 단체수의계약 手數料率을 점진적으로 인하

⑥ 지방중소기업의 육성

㉠ 지방공업화의 기반구축

- 도로·공업용수·통신 등 간접시설의 확충
- 지방중소기업 지원기구의 확충
- 시·군·도의 공업행정 기능 강화
- 지방의 대학·전문대학·공업학교와 중소기업간의 産學協同體
制 구축

㉡ 農工地區 사업의 지속적 추진

- 농공지구 대상지역을 중소도시에까지 확대
- 1991년까지 100개 이상을 지정하고 1,500개 이상 기업 유치
- 農工地區 入住業體에 대한 자금지원 확충

㉢ 地方工藝産業의 육성

- 공예품 전문생산업체의 지정확대 및 지원의 내실화
- 올림픽 상품개발과 연계하여 추진
- 綜合展示 판매장의 설립 확대를 통한 販路 지원 확대

㉣ 지방중소기업에 금융지원 확대

- 금융기관의 지방 조성자금 域內還流 유도
- 한국은행 자금지원시 地方優待制度 확대 실시

중소기업육성을 통한 산업저변의 내실화라는 주제 아래 정한 제6차 5개년계획 가운데 중소기업정책은 이처럼 포괄적이고 구체적인 내용이어서 이전보다 적극적인 정책의지를 표명하고 있다. 이것은 제1차에서

제5차에 이르는 5개년계획에서의 중소기업정책이 기본적인 방향과 중점적 정책만을 규정했던 것과는 대조적이다.

그러나 그 내용은 1980년대 전반과 중반에 시행되었던 중소기업정책의 골격을 체계 있게 정리하는 데 그쳤을 뿐 새로운 것을 제시한 것은 아니었다. 이는 일반경제정책의 흐름에 근본적 변화가 있는 것도 아니었고, 산업저변의 내실화를 강화시키기 위한 중소기업정책도 이미 성장기반 확충 등의 政策着想으로 제시된 바 있으며, 정책시행의 지속성이라는 의미로도 해석할 수 있을 것이다.

⑵ 구조조정과 기술집약을 위한 중소기업정책

제6차 5개년계획이 정한 이와 같은 중소기업정책은 그 후 골격이 그대로 이어졌다. 구조조정을 위한 법의 제정 등 새롭게 제시된 몇 가지 중소기업정책을 지적하면 다음과 같다.

① 勞使間의 협조 강화 및 고용 안정의 추진

사회민주화의 과정에서 추진된 중소기업의 안정적 경영활동에는 중소기업공제사업이나 중소기업제품의 판로 확보를 위한 구매촉진 등 종전의 시책 외에 노사분규의 원만한 해결이 중요한 문제로 제기되면서 노사간의 협조강화와 고용안정을 위한 다음과 같은 방안이 강구되기 시작하였다.[63]

㉠ 노사분규로 인한 애로중소기업에 대한 금융·세제 지원

㉡ 노사협의회의 운영

㉢ 노무관리 교육 및 정보제공

㉣ 중소기업 미혼여성노동자 아파트 건립 지원

고용안정을 위한 중소기업의 기술·기능인력 확보의 방안은 다음과 같다.[64]

㉠ 중소기업 기술·기능인력 양성 및 수급계획 수립과 이를 위하여 중소기업협동조합중앙회에 전문기구 설립

---

63) 상공부, 《中小企業에 관한 年次報告書》, 1988, p. 226·227 ; 같은 보고서, 1989, pp. 236~238 ; 같은 보고서, 1990, pp. 232~235.
64) 위의 보고서, 1990, p. 236·237.

ⓛ 기술·기능인력 양성기관의 확충

ⓒ 중소기업의 기술인력 확보 및 양성을 위한 지원

ⓔ 중소기업 기술·기능인력에 대한 兵役特例 부여

② 소기업의 자립성장 기반구축

1982년에 〈중소기업기본법〉이 개정된 후 소기업에 대한 지원시책이 지속되던 가운데 그에 대한 체계적 정책이 제시되었다.[65]

ⓘ 소기업전담기구를 상공부와 대한상공회의소에 신설하고 특히 상공부에는 小企業課 신설 검토 등 소기업에 대한 지원행정 강화

ⓛ 소기업 자금지원 공급의 원활화

ⓒ 세제 지원의 보완

ⓔ 소기업 경영개선사업의 적극 추진

ⓜ 마케팅 지원강화

ⓗ 소기업의 조직화를 위한 소기업간의 협동조합(소조합) 결성 추진

한편 국제화·지방화·기술집약화시대에 대응하기 위하여 소기업을 특히 技術集約型 소기업의 기반확충을 통해 산업구조의 高附加價値化와 국제경쟁력 제고에 기여하도록 하였다.[66]

ⓘ 소기업 지원 상담실 설치와 금융기관의 소기업 義務貸出比率의 추진

ⓛ 중소기업 專門金融機關의 소기업 발굴 지원 확대

ⓒ 소기업 共濟制度의 도입 추진

ⓔ 소기업 입주아파트형 공장건립 확대 등 입지 지원 등을 통하여 소기업의 경제적 역할 제고

③ 전문수급기업의 육성과 대기업 사업의 중소기업 이양[67]

ⓘ 전문수급기업의 육성

  • 모기업의 수급기업에 대한 경영관리, 공정개선, 공장자동화, 해외진출전략 등 경영 전반에 관한 경영컨설팅 실시의 방안 강구

---

65) 위의 보고서, 1989, p. 225~256.
66) 위의 보고서, 1990, p. 288.
67) 위의 보고서, pp. 254~259.

・중견기업과 소기업간의 도급거래 증진 : 모기업 — 중견기업 — 중기업 — 소기업으로 이어지는 도급구조의 중층화와 고도화를 추진하여 완제품생산 모기업을 중심으로 하는 단층적 하층거래 지양

・모기업과 수급기업간의 공정한 도급거래의 정착 촉진

・모기업 부품의 표준화

・모기업이 영위하는 부품생산의 일부를 수급기업에 이양 촉진

㉃ 대기업 영위사업의 중소기업이양 촉진

・〈중소기업의 경영안정 및 구조조정 촉진에 관한 특별조치법〉에 의거

・〈대기업사업 중소기업이양 촉진계획〉 수립(1989. 9)

・독과점 산업구조의 시성, 경제력 집중의 완화, 대기업과 중소기업간 합리적 기능 분담 — 산업의 유효경쟁촉진과 산업능률 제고

・중소기업협동조합중앙회와 전국경제인연합회에 이 사업의 전담창구 설치

・중소기업 구조조정기금과 신용보증기금의 우대보증 등 각종 지원시책 강구

④ 中小企業支援行政組織의 補強[68]

㉠ 1960년에 상공부내에 中小企業課를 설치하고 1968년에는 中企業局 설치

㉡ 1980년 중소기업진흥공단 설립

㉢ 개방화・자율화・지방화 등에 부응하기 위하여는 多岐化되어 있는 지원기관과 지원업무를 통합하는 종합지원행정체의 구축이 필요 — 지원행정의 효율성 제고

㉣ 中小企業廳 신설의 문제점

・국무위원이 아닌 廳長의 중소기업시책 추진에 따른 한계

・재정・금융・세제 지원시책을 廳 단위 조직으로 수행하는 데

---

68) 위의 보고서, 1989, pp. 305~310 ; 같은 보고서, 1990, p. 298・299.

따르는 현실적인 문제

㉤ 상공부의 중소기업국 조직을 중소기업정책실 단위의 조직으로 확대개편할 필요성―기술개발, 생산성 향상, 사업전환, 소기업육성, 국제화 등 새로운 행정수요에 대응

㉂ 지방화시대에 대응한 지방중소기업지원사무소를 설치하여 전문성과 신속성을 요구하는 지방중소기업지원 전담(중앙정부가 직접 관장)―지방중소기업의 역할 강화를 통한 지역 활성화에 기여

⑤ 〈中小企業構造調整法〉의 제정과 三高 구조로의 전환을 위한 기술개발 및 정보화

㉠ 〈중소기업의 경영안정 및 구조조정촉진에 관한 특별조치법〉의 제정으로, 경제여건의 변화에 따라 경영상태가 현저하게 악화된 중소기업의 경영안정을 도모하고, 기술개발과 정보화를 적극 추진함으로써 중소기업의 경쟁력 강화와 구조조정을 촉진하기 위하여 제정된 〈중소기업구조조정법〉의 주요 내용은 다음과 같다.[69]

ⓐ 중소기업구조조정기금의 설치·운영(제2장 제3~7조)

ⓑ 중소기업의 경영안정지원(제3장)

• 사업전환 등 구조조정의 시간 여유가 없는 경영악화 중소기업에 대한 〈緊急經營安定支援計劃〉 수립 및 稅制支援(제8·9조)

• 사업전환계획의 수립(제10조)

• 유휴시설의 해외이전 지원(제11조)

• 고용안정정책 강구(제12조)

• 경영·기술지도 및 교육훈련(제13조)

• 工場用地의 우선공급(제14조)

• 직업훈련의 지원(제15조)

ⓒ 중소기업의 기술개발촉진(제4장)

• 중소기업의 기술개발계획 수립(제16조) 등 기술개발사업촉진

---

69) 1989년 3월 23일자 법률 제4092호로 공표된 全文 제6장 제32조, 附則 제8조로 구성된 법으로 일부 규정(제1조, 제22~25조 등)을 제외하고는 1994년 12월 31일까지 그 효력이 지속되는 限時法이다.(위의 보고서, 1989, pp. 393~407 참조)

· 중소기업의 정보화계획 수립(제20조) 등 정보화사업 추진

· 생산기술연구기관(生産技術研究院)의 설립(제22~25조)

ⓓ 대기업 사업의 중소기업 移讓促進(제5장 제26~28조)

ⓔ 세제 지원과 신용보증기금 등의 지원(제29~30조)

이 법의 제정으로 중소기업의 구조조정을 위하여 기술개발, 정보화, 대기업사업의 중소기업이양, 긴급경영안정사업에 대한 법적 기초가 마련되었다.

ⓛ 고기술·고생산성·고부가가치[三高] 생산구조로의 전환 촉진

ⓐ 〈中小企業技術開發計劃〉의 수립시행(1989. 8, 〈中小企業構造調整法〉에 의거)[70]

· 기술개발자금 지원 확대

· 기술인력양성 지원

· 기술종합화(다른 업종간 기술 교류) 촉진

· 기술개발제품의 우선구매 촉진

ⓑ 중소기업정보화의 촉진(중소기업구조조정법에 의거)[71]

· 〈중소기업정보화 5개년계획〉(1989~1994)의 수립

· 중소기업정보화의 추진 체계(그림 4-2)

· 중소기업 정보화센터의 설립

설비 근대화와 자동화 등 物的 생산성뿐만 아니라 기술개발력의 확충과 정보화, 마케팅 능력 등 지적 경쟁력을 향상시키는 것은 중소기업을 고기술·고생산성·고부가가치 등 이른바 三高産業으로 전환시키는 데 필수적 요건이 된다. 특히 기술력·경영력·정보력 등 지적 경영자원을 획기적으로 확충하여 고임금시대를 극복하도록 생산성을 향상시키고, 기술·지식집적 중소기업의 창업과 육성, 그리고 경쟁력이 취약한 기업의 사업전환 등이 3고의 산업구조로 중소기업을 전환시키는 데 필요하다고 보았다.[72]

---

70) 위의 보고서, 1990, pp. 130~136.
71) 위의 보고서, pp. 140~142.
72) 위의 보고서, p. 126.

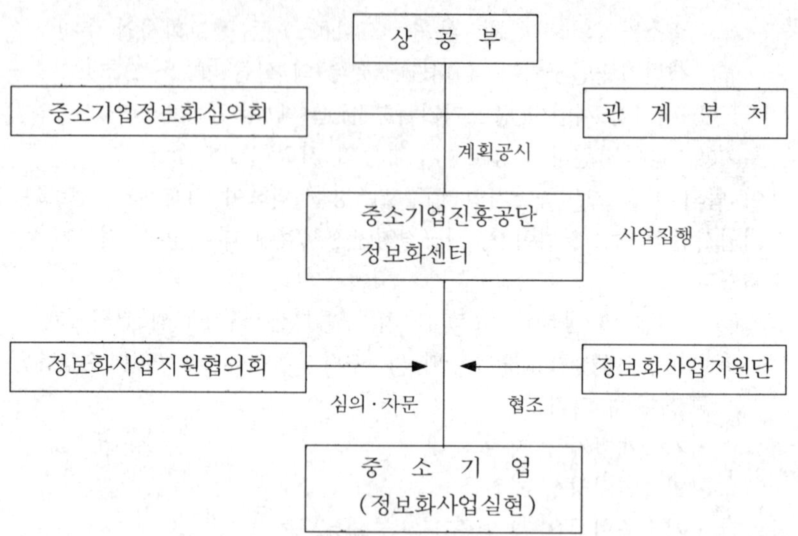

※ 자료 :《중소기업에 관한 연차보고서》, 1990, p. 141.

그림 4-2. 中小企業情報化 推進體系

이어서 1990년대 중소기업을 둘러싼 기업환경의 특성을 다음과 같이 전망하였다.[73]

㉠ 환경의 불확실성은 더욱 가속화될 것이며, 이에 따른 중소기업의 존립방식과 대응전략도 다원적인 상황이 될 것이다.

㉡ 기업환경의 불확실성 가운데서도 기술을 중심으로 한 시스템적 변화를 중심으로 한 불확실성이 가속화될 것이다.

㉢ 국내 산업정책에도 시장원리와 자유경쟁원리가 더욱 확대될 것이며, 경쟁대상도 중소기업간 및 대기업과의 차원에서 국제화·개방화에 따라 전세계 시장으로 확대될 것이다.

㉣ 국제적으로 기술 및 무역에서 보호주의의 강화 등이 예상된다.

㉤ 정치민주화에 따라 경제민주화로의 변화요구가 강해질 것이며

---

73) 위의 보고서, pp. 127~129.

새로운 노사관계의 정립이 요구될 것이다.

ⓑ 지방자치제 실시는 지방화를 촉진시켜 국토의 균형 있는 발전 속에 지역개발 및 지방경제, 중소기업의 역할이 연계될 것이다.

ⓢ 1990년대 중소기업의 위상은 국민경제의 발전에서 현재보다 훨씬 높아진 기여도를 실현할 것으로 예상된다.

Ⅲ. 중소기업정책의 과제

1. 경제정책의 기본방향과 균형화·고도화·개방화

우리나라의 중소기업정책은 1952년에 중소기업자금 실링(ceiling)제도로 중소기업에 대한 금융면의 지원조치를 기점으로 시작되어 그 후 40년, 거의 반세기에 걸쳐 전개되었다. 그러나 초기의 중소기업정책은 어디까지나 중소기업에 대한 자금지원을 중심으로 하는 金融對策에 불과하였다.

1956년에 〈중소기업육성대책요강〉이 작성되었는데, 이는 中小企業政策史에서 최초의 중소기업종합육성계획(안)이었다. 1960년에 중소기업 전담 행정기구가 설치되고, 1961년에는 민주당 정권하에서 〈중소기업육성을 위한 종합대책〉이 수립되었다. 그러나 기본경제정책의 일환으로 중소기업정책이 실시된 것은 5·16 이후 경제개발계획을 본격적으로 전개하면서부터였다.

개발정책의 기본방향을 정한 경제개발 5개년계획은 제1차에서 제6차에 걸치는 동안 중소기업정책을 그 안에 담고 있어서 중소기업에 대한 정책적 인식을 반영하였다. 경제개발에서 중소기업의 기여가능성과 중요성이 점차 크게 인식됨에 따라 초기의 소극적이고 기본적인 방향의 규정에서 점차 적극적이고 포괄적이면서도 구체적이며 다양한 정책내용으로 발전되었다. 경제개발계획상의 중소기업정책의 규정뿐만 아니라 구체적으로 시행된 중소기업정책의 내용에서도 그러하였다.

〈중소기업기본법〉의 제정(1965년)으로 중소기업정책의 법적 기틀이
마련되었다. 그 후 〈중소기업진흥법〉의 제정(1978년)과 〈중소기업의
경영안정 및 구조조정에 관한 특별조치법〉(중소기업구조조정법, 1989
년)의 제정으로 이어지는 과정에서 중소기업정책은 〈구조정책으로서
중소기업근대화정책〉으로 전개되었다.

그런데 지금까지의 중소기업정책은 국제분업주의를 우선하는 대외지
향적 발전과 대기업 중심의 불균형성장전략을 바탕으로 하여 시행되었
으며, 국민경제의 고도성장을 위한 디딤돌정책의 성격을 지닌 것이었
다. 그동안 막대한 외국자본의 도입과 저임금의 풍부한 노동력을 투입
하는 등 노동집약적 산업의 비교우위를 확보하여 국민경제의 양적 고
도성장을 실현하였지만, 다른 한편에는 산업구조의 불균형 등 심각한
구조적 문제를 가져왔다.

이러한 정책방향과 경제구조의 파행성은 경제개발의 기본목표인 자
립경제의 실현과 괴리될 뿐만 아니라 경제민주화의 과제를 제기하도록
하였고, 중소기업정책에 대하여도 새로운 인식을 요구하게 만들었다.
즉 중소기업정책은 균형화·고도화·개방화라는 정책기조 위에서 전개
될 필요성이 제기되었다.

자립경제는 국민경제 안에 광범한 생산력 기반이 확충되고, 그것을
바탕으로 하여 대외적인 경제관계가 자주성을 지닐 때 이루어진다. 따
라서 자립경제의 실현은 균형 있는 국민경제의 구축을 그 선결요건으
로 한다. 이때 균형화는 양적 기준에서의 경제부문간 균형뿐만 아니라
질적 의미에서의 균형도 포함한다. 양적으로 균형을 이룬 여러 부문이
서로 유기적 관련과 분업체제를 심화시키면서 질적 균형을 달성할 때
진정한 경제의 균형화는 이루어진다. 균형화 경제에서 광범한 생산력
기반은 바로 중소기업의 건전한 발전을 통하여 형성될 수 있으며 이때
중소기업은 자립경제의 바탕이 된다.

경제의 균형 있는 발전과 자립경제의 구축은 경제민주화를 실현하는
길이기도 하다. 그런데 광범한 생산력 기반의 확충은 생산요소의 양적
투입에만 의존하는 외연적(extensive) 확대에서 벗어나 그 내포적(in-
tensive) 발전을 수반해야 한다. 생산요소의 집약적 이용과 적극적인

기술개발로 경제의 질적 개선을 추구하는 산업의 고도화를 통하여 생산력 기반의 광범하고 수준 높은 확충이 달성될 수 있다.

생산력 기반의 확충을 통한 자립경제의 구축은 對外分業의 거부를 뜻하는 것이 아니며 상대적 자급체제를 의미할 뿐이다. 다시 말하면 낮은 국제분업과 높은 국내분업의 생산구조가 형성되는 것을 말한다. 이때 산업구조의 중심이 되는 것은 대내적 분업체계이며, 대외적 분업은 대내적 분업이 중심이 된 산업구조의 보완적 부문 역할을 한다. 이것은 자립경제 아래서 경제개방의 의의를 말하여 준다. 오늘날 선진경제의 외압에 따라 높은 개방화의 물결 속에서, 그리고 국민경제의 보완적 부문으로 외국경제를 활용하여 경제개발을 촉진하기 위하여 개방화의 과제를 안게 된다. 낮은 국제분업과 높은 국내분업 속의 산업구조를 실현하는 개방화는 국내생산의 加工度 제고와 중소기업의 개발을 요구한다.

이러한 균형화·고도화·개방화를 정책기초로 하는 중소기업정책의 과제가 제기된다.[74]

2. 중소기업에 대한 정책인식의 문제

중소기업정책이 중소기업문제를 해소·완화시키기 위한 방안이라고 볼 때 적절한 중소기업정책의 마련은 중소기업문제에 대한 올바른 정책적 인식을 기본조건으로 한다. 경제현상으로 나타나는 중소기업문제를 올바로 인식하기 위해서는 그것을 규제하고 있는 자본·노동의 움직임 등 실체적 요인에 대하여 인식하고 분석할 필요가 있다. 이것은 기능론적 대응에 앞서 구조론적 분석이 있어야만 올바른 정책대응이 이루어질 수 있음을 말한다. 중소기업문제를 자본주의 발전과정에서 발생하는 산업구조상의 모순이라든가 또는 자본주의법칙에 수반된 구조적 모순으로 보는 것은 바로 중소기업문제 인식에서의 구조론적 시

---

74) 이에 대하여는 李敬儀, 《한국중소기업의 구조》, 풀빛, 1991, pp. 427~430 참조.

각을 반영한 것이다. 이런 시각에서 우리는 개발도상경제의 중소기업문제에 대하여 다음과 같은 구조론적 이해의 시각을 제시한 바 있다.[75]

첫째로, 자본축적의 논리에 비추어 중소기업문제가 이해되어야 한다. 일반적으로 자본의 집적·집중과 분열·분산과정에서 대자본에 대한 소자본의 관계, 그리고 오늘날의 독점자본주의 아래서는 독점자본과 중소자본의 관계 속에서 중소기업문제가 이해되어야 한다. 이것은 중소기업문제의 일반성을 뜻한다.

둘째로, 그 나라 국민경제의 경제사적 배경 속에서 중소기업문제가 이해되어야 한다. 특히 대부분의 개발도상국은 지난날에 그들이 경험했던 식민지 경제구조와 戰後 자본주의의 범세계화 과정 속에서 중소기업문제를 이해할 필요가 있다. 이것은 중소기업문제의 특수성을 뜻한다.

셋째로, 국민경제의 방향에 대한 역사적 합목적성에 비추어 중소기업 문제가 이해되어야 한다. 개발도상국의 경우 이것을 자립경제의 확립이라고 볼 때 이를 실현하기 위한 중소기업의 능동적 역할이 고찰되어야 한다.

이와 같은 중소기업문제에 대한 인식은, 중소기업정책의 방향을 경제개발과정에서 발생하는 구조적 모순을 극복하면서 국민경제 안에 광범한 근대적인 생산력 기반을 발전시키되, 낮은 대외분업과 높은 대내분업을 지닌 산업구조를 실현시키도록 하는 것을 의미한다. 구조정책으로서 중소기업 근대화정책의 방향도 이러한 정책방향으로 나아가야 한다.

구조적 모순은 그 자체가 자본주의적 축적을 가져오는 계기이며, 구조적 모순을 극복하는 정책적 과정은 새로운 생산력의 조성과 자본축적의 기반을 추구하는 노력이다. 구조정책으로서 중소기업근대화정책의 대상이 되는 이중경제구조는 위로부터의 경제개발과 그것을 실현하는 고도성장과정에서 형성된 구조적 모순이다. 경제개발과정에서 이중

---

75) 李敬儀,《경제발전과 중소기업》, 창작과비평사, 1986, p. 32.

경제구조는 개발을 위한 축적의 원천인 동시에 구조적 모순이며, 이중구조의 해소를 위한 정책적 노력은 전근대적 경제구조를 해소시켜 근대화된 생산력 기반을 마련하는 것이다. 그러나 다른 한편에서는 새로운 축적과 발전의 계기를 마련하는 것이기도 하다.

이중경제구조는 ① 農業과 工業간, ② 대기업부문과 중소기업부문간, ③ 중소기업부문 안에서 中企業과 小零細企業간의 격차로 구체화된다. 그런데 그것의 해소를 위한 정책적 노력은 전근대적 부문에서 근대적 부문으로 노동력의 流動化를 통하여 근대적 부문의 외연적 확대의 바탕을 제공한다. 이것은 절대적 경제잉여의 창출과정이다. 다음에 이중경제구조의 해소를 위하여 전근대화 부문에 기술개발과 경영합리화가 이루어지면 이것은 내포적 발전을 통하여 상대적 경제잉여를 창출하도록 해준다.

그런데 이중경제구조의 해소를 위한 중소기업근대화정책이 지니는 이러한 의미는 중소기업근대화가 낮은 국제분업과 높은 국내분업의 산업구조를 실현하는 방향으로 이루어질 때 중소기업정책이 역사적 합목적성을 지닐 수 있다는 것이 중소기업문제에 대한 구조론적 인식의 내용이다.

3. 대기업 중심의 政策思考 탈피

지금까지 경제개발과정에서 양적 고도성장을 이루었음에도 불구하고 질석인 구소에서는 불균형성을 느러냈나. 그러므로 산입구조의 불균형을 시정하는 것은 국민경제가 안고 있는 당면과제가 되고 있다. 내수산업과 수출산업, 소비재산업과 생산재산업, 그리고 중소기업과 대기업 등 산업 여러 부문간에 불균형성이 형성되고 있다. 이러한 불균형성은 양적 구성에서뿐만 아니라 질적 불균형성, 즉 산업간의 유기적 관련성의 결여라는 특징을 지니고 있다. 따라서 경제가 양적 성장에서 질적 발전으로 전환해야 하는데, 이는 바로 정책사고의 변화를 요구한다.

산업구조의 불균형 문제로서 대기업과 중소기업간의 격차가 이중구조적 특징으로 제시된다. 일본경제에서는 ① 자본집약도의 규모별 격차, ② 기업 규모별 생산성 격차, ③ 기업규모별 임금격차, ④ 취업구조에서의 소영세기업 집중, ⑤ 방대한 실업자의 존재, ⑥ 독과점과 자본집중 등이 이중구조의 현상적 특징으로 지적된다.[76] 이에 더하여 우리나라 경제의 이중구조적 특징으로서는 대기업과 중소기업, 근대기업과 전근대기업간 등 산업부문간에 상호보완성과 유기적 관련성의 결여가 지적되고 있다.[77]

이러한 산업구조의 파행성은 대외지향적이며 대기업 중심적인 불균형성장정책이 가져온 결과이다. 대기업 중심의 가공형 산업구조는 국민경제의 자립성을 취약하게 만드는데, 이것은 중소영세기업 등 경제의 산업적 기반이 발달되지 못하였기 때문이다.

이제 한국경제는 지금까지의 불균형성장에서 균형성장전략으로 전환해야 할 뿐만 아니라 양적 균형과 질적 균형을 이루도록 해야 할 것이다. 이를 위해서는 우선 대기업 중심의 정책사고에서 벗어나야 한다. 중소기업은 성장의 저변이나 산업의 저변이 아니라, 성장의 기반이며 산업의 기본이라는 중소기업에 대한 적극적인 정책사고가 형성되어야 한다.

양적 균형성을 넘어서 질적 균형성장으로 나아가는 데는 중소기업이 기본이 되는 국민경제가 되어야 한다. 중소기업이 국민경제의 저변이라든가 대기업의 보완적 부문이라는 대기업 중심적 정책사고에서 탈피하여 중소기업이 중심이 되는 경제구조로 발전하기 위한 중소기업 중심의 정책사고가 요구된다. 이것은 중소기업에 대한 좀더 적극적인 정책사고이다. 이를 통하여 산업구조의 균형성과 경제의 자립성은 실현될 수 있을 것이다.

---

76) 川口弘, 〈二つの日本經濟論〉, 《日本經濟の基礎構造》, 春秋社, 1969, p. 9·10.
77) 經濟企劃院, 《經濟白書》, 1976, pp. 411~447 참조.

4. 微視的 競爭力과 巨視的 競爭力

산업구조의 질적 균형성을 높이는 것은 국민경제의 대외경쟁력을 강화시키고 자립경제를 실현하는 길이다. 국제경쟁력은 개별기업 중심의 미시적 경쟁력과 함께 산업구조의 질적 균형성을 높이는 데서 이루어지는 거시적 경쟁력을 배양함으로써 강화될 수 있다. 선진경제의 높아지는 개방화 요구에 장기적으로 대응하기 위해서는 미시적 경쟁력과 함께 거시적 경쟁력을 높이는 것이 정책적으로 중요하다.

거시적 경쟁력은 산업구조를 한 덩어리로 본 경쟁력을 뜻한다. 중간재나 자본재의 수입의존도가 높은 가공형 생산구조를 탈피하여 생산재의 자급도가 높은 산업구조로 전환함으로써 거시적 경쟁력이 강화될 수 있다. 높은 국내분업과 낮은 국제분업의 산업구조는 높은 거시적 경쟁을 갖도록 한다. 산업의 대내적 분업구조가 심화되고 중층적 분업체계가 형성될 때 국민경제의 대외경쟁력은 높아지는 것인데 이때 중소기업의 역할이 강조된다.

재벌과 대기업 중심의 산업구조가 아니라 영세기업-소기업-중기업-중견기업-대기업으로 이어지는 중층적 수직적 분업체계와 기업상호간의 수평적 분업체계가 심화될 때 거시적 경쟁력은 강화된다. 이를 위해서는 중소영세기업이 건실하게 개발된 바탕 위에서 대기업이 발달하는 경제구조가 형성되어야 한다.

중소기업과 대기업간의 상호협력적 분업체계의 형성, 즉 선전한 하청계열관계의 조성이 이를 위한 핵심적 정책으로 제시될 수 있다. 하청계열관계의 조성에는 두 가지 유형이 있는데, 미국형과 일본형이 그것이다. 전자는 대기업이 지니고 있는 一貫生産工程 가운데 일부를 분화시키거나 중소기업에 이양시켜 전문기업으로 전개시키는 전문계열화의 방향이다.[78] 이에 대하여 후자는 선대객주제-하청제-계열제-전

---

78) 〈중소기업구조조정법〉에 의한 대기업 사업의 중소기업이양촉진은 이러한 유형에 속한다고 볼 수 있다.

문기업화를 통하여 독립기업으로 성장해가는 방향이다. 중층적 분업체계는 전자보다는 후자의 방향에서 실현될 수 있다는 것이 일본의 역사적 경험이었다.

한편 일본 중소기업정책의 전개과정에서 보면, 이미 1967년에 개별기업 중심의 구조고도화에서 업종 전체 및 지역 전체의 관점에서 중소기업의 근대화를 촉진하여 국제적으로 경쟁에 이길 수 있는 기업 집단의 형성을 시도한 바 있다. 중소기업근대화정책이 개별기업 중심에서 업종 전체 또는 지역 전체 중심의 거시적 시각으로 전개된 것이다. 이처럼 구조개선적 시각에 바탕을 둔 거시적 경쟁력의 강화를 우리는 개방화의 흐름 속에서 중소기업정책으로 제시할 수 있다고 본다. 특히 노동력 과잉과 소규모경제라는 국민경제적 여건에서 개방화에 적응하고 경쟁에 이기려면 개별기업 중심을 넘어서 거시적 경쟁력의 강화가 요청된다.

5. 중소기업 기술개발의 적극화

중소기업에 대한 기술개발을 적극화하는 것은 개별기업 단위의 미시적 경쟁력을 높일 뿐만 아니라 생산구조 전체의 거시적 경쟁력을 높이는 데도 크게 기여한다. 외연적 성장에 치중했던 경제개발의 초기단계에서는 자본이나 노동력의 양적 증대가 주된 생산력 기반이 되었다. 그러나 경제개발이 진전되어 산업구조가 고도화되는 단계에서는 내포적 발전이 개발의 주된 방향이므로 점차로 기술개발의 중요성이 커지고 생산력과 경쟁력의 향상에서 기술력의 역할이 큰 비중을 차지한다.

중소기업이 대기업과 상호보완적 체제를 형성하면서 분업적 이익을 실현하는 데서도 중소기업의 기술·경영자원의 축적이 선결요건이 된다. 중소기업이 대기업과 대등한 거래관계를 유지하고 거래의 종속성에서 탈피하려면 중소기업에게 충분한 기술·경영자원의 축적이 있어야 한다. 즉 중소기업이 기술·경영자원의 축적을 이룰 때 대기업과 대등한 생산관계를 실현할 수 있게 된다. 또한 대기업[母企業]의 기술수준에 알맞도록 중소기업의 기술수준이 실현되어야 대기업과 중소기업간의 상호보완적 분업관계가 형성될 수 있는 것이다.

이처럼 중소기업의 기술력을 향상시키는 것은 중소기업을 대기업에 대한 종속적 생산관계에서 벗어나게 하여 개별기업 단위의 전문기업과 독립기업을 달성하는 방향이 된다. 그리고 이는 나아가서는 국민경제의 자립적 기반을 확충하는 길이 되기도 한다. 자립적 생산력 기반은 물적 생산수단이나 노동력뿐 아니라 기술력이 결합될 때 좀더 견고하게 형성될 수 있다. 이는 경제구조가 고도화될수록 더욱 그러하다.

더구나 중소기업의 기술수준은 대기업에 비하여 뒤떨어져 있고, 이것은 대기업과 중소기업간의 생산성 등 여러 격차의 주된 요인이 되고 있다. 이처럼 상대적 낙후부문에 대한 기술개발투자를 적극화함으로써 투자의 限界開發力을 극대화시킬 수도 있다. 그 결과는 중소기업의 상대적 경제잉여를 크게 하여 새로운 자본축적의 원천을 창출하고 성장의 한계를 극복시킬 것이다.

기술개발을 적극화하는 것은 현단계의 한국경제에 당면과제로서, 더욱 높은 차원의 경제를 실현하고, 선진경제와 자립경제를 달성하는 핵심적 정책과제이기도 하다. 중소기업에서 기술개발을 적극화하는 것은 이러한 국민경제적 정책과제의 달성에 부응하는 것이다. 기술개발은 그에 대한 과감한 투자를 필요로 한다. 그러나 투자의 기술개발 성과는 높은 불확실성을 지니고 있다.

과감한 투자가 요구되면서도 그 성과의 불확실성 때문에 정책지원의 당위성이 제기된다. 적극적인 투자능력이 부족한 중소기업에 기술개발을 위한 정책지원은 더욱 절실하다. 이를 위하여는 중소기업 스스로의 기술개발을 위한 노력이 물론 선행되어야 한다. 정책지원의 성과는 중소기업의 자조적이고 적극적인 인식이 있을 때 증진될 수 있기 때문이다.

기술의 자립기반이 달성되어 수입기술의존을 탈피하는 것은 고도화 단계에서 가공형 산업구조를 벗어나서 국민경제 자립화의 길이 되며 개별기업의 독립성을 높이도록 할 것이다.

6. 독과점적 시장구조와 중소기업

　대기업 편중적인 불균형성장이 가져온 가장 뚜렷한 특징은 경제력 집중현상이었다. 자본 부족과 노동력 과잉이라는 후진적 여건에서 정부주도형의 경제개발을 대기업 중심으로 시행한 결과 독과점적 경제구조가 정착되었고, 반면에 방대하게 존재하는 중소영세기업은 독과점적 대기업에 비하여 현격히 낮은 생산성·근로조건·수익성·자금조달력 등을 지니게 되었는데, 이것이 독과점구조 아래의 중소기업문제가 되고 있다. 이때 중소기업개발은 근대적 생산력을 발전시켜 광범한 자본축적의 기반을 마련하고 경제자립을 이루는 국민경제의 중요문제가 된다.

　이에 대하여 미국과 영국에서는 중소기업의 비중이 낮을 뿐만 아니라 규모별 격차도 그렇게 심각한 편이 아니다. 이들 경제에서도 독과점적 대기업에 대비한 중소기업문제가 제기되고는 있으나 내용은 전혀 대조적이다. 즉 독과점화된 경제의 경직화가 문제로 되고 자유경쟁 기업제도를 유지 확대하여 경제에 활력을 부여하는 역할을 중소기업에 기대하고 있는 것이다.

　미국에서 중소기업을 활력 있는 다수(the vital majority)로 본다거나 영국에서 중소기업의 苗床機能(seedbed function)이나 신진대사적 기능(regenerative function)을 강조하는 것이 바로 그것이다. 독과점구조가 심화되면 그것이 자본주의적 자유경쟁체제에 역기능을 가져오게 되는데, 이를 해소·완화하기 위하여는 경쟁영역의 확대가 필요하며 그 산업적 대상이 중소기업이라고 본다.

　중소기업이 지니는 자유경쟁적 또는 과당경쟁적 역할을 독과점문제의 해소에 정책대상으로 활용하려는 것이다. 이것은 중소기업문제에 대한 산업조직론적 이해이며 산업조직정책적 접근이라고 할 수 있다.

　독과점구조가 가져오는 구조적 모순으로서 중소기업문제가 아니라 자유시장질서의 회복에 기여하는 중소기업의 역할을 정책대상으로 삼는 것이다. 이러한 중소기업정책은 산업구조정책이라기보다는 산업조직정책이라고 하겠다.

제6차 5개년계획은 자율·경쟁원리에 입각한 자유시장경제질서의 확립을 계획추진의 중심에 포함하고 있는데,[79] 독과점구조가 심화된 단계에서 중소기업은 자유기업제도의 기반이라는 점이 중소기업정책에서 다루어져야 할 것이다. 중소기업은 구조정책의 대상일 뿐만 아니라 나아가서는 산업조직정책의 중요한 대상이 되기도 하는 것이다.

활력 있는 다수가 되는 중소기업의 역할이 구조정책의 대상이 되는 중소기업의 역할과 다른 것은 아니다. 자본집중이 완화되고 독과점기업의 비율이 저하되면서 그 시장점유율이 낮아지고 중소기업의 비율이 높아지는 것은 다 같이 구조정책이나 조직정책의 목표이다.

7. 소영세기업문제

불균형성장전략 아래의 양적 고성장과정에서 정책지원대상에서 가장 소외되었던 영역이 소영세기업부문이다. 1982년에야 뒤늦게 〈중소기업기본법〉을 개정하여 중소기업범주를 소기업과 중기업으로 구분함으로써 소기업이 독립된 정책지원 대상으로 되었다. 그 이전에는 중소기업일반 안에 소기업이 포함되어 있었기 때문에, 금융 등의 지원혜택이 없었던 것은 아니지만 구체적 정책대상의 영역이 되지는 못하였다. 그 결과 소영세기업은 고도성장과정에서 형성된 산업의 불균형성을 상징적으로 반영하는 산업부문으로 되었다.

기본법 개정 이후 소기업에 대한 다각적 정책이 제시되고 있지만 이직도 적극적 정책지원이 요구되는 부문으로 남아 있다. 경제개발과정에서 그런대로 중소기업부문에 대한 정책지원이 있었지만, 그 지원효과는 중소기업 가운데 비교적 규모가 큰 상위규모 중소기업에 집중되는 경향을 보였다. 대기업과 중소기업 사이에 이루어지는 지원의 격차가 중소기업 범주 안에서도 발생하였다. 예를 들면 상위규모에 금융지원이 집중됨으로써 중소기업 범주 안에 새로운 규모간 격차와 불균형

---

79) 經濟企劃院, 《第6次 經濟社會發展5開年計劃》, p. 9.

이 형성되었다.

고도성장과정에서 중소기업부문 안에 새로운 구조적 모순이 형성되어 소기업이 독립된 구조정책의 대상으로 부각된 것이다. 소영세기업을 구조정책의 대상으로 삼는 것은 균형화된 산업구조를 실현한다는 정책목표에 적합할 뿐만 아니라 산업 最底邊의 근대화를 통하여 국민경제의 광범한 생산력 기반을 확충할 수 있다. 또한 소영세기업에 대한 구조정책으로 인하여 발생하는 노동력의 유동화는 개발의 잠재력과 자본축적의 기반을 제공할 것이다.

그런데 정책지원대상으로서 중소기업 범주는 점차로 확대규정되고 있어서 정책지원의 상위규모집중도 강화될 것이다. 따라서 중소기업지원의 상위규모집중 경향을 방지하는 것이 소영세기업정책의 주요 과제가 되고 있다. 예를 들면 이미 정책으로 제시된 바 있는 소영세기업에 대한 義務貸出比率을 시행·강화하는 것이 그것이다.

소영세기업의 기술개발·경영지도는 물론, 지식집약화의 방향에 맞는 소영세기업정책의 강구가 요구된다. 또한 소영세기업의 협동조합 설립도 추진할 필요성이 있다. 소영세기업정책은 그 대상을 都市非公式部門(urban informal sector)의 문제로까지 확대해야 할 것이다. 소영세기업을 포함하여 이 부분은 지속적인 성장을 위한 잠재력을 지녔기 때문이다. 즉 소영세기업부문의 개발은 성장의 새로운 원천을 추구하는 길이다.

8. 지방화시대의 중소기업

양적 고도성장과정에서 중소기업근대화정책은 중소영세기업 가운데서도 상층부의 시설근대화와 기술향상에 초점이 모아진 구조정책이었고, 이를 통하여 국민경제의 높은 성장을 이루기 위한 디딤돌정책이었다. 즉 중소기업근대화정책은

① 주로 설비근대화를 통하여 제조공업부문 중소기업 상층부의 성장을 촉진하는 것,

② 규모이익의 성숙을 기대하여 기업규모의 확대를 기하는 것,

③ 전국을 일률적으로 보는 획일적 정책이었다는 것,

④ 기업성장정책과 국민경제의 총량적 규모확대에만 중점이 주어지고 그것이 立地하는 지역경제와의 관련을 고려하지 않았다는 것,

⑤ 아니면 기업의 성장이 지역경제의 향상에 연결되리라는 소박한 생각을 지녔다는 것[80]

등이다. 전국 일률이라는 획일정책의 성격을 지닌 근대화정책은 공업화 또는 중화학공업화를 통하여 양적 경제성장을 실현하였다. 그러나 여러 측면에서 구조적 불균형을 국민경제 안에 정착시켰는데, 이것은 總量的(全國一律) 경제성장만을 추구한 불균형성장정책이 가져온 결과였다. 그 한 측면이 지역간 불균형의 문제이다.

개발정책의 혜택을 받은 공업지대와 대도시에는 인구가 집중하는 過密化 현상이 발생하는 가운데 그렇지 못한 낙후지역에는 過疎化 현상이 촉진되었는데, 이것은 전자의 끌어들이는(pull) 요인과 후자의 밀어내는(push) 요인이 작용하였기 때문이다. 서울을 비롯한 수도권의 인구 및 경제력 집중, 동서간 지역개발의 격차는 바로 이를 반영한다.

지방자치제의 실시와 지방화시대가 전개되는 것은 총량적 전국 획일적 경제개발에서 지역중심의 경제운영으로의 전환을 요구한다. 이때 지역경제발전에는 중소영세기업의 적응성이 높다. 이에 지방화시대에 맞는 중소기업의 발전이 좀더 적극적인 과제로 제시된다.

중소기업을 중심으로 하는 지역경제의 개발은 국토의 균형 있는 발전을 실현시키며, 또한 낙후지역의 개발은 국토의 限界開發力을 극대화시키는 효과를 지닌다. 그리고 지속적인 고도성장을 위한 잠재력을 개발하는 길이기도 하다.

국민들의 지역에서의 안정된 생활과 지역경제력 상승에 대한 요청을 배경으로 하여 地域振興이 하나의 흐름으로 될 전망이다. 이를 위하여는 지역에 밀착하여 지역주민의 고용기회를 창출·확보하고, 일상생활에 필요한 재화와 용역을 지역의 특성에 맞추어 공급하는 중소기업의 개발이 필요하다. 이에 따라 중소기업정책은 종래의 전국적 정책, 업

---

80) 杉岡碩夫 編,《中小企業と地域主義》, 日本評論社, 1973, p. 8.

종별 정책에서 벗어나 지역경제권이라고 하는 별개의 착상에 따라 구
체화되어야 할 것이다.

9. 생산력 제일주의를 넘어서

구조고도화와 구조개선을 추구하는 중소기업근대화정책은 산업구조
의 고도화에 적응하는 정책이었다. 즉 공업화를 추구하고 경공업에서
다시 중화학공업화의 과정에 따라 경제규모의 확대, 생산성 향상, 자
본장비율의 충실에 의한 산업의 양적 발전과 물적 생산력 제일주의에
바탕을 둔 것이었다. 그러나 중화학공업이 성숙되는 단계에서는 중소
기업이 양적 확대에서 질적 발전으로, 이를 위한 창의성과 기동성의
발휘와 사회성의 자각 등[81] 물적 생산력 제일주의에서의 전환을 요구
하는 기업환경의 변화가 있을 것이므로 이에 대한 중소기업정책의 과
제를 검토할 필요가 있다.

첫째는, 중소기업의 다양성에 대한 인식이다.[82] 고도성장과정에서
수요와 기술의 변화와 다양화, 산업의 지식집약화·시스템화가 진전되
면서 중소기업의 다양성이 재인식되기에 이른다. 중견기업으로 발전하
는 성장형 중소기업만이 있는 것이 아니고, 규모는 영세하지만 성장형
의 벤처 비즈니스가 나타나고, 또한 생업적 영세기업도 광범하게 존립
하면서 그 안에서 新舊 교체의 사회적 대류현상이 이루어진다.

둘째는, 산업의 지식집약화이다. 연구개발, 디자인, 전문적 판단, 각
종 매니지먼트 등 고도의 경험과 지식의 뒷받침을 받는 기능의 발휘를
포함하여 넓은 경제활동에서 인간의 지적 능력을 행사하는 지적 행동
의 집약도가 높아지게 된다.[83]

---

81) 日本中小企業廳,《中小企業の再發見》(80年代中小企業ビジョン), 1980, p.
　　8·9.
82) ———,《70年代の中小企業像》(中小企業政策審議會意見具申の內容と解說),
　　1972, p.16 ; 위의 책, p. 10.
83) ———,《70年代の中小企業像》, p. 61.

셋째, 산업의 고가공도화가 이루어진다.[84]

① 육체노동을 중심으로 한 에너지 소비적 성격에서 과학기술의 성과에 바탕을 둔 지적 노동과 정보 소비적 성격으로,

② 원재료 多消費경향에서 원재료 少消費경향으로,

③ 단일상품수요에 바탕을 둔 생산체제로부터 시스템적 수요에 바탕을 둔 생산체제로 전환함으로써 높은 부가가치를 실현시킨다.

넷째는, 공해회피, 삶의 존중, 소영세기업자와 종업원의 복지향상, 소비자의 이익증진과 수요 및 욕구의 다양화에 봉사하는 중소기업에로의 전환이 이루어진다. 이러한 변화는 종래의 생산력 제일주의적 중소기업정책에 새로운 과제를 제시해준다.

10. 금융집중·융자집중·자본집중의 극복

중소기업문제는 기본적으로 자본주의적 축적과정에서 발생하는 구조적 모순이라는 성격을 지니고 있으므로 자본집중을 완화시키는 것이 중소기업정책의 요체라고 하겠다. 더구나 정책주도하의 경제과정에서는 자본집중이 금융지원의 편중과 융자집중에서 비롯되므로 대기업과 중소기업간의 금융격차 완화야말로 중소기업문제에 접근하는 가장 중요한 정책수단이다. 정책이 금융분산에 더 적극적 입장을 견지하여 융자집중과 재벌 대기업에 대한 금융의 편중을 방지하는 것이 중소기업문제의 해소·완화와 독과점구조의 심화를 억제하는 길이 된다.

자본주의경제는 제제적 논리에 맡긴다면 자본의 집적과 집중으로 독과점구조가 정착 심화되면서 중소기업의 존립영역은 축소되기 마련이다. 그러나 이러한 경향은 개발목표에 적합하지 않으므로 정책은 대기업 편중적이어서는 안 되며 중소기업에의 資源配分을 적극적으로 촉진해야 한다.

구조적 모순으로서 중소기업문제가 발생되는 원인으로는 노동시장과

---

84) 篠原三代平, 〈高加工度產業化〉, 篠原三代平·馬場正雄 編, 《現代產業論 Ⅰ》
（產業構造）, 日本經濟新聞社, 1973, p. 226.

생산물시장의 구조 및 자본집중(융자집중) 등이 제시되고 있지만, 개발과정에서 형성되는 구조적 격차에 대한 설명으로는 융자집중의 가설이 가장 설득력 있게 받아들여진다. 즉 고도성장과정에서 정책적 자원배분이 대기업에 편중적으로 이루어지는 데 중소기업문제가 형성되는 기본요인이 있는 것이다. 따라서 중소기업문제에 대한 이와 같은 구조적 인식의 차원에서 금융격차와 융자집중을 억제하는 다각적 정책이 강구되어야 한다.

대기업은 직접금융의 방법으로 자본을 조달할 수가 있다. 그러나 중소기업은 현실적으로 직접금융에의 접근가능성이 없으므로 간접금융에 의존할 수밖에 없다. 따라서 금융기관 등 간접금융은 중소기업에의 융자에 좀더 적극적이어야 한다.

1965년 중소기업에 대한 30퍼센트 의무대출비율이 정해진 이후 중소기업금융의 양적 증대를 위하여 많은 정책수단이 강구되어 왔다. 그리고 신용보증제도의 도입과 확충, 융자절차 간소화 등의 시책도 이루어지고 있다. 그러나 금융의 재벌 대기업 편중이 지속되고 있는 것이 현실이며, 이러한 금융집중이 해소되지 않는 한 중소기업문제는 심각할 수밖에 없다.

중소기업을 기반으로 하는 산업구조의 재편성과 중소기업에 대한 구조론적 인식이 받아들여진다면 무엇보다도 융자집중과 금융집중은 규제되어야 하며, 중소기업금융의 확충을 위한 과감한 정책이 시행되어야 할 것이다. 개발과정에서 융자집중과 금융편중은 구조적 불균형의 기본요인이며 구조정책의 대상으로서 중소기업문제 형성의 주된 배경이기 때문이다.

11. 중소기업 專擔行政體制의 강화

중소기업 전문행정기구는 1960년에 상공부 안에 중소기업과가 설치되었고, 1968년에 이것이 중소기업국으로 확장된 이후 오늘에 이르고 있다. 그동안 경제의 양적 성장과 질적 발전에 따라 중소기업행정이 담당해야 할 업무도 양적·질적으로 변화되었으나 전담행정기구는 그에 따르지 못하고 있다.

　첫째는, 중소기업행정업무가 多岐化되었음에도 불구하고 정책추진과 행정업무의 종합성·통일성·전문성·분화성·독립성을 실현할 만한 행정체제가 갖추어져 있지 못하다.

　둘째로, 중소기업행정의 대상이 크게 확대되었다는 점이다. 지금까지 제조업에 치중되어 오던 중소기업정책과 행정이 이제는 운수업·건설업·상업 기타 서비스업에까지 확대되어야 할 시점에 와 있다. 이것은 산업구조의 고도화에 따라 요구되는 당연한 추세이다. 또한 중소기업의 고용과 생산액, 사업체 수 및 수출도 기존의 행정기구로써는 그 지원업무를 담당하기 어려운 한계에 와 있다.

　셋째는, 중소기업 지원행정업무의 내용이 다양화되었다는 점이다. 조사통계업무, 근대화정책, 소영세기업분제, 시방화시대에 맞춘 지방공업개발문제, 창업지원문제, 기술진흥문제 등 1960년대말에 중소기업국이 설치되던 당시와는 비교도 되지 않을 만큼 지원행정수요가 증가되었다.

　이제 지원행정의 미흡이 중소기업의 발전을 억제하는 상태를 벗어나서 적극적으로 중소기업개발을 촉진할 수 있도록 전담행정기구가 확충되어야 한다. 정책당국은 이에 중소기업국을 중소기업정책실로 확대개편할 것을 구상하고 있다. 그 이유는 국무위원이 아닌 廳長의 신분으로 중소기업지원시책을 강력하게 추진하기 어렵고, 특히 중소기업지원수단인 재정·금융·세제 지원시책을 廳 단위 조직으로 수행할 수 없나는 현실적 문제[85]가 있기 때문이라는 것이다.

　그러나 반대의 경우도 생각해볼 수 있다. 포괄적이고 방대한 상공정책을 담당하는 국무위원과 상공부 안에 중소기업전담행정기구를 두는 경우 중소기업정책은 대기업 지원 등 여타의 현안이 되고 있는 상공정책에 가리어 매몰되어 버릴 가능성이 있는 것도 현실적인 문제이다. 중소기업행정 대상의 방대함과 지원업무의 다기성을 감안할 때, 그리고 첫번째 제시한 원칙을 실현하기 위해서는 中小企業廳을 설치하는

---

85) 상공부,《中小企業에 관한 年次報告書》, 1989, p. 308.

것이 중소기업정책과 지원행정의 효율성을 높일 수 있다고 생각한다. 이것은 중소기업을 기반으로 하는 산업구조로의 개편을 위한 정책과 행정지원을 위해서도 필요하다.

參考 및 引用文獻

1. 國內文獻

姜命圭, 〈캠브리지學派 經濟學의 생성과정 — 마셜 經濟學의 問題意識을 중심으로〉, 《經濟論集》, 제 XIII 권 제 1 호, 1974. 3.

金大煥, 〈1950년대 韓國經濟의 연구〉, 《1950年代의 認識》, 한길사, 1981.

———, 〈국제환경의 변화와 중화학공업의 전개〉, 박현채·정윤형·이경의·이대근 편, 《한국경제론》, 까치, 1987.

金潤煥, 〈韓國經濟의 座標〉, 邊衡尹·金潤煥 編, 《韓國經濟論》, 유풍출판사, 1971.

朴贊一, 〈미국의 經濟援助의 성격과 그 經濟的 歸結〉, 金潤煥 外 共著, 《韓國經濟의 展開過程》, 돌베개, 1981.

朴玄埰, 〈借款과 經濟發展〉, 《民族經濟論》, 한길사, 1978.

裵翰慶, 〈經濟開發計劃과 自立經濟의 確立〉, 全國經濟人聯合會 編, 《經濟政策 30 年史》, 사회사상사, 1975.

邊衡尹, 〈韓國經濟의 診斷과 反省 — 自主的 近代化의 方向과 韓國經濟〉, 《新東亞》, 1971. 11.

———, 〈韓國經濟開發計劃의 방향〉, 《韓國經濟의 診斷과 反省》, 지식산업사, 1980.

———, 〈産業構造와 轉換能力〉, 《經濟論集》 제 16 권 제 4 호, 1977. 12.

吳萬植, 〈輸出産業 體質强化와 國際化(1967〜1971), 全國經濟人聯合會 編, 《韓國經濟政策三十年史》, 사회사상사, 1975.

李敬儀, 〈後進國 중소기업문제와 민족자본〉, 《경제발전과 중소기업》(創批新書 75),
　　창작과비평사, 1986.

─────, 〈下請制度에 관한 理論的 研究〉, 《論文集》 제19집, 숙명여대 경제연구소,
　　1990. 12.

李鍾燻, 〈美軍政經濟의 역사적 성격〉, 《解放前後史의 認識》, 한길사, 1980.

林鍾哲, 〈官主導型 外延的 成長戰略의 成就와 限界〉, 《政經文化》, 1981. 10.

鄭允炯, 〈經濟成長과 獨占資本〉, 金潤煥 外 共著, 《韓國經濟의 展開過程》, 돌베개,
　　1981.

─────, 〈유신체제와 8·3조치의 성격〉, 박현채·정윤형·이경의·이대근 편, 《한국경
　　제론》, 까치, 1987.

洪性囿, 〈韓國經濟의 資本蓄積過程과 財政金融政策 ─ 1953~1963〉, 《經濟論集》 제
　　Ⅲ권 제 3 호, 서울대 상대, 1964.

經濟企劃院, 《經濟白書》, 1976년판.

大韓民國政府, 《제 1 차 經濟開發 5個年計劃》, 1962.

─────, 《第 2 次 經濟開發 5 個年計劃案》(1967~1971), 1966.

─────, 《제 3 차 경제개발 5 개년계획》(1972~1976), 1971.

─────, 《제 6 차 경제사회발전 5 개년계획》, 1986.

─────, 《제 4 차 경제개발 5개년계획》(1977~1981), 1976.

─────, 《제 5 차 경제사회발전 5개년계획》(1982~1986), 1981.

大韓商工會議所 韓國經濟研究센터, 《中小企業政策의 展開와 課題》, 經濟研究新書
　　219, 1991.

朴東燮, 《中小企業論》, 박영사, 1972.

朴玄埰, 《한국경제와 농업》, 까치, 1983.

法制處, 《各國의 中小企業關係法》, 法制資料 제142집, 1987.

商工部, 《中小企業에 관한 年次報告書》, 각 연도.

孫世一 編, 《韓國論爭史 Ⅲ》, 청람문화사, 1976.

李敬儀, 《한국경제와 중소기업》, 까치, 1982.

─────, 《한국중소기업의 구조》, 풀빛, 1991.

中小企業銀行, 《調査月報》, 1976. 8.

———,《海外各國의 中小企業關係法》, 1965.

———,《중소기업은행 5년사》, 1966.

———,《중소기업은행 10년사》, 1971.

中小企業銀行調查部,《企業規模移動調查》, 1972.

韓國產業銀行,《鑛工業 센서스》, 1960.

——— 編,《經濟政策의 構想》, 1956.

洪性囿,《韓國經濟의 資本蓄積過程》, 고려대 아세아문제연구소, 1965.

2. 日本文獻

加藤誠一,〈中小企業の定義と構造〉, 加藤誠一·水野武·小林靖雄 編,《經濟構造と中
　　小企業》(現代中小企業基礎講座), 同友館, 1976.

宮澤健一,〈產業構造〉,《經濟學大辭典》, 東洋經濟, 1980.

吉田敬一,〈西ドイツの中小企業問題(Ⅱ)〉, 竹林庄太郎 編,《現代中小企業論》, ミネ
　　ルヴ書房, 1977.

大川一司,〈過剰就業と傾斜構造〉,《經濟の進步と安定》(中山伊知郎氏還曆記念論文
　　集), 1958. 9.

藤田敬三,〈兩び企業系列において〉, 大阪經濟大學,《大阪經濟論集》 제21호, 1957. 11.

———,〈日本產業における企業系列〉, 大阪市立大學 商學部,《經營研究》 제29호,
　　1957. 7.

———,〈日本中小工業と下請系列の本質〉, 藤田敬三·伊東垈吉 編,《中小工業の本
　　質》, 中小企業叢書 Ⅴ, 有斐閣, 1954(初版), 1960

末松玄六,〈市場經濟における中小企業の機能變化についてのドイツと日本の若干
　　の比較〉, 加藤誠一·小林靖雄·瀧澤菊太郎 編,《先進國の中小企業比較》, 有斐閣,
　　1970.

木下宗七,〈產業政策の理論と現實(Ⅰ)〉(產業構造), 加藤寬·中村秀一郎·新野幸次郎
　　編,《經濟政策(3)》(日本の產業政策), 有斐閣, 1971.

尾城太郎丸,〈日本における產業資本確立期の經濟構造に關する諸問題 — 日本資本主
　　義發達史把握の方法についての中小企業(問題)史論の觀點らの再檢討〉, 慶應義
　　塾 經濟學會 編,《日本經濟の近代化》, 東洋經濟新報社, 1967.

584

─────，〈日本中小企業論史〉，楫西光速・小林義雄・岩尾裕純・伊東岱吉 編，《講座中小企業Ⅰ》(歴史と本質)，有斐閣，1960.

福島久一，〈中小企業政策の現狀と課題〉，市川弘勝・岩尾裕純 編，《70年代の日本中小企業》，新評論，1973.

北原勇，〈資本の集積・集中と分散・分裂─ 中小企業論序説〉，《三田學會雑誌》，1957. 7.

─────，〈資本蓄積運動における中小企業〉，楫西光速・岩尾裕純・小林義雄・伊東岱吉 編，《講座 中小企業 2》(獨立資本と中小企業)，有斐閣，1968.

北田芳治，〈日本中小企業の特質〉，楫西光速・岩尾裕純・小林義雄・伊東岱吉 編，《講座 中小企業Ⅰ》(歴史と本質)，有斐閣，1969.

─────，〈中小企業本質論の展開〉，藤田敬三・伊東岱吉 編，《中小工業の本質》，中小企業叢書Ⅴ，有斐閣，1954(初版)，1960.

─────，〈產業構造〉，《經濟學大辭典Ⅰ》，東洋經濟新報社，1975.

上田宗次郎，〈高度化政策と構造改善〉，加藤誠一・水野武・小林靖雄 編，《經濟政策と中小企業》，現代中小企業基礎講座②，同友館，1977.

石崎唯雄，〈二重構造と所得分配〉，玉野井・內田美星 編，《二重構造の分析》，東洋經濟新報社，1964.

小林良正，〈日本經濟の二重構造について〉，《經濟セミナ》，1960. 2.

巽信晴，〈中小企業の存立形態と下請制〉，加藤誠一・水野武・小林靖雄 編，《經濟構造と中小企業》，現代中小企業基礎講座①，同友館，1976.

─────，〈西ドイツの下請と賃金隔差問題〉，加藤誠一・小林靖雄・瀧澤菊太郎 編，《先進國の中小企業比較》，有斐閣，1970.

松井辰之助，〈中小工業の本質とその存在形態─ 存在形態における領域的本質と歴史的本質との二重性を中心として〉，藤田敬三・伊東岱吉 編，《中小工業の本質》，有斐閣，1960.

新野幸次郎，〈產業政策の課題と體系〉，加藤寛・中村秀一郎・新野幸次郎 編，《經濟政策(3)》(日本の產業政策)，有斐閣，1975.

鹽野谷祐一，〈產業構造の策定基準〉，篠原三代平 編，《產業構造》，春秋社，1959.

瀧澤菊太郎，〈スモルビズネスに關する一研究〉(その二)，《經濟科學》Ⅵ-2，1958.

─────，〈中小企業問題の見の方の發展─ 中小企業問題の國際的・歴史的分析〉，山中篤太郎 編，《經濟成長と中小企業》，春秋社，1963.

―――，〈中小企業問題と政策の國際比較〉，加藤誠一・水野武・小林靖雄 編，《經濟政策と中小企業》，現代中小企業基礎講座②，同友館，1977.

越後和典，〈規模の經濟性について〉，越後和典 編，《規模の經濟性》，新評論社，1969.

由井常彦，〈中小企業問題の歴史的一考察〉，《經營セミナ》，1958. 10.

伊東光晴，〈二つの學説は日本經濟をどう見するか〉，《中央公論》，1961. 8.

伊東岱吉，〈中小工業問題の本質〉，藤田敬三・伊東岱吉 編，《中小工業の本質》，有斐閣，1954.

―――，〈日本の中小企業構造と勞動問題の特質 ― 歐米との比較〉，楫西光速・小林義雄・岩尾裕純・伊東岱吉 編，《講座 中小企業 Ⅳ》(勞動問題)，有斐閣，1960.

莊圓進，〈下請制度〉，楫西光速・岩尾裕純・小林義雄・伊東岱吉 編，《講座 中小企業 Ⅰ》(獨占資本と中小企業)，有斐閣，1968.

長洲一二，〈二重構造分析の方法論〉，伊東光晴 執筆・編集，《日本經濟分析の再檢討》，廣文社，1966.

―――，〈二重構造の考え方〉，《日本經濟の基礎構造》，日本經濟の現狀と課題 제1집，春秋社，1969.

赤松要，〈わが國産業發展の雁行形態〉，《一橋論叢》제38권 제5호，1956. 11.

前川恭一，〈西ドイツの中小企業問題(Ⅰ)〉，竹林庄太郎 編，《現代中小企業論》，ミネルヴァ書房，1977.

―――，〈日本と西ドイツの中小企業問題の比較〉，渡邊睦・前川恭一 編，《現代中小企業研究》(下卷)，現代資本主義叢書㉘，大月書店，1986.

篠原三代平，〈日本經濟の二重構造〉，篠原三代平 責任編集，《産業構造(新訂)》，日本經濟の分析6，春秋社，1961(初版)，1966.

―――，〈高加工度産業化〉，篠原三代平・馬場正雄 編，《現代産業論Ⅰ》(産業構造)，日本經濟新聞社，1975.

佐藤芳雄，〈中小企業'近代化論'批判〉，市川弘勝 編，《現代日本の中小企業》，新評論，1968.

佐藤芳雄・渡邊幸男 〈アメリカの寡占體制とスモル・ビジネス〉，渡邊睦・前川恭一 編，《現代中小企業研究》(下卷)，現代資本主義叢書㉘，大月書店，1986.

竹內正己・奥村榮，〈中小企業政策の展開と課題 ― 新しい中小企業政策の在り方を求めて〉，藤田敬三，竹內正己 編，《中小企業論(新版)》，有斐閣，1977.

586

中村秀一郎, 〈獨占資本主義の構造と中小企業問題〉, 楫西光速·岩尾裕純·小林義雄·
　　伊東岱吉 編, 《講座 中小企業2》(獨占資本と中小企業), 有斐閣, 1968.

川口弘, 〈二つの日本經濟論〉, 川口弘·篠原三代平·長洲一二·宮澤健一·伊東光晴,
　　《日本經濟の基礎構造》, 日本經濟の現狀と問題 제1집, 春秋社, 1969.

淸成忠南, 〈ベンチャービジネス論〉, 越後和典 編, 《產業組織論》, 有斐閣, 1973.

太田進一, 〈イギリス資本主義の發展過程と中小企業〉, 渡邊睦·前川恭一 編, 《現代
　　中小企業研究》(下卷), 大月書店, 1986.

坂本二郎, 〈日本經濟の中進的 特質〉, 中山伊知郎 編, 《日本經濟の構造分析》(上卷),
　　東洋經濟新聞社, 1954.

加藤誠一, 《中小企業の國際比較》, 東洋經濟新報社, 1968.

―――, 《中小企業問題入門》, 有斐閣, 1976.

宮田喜代藏, 《產業構造論》, 千倉書房, 1962.

農商務省, 《興業意見》全30卷, 1884.

―――, 《主要工業槪覽》, 1912.

能谷尙夫, 《經濟政策原理》, 岩波書店, 1972.

大來佐武郎, 《所得倍增計劃の解說》, 日本經濟新聞社, 1960.

大川一司, 《日本經濟分析 ― 成長と構造》, 春秋社, 1963.

大塚久雄, 《大塚久雄著作集》 제4권(資本主義社會の形成), 岩波書店, 1969.

大塚久雄·高橋幸次郎·松田智雄 編, 《西洋經濟史講座Ⅱ》(資本主義の發達), 〈Ⅰ, 總
　　說〉, 岩波書店, 1960(初版), 1970.

稻葉襄, 《中小工業經營論(序說) ― 中小工業問題の理論》, 森山書店, 1962.

―――, 《中小工業の經濟理論》, 森山書店, 1969.

渡會重彦, 《日本の小零細企業》(下), 日本經濟評論社, 1977.

末岡俊二, 《中小企業の理論的分析》(中小企業成長論批判), 文眞堂, 1974.

末松玄六, 《海外の中小企業》, 中小企業叢書 Ⅲ, 有斐閣, 1953(初版), 1960.

―――, 《獨立企業論》, タイアモンド社, 1962.

北原勇, 《獨立資本主義の理論》, 有斐閣, 1980(金在勳 譯, 《독점자본주의》, 사계절,
　　1984).

山中篤太郎, 《中小企業の本質と展開 ― 國民經濟構造矛盾の一研究》, 有斐閣, 1948.

杉岡碩夫 編,《中小企業と地域主義》, 日本評論社, 1973.

小宮山琢二,《日本中小企業研究》, 中央公論社, 1941.

小島清,《日本貿易と經濟發展》, 國元書房, 1958.

小林義雄 編,《企業系列の實態》(獨占資本の相互提携と支配強化), 東洋經濟新報社, 1958.

巽信晴,《獨占段階における中小企業の研究》, 三一書房, 1960.

新野幸次郎,《產業組織政策》, 新評論, 1970.

瀧澤菊太郎,《高度成長と企業成長 — 中小企業から大企業への成長の實証的研究》, 東洋經濟新報社, 1973.

牛尾眞造,《中小企業論》, 三笠書房, 1961.

伊東垈吉,《中小企業論》, 日本評論社, 1968.

日本經濟企劃廳,《昭和32年度 經濟白書 — 速すぎた擴大とその反省》, 至誠堂, 1957.

日本中小企業廳,《中小企業構造改善の指針》, 1970.

―――,《70年代の中小企業像》(中小企業政策審議會意見具申の內容と解說), 通商產業調査會, 1972.

―――,《中小企業施策とあらまし》, 財團法人 中小企業調査協會, 1973.

―――,《中小企業の再發見》(80年代 中小企業ビジョン), 通商產業調査會, 1980.

―――,《中小企業施策讀本》, ぎようせい, 1980.

日本觀業銀行,《東京府下 中小企業の狀況》, 1917.

日本銀行調査局,《工業者の金融に關る調査》, 1915.

日本通商產業省,《商工政策史》 제12권,《中小企業》, 1963.

前田正名,《所見》, 1892.

前川恭一・吉田敬一,《西ドイツの中小企業問題》, 新評論, 1980.

篠原三代平,《產業構造論》, 經濟學全集 13, 筑摩書房, 1969(初版), 1970.

―――,《日本經濟の成長と循環》, 創文社, 1961(初版), 1963.

佐藤芳雄,《寡占體制と中小企業 — 寡占と中小企業競爭の理論構造》, 商學研究叢書10, 慶應義塾大學 商學會, 1976.

中山金治,《中小企業近代化の理論と政策》, 千倉書房, 1983.

中村秀一郎,《中堅企業論》(增補版), 東洋經濟新報社, 1968.

楫西光速,《現代日本資本主義大系 II (中小企業)》(〈總說〉), 弘文堂, 1962 .

淸成忠南,《日本中小企業の構造變動》, 新評論, 1970(初版), 1972.

―――,《現代中小企業の新展開》, 日本經濟新聞社, 1972.

―――,《ベンチャーキャビタル》, 新時代社, 1972.

―――,《80年代の地域振興》, 日本評論社, 1981 .

平田喜久雄,《現代中小企業論》, 中央經濟社, 1968(初版), 1981.

橫山原之助,《日本の下層社會》, 1898.

黑澤一淸,《理論產業學》(上卷), 時潮社, 1979.

3. 歐美文獻

Baran, Paul A., "On the Political Economy of Backwardness", *Selected Articles in Economic Development*, SNU, 1965.

Blair, J. M., "The Relation between Size and Efficiency of Business", *The Review of Economic Statistics*, Vol. XXIV, 1942.

Bowley, A. L., "The Survival of Small Firms", *Economica*, No. 2, 1922.

Chennery, Hollis B., "Patterns of Industrial Growth", *American Economic Review*, Sep. 1960.

Clapham, J. H., "Of Empty Boxes", *The Economic Journal*, Vol. XXXII, Sep. 1922.

―――, "The Economic Boxes ; A Rejoinder", *The Economic Journal*, Vol. XXXII, Dec. 1922.

Clark, J. M., "Toward a Concept of Workable Competition", *American Economic Review*, Jun. 1940.

Crum, W. L. "Earning Power with report to the Size of Corporation", *Havard Business Review*, Vol. XVIII, Autumn 1938.

Donham, Paul, "Whither Small Business", *Harvard Business Review*, Vol 35, No. 2, March–April 1957.

Hall, R. L. and Hitch, C. J., "Price Theory and Business Behavior", *Oxford Economic Papers*, May 1939.

Harrod, R. F., "The Law of Decreasing Costs", *The Economic Journal, 1931 : Eco-*

nomic Essays, London : Macmillan, 6st ed. 1952, 2nd ed. 1972.

———, "Note on Supply", *The Economic Journal, 1930 : Economic Essays,* London : Macmillan, 1952, 1972.

Hosmer, W. Arnald, "Small Manufacturing Enterprise", *Harvard Business Review,* Vol. 35, No. 6, Nov~Dec. 1957.

Johnson, H. G., "Economic Development and International Trade", *Money, Trade and Economic Growth,* Harvard Univ. Press, 1967.

Lewis, W. A., "Economic Development with Unlimited Supply of Labor", *The Mancherter School,* May 1954.

Lydall, H. F., "The Impact of the Credit Squeeze on Small and Medium-sized Manufacturing Firms", *The Economic Journal,* Sep. 1957.

Marshall A., "The Present Position of Economics(1885)", A. C. Pigou ed., *Memorials of Alfred Marshall,* London : Macmillan, 1925.

———, "Mechanical and Biological Analogies in Economics(1898)", A. C. Pigou ed., *Memorials of Alfred Marshall,* London : Macmillan, 1925.

———, "Social Possibilities of Economic Chivalry(1907)", A. C. Pigou ed., *Memorials of Alfred Marshall,* London : Macmillan, 1925.

Myint, H., "An Interpretation of Economic Backwardness", *Economic Theory and the Underdeveloped Countries,* Oxford Univ. Press, 1971.

Pigou, A, C., "Empty Economic Boxes : A Reply", *The Economic Journal,* Vol. XXXII, Dec. 1922.

———, "The Law of Diminishing and Increasing Cost", *The Economic Journal,* Vol. XXXVII, Jun. 1927.

———, "An Analysis of Supply", *The Economic Journal,* Vol. XXXVIII, Jun. 1928.

Robertson, D. H., "Those Empty Boxes", *The Economic Journal,* Vol. XXXIV, Mar. 1924.

Robins, L., "The Representative Firm", *The Economic Journal,* Vol. XXXVIII, Sep. 1928.

Robinson, E. A. G., "The Problem of Management and the Size of Firms", *The Economic Journal,* Vol. XLIV, Jun. 1934.

590

Robertson, Ross M., "The Small Business Ethics in America", *The Vital Majority*, 1973.

Samuelson, P. A., "The Monopolistic Competition Revolution", *Monopolistic Competition Theory : Studies in Impact, Essays in Honor of Edward H. Chamberlin*, ed., by Robert E. Kuenne, John Willey & Sons, 1967.

Shove, G. F., "Varying Costs and Marginal Net Products", *The Economic Journal*, Vol. XXXVIII, Jun. 1928.

Sraffa, P., "The Law of Returns under Competitive Conditions", *The Economic Journal*, Vol. XXXVI, Dec. 1926(朴贊一 譯, 〈競爭的 條件下의 收穫의 法則〉, 《商品에 의한 商品生產》, 비봉출판사, 1986).

Summers, H. B., "A Comparison of the Rates of Earning of Large-Scale and Small-Scale Industry", *Quaterly Journal of Economics*, May 1932.

Sweezy, P. M., "Demand Under Conditions of Oligopoly", *Journal of Political Economy, 47*, Aug. 1939.

Viner, J., "Cost Curve and Supply Curve", Zeitschrift für Nationalökonomie, Vol. III(1931), *Readings in Price Theory*, ed., by G. J. Stigler and K. E. Boulding, London : George Allen and Unwin, 1st pub. 1953, 6th. lmp. 1970.

Weber, M., "die Objectivität Sozialwissen-Achaftilicher und sozialpolitisher Erkenntnis", *Archir für Sozialwissenschaft und Sozialpolitik*, Bd. 19, 1904.

Young, Allyn, "Increasing Returns and Economic Progress", *The Economic Journal*, Vol. XXXVIII, Dec. 1927.

Aaronoritch, S., *Monopoly, A Study of British Monopoly Capitalism*, London : Lawrence & Wishart, 1955.(佐藤金三郎·高木秀玄 譯, 《獨占》, 理論社, 1955)

Averitt, R. T., *The Dual Economy*, New York, 1968(外山廣司 譯, 《中核企業 — 經濟發展の新しい主體》, タイアモンド社, 1969).

Bain, J. S., *Industrial Organization*, John Wiley & Sons, 1959(1st ed.), 1967(2nd ed.).

Baran, Paul A., *The Political Economy of Growth*, Modern Reader Paperbacks, 1968.

Beachham, A., *Economics of Industrial Organization*, London, 1948.

Bernstein, E., *Die Voraussetzungen der Sozialismus und die Aufgabe der Sozial-demokratie, 1899, Evolutionary Socialism*, New York : Huebsch, 1909. Rep. New York : Schocken, 1961.

Bolton, J. E., *Small Firms, Report of the Committee of Inquiry on Small Firms*, Presented to Parliament by the Secretary of State for Trade and Industry by Command of Her Majesty, Her Majesty's Office, 1971(中小企業銀行 調査部 譯,《영국의 중소기업 上·下》, 1972).

Boulding, Kenneth E., *Principles of Economic Policy*, Prentice-Hall, 1958.

Bücher, K., *Die Entstehung der Volkswirtschaft*, Tübingen, 1893(1st ed.), 1922. *Industrial Evolution*, Trans. by S. Morley Wicket, Henry Halt, New York, 1901.

Bullock, C. J., *Introduction to the Study of Economics*, Boston, 1897.

Bundesministerium für Wirtschaft, *Die Mittelstandspolitik der Bundesregierung*, Bonn, 1965.

Caves, Richard, *American Industry : Structure, Conduct, Performance*. 3rd ed., Prentice-Hall, 1972.

Chamberlin, E. H., *The Theory of Monopolistic Competition, A Reorientation of the Theory of Value*, Havard Univ. Press, 1st ed. 1933. 8th ed. 1962(青山秀夫 譯, 《獨占的 競爭の理論—價値論の新しい方向》, 至誠堂, 1966).

Clark, C., *The Conditions of Economic Progress*, London : Macmillan & Co. 3rd. 1957.

Clay H., *Economics*, 1920(1st ed. 1916).

Dobb, M., *Studies in the Development of Capitalism*, London : Routledge & Kegan Paul, 1st pub. 1946, 2nd ed. 1963.

Eatwel. J., (ed.) *The New Palgrave-A Dictionary of Economics*, Murry Milgate, Peter Newman, Macmillan Press, 1987.

Fecter, F. A., *Economic Principles*, New York, 1918(1st ed. 1915).

Florence, P. S., *Industry and State*, London, 1957.

————, *The Logic of Industrial Organization*, London : Kegen Paul, 1933.

————, *The Logic of British and American Industry*, London, 1958.

Ford, P., *Economics of Modern Industry, An Introduction for Business Studies*, London, 1930.

Galbratith, J. K., *The New Industrial State*, Boston, 1967(都留重人 監譯, 石川通達・鈴木哲太郎・宮崎通 共譯,《新しい産業國家》제 2 판, 河出書房新社, 1972).

Haney, I. H., *Business Organization and Combination*, New York, 1913.

Hanke, E., *Mittelstand in der Bundesrepublik*, Verlag Marxistische Blätter, 1973.

Hirschman, A. O., *The Strategy of Economic Development*, Yale Univ. Press, 1958.

Hobson, J. A., *The Evolution of Modern Capitalism, A Study of Machine Production*, London, 1894.

————, *Imperialism, A Study*, 1902(愼洪範・金鍾澈 譯,《帝國主義論》, 창작과비평사, 1982).

————, *The Industrial System, An Inquiry to Earned and Un earned Income*, London : Longsman, Green & Co., 1910, New York : Rep of Economic Classics, Augustus M. Kelly, 1969.

Hoffman, Walther G., *Stadien und Typen der Industrialisung, Ein Betrag zur Quantitiven Analyse, Historischer Wirtschafts Prozess, 1931. The Growth of Industrial Economies*, Trans. from the German by W. O. Henderson and W. H. Chalomer, 1958.

Hollander, Edward D. and Others, *The Future of Small Business*, Frederick A. Prager, New York, 1967.

Hunt, E. K., *Hrstory of Economic Thought : A Critical Perspective*, Wardsworth Publishing Company, 1979.

Jones, G. T., *Increasing Returns*, Cambridge, 1933.

Jones, J. H., *The Economics of Priate Enterprise*, London, 1926.

Kaplan, A. D. H., *Small Business : Its Place and Problems*, Committee for Economic Development, New York : McGraw-Hill, 1948.

Kautsky. K., *Bernstein und das Sozialdemokratische Programm*, 1899.

Keynes, J. M., *The General Theory of Employment, Interest and Money*, Macmillan, 1936.

————, *Essays in Biography, The Collected Writings of J. M. Keynes*, Vol, 10, Macmillan, 1972(丁炳休 譯,《經濟學者의 生涯》, 삼성문화문고 56, 삼성문화재단, 1974).

Kimball, D. S., *Industrial Economics*, New York, 1929.

Kindleberger, C. P., *Foreign Trade and the National Economy, 1962.*

Knoop, D., *American Business Enterprise, A Study in Industrial Organization*, Manchester, 1907.

Lenin, V. I., *The Development of Capitalism in Russia*, the Institute of Marxian-Leninism of the C. C. C. P. S. U.(김천수 옮김,《러시아에 있어서 자본주의의 발전 II》, 태백, 1988).

————, *Imperialism, the Highest Stage of Capitalism*, the Institute of Maxxian-Leninism of the C.C.C.P.S.U.(박세영 역,《제국주의 : 자본주의 발전의 최고단계》, 과학과 사상, 1988).

Leontief, Wassily W., *The Structure of American Economy : 1919-1929*, 1941.

————, *Studies in The Structure of American Economy*, 1953.

Levy, H., *Shops of Britain*, London, 1948.

Macmillan Committee, *Reoprt of the Committee on Finance and Industry*, 1931.

Marshall, A., *Principles of Economics*, London : Macmillan & Co. LTD, 1st ed. 1890, 8th ed. 1920, Rep. 1959.

————, *Industry and Trade, A Study of Industrial Technique and Business Organization, and Their Influence on the Conditions of Various Classes and Nations*, Lodon : Macmillan, 1st ed. 1919, 4th ed. 1923.

Marx, K., *Capital, A Critique of Political Economy*, Vol. I , *The Process of Capitalistic Production*, Trans. from the Third German Edition by Samuel Moore and Edward Aveling, ed., by Friedrich Engels, International Publishers, new York, 1967(김수행 역《資本論》 I (上·下), II, III(上·下), 비봉출판사, 1989).

Pigou, A, C., *The Economics of Welfare*, London : Macmillan, 1st ed. 1920, 4th ed. 1932, Rep. 1952.

Phillips, Joseph. D., *Little Business in the American Economy*, Urbana, 1958.

Ricardo, D., *On the Principles of Political Economy and Taxation*, John Murray,

1817, *The Works and Correspondence of David Ricardo.* ed., by P. Sraffa. with the Collaboration of M. H. Dobb, Vol. Ⅰ, Cambridge at the Univ. Press, 1970(鄭允炯 譯《政治經濟學 및 課稅의 原理》, 비봉출판사, 1991).

Robertson, D. H., *The Control of Industry*, London, 1954(1st ed. 1923).

Robinson, E. A. G., *The Structure of Competitive Industry*, James Nisbet, London, 1st ed. 1931, Rep. 1964(高炳佑,《產業構造論―企業의 最適規模策定方法》, 진명문화사, 1961 ; 黑松巖 譯,《產業の規模と能率》, 有斐閣, 1969).

Robinson, J., *The Economics of Imperfect Competition*, Macmillan, 1st ed. 1933. 2nd ed. 1969.

Schlaghecken, A., *Die Ökonomische Differenziernugsprozeß, in heutigen Handwerk*, Duncker & Humbolt, 1969.

Schumpeter, J., *History of Economic Analysis*, Allen and Unwin, 1954.

――, *Ten Great Economist ― From Marx to Keynes*, Oxford Univ. Press, 1969. (鄭道泳 譯,《10大 經濟學者―마르크스로부터 케인스까지》, 한길사, 1982).

Seager, H. R., *Principles of Economics*, New York, 1917(1st ed. 1913).

Seligman, E. R. A., *Principles of Economics*, New York, 1905.

Sraffa, P., *Production of Commodity by Means of Commodities : Prelude to a Critique of Economic Theory*, Cambridge at the Univ. Press, 1960(朴贊一 譯,《商品에 의한 商品生產》, 비봉출판사, 1986).

Staley, Eugene and Richard Morse, *Modern Small Industry for Developing Countries*, New York : McGraw-Hill, 1965.

Steindl, J., *Small and Big Business-Economic Problems of the Size of Firms*, Oxford : Basil Blackwell, 1947(米田清貴・加藤誠一 譯,《小企業と大企業―企業規模の經濟的 諸問題》, 巖松堂, 1969).

Sweezy, P. M., *The Theory of Capitalist Development, Principles of Marxian Political Economy*, New York : Monthly Review Press, 1950(이훈・이재연 옮김, 윤석범 감수,《자본주의의 발전이론》, 화다, 1986).

Sylos-Labini, P., *Oligopoly and Technical Progress*, Cambridge, Massachusetts, Harvard Univ. Press, 1962(安部一城・山本英太郎・小林好宏 譯.《寡占と技術進步(增訂版)》, 東洋經濟新報社, 1971).

Taussing, F. W., *Principles of Economics*, Vol. I , New York, 1919(1st ed. 1911).

Tinbergen, J., *Economic Principles and Design.* 4th revised, Rand Macnally, 1967.

TNEC., *Monograph 13 : Relative Efficiency of Large, Medium Sized and Small Business*, 1941.

————, *Monograph 15 : Financial Characteristics of American Manufacturing Corporation*, 1941.

————, *Monograph 17 : Problems of Small Business*, 1941.

————, *Monograph 27 : The Structure of Industry*, 1941.

U. S. Small Business Administration, *The Vital Majority : Small Business in the American Economy, Essays Marking the Twentieth Anniversary of th U. S. Small Business Administration*, ed., by Deane Carson, 1973.

Vatter, Harold G., *Small Business and Oligopoly — A Study of the Batter, Flour, Automobile and Glass Container Industry*, Oregon, 1955.

Wellmans, H., *Das deutsche Handwerk in gemeinsamen Mark*, 1960.

Wernet, W., *Handwerkspolitik*, 1952.

————, *Handwerks un Industriegeschichte*, Stuttgart, 1963.

찾아보기

1. 事項索引

ㄱ